SOM

Halgankii Bah … r

iy

Ballanfurka Taariikheed

1. Benadir History Through The Eyes Of Those Who Lived It.

2. Eye Witness Statements of Destruction of Somali State.

3. Benadiris for Justice, Unity and Solidarity.

The Struggle of Benadir People
&
The Betrayals in History

Iskudubaridka iyo Tifaftiridda

Compiled and Edited

by

Ahmed Sharif Abbas & Khalid Maou Abdulkadir

2006

Somalia: Halganka Bahweynta Benaadir iyo Ballanfurka Taariikheed

Somalia: The Struggle of Benadir People & The Betrayals in History

First Edition 2010
LONDON

ISBN: 978-0-9564708-0-5

Waxaa lagu daabacay magaalada London, United Kingdom

Tel:- 00 (44) 7950394449 & 00 (44) 7940298990
E-mail:- abbas30002@hotmail.com & macow62@hotmail.com

Printed in London, United Kingdom 2010

Published By Benadir Publications
London 2010

Waxaa laga dalban karaa: You may obtain copies of this book at:
Salla General Trading Ltd : 14 Heybridge way, Leyton,
London E10 7NQ - United Kingdom Tel: 020 8556 0001

For Correspondence: International Business Services Ltd
214 Seven Sisters Road, London N4 3NX - UK Tel: 020 7272 9830

Tusmada Buugga

Contents

Hibeyn

Buuggan waxaan u hibeynay dadkii naftoodi ku waayey si micno daro ah, iyaga oo aan waxba galabsan. Waxaan kaloo u hibeynay agoonta, naafada iyo gabdhahii lagu dandareystay colaadda.

Dedication

We have dedicated this Book to the the innocent People those who have lost their lives difencelessly, the orphans, the disabled and female who were ill-treated and raped.

Mahadnaq Gaar Ah

Waxaa mahad-naq gaar ah u soo jeedineynaa Caadil Axmed, Nasreen Axmed iyo Daahira Khaalid Macow, daacadnimadooda iyo u huritaanka waqtigooda qaaliga ah diyaarinta buuggan.

Special Gratitude

For their devotion and dedication throughout the period of the preparation of this book, we express our sincere thanks to Adel Ahmed, Nasreen Ahmed and Dahira Khalid Macow..

Adel Ahmed

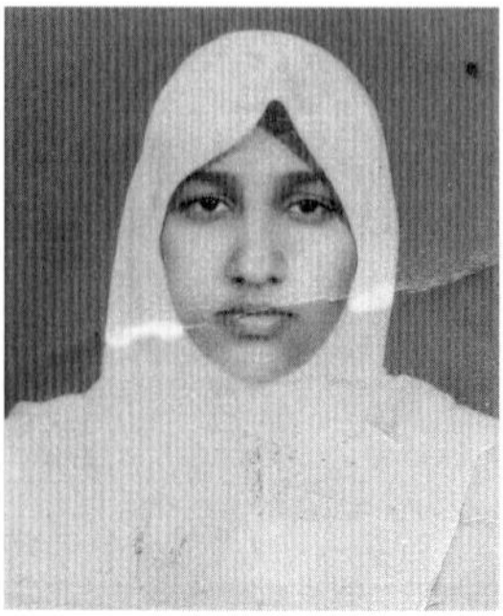

Nasreen Ahmed

Dahira Khalid

Mahadnaq Guud

Qorayaasha buugga ***Somalia: Halgankii Bahweynta Benaadir iyo Dibindaabyadii Taariikheed*** oo koobaya qoraaladii rasmiga ahaa ee ka qaybgalaayaasha Shirweynahii 1aad iyo 2aad ee Bahweynta Benaadir ee London, UK iyo Rotterdam, Holland, sidoo kale qoraalo taariikheed ee halgankii ummadda Reer Benaadir xilliyadii gumeysiga, gobanimadoonka, dhaqdhaqaaqii siyaasadeed ee ururada Reer Benaadir iyo taariikh nololeedkii waxgaradkii Reer Benaadir.

Waxaan mahad ballaaran u celineynaa dhammaan dadweynaha Bahweynta Benaadir rag iyo dumar gacantii ay ka geysteen suuragelinta soo saarista buuggan. Waxaan kaloo mahad gaar ah u jeedineynaa ka qaybgalayaashii shirweynaha ee shucuurtooda ku cabiray qoraaladii laga jeediyey labada shirweyne caalami, kuwaas oo ay ka mid ahaayeen:- Dhammaan ururada Bahweynta Benaadir ee dalalka dibadda ka jira: *UK, Canada, New Zealand, USA, France, Sweden, Belgium, Italy, Yemen, UAE iyo Switzerland.*

Waxaa xusid gaar ah mudan shaqsiyaadka iyo kooxaha kala ah: Ikar Muriidi, Jeylaani Afro, Xaaji Abuukar Muxyiddiin, Xusseen Xaaji Muxyiddiin (Salla),Cabdalla Muridi, kaalintii lama ilaabannka ahayd ee ay ka geysteen dhinacyada Sawir, filim qaadista iyo sharaxaadda goobta Shirweynaha.

Kooxaha Fanaaniinta Reer Benaadir sida *Faaduma Qaassim Hiloowle, Aweys Khamiis Cabdalla, Maadeey Xusseyn, Saalax Xariiri Maxamed Shariif Xabiibi, Jaylani Shariif, Abuu, Xamsa Shariif Maxamed, Nuur Maxamed Cumar* dowrkoodii muusikada, heeshaha, fanka, suugaanta iyo madadaalada muddadii shirarku socday.

Ururada Haweenka Bahweynta Benaadir ee London iyo Holland kaalintoodii wax ku oolka ee diyaarintii raashiinka iyo maamuuska ergooyinkii ka soo qaybgalay Shirweynayaasha.

Dhammaan dhallinyaradii Shirweynaha ugu deeqay gaadiidkooda: *Xuseeyn Xaaji Muxyiddiin, Jeylaani Maxamed Xuseen, Baryaan Axmed Xaaji, Cabduraxmaan Khaalid Macow, Iikar Muriidi Maye, Cumar Maxamed Abuukar , Shariif Maxamed Cabbaas iyo dhallinyaradii Reer Benaadir ee dalka Holland oo magacyadoodu aan halkaan lagu soo koobi karin.*

Waxaa ammaan gaar ah u soo jeedineynaa dhallinyarada kala ah *Axmed Maxamed Cadde, Aamina Khalid Macow iyo Caaddil Axmed Cabbaas, Axmed Maxamed Abuukar Baaxamiish, Jeeylaani Iikar, Zeynab Jeylaani, Qaxtaan Saalim Naasir* doorka ay ka qaateen diiwaangelinta ka qaybgalayaasha shirweynaha

Websit-ka Marka Caddeey iyo Wargeyska Kasmo ee ka soo baxa London, kaalintii baahinta iyo la socodsiinta dunida Shirweynahii Caalamiga 1aad iyo labaad Bahweynta Banaadir ee UK iyo NL.

Waxaan la ilaabi karin kaalintii *Dr Maxamed Cussmaan* iyo Dr *Mukhtar Saidi* oo kala yimid dalalka Mareykanka iyo Germany oo shirweynaha Holland ku soo bandhigay Farshaxan aad u sareeya, kuwaas oo la daawanaayey muddadii uu shirka socday, ka dibna la iibiyey dhammaan farshaxankii la soo bandhigay, dhakhligii ka soo galayna ay ugu deeqeen Shirweynaha, waxaa sidoo kale mahad gaar u jeedineynaa hey'adda The Dutch NGO's Odysee and VROM's kaalmadii dhaqaale ee ay ka geysteen shirweynaha 2aad.

Ugu dambeystii waxaan mahadnaq aan la soo koobi karin u soo jeedineynaa *Ibraahim Macallin Mursal*, kaalintiisa qoraalada iyo soo gudbinta qoraalada Shirweynaha 2aad iyo dhammaan walaalaha Reer Benaadir ee ku nool dalkan Boqortooyada Ingiriiska iyo Holland iyo weliba taageeradii ay ka geysteen deeqda dhaqaale iyo farsamo, kaalintaas oo la'aanteed ayan surtagal noqon lahayn guushii Shirweynaha 1aad iyo 2aad ee Bahweynta Benaadir.

Tifaftirayaasha Buugga

Hordhac

Khaalid Macow Cabdulqaadir

Dagaalladii sokeeye oo ka qarxay Soomaaliya sannadihii 90meyda qarnigii la soo dhaafay, ma ahayn mid ay ku burbureen rukumadii dowladda Soomaaliyeed oo keliya, balse waxay noqdeen, mid raad xun ku reebay qaab-dhismeedka bulshada Soomaaliya, waxaa kala daatay sadaq-dhowgii isku hayay bulshada, kuna daboolnaa xuub khafiif ah, ayaa si xoog leh u qarxay, waxaana laga fursan waayay kala orod iyo kala qax, cidba halkii fursadda u saamaxday.

Si kastaba ha ku bilaabantee is-hardankaas, waxay arrintu isugu soo biyo shubatay legdan xadaarad iyo fowdo reer-guuraa. Dadka Reer Banaadir iyo inta la eyniga ahna ay noqdeen bartilmaameed nugul oo saameeyay masiibadaas murugada badan oo si aad ah u taabatay noloshooda maadiga iyo tan ruuxiga, maadaama ay ahaayeen dad leh xadaarad degganaansho aan guur guur lahayn.

Dhibaatooyinka waxay dadka u saamaysay hadba sidii ay u kala jilicsanaayeen. Haddii ay ahaan lahaayeen waayeel iyo caruur, rag iyo dumar, sabool iyo hodan, qof ladan iyo qof bukaan ah, qof xoogan iyo qof taagdaran, intaba waa saamaysay, haddana waa loo kala jilicsanaa. Sidaas darteed Buuggaan *"Somalia: Halgankii Bahweynta Benaadir iyo Ballanfurka Taariikheed" The Struggle of Benadir People and Betrayals in History"* wuxuu noqonayaa talaabadii ugu horeysay oo lagu soo uruuriyo sida bulshada Benaadiriga ay u saamaysay masiibadii ku habsatay Soomaaliya, noloshooda qurbaha qoysas ahaan, dareenkooda nafsi ahaan iyo himilooyinka ay higsanayaan mustaqbalka.

Fajacii iyo uur ku taalladii ay Bahweynta Benaadiriga ay kala kulantay arxan darradii loogu geystay dagaalladii sokeeye, waxay awood u yeesheen in si aan ku jirin caadifad iyo qiiro casabiyadeed ay qayb weyn oo ka mid ah aqoonyahankooda, waayo-araggooda qurbaha ku nool afkaartooda lagu uruuriyay Shirweyneyaashii lagu kala qabtay London, UK 8-16 Sebtember 2001, iyo Rotterdam, Holland 14-16 Sebtember 2002.

Buuggan wuxuu ka turjumaa aragtida inta badan ee ka qayb galayaasha shirarkaas, go'aanadii ka soo baxay iyo dareenka guud ahaan ee Bahweynta Benaadir, wuxuuna noqon doonaa xusuus dhowrka afkaartii Bahweynta Benaadir ee lagu soo bandhigay labada Shirweyne.

Sidoo kale, Buuggan waxaa lagu soo bandhigayaa dhibaatooyinkii ay la soo kulmeen dadka reer Benaadir, geeddi nololeedkooda, kaddib markii si gaar ah loogu gaystay meel ka dhac (tacdi) iyagoo si xoog ah loogu qasbay in ay ka qaxaan dalkooda, lagu sameeyayn isir sifeyn, ha ahaado mid qorshaysan amase mid kugu dhalad ah, iyagoo weliba si gaar ah loo tiblaayo, xaaladda ay ku sugnaayeen awgeed, loona geeystay dhac, dil, boob, kufsi, barakicin, laguna boobay deegaanadooda iyo guryahooda.

Waxaa xusid mudan in faldambiyeedyadaas ay dhacayeen iyadoo aan jirin eedo hore oo reer Benaadir ay ka galeen kooxahii ku soo duulay, ha ahaato aano bulsheed ama mid siyaasadeed.

Waxaa intaas u dheer in Buuggan uu iftiiminayo qayb muhim ah oo taariikhda Soomaaliyeed aan sidii habbooneed loo daalacanin, sida taariikhda xeebaha Benaadir, dad ahaan iyo deegaan ahaanba. Iyadoo asalkaba ayan jirin wax weyn oo laga qoray taariikhda Benaadir sida magaalooyinka kale ee Sawaaxiliga wax looga qoray, kuwaas oo tariikhdooda iyo dhaqankooda si wacan looga shaqeeyay, waxayna ahaayeen mawaadiic dadka taariikhda darsa ay isku shuqliyeen dhowr fac oo hore, ha ahaadeen kuwa u dhashay magaalooyinkaas ama kuwo shisheeye ahba, iyadoo la og yahay in afka iyo dhaqanka Sawaaxiliga uu saameyay taariikhda, hab nololeedka, waddaninimada ee dalalka sida: Kenya, Tansaaniya, Ugaanda iyo dalalka koonfur Bari Afrika.

Magaalooyinka ay degaan reer Benaadir intii u dhaxeysay 1960 ilaa iyo markii ay burburtay dowladdii Dhexe ee Sooomaaliyeed, wax weyn lagama qorin, iyadoo weliba ay ahayd masraxa hardanka iyo goobaha dagaallada. Waxaase jirta in dhaqanka reer guuraga suugaantooda iyo hal abuurkooduba laga qoray tiro aan yareyn oo kutubo ah ama risaalado jaamiciyadeed. Dhiiragelintaas iyo fududeynta loo fidiyeyna qorayaashooda ayaa sabab u noqday in hal dhinac oo keliya u dheeliyo dhaqan nololeedka ummadda, taas oo loo aanayn karo saamaynta weyn ay ku leeyihiin reer guuraaga ololinta iyo burburinta dalka.

Waxaa la oran karaa qorayaasha muhimmaddooda oo keliya ma ahayn inay taariikhda Soomaaliyeed barxaan, waxaase dhab ah in ulajeeddadooda qarsoon ay ahayd barbaarinta iyo kobcinta nafsiyadda hareeraysay fowdada dadka ku soo qamaamay gobollada Banaadir. Waxyaabaha ka dhacay deegaannada Benaadir waxaa lagu tilmaami kartaa in ay ka mid tahay dhacdooyin hore oo qarniyo hore ka dhacay meelo ka mid ah adduunka sida dadkii Tartarka la dhihi jiray oo ku soo qamaamay xadaaradii weynayd ee Baqdaad, burburkii ay ku sameeyeen xadaaradii ka jirtay dalkaas iyo buugaaggii cilmiga ahaa ay ku daadiyeen webiyada Dajla iyo Eufuraat ilaa inqaasta(duwaadda) kutubtaas lagu qoray ay madoobaysay biyaha labadaas webi.

Haddaba, sheekada waa tii (Prof Cassinelli) "kuwii wax bi'iyay wax ka qor oo abaalmarin u hibeey, wixii la baabi'iyana ka aamus". "Waxaa xaqiiqo ah in dadka Reer Benaadir ayan si buuxa ula socan qoraallada waayahii dambe laga qoray taariikhda Somaaliya oo si xoog leh uga tagay tilmaamidda iyo wax ka sheeegidda taariikhda gaarka ah ee reer Benaadir. Ka tagiddaas oo loo aaneyn karo in ay sabab u tahay:

b)- Soomaaliya oo maamul dowladeedka ka dhaxashay gumaysiga, manhajyada waxbarashadana sidooda looga qaatay. Dugsiyada waxaa laga dhigi jiray taariikhda Talyaaniga ama Ingiriiska. Macallimiinta looma tababari jirin inay taariikhda Soomaaliya ay dugsiyada ka dhigaan. Sidaas awgeed, jiilalkii soo koraayay laguma barbaarin jirin barashada taariikhdooda dhaqankooda, iyo xadaaraddooda., lagumana abuurin garasho iyo dareen waddaniyadeed.

t)- Ha'yadahii dhaqanka iyo tacliinta ee dhismay gobonimada ka dib oo aan daneyn ama u arag dhaqanka reer magaalka ee xeeb degtada ah iyo kuwa beero qotada ah in ay qayb ka yihiin midka guud ee Soomaaliyeed.
j)- Aqoonyahanka Bahweynta Benaadir laftooda oo aan xil weyn iska saarin faafinta taariikhda dhaqanka, suugaanta iyo xadaaraddooda.

Sannadkii 1970kii waxaa Soomaaliya laga dhisay Akadeemiyada Fanka, Cilmiga iyo Suugaanta oo ahayd Hey'ad cilmi baaris ah oo hoos timaada Wasaaraddii Tacliinta Sare. Sida uu ahaa hab-dhaqmeedka maamul ee dalka ka jiray, Hey'adda ma lahayn ujeeddooyin qayaxan iyo barnaamijyo cilmiyaysan oo la higsan karo; hase yeeshee waxay ku tallaabsatay inay qorato shaqaale u badan kuwa ka soo jeeda dhaqanka miyiga sida gabayada iyo guurowga, dhaantada iyo ciyaaraha miyiga ee reer guuraaga ka ciyaaro.

Taasina ay soo jiidatay in Akademiyada ay hawsheeda ku soo koobto baarista iyo faafinta suugaanta, qalab dhaqameedka reer guuraaga iyo agabka kale ee la xiriira nolashooda iyo qoraalka dhacdooyinka taariikheed ee miyiga, waxayna qoratay dad ka soo jeeda dhaqan ahaan miyiga.

Sidaasna uu sabab u noqday in ay ka tagto qaybo muhim ah oo la xiriira nolasha bulshada, gaar ahaan taariikhda iyo xadaaradaha iyo suugaanta xeeb degtada reer Banaadir iyo tan dadka ku nool degaanada u dhexeeya labada webi iyo tan Maay-ga guud ahaan ee beeraleyda ah.

Qorista Af-Soomaaliga oo la dhihi karay waa guul weyn oo la gaaray, marnaba Akadeemiyaddu kuma tixgelin dhaqammada, taariikhda iyo xadaaradda xeeb degtada reer Banaadir iyo beeraleyda Soomaaliyeed. Waxaa keliya ay isku mashquuliyeen oo ay xoogga saareen ay ahayd arrimaha u gaarka ah dhaqanka reer miyiga iyo kuwa sawirayo qiyamka reer guuraaga ee xoolo raacatada ah.

Taasi, waxey dhalisay in laga tago taariikhda iyo hab nololeedka Reer Benaadir iyo bulshooyinka kale oo noloshooda xadaarad ahaan ay ka hormarsanayd habka nolosha reer guuraga ah, bulshooyinkaas oo dhaqankooda iyo xeerarkooda soo jireenka ah ay ahayeen kuwa si munaasib ah ula saanqaadi karay kuwa dunida horumaray.

Dhallinyarada reer Benaadir ee wax-baratay waxay isku jiheeyeen barashada xirfooyinka, xagga ganacsiga, sharciga, diinta, iwm, taasine waxay keentay in bulshada Reer Benaadir ay ka dhutiso dhanka takhasuska tariikhda iyo cilmiga aathaarta, si ay uga baaraan degaan qoraallada cilmi baarista taariikhdooda dhaqanka hodanka ah iyo noloshoodii hore ay kumanaanka sano ka hor ay qoraallo uga tageen ab-isiradooda iyo wixii qoraallo kale ah ay taariikh-yahannadu ay qoreen, si Soomaaliya ay u hesho xogta dhabta ah ee ka daahsoon."

Haddaba, qoraallada buuggan inkastoo qoraa kasto uu ku cabbirayo ra'yigiisa shakhsiga ah iyo dareenkiisa si uu uga markhaati furo dhacdooyinka uu doonayo in akhristayaasha u soo bandhigo, haddana buuggan wuxuu bud-dhig u noqon karaa hawlaha qorshe u dejinta ee la xiriira qoraalada taariikheed, iyo dhaqan dhaqaalc cc reer Benaadir iyo degaanada kale ee beeraleyda ah. si busta(boorka) looga qaadi lahaa tariikhdeenii hore oo la aasay, lana dafiray, ha ahaato ku talagal amase dareen qarannimo la'aan.

Ummad taariikhdeeda iyo jiritaankeeda la dafiraa waxay ka dhigan tahay iyadoo bini-aadamka laga galay dambiga ugu weyn. Arrinta waxay maraysaa: "Haddii laguu sheelaa, waa la isa sheegaa; haddii lagu sheegaana, waa la isa sheelaa". Sidaas awgeed buuggaan wuxuu bilow u yahay in dadka Reer Benaadir si qoraal ah ay taariikhooda u diiwaan geliyaan si ay ugu bandhigaan dadka Soomaaliyeed iyo adduunweynahaba.

Uruurintaan xambaarsan fakarka Shirweynayaasha 1aad iyo 2aad ee Bahweynta Benaadir waxay muuqaal muujin u tahay in ay soo bandhigto taariikhdii laga tegay ee dadka Reer Benaadir iyadoo laga faa'ideysanaayo khibradda iyo waayo aragnimada Odoyaasha, Culuma'udiinka,Dibloomaasiyiinta, Muxaadiriinta Jaamacadaha, Saraakiisha madaniga, Technocrats iyo Siyaasiyiinta Bahweynta Benaadir ee qurbaha ka hawlgala amase ku nool.

Waxaa si wada jir ah loo falanqeeynayaa xaaladdii shalay lagu sugnaa iyo midda maanta lagu sugan yahay, si loo saadaaliyo mustaqbal ay tiigsadaan ubadkooda, loona helaa degganaansho, nabad iyo kala dambeynna loogu soo celiyo guud ahaan dalka Soomaaliya.

Istraatejiyada loo adeegsan doono higsashada ujeeddooyinka

buuggan ku tifaftiran waxay tahay in dadka Reer Benaadir ay sameystaan kulano aqoon is-weydaarsi lagu soo bandhigaayo qoraallo taariikheeda, qoraallada ka soo baxana lagu faafiyo qalabka war baahinta (mediyaha) kala duwan si codkooda u gaarsiyaan ummadda Soomaaliyeed meel kastoo ay joogaanba iyo dunida kale si loo helo xal ku dhisan sinnaan, caddaalad iyo nabad ku wada noolaansho.

Ugu dambeyn, waxaan aad ugu rajeynayaa in Buugaani oo ay ku uruursan yihiin qoraalo iyo daraasado cilmiyeed, ray'i dad waayo arag ah iyo fikrado ay soo jeediyeen dadweynaha Reer Benaadir oo ka kala yimid dhammaan meelaha qurbaha ay kaga sugan yihiin in si weyn looga faaideeysto. Waxaan kaloo rajeynayaa in talaabadaani noqoto biloow loogu kuurgalaayo baadigoobka taariikhda iyo halganka Bahweynta Benaadir.

Hawl badan in la qabto ayaa harsan, "*kun tilaabo koow ayeey ka biloowdaan*", guusha aan higsaneeyno, waxay ku xirnaan doontaa hadba sida looga faaideeysto buuggan oo aan u arkayo in uu tixraac u noqon doono dadkeena, gaar ahaan jiilka soo koraayo oo u baahan in ay ogaadaan in ummadda ay ka soo jeedaan aysan ahayn ummad fadhiid ah oo hadba duruufaha meel u jiiddo.

Gogoldhig

Dr Axmed Shariif Cabbaas

Waxaan isku dayay in akhristaha si taxane ah oo kooban loogu bandhigo arrimaha la xiriira: heebta, degaanshaha, taariikhda, xadaaradda, dhaqanka ee Bahweynta Banaadir, sidoo kale shucuurtooda iyo dhibaatooyinkii ka soo gaaray dagaaladii sokeeye ee waddanka ku soo habsaday, intaan weli faahfaahinta ugu kuurgelin muwaadiicada faraha badan ee u ka kooban yahay buugga afartiisa qaybood.

Qaybta kowaad iyo labaad waxay saldhig u yihiin warbixino laga soo jeediyay shirweynaha caalamiga 1aad iyo 2aad ee lagu wada qabsaday magaalada London iyo Rotterdam sanadaha 2001 iyo 2002.

Qaybta seddaxaad waxay ka kooban tahay mawaadiicada qoraaladooda lagu tarjumay afka Ingriisiga sida Falsafada, Strateejiyada iyo Siyaasadda Shirweynayaasha, go'aanada iyo qoraalo kale ee markii horeyba ay ku yimaadeen afka Ingriisiga,sida kuwa la xiriira ku-xadgudubka xuquuqda aadanaha iyo ku-tumashada xurmo la'aanta xaqa haweenka ee la xiriirta kufsashada.

Qaybta afraad waxay la xiriirta warbixin dadka laga tira badan yahay oo wadajir isugu soo dubariday waddamada Ingiriisiga, Danishka iyo Hollandeeska ergoyinkooda.

Qulaasadaha soo socda haddaba, waxay cabiraayaan nuxurka muwaadiicda ku wada xusan buugga, waxaase lagama maarmaan ah in akhristuhu u daadego dulucda qoraalka oo dhan dulmarkiisa, si ugu baarandego afkarta uu xambaarsan qoraalka uu qoraha ka cabiraayo afkaartiisa shaqsiga ah kuna bandhigayo shucuurtiisa.

Dhaqanka iyo Is-aqoonsiga.

Inta la nabdoon yahay ay noolashu caadi tahay, nidaamka iyo kala dambaynta dowladnimo ay sugan tahay, lama dareemi karo baahida loo qabo waxa loo yaqaano heeb doon, hase ahaate marka oo uu burbur qaramced dhaco, bulshada dhexdeeda hoog iyo ballaayo ka aloosamaan, kala qax iyo colaad weyn sokeeye dhacaan, ayaa ifafaalayaasha loo yaqaan walaahowga heebta so ifbaxaan, sida xaaladda Soomaaliya ay maanta ku sugan tahay.

Haddaba, burburkii ku yimid qarannimadii una horseeday kala firdhoonkii bulshada Soomaaliyeed, waxay dhaliyeen baahi jirta in dib loo milicsado dhaqanka hodanka ah ee ummaddeena, kaas oo loo arkaayo inuu yahay buundada mustaqbilka loo aayi doono dib isugu keenidda bulshadii kala furfurantay. Garaadka caqligana wuxuu inoo sheegayaa in cidna goonideeda in aysan xasilooni, nidaam iyo horumar gaari karaynin, cidna kelideeda jasiirad isku oodi karin. Waxaa intaa dheer inkasta Soomaalidu ay degaan, qaab nooleleed iyo xirfadeed kala duwan tahay sida reer guuraa, beeraleey, kaluumeysato, farsamaysato, ganacsato iyo adeeg magaalo, haddana kala duwanaantaas degaan iyo wax soo saarka ah, waxay uu adeegtay hodantinimo afeed, dhaqan iyo jiritaan midaysan.

In kastoo Soomaalidu ay leedahay dhaqan iyo hidde lagu wada garto oo ay wada wadaagto, haddana waxaa jira dhaqan-hoosadyo kala jaad ah oo degaannada kala duwan qaarkood gaar u leeyihiin. Degaanka Benaadir wuxuu ka mid yahay degaanada lagu yaqaan dhaqan-hoosaadyo hodan ah oo mudan in tusaale ahaan loogu soo qaato iftiiminta sida ay u jiraan dhaqan-hoosaadyo astaamohooda gaarka ah leh, kuwaaso oo hodanaynaaya dhaqanka guud ee Soomaalida. In kastoo dalka wada dumay, haddana Xamar ayaa duntay waxay la mid tahay hoygii guud ee dhaqanka ummadda Soomaaliyeed oo gubatay oo u ahaa hoy dhismooyinkii taariikhiga ahaa, taalooyinka, madxafyada, jaamacadahii kutubta, golayaashii aqoonta iyo arkiifiyooyinka ummadda.

Abwaan Axmed Naaji oo ay si qoto dheer u taabtay burburka Muqdisho, magaalo madaxdii Soomaaliya oo goob-joog u ahaa iyadoo la kala feenanaayo, wuxuu ka yiri: *Xamarey yaa ku xaal marinaaya, Xudunteyda meeshii ku xabaalaneeyd, xigto iyo walaalaha xaruuntood aheyd, xeebta geeska Afrika xurmad laheyd, xasil, ammaan iyo xornimana ku joognaye, Xamar waa lagu xummeyaye yaa ku xaal marin doona.*

Dowrka BB Halganka Gobonimodoonka

Sheekada waxay ka bilaawatay markii qof Reer Banaadiri ah lagu yiri kabax meesha, dalkan iyo dawladnimadan wax aad ku leedahay ma jiraanee. Ninkii Reer Banaadiriga ahaa calool xumo ayaa gashay, qalbiga ayuu ka carrooday. Warka ma yareysan, wuxuu bilaabay inuu barro Reer Banaadir doorka ay ka soo qaateen halgankii gobonimodoonka Soomaaliya. Waa run sida maahmaahda Reer Banaadiriga sheegtay "*Biyo kaa badan waa ku moosaan*". Reer Banaadir lama moosin oo kaliyah, waana laga af dheeraaday, waxaana dhacay sida maahmaada sheegtay: "*Ninkii kaa war badan, dhaxalkii adoogaa aas kula qaybsahaa.*". Iyadoo ay xaaladda halkaas marayso, ayaa qofkii Reer Banaadiriga ahaa is yiri:"*ma jirto, waa inaan is sheegaa, dadka kalena u sheegaa wixii aan galay iyo wixii la ii geystay*".

Sida la ogsoon yahay, taariikhduna ku qoran yahay, haddii aan mar dambe la inkirin, sida badanaaba loo inkiro jiritaanka Qowmiyadda Reer Banaadir iyo doorkii ay ka soo qaateen gobonimadoonka, in Reer Banaadir ay door weyn ka soo qaateen asaaska iyo hoggaaminta Xisbiga Leegada. *Xaaji Maxamed Xusseyn* wuxuu ahaa Guddoomiyaha Xisbiga SYL, siyaasiin kale ee Reer Banaadir ah waxay ku jireen Guddiga Dhexe ee Xisbiga. Sidoo kale taageerayaal badan oo Reer Banaadir ahaana waxay Xisbiga SYL ku taageeri jireen maalkooda iyo maankooda. Guddoomiyaha ka sokow, jagada kale ee iyadana muhimka ahayd waxaa haayey nin Reer Banaadir ah, *Sheikh Ciise Maxamed*, oo ahaa Maamulaha Maaliyadda Xisbiga SYL.

Taliyaani markuu dib u soo galay dalka 1950, isagoo sita shaarka Qaramada Midoobay ayuu Reer Benaadir ama xisbiga Unione Giovani Banaadri (UGB) iyo madaxdii ku jirtay xisbiga SYL oo Reer Banaadir ahaa ku bilaabay cadaadis iyo dagaal siyaasadeed isagoo kaga aar gudanaayo siyaasadii ay kaga soo horjeedeen Taliyaaniga ama isticmaarka guud ahaanba, intii uu socday doodii gobanimodoonka Soomaaliyeed ee sannadaha 1948-49. Taliyaani ciil ayuu u qabay Reer Banaadir, maadaama ay siyaasiintooda, kuwa HYC iyo kuwii ku jiray SYL si wada jir ah uga soo horjeedeen maamul gumeysi, nooc kastaba ha ahaadee, gaar ahaan in Taliyaani lagu soo celiyo dalka. Soo noqoshada uu ku soo noqday Soomaaliya waxay u noqotay fursad uu kaga aarsado Reer Banaadir.

Jahwareerka Heebta Banaadiriga

Qowmiyadda waa inta dhaqan, hiddo, degaan iyo xeer wadaag ah. Waxaana isku xira qiyam ay wada qaddariyaan iyo shareeca Ilaahi ah oo ay u hoggaansamaan. Haddaba, waxa keenay Bahda Banaadiriga inay maanta is-heebsato waa burburkii ku yimid guud ahaan bulshada Soomaaliyeed, qiyamkii oo is wada rogay, xaaraanta la xalaaleystay, cirdiga, maalka iyo nafsadda aadanaha la banaystay, cadow iyo arxan laysku dhec yaacay. Jahwareer iyo walaahow ayaa bulshadii Banaadiriga kala dhex galay. Arrintu ay noqotay: Ninbow naftaa, Nabiyow Ummaddaa. Qof, qof kale u ciidamiyo la waayay oo ay noqotay: *An waa bukaa, adna waad buktaa, laba bukto ma isbaanisaa*?! Jugta waxay la kulantay Reer Banaadir oo qabardaar ah oo qofkasto adduunkiisa iska bursanaayo. Naftu orod bay kugu aamintaaye, qoys kasta halkii lugtiisa gaarsiisay ayuu badbaado ka doontay.

Waa la kala shakiyay, markaas ayaa qof kasto isweydiyay, tolow tan dhacday ma Reer Banaadir ayeey u gaar tahay. Horta yaa Banaadiri ila ah oo aan isku hallayn karaa. Cidihii dalka gudihiisa aan uga soo dhaqaaqnay maxay ku sugan yihiin? Ficiltaankana maxaa keenay? Su'aalo fara badan ayaa shakhsiga Banaadiriga ku soo butaaceen. Jahwareer heeybayd ayaa shab la yiri.

Haddaba, dhammaan dadka la magac baxay Banaadiri inkastoo aysan ahayn dad isku wada isir ah, waxay ka wada tirsan yihiin tol ama qowmiyad Banaadiri ah, taasoo micnaheedu tahay in isku xirnaashahooda aan ka aaslamin dhalsho keliye, balse sal u yahay diin, xeer, dan, dhaqan iyo degaan. Awoowayaasheena waxay si gaar ah isugu mashquuliyeen in si dhab ah u horumariyaan xiriirkooda ilaa laga gaaro dhismo qowmiyad midaysan oo xubnihiisa is qadarinaaya, istaageeraaya, isku kalsoon, si nabad ahna u wada nool.

Taariikhda Magaalooyinka Reer Banaadir

Ereyga 'Banaadir' wuxu micnahiisu yahay dekedaha, kuwaaso oo laga bilaabo Warshiiq, Muqdisho, Marka, Baraawe, Kisimaayo ilaa iyo Chuula Chawaaye iyo tuulooyinka kale u dhexeeyaba, taariikhda qadiimka ahna ay astaan u ahaayeen goboladda xeebaha koonfureed ee Soomaaliya, meelahaas oo ka jiri jiray xarumo maraakiibta ay ku xirtaan, sidoo kale goobo ganacsi iyo dhaq-dhaqaaqyo kaleba. Sanadka markuu ahaa 1322, ninkii carbeed ee socdaallada badna, lana oran jiran *Ibn Batuta*, mar u soo booqday magaalada Muqdisho, wuxuu ka sheegay inay ahayd meel aad u qurux badan, nolol barwaaqo iyo ladnaanba leh.

Sida ay musaafiriinta shiinaha soo tebiyeena, magaalada Baraawe waxay hareeraheed oo dhan ka dhisnaayeen darbiyo dhagax ah, guryaha badankood waxay ahaayeen kuwo dhaagax ka dhisan. Ilaha dhaqaalahana waxay ku saleysnaayeen badda iyo malay gaadka. Dumarka waxay xiran jireen silsilado iyo dhego dahab ah, banaanka markay maraan, madaxa iyo wejigaba way dedi jireen.

Waxyaalaha laga ganacsan jiray waxaa ka mid ahaa hargaha shabeelka, libaaxa, luubaanta, cambarka nooca khaaliga ah ee midibka dambaska leh iyo goroyo. Shiinahana waxay keeni jireen dharka xariirka, maacuunka loo yaqaan siin, filfil madowga, bariis iyo midabbada dharka lagu renjiyo. Sannadaha 1416 iyo 1423 magaalada Baraawe waxay Shiinaha u dirtay badeeco afar goor, iyadoo Reer Baraawe qaarkood u safri jireen dalka Shiinaha laftiisa, ayagoo raacaya marakiibta qoladaas, kaddibna ku soo laaban jiray Afrika, safarada dambe ee maraakiibtaas.

Qarniga 15aad wuxuu ahaa midka ugu fiican uguna faa'ida badan magaalooyinka Banaadir, sababtoo ah inay ku noolaayeen nolol barwaaqo leh, kuna dhisnayd horumar dhaqaale, nabadgeliyo iyo xasillooni guud, taasoo caawisay xoojinta dhaqdaqaaqa ganacsiga iyo xiriirka adduunweynaha. Magaala kasto xagga siyaasadda way madax banaaneed, sida waayahaan dambe loo yaqaan 'city state', haddana waxaa ka dhaxeeyay xiriir xoog leh xagga dhaqaalaha iyo dhaqankaba.

Haddaba, Shirkii Berliin 1884 laguna qaybsaday Afrika iyo ummadihii ku noolaa wuxuu ahaa kii abuuray dhibtii ugu wayneyd ee gumaysi aydoo dowladahaasi aanan tixgelin kala duwanaanshaha dadki ku noola qaaradda, iyagoo fiiriyey danahooda dhaqaale ama gumeysi oo kaliya. Dowladahaasi waxay beddeleen qaabki ka horeeyey ee ay ummadda isu-maamuli jireen iyagoo kala wareegay maamulkii, abuurayna maamul ay leeyihiin.

Sannadkii 1892dii, Muqdishu waxaa ka talinaayey Sulddaankii Zanzibaar, wuxuuna heshiis la galay Taliyaaniga oo ka kireeyey Muqdisho muddo 25 sano ah, kiradaasi waxaa lagu qiyaasay lacag gaareysa ilaa 144,000 sterlini ah sannadkiiba inuu bixiyo, hase yeeshe Taliyaaniga oo ahaa gumeysi wuxuu markiiba bilaabay xeelad iyo makri oo si tartiib-tartiib ah uu ugu fiday goboladda konfureed isaga oo isticmaalaya awood military ah, hase yeeshee, dadka Soomaaliyeed si xoog leh ayay uga hor yimaadeen, dagaal qaraarna wuxuu ka dhacay Lafoole (Afgooye) oo la magac baxay dagaalkii Lafoole iyo Dhanaane oo dad badan isticmaarka kaga dhinteen isla markaasina jab weyn ay ka soo gaartay Talyaaniga, inkastoo marki dambe isticmaarka Taliyaaniga ku fiday dhammaan goboladda Soomaaliyeed oo uu ka talinaayay muddo 70 sano ah.

Dagaalkii labaad Ingriiska oo guul weyn ka soo hooyey, gumeysigii Taliyaanigana oo halkaasi lagu jebiyey, sidaasi darteed goboladda Soomaaliyeed oo idil waxay mar kale ay gacanta u gashay Dawladda Ingriiska, waxaana magaaladda Muqdisho soo galay maamulkii militariga Ingriiska oo magaalo madax ka dhigtay Muqdisho, isla markaasina ka sameeyey maamul hoose oo dhallinyaradda Soomaaliyeed hoggaanka u qabtay.

Taariikhda Halganka Siyaasadeed

Qoraalka taariikhda Reer Benaadir lagama reebi karo halganka gobonimadoonka Soomaaliya oo ka billowday magaalada Xamar iyo in dadka deegaanka u ahaa dadkii ugu horreeyay oo loollanka siyaasada gobonimadoonka Soomaaliya la galay gumeysiga Ingiriiska iyo Taliyaaniga, qaybta ay ka qaateen uu ahaa qeyb libaax. Waxay ahayd kartidii aqoonta Reer Banaadir oo u suurta gelisay in loollankaas uu waddanka guul u soo hooyo, isticmaarkana uu garto in xurriyadda waddanka Soomaaliya ay lagama maarmaan tahay. Taas ayaa sabab u ahayd in Soomaaliya ayadoo dagaallo waaweyn ka dhicin isticmaarka isaga tago.

Waxaa la qaban jiray kullamo qarsoodi ah oo oday-dhaqmeedyada, culumaa'udiinka, waxgaradka, dhallinyarada, haweenka iyo siyaasiinta Reer Banaadir ka soo qaybgeli jireen, si loogu wacyi-geliyo la dagaalanka gumeysiga, loona baraarujiyo dadweynaha intiisa kale ayadoo sidaas ku asaasmeen labadii urur ee siyaasiga ahaa Hamar Youth Club (HYC) iyo Somali Youth Club (SYC). Arrintaan oo xikmad iyo aqoon siyaasi ku abaabulnaa, waxaa horseed u ahaa dadka Reer Banaadir, iyaga ayaana ugu badnaa dadkii abuuray, 13dii qof ee Leegada, dhaqangeliyana dhaqdhaqaaqa siyaasadda xoreynta Soomaaliya, waxayna si wada jir ah muddo dheer la dagaalamaayeen gumeysiga. Marxaladdii gumeysiga, dadka Reer Benaadir waxay qayb weyn ka qaateen dagaaladii gobonimadoonka iyagoo ku can baxay, dhacdooyinka taarikhda galay ee xurnimo u dirirka, taasoo keentay in 1da Luuliyo 1960kii ay Soomaaliya xuriyadeedi qaadatay, Muqdishana ay noqotay magaalo madaxda Soomaaliya.

Mudnaantaasi, Muqdisho waxay ku soo kordhisay colaad iyo dhibaato kaga yimid dadkii u soo haajiray oo la yimid dhaqan ka duwan dadkii asalka u ahaa, waxaana ciriiri galay asalnimadii iyo wanaagii ay caanka ku ahayd ee wada noolaanshaha iyo istixgelinta.

Ninna ma ka been sheegi karo, waana marag ma doonto wixii ay soo qabteen Reer Banaadir. Waxay ahayd:

· *15kii Abriile 1944tii* markii la furay ururkii Reer Banaadir ee ugu horeyey oo la dhihi jiray Hamar Youth Club. Guddoomiyahii ururkana waxaas ahaay *Axmed Shariif Maxamed.* Ururkan oo lagu aasaasay qaab saaxibtinimo ah, howlahisa ma ku ekaanin Xamar oo keliyah, waxaas xiriir iyo wada shaqeyn la lahaa dhalliyaro kale oo dhaqdhaqaaq waday oo kala joogtay Baraawa iyo Marka. Laakin Xamar waxay ahayd xaruunti siyaasadda weyn ay ka socotay.

· *9kii Jennaayo 1952dii* ururka wuxuu abaabulay Shirweyne dhammaan xubnahiisa, si loo doorto guddi fulin.

· *15ka Abriile 1952kii* waxaa la doortay *Xaaji Muxiddiin Xaaji Cali* in uu noqdo Guddoomiyaha Ururka iyo guddigii la shaqeyn lahaa oo leh ku-xigenkiisa, xoghaye, khasnaji, guddi hantidhowr iyo la-taliyaal. Isla sanadkan waxaa loo dabaaldegay sanadguuradiisa 8aad. Maalintaas Xamar wixii ka dhacay oo dhamaashaad ah waa la ogaay, Guddoomiyahane wuxuu ka jeediyay khudbad oo lagu caddeeyay siyaasadda ururka, waxaa iagana meeshaas khudbado ka soo jeediyey Guddoomiyahii Ururka Leegada *Xaaji Moxamed Xusseen* iyo *wakiilka Dowladda Taliyaaniga Dr Gasbaari, waxaana goobtaas ku sugnaa wufuud mataleysay Qaramada Midoobay, Maamulka Taliyaaniga, Dowladda Fransiiska, Jaaliyadda Carabta, Hindida iyo Soomaalida.*

· *17da Luuliyo 1952* waxaa la doortay madaxdii ururka ee xafiiska degmada Marka Caddey. Waxaan xoghaye loo doortay *Shariif Cabduraxmaan Shariif Cali*, waxaa iyagana la magacaabay ku xigeen iyo dhammaan guddigii howlgeli lahaa.

· *21da Agoosto 1952 Shariif Moxamed Xuseen Zeeno* ayaa noqday Guddoomiyahii Ururka.

· *18dii Nofembar 1954* ururka wuxuu xafiis cusub ka furay degmada Wanla Weyn.

· *15 Jennayo 1955* magaaladda Braawe ayaa cusbooneysiisay guddigeeda fulinta.

· *29ka Jennaayo 1955* wuxuu ahaa sanadguuradii 11aad ee aasaaska ururka, waxaa dabaaldeg weyn uu ka dhacay Xaruunta Ururka ee ku yaalay Via Roma ee Xaafadda Xamar weyne.

· *16ka Juun 1955* waxaa la doortay guddi cusub ee Baidhawa.

· *30ka Juun 1955* waxaa la furay xafiis cusub ee degmada Buur Hakaba.

· *18ka Luuliyo 1955* waxaa dhashay xafiis cusub ee ururka oo laga furay Baardheere.

· *17 Abriile 1957* waxaa la dilay saaxiib run ah ee ururka Benaadir *Moxamed Kamal-Eddiin Salaax* oo dhallashadiisu ahayd dalka Masaarida, una halgamaayey in ay Soomaaliya xuroowdo oo ay dowlad noqoto. Isla sanadkaan waxaa laga qayb galay Shirweyne Caalami ah oo lagu qabtay dalka Masar oo magaciisu ahaa Shirka Isbahaysiga ee Dadyowga Afrika iyo Aasiya. Soomaaliya waxaa ugu qaybgalay:

Guddoomiyaha Golaha Dhallinyaradda Reer Banaadir *Shariif Cali Musallim*, Guddoomiyaha Xisbiga Digil iyo Mirifle *Jeylaani Sheikh Bin Sheikh* iyo Guddoomiyaha Ururka Leegada *Xaaji Moxamed Xusseen.*

· *14kii Maarso 1958 Shariif Musallin Bin Cali* caafimaad-darro awgeed wuxuu iska casilay guddoomiyenimada Ururuka, waxaana xilkii loo magacaabay *Abuukar Xaamuud Sokoro* oo soo waday ilaa 1960 oo laga qaato xuriyadda.

Waxaa xusid mudan dadaalkii Reer Benaadir waxyaabihii lagu gaaray haddii ay tahay ka qaybagalkii Shirka Qaramada Midoobay ee lagu doonaayey xurnimada, mashaariicdii waxbarasho ee dhallinyarada Reer Benaadir ay ugu aadayeen dalka Masar, Shiinaha, Ruushka iyo kuwa kaleba, sidoo kale mashaariicdii dhismooyinka Cusbitaalka Benaadir, Golaha Murtida iyo Madadaalada, Stadiyo Muqdisho iyo mashaaricyo kaloo badan oo xilliyadaas codsigooda loo gudbiyay dowladda Shiinaha oo ballan qaaday.

Labada urur waxay ugu danbeyntii beddeleen magacyadooda, waxayna isku beddeleen laba xisbi oo isku mabda' iyo fidrad ah, waxeyna mucaarad ku noqdeen xisbiyadii kale ee dadka laga sameeyey oo ku dhisnaa qabiil iyo la shaqeynta isticmaarka

Asalka Burburka Soomaaliya iyo Saameeynta BB

Dalka Soomaaliya dhibaatooyinkii la so maray iyo kuwa iminka lagu sugan yahay waxaa loo aaneyn karaa in ay ka soo jeedaan 1954kii, kaddib markii xisbigi Somali Youth League uu ka leexday mabaadidisi halganka ee looga soo horjeeday isticmaarka gacan saarna la yeeshay, si ay u ilaashadaan danahooda.

Golahii wasiirada ee la dhisay, waxay noqdeen kuwa u adeega isticmaarka, xilkii lagu aaminayna waxay u isticmaaleen daneysi shaqsi ah, markaas waxaa si aan mugdi ku jirin u soo baxday qayaanadii ugu weyneyd ee hoggaankii SYL ee loo geystay Ummadda Soomaaliyeed, gaar ahaan dhaqdhaqaaqii xarakadii siyaasadeed ee Ummadda Reer Benaadir oo xilligaas gacan saar iyo wada shaqayn la lahaa ururka SYL.

Sidoo kale SYL waxay ku ballan furtay amuuro gaar ahaa ee ka dhexeey labada urur oo ku saabsanaa ka soo horjeedka isticmaarka iyo xuriyadoonka. Waxaa dhacday in SYL iyo Ururkii Reer Benaadir ay wada galeen heshiis ku saabsanaa in dabaaldegyada labada urur aan la surin calanka Taliyaaniga.

Dadka Reer Benaadir oo weligood lagu yaqaanay Alla ka cabsi waa ay fuliyeen ballantii maadaama ay soo hormartay xafladii sanadguurada 15kii Abriile 1955 oo ahayd asaaskii Xisbigii Hamar Youth Club, hase ahaate markii la gaaray sanadguuradii SYL oo ku beegnayd 15 Maajo isla sannadakaas, waxaa dhacay in SYL ay ku ballan furtay HYC oo calankii Taliyaaniga ay meel walba surtay.

Halkaan waxaa si weyn ku kala fogaaday Taliyaaniga iyo Hoggaanka Ururka Reer Benaadir ee HYC. Arrintaas qiyaanada weyn ahayd SYL oo weligeed sugeysay fursad ay ku xumeeyso xiriirka Reer Benaadir iyo Taliyaaniga dhinaca siyaasadda dhex mari karay waa u hirgashay qiyaanadeeda.

Dibaatada iyo xasilooni la'aanta maanta waxa qayb weyn ka ah dhacdooyinkii maalmahaas oo ka soo dhasay isu soo dhowaanshaha Taliyaaniga iyo SYL oo kalsooni daro ku abuurtay dadka, kaddib markii qiyaamooyin la maleegay, heshiisyo daneeysi ahna lala galay isticmaarkii Taliyaaniga oo huwan magaca Wasaayadda.

Waxaa xusid mudan in Xisbigii Xisbiya Digil iyo Mirifle (HDMS) oo ka faa'idaysanaaya waayo aragnimadii qiyaamooyinka SYL ee lagu fuliyey Ururkii Reer Benaadir ayaa bishii Maarso 1957, Jaylaani Sheikh Bin Sheikh, Guddoomiyahii Xisbigii HDMS wuxuu ku dhawaaqay: *"Waxaan idin caddeynayaa in xisbigayagu HDMS uu rabo in midnimada dalka aan saldhig ugu dhigno nidaamka federaaliga ee adduunka looga dhaqmo, kaasoo ah wadada keliyah ah ee ummaddeeni ku gaari karto midnimo, una damaanad qaadi kara in gobolada kala duwan in ay helaan caddaalad bulshadeed iyo maamul hoosaadyo."*

Markii xurriyadda la helay, nasiib darro, waxaa dhacday in dawladii uu horeysey ee dalka ka dhalatey ay noqoto mid daneysi ah, kuna dhaqaaqdey maamul musuq-maasuq ah, isla markaasna u adeegaya danaha gaarka ah iyo midka gumeysiga. Sidaas awgeedna, waxaa dalka soo food saaray dhibaatooyin dhaqaale, bulsho, siyaaso iyo nabadgelyo xumo, iyadoo dib u soo noolaaday qabyaaladii foosha xumeyd

Dadka Reer Benaadir waxaa aad looga cusleeyey noloshooda

iyo shaqooyinkooda oo ayaga khaas u ahaa sida beec-mushtarka xurta ah, farsamada, fanka, cilimiga iwm. Si loogu jeediyo dhibaatooyinka nolol maalmeedka, waxaa loogu talo galey in dhexdooda khilaafaad, cadaawad, naceeb, iska horimaad iwm, ka dhasho (*kala qeybi oo xukun*). Waxaa loogu talagalay in dhulkooda, guryahooda raqiis loo iibsado, waddankana looga saaro.

Sida la wada ogsoon yahay, dagaaladii ugu xumaa uguna darnaa ee Soomaaliya waxay ka dhaceen magaalooyinka ay asal ahaan u degan yihiin dadka Reer Benaadir, kuwaasi oo qabaa'ilka hubeysan ay isku herinaayeen, sidii ay xoog ugu qabsan lahaayeen, ayagoo isticmaalaya hub kala nooc ah sida madaafiic, hoobiyaal iyo boroono iwm, taasoo sababtay in magaalooyinkaasi oo taariikhda faca dheer leh la burburiyo, degaankoodina la xaalufiyo, lana nabad guuriyo, dadkana loo geesto dhac, kufsi, dil, gumaad, loolana dhaqmay si bani'aadaminimada ka baxsan.

Dhibaatooyinkii badnaa ee soo wajahay dadka Reer Benaadir waxay keeneen in dhexdooda ay kala daataan, qof walbana dantiisa khaaska ah keliyah in uu raaco (*Ninbow Naftaa, Nabiyow Ummaddaa*), sidii uu noolashadiisa, tan xaaskiisa iyo caruurtiisa u badbaadin lahaa. Dad badan oo Reer Banaadir ah ayaa nooloshooda ku qasabtey in qabaa'il reer miyi ah sheegtaan, sidii dhibaatoyinka haysta ay uga bixi lahaayeen, bedelkii ayaga isu imaan lahaa oo ay ka waa tashan lahaa dhibaatoo-yinkooda. Kuwo kalena waddanka oo idil ayey ka tageen oo adduunweynaha ayey nolol ka raadsadeen. Sidaa ayaa Qowmiyaddii Reer Benaadir in gabi ahaan u lunto ku dhowdahay.

Sidaas darted, dadka Reer Benaadir waxey ahaayeen dadkii ugu horeeye ee dalkoodi iyo guryahoodi ka soo cararay, ayagoo naftooda u baqaayey, marka hore, waxey u soo qaxeen, qaxooti ahaana waxayne degeen dalalka dereska ah ee Kenya, Ethiopia iyo Yeman, kaddibna waxey dalalkaasi ugu sii dhoofeen dalalka galbeedka, oo dad badan oo ayaga ka mid ah qaxooti ahaan ugu nool yihiin sida dalka Ingriiska, Ameerika, Kanada, Holland, Danimaarka, Austraaliya iyo dalal kale ee Yurubta ka mid ah.

Nabadeynta iyo Is-xukun Goboleedka.

Somaaliya waxey muddo 12 sano ku jirtaa dagaal qabiil oo wax ujeeddo iyo faa'ido leheen, darisga keliya oo laga helayana yahay in dalka Soomaaliya uusan ka jirin hal qabiil oo ku andacoonkara inu ka tiro ama ka xog badan yahay qabaa'ilka kale ee Soomaaliyeed.

Waxa Soomaaliya burburiyey, sharafta iyo karaamada dowladnimadana ka qaadey wuxuu ahaa qabiil, haddana waxaa nasiib darro ah in qofka ka dhashey qabiil hubeysan in uu isu arko inu ka sareeyo ama ka tiro iyo awood badan yahay qabaa'ilka kale ee Soomaaliyeed oo aan hubka qaadan, taasina waxay keentey in qabaa'ilka aan hubeysneen loo arko kuwo aan miisan leheen, sidaasi darteedna, sedkii qaranka ay ku lahaayeen aan la mid eheyn sedka kuwa hubeysan, taasina ay keentey in la iska dhega tiro magacoodi asalka ahaa, loo bixiyo magac si aad ay u diideen oo ah *"kuwa kale"*.

Waxgaradka Soomaaliyeed oo dhan waxey arkeen in qabiil uusan bedeli karin qaran, dowladna qabiil ku dhismi karin, dhammaantooduna waxey isku raacsan yihiin in qabiil khasaare ma ehee, wax faa'ido ah laga keyneenin. Haddaba, waxaa haboon in khaldaadkaas la isa soo hordhigo, si fiicana lo darso, maadaama ay yihiin waxyaabihii fashaliyey meelmarinta go'aanada Shirweynaha Nabadeynta. Waxaa hubaal ah in dowladii qabiil lagu dhiso, qabiil kasta oo Soomaaliyeed oo u tartamayo inu tiro wasiiro badan dowladaasi ku yeesho, sida la arkeyna, habkaasi waxaa ku dhalata dowladaha adduunka ugu wasiiro badan, uguna saboolsan, islamarakaasina ugu tayo hooseysa, wax qabdna aan laga sugeynin, taasoo aan ka tarjumeynin baahida qarameed iyo awooda Soomaalida maanta oo burburtey.

Haddaba xeerka loo dejinaayo is-xukun goboleedka Soomaaliya waa inu noqdaa nidaam aan ku xad gudbeynin, ilaalinayana xuquuqda beelaha aan hubka qaadan, una oggalaanaya iney maamushaan qaybta ay ku leeyihiin Gobolka iyo degmooyinkiisa.

Cadaaladarro iyo Waddan Midnimadiisa

Addunweynaha waxaa ku nool yihiin malaayiin qof oo waxba isu ahayn, waxbana ka dhaxeynin, sida: af, dhaqan, diin, asal iwm, ayagoo ka kala yimid dhulal kala fog ee caalamka oo hal dal ama qaran isugu taga, ama usoo haajira, si ay u dhistaan hal dal ama qaran oo mideysan, iskuna afgarta iney ugu wada noolaadaan nabad, caddaalad, sinaan iyo is-xurmeen, haddana qaarkooda dastuurkooda jira muddo boqolaal sano.

Sida la wada ogsoon yahay, dalkeena Soomaaliya wuxuu xurnimadiisa qaatay 1dii Luuliyo 1960kii, waqtigaas oo laga joogo 41 sano. Haddaba waxaa nasiib darro ah, in muddadaas kooban in Soomaaliya ay yeelatay afar dastuur oo kii ugu dambeeyay la dejiyay sanadkii 2004 goorti magaalada Mbgati, waddanka Kenya, isu tegay ergooyin ayna ansaxiyeen Axdiga KMG oo u dhigma dastuurkii 4aad oo hadda la rabo in Soomaaliya lagu maamulo, halkudhegiisuna noqday "*xaq lama rabee xal ayaa la rabaa.*" Ayadoo xaqiiqdaasi ay jirto, ayaa dadkaasi isku raaceen in Somaaliya ay ku dhaqanto habka is-maamul goboleedka.

Dadka Reer Banaadir, mabda ahaan waxey aaminsan yihiin in dalka Soomaaliya loo qaybinin gobolo yar yar oo qabiil ama kooxo si gooni-gooni ah u maamusha, sidaasi darted, waa in la aqoonsada in qabiilka u ahaa waxa keliya oo dalka burburiyey, kalana qeybiyey dadka Soomaaliyeed, xaaladda maanta lugu sugan yahayna soo gaarsiyey. Hase yeeshe, mar haddii ergooyinkii ay isku raaceen in dalka Soomaaliya oo dib loo dhisi doono uu ku dhaqmo habka Is-maamul Goboleedka ama Federaaliga ah, haddaba dastuurka hergelintiisa waxaa waajib ah in qabiilna qabiil kale sedkiisa hinguryeynin ama xaqiisa boobin, qola kastana fursad loo siiyo iney maamushaan Gobolka iyo degaanka ay u dhasheen.

Mustaqbalka Nidaamka Federaaliga

Sida la ogsoon yahay waxay dawladda ku meelgaarka ah ee Soomaaliya go'aansatay in ay qabanqaabiso dustuur ku dhisan nidaamka federaaliga. Soomaaliya waxay hore ku dhaqantay nidaam rasumaali ah iyo nidamka hantiwadaaga. Indheer-garatada Soomaaliyeed waxay ku talinayaan in nidaamka federaaliga lagu dhaqmo waxtarna u arkaan inuu yahay xalka keliya ee loo heli karo dhibaatada maanta ka taagan dalka, hase ahaate, isweydiinta waxay tahay qaabka lagu hirgelin kara nidaamka federaaliga.

Federalism waa nidaam ku dhisan is-maamul goboleed. Dowlad

goboleedka wuxuu noqon doonaa mid ku shaqeeya horumarinta gobolkiisa, isagoo yeelan doona gole siyaasadeed oo u gaar ah. Maamulka guud ahaan waxaa la wareegayaa dadka ku nool gobolkaas. Waxaa haddaba inoo cad in nidaamka is-maamul goboleedka aan ka caaganeyn dhibaatooyin hor leh oo ku yimaada dadka Soomaaliyeed qaarkood.

Inkastoo ummadda Soomaaliyeed ay yihiin kuwa dhaqan iyo diinba wadaaga, waxaa sannadahii la soo dhaafay tusaale noqotay in Soomaalidu ay marnaba ku heshiin karin dhul iyo xukunba. Go'aanadii ka soo baxay Jabuuti waxay sheegayaan in xukunka lagu qeybsado hab beeleed ama qabiil, hase yeeshee lama tixgelinin qabaa'ilka laga tira badan yahay in fiiro gaar ah la siiyo. Taasi waxay natusaysaa in dadka laga awood badan yahay aan loo oggoleen in ay wax ka xukumaan gobolada ay deggan yihiin ama ay wax ku yeeshaan maamulka dalka. Dadka Reer Banaadir ma aha dad laga tiro badan yahay, waayo waxay hore u muujiyeen in ay doorten xildhibaano iyaga matala. Sanadkii 1967kii Reer Banaadir waxay doorteen *Dr Mohamed Raajis* ayagoo baratan adag ugu jiray labada kursi oo keliya ee lagu loolamaayay magaalada Muqdisho. Waxaa intaasi sii dheer in isla sanadkaasi ay u doorteen duqa magaalada Muqudisho, *Shariif Maxamed Ceydaruus.*

Siyaasadda Dalacsiinta Muqdisho iyo Fogeynta BB

Dalka Soomaaliya maanta waxaa la hadal haayaa in lagu hirgelyo qaabka federaaliga ee is-maamul goboleedka, oo ahaa mid ay Soomaalida shirka ka qaybgashay ku heshiistay. Reer Banaadir arrintaan waxay u arkaan in ay tahay middi laba af leh, waxaane la leeyahay dadka Soomaalida waxaa qolo walba loo yeelay aqoonsi degmo iyo mid goboleedba, laakinse Gobolka Benaadir waxaa la yiri Soomaali oo dhan ayaa iska leh oo waa caasimadii ummadda oo dhan iyo astaantii Soomaalinimada.

Arrintaan waxay u muuqan kartaa xigmadii sheegeysay '*dalacsii si aad u durjiso*' taas oo maanta u muuqan karto in wanaagga loo sheegayo Reer Benaadir in ay tahay in laga taqaluso xaqooda, lagana qaado heebta taariikheed ee dadka iyo deegaanka Reer Benaadir ay leeyihiin, taasna waa in si aad ah looga taxadiraa, loona arkaa gardarro naloo geysanaayo. Arrintan ma aha mid ku kooban Dowladda KMG oo keliya ee waxaa masuul ka ah dhammaan dadki ka qaybgalay Shirkii Carta ee Jabuuti oo ku heshiiyey in sidaas ay wax ku maamulaan, kuna sugaaya in Soomaaliya ay dowlad sidaas ku ahaato.

Mideynta iyo Xallinta Khilaafaadka BB

Dadka Reer Benaadir, kama badbaadi karin xaaladdaha qalafsan ee Soomaaliya guud ahaan wada saameeyey. Ururadii Soomaalida ee dhamaantood ka wada siman xarafka 'S' ee qabaa'ilka ku saleeysnaa, waxay ku wada dhasheen duruuf colaad sokeeye iyo kala qixid. Weliba SNU wuxuu ahaa ururka keliya oo aan hub qaadan, isla markaasna ma jirin deggaan u gaar ah uu ka taliyo oo dadkiisa ku badbaadsan karo. Sidaas darteed, waa la fili karey in uu la kulmo turaan-turooyin, jahwareer siyaasadeed iyo dhaliilo kala duwan. Xaaladda dhaqaale ayaa iyadan door weyn ka ciyaartay dhaqdhaqaaqa ururka, xujooyinna ku noqdeen madax banaanida mabaadiida ururka.

`Xaqiiqooyinkaas waxay mudan yihiin tixgelin, hase ahaatee maxaa khaldamay? Waa su'aal u baahan inaan is weydiino, lana helo jawaab lagu saxaayo waxa khaldamay. Shan iyo tobankii sano la soo dhaafay khaladaadka ugu weyna oo saameeyay aayaha dadka Reer Benaadir wuxuu ka yimid dhinaca siyaasadda iyo howlgalka Ururka SNU ee ay ku abtirsadaan. Khaldaadkii dhacay, duruuf kastaba ha ku yimaadeen, waxay keeneen kala bax hor leh. Waxaa abuurmay ururo kale oo laga barbar furay ururka, sida: SNU/SNA, SANU, QOWMIYADDA BANAADIR iyo kuwa kale. Kooxeyntaani waxay dadka Reer Benaadir u keentay kala qaybsanaan gaartay meel fog.

Qarnigii la soo dhaafay, qadiyadda Reer Banaadir waxay soo martay marxalado kala duwan oo guulo leh. Guushaan haddii aad u kuur gashid, waxay salka ku haysay midnimada Reer Banaadir oo ku dhisnaa is-xurmeyn, kaasoo ilaa hadda miraheeda laga dareemi karo degaanada Reer Banaadir oo dhan. Haddaba, xoojinta midnimadaasi oo xididdo dheer ku leh dhaqanka iyo caadaadka adag, xadaaradda iyo taariikhda dheer ee Reer Banaadir, waxaa sal u ahaa doorkii ay da soo ciyaareen culuma-u-diinta iyo wax garadka.

Quursiga Xuquuqda BB

Soomaalidu waxay ku mahmaahda seddax ayaa dad ugu liita: "*Nin jooga oo aan la tirsan, nin tagay oo aan la celin iyo nin maqan oo aan la tabin.*" Sidaas awgeed wax yeeladii aan la soo koobi karin ee loo geystay Qowmiyadda Reer Benaadir oo ku abtirsata magaala madaxda Soomaaliya ee Muqdisho, ka sakow, waxaa nasiib darro ah in shirarka looga hadlaayo arrimaha Soomaaliya lagu tilmaamo in ay tahay qowmiyad yar oo aan tiro iyo tayo ahaan midna qiimo laheyn, ayadoo loo isticmaalo erayga "*inta kale,*" taasoo aan haba yaraate xaqiiqda waafaqsanayn ayna dhabtu tahay in Qowmiyadda Reer Benaadir ay tahay mid fac weyn, tiro badan, ayadoo saldhig u ah ilbaxnimada koonfurta Soomaaliya haddii aysan ujeeddada ka dambaysa erey bixinta la siyay ee ku salaysnayn in aysan Reer Benaadir ay hubaysnayn oo faraha dhiig la gelin, kana qeyb qaadan burburinta dalka iyo gumaadkii dadweynaha Soomaaliyeed.

Waxaa kaloo la yiri:"*Ood sidii kala sarrayso ayaa loo qaada*", taasoo aanu ula jeedo marka hore in oday-dhaqmedyada Bahweynta Benaadir in ay dhexdooda ay heshis guud dhex dhigaan oo ay dhicin adiga anagaa ku gumeysana oo ma noqon kartid xur madax banana. Waxaan fileyna taasi in laga soo gudbay waqigan casriga ah oo beel beel loo wada hashiisiyo, beel kastana aqoonsigeeda u madax banaan tahay iyo ku dhaqanka dimuqraadiga, markaas kaddibna si wadajir ah loo raadiyo xuquuqdii naga maqan ayadoo lagu saleyndoono wada tashi joogta ah iyo in loo hawlgalo uruurinta iyo mideynta Bahweynta Banaadir, lagana fogaado wax kasta oo qas gelinaaya wadajirka iyo midnimadda Bulshada Benaadiriga.

Doorka Odey-dhaqmeedyada iyo Siyaasiinta

Dadka Reer Benaadir waxay hidda iyo dhaqanba u lahaayeen una leeyihiin ilaa iyo hadda odeyaal arrimaha qabiil kasta oo ka tirsan beelaha Benaadiriga u go'aamiya, una xilsaaran arrimihiisa gaar ahaneed, waxaan dadka qaar yiraahdaan Suldaan ama Malaaq. Waxaa kaloo jiray, jirana ilaa iyo hadda odeyaal iyo dad indheer garad ah oo arrimaha siyaasadda si weyn ugu xeel dheer. Waxaa haddaba jirta in inta badanna aan la kala garankarin, kan u qaabilsan arrimihiisa siyaasadeed iyo kan dhaqanka.

Haddaba, waxaa muuqato in la gaarey xilli ay u baahan yihiin dadka Reer Benaadir iney yeeshaan dastuur cusub oo qeexaaya kalan saaraaya odey-dhaqmeedyada iyo siyaasiinta laguna kala garan karo nin walba mas'uuliyadda khaaska ah ee saaran, si loo helo bulsho leh dhaqan hufan uu odey-dhaqmeed hoggaamiyo iyo siyaasi hufan oo karti u leh hoggaaminta siyaasadeed ee dalka guud ahaan iyo la dhaqanka siyaasiga Soomaaliyeed oo garan kara wejiga cusub ee siyaasadda Soomaaliya ee la yaabka badan.

Difaaca Xuquuqda Jiritaankeena

Waad la socotaan maanta Soomaalida waxay ka mideysan tahay baabi'inta magaca Reer Benaadir ee soo jiri jiray inta ayan jirin magaca Soomaali wax la yiraahdo. Waxaa tusaale inagu filan caddaawadu meesha ay gaartay anagoo ah muuqaalka ilbaxnimada iyo horseedkii xuriyadda Soomaaliyeed, in maanta Shirkii Carta la inoogu magac daray *"kuwo kale."* Taas waxay salka ku haysaa inkiraada xaqeena oo aanan weligeena qofna ka oggolaaneynin si naloo duudsiyo xuquuqda jiritaankeena. Kuwa dulmiga ku taagan waa in aanu ugu hortagnaa dagaalka qalinka oo waa inaan codkeena meel walba gaarsiinaa oo aan diidnaa gardarda iyo shirqoolada.

Sidoo kale su'aasha ah *Maxaa haddaba nala gudboon?* Dhammaanteen, waxaan ognahay in maanta nala deris ah xidid nala ah, degan degmooyinkeena, caruurteena iyo kuwooda wada ciyaaraan dad aan caado iyo xeer la wadaagin. Haddii aanan tashan, adkeynin midnimadeena, laba jeer dib u fekerin, waxaa hubaal ah in mustaqbalka nalagu fulin doono ololaha wejigiisa labaad. Waxay ila tahay in fiddo u noqon karin masaalixda qabaa'ilka kale. Soomaaliya iyo midnimadeeda tadxiyo waan u noqon karnaa haddii jiritaankeyga iyo xuquuqdeyna siyaasadeed waxba loo dhimeenin. Waa inaan xoogeena mideynaa, qoraaladeena badinaa, adduunka la xiriirnaa, sidaas ayaan ku gaari karnaa himiladeena. Xaqu waa ki markasta guuleysto, xaq-daraduna waxay ku dambeysaa guul darro iyo hoog, maxaa yeelay Allaha waa caadil, mana jecla xaqdarada.

Arrin aad iyo aad laga jir-jircooda oo la sheegay inay ka dhacay Xafiiskii Dowladda Hoose, Qaybta Diiwaangelinta, xaruuntii oo ahayd meesha ay ku keysan yihiin xog dhab ah ee dadkii deganaa Muqdisho oo ah xudduntii ilbaxnimada Soomaali meel ay joogtaba. Waxaa la isku dayey in la gubo oo la baabi'iyo xafiiskii dad-qorista, sababta ugu weyn ahayd diwaanada waaweyn ee halkaas yiilay waxaa ku qornaa in dadkii ugu horeeyey ee laga diiwaangeliyo xafiiskaani in ay ahaayeen dad Reer Benaadir ah, maadaama ay yihiin dadkii ugu soo horeeyey ee halkaas loogu yimid. Sidaas oo kale ayaa loo baabi'iyey goobahii taariikhda oo isugu jira dhismooyin masaajid, daaro ama jasuur kumaan sano soo dhisnaa iyo taalooyinba. Arrimahaan waxay ka dhaceen meel kasta oo Reer Benaadir ku nool yihiin sida Marka, Baraawe, Jasiira iyo dhammaan magaalooyinka ay degan yihiin. Waxaa intaas naloogu daray barakicin ujeedadiisu tahay isir sifeyn.

Bahweynta Benaadir iyo Warbaahinta.

Mediyaha waa awood aad iyo aad u weyn oo aan la yereesan karin marka la rabo in dadka loo soo gudbiyo waxyaabaha ka dhaca waddamada gudahooda iyo arrimaha la rabo in loo bandhigo adduunweynaha. Soomaaliya markii loo diraayay ciidamada Mareekanka waxaa si xoog leh loo adeegsadey mediyaha, waxaa TVga leyska tusaayey caruurtii, haweenkii baahida u dhimanaayey.

Markaas waxaa dhacdey in dadweynaha Mareekanka ay oggolaadaan in ciidamo loo diro Soomaaliya. Haddana markii dambe dagaalka uu dhex maray ciidamadii Mareekanka iyo ciidamadii *General Maxmed Faarax Caydiid* waxaa TVga leyska tusay ciidamadii Mareekanka oo dhulka lagu jiidaayay, isla markiiba shacbiga Mareekanka ka codsaday dowlada in ay si deg deg ah loo soo celiyo ciidamadooda.

Tobankii sano oo uu socdey dagaalka sokeye, arrimaha ka dhacay Soomaaliya gaar ahaan dhibaatooyinkii loo geystey dadkeena Reer Banaadir sida dhaca, kufsiga iyo dilka, waxii anaga ognahay in ay dhaceen mooyee, nasiib darro ma jiraan waxyaabo badan oo laga qoray arrimahaasi.

Midnimadeena - Argagaxa Cadowgeena

Aragtida waxgaradka dadkeena badankoodu, waxaa ay codkoodu aad ugu adkeynayeen baahida loo qabo midnimada, midnimo la'aanteedna in meel aan la gaari karin ayaa sugnaatay.

Tusaale marag ma doonta ahne noqotay, xusuus lama iloobaan ahna ku reebtay ummadda wuxuu ahaa Shirweynahii Nabadeynta Soomaalida ee lagu qabtay dalka Itoobiya sannadkii 1993.

Shirkaas waxaa ka soo qaybgalay wafdi ballaaran oo Reer Benaadir ah, kana kale yimid adduunka, waxayna tiradoodu ahayd 53 qof, waxaana caddaatay ineysan jirin urur Soomaali ah oo shirkaas ka soo qaybgalay, tiradiisuna ay intaas ahayd. Mucjisada yaabka leh waxay ahayd in hal maalin garoonka dayaaradaha ee Addis Ababa ay ka soo degto dayaarad gaar ah oo sida wafdi Reer Benaadir oo ka yimid dalka Yemen, wafdigaas oo ku dhammaa aqoonyahaan, waayo arag, siyaasiin, dhallinyaro iyo haweenba. Taasi waxay ku tuseysaa dadka Reer Benaadir marka ay is-aaminsan yihiin waxa ay galaan iyo waxa ay gudaan.

Maalintaas ururadii hubeysanaa ee Shirka Addis Ababa ku sugnaa waxaa ku bilowday wel-wel ku soo saaiday arrimahii ay wateen ee ahaa sadbuursiga iyo quursiga ay la damacsanaayeen Reer Benaadir maadaama ku talagalkoodu ku saleysnaa in la inkiro xuquuqda dadkeena, arrintana ay ahaato sida ay dadkeena u soo haajireen in ayan dib ugu noqon dalkooda.

Maalintaas waxaa bilowday in qabaa'ilka Soomaalidu ay u howlgalaan sidii dadkeena loo kala dhexgeli lahaa oo la isugu diri lahaa, xooggii halkaa yimid loo kala qaybin lahaa, dhantaali lahaa, sababtoo ah Reer Benaadir ee ka kala yimid dunida oo hal meel ka soo jeeda, dhexdooduna ayan oolin is-qabqabsi iyo kala shaki, wata hal hoggaan iyo koox wada shaqeynaysa.

Waxay ahayd fajac ku soo kordhay qabqablayaasha dagaalka ee qabtay dhulkii ay deganaayeen Reer Benaadir, iyagoo la wareegay wixii hanti ahaa ee aan lahayn, waxayna la yaabeen kuwii ay dhinac walba ka curyaamiyeen oo weli soo taagan, una halgamaaya xuquuqdooda iyagoo mideysan oo wada jira.

Isbedelka Dhaqan-dhaqaale BB

Mowduucan oo aad u ballaaran, ayaa waxaan la hureynin in lagu daro dhinaca siyaasadda dhaqan-dhaqaale oo u sabab ah isbedalka dhaqan-dhaqaale oo soo taxnaa tan iyo 1950kii, 1960kii, 1969kii isbedel ayaa ku dhacay 1977kii, 1991kii iyo tobankii sano oo dagaalada sokeeye socdeen.

Soomaalida waa bulsho reer guuraa ah iyo bulsho ma guurto ah ee degaan leh. Haddii aan soo qaadano bulshada ma guurtada ah ee Reer Benaadir, waxay lahaayeen degaan iyo xuduud u gaar ah, weliba haddii aan soo qaadano degaanka Xamar waxaa jiray Bilaajo, Wardhiigley, Shingaani, Xamar weyne, Boondhere, Xamar Jab Jab iyo degaano kale.

Bulshadaas waxey u qeybsanayeen ganacsato, kalluumeysato, shaqaale dawladeed, farsamo-yaqaano ku caan baxay farsamada kabaha, tolidda dharka, farshaxanka iwm. Markii qurbaha la yimidna kuwii shahaadooyinka watay ay waayeen aqoonsiga xirfadooda iyo waxey soo barteenba, Reer Benaadir waxey arrintaas kaga baxsadeen wax la yiraahdo 'self employment', xirfaddii ay hore u lahaan jireen ama ay ka dhaxleen waalidkood: kii hooyadiisa xalwo karin jirtey ama aabihiisa harqaan toli jirey , wixii ay ka barteen ayey la soo baxeen.

Maanta waa in aan wax ka qabanaa arrintaas ee aan ku dhiiri gelinaa dadkeena si ay ula tartamaan ama ay ula qabsadaan isbedelka habka loo wada shaqeysto, kaas oo ku saleysan iskaashato iyo hanti isku-darsasho ee wadajir mashaariic u wada sameysta. Isbedelka dhaqan-dhaqaale wuxuu dhacaa markii laga heshiiyo dagaalka sokeeye, shaqo badan ayaa abuuranta, mashaariic cusub ayaa hirgala, ganacsigana waa kobcaa, kuwi fagaxda hore baxsada ayaa guul badan gaara, inta kale kuwa galbadey iyaga ayeey ka hoos shaqeeyaan.

Khadka Siyaasadda Mustaqbalka BB

Culamada iyo qorayaasha ka faalooda taariikhda, waxey isku raacsan yihiin dadka Reer Banaadir inay yihiin manaarada ummadda Soomaaliyeed iyo asaasayaasha Qaranka Soomaaliyeed. Degaanka Reer Benaadir waa ubucda bur-dhigga u ah Soomaali midaysan, waana dhibicda isku xirta deegaanda Soomaaliya oo idil.

Dhaqankooda iyo hab la dhaqankooda bulshada inteeda kale ayaa u horseeday unkidda Qaran Soomaaliyeed. Waa dadkii ugu horeyay ee dunida la qaybsaday xadaarada iyo ilbaxnimada la xiriirta dhaqanka bulshada, dhaqaalaha, camiraada dhulka iyo dhisidda magaalooyin casri ah oo leh waxa lagu yaqaan magaalooyinka sida: suuqyo iyo dekado adduunka magac weyn ku leh, badeeca dhoofin iyo keenisba, warshadeynta dalagyada iyo farsameynta hugga iyo maacuunka, farsamada doonyaha iyo qalabka jillaabashada. Buug kasto oo ka hadlaayo taariikhda Soomaaliyeed, waxaad ku arkeysa dhismayaasha soo jireenka ah oo tobaneyo qarni ka hor la dhisay.

Raadka taariikhda wuxuu tilmaamayaa doorka dadka Reer Benaadir ay ku lahaayeen isku falkinta iyo meel isugu keenidda kayaanka Soomaaliyeed, baahinta aqoonta diineed iyo qaab noololeedka casriga ah. Reer Banaadir waxay summcad weyn ku leeyihiin dhaxdhaxaad ka ahaanshaha, loollanka naf lacaariga ah oo bulshada kala qoqoban ekeeyay. Doorka u furan Reer Benaadir oo waqtigan xaadirka waa inay noqdaan dallaayada nabadaynta, inay u guntadaan inay dalka maslaxo ka sameeyaan, nabadii iyo kalsoonidii ummadda ay dib usoo celiyaan. Waxaa ku waajib ah inay ummadda ku baraarujiyaan waddadii ay jeexeen awoowayaashooda oo ahayd inuu dhismo Qaran Soomaaliyeed oo midaysan oo ay ka jirto caddaalad kuna dhisan sharci iyo sugidda xuquuqda muwaadinka. Iyaga keliya ayaa marxaladdaan hadda la marayo, ehel u ah in ay doorkaasi qabsadaan, maxaa yeelay iyaga cidna dambi kama gelin waana la aaminsan yahay. Mar haddi laga hadlaayo siyaasad, arrinta waa ay ka baxaysaa *aniga* ee waxay noqonaysaa *innaga.* Siyaasadda waxay kugu kallifaysaa in yaryarowga aad iska indha saabtid oo aad higsato yoolka weyn. Siyaasadda waa kutlad-kutlad iyo isbahaysi. Inaad xulato isbahaysiga aad ka muuqan kartid, isku kalsooni iyo wax wada qabsi la yeelan karo. Halkan waxaan ku qasban nahay inaan dib u milicsano arrin aad xasaasiyad uga qabno oo ah cilladda *"in kale."*

Codka Dhallinyarada

Ummad kasto, sida la ogsoon yahay, waxay ka koobantaa qoysas iyo jinsi lab iyo dhedig ka sokow, odayaal iyo xoogagga horranta ah, dhallinyaro soo koreysa iyo caruur la abaabinaayo, si jiritaankeeda u kala go'in horin-horin amase jiil-jiil. Waa hubaal in awoowayaasheena iyo abuulaankeena ay ahaayeen dad hal abuur leh, xadaarad mug weyn iyo dhaqaale sal leh inay dhiseen, magac iyo hoggaaminne waa lahaayeen, hase yeeshee, jiilka maanta joogo, ammaanadii ma dhawreen, waddadii odayaasheena jeexeen ma ku socdeen?

Dhallinyarada soo koraysa, haddii lays dhihi lahaa, armaa lo baxsadaa, maxay ku sugan yihiin? Intii qurbaha u soo hayaantay iyo inta ku xayirantay dalka, wadcigooda waa is wada shaabahaa. Kii waagaa toban jirka ahaa maanta waa 22 jir. Kii soo hayaamay, badanaa hooyadiisa ayaa la soo carartay. Waxaa lagu abaabiyay qaab qalloocan. Noloshiisa waxaa sal looga dhigay been iyo iska daba wareeg.

Qaabkii qoys ku dhex noolaanshaha ayaa la dhumiyay. Aabaha waa adeerka, aabaha isagoo nool ayaa la yiraahdaa waa dhintay. Wiil aabihiisa la joogo ayaa la leeyahay wacel ayaan ahay dheh, haddii kale lacag ma heleyno.

Iswareeyso imisa ayaa jaamacad inoo dhigata aase qallin jebisey, iska dhaaf tacliinta ka sii sareyso. Dhallinyaraddii iyo ubadkii ummadda u hanaqaadi lahaayeen waa kuwaas yar-yaraantooda lagu feentay, waa kuwaas maalin walba xafiis iriddiisa taagan, beenta uga tarjumaayaan hoyooyinkooda aan afka aqoonin, mashaakil iyaga ka weyn madaxa looga daalinaayo.

Kuwa dalka gudihiisana kama badbaadin. Qori qaadasho, dil iyo dhac, boob iyo kufsi akhlaaqoodii samayd loogu beddelay. Waa kuwaas kuwa ummadda ku tashanayso inuu berito jiil cusub u kaco oo ay laruuro ku hesho.

Waxaan sannooyin ku soconay qodaxda korkeeda, waxaan ku nooleen cabsi iyo yastiin, waa mahad Eebe haddii maanta aan shirar yeelaneyno, waxaan fursad u heleeynaa in si wadajir ah u wada qabano daabka faaska, si aan isugu geeyno xoogeena si aan ula dagaalanno kuwa nagu xadgudba. Waxaa waajib nagu ah in si xilkas ah wax uga qabanno dib u soo celinta xuquuqda, sharafta iyo summcadda Reer Benaadir, waxaane loo baahan yahay in qof kasta cadow nagu ah la kasiisiyo in Reer Benaadir uu degaan u ahaa qarniyaal badan xeebta Benaadir iyo in awooyayaashooda ka dhaxleen: karaamad, sharaf, haybad iyo xuquuqooda sharciyeed aanan marnaba ka tanaasuleynin. *Allow sahal umuuraha, Adigaa wax kasto awood u leh.*

Kaalinta Haweenka BB

Reer Banaadir ahaan waa inaan ku fakarnaa barbaarinta iyo daryeelka ubadka iyo dhallinta qurbaha jooga, iyadoo loo baahan yahay in xooga la saaro ku abaabintooda waddan jeceel, reer banaadirinimo iyo meesha ay deegaan ahaan xaq ugu leeyihiin dalka Soomaaliya. Sidoo kale ku baraarujintooda kaalinta ay ku leeyihiin dowlad wadaaga Soomaalidu u dhan tahay. Ujeedadeenu waa iney ku koobnaanin wax baridooda tacliinta asaasiga iyo tan farsamada oo keliyah ee waa inaan yeelano istratatejiyad bartilmaameedkeedu yahay ku beerida sidii ay u hanan lahaayeen sharaftooda iyo difaacidda xaqa ay ku leeyihiin dalka Soomaaliya maanta iyo mustaqbalka.

Dhinaca kale, haddii ururadeena si buuxda haweenka uga muuqanin, waxaa hoos u dhacaaya ama maqnaanaya doorkooda iyo taageeradooda.

Ku xadgudub Xuquuqa Aadanaha

Dagaallada dhex maraaya qabaa'ilka Soomaaliyeed, waxaa ka soo dhex baxay muuqaal colaadeed joogta ah iyo xad-gudub jinsiga dumarka Benaadiriga oo uga imaanayo dhinaca xubnaha kooxaha hubeysan, burcadda iyo moryaanta.

Inta badan gabdhaha Benaadiriga waxay halis u noqdeen in la af-duubto, laga dhigto la-haystayaal iyo guur khasab ah oo aan jaceyl iyo dookh toona ku saleysneen.

Moryaanta waxay dumarka Banaadirga ka yesheen galmo addoonsinimo ah ee diinta Islaamka ka reeban. Shuruucda iyo qawaaniinka jiranna waxay haweenka siinayaan xuquuq iyo ikhtyaar (fursad) kala doorasho iyo diididba leh. Ikhtyaarkan diiniga ah iyo xuquuqa aadanaha, dumarkeena waxaa loo adeegsday waxaan wax ka soo qaad lahayn iyo inkiraad, sababtoo ah iyadoo saldhig looga dhigtaya siyaasadda qaldan oo ku jeeda in laga tiro badan yahay iyo ragooda oo aan hubeysaneen.

Waxaa intaas dheer, in goobahooda ganacsiga gacanta lagu dhigay, la wada bililiqaystay, lana burburinaaayay. Reer Banaadirku waxaa markaa la soo gudboonaaday iney ka cararaan hantidooda si ay u badbaadiyaan naftooda.

Dagaalada Sokeeye, dumarka Reer Banaadir waxaa ka soo gaaray dhibaato weyn oo aan la soo koobi karin oo falal baniaadanimada ka baxsan la xiriirta.

Waxaa jira warbixino fara badan oo ku saabsan kufsashada iyo afduubka joogtada ah ee qowleysatada u geysteen dumarka Benaadiriga, gaar ahaan kuwa degan Hamar weyne, Shingaani, Shibis, Barava iyo Markaba, kuwaas oo run ahaantii dhibaatooyin xoog leh kaga soo gaaray.

Waddankeena oo ah waddan muslim ah ayaa waxaa laga qoray in dumarka oo nabad geliyo ahaan ugu cararay masaajidyada, iyaga oo aaminsanaa inay yihiin goobo muqadas ah, lagu tuntay si xurmo la'aan ah. Waa arrin murug leh in dad badan oo dhibbanayaasha ka mid ah, kuwa loo geystay dilka, dhac, xoogidda iwm diidan iney dibadda u soo dhigaan wixii loo geystay, sababta oo ah iney jiraan caado adag iyo dhaqan oo diidan in si cadaan ah looga munaaqashoodo arrimaha la xiriira dhaqanka jinsiga, kaaso loo arko liidin noolosha dumarka iyo karti la'aanta xubnaha qoyska difaacidooda.

Waxaa jira boqolaal sheekooyin iyo qisooyinba oo aan la soo koobi karin haddane aan la sheeg sheegi karin oo ku dhacay Reer Banaadir. Aabayaasha oo aan badbaadin karin xaasaskooda iyo caruurtooda, guriyahooda iyo waxyaabaha reerka qiimaha u leh ee dhaxalkiisa facba faca u reeba.

Waxaa cad in dhibbanayaasha ka bogsan karin masiibada ku dhacaday iyo xanuunka inta ay ogyihiin in dambiilayaashooda ay weli waddooyinka waddanka gudihiisa lugeynayaan iyagoo xor ah.

Dhibbanayaasha oo wax dambi ah lahayn waxay diidan yihiin iney u noqdaan deegaanadooda cabsi ay ka qabaan iney arkaan dambiilayaahii dhibaatada u geystay oo dalka ku xaragoonaya.

Dhibaato qof kaliyeh loo geystay oo noqon karta arrin iska caadi ah, haddane fadeexada maanta dhacday waxay ka dhigan tahay Reer Banaadir oo dhan iney qayb ka yihiin xanuunka dambiilayaasha ay sida tooska ah ugu geysteen. In kastoo Reer Banaadir si wadajir ah u taabatay xanuunka, haddane waxaa mudan in hore loo socodo. Waxaana loo baahan yahay in waji ka waji loo abaaro dambiilayaasha, lana weydiisto in caddaalada la sugo. Haddi aan waxba la qabanin, waxey uu muuqan karta inaan dareensaneen si ficil ah, amase u qalmin in caddaalada la meel mariyo.

QAYBTA 1AAD

Shirweynaha 1aad ee Bahweynta Benaadir London 2001, Boqortooyada Ingiriiska

Go'aanada Shirweynaha 1aad ee Odayaasha iyo Aqoonyahaanada Bahweynta Benaadir ee UK London 21-01-2001

Shirweynaha Odayaasha iyo Aqoonyahanada Bahweynta Benaadir ee dalka Boqortooyada Ingiriiska ee lagu qabtay London 21.01.2001, ayna ka soo qayb galeen odayaal iyo aqoonyahano Reer Banaadir oo kala yimid degmooyinka dalka Ingriiska, waxay go'aansadeena sid soo socota:

- Si xuquuqda dadka Reer Banaadir loo dhowro, fursadna la siyo iney maamushaan gobolka iyo degmooyinka ay u dhasheen, in Gobolka Banaadir loo qaybiyo laba gobol laguna kala magacaabo *Gobolka Xamar Qadiim iyo Gobolka Xamar Jadiid.*

Gobolka Xamar Qadiim wuxuu ka koobnaan-doona degmooyinka:- Xamarweyne, Shingaani, Cabulcasiis, Shibis, Boondheere, Waaberi, Xamar Jab-Jab, Gandarshe, Jasiira.

Gobolka Xamar Jadiid wuxuu ka kobanaan-doona degmooyinka:- Kaaraan, Yaaqshiid, Wardhiigley, Hawlwadaag, Hodan, Wadajir, Dherkeenley iyo Daynile.

- Shirweynaha wuxuu dhaliilayaa kana soo horjeeda habka caddaalad-darrada ah ee Dawladda KMG ah, qabaa'ilka Soomaaliyeed ugu qaybisay jagooyinka wasiiradda, guddoomiyaasha gobolada iyo degmooyinka taaso ugu dambeysay magacaabida guddoomiyaasha gobolka iyo degmooyinka ay degan yihiin dadka Reer Benaadir oo loo magacaabay dad aan u dhalan.
- Dekadda iyo Garoonka Dayaaradaha ee Xamar oo ku yaal Gobolka *Xamar Qadiim* loo aqoonsado hanti qaran maamulkoodana Dowladda Dhexe ay masuul ka tahay, waxaana lagama maarmaan ah in maamulkooda loo dhiibo shirkad caalami ah oo si nadiif ah oo ka fog

musuq-maasuq u maamusha, dhaqaalaha ka soo galana *Gobolka Xamar Qadiim iyo Gobolka Xamar Jadiidba* qayb laga siyo

- In Dastuurka Qaranka lagu caddeeyo in dadka Soomaaliyeed ay ka kooban yihiin dad kala dhaqan ah, kala muqaal ah, af ahaan iyo dhaqan ahaanba kala duwan yihiin, laakin mideeya Soomaalinimada.
- In matilaada siyaasadeed ee *Gobolka Xamar Qadiim* (Xildhibaanada Barlamaanka) ay gaar u tahay dadka Reer Banaadir ee u dhashay *Xamar Qadiim.*
- In Dastuurka Dalka lagu darro qodob caddeynayo in matilaada siyaasadeed xubnaha goloha *Gobolka Xamar Qadiim* iyo degmooyinkiisa iyo xilalka maamuleed oo sare u gaar noqon doona dadka u dhashay Reer Benaadir.
- Qaranka waxaa iska leh dadka ku dhashay ee ku abtirsada, qaba dareenka waddaninimada, jecel horumarkiisa, kuwa dhisa, ilaaliya, dhowra sharftiisa iyo karaamadiisa.
- In la abuuro *Golaha Reer Benaadir* ee UK, kaas oo ay xubin ka noqon doonaan dhammaan ururada samafalka ee dalkan ka jira.
- In dib loo abaabulo SNU, qaladaadkii dhacayna la saxo, midnimada Reer Banaadirna la soo celiyo lana adkeeyo
- In magaalooyinka waa weyn ee Europe iyo Ameerika laga sameeyo Gole mideenayo barnaamij siyaasadeed oo ka tarjumeya dadka Reer Benaadir.
- In dadka Reer Benaadir ay ka qayb qaataan dib u habeynta aayaha siyaasadeed ee dadkooda iyo dalkooda.
- In wacyiga siyaasiga ah dadka Reer Benaadir kor loo soo qaado.
- In la difaaco lana horumariyo xuquuqda dadka Reer Benaadir ee qaxootiga ku ah dalka Ingriisiga.
- In la adkeeyo xiriirka walaaltinimo, iskaashi iyo dadka Reer Benaadir ee ku nool dalka Ingriiska iyo kuwa qaxootiga ku ah dalalka kale.
- In magaalooyinka waa weyn ee dalka gudihiisa laga sameeyo wakiilo Ururka SNU.
- Dhibaatada dadka Reer Benaadir ee hadda ku sugan dalka guduhiisa, laga taakuleeyo dibedda dhinaca dhaqaale iyo mid siyaasadeedba.
- La abuuro guddi sameeya tirakoob dadka Reer Benaadir ee ku nool UK.

- In dadka Reer Benaadir guriyahooda iyo hantidooda maguurtada ah oo si xooga looga qaatay loo soo celiyo.
- In dhismooyinka taariikhiga ah oo dagaalkii sokeeye ku burburay dib u dhiskooda la waafajiyo kuwa muqaal mujinaayo asalnimadooda.
- In la abuuro matxaf lagu keydiyo sidii ay ahaan jireen magaalooyinka qadiimka ah, dhaqanka iyo fankana la xoojiyo.
- In magaalada London lagu qabto shirweyne ay ka soo qaybgalan dadka Reer Benaadir ee ku nool Europe iyo Amerika.

Guddiga Abaabulka Shirweynaha kowaad waxaa loo xilsaaray faah-faahinta qodobadan iyo hirgelinta go'aanadan. Sidoo kale waxa musuliyad gaar ah ka saaran abaabulka shirweynaha dadka Reer Benaadir ee ku nool qaaradaha Europe iyo Amerika, si loo abuuro urur mideeya.

Ugu dambayn shirka wuxuu ku boorinayaa dhammaan odayaasha, culumaa'udiinka, aqoonyahanka, haweenka, dhallinyarada iyo dhammaan qaybaha kale ee bulshada Reer Benaadir ee dalka iyo dibadiisaba ku nool, iney iskaashi walaaltinimo muujiyaan una soo jeestaan wax ka qabashada dhibaatooyinka horyaal ee la xiriira dhulkooda iyo dadkooda, dowr muuqdana ka qaatan raadinta xaqooda iyo dib u soo nooleynta wada noolaanshaha, nabadda iyo dib u dhiska ilbaxnimadii ay asalka u lahaayeen, gacana ka geystaan soo celinta nabadda iyo qarannimadii Soomaaliyeed ee burburtay. Waxaa go'aanadan si wadajir ah u soo saaray ka qayb galayaasha Shirweynaha.

Sawirkaan waa muuqaalka Shir Guddoonka Shirweynaha 1aad ee Odayaasha iyo Aqoonyahaanada Bahweynta Banaadir ee Boqortooyada Ingriiska oo lagu qabtay magaaladda London 21/01/2001.

Sawiradan waa muuqaalka ka sooo qaybgalayaasha Shireweynaha 1aad ee Odayaasha iyo Aqoonyahaanada Bahweynta Banaadir. London 21/01/2001.

Sawirkaan kore iyo midka hooseba waxay muujinayaan qaabkii wacnaa ee dooda Shirweynaha u socday. London 21/01/2001.

Sawirkaan kor iyo hooseba wuxuu muujinaa qaabka iyo firfircoonida ay wax garadka uga qayb qaateen doodii Shirweynaha.

Sawirkaan kor iyo hooseba wuxuu mujinayaa xamaasada uu lahaa Shireweynaha 1aad ee Odayaasha iyo Aqoonyahaanada Bahweynta Banaadir ee London.London, 21/01/2001.

Dulmeer Guud ee Shirweynaha Caalamiga 1aad ee Bahweynta Benaadir

Khaalid Macow Cabdulqaadir

Shirweynaha Caalamiga 1aad ee dadka Reer Benaadir ayaa lagu qabtay magaalada London intii u dhexeeysay 8 ilaa 16ka bishan Sebtember 2001. Waxaa lagu qabtay CAXTON HOUSE ee woqooyiga London, waxaana soo abaabulay Golaha Midowga Soomaali Benaadir ee dalka Ingiriiska oo ah Gole daladeed ay ku midoobaan bahweynta Reer Benaadir ee dalkan Ingiriiska.

Waxaana ka soo qayb galay Shirweynaha ergooyin ka kala socday dalka Qaaradaha Afrika, Asiya, Austraaliya, Ameerika, iyo Yururb oo tiradoodu gaareysa in ka badan 300 qof.

Qaban qaabada Shirweynaha oo muddo dheer laga soo shaqeeynaayey, ujeedooyinkiisa waxaa ka mid ahaa in la isugu keeno dadka Reer Benaadir meel kasto oo ay joogaan. Shirweynahan wuxuu yahay kii ugu horeeyey oo dadka Reer Benaadir loo qabtay, kaddib, markii muddo 10 sano ka badan aan shir la isugu imaanin, taas oo keentay jahwareer siyaasadeed iyo ayadoo muddo dheer aan fursad loo helin in si cilmi-yeeysan looga baaraan dego qadiyadda Reer Benaadir.

Ujeedada ugu weyn ee Shirweynaha Caalamiga oo ahayd, si dadka Reer Benaadir ay isu bartaan, ugana doodaan arrimahooda, waxaa muddo aan yareyn si gaar ah uga doodeen dadka Reer Benaadir oo ku nool afarta gees ee adduunka, ayagoo ku wada xiriiraya Internet forum-ka oo ay diyaarisay markacadeey.com

Dadka lagu casuumay ee ka qayb galaya Shirweynaha Caalamiga gaar ahaan ergooyinka qaaradaha ka kala yimid waa dadka ku abtirsada beelaha Reer Benaadir, waxaanna ka mid ah siyaasiyiin, culumaa-u-diin, waxgarad, aqoon-yahaano, dibloomaasiyiin, hoggaamiye dhaqameed, haween, dhallinyaro, fanaaniin, ganacsato, arday iwm.

Ujeedooyinka ugu waa weyn ee Shirweynaha Caalamiga 1aad ee Reer Benaadir waxaa ka mid ah:

1. Is-barasho, ra'yi isdhaafsi dadka Reer Benaadir oo afarta gees adduunka ku wada nool, muddo ka badan toban sano aan is-arag, isuna imaanin iyo iney ka wada hadlaan sidi ay wax u wada qabsan lahaayeen.
2. Abuuridda jawi iyo nidaam iskaashi iyo xoojin xiriirka walaaltinimo.
3. Soo jeedin talooyin lagu heshiisinaayo, laguna mideynayo dadka Reer Benaadir oo khilaafaad siyaasadeed soo dhexe-galey muddooyinkii dambe.
4. Dood ku saabsan xaalada adag ee maanta ay ku sugan yihiin dadka Reer Benaadir gudaha dalka iyo dibadda .
5. Aqoon is-weydaarsi ku saabsan waayo-aragnimada dadka Reer Benaadir ay ka kororsadeen dhulalka ay qaxootiga ku yihiin.
6. Sidii loo aqoonsan lahaa xuquuqda dadka Reer Benaadir.
7. Doorka dadka Reer Benaadir oo dalka dibaddiisa ku nool, iyo sidi ayagoo mideysan uga qeyb-qaadan lahaayeen taakuleynta dadkooda dalka gudahiisa ku bara-kacsan, iyo kuwa ku jira xirooyinka qaxootiga ee dalalka Soomaaliya deriska la ah.
8. Wax ka qabasho dhibaatooyinka dhaqan-dhaqaale iyo bulsho ee dadka Reer Benaadir.
9. Ka talin barnamij cad oo lagu jiheynayo aayaha dadka Reer Benaadir xagga siyaasadda, dhaqaalaha, dhaqanka, taariikhda iyo mustaqbalkooda, si ay uga qayb qaataan doorkooda ummadeed.
10. Magacaabid Guddi Caalami ah oo u howl-gala xallinta dhibaatooyinka haysta dadka Reer Benaadir, una dooda xuquuqdooda.

Mawaadiicdii loogu doodayey Shirweynaha waxaa ka mid ahaa, dhinaca siyaasadda, dhaqaalaha, dhaqanka, deegaanka, bulshada iyo warbaahinta, waxaana warbixino gaar ah soo jeedinaayey ergooyinkii ka kala socday waddamada dibadda oo ka hadlaayo waayo aragnimadii ay ka dhaxleen waddamada ay ku nool yihiin iyo dhibaatooyinka ka jira gaar ahaan dhinaca is-dhexgalka dhaqanka bulshada loo yimid iyo baahida weyn ee loo qabo in la sameeyo xiriir joogta ah, loogana arrinsan lahaa sidii loogu hortagi lahaa dhibaatooyinka qurbaha.

Shirweynaha waxaa furay Guddoomiyaha Golaha Midowga Soomaali Benaadir *Dr Axmed Shariif Cabbaas* ahna Guddoomiyaha Guddiga Qaban-qaabada Shirweynaha, wuxuuna ka hadlay Falsafada, Istratejiyada iyo Siyaasadda Shirweynaha Caalamiga 1aad ee Dadka Reer Benaadir.

Shirweynaha oo socday seddex maalmood oo u kala qaybsanaa soo jeedin warbixin, khudbado cilmi ah oo ay soo jeedinayeeyn aqoonyahaano takhasus gaar ah u leh mawaadiic kala duwan iyo bandhigyo faneed oo ka koobnaa hiddaha iyo dhaqanka, farshaxanka iyo sawiro.

Maalintii koowaad ee Shirweynaha, ergooyinkii halkaas ka hadlay, fikradahooduna ka jeediyey waxaa ka mid ahaa *Dr Maxamed Saciid Taabit iyo Faaduma Awoow oo ka socday dalka Kanada, Maxamed Abuukar Xaamuud Sokoro, Maxamed Cabbaas Suufi iyo Inj. Cabbaas Axmed(Italy), Shariif Maxamed Cali, Maxamed Abuukar Husseyn iyo, Maxamed-Nuur Cali Cusmaan (USA), Caydaruus Macoow Xaaji, Dr. Cabdulqaadir Cali Boolaay iyo Caddeey Xaaji Macoow (Holland), Cabdulqaadir Maxamed Maxamuud –Jubba (Switzerland), Iikar Amiin Iikar (Sweden), Qamar Shariif Haashim (France), Mohamed Ibraahim (Abu Dabi), Diinle Caydaruus Maxamed (Denmark), Prof. Dr. Cabduraxmaan Macoow Aweys (Germany), Cali Armaan (Yemen), Shariif Maxamed Saydii (Venezuella)*, waxaa kaloo halkaas laga jeediyey warbixino laga soo diray dalalka *New Zealand, Australiya, Yemen, Itoobiya, Kenya iyo Soomaaliya.* Qaybtaan Shir guddoonku wuxuu ka koobnaa: *Dr. Axmed Shariif Cabbaas, Dr Cabdulqadir Cali Boolaay*, waxaa kaalinaayey: *Dr. Maxamed Abuukar Xaaji iyo Abuu Sheeikh Bana.*

Maalintii labaad ee Shirweynaha waxay doodaha ku

jaheysanaayeen muxaadarooyin cilmi ah 'daraasado', ayna soo diyaariyeen aqoonyahaano iyo waxgarad waayo arag ah oo takhasusyo gaar u leh cilmiga siyaasadda, dhaqaalaha, bulshada iyo dhaqanka. Waxaa laga hadlay mawaadiic ballaaran oo ku saabsanaa guud ahaan dalka Soomaaliya, gaar ahaan aayaha dadka Reer Benaadir dalka gudahiisa iyo dibadda ku nool.

Dadkii muxaadarooyinka jeediyey waxaa ka mid ahaa *Dr Maxamed Abuukar Xaaji* (Xaaladda ay ku sugan yihiin dadka Reer Benaadir dalka gudahiisa iyo dibadda), *Dr Cusmaan Aweys Nuur* (Taariikhda Siyaasadeed Reer Benaadir), *Col. Jeylaani Mowlaana Suufi* (Taariikhda Baraawe laga bilabo xilligii Isticmaarka) *Prof. Abduraxman Macow Aweys* (Waxaan Ahayn Kuwii Ugu Horeeyey Gobonimada Soomaaliya), *Nuur Shariif Nuur* (Aragtida iyo Istratejiyada Is-maamul Goboleedka Gobolka Benaadir), *Dr.Khaalid Macow Cabdulqaadir* (Mideynta iyo Xallinta khilaafaadka) *Fu'aad Abukar Xaaji Macow* (Ismaamul Goboleedka iyo Dadka Laga Tira Badan yahay), *Dr Khaliif Mowlaana Suufi,* (Siyaasadda Dallacsiinta oo ku Qarsan Fogeynta Bahweynta Benaadir), *Maxamed Nuur Xabiib,* (Difaaca Xuquuqdeenna waa Waajib Muqaddas ah) *Shariif Maxamed Saydii* (Midnimadeena waa Arggagaxa Caddowgeena), *Ugaas Bakar Ibraahim* (Dhibaatooyinka Degmooyinka Baraawe iyo Nawaaxigooda ee Xaalufinta Dhirta iyo Daaqa), *Sheikh Cusmaan Sheikh Maxamed* (Halgankii Siyaasadda ee Bahweynta Benaadir 1945 ilaa 1969kii), *Sayidcali Shariif Maxamed* (Hananga Dhaafeen Dulmiga), *Dr Maxamed Saciid Taabit* (Isbedelka Dhaqan Dhaqaale ee Bey'ada Cusub), *Dr Ibraahim Macallin Mursal* (Qadka Siyaasadeed ee Mustaqbalka Dadka Reer Benaadir), *Maxamed Cadde Mukhtaar* (Dowrka Odey-dhaqameedyada), *Saalim Macow Xaaji* (Dowrka Warbaahinta iyo Qadiyadda Reer Benaadir), *Faaduma Awoow Suufi* (Maxaa Laf-dhabar u ah Midnimada), *Dr Abdulqaadir Xaaji Suufi* (U-doodida Xuquuqda Aadanaha ee Dadka Reer Benaadir)

Shirweynaha waxaa guddoominayey *Maxamed Jeylaani Sheikh* iyo *Dr. Axmed Shariif Cabbaas*, waxaa xiriirinaayey *Osmaan Amiin Axmed* iyo *Xaaji Yuusuf Xaaji Mayoow*

Markii ay dhamaadeen muxaadarooyinka, dadkii ka soo qayb galay Shirweynaha waxay isku qaybiyeen guddiyo soo falanqeeya, talooyina ka soo jeediya, go'aanna ka soo saara arrimaha kala ah: dhaqaalaha, qaxootiga, guddiyadaani oo ay hoggaaminayeen guddoomiye iyo xiriiye oo isugu duwaayey habsami u socodka howsha doodaha Shirweynaha.

Maalinta seddexaad ee Shirweynaha, waxaa si xoog leh looga dooday warbixinada xaaladda dadka qaxootiga iyo waayo aragga laga dhaxlay, kaddib waxaa loo gudbay qaybtii dooda, waxaanna la isku qaybiyey mawaadiicda kala ah: Sugnaansha Benaadiriga, xiriiriye: *Cabdulqaadir Cali Boolaay*, xoghaye *Maxamed Nuur Cali*, Hoggaaminta Benaadiriga:xiriiriye *Maxamed Jeylaani Sheikh*, xoghaye: *Maxamed Abuukar Xaamuud Sokoro*, Bahweynta Benaadir, xiriiriye: *Inj.Cabbaas Axmed*, xoghaaye: *Cumar Maxamed Abuukar*, Aaya ka talinta qowmiyadda Benaadir, Xiriiriye: *Jeylaani Sheeikh Cali*, xoghaaye: *Shariif Maxamed Sayidii*, Ururka Caalami ah ee Benaadir, Xiriiriye: *Iikar Amiin Iikar*, Xoghaye: *Nasra Maxamed Cali.*

Guddiyadaani kaddib markii si qoto dheer ugu doodeen, si aadana loo falan qeeyey mowduucyadii la soo bandhigay, waxaa guddi walba isku soo duba riday qaybtii loo xil saaray oo ay ka soo diyaariyeen qulaasad dulucda doodooda, waxayna u soo gudbiyeen guddiga siyaaqada oo u howlgeli doona sidi ay u soo saari lahaayeen aragti mideysan. Waxay u balameen maalinta ku xigta war saxaafadeedka.

Arrinta ugu xiisaha badnayd ee Shirweymaha waxay ahayd ka soo qayb galka dadweyne kor u dhaafay 300 qof oo kala yimid meel kasta ee dunida si ay Shirweynaha ugu qayb-galaan, waxayna aad u soo dhoweeyeen fursadaan qaaliga ah ee aan loo kala harin dhammaan bulshada Reer Benaadir qaybaheeda kala duwan.

Intii uu Shirweynaha socday waxaa si dhex taalo ah dadka muusik iyo heesho ku maaweelinaayey kooxda Bandar Band iyo fanaanka weyn *Aweys Qamiis Cabdalla, Maadeey Huseeyn, Maxamed Shariif, Abu iyo Xamsa Shariif Maxamed Saydii* oo halkaas ka qaadayey heeso hiddaha iyo dhaqanka Benaadiriga ah.

Maalintii afaraad ee Shirweynaha, saacaddu markay ahayd 6da galabnimo waxaa shir saxaafadeed oo ay ka soo qayb galeen safaaradaha, suxifiyiinta iyo xubno matalaayey ergooyinka kala yimid dunida ayaa lagu qabtay qolka shirarka *356 Resource Centre, Holloway Road, North London.* Waxaanna halkaas warbixin ballaaran ka soo jeediyey *Dr.Axmed Shariif Cabbaas* oo faahfaahin ka bixiyay xaaladda guud ee dadka Reer Benaadir, kana codsaday beesha caalamka in ay guud ahaan taageero ka geystaan sidi nabad loogu soo dabaali lahaa dalka Soomaaliya, gaar ahaan loo meel mari lahaa qadiyadda murugsan ee Reer Benaadir.

Maalintii Shanaad waxaa howshoodi bilaabay guddiga siyaaqada oo ku howgaley isu soo uruurinta iyo isu duwidda fikradahii Shirweynaha looga dooday, guddigaani oo xilkiisa ahaa:

b. In ay aqriyaan gunnaanadyada ay soo jeediyeen guddi hoosaadyada, kalana soo dhex baxaan wixii talooyin ah oo ay hordhigi lahaayeen guddoonka Shirweynaha.

t. In ay aqriyaan qoraallada Shirweynaha laga hor aqriyay, kalana soo baxaan talooyinka laga soo jeediyay, isla markaana ay isu soo duwaan afkaarta isu dhow-dhow si ay hal siiqad ugu sameeyaan.

j. In ay Shir-guddoonka u soo gudbiyaan talooyinkooda ku saabsan ittijaaha ku habboon in la raaco, marxalladahan xaaladda ummadda Reer Benaadir ay marayso, si mustaqbalkooda dhidib adag loogu aaso, talana ay ka soo bixiyaan qaabka iyo aaliyadaha loo adeegsan karo falgelinta gaarista himilooyinkaasi.

x. In ay talo ka soo bixiyaan mowqifka Reer Benaadir ay ka taagan yihiin xaaladda dalka uu ku sugan yahay iyo argtida Reer Benaadir ay ka qabaan xallinta dhibaatada guud ee dalka.

kh. Wixii aragti kale oo uu guddiga siyaaqada u arko in uu munaasib yahay. Ugu dambayntii inay ka caawinaan shir guddoonka diyaarinta qoraaalka kama dambaysta ah oo uu Shirweynaha Caalamiga 1aad ee Bahweynta Benaadir ka soo bixi doono, talo ahaan iyo siyaasad ahaanba.

d. Guddiga wuxuu ku shaqayn doonaa dabaqa koowaad qol looga diyaariyay, isagoo xiriir la samaynayo Xoghaynta Shirweynaha.

r. Guddiga wuxuu shaqaynayaa inta lagu jiro hawlaha guddi hoosaadyada, si uu fursad ugu helo dhagaysashada qoraallada ka baxaaya qaacada Shirweynaha. Qaabka shaqadiisana isaga ayaa habaysanaanya. Guddigaan, waxaa howshiisa ku soo gabagabeeyey, isagoo soo diyaariyey go'aanadii guud ee Shirweynaha oo ka koobnaa arrimaha soo socda:

Kullankaani wuxuu noqday mid taariikhda Reer Benaadir baal dahab ka gala, waxaa lagu soo gabogabeeyey Shirweynaha oo ay ka soo qaybgaleen dhammaan bahda Reer Benaadir ee ku nool Dalka Boqortooyada Ingiriiska iyo ergooyinkii ka kala yimid dunida, waxaa gabogabadii Shiweynaha khudbad ka soo jeediyey Guddoomiyaha Guddigii qaban qaabada *Dr Axmed Shariif Cabbaas* oo Bulshada Reer Benaadir u soo jeediyey amaan gaar ah guddiyadii xilalka kala duwan ka qabtay diyaarinta Shirweynaha gaar ahaan haweenkii diyariyey cuntada, dhallinyaradii ka howlgalay diiwaangelinta iyo qaybinta cuntada, nadaafadda sidi sharafta lahayd ee ay uga soo dhallaaleen xilkii ballarnaa ee ay qaadeyn, waxaanna uu Guddoomiyaha caddeeyey in dhacdadaani ay ahayd tijaabo run ah oo la xiriira awooda iyo kartida dadka Reer Benaadir ay u leeyihiin in ay abaabulaan Shirweynaha baaxadan leh..

Dadkii ka soo qaybgalay war saxaafadeed ee uu jeediyey *Dr. Axmed Shariif Cabbaas* Guddoomiyahii Guddiga Qaban-qaabada Shirweynaha oo ergooyinkii dibadda iyo Safaaradahii lagu casuumay ugu mahadceliyey, una sheegay safaaradaha in war saxaadeedka la joojin doono, sababtoo ah in dhibaato weyn ka dhacay waddanka Mareykanka oo *Dr Shariif Cabbaas* sheegay in Bahweynta Benaadir si weyn ugu xun tahay dhibaatada soo gaartay dadka Maraykanka oo maanta sida aan la socono la kulmay dhibtii ugu weynayd ee qarnigan cusub, waxuuna u sheegey martida sharafta leh in Reer Benaadir ay abaal weyn u hayaan dowladda iyo dadka Maraykanka, iyagoo halkan ulaqaybsanaaya dhibaatadaas,kuna soo bandhigay warsaxaafadeedkiisa ujeedooyinkii Shirweynaha loo qabtay iyo natiijadii laga gaaray.

Sawirkaan wuxuu muujinayaa howlgalka Guddiga Abaabulka iyo Fanka ee Shirweynaha Bahweynta Benaadie London 2001

Waa fanaaniinta Reer Benaadir oo ku howlana maaweelada shirweynaha 1aad

Falsafadda, Istrateejiyada iyo Siyaasadda Shirweynaha Caalamiga 1aad ee Bahweynta Benaadir

Dr Axmed Shariif Cabbaas

Bismillaahi Raxmaani Raxiim

Shirweynaha waa salaaman yahay. Marka hore waxaan dhamaantiin idiin kaga mahadcelinayaa anigoo ku hadlaya codka Golaha Midowga Bahweynta Benaadir, howsha soo waday, ka soo qaybgalka Shirweynaha Caalamiga 1aa ee Reer Benaadir aan idinku yeernay oo maanta inoo furmaayo oo seddax maalmood socon doona oo ku-xigi doono si deyn war saxafadeed loogu bandhigi doono safaaradaha dowladaha dadkeena ku soo dhoweeyay waddamadooda, iyo war baahinada adduunka ee saldhigoodu yahay waddanka Boqortooyada Ingiriiska.

Walaalayaal,

Sida la ogsoon yahay, Geeska Afrika intiisa badan waxaa degaan Soomaalida laga soo bilaabo waaqtiyadii ay suura gashay in qaaraduhu isugu gudbaan doonyo ama maraakiib, iyagoo dhulkaan u soo guuri jiray, kooxo ama qabaa'il ka imaan jiray qaaradaha kala duwan, waxaanna dhulkan keeni jiray siyaasad, ganacsi, diin, nabad-gelyodoon ama baahi nololeed, waxayna la imaàn jireen ilbaxnimo iyo dhaqamo fac weyn. Sidaasaana magaalooyin sida Muqdisho, Afgoye, Marka, Baraawe, Gandarshe iyo Jaziiradaha Baajuuni ayaa ku abuurmay, kuna hanaqaadeen, waxayna yeesheen summado iyo hantiyo la xiriira dhaqanka, sancooyinka, fekerka, qoraaladda, taariikhda, sheekooyinka, farshaxanka, fanka iyo hiddaha.

Soo gelitaanka qabaa'ilka Reer Benaadir qaarkood ayaa lagu tilmaama muddo ka badan 1300 sano. Qarnigii 8aad waxaa Benaadir gaar ahaan Muqdisho ka jiray dowlad ay hoggaaminayaan is-bahaysiga qabaa'ilka oo maamul wada tashi ku dhisan, oo u horseedaayey shiyuukhda qabaa'ilka. Mihnadaha ugu weyn dadka waxaa saldhig u ahaa ganacsiga iyo farsamooyin kala duwan, maamulkana wuxuu u shaqeynaayay qaab qaran, wuxuna lahaa shuruudahiisa oo isku wada haayey dhammaan qabaa'ilka ku hoos nool oo si caddaalad ah u wada joogay. Waxay lahaayeen xeer ay wada dhigteen, isagaana dadka kala xeer jiray, wada dhaqankana aasaas u ahaa.

Muqdisho oo ugu magac dheeraydd degmooyinka Benaadir, waxay weligeed u muuqaty in ay tahay xaruunta ama xudunta taariikheed ee Gobolka, waxaa jiritaankeedu lagu qiyaasa 200 sano Nabi Ciise ka hor, taas oo ku cad, lagana daawan karo dhismooyinka ilaa iyo hadda ku sugan magaalada, sida sheekooyinka odayaasha laga haayo, waxna ay ka qoreen kutubta taariikhda, waxaa la sheegayaa in Reer Xamar ay ahaayeen dadki ugu horeeyey ee dega Muqdisho.

Haddaba, Shirkii Berlin 1884 laguna qaybsaday Afrika iyo ummadihii ku noola wuxuu ahaa kii abuuray dhibtii ugu wayneyd ee gumaysi ayadoo dowladahaasi aanan tixgelin kala duwanaanshaha dadkii ku noolaa qaaradda, iyagoo fiiriyey danahooda dhaqaale ama gumaysi oo kaliya. Dowladahaasi waxay beddeleen qaabkii ka horeeyey ee ay ummadda isu-maamuli jireen iyagoo kala wareegay maamulkii, abuurayna maamul ay leeyihiin.

Marxaladdii gumeysiga, dadka Reer Benaadir waxay qayb weyn ka qaateen dagaaladii gobonimadoonka, iyagoo ku caan baxay, dhacdooyinka taariikhda galay ee xurnimo u dirirka, taas oo keentay in 1dii Luulyo 1960kii ay Soomaaliya xuriyadeedi qaadatay, Muqdishana ay noqotay magaalo madaxda Soomaaliya.

Mudnaantaasi Muqudisho waxay ku soo kordhisay colaad iyo dhibaato kaga yimid dadkii u soo haajiray oo la yimid dhaqan ka duwan dadki asalka u ahaa, waxaana ciriiri galay asalnimadii iyo wanaagii ay caanka ku ahayd ee wada noolaanshaha iyo istixgelinta.

Wax ka qabashada arrimahan waxay dawo u noqon karaan dib u soo nooleynta ilbaxnimada Gobolka Benaadir, kuwaaso oo ay ku sugan yihiin meelaha ugu muhimsan ee raadadka taariikhda ku dambeeysa, iyadoo ay jirto in Muqdisho lagu tilmaamo mid ka mid ah 10 magaalo ee Afrika taariikh ahaan ugu fac weyn, taas oo UN-ka ku baaqday badbaadintooda.

Walaalayaal,

Qarnigii 20aad wuxuu dhamaaday iyadoo weli Soomaaliya u kala qaybsan tahay gobolo oo aan lahayn qaran dhisan iyo midinimo, wuxuu kaloo la dhammaaday iyadoo dhulka iyo dadka Reer Benaadir ku sugan yihiin dhibaatadii ugu weynayd ee taariikhdoodu marka laga eego burburki iyo qaxii ka soo gaaray dagaalada sokeeye.

Dhibaatooyinka soo jireenka ah ee Soomaaliya waxaa markastaba lo aaneeyaa cudurka qabiilka, wuxuna noqday caqabada hortaagan nabadda, horumarka Soomaaliya iyo wada noolashaha dadkiisa oo ka kooban qabaa'il kala duwan. Dunida casriga ah, cilmiga sayniska, farsamada iyo ilbaxnimada qadariya, waxay la yaaban yihiin in dadka Reer Benaadirga ah oo lagu faanayo xadaaradoodu iyo ilbaxnimadooda qadiimka ah, haddana lagu takoorayo asalkooda oo aan ka soo jeedin xoolo raacato darteed, xaqooduna loo diidan yahay.

Dadka Reer Benaadir waa kuwii aasaasay, dhisay magaalooyinka qadiimka ee taariikhda ummadda Soomaaliyeed oo u noqday muraayadda iyo soo jireennimada xadaarada haddii ay tahay aqoon, farsamo, hiddo iyo dhaqanba. Waa dadkii aasaasay, dhisay magaalooyinka Muqdisho muddo iminka laga jooga ilaa 1200 oo sano ka hor, Masjidka Xamar weyne 1238, Masjidka Arbaca Rukun 1268, Masjidka Fakhruddiin iyo kuwa kale ee ku yaala xeebaha sida Muqdisho, Jesiira, Gendershe, Afgoye, Marka, Baraawe, Jesiirada Baajuuni iyo kuwa kaleba.

Dal waxaa iska leh dadka u dhashay ee ku abtirsada, qaba dareenka wadanninimada una halgama horumarkiisa, ka difaaca cadowga, waa kuwa dhisa, ilaaliya, dhowra sharaftiisa, karaamadiisa iyo midnimada ummaddiisa.

Dagaalkii sokeeye ee burburiyey Soomaaliya, marka laga reebo colaadii ka dhexeeysay qabaa'ilkii xukunka ku diriraayey, haddana wuxuu lahaa ujeedooyinka:

- Dulmi bareer ah oo loo geystay dadka Reer Benaadir oo aan waxba galabsan iyadoo kuwa ku soo duulay ay ku gulaysteen in ay xoog ku maquuniyaan dadkeena, dhibaatooyin cul-culusna u geeystay naftooda iyo maalkooduba.

-Wuxuu salka ku haayey xaqiraad qabiil iyo burburin xadaarad iyo taariikh, dhabargoyin asal, kaas oo muujinaaya heerka aqoonta iyo ilbaxnimada laga joogo, ayna ka soo horjeedaan nuxurka diinta Islaamka iyo sharafta aadanaha.

Xadgudubkaani oo ah saldhigga caddaalad-darada, waxay si toos ah ugu muuqdaan dhacdooyinka foosha xun sida dilka, dhaca, kufsiga iyo awood isu-sheegashada ee maanta ka jira Soomaaliya, gaar ahaan Gobolka Benaadir, waana tan keentay in ay maqnaadaan nabad, xasilooni iyo qaranba. Waxay dhibaato ka taagan tahay u dhalashada ama Soomaalinimada ay isa siiyeen dhowr qabaa'il iyagoo xoog ku sheegtay, waxayna yihiin:

* kuwa sheegtay in ay qabaa'ilka kale ka tiro badan yihiin *(Horta yaa weligeed sameeyay tira koob cayiman oo la xiriira qabaa'ilada).*
* kuwa u adeegsada qabiilka danahooda gaarka ah, marka ay u baahdaan in ay ka fogeeyaan dadka kale awooda maamul ee dalka.
* Dhici, kufsigii, barakacii lagu qasbay dadka Reer Benaadir iyo garbaduubka, is-hortaaga nolosha ee la xiriirta wax soo saarka iyo ganacsiga, (*ma suurtoowdaa haddana in loogu darro quursi?)*

Qabaa'ilka hubaysan ee Benaadir burburiyey waxaa cad in ay yihiin kuwa aan waxba ku lahayn taariikhda qadiimka oo gobolka oo ku caan baxay ilbaxnimada iyo halgankii gobonimada. Waxaa nasiib darro ah in aan weli la garwaaqsan sababahii keenay burburka Soomaaliya oo ay u geeriyootay in ku dhow hal milyuun, unna qaxay dalka in ka badan laba malyuun. Kow iyo toban sano kaddib, iyadoo la ogyahay dhibaatada caddaalad-darada, ayaa haddana la sii fogeeyey nabad ka islaaxidda Soomaaliya, dagaalka sokeeyana uu weli socdo.

Shirar badan ayaa dalal kala duwan lagu soo qabtay sida Jabuuti, Itoobiya, Yemen, Kenya, Masar, Libiya, waxanna ugu dambeeyey kii

Carta 2000 oo lagu soo dhisay dowlad KMG ah, kuwa kalena weli waa la saadaalinayaa. Go'aano badan, kala duwan ayaa la soo gaaray, hase ahaate weli dhibaatada waa taagan tahay, waxanna loo aaneynayaa caddaalad daro.

Haddaba, sidee nabad loo heli karaa, qaranna loo dhisi karaa inta xaqdaradu ay xaqu ka sareyso, welinna la dhiiri gelinaayo mabda'a qaldan: *'Xaq lama raadinayee xal baa la rabaa'*, inta taasi lagu hawlan yahay waxaa hubaal ah in aan la helidoonin nabad waarta iyo dhismo qaran Soomaaliyeed.

Aaway xaqa Reer Benaadir, kuwa dhulkooda xooga lagu haysto, welina la dul degan yahay, xaqooda loo diidan yaha? Haddi arrinta ayan sidaas iska beddelin oo aan xaqa la garwaqsan, dadka Reer Benaadir waxaa la gudboon in ay u halgamaan xaqooda. Waa hubaal caddaaladda iyo xurmada in ay helaan kuwa u halgama, yaqaan waxa ka maqan. Dadka Benaadir waa iney gartaan waddadii ay u mari lahaayeen dhacsashada xuquuqdooda iyaga oo aan ku xad gudbeyn xuquuqda qowmiyadaha kale, inkastoo oo xaq-dhowrku Soomaaliya loo arko laciifnimo.

Dadka Benaadirga waxaa u habboon in si midnimo leh xaqooda ku raadsadaan, waxanna hubaal ah in aan dowlad jiri karin, iyadoo xaqsoor iyo tixgelin dhicin, islamarkaasna aan daacadnimo iyo run loo howlgelin nabadda. Nabadda waxay ku imaan kartaa, haddii nabad raadinta laga dhworo quursiga iyo caddaalad darada, waxaa hubaal ah kuwa ku howlan dulunka in ayan keeni karin nabadda iyo qaranka Soomaaliyeed oo la baadi goobayo.

Adduunweynaha waxaa jira malaayiin qof oo aan waxba isu ahayn, waxbana ka dhaxeynin, sida af, diin, dhaqan iyo asal, ka kalana yimid dhulaal kala fog ee caalamka oo hal dal ama qaran isugu taga ama u soo haajira si ay u dhistaan hal dal ama qaran oo mideysan, iskuna afgarta iney ugu wada noolaadaan nabad, caddaalad, sinaan, iyo isxurmeen.

Ayadoo xaqiiqdaasi ay jirto, ayaa ergooyinkii ka qaybgalay Shirkii Dib-u-heshiisiinta iyo Nabadeenta Dadka Soomaaliyeed ee Carta, Jabuuti, isku raaceen in Soomaaliya ay ku dhaqanto habka is-maamul goboleedka inkastoo dadka Reer Benaadir, mabda-ahaan ay aamin-sanyihiin in dalka Soomaaliya loo qeybinin gobolo yar-yar oo qabiil ama kooxo si gooni gooni ah u maamusha, sidaasi darteed, waa in la aqoonsadaa in qabiilku u ahaa waxa kaliya oo dalka bur-buriyaay, kalana qeybiyey dadka Soomaaliyeed xaaladda maanta lugu suganyahayna soo gaarsiyey.

Qabaa'ilka Soomaaliyeed oo hubeysana waxa ku waajib ah iney dhowraan xuquuqda iyo karaamada qabaa'ilka Soomaaliyeed oo aan hubka qaadan, dagaaladana ka qeyb qaadan. Waxa kaloo waajib ah in qabiilna qabiil kale xoog u sheegan, sedkiisuna la hunguriyeynin ama la boobin. Haddii dhaqankaasi aan suurtagal ahayn, waxa aad moodaa in maslaxadda ku jirto in qabiil kasta ama qolo kasta fursad la siiyo iney maamushaan gobolka ay u dhasheen.

Geeddi-socodka Nabadeynta Soomaalida wuxuu ku socdaa goboleysi iyo abuuris qaab deganaasho qabaa'il. Bulshaweynta Benaadiriga waxay ka mid noqon doonaan kula noolaashaha iyo ku dhaqanka qaabkaas oo loo baahan yahay in la isugu diyaariyo marka horeysa intii aanan ka mid noqonin isbahaysiga guud ahaan ee qaranka.

Sida la wada ogsoon yahay, dagaaladii ugu xumaa waxey ka dhaceen magaalooyinka ay asal ahaan u degan yihiin dadka Reer Benaadir, kuwaaso oo qabaa'ilka hubeysan ay isku hertinaayeen, sidi ay xog ugu qabsan lahaayeen, ayagoo isticmaalaya hub kala nooc ah sida madafiic, hoobiyeyaal, broono iwm, taasoo ay sababtey in magaaloyinka asal ahaan ay u leeyihiin ee ay degan yihiina dadka Reer Benaadir la burburiyey, dadkana loo geestey dhac, kufsi, dil, gumaad, loolana dhaqmey si bani'aadminimada ka baxsan.

Dadka Reer Benaadir dalka dibaddisa u cararey, waxey marka hore qaxooti ahaan u degeen dalalka deriska ah sida Kenya, Ethiopia iyo Yemen, kaddibna waxay dalalkaasi uga si dhoofeen dalalka galbeedka, Ameerika, Kanada, Holland, Dalka Ingiriiska iyo dalal kale ee Yurub.

Waxaa shaki ku jirin in ummad qadiyaddeeda in ay ku guulaysato iyo in ay ku guuldaraysato, waxay had iyo jeer ku xiran tahay, sida ay ugu baraarugsan tahay qadiyaddeeda, bisaylka siyaasadeed, is-xurmeynta iyo kala dambeynta, dhaqanka iyo xadaaradda ay ku sugan tahay ummaddaasi.

Haddaba, maxaa la gudboon dadkeena? Marka hore dadkeena

waxaa la gudboon iney mideeyaan halgankooda, iskana ilaaliyaan khilaafka dhex yaal, waa inay hal meel ka soo wada jeestaan si ay danahooda u dhawraan, loona daryeeli lahaa xuquuqda dadka ku harray dalka gaar ahaan dhallinyarada, haweenka iyo dadka da'da ah, sidi loo hanan lahaa maamul goboleed u gaarka ah, loona abuuri lahaa jawi ay ku wada noolaan kara dadyoowga kale ee gobolka nala degan si nabad iyo ixtiraam ku jirta, horumanrinta aqoonta iyo waxbarashada ardayda ee ku nool gudaha iyo dibaddaba.

Qarnigii la soo dhaafay, qadiyadda Reer Benaadir waxey soo martay marxalado kala duwan oo guulo leh. Guushaan haddii aanu u kuurgalno, waxay salka ku haysay midnimo oo ku dhisnaa is-xurmeyn, kaasoo ilaa hadda miraheeda laga dareemi karo degaannada Reer Benaadir oo dhan.

Haddaba, xoojinta midnimadaasi oo xidido dheer ku leh dhaqanka iyo caadaadka adag, xadaaradda iyo taariikhda dheer ee dadkeena waxaa sal u ahaa doorki ay ka soo ciyaareen culumaa'uddinta iyo waxgaradka. Siyaasiinta iyo aqoonyahanada waxay awood u yeesheen in ay hoggaamiyaan seddaxdii xisbi ee ugu waaweyna ee ka dhashay koonfurta Soomaaliya iyo ka qayb qaadashada doorashooyinkii guud ee barlamaanka iyo kuwa dowladaha hoose oo ka dhacay waddanka gudihiisa..

Maanta xaalkeena Illaahey ha fududeeyo, waxaan ku jirnaa taariikhdeena markii ugu dhibka badneyd. Markii ugu horaysay taariikhda waxay Soomaalida si barer ah u inkireen jiritaankeena iyo xuquuqdeena siyaasadeed.

Walaalayaal,

Haddaba, maxaan rabnaa? Ogaada in ayan jirin xiriir ka dhexeeya Reer Benaadirka ku nool qurbaha iyo kuwa gudaha ku nool, in aadan qabin urur xoog leh, midnimo adag in aanan qabin adeegsiga warbaahin xoog leh. Sidaas darteed, waxaan maanta u fadhinaa in aan la nimaano fikrad wax tar ah oo mustaqbalka dhow dadkeena loogu adeego.

Ajendaha Shirweynaha Caalamiga 1aad ee Reer Benaadir waxaa ka mid ah:

* Heshiisiinta iyo mideeynta dadka Reer Benaadir oo khilaafaad siyaasadeed soo dhexgalay.
* Is-barasho, ra'yi isdhaafsi iyo in laga wada hadlo, sidii dadkeena ay wax u wada qabsan lahaayeen.
* Abuuridda jawi iyo nidaam iskaashi iyo xoojinta xiriirka wallaltinimo.
* Sidii loo aqoonsan lahaa xuquuqda dadkeena.
* Ka talin barnaamij cad oo lagu jiheynaayo aayaha dadka Reer Benaadir.
* Wax ka qabasho dhibaatooyinka dhaqan-dhaqaale iyo bulsho ee dadkeena.
* Doorka dadka Reer Benaadir oo dalka dibeddiisa ku nool, iyo sidii ayagoo mideysan uga qeyb-qaadan lahaayeen taakuleeynta dadkooda dalka gudahiisa ku bara-kacsan.
* Dood ku saabsan xaaladda adag ee maanta ay ku sugan yihiin dadka Reer Benaadir gudaha dalka iyo dibaddaba.
* Aqoon isweydaarsi ku saabsan waayo aragnimada ay ka kororsadeen dalalka ay qaxootiga ku yihiin dadkeena.
* Dhismo Guddi Caalami ah oo u howlgala xallinta dhibaatooyinka haysta dadka Reer Benaadir, una dooda xuquuqdooda iyo mowduucyo kale oo muhim ah.

Haddafkeena waa in dadkeena meel kasto oo ay joogaan isu keeno, si aragtidooda dhinca mujtamaca, diinta, ganacsiga iyo siyaasadda ka midowaan, sidoo kale in la helo qaab loo dhiso Hay'ad Caalami ah ee Reer Benaadir oo uu noqdo Xaruun Caalami ah oo loo adeegasado bilowga mashaariic oo kaalmo u noqdaan bulshoweynta Reer Benaadir waddanka gudihiisa iyo dibaddiisiba.

Sidoo kale ra' yi is-weydaarsigeena wuxuu ku saabsan yahay dood cilmiyeed oo la xiriira taariikhda iyo halgankii siyaasadeed ee gobonimadoonka, xaaladda iyo dowrka dumarkeena iyo barbaarinta caruurteena arrimaha la xiriira, qaxootiga Reer Benaadir, xuquuqda aadanaha siiba kuwa laga tiro badan yahay, waxbarashadooda, caafimaadkooda, dhaqaalaahooda, arrimaha bulshanimo, aqoonsiga jiritaankooda, hoggaanimada siyaasadeed, pan-Benadirismo, lahaysashada degaanadeena, xallinta khilaafaadka dhexdeena, dowrka odey-dhaqameedyada iyo siyaasiinta.

Waxaa si qotodheer ah looga doodi doona istratejiyadda is-mamul goboleedka ee ku xusan Axdiga Qaranka ee Dowladda ku meel gaarka ah, qadiyadda dadkeena waqitga xaadirka iyo mustaqbalka, xaaladda ay ku sugan yihiin dadkeena dalka gudihiisa iyo dibeddiisa, sidi ay horumar u gaari lahaayeen ha noqdo kuwa gudaha ku haray ama kuwa dibadda jooga.

Haddii Soomaalida ay bilaababaan hab gobolaysi iyo Reer Benaadir Muqdisho lagu xukumo, ama xaqooda loo diido, waxaa ku soo xiga boqol sano kaddib in caruurteena waddanka laga saaro, ama la adoonsado. Waxaa haddaba loo baahan yahay sida soo socota:

1 In la midoowa oo gacmaha la isqabsado.

2 Sida ugu dhaqsaha badan lagu xaliyaa qilaafaadka yar yar hortaagan horumarka dadkeena. Kaligiis tashadoow walaalahaagi la tasho oo qilaaf ha abuurin, danta gaarka ka-hormari danta guud, waxaad taqaanid qabo waxaad aqoonin u dhaaf dadka yaqaan.

3 Cudurka ugu weyn dadkeena haaya waa jahli, xasad, kibir, hoos ka hadal, maamul u orod (isu qoonsasho), isficilid, isyasid iwm.

4 Inta aan isku maqanahay dhexdeena in aan noqonay dadka asiibay masiibada ugu waa weyn ee Soomaaliya ka dhacay: in nala dhaco, nala kufsado, nala dilo, maydkeeni lagu istaago, sigaar lagu kor shito oo la yiraah lama duugi karo.

5 Hantideena maguurtada ahna la bililaqeeysto, kii aan wax laga bililaqesta laheyna, sarta dhan dhulka la dhigo.

6 Dadka sidaas na yeelay agtooda maxaan ka xisaaban nahay? Addunka maka dhaceen dad isku diin ah oo sidaas is yeelay?

7 Indheer-garadka Reer Benaadiroow waxaad dadkiina u noqoteen hoggaan, haddii aad rabtaan buur ka soo tuura, idinkana kama bad baadaysaan shilka, haddii aad rabtaana geeya meesha ay rabaan oo idinkana dantiina ku jirto (*Nin lagu seexdoow ha seexan*).

8 Inta waxgarad aqoonta leh gacmaha is qabsadaan, cadawgeena anagoo midaysan kaliya ayaa dhaawac u ah, in la iska ilaaliyo in dhexdeena qilaaf laga abuuro, marka hore asaas fiican samaysano, la tashano kuwa ku hadla isku imaashaha, inaan la tashanin kuwa qilaafka jecel, inaan mas'uulna laga dhiganin qof

aan ku karaameyneeno qabiil, hanti, ama qaraabanimo, bal in aan ku karaamayno qof walba aqoontiisa iyo in uu yahay nin Allah ka cabsi og, haddi uu jagadaas u qalmo in sharuudahaasi oo kale lagu siiyo, isagoo loo eegin qabiilkii markaa u dhashay.

9 In qabiil wax ku wadaaga dhibaatadeedi waa tan Muqdisho maanta ka jirta, tusaale kaas ayaa nagu filan. Bal qabiilka marka uu waxtaro waa marka aan tiro koob samaynayno in un nin walba ninkuu la dhashay in uu ka soo waramo. *Li tacaarafuu sida Allah u sheegay.*

Walaalayaal,

Waxaanu idiin sheegaynaa inaan nahay dad madax banaan aan cidna kaalma ka haysan, hadafkeeygana uusan ahayn maamul jeceel ama sedbursi, balse nahay dad u gegsan waayey dhibaatooyinka axmaqnimada Reer Benaadir lagu haayo iyo anagoo og fursada ugu fiican Reer Benaadir soo mara in uu yahay in ay iska soo muujiyaan siyaasadda ku wajahan Soomaaliya sida ugu dhaqsaha badan inta aan dawlad ka dhallanin, lana diyaariyo wufuuda matalaaysa qawmiyadda Reer Benaadir, waxaan idinka codsanaynaa in aan hal meel kasoo wada jeesano.

Dadka maanta Muqdisho ku sharatamaaya wax dil oo wax xukun ama ha lagu dilo, baqtiyaanasiibkaas Reer Benaadir ma gelikaraan, maadaama qamaarka ama baqtiyaansiibka yahay xaaraan, sidoo kale dilka. Shirweynahaan isugu imaatankeena maanta inaan wada tashano inta ka dambeysan Reer Benaadir in ay u arkaan siyaasadda Soomaali maryooley in ay tahay siyaasad lagu ciribtiraayo jiritanka dadkeena Banaadiriga ama qowmiyadaha kale ee laga tiro badan yahay.

Tobonkaan sano Reer Benaadir cid ama qabiil ay la safteen ma leh, balse duco ayey ku jireen oo nabad tuug bay ahaayeen, waxaad aragteen ayaa ku dhacay. *Dacwatul madluum mustajaab* sidu yiri Nabigeeni suuban (SAW) ilaa iyo hadda waxaa la la'yahay nin gata warshad shaqaysa maalin walba oo aan waxba soo saarin, waana cajiib!.

Waxaa inta dheer in siyaasiin indheer garad Soomaali oo maalin walba u soo kalaha ceel biyo, markii soo dhaamiyaan biyaha ay ku shubaan weel duleela tii hore kasii daran, xoog iyo waqtina ku dhumay, nifcigii la raadinaayeyna sidoo kale u dhumay. Waxaa arrimaha loo arka khasaaro ka weyn ka sal balaaran in uusan jirin. ALLAH wuxu yiri: *"Cadaabta Aakhira Ayaa Ka weyn, haddii wax garanaayaan". Wala Cadaabul Akhirati Akbar Low Kaanu Yaclamuun*, Reer Benaadir ha Noolaato, ha jirto hana joogto, inta dhimatayna Allah ha u naxriisato. Adinkane noolaada waa Saalaamu Calaykum Waraxmatullaahi Wabarakaatu. Wa billaahi Towfiiq.

Sawirkaan kore iyo kan hooseba waa Shirguddoonka Shirweynaha Caalamiga 1aad ee Bahweynta Banaadir ee Boqortooyada Ingriiska 2001.

Sawirkaan kore iyo kan hooseba waa Shirguddoonka Shirweynaha Caalamiga 1aad ee Bahweynta Banaadir, London Sebtembar 2001.

Doorka Ururada Siyaasadeed ee Bahweynta Benaadir Shalay, Maanta, iyo Mustaqbalka

Dr Maxamed Abuukar Shiikhey

Sida la wada ogsoon yahay dadka Soomaliyeed wuxuu u qeybsamaa qabaa'il f ku wada nool degmooyinka kala duwan ee dalka, waxayna soo mareen taariikh dheer oo mid kasta ku caan baxay ama ku sifoobay wax u gaar ah caadooyinkiisa iyo dhaqankiisa. Sidoo kale ayuu Shacabkeena Reer Banaadir wuxuu leeyahay taariikh iyo dhaqan u gaar ah oo aad u fac weyn iyo xadaarad soo jirtay kumanyaal sano.

Haddii aan u soo leexano dhinaca halganka shacabka Soomaaliyeed iyo sida ay uga soo qeyb qaateen dadka Reer Benaadir halganka gobonimada ummadda Soomaaliyeed, waxaa shaki marna ku jirin in ay ahaayeen kuwii u horseeday kifaaxa iyo siyaasadda gobonimadoonka shacabka Soomaaliyeed, maxaa yeelay dadka Reer Benaadir waxay weligood ahaan jireen kuna caan bexeen dad jecel xuriyadda, nabadda, caddaaladda iyo nidaam dowladeed oo soo jiri jiray muddo dheer sida ku xusan taariikhda qadiimka ah.

Dadka Reer Banaadir ee ku nool gobolka Banaadir iyo degmooyinkiisa iyo gobollada kale ee dalka Soomaaliya, waxay qeyb libaax ka soo qaateen halganka gobonimadoonka ee shacabka Soomaaliyeed min waqtigii isticmaarka dalka soo galay ilaa laga gaaray xuriyadda dalka Soomaaliya, waxayna ku lahaayeen door muhiim ah oo aan la illaabi karin taariikhda halganka shacabka Soomaaliyeed, kuna yeesheen baal dahab ah.

Dadka Reer Banaadir waxey horseed u noqdeen shacabka Soomaaliyeed, asaaska ururo siyaasi ah iyo ku abuuridda dhallinyarada Soomaaliyeed mabaa'dida xuriyadda iyo la dagaalanka gumeysiga, maadaama ay kaga horeeyeen dhallinta kale xagga waxbarashada diinta, cilmiga iyo xadaarada, taas oo u suurta gelisay in ay abaabulaan shirar qarsoodi ah, ayagoo u sharxaayo mabaa'dida xuriyadda iyo hababkii looga hortagi lahaa cadowga gumeysiga Taliyaaniga iyo Ingiriiskaba.

Waxaa ka soo qeyb gali jireen shirarkaas qarsoodiga ah: oday-dhaqameedyada, culumaa'udiinka, waxgaradka, dhallinyarada, haweenka iyo siyaasiyiinta Reer Banaadir si loogu wacyi-geliyo la dagaalanka gumeysiga, loona baraarujiyo dadweynaha intiisa kale. Sidaas bey ku bilaabatay asaaska labadii urur ee siyaasiga: Hamar Youth Club (HYC) iyo Somali Youth Club (SYC).

Dhallinyada Reer Banaadir waxey marka hore ugu magac dareen ururada in ay yihiin ururo ku howlan arrimaha bulshada (naadi) si loogu horumariyo dhallinyarada fanka iyo isboortiga, taas oo loogu dan lahaa in lagu marin habaabiyo maamulka isticmaarka oo dalka ka mamnuucay abaabulka ururo siyaasi ah si uu dalka weligiisa ugu jiro gacantiisa.

Sida lala socdo dhallinyarada Reer Banaadir waxey ku lahaayeen door weyn as'aaska Leegada SYC, waxayna ka mid ahaayeen kuwii ugu firfircoonaa, taas oo marqaati u ah in ahaayen kuwii horseedka haayay iyo maamulka xisbiga, waxeyna ku lahaayeen Guddiga Dhexe ee leegada ilaa lix xubnood.

Sida aan kor ku soo sheegnay, gumeysigu wuxuu ka mamnuucay in dalka laga sameeyo ururo siyaasi ah iyadoo taas jirto ayaa dadka Reer Banaadir go'aansadeen in la abuuro urur siyaasi ah laguna magacaabo (Naadi Dhallinyaro) ayadoo u qarsoon aayaha dambe uu hiigsanayo ee dhinaca siyaasadda iyo la dagaalanka gumeysiga dalka jooga, loogana xureeyo dalka iyo dadkaba.

Waxaa xoogga la saaray in dadka lagu baraarujiyo wacyi siyaasi ah ayadoo loo marayo dhinaca fanka iyo gabayada, waxaa la bilaabay abaabulka iyo soo saarista riwaayadaha ku dheehan wacyi iyo halgan siyaasi ah, taas oo si fiican loogu guuleystay.

Markii la wada mataaneeyey labada urur, waxey billaabeen barnaamij wacyi gelin ah dadweynaha Soomaaliyeed, waxaa la furey dugsiyo lagu baro ardeyda dhallinyada ah afka Carabiga, Diinta iyo afka Ingiriiska, waxaa la billabey in ardey loo diro dalalka Carabta sida Masar, Suuriya, Sacuudiga iyo dalal kale si loo diyaariyo wax garadkii berrito dalka maamuli lahaa.

Labada urur waxey ugu danbeyntii beddeleen magacyadooda waxeyna isku beddeleen laba xisbi oo isku mabda' iyo fikrad ah, waxeyna mucaarad ku noqdeen xisbiyadii kale ee dalka laga sameeyey oo ku dhisnaa qabiil iyo la shaqeynta isticmaarka. Waxey wada jir muddo dheer la dagaalamayeen axsaabta kale si shacbiga Soomaaliyeed u hanan lahaa xurriyadiisa iyo sharaftiisa.

HYC iyo SYC waxay ahaayeen labada urur oo keliya oo ka jiray dalka, kana soo horjeeday gumeysiga, waxeyna lahaayeen xiriir wax wada qabsi, iskaashi iyo halgan mideysan. Mas'uuliyiinta labada xisbi waxey go'aansadeen ugu danbeyntii in la mataaneeyo labada urur maadaama ay ka wada mideysnaayeen xagga mabda'a iyo halganka, waxaa urur kasta uu qaatey midabka uu astaan u leeyahay xisbiga kale oo lagu kordhiyey midabkiisii hore.

Matalan Leegada oo markii hore laheyd midabka (gaduud) keliya, waxaa lagu darey midabka (bulugga) oo astaan u ah xisbiga Banaadiriga (HYC) sidaas ayuu calanka Leegada u yeeshey labada midab (gaduud iyo bulug).

Waxaa xusid mudan in labadan xisbi oo keliyah ay ahaayeen kuwii dacwada iyo codsiga xurriyadda Soomaaliya hor dhigey fadhiga guud ee Qaramada Middobey oo loo wada dhan yahay, ayagoo hordhigey shirweynaha xaaladda qalafsan ee uu gumeysiga kula kacaayo shacabka Soomaaliyeed gaar ahaan ku tumashada xuquuqda banii'aadamka iyo ficillada foosha xun uu u geysto dadka Soomaaliyeed. Sidaas awgeedna Qaramada Midoobey in ay oggolaatey Soomaaliya la siiyo xurriyadeeda.

Waxaa sidaas ku cad dowrka shariifka ah ee ay ka soo qaateen ururadii Reer Banaadir halganka ummadda Soomaaliyed ay u soo gashey hanashada xurriyadda iyo istiqlaalka dalka waqtigii gumeysiga dalka heystey.

Markii xurriyadda la helay, nasiib darro, waxaa dhacdey in dawladii ugu horeysey ee dalka ka dhallatey ay noqoto mid daneysi ah, kuna dhaqaaqdey maamul musuq-maasuq ah, isla markaasna u adeegaya danaha gaarka ah iyo midka gumeysiga. Sidaas awgeedna waxaa dalka soo food saaray dhibaatooyin dhaqaale, bulsho, siyaaso iyo nabadgelyo xumo, iyadoo dib u soo noolaaday qabyaaladdii foosha xumeyd.

Waxaa nasiib darro noqotay oo kale in ay ciidamadu inqilaab lama filaan ah kula wareegaan maamulkii dalka, ayagoo baabi'iyay nidaamkii dimoqraadiga, xuriyadda asaasiga ee qofka, Baarlamaankii, axsaabtii iyo dhammaan hey'adihii dastuuriga ee dalka ka jiray, sidaas ayay uga bilabatay dalka xilli dhibaatooyin badan wato. Waxaa sidaas dalka ugu hirgalay nidaam "diktatoori ah" oo ka soo horjeestay nidaamkii madaniga ahaa iyo dhaqankii shacabka Soomaaliyeed.

Mudddadii ay jireen labadaas nidaam (dowladdii madaniga iyo xukunkii millitariga) waxaa la xasuuqi jiray xuquuqdii ay lahaayeen dadka Reer Banaadiriga, waxaana loola dhaqmi jiray si dad ajnabi oo kale ah, aydoo marna loo oggolaan jirin in ay ku yeeshaan qayb wax ku ool ah madaxda dalka iyo in ay yeeshaan darajooyin sar-sare dhinac kasta oo qaybaha maamulka dowladda, ciidamada qalabka sida iyo ilaha dhaqaalaha, waxaan halkan lagu soo koobi karin dhibaatooyinka faraha badan oo loo geystay dadka Reer Banaadir meel kasta ay joogeen.

Markii dalka ka qarxay dagaalladii sokeeye, waxaa sii badatay xaaladdii khallafsaneyd ee lagu haayay dadka Reer Banaadir, deegaan kasto ay ku noolaayeen maadaama ay yihiin dad nabadda jecel ayna abaabulin maleeshiyo hubaysan, waxaa la bilaabay dhac, boob, kufsi, dil iyo cadaadis nooc kasta leh, taas oo keentay duruufo aad u adag in ay ku abuurtay dadkeena qahar, wallaac iyo ammaan darro, waxayna ugu dambeyntii ku kaliftay dadweynaha Reer Banaadir in ay barakacaan, kana soo qaxaan dalkooda hooyo, ayagoo ka soo orday hantidooda iyo ehelladooda gaar ahaan dadka da'da ah iyo bukaanka ah.

Waxaa dadka Reer Banaadir lagula kacay falal baahalnimo ah oo aan adduunka oo dhan laga maqlin, laguna arag, waxaa la buburiyay masaajidadii soo dhisnaa muddo kun sano ah, waxaa la tirtiray xadaaraddii iyo dhismooyinkii taariikhda faca weyn lahaa dhulka la dhigay matxafkii Soomaaliya ku faani jirtay iyo waxyaabo badan aan halkaan lagu soo koobi karin, waxey fajac iyo walbahaar ku noqotay adduunweynaha taariikhda xafida oo idil, taas oo ku kalliftay adduunka in ay u soo gurmadaan si loo badbaadiyo wixii ka harey, laakiin nasiib darro adduunweynaha wey ku adkaatey iney wax ka qabtaan xaaladdaas qalafsan ee Soomaaliya ilaa ay faraha kala baxeen.

Maxaa la gudboon dadka Reer Banaadir maanta iyo mustaqbalka? Marka hore, waxaa la guddboon dadkeenna in ay mideeyaan halgankooda, iskana ilaaliyaan khilaafka dhexyaalla in muddo ah, waa in ay hal meel ka soo wada jeestaan si ay danahooda u dhowraan, loona daryeeli lahaa xuquuqda dadka ku harey dalka gaar ahaan dhallinyarada, haweenka iyo dadka da'da ah, sidii loo hanan lahaa maamul goboleed u gaar ah dadka Reer Banaadir, loona abuuri lahaa jawi ku wada noolaansho dadyoowga kale ee nala deggan si nabad iyo ixtiraam ku jirta, horumarinta aqoonta iyo waxbarashada ardeyda Reer Banaadir ee ku nool gudaha iyo dibaddaba.

Si ay u hirgalaan arrimahaas kor ku xusan, waxaa lagama maarmaan ah, in ay ka soo baxaan Shirweynaheena caalamiga ee 1aad go'aano dhaxal gal ah sida:

1 Ururinta iyo mideynta dadka Reer Banaadir meel kasta ee ay joogaan.
2 Ku baraarujinta dadka Reer Banaadir difaaca xuquuqdooda .
3 Badbaadinta dadka Reer Banaadir oo ku harey dalka dhinac kasta
4 Xoojinta iyo dib u habeynta ururka siyaasiga ee Reer Banaadir (SNU) iyo sixidda qaladaadkii baryahaan danbe dhacay.
5 Qabaqaabinta shirweyne "Congress" ee SNU oo ay ka soo qeyb galaan dhammaan qeybaha bulshada ee Reer Banaadir gudaha iyo dibadda, si loo helo hoggaan toosan oo caadil ah, kana tarjuma rabitaanka dadweynaha Reer Banaadir.

6 Sare u qaadidda, dhowridda, badbaadinta, dhaqanka Reer Banaadir iyo xoojinta ku dhaqanka shareecada diinta Islaamka.

7 In laga codsado beesha caalamka badbaadinta xuquuqda aadanaha asaasiga ah ee Reer Banaadir dalka gudihiisa iyo dibaddiisa, ayagoo sii kordinaayo taageerada banii'aadmiga oo ilaa hadda ay u fidiyeen looguna mahad celiyo.

8 Dadka Reer Banaadir iney yeeshaan maamul goboleedkooda, sida uu qabo Axdiga Qaranka ee ku meel gaarka ah oo ay u madax bannaan yihiin aayahooda.

Sawirkaan wuxuu muujinayaa habsamida uu u socdo Shirweynaha.

Qadiyadda Bahweynta Banaadir Waqtiga Xaadirka iyo Mustaqbilka

Cusmaan Amiin Axmed

Ummad qadiyaddeeda in ay ku guuleysato iyo in ay ku guuldareysato, waxay had iyo jeer ku xirantahay, sida ay ugu buraarugsan tahay qadiyadeeda, biseylka siyaasadeed, is-xurmeynta iyo kala dambeynta, dhaqanka iyo xadaaradda ay ku faanto ummadaasi.

Sida ku cad cinwaanka dooddeyda oo ah "Qaddiyada Reer Banaadir waqtiga aan joogno iyo mustaqbalka nagu soo fool leh", ma ambaqaadi karo, haddii marka hore aan is hordhigin raadraac hore.

Si waqtiga aan u maareyno, waxaan ka cudurdaaranayaa in aan ii suuragaleynin in aan halkaan ku soo bandhigo dhammaan dhacdooyinka taariikheed ee ka markhaati kaci kara dooddeyda.

Qarnigii la soo dhaafay, qadiyadda Reer Banaadir, waxey soo martay marxalado kala duwan oo guulo leh. Guushaan haddii aad u kuur gashid, waxay salka ku haysay midnimada Reer Banaadir oo ku dhisnaa is xurmeyn, kaasoo ilaa hadda miraheeda laga dareemi karo degaannada Reer Banaadir oo dhan.

Haddaba, xoojinta midnimadaasi oo xididdo dheer ku leh dhaqanka iyo caadaad adag, xadaaradda iyo taariikhda dheer ee Reer Banaadir waxaa sal u ahaa doorkii ay ka soo ciyaareen:

b- Culumaa'udiin iyo wax garadka: Culumada waxay sal-adag u ahaayeen haddana u yihiin faafinta diinta Islaamka ee Geeska Afrika, jihaad looga soo horjeeday gumeysiga iyo faafinta diinta masiixiga ee

Geeska Afrika.

Tusaale:

1- Dagaalkii Talyaaniga uu ku qaaday degaanka Marka iyo shabeelaha 1930kii.
2- Dagaalkii Daraawiish iyo Ingiriiska 1900-1921
3- Dagaalkii Lafoole

t- Fanka iyo Hal-abuurka Banaadiriga: waxa uu door shariif ah ka soo ciyaaray:

1- Kicinta iyo baraarujinta Reer Banaadir.
2- Adkeynta iyo horumarinta murtida iyo maadda Banaadiriga.
3- Faafinta dhaqanka Banaadiriga

Qodobadaan waxay xoojinayaan mowqifka siyaasadeed ee BB

j- Siyasiyiinta iyo Aqoonyahanada

1- Waxay awood u yeesheen in ay hoggaamiyaan seddaxdii xisbi ee ugu waaweyna ee ka dhashay koofurta Soomaalia: SANU, SDM iyo SYL.
2- Waxay ku guuleysteen in ay abuuraan xisbigii labaad ee koofurta dalka uu ku hanaqaado muddo iminka laga joogo 57 sano
3- Ka qeyb qaadashada doorashooyinka guud ee barlamaanka iyo kuwa dowladaha hoose.
4- U halganka xuquuqda siyaasadeed ee Reer Banaadir tan iyo maanta.

Marka haddii intaasi hordhac iga ahaato, maanta xaalkeenu waa sidee? Maanta xaalkeena Allaha ha fududeeyo, waxaan ku jiraan taariikhdeena markii ugu dhibka badneyd. Markii ugu horaysay taariikhda ayaa Soomaalida si bareer ah u inkireen jiritaankeenna iyo xuquuqdeenna siyaasadeed.

Haddii ololahii hore ee dagaallada qabaa'ilka Soomaalida uu ahaa barakicinta Reer Banaadir, maanta waxaa lagu jiraa ololahaasi wejigiisa labaad oo ah gacan ku dhigidda degaannada Reer Banaadir. Waxaa ilaa hadda gacanta lagu dhigay qaar ka mid ah dhul beereedka Jubooyinka/Shabeellooyinka, xeebaha iyo guryaha, kheyraadkuna waxaa looga faa'iideysanayaa si sharci darro ah.

Laakiin, waxaad ogaataa duullaankaan maanta lagu soo qaaday

deegaankeena in uu dabasocdo duullaan hore. Qofkii akhriyay buuggii ugu dambeeyay ee Lee Casanelli Soomaaliya ka qoray *(The War Behind the War)*, haddii aad u fiirsatid, waxaad ka garan kartaa in bartilmaameedka dowladihii Soomaaliya ka soo taliyay iyo dagaalkii dhexmaray xukuumaddii militeriga iyo xogaggii ka soo horjeeday waxay salka ku heysay loolan loogu jiray ku dhigidda degaannada Reer Banaadir oo ay u arkeen in ay tahay istiraatijiyad wax soo saar, ganacsi iyo suuqgaynba. Sidaa darteed, dadka dagaalamaya, waxay ku dagaalamayaan dhul iyaga aanay leheyn.

Maxaa haddaba nala gudboon?

Dhammaanteen, waxaan ognahay in maanta nala deris ah xidid nala ah, deggan degmooyinkeena, caruurteen iyo kuwooda wada ciyaaraana dad aan caado iyo xeer la wadaagin.

Haddii aadan tashan, adkeynin midnimadaada, laba jeer dib u fekerin, waxaa hubaal ah in mustaqbalka lagula fulin doono ololaha wejigiisa labaad. Tadxiya ama fiddo uma noqon karo masaalixda qabaa'il kale. Soomaaliya iyo midnimadeeda tadxiyo waan u noqon karnaa haddii jiritaankeyga iyo xuquuqdeyda siyaasadeed waxba loo dhimin.

Mustaqbalka maxaan rabnaa?

Maanta Soomaaliya waxaa ka taagan qalalaaso siyaasadeed, midnimadii qarankana ilaa hadda faro laguma haayo. Maalin kasto waxaa soo if baxaayo daruufo tii hore ka adag, waad aragtaan gobolladii degenaa ayaa dhiila cusub kasoo yeertay. Cadaadiska siyaasadeed ee adduunka kaga imaanaaya dowladda ku-meel-gaarka iyo mucaaradkana aad buu u soo kordhayaa. Waxay ku socotaa in lagu qasbaayo in ay yeeshaan wada xaajood.

Hadaba maxaan rabnaa?

Ogow in ay yar tahay xiriir ka dhexeeya Reer Banaadirka ku nool qurbaha iyo kuwa gudaha ku nool; in aadan qabin urur xoog leh, in midnimo adag ayan jirin; in aadan qabin adeegsiga warbaahinta oo xoog leh sidaa darteed, waxaan maanta u fadhinaa in aan la nimaano fikrad wax tar ah oo mustaqbalka dhow Reer Banaadir loogu adeego.

Waxaa haddaba idin soo hordhiga taladeyda:

- In aan la nimaadno mashruuc siyaasadeed oo cusub, kaasoo ka tarjumaaya dareenka iyo walwalka dhabta ah ee Reer Banaadir
- Inaan ku midowno hal urur.
- Dib-u-dhiska gobolada taariikhiga ah oo ah meelaha ka tarjumaya xadaaradeena iyo fac-weynida taariikhdeena sida: masaajidyada, guryaha qadiimka ah, madxafka Siciid Barkhash. iwm.

Waxaa ila haboon dayactirka goobaha taariikheed lagu daro go'aannada shirkaan iyadoo baaq loo jeedinaya ururka dalalka muslimiinta iyo UNESCO. Waxaa muhiim ah in aan xoog saarno, ku boorino, kuna kaalmeeyno dadkeena Soomaaliya ku nool in ay abuurtaan hay'ado samafal ah:

- Caafimaadka,Waxbarashada, Beeraha, Farsamada iyo kaluumeysiga.
- In aan lahaano wargeys xoog leh, siyaasadda uu ku socondoonana ay noo caddahay .
- Haddii ay duruufta ay saamaxeyso in degaanada Reer Banaadir laga abuuro ila dhaqaale iyo mashaariic farsamo oo yar yar.
- In xaaladda Reer Banaadir ay ku sugan yihiin si joogta ah loola socadsiiyo hey'adaha caalamiga iyo kuwa goboleedba.

Aragtida iyo Istrateejiyada Is-maamul Goboleedka Deegaanada Benaadir

Nuur Shariif Nuur

Sida la wada-ogsoonyahay, dastuur kasta oo adduunweynaha ka jira waxaa loo dejiyey muddo dheer in dal lagu maamulo, laguna hormariyo dadka, ayna ku wada nolaadaan nabad iyo caddaalad ijtimaaci ah iyo ayadoo la dhowraayo xuquuqda muwaadin kasta oo dalkaas u dhashey.

Waxa xusid mudan in adduunweynaha ay ku nool yihiin malaayiin qof oo waxba isu ahayn, waxbana ka dhaxeynin, sida: af, dhaqan, diin, asal iwm, ayagoo ka kala yimid dhulal kala fog ee caalamka oo hal dal ama qaran isugu taga, ama u soo haajira, si ay u dhistaan hal dal ama qaran oo mideysan, iskuna afgarta iney ugu wada noolaadaan nabad, caddaalad, sinaan iyo is-xurmeen, haddana qaarkooda dastuurkooda jira muddo boqolaal sano, sida Ameerika iyo kuwo kale.

Sida la wada ogsoon-yahay, dalkeena Soomaaliya wuxuu xurnimadiisa qaatay, 1dii Luuliyo 1960ki, waqtigaas oo laga joogo 41 sano. Haddaba, waxa nasiib daro ah, in muddadaas kooban in Soomaaliya ay yeelatay 3 Dastuur oo kal ah:

- Dastuurkii 1aad ee dowladdii rayidka ahayd oo dalka lagu maamulayey 1960 ilaa 1969ki, Dastuurkaas oo ku caan baxay musuq –maasuq, eex qabiil, qaraabo-kiil iyo caddaalad daro.
- Dastuurkii 2aad ee Dowladdii militeriga aheyd oo dalka lagu

maamulaayey ilaa 1990kii, Dastuurkaas oo ku caan baxey, diktatooriyad iyo eex kala duwan oo mamulka qofna ka hadli karin.

- Kaddibna, 1990kii waxaa bilowday dagaaladii sokeeye oo sababay muddo 10 sano ka badan dalka dowlad la'aan iyo dastuur la'aan ahaado, dagaalkaasina ilaa hadda socdo.
- Haddana, sannadkii 2000, waxaa magaalada Carta, (Jabuuti) isugu tagey 2,500 qof, waxeyna ansixiyeen Axdiga KMG oo u dhigma dastuurkii 3aad oo hadda la rabo in Soomaaliya lagu maamulo, ayagoo aamisan halkudhegga aad loola yaabey oo ah: *xaq lama rabee, xal ayaa laraba.*

Ayadoo xaqiiqadaasi ay jirto, ayaa dadkaasi isku raaceen in Soomaaliya ay ku dhaqanto habka Is-maamul goboleedka. Sidaasi, darteed Axdiga KMG ee Soomaaliya ee lagu ansaxiyey Carta, Jabuuti, wuxuu qoraya in muddo seddex sano gudahooda Soomaaliya laga hirgeliyo habka Is-maamul Goboleedka ama Federaaliga.

Dadka Reer Benaadir, mabda ahaan waxey aaminsan yihiin in dalka Soomaaliya loo qeybinin gobolo yar-yar oo qabiil ama kooxo si gooni gooni ah u maamusha, sidaasi darteed, waa in la aqoonsadaa in qabiilku u ahaa waxa keliya oo dalka bur-buriyey, kalana qeybiyey dadka Soomaaliyeed xaalada maanta lugu sugan-yahayna soo gaarsiyey.

Mar haddii ergooyinkii ka qeybgaley shirkii Carta, Jabuuti, ay isku raaceen in dalka Soomaaliya oo dib loo dhisi doono uu ku dhaqmo habka Is-maamul Goboleedka ama Federaaliga ah, haddaba dastuurka hirgelintiisa waxaa waajib ah in qabiilna qabiil kale sedkiisa huguriyeynin ama xaqiisa boobin, qola kastana fursad loo siiyo iney maamushaan gobolka iyo degaanka ay u dhasheen.

Haddaba, Axdiga Qaranka KMG oo ay ansixisteen dadka ka qeybgaley shirkii Carta (Jabuuti), Qodobkiisa 1aad, Nidaamka Jamhuuriyadda, Baragaraafka 6aad, waxaa ku qoran :

"Caasimada Jamhuuriyadda waa Muqdisho, waxeyna yeelaneysa xuduud, nidaam iyo sharci u gaar ah"

Baragrafka kore wuxu si cad ugu tarjumaya fikrad ay mar kasta oo shir nabadeed la qabto oo ay soo jeedin jireen qaar ka mid ah siyaasiyiinta beelaha Soomaaliyeed oo ah in caasimada Muqdisho (Xamar) loo aqoonsado iney tahay magaalo Soomaali oo dhan ay wada leeyihiin, qolana aan si gaar ah u sheegan karin, sidaasi darteedna in loo sameeyo xeer u gaar ah oo lagu maamulo.

Islamarkaasi Qodobka 32aad, Baragrafka 1aad iyo 2aad, ee Axdiga kore, dadki ka qeybgaley shirkaasi waxay ku sharciyeesteen in nidaamka Is-maamul Goboleed Madax-banaan ay ku maamushaan gobolada ay u dhasheen iyo caasimadaha goboladooda.

Arrintaasi, waxaa loola jeeda in beel kasta gobolkeeda iyo magaalooyinkeeda iney ayaga u gaar yihiin, magaalada Muqdishana ay la qeybsanayaan dadka asal ahaan u leh, ayagoo Axdiga Qaranka KMG ku ansixistey iney isu soo rashixi karaan in loo doorto matilaada Gobolka Banaadir iyo Degmooyinkiisa, isla markaasina gobolada ay u dhasheen ayaga gaar u yahay, qof aan ayaga aheyna xaq u leheyn inuu iskaa soo rashaxo, lagana soo doorto.

Haddaba, waxaa is weydin leh, in Somaalidii Carta isugu tagtey oo ka koobneed 2,500 qof kaliya, iney xal u noqoneyso xaqdarada Muqdisho ay kula qeyb-sanayaan ayna la lahaanayan dadka asal ahaan u leh, ayagoo aan oggoleen in degaan-kooda Soomaali kale ay la lahaato.

Sidaasi darteed, haddii beelaha Soomaaliyeed badankoodu ay isku raacaan xaqdaradaasi oo ah in Muqdisho ay noqoto magaalo Soomaali oo dhan ay wada leeyihiin, qolana si gaar ah sheegan karin, waxa lagamaarmaan noqooneysa in xaqdaradaasi oo saldhig u ah Baragarafka 6aad ee Axdiga Qaranka KMG la badelo, loona badelo sidatan:-

Caasimada Jambuuriyadda waa Muqdisho. Magaalo madaxyada 18ka Gobol Soomaaliya ay ka kooban-tahay, oo Muqdishana ay ka mid tahay, waxey yeelan doonaan xuduud, nidaam iyo sharci u gaar ah oo si siman loogu maamulo, magaalo-madax goboleed iyo degmooyinkeeda oo qolo ama beel si gaar ah u sheegan-kartana uusan jirin, Soomaali oo dhan si siman bey u wada leeyihiin, qof kasta oo Soomaali ahna lagama xigo, waana iska soo rashixikara.

Haddii beelaha kala duwan ee Soomaaliya ay dhib ku tahay ama ay diidayaan iney oggolaadaan in magaalo madaxda goboladooda ama degmooyinkeed ay Somaali oo dhan la lahaato, haddaba, ma habboona waana xaq daro in dadka Reer Banaadir lagu qasbo iney oggolaadaan in degaankooda Soomaali oo dhan ay la lahaato.

Sidaas darteed, beelaha Soomaaliyeed ee kala duwan waxaa laga rajeynaya iney dareemaan xaqdarada oo u horseedayo Qodobka 1aad Baragrafka 6aad ee Axdiga Qaranka KMG ah, oo ujeedadiisu tahay in lagu xadgudbo karaamada beelaha Soomaaliyeed oo aan hubka qaadan, dagaaladana ka qeybqaadan, xaqoodana la boobo ama la daffiro, laguna tirtiro.

Inkasto, oo arrintaan ay ku saabsan tahay Qodobka 1aad Baragrafka 6aad ee Axdiga Qaranka KMG oo si gaar ah u xusaayo caasimada Muqdisho, haddana, waxaa kaloo soo jeedineyna lana rajeynaya in la dhowro xuquuqda iyo karaamada dadka u dhashey Reer Banaadir oo asal ahaan dega degmooyinka kale sida:-Marka, Baraava, Afgooye, Jesiira, Awdheegle iyo Jasiiradaha Baajuuni.

Dadka Reer Banaadir meel kasto ay joogaan waxay caan ku yihiin nabad-jeceel, waddan-jeceel iyo xaq-jeceel, haseyeeshe, xuquuqdooda kama ay tagin, Xamarna waxay ka mid tahay xuquuqda dadka Reer Banaadir.

Ugu dambeestii ka soo qeyb-galayaasha Shirweynaha Caalamiga 1aad ee Reer Banaadir ee sharafta leh, waxaan ugu mahadinayaa sida wanaagsan ay ii dhegeeysteen, waxaana laga codsanayaa iney talooyin wax ku ool ah ka soo jeediyaan arrintaan oo ahmiyad weyn u leh aayaha dadka Reer Banaadir.

Xaaladda Bahweynta Benaadir Gudaha Dalka iyo Dibadda

Maxamed Abuukar Xaaji

Dadka Reer Benaadir degaanka ay asal ahaan u leeyihiin ayna degan-yihiin waa ballaaran yahay, waxana ka mid ah magaalooyinka Muqdisho, Afgooye, Jasiira, Awdheegle, Marka, Baraawe, Jasiira-daha Baajuuni iwm.

Taariikhda waxey caddeyneysa in dadka Reer Benaadir badankooda ay degaanada kore ku noolaayeen laga soo billaabo qarnigii 7aad, waxeyna caan ku yihiin reer magaalnimo, nabad jeceel, wadan jeceel, dhaqan facdheer, aqoonta diinta iyo farsamada.

Sida la wada ogsoon yahay, dagaaladi ugu xumaa Soomaaliya waxey ka dhaceen magaalooyinka ay asal ahaan u degan yihiin dadka Reer Benaadir, kuwaasi oo qabaa'ilka hubeysan ay isku herdinaayeen, sidii ay xoog ugu qabsan lahaayeen, ayagoo isticmaalaya hub kala nooc ah sida madaafiic, hoobiyeyaal iyo broono iwm, taas oo sababtey in magaalooyinkaasi oo taarikhda faca dheer leh la bur buriyo, degaankoodina la xaalufiyo, lana nabaad guuriyo, dadkana loo geesto dhac, kufsi, dil, gumaad, loolana dhaqmey si bani-aadaminimada ka baxsan.

Sidaasi darteed, dadka Reer Benaadir waxey ahaayeen dadkii ugu horeeyey ee dalkoodi iyo guryahoodi ka soo orda, ayagoo naftooda u baqaayey, marka hore, waxey u soo qaxeen, qaxooti ahaana u degeen dalalka deriska ah ee Kenya, Ethiopia, iyo Yaman, kaddibna, waxey dalalkaasi uga sii dhoofeen dalalka galbeedka oo dad badan oo ayaga ka mid ah qaxooti ahaan ugu nool yihiin dalalka Ingiriiska, Ameerika, Kanada, Danimarka, Holland, Australiya iyo dalal kale ee Yurub.

Tobankii sano oo dagaalka sokeeye dalka ka socdey, dowlad nabadgelyo iyo caddaalad dadkeeda u balanqaada dalka ma ka jirin, ayadoo nidaamkii dowladda dastuuriga ahaa lagu beddelay nidaam qabiili ah oo ku tiirsan miliisiya hubeysan, sidaasi darteed qof kasta wuxuu nabadgelyo iyo badbaado ka raadsadey degaanka qabiilka oo ka dhashey ka taliyo, halkaasi oo ay uga bilaabatey nolol cusub oo nabadgelyo leh.

Hase yeeshee, waxaa nasiib daro ah in qarniga cusub ee 21aad, dadka Reer Benaadir u bilowdey ayado kuwa dalkoodi ka soo qaxey ay qaxooti ku yihiin dalal kala duwan ee adduunka, kuwa dalka gudahiisa ku hareyna oo barakacsan waxeyna ku nool yihiin silac, rafaad, nolol xumo iyo cabsi.

Xaalada ay ku sugan yihiin dadka Reer Benaadir dalka gudahiisa waxa lagu soo koobi kara sida hoos ku qoran:

- Nabadgelyo la'aan
- Afduubid, lagu xaliyo bixin lacag madax furasho,
- Caddaalad la'aan
- Shaqo la'aan
- Ganacsigii oo la wiiqey
- Daryeel caafimaad la'aan, iyo nafaqo daro caruurta,
- Adeegyada kale ee bulshada u baahan tahay oo aan jirin,
- Waxbarasho la'aan ubadka soo koraya.

Waxa aad looga wal walsan yahay ganacsiga cusub ee dhoofinta dhuxusha, loona dhoofiyo dalalka khaliijka, ayadoo dhirta qoyan si aan kala sooc leheen loo jaraayo, loona gubaayo, taaso natiijadeedu tahay xaalufin, bey'adda oo la baabi'iyo iyo deggaanka oo loo beddelo lama degaan.

Dhirta qoyan oo la jaraayo, loona gubaayo in laga soo saaro dhuxusha dibedda loo dhoofiyo, waa dhir bey'addaasi u gaar ah sida qurac, garas, dharkeen, mareer, xaskul iwm, oo ah saldhigga nolosha dadka, xoolaha, dugaagta duur joogtada ah. Dhirtaasi waxey ku baxaan muddo ka badan 30 sano, nasiibdaro, waxa lagu jara, laguna guba dhowr saacadood gudahooda.

Falalkaan oo lagu xaalufinaayo dhul baaxadiisu aad u ballaaran, waa arrin aad khatar u ah, waana in si deg deg ah loo joojiyo, lana mamnuuco dhuxusha dibedda loo dhoofinaayo.

Waxaa aad looga wal walsan yahay sunta halista ah oo dalalka warshadaha ku horumarey ay ku daadinaayaan badaha iyo berriga Soomaaliya, taas oo baabi'ineyso bey'adda oo dhan iyo kheyraadka badda, loona baahan yahay in si deg-deg ah looga hortago.

Degmooyinka dadka Reer Benaadir waxa ka howlgala hay'ado samafal shisheeye oo farabadan, hay'ahadaasi waxey qoraaloodi ku warbixiyan iney dadka Reer Benaadir wax u qabtaan , waxaase la xaqiijiyey in hay'adahaasi waxba u qaban dadka degaanka u dhashey.

Guud ahaan dadka Reer Benaadir waxey ku sugan yihiin xaalad aad u qalafsan, howlahoodi ganacsigana, moryaanta hubeysan dartoodi, dib uma soo nooleyn karaan, qofkii raba inu dibedda badeeco ka keeno, waa inu ku tiirsanaado ama la shiraakoowo qaar ka mid ah ganacsatada ku abtirsada qabaa'ilka hubeysan, haddii kale hantidiisa uma badbaadeyso.

Bishii Janaayo 1996, Dawladda Mareeykanka waxey bilawdey iney dalkeeda u qaado kooxdii ugu horeysey ee dadkii Reer Banaadir oo ku noola xeradii qaxootiga ee Swaleh Nguru ee Mombasa, Kenya, si ay Ameerika u dejiso ilaa 620 qoys ama ilaa 3000 qof. Dadkaasi waxa lagu dejiyey sharciga *category P1*, kaddibna badankooda waxey qaateen jinsiyadda Mareekanka, waxaana loo oggolaadey iney keensan karaan eheladooda.

Dadka Reer Banaadir ee ku sugan dalka Ingiriiska waxa u dadaaley ururada samafalka ee Reer Banaadir ee ka jira dalka Ingiriiska, waxaa lagu guuleeystey in Dowladda Boqortooyada Ingiriiska u aqoonsato iney yihiin qaxooti run ah oo xaaladoodu waafaqsan yahay "*1951 United Nations Convention relating to the Status of Refugees and its 1967 Protocol*", sidaasi darteed, badankoodina waxaa loo aqoonsadey iney yihiin qaxooti run ah, lana siiyey sharciga "*Indefinite Leave to Remain in the UK*".

Qaxootiga Reer Banaadir oo ku sugan dalalka kale ee galbeedka ayagaa iskoodi dalalkaas u tegey, qaxooti ahaana isku dhiibey, waxeyna ku noolyihiin xaalado kala duwan oo dal kasta u gaar ah, hase yeeshee, u qaxidda iyo ku noolaashaha dalalka galbeedka waxey kala kulmeen dhibaatooyinka qaxootiga oo idil ay la kulmaan oo la xiriirta isbedelka nolosha gaar ahaan:

- Baahida loo qabo in la barto luqada iyo dhaqanka dalkaasi,
- Iney la kulmaan kala soocidda midab (toos ama dadban) oo saameeya nolol maalmeedka dadka, sabab weyna u ah horumar la-aantooda.
- Tirada dadka shaqo la'aanta ah oo aad u badan, kuwa shaqeeyana oo isku soo kooba iney qabtaan shaqooyin gaar ah oo aad u hooseeya, lacag yarna lagu qaato, marka loo fiiriyo shaqooyinka ay qabtaan muwaadiniinta.
- Farqiga heerka waxbarashada oo saameeya nooca shaqada.
- Dadka qaxootiga ah oo dhibaatooyin kala kulma sidii ay u dhax-gelilahayeen jaaliyadaha kale, taaso u sabab ah, luqadda iyo dhaqanka, sidaasi darteed, waxey ku dadaalaan iney isku meel degaan.
- Caruurta oo si sahlan ula qabsata nolosha cusub ee galbeedka, afkana si sahlan ku barta, taaso keeni karta in caruurta ay ka durjiso dhaqanka waalidkooda, dhaqan cusubna ay bartaan, sidaasi darteed, labadaasi dhaqan caruurta waxey ku abuurta jahawareer, qoyskana dhibaato is af-garashawa dhaqameed aya ka dhex abuurma.
- Qaxootiga oo badankoodi deggan guryo ciriiri ah oo aan ku filneyn.

Dadka Reer Banaadir oo ku sugan dalka dibaddisa tiradooda saxa ah lama yaqaan, meesha ay kala deggan yihiin lama yaqaan, sidaasi darteed, si xaaladooda dhabta looga warbixiyo, qorshana loogu dejiyo, waxa loo baahan yahay in marka hore lagu sameeyo tirakoob sax ah ayagoo loo kala saarayo:

- Tirada saxa ee qaxootiga dal kasta ku nool,
- Da'ada, Lab iyo dhedig,

- Tirada saxa ee qaxootiga dal kasta sharciga ka qaatey iyo kuwa aan weli sharciga qaadan
- Tirada dhallaanka yar yar weli da'da dugsiga gaarin iwm.
- Tirada carruurta dugsiyada dhigata,
- Tirada jaamacaadka iyo macaahida dhigata,
- Tirada shaqeysa iyo nooca shaqada,

Waxa kaloo loo baahanyahay:

- In la difaaco lana horumariyo danaha iyo xuquuqda dadka Reer Banaadir ee qaxootiga ku ah dalalka ay u qaxeen.
- In la adkeeyo walaaltinimada, iskaashiga iyo isla shaqeynta dadka Reer Banaadir ee ku nool adduunweynaha iyo kuwa ku nool dalka gudahiisa. Waad mahadsantihiin, Wa Billaahi Towfiiq

Mudane Mohamed Geilaani oo warbixin ka jeedinaaya Shirweynaha

Sawirkaan wuxuu muujinayaa Shir-guddoonka Shirweynaha Caalamiga 1aad ee Bahweynta Banaadir 2001

Sawirkaan wuxuu muujinayaa Xubnihii Xoghaynta Shirweynaha Caalamiga 1aad ee Bahweynta Banaadir 2001

Mideynta iyo Xallinta Khilaafaadka Bahweynta Benaadir

Khaalid Macow Cabdulqaadir

Waxaan shaki ku jirin in fekerka, wada hadalka iyo wada tashiga uu yahay kan horseeda ka gun-gaaridda dhibaatooyinka, kaddibna la gaaro talo laga baaraan-degey, loona arkey in ay tahay tan ugu fiican. Reer Benaadirku waxay yiraahdaan: *"Aan warrano waa aan walaaloowno"*- Shaki kuma jiro, in ay tahay tan maanta meeshaan aan u fadhino ugana doodeyno sidi aan ugu tashan laheyn aayaha dadkeena meel ay joogaanba.

Sida aad wada ogsoon tihiin, markii dowladnimadii burburtey, degaanadii dadka Reer Benaadir waxaa qabsadey qabaa'il hubeysan, waxeyna dadkeena ku qasbeen in ay dalkoodii ka qaxaan oo ay ka haajiraan, waxay la wareegeen wixii hanti dawlad iyo dadweyne, waxay ku dhaqaaqeen boob, kufsi, dhac iyo dil. Waxaa la burburiyey goobihii iyo keydkii taariikheed oo intooda badan ku sugneyd gobolada iyo degmooyinka Benaadir.

Dhibaatada iyo khasaaraha mid halkaan lagu soo koobi karo ma aha, ujeeddada mowduucana taas ma aha. Akhyaarta Shirweynaha isugu timid, waxay ila tahay, in ay xog-ogaal u yihiin dhibaatooyinkii waa weynaa ee Soomaaliya ka dhacay, waxyeeladii dagaallada sokeeye ka soo gaarey dadka Reer Benaadir iyo sida Soomaalidu ugu kala qeybsantey reero iyo beelo is coleystey.

Waxay u muuqataa mid weli sii socon doonta, maxaa yeeley, waxaa la garan la' yahay qofka ama kooxda dembi leh iyo kan aan laheyn. Waxaa la rabaa in dowlad, caddaalad iyo xaqsoor la helo, isla markaasna dhagar qabayaasha iyo dambiilayaasha qaran in la daafaco, reer walba wuxuu ku doodaa in dhibaatadu ay kuwa kale geysteen.

Haddaba, sidee nabad loo gaari karaa, dowladna loo sameyn karaa iyada oo aan dhicin xaqsoor iyo tixgelin, islamarkaasna aan daacadnimo iyo run loo marin nabadda?

Nabad waxay ku imaan kartaa, haddii nabad raadinta laga leexiyo jidka xaqdarada. Qofka ama kooxda ku howlan caddaalad-darrada marna ma heli karto sida xalka Soomaaliya oo nabad iyo deganaan ku gaarto.

Shirka Carta wuxuu muujiyey, dareenka qabaa'ilka ee ku wajahan caddalad-darada lagu sameynaayo dadka Reer Benaadir iyo kuwa la masiirka ah, *Xaq lama rabee, xalbaa la rabaa.* Waxay na tuseysaa in aanu ku waano qaadano waqtiga la marayo Soomaaliya. *Nin qorrax kugu dilay, har ma kuu jiido.*

Reer Benaadiroow,

Halkaan ayaad ka arki kartaa cadaawadda laga mideysan yahay marka ay arrintu taagan tahay annaga iyo kuwa kale, waatan muraayadda dhabta ah ee aanu ka arki karno baahidda midnimada iyo xallinta khilaafaadkeena.

Arrintaan waxaa keliyah oo looga gudbi kara waa in aan u midoownaa dhacsashada xuquuqdeenna, lana garto waddadii aan u mari laheen oo ah xoojinta midnimada, wada hadalka iyo isu-dulqaadka *"Maskaxda kaa maqan, maan walaalkaagey ku jirtaa".*

Midnimada Dadka Reer Benaadir

Xikmadda Benaadiriga ee sheegeyso: *"Isma hurtooy ha is haleeynina"* ayaa ka tarjumaysa baahida loo qabo midnimada. Waad ogsoontihiin, kaddib markii ay talo faro-ka-baxdey, lagana tegey xurmadii dal iyo dadba, Reer Benaadir ay ku ammaan waayeen guryihii Eebbe (Masaajidada), beelihii ururrada sameystey waa ay kala qeybsameen. Waxay ku dagaalameen Muqdisho iyo dhammaan gobollada ay Reer Benaadir deggan yihiin.

Dadkii Reer Benaadirka la deganaa, reer walba wuxuu u qaxay halkii dad ay isku dhiig yihiin iyo degaan gaar ah oo loo yaqaan ka jirey. Dadka Reer Benaadir halkaan waxaa ugu sugnaaday in ay ahaadaan kuwa qabaa'ilka hubeysan ay ugaarsadaan oo laga dhigto noolal maalmeed, kuwa marka la doono la iska dilo, la iska kufsado, la iska qafaasho, kuwa aan waxba loo reebanin.

Sidaas ay tahay, dadka Reer Benaadir iyagoo ku jira dhibaatadaas xanuunka badan, haddana isma dhiibin waxay isku dayeen in ay is abaabulaan oo ay shirar u gaar ah qabtaan, iyadoo qof waliba oo idiin ka mid ah ogaan karo dhibaatadii taagneyd iyo halista qof iyo dad ahaanba lagu sugnaa, haddana, waxaa shirarkaas ka qeyb galayey waxgarad ka kala socdey bulshada Reer Benaadir qaybaheeda kala duwan oo ay horseedayaan waxgaradka iyo odayaal.

Sababtaas darteed 1991, waxaa la bilaabey in la is-abaabulo, dhallinyaro, aqoonyahan iyo culimaa'udiin, waxayna ujeeddada ahayd sidii looga hortagi lahaa dhibaatada aan laga sheekeyn karin iyo sidii hal meel looga soo wada jeesan lahaa.

Ugu danbeystii, ayadoo Reer Benaadir ay u dhan tahay ayaa bishii maarso 1991, waxaa si midnimo ku jirto lagu guddoonsadey dib u soo cusboonaysiinta ururkii Benaadiriga, waxaana lagu go'aansadey xeerka lagu dhaqi doono ururka, iyadoo cod furan oo si dimuqaraadi ah lagu doortey xubnihii matali lahaa ururka.

Ururka durbadiiba wuxuu bilaabay howlahiisa, wuxuu kulanno la yeeshay, qaar ka mid ah hogaamiyayaashii kooxaha qabaa'ilka kala qabsadey degmooyinka Benaadir, si uu ugala xaajoodo, wax ka qabashada dhibaatooyinka jiray. Arrintaas wax weyn kama hirgelin, waxaa tusaale inoogu filan diidmadii ururada hubeysan qaarkood ee wafdigii SNU in uu ka qaybgalo Shirkii 1aad ee Nabad Raadinta Soomaalida ee Jabuuti.

Waxaa ka dambeeyay qabsashadii iyo burburintii gobolada iyo degmooyinkii Benaadir, gaar ahaan sida degmada Shangaani oo gebi ahaan dhulka la dhigay, dadkeeduna la barakiciyey, inkastoo dhibaatadu Reer Benaadir ay u simanaayeen, haddana degaanada qaarkood dhibaatooyinkii soo gaaray waxay ahaan doonaan kuwa si gaar ah uga hari doona xusuusta qof kasta oo Reer Benaadir ah sida dhacdooyinkii Muqdisho, Baraawe, Marka, Jasiira, Gendershe, Jesiiradaha Baajuuni iyo kuwa kaleba.

Hoggamiyayaasha kooxaha ee qabay naceeybka Reer Benaadir, laftooda waxay la mid noqdeen: *"Fidno in la kiciyo way fududahay, in la demiyo waa adag tahay!"*. Waxay la kulmeen *God qiyaano ha qodin, haddii aad qodeysane ha dheereyn, maxaa yeelay in adigu aad ku dhici doontid ma ogid.* Dadka Reer Banaadir waxaa si toos iyo si dadbanba loogu qasbay in ay ka guuraan degmooyinkooda una qaxaan dalalka deriska ah gaar ahaan Yemen, Kenya, Itoobiya iyo Eritereeya.

Taas waxaa la wadaagay dad badan oo Soomaaliyeed oo iyagana la soo barakiciyay, lana qaatay beerahoodii iyo wixii hanti ah ee ay lahaayeen. Dhibaatada markii aad u sii badatay, waxaa dalkii ka soo dhoofay xubno aan tiro-yareyn oo ka mid ah xubnihii howsha ururka waday, ururkiina wuxuu awoodi waayay in xilkiisa si haboon u guto, nabad-gelyo la'aan, iyo xilliga oo ahaa mid qori lagu wada hadlayo, wadahadalkuna wax door ah uu lahaa aan jirin.

Qaxitaankaas ballaaran, kaddib ururkii saldhigiisuba wuxuu noqday dalka Kenya, kana bilaabay dhaqdhaqaaq siyaasadeed oo ay ku mideysan yihiin dadka Reer Benaadir. Guddoomiyihii iyo xubno guddigii dhexe ka mid ah iyo xubno kale oo ku soo biiray, waxay howlo muhiim ah ka qabteen dejinta dadka Reer Benaadir ee qaxootiga ku yimid Kenya iyo daryeelka noloshooda guud.

Horraantii 1992 ayaa bayaankii ugu horeeyay laga soo saaray Nayroobi ee dalka Kenya. bayaankaas waxaa mowqif mideysan ku qaatay Reer Benaadir, iyagoo adduunka ugu baaqay in fara-gelin ciidan lagu sameeyo Soomaaliya, taas oo Qaramada Midoobay iyo beesha caalamka si degdeg ah uga soo jawaabeen.

Maalintaas wixii ka damdeeyay, Reer Benaadir waxay ku mideysnaayeen ururkooda SNU. Waxaa laga qeyb galay shirarkii loo qabtay nabad raadinta Soomaaliya, doorka ururku wuxuu noqday mid wax ku ool ah oo matala, kuna hadla magaca Reer Benaadir. Dadkii qaxootiga ku noqday Yemen, Kenya, Itoobiya iyo meelo kaleba waxay dareemeen waxtarka ururka iyo faa'iidada midnimada. Bulshada Reer Benaadir, meel ay joogaanba, waxay bilaabeen in ay is-abaabulaan, waxayna muujiyeen karti iyo midnimo. Waxaana lagu gaaray guulo la taabankaro.

Maxaa ka dambeeyey? Sideedaba, ururada Soomaalida, guul darada iyo taabogal la'aanta ku yimaada waxaa loo aaneeyaa ama loo saadiyaa sida: aqoondaro guud oo ka haysata arrimaha ku saabsan dhisidda ururada, barbaarintooda iyo howlgalkooda, sidoo kale kala shakiga iyo danaha gaarka ah oo ay weheliso caadifada qabii'lka, dhowris la'aanta dastuurka iyo mabaadii'da ururka ayaa ka mid ah guuldarooyinka horay loogu tilaabsan la'yahay.

Dadka Reer Benaadir, kama badbaadi karaan xaaladdaas oo Soomaaliya guud ahaan wada saameeyey. Waxaa la yiraahdaa "*wax aan la isku daaraneynin waa daqar*". Ururadii Soomaalida ee dhamaantood ka wada siman xarafka'S'ee wada qabaa'ilka ku wada saleeysnaa, waxay ku wada dhasheen duruuf colaad sokeeye iyo kala qixid.

Weliba, SNU wuxuu ahaa ururka keliya oo aan hub qaadan, isla markaasna ma jirin degaan u gaar ah uu ka taliyo oo dadkiisa ku badbaadsan karo. Sidaas darteed, waa la fili karey in uu la kulmo turan-turrooyin, jahwareer siyaasadeed iyo dhaliilo kala duwan. Xaaladda dhaqaale ayaa door weyn ka ciyaari karay dhaqdhaqaqa ururka, una muuqan karey in ay xujooyin ku noqdaan madaxbanaanida ka tarjumi kara mabaadi'da ururka.

Maxaa khaldamay? Xaqiiqooyinkaas waxay mudan yihiin tixgelin, hase ahaate maxaa khalmaday? Waa su'aal u baahan inaan is weydiino, lana helo jawaab lagu saxayo waxa khaldamay. Kow iyo tobankii sano la soo dhaafay khaladaadka ugu weyn oo saameeyay aayaha dadka Reer Benaadir wuxuu ka yimid dhinaca siyaasada iyo howl-galka Ururka SNU ee ay ku abtirsadaan, waxaana ka mid ahaa:

- Mabda'ii dhex-dhexaadnimada ururka oo aan la ixtiraamin, weliba isbahaysi lala sameeyay ururo hubeysan. Hase ahaatee, ururadii hubeysnaa oo dhan lama dhihi karo waxay ahaayeen cadowga dadka Reer Benaadir, tanina waa keeni kartay kuwa laga fogaado iyo kuwa lagu dhowaado, intaba.
- Ururka SNU oo isku beddelay sidii urur aan dastuur u qoran lahayn, mowjadaha ku loolamayey moorada Soomaaliyana halkay doonto u tuuraysey.

- Xubnihii Golaha Dhexe oo badankooda dibadda ku nool, haddana intooda badan aan wax xiriir ah la lahayn dhaqdhaqaaqa ururka, taas oo dhibaato ku keenaysay in shir xubnihii Golaha Dhexe isugu yimaadaan, haddii uu isu yimidna waxay ahayd mid kooban, 11kii sano ee la soo dhaafay.
- Golaha Dhexe ee ururka oo xubno cusub lagu daray iyadoon dastuurka la raacin, si kastoo baahida xubno cusub oo shaqeeya ay u ahayd mid meesha ku jirta oo aan la diidi karin, balse loo baahnaa waafajinta xeerka.
- Xulashada xildhibaanadii dadka Reer Benaadir ku matalaaya Barlamaanka KMG ahaa ee lagu soo dhisay Carta (Jabuuti) oo magacaabidooda laga dhex arkay sooca xigtanimo.

Khaldaadkii dhacay duruuf kastaba ha ku yimaadeen, waxay keeneen, kala bax hor leh. Waxaa abuurmay ururo kale oo laga barbar furay ururka sida: SNU/SNA, SANU iyo kuwa kale, ilaa kii ugu dambeeyay oo la abuuray oo ahaa 'Ururka Qowmiyada Benaadir'. Kooxeyntaani waxay dadka Reer Benaadir u keentay kala qeybsanaan gaaray meel fog!

Inkasta oo ay jireen dhibaatooyinka aan soo xusay iyo kuwa kaleba, haddana waqtigan adag ee dadka Reer Banaadir ay marayaan, waxaan laga maarmi karin, midnimada si loo helo kalsooni soo celinta dhaqankii wada noolaanshaha ee dadkeena taariikhda u lahaan jireen.

Xallinta khilaafaadka, Waayahaan dambe, waxaa la yiraahdaa: *"haddii aad rabto in Reer Benaadir heshiiso, shir ha isugu keenin"* Haddaba, haddaan la isugu keenin shir oo ay kulmin, sidee loo heshiisinayaa? Marka aad hal dhinac ka fiiriso, waxaa kugu dhalanaysa *"rag waa tashadaa ee ma tiiro"* taasi waxay muujineysaa in duruufaha adag yihiin, haddana ay gudboon tahay in la isu dulqaato, dadka Reer Benaadir ma qeybsamo, midnimada waa muraayadda ilbaxnimadooda.

Waan hubaa in Reer Benaadir ay kartidaas leeyihiin, haddii ay mideeyaan maskaxdooda oo isku meel ka soo wada jeestaan, waxaa hubaal ah in ay guul ka soo hooyi karaan mushkiladda Soomaaliya, iskaba dhaaf mid iyaga dhexdooda ah.

Waxaan qabaa oo ay igula muuqato in ay tahay arrin maamul iyo farsamo oo haddii niyad saafi ah iyo karti lala yimaado in si dhaqsi ah wax looga qabsan karo iskhilaafka iyo isfaham la'aanta dadka Reer Benaadir. *"Meel lagu heshiinaayo laguma hirsheegto"* Khilaafka waxaa lagu xallin karaa wada hadal iyo isu-dulqaadasho.

Dhaqanka wanaagsan wuxuu ku jiraa is-maqalka, is-xaqdhowrka iyo kala danbeynta. Marka hurgufi soo dhex gasho dadka wada nool ee danwadaaga ah, "*Isma hurtooy ha is ha leeynina*" waxaa dawgu yahay in la kala garqaato iyadoo qof waliba kan kale tixgelinaayo, lana dhowraayo danqinta boogaha iyo eedaha la doonaayo in xal loo helo.

Laakiin taasi ma aha daboolidda runta iyo xaqa, balse loo baahan yahay in gardarada aan la isugu hiilinin, si xaqu u guuleeysto, sidaas ayaa lagu gaari karaa Mideynta iyo Xallinta Khilaafaadka Dadka Reer Benaadir.

Talo soo jeedin: Waxaa loo baahan yahay in:

· La isu dulqaato, la wada hadlo in la is-afgarto la is xaq dhowro oo wax la isku quuro. Midnimada loo arko guusha dhabta ah, wixii laga doodey oo meel la isla dhigey laga gudbo, loona jeesto wax qabashada mustaqbalka.

· La saxo qalddaadkii dhacay, lagana fogaado waxyaabaha caddaaladda dhaawacaaya.

· Qaban qaabin shirweyne guud "Congresso Generale" ee ururka SNU oo ay ka soo qeyb galaan dhammaan qeybaha bulshada Reer Benaadir, si loo doorto hoggaan caadil ah, kana tarjuma midnimada Reer Banaadir.

· La abaabulo kulanno culumaa'uddiinka iyo odayaasha dhexdooda, si ay uga arrinsadaan mashaakilka bulsheed loona madax banneeyo si xurmadii odayaasha loo haayey dib loogu soo nooleeyo, ismarkaasna loo xoojiyo kaalintii ay ka qaadan jireen nabadda iyo xasiloonida.

· Reer Benaadir waa qabaa'il kala duwan oo ay mideeyso taariikh fog iyo dhaqanka ku abtirsada ilbaxnimo horumartay, waxaa loo baahan yahay in la is xaqdhowro oo aan la is quursan oo ninna aan xaqiisa laga qaadin.

· La kala saaro dowrka siyaasiyiinta iyo oday-dhaqmeedyada.

- La hormariyo xiriirka warbaahineed si dadka wacyigooda loo dhisayo, la iskuna xiro wararka dalka iyo kuwa dibadda. Maanta maalin looga baahin weyn yahay in la iska warhaayo ma jirto,
- La sii xoojiyo ururada Reer Benaadir meel kasta ay joogaanba, si ay kaalin wax ku ool ah uga qaataan wacyigelinta dadka iyo xanaanada jiilka ku barbaaraya qurbaha.
- Dadka lagu baraarujiyo barashada Diinta Islaamka iyo qiimaha ay leeyihiin dhowrista hiddaha iyo dhaqanka oo la badbaadiyo dhaxalka dhaqanka, islamarkaasna la uruuriyo waxa jira sida heesaha, amaantanka, gabayga, shiribka, geeraarada, maahmaahyaha, riwaayadaha iyo waxyaabaha kale.
- Dadweynaha dalka gudihiisa jooga xaaladooda nololeed aad ayey u liidataa, waxaanna muuqata in ay si aad ah uga sii dareeyso, waxaa lagama maarmaan ah in loo hawl galo sidii loogu heli lahaa taakuleyn ama gar gaar caalami oo deg deg ah.
- Lo howl galo sidii hey'ado samafal ah oo u gargaara dadka Reer Benaadir looga sameyn lahaa dhammaan dalalka ay qaxootiga ku yihiin Bahweynta Benaadir.
- La xulo guddi caalami ah oo aqoonyahanno kala duwan leh oo u howl-gala daraasad ama baaris cilmiyeed ku sameeya xaaladda dhabta ah ee dadka Reer Benaadir ee qaxootiga ku ah dalalka Soomaaliya deriska la ah.

Ugu danbeyn, haddii la waayo is xurmeyn iyo is qadarin qabaa'ilka Benaadir dhexdooda, arrintana lagu saleeyo anaani iyo islaweyn aan waxba ku fadhin ee anaa malaaq ah, anaa suldaan ah, anaa kaa weyn iyo anaa kaa weyn, mustaqbalka Benaadir ayahiisu wuxuu ku dambeyn doonaa mugdi. Allaha ma kaso, in arrinta noqoto*"Waqaala la'aantaan wiil ka wiil ha gaarto, waagii la is waayo aa la is wareeysan doonad"*.

Reer Benaadir maanta uma qafaalnaan karto, koox yar oo weli ku jirta riyo waayo la soo dhaafay ah, kuwaas oo ku sifoobay caqabada horumarka iyo kaalinta Reer Benaadir ay ku leeyihiin Soomaalida maanta iyo mustaqbalkaba.

Walaalayaal, waad mahadsantihiin dhageeysigiina iyo dulqaadka aad u yeelateen khudbadeyda oo aan is-leeyahay wax walba kuma dhama, waxaase guusha ku jirtaa midnimo dhab ah oo la gaaro, iimaankana la sugto, Allahana laga cabsado. Waxaan u rajeynayaa in Shirweynaha 1aad ee Reer Benaadir uu noqdo mid guuleysta.

Sawir xusuus ah oo laga qaaday qaar ka mid ah ka soo qaybgalayaasha Shirweynaha Caalamiga 1aad ee Bahaweynta Banaadir 2001

Ka soo qaybgalayaasha oo si foojigan u dhageysanaaya muxaadarooyinka laga jeediyey Shirweynaha 1add ee Bahweynta Benaadir

Sawir xusuus ah xubnihii ergooyinka ee ka soo qaybgalay Shirweynaha Caalamiga 1aad ee Bahweynta Banaadir, London, Sebtembar 2001.

Ka soo qaybgalayaasha oo si foojigan u dhageysanaaya muxaadarooyinka ay soo jeedinayaa aqoonyahaanada iyo wax garadka BB

Dowrka Odey dhaqameedyada iyo Siyaasiyiinta Bahweynta Benaadir

Maxamed Cadde Mukhtaar

Dadka Reer Benaadir waxay hiddo iyo dhaqanba u lahaayeen una leeyihiin ilaa iyo hadda odeyaal arrimaha qabiil kasta oo ka tirsan beelaha Benaadiriga u go'aamiya, una xilsaaran arrimihiisa gaar ahaaneed.

Waxaa kaloo jiray, jirana ilaa iyo hadda odeyaal iyo dad indheer garad ah oo arrimaha siyaasadda si weyn ugu xeel dheer, oo inta badanna aan la kala garan karin xaadirkaan kan u qaabilsan arrimihiisa siyaasadeed iyo tan dhaqanka.

Waxaan marna la iloobi karin kaalintii weyneyd ee ay ka soo qaateen odey-dhaqameedyada iyo siyaasiyiinta tan iyo intii ay soo degeen dadka dega deegaanka Benaadiriga ee ku yaalla Geeska Afrika badweynta ku dhereran, laga billaabo xeebta Warshiikh ilaa iyo Jasiiradda Zanjibaar. Odey-dhaqameedyada waayadii hore waxay ahaayeen kuwo aad loogu amaani karo dhammaan wixii xil ahaa ee saarnaa gudashadiisa, haddey ahaan laheyd arrimaha bulshada iyo dhinaca diintaba.

Odey-dhaqameedyada

Odey-dhaqameedyada waxay dejiyeen dhammaan xeerarkii ay ku dhaqmi jireen dadka Benaadiriga ayaga dhexdooda iyo kan la dhaqanka dadka kale ee ayaga la deggan.

Odeyaashii Reer Benaadir waxay aad u muujin jireen la dhaqan wanaagga dhammaan bulshada inteeda kale oo xataa xeerarka Reer Benaadir ay ugu muhiimsaneyd qofkii wax u geysta ay odeyaasha ka dhigteen xeer in la saamaxo oo weliba loo akhriyo Afar-Faataxo si loo muujiyo nabad ku wada noolaashaha.

Sida aan la socono laga soo billaabo la dagaallankii gumeysigii waxay dowr weyn ka soo qaateen odey-dhaqameedyada rididdii gumeysiga gaar ahaan kii heystey koonfurta Soomaaliya oo dadka Benaadir degaankoodu ku yaallo, waxeyna mar walba ku xirnaayeen una adeegi jireen siyaasiyiintii dhallinyarada aheyd ee u soo kacdey dhammaan qowmiyadihii Benaadiriga oo aasaasey ururkii ugu horeeyey oo ay yeeshaan kaas oo ahaa HYC taas oo ku timid kaalintii iyo wada shaqentii odey-dhaqameedyada iyo siyaasiyiintii xilligaas.

Odey-dhaqameedii hore waxay mar walba ku dadaali jireen midnimada dadka Benaadiriga ah meel walba ha joogee ilaa iyo xurriyaddii, dawladdii musuq- maasuqa, tii ciidamada oo wax-walba boobtey iyo kacdoonkii 1990kii ee jahawareerka oo dadka Benaadiriga ay ku dhaceen dhibkii ugu badnaa dadka Soomaalida oo dhan ku dhacay. Intii lagu jirey jahawareerka ilaa iyo hadda oo aad umaleyso in ay isku qasmeen mas'uuliyaddii dhaqanka iyo tii siyaasadda, odey-dhaqameedyada waxay xal u heleen in ay xalliyaan dhibaatooyinka dhibka badan ee kaga imaanaaya dadkii ku soo xoomey degaannadii ay lahaayeen dadka Reer Benaadirka.

Odeyaasha oo aad ugu ammanan kaalinta muhiimka ah ee ay kaga jiraan waajib gudashadooda iyo xilka saaran oo ay u guteen si xilkasnimo ah iyo dhaqanka suuban ee ay dadka walaalahood ay u horseedayeen ayaan si aad ah ugu hanbalyeyneynaa.

Siyaasiyiinta

Siyaasiyiintii Reer Benaadirka ee soo if baxdey xilligii isticmaarka oo ahaa kuwii ugu firfircoonaa guud ahaan dadka Soomaaliyeed oo dhan aadna ka garan kartey dhammaan ururadii siyaasadeed ee ka dhismey koofurta Soomaaliya in ay iyaga ugu horeeyeen siyaasadda ama xubinnimada ururadaas ama ugu badnaayeen sida kii SYL, kii XISBIYADA iyo SANU oo dadka Benaadiriga gaar u lahaayeen oo intaas oo dhan markhaati ma doonto ay u aheyd in ay ahaayeen dad siyaasadooda ay aad u firfircooneyd oo xataa hogaaminaayey Soomalidii loo direy Golahii Ammaanka.

Dhallinyaradii siyaasiyiinta aheyd ee joogtey xilligaas oo si aad ah ugu xeel dheereyd arrimaha ay ku guda jireen ayaa waxaad u maleysaa kaddib xorriyaddii in la kala iibsadey oo midnimadoodii ay kala jabtey, xilligii kacaankana sii kala daatey. Intaas waxaa ka sii darnaa xilligaan jahawareerka ah oo la kala sooci waayey siyaasigii iyo odey-dhaqameedyadii oo siyaasigii Reer Benaadir uu kala garan waayey maslaxadda, cadowgiisa, saaxiibkiisa iyo ehelkiisa oo ay u kala jabeen kuwo ay kala qeybsadeen cadowgoodii oo loo kala jajabiyey SNU-SSA, SNU-SNA, SNU-ASALI, SANU, SBB, SBLU, QSB iyo kuwo kale.

Siyaasigii Benaadir meeshii la rabey in uu adeegsado taaktiik cusub oo uu kula dagaalamo siyaasadda cusub ee midabtakoorka ah ee lagula dhaqmey dadka Benaadiriga guud ahaan oo xataa gaarey ka dib dil, kufsi, dhac, barakicin iyo dhaqanrogid in ay haddana noqdaan jeeg sarrifmi kara oo intaas oo dhan ku wajahnaa siyaasad ay wadeen dadka ay siyaasiyiinta Reer Benaadir qaar ka mid ah la lahaayeen isbaheysi. Siyaasigii wuxuu garan waayey xilkiisii guud ee saarnaa, waxayna billabeen in ay shakhsiyadooda oo keli ah wax u helaan iyo cadowtooyada ay u hayeen siyaasiga kale ee Benaadirka ah oo ay wax walba ka hormariyeen.

Tusaale fiican waxaa inoogu filan shirkii lagu qabtey CARTA ee dalka Jabuuti siyaasiyiintii Benaadiriga ee ka qeybgaley khilaafaadkii ka dhexeeyey dartiis garan waayey sida loogu xaqirey dadka Benaadiriga ah xaqii ay ku lahaayeen dalka guud ahaan iyo dhismihii lagu dhoodhoobey aasaaskii soo celintii magacii dawlad Soomaaliyeed oo ay yeelato mustaqbalka dalkeena oo ka soo qaatey *sed-quureed*, siyaasiyiintii qaarkoodna la xirxiray qaarna laga musaafuriyey Jabuuti.

Gunaanad

Haddaba, aniga waxay ila tahay in ay muuqato in la gaarey xilli ay u baahan yihiin dadka Reer Benaadir in ay yeeshaan:

· Dastuur cusub oo qeexaaya kalana saaraaya odey- dhaqameedyada iyo siyaasiyiinta laguna kala garan karo nin walba mas'uuliyadda khaaska ah ee saaran, si loo helo bulsho la dhaqan hufan oo odey-dhaqameed hoggaamiyo iyo siyaasi hufan oo karti u leh hoggaaminta siyaasadeed ee dalka guud ahaan iyo la dhaqanka siyaasiga Soomaaliyeed oo garan kara wajiga cusub ee siyaasadda Soomaaliya ee la yaabka badan.

· In dhammmaan wixii khilaaf ah ee u dhexeeya siyaasiyiinta si deg deg ah loo xalliyo loona helo xal waara.

· In la helo xisbi siyaasi ah oo ay ku wada mideysan yihiin dhammaan dadka Reer-Benaadir meel walba ha deganaadee. Xisbigaas siyaasiga ahna laga ilaaliyo dhammaan waxyaabaha keeni kara khilaaf ama burbur.

· In dhammaan ururada ama guddiyada ka dhisan meel walba ee ay joogaan dadka Reer Benaadir magaca ay isticmaalaan la mideeyo oo laga dhigo astaan ay isku waafaqsan yihiin, guddiyadaas ayaa ah odey-dhaqameedkii iyo siyaasigii meelaha aan u soo qaxney.

· In guddi kasta oo loo dhisi doono Reer Benaadir mustaqbalka la waafajiyo dhammaan gobollada iyo degmooyinka laga soo xulo xubnahooda si ayna dib danbe u dhicin khilaaf.

Sawir xusuus ah ee xubno ka mid ah ergada Shireweynaha

Hanaga Dhaafeen Dulunka, Anagana aan Midoowno

Sayidcali Shariif Maxamed

Waxaad iga gudoontaan salaan ay ku dheehan tahay walaaltinimo. Waxaan jeclaan lahaa in aan ku dheeraado taariikhda shacbiga Reer Benaadir, laakiinse waxaan doorbidey in halkaan aan ku xuso keliya wax gaaban oo aan ugu talo galey munaasabadda Shirweynaha 1aad ee Qowmiyadda Reer Benaadir ee London.

Culumo badan ayaa ku xusey qoraaladooda muddo hadda qarniyaal laga joogo in ay deganaayeen xeebta Benaadir shacbi meel sare ka gaarey ilbaxnimada, waxaan tusaale ahaan u soo qaadan karnaa caalimka la yiraahdo *Ibn-Batuuta* oo ku sheegey kutubkii uu qorey qarnigii 13aad inuu ku arkey xeebta Benaadir shacbi aad u jecel nabadda, kuna dhaqma nidaamka kala danbeynta mujtamaca, kuna barbaaray barashada iyo faafinta diinta Islaamka, kuna howlan ganacsiga iyo xirfadaha kala duwan, kuna dadaala soo dhoweynta iyo gargaarka musaafiriinta iyo dadka tabarta yar.

Waxaa nasiib wanaag ah in shacbiga Reer Benaadir weli sii haysto dhaqankaas iyo caadooyinkaas soo jireenka ah qarniyaal badan, wuxuuna markasta kasoo horjeedaa wax kasta oo halis gelin kara nabad ku wada noolaashada, dhaqanka suuban iyo xadaaradda ay ka dhaxleen awoowayaashooda. Laga soo bilaabo dagaalkii labaad ee dunida waxaa biloowday in dad badan oo deganaa gudaha gobollada in ay ku soo qulqulaan magaalooyinka xeebta Reer Benaadir. Dadkaas marka hore waxey fududeyn ka heleen ajaanibtii ka talineysey dalka, markii dambana waxey garab xoog leh iyo soo dhoweyn weyn ka heleen dowladii Soomaaliyeed ee la wareegtey xukunka dalka istiqlaalka kaddib. Arrintaas waxey dhalisey in dhaqan taariikheedka Reer Benaadir iyo kan reer guuraaga iska hor-yimaadaan iyo in ay sii saa'iddo ku tumashada xuquuqda Reer Benaadir ilaa laga gaarey heerkiisii ugu sarreeyey markii uu ka dillacey dalka Soomaaliya dagaal oo hubka isu qaateen qabaa'ilka qaarkooda.

Inkastoo Reer Benaadir ayan dagaalkaas ka qeyb qaadanin, cidna aysan la safanin, maadaama dhaqan aysan u laheyn dulmiga, xumaanta iyo xaasidnimada, haddana waxaa Reer Benaadir ka soo gaarey dagaalkaas waxa la wada ogsoon yahay. Waxaa loo geystey dulmi weyn oo isugu jirey gumaad, kufsi, dhac iyo barakicin. Waxaa qof kasta oo Reer Benaadir waajib ku ah in uu markasta xusuusnaado waxyaalaha foosha xun ee lagu sameeyey qowmiyadda Reer Benaadir iyo in marna uusan ka oggolaanin daalimiinta cudur daar ceyn kasta ha ahaatee.

Waxaa nasiib darro ah in ilaa hadda nalala hortaagan yahay *quursasho iyo inkiraad.* Waxaa nasiib darro ah in goob kasta oo ay isugu yimaadaan ururrada hubeysan lagu tashado *xaqiraadeenna, niyad jabkeenna, suulinta isirkeenna iyo qeybsashada degaankeenna,* halka ay waajibku aheyd in ay wax ka qabtaan waxyaalihii ay gaarsiiyeen dadka Reer Benaadir.

Dib aan u milicsanno, sii miir lehna aan u fiirino shirarkii la isugu yeeray ururrada hubeysan si loo heshiisiiyo loona qeybsado si xaqdaro ah degaankeena.

1- Shirkii 1aad ee Jabuuti

Waxaa sii qayaxan loo diiday wafdigii matalaayey Bahweynta Benaadir inuu ka qeyb galo shirkaas, markii laga dacwoodayna, jawaabtii laga helay Madaxweyne isku sheegee *Cali Mahdi Maxamed* waxay ahayd: *"Ma la idin baahna, USC ayaa idinka wakiil ah"*

Wuxuu xataa diidey in aan ku biirno wafdiga Digil iyo Mirifle sida uu soo jeediyey *Cabdulqaadir Maxamed Aadan (zoppo).*Waxaa su'aal iga ah dullinimo iyo quursi intaas ka baaxad weyn miyaa loo geysan karaa dadkeenna?

2- Shirkii 1aad ee Ethiopia

Si qeexan ayaa loo soo jeediyey in shirkaa uu u furan yahay

keliya ururradii hubka isu qaatey, waxaana taas hadaf u ahaa in la inkiro jiritaanka Qowmiyadda Reer Benaadir. *Waxaa su'aal iga ah ma isku dayney inaan ka danqanno xaqiraadaas naloo geeystey?*

3- Shirkii lagu qabtey Carta

Waxaa si caddaan ah loo damcey in shirkaas lagu hirgeliyo himiladii riyada aheyd in la ciribtiro asalkeenna, waxaana lagu tashadey in aan ku noolaano anaga iyo faraceenaba sida qowmiyadda Zingari ah oo aan ku laheyn degaan u gaar ah dunida. *Waxaa su'aal iga ah raalli ma laga noqon karaa arrintaas?*

Waxaa ii muuqda in jawaabtani ku abbaaran su'aalahaas ay yihiin in aan ka weecanay, kana wahsaney dib u soo celinta sharafta iyo xuquuqda dadkeena, waxaan ka gaabsaney isu abaabul siyaasadeed, waxaan illoowney inaan u halganno mustaqbalka qowmiyadeenna. Waxaan door bidney inaan ku dayano waxa ay ku yiraahdeen *Nabi Muuse* (Naxriis korkiisa ha ahaato) ummadiisa: *"adiga iyo Ilaahaaga soo dagaallama, annaga halkaan ayaan idin ku sugeynaaye"*.

Madaxweynaha KMG ah ee lagu soo doortay Shirka Carta, *Cabdulqaasim Salaad*, wuxuu si caddaan ah u qirtay mar uu la hadlaayey jaaliyadda Soomaaliyeed ee ku nool dalka Qatar sannadka 2000 in Qoomiyadda Reer Benaadir ay yihiin kuwa la dulmo, layska weyneeyo, awood loo sheegto. *Maxaa ka dambeeyay dembiyadaas la qirtay? Jawaabtana waa waxna, waxaase lagu sii socdaa weli dulmigii lagu haayay dadkeena.* Waxaa noo furan keliya hal dariiq si aan wax ugu qaban lahayn dadkeena iyo degaankeena, waa inaan waxba ka sugin qolooyinka naga soo eriyay dalkeena,welina nagu haayo dulmi.

Waxaan sanooyin ku soconay qodaxda korkeeda, waxaan ku nooleen cabsi iyo yastiin, waa mahad Eebe haddii maanta aan shir yeelaneyno, waxaan fursad u heleeynaa in si wadajir ah u wada qabano daabka faaska, in aan isugu geeyno xoogeena si aan ula dagaalanno daalimiinta. Waxaa waajib nagu ah in si xilkas ah wax uga qabanno dib u soo celinta xuquuqda, sharafta iyo sumcadda Reer Benaadir. Waxaa loo baahan yahay in qof kasta cadow nagu ah la kasiisiyo in:

- Reer Benaadir uu degaan u ahaa qarniyaal badan xeebta Benaadir.
- Ay ka dhaxleen awoowayaashooda karaamad, sharaf iyo haybad, xuquuqdooda sharciyeedna aan marnaba ka tanaasuleynin.

- Waxaa loo baahan yahay inaan diyaar u ahaano inaan nafta u hurno, haddii dariiq nabad ah wax lagu waayo,
- waxaa wanaagsan in la shahiido inta lagu noolaa lahaa dulli boqollaal sano,
- waa in la baadi goobaa xal munaasib ah, sidii loogu gudbi lahaa musiibadaan inagu habsatay, hiil iyo hooba loo huri lahaa, si loo gaaro wada noolaansho ku dhisan caddaalad iyo is xushmeen. *Nabad fadhi laguma helo ee waa loo howlgalaa. Hurdada halaga tooso.*

Waxaan aad iyo aad ugu adkeysana:-

- In loo baahan yahay in Shirweynaha 1aad ee Reer Benaadir uu ka soo baxo mowqif mideysan.
- In laga fogaado wax kasta oo khilaaf ka dhax dhalin kara midnimada Reer Benaadir.
- In laga hortago wax kasta aanan ku salaysneen midnimada iyo danta guud ee Reer Benaadir.
- Waa in loo duubtaa, lagana dhaadhiciyo bulshada Soomaaliyeed iyo dhammaan adduunwaynaha qadiyadda Reer Benaadir iyagoo hormuud u ah siyaasiyiinteyna, diblomaasiyiinteyna,indheergarata -deyna, culu-maudiinkeena, wayo-aarageena iyo duubabkeena.
- Waa in la adeegsadaa qalabka warbaahinta sida: wargeysyada, raadiyaha, TVga iyo in la abuuro website u howl gala qadiyadeyna Reer Benaadir.
- Waa in hadafkeena uu ahaadaa dib u soo celinta xuquuqda Reer Benaadir, xuquuqda laga dafiray iyo ka shaqaynta midnimada Reer Benaadir iyo sumcadooda.

Munaasabadaan qiimaha iyo qaayaha weyn leh waxaad iga oggolaataan in aan ku xuso geesiyaasheena iyo abwaanadeyna Reer Benaadir ee u huray naftooda iyo maalkoodaba in ay Soomaaliya gaarsiiyaan gobonimada maanta higsanayno. Halgan taariikheedkaasi baal dahab ah ku qoran ee cid beeneyn karto aan jirin, waxaa waajib nagu ah in aan ku soo bandhigno dalka gudihiisa iyo dibaddiisa si ubadkeyna ay duruus ugu dhigno.

Mimbarkaani ma ii suura galayso in aan ku soo koobo halyeyadaasi magacyadooda, balse waxaan ka xusi doonaa qaar ka mid ah asaasayaashii naftooda u huray gobanimada maanta

Soomaaliya higsaneyso:-

Naadiga Dhallinyarada Xamar (HYC)

1- Sheikh Iikar Aweys Xasan 2- Xaaji Muxiddiin Xaaji Cali 3-Maye Xaaji Xuseen4- Shariif Maxamed H.Zeno 5Cusmaan Cadde 6- Axmed Shariif Maxamed 7-Cali Cumar Cali 8-Maxamed Sheikh Abuukar Sheikh 9-Xaaji Suufi Maxamed Diinle 10-Maxamed Imaan (Mardaadi) 11- Abuukar Dheeroow Baroow 12-Macallin Diinle Xaaji *13- Sheeikh Abuukar Sheikh Mukhtaar 14- Suufi Xaaji Awees*

Naadiga Dhallinyarada Soomaaliyeed (SYC)

1- Cabdulqaadir Sheikh Sakhaawadin 2- Maxamed Cali Nuur 3- Xaaji Maxamed Xuseen 4- Maxamed Cusmaan Baarbe 5- Dheere Xaaji Dheere 6- Khaliif Hudow Macallim

Waxaana marnaba la iloobikarin kaalinta abwaanka *Aweys Geedow iyo Qaasim Hilowle.* Ha Guuleysato hana israacdo Reer Benaadir.

Sawirkan safka hore sawir xusuus ah ergada Dalka Holland ee Shirweynaha Caalamiga 1aad ee Bahweynta Banaadir.

Sawirkan wuxuu muujinayaa doorkii oday dhaqmeedyada iyo hoggaamiyayaasha Bulshada Benaadiriga ay ku lahaayeen Shirweeynaha 1aad ee Bahweynta Benadir- London 2001

Sawirkan wuxuu muujinayaa farxadda iyo rayn-raynta ergooyinka Shirweynaha 2aad

Isbedelka Dhaqan-dhaqaale Bulshada Benaadiriga iyo Soomaalida Qaxootiga ah

Dr Maxamed Saciid Taabit

Salaan qiima badan ka dib, waxaa ii sharaf ah in aan ka qeyb qaato Shirweynaha 1aad ee gaarka u ah Reer Benaadir, anigoo rajeynaaya in uu dhali doono natiijo wax ku ool ah.

Mowduucaan oo aad u ballaaran, ayaa waxaan la hureynin in aan ku darno dhinaca siyaasadda dhaqan-dhaqaale oo sabab u ah isbadallada soo taxnaa tan iyo 1950kii. Isbedel ayaa dhacay 1950, 1960, 1969, dagaalkii 1977 iyo 1991, iyo 10kii sano oo dagaal sokeeye lagu jiray.

Soomaalida waa bulsho reer guuraa ah iyo bulsho ma guurto ah ee degaan leh. Haddii aan soo qaadano bulshada ma guurtada ah ee Reer Benaadir waxay lahaayeen deegaan iyo xuduud u gaar ah, weliba haddii aan soo qaadano deegaanka Xamar, waxaa jiray Shibis, Wardhiigleey, Shingaani, Xamar Weyne iyo deegaanno kale.

Bulshadaas waxey u qeybsanaayeen: ganacsato, kalluumeysato, shaqaale dawladeed iyo farsamo-yaqaanno ku caan baxay farsamada kabaha, tolidda dharka, farshaxanka iwm.

Dadka waxey kala ahaayeen reer magaal iyo reer miyi, kuwaas oo lahaa xeerar iyo shuruuc u gaar ah, magaalooyinka waxaa ka jirey nidaam dowladeed ee suga nabadda qof kasta oo Soomaali ah.

Dalka waxaa ka jiri jirey nidaam dowladeed oo dhexe, kaas oo hoos imaan jiray dhammaan gobollada oo idil. Nasiib darro 10kii sano ee uu socdey dagaalkii sokeeye waxaa dalka qeybsadey qabqable dagaal, oo ku xad gudbey xuquuqdii banii'aadamiga, kuna guul darreeystey in ay soo celiyaan nabaddii Soomaalida. Taasi waxay dhalisey in dad badan u qaxaan dalka gudihiisa iyo dibaddaba.

Kuwii reer guuraaga asalkooda ahaa waxaa u sahlanaatey tuulooyinkoodii iyo dibadda in ay u qaxaan, nasiib darro kuwii deegaanka lahaa siiba Reer Benaadirka ma laheen meel kaloo ay u qaxaan, waxaa qasab ku noqotey in ay dibadda u qaxaan, mana sahlaneyn kaddib markey boqolaal sano hal meel deganaayeen.

Dadka badidooda waxey degeen xero qaxooti, kii nasiib leh ayaa Europe iyo North-Amerika yimid. Dad badan oo Shirweynahan ka hadley ayaa ku soo celceliyey: mahadnaq badan waxaa leh dawladaha UK, USA, CANADA, HOLLAND, iyo kuwo kale ee na soo dhoweeyey; wey mahadsanyihiin, laakiin waa waajib ka saaran xagga banii'aadanimada ayagoo saxiixey *"1951dii Convention on Refugee ee UNHCR"* ee lagu qabtey Geneva. Cayrta yar ee nala siiyo waxaa ka badan inta aan ku kordhinno dhaqaalahooda, tirakoobtooda iyo muruqeenna waxaa loo dan leeyahayna waa *caruurteena* ee la dhaqan bedeli kara si sahlan, afkeenna, dhaqankeenna iyo diinteenna.

Europe iyo North Ameerika jaceel inooma qabaan, midab kalasooc ayaa ka jira, badanaa midab takoorka lama arko, waase la dareemaa. *Dibad ku noolaaw waa fitna ku noolaaw*: Reeraha is dirira ama isfura wey bateen, haddii khilaaf dhaco, boolis ayaa yimaada, badanaana boorsadaada ayaa la soo tuuraa. Nimanka berigii hore nidaam dhaqan ayaa dhexdhexaadin jirey, reerka is khilaafa, guurkana waa la badbaadin jirey, maantana reer todobo carruur ah isu dhaley ayaa si sahlan isu fura markaasey caruurtii meel cidla ah ku soo dhacaan, qaarkood dugsiyada ka tagaan, markaasey ka mid noqdaan (gangs) ama ay raacaan kooxo dulloobey.

Dawladaha qaxootiga qaabila, waxey qaataan qaxootiga xoogga leh, khibradda leh, ee carruur badan leh, waxey fadilaan kan jaamacad ka soo baxay ama hooyada carruur badan sidata. Sabab kasta ha ka danbeeyso oggolaanshahaas, laakiin waxaa hubaal ah in qaxootiga ay la kulmaan dhibaatooyin cusub oo ay ka mid yihiin midab takoor, dhaqaala xumo, iwm..

Dad badan ayaa welwel ku sugan sababta keentana waa: reer kala maqan, reer is fura, dhaqan laga tago, guryo la'aan, shaqo la'aan, iwm. Kuwii shahaadada lahaa lama aqoonsado xirfadooda waxii ay soo barteenba kuma shaqeeyaan. Reer Benaadirka waxey arrintaas kaga baxsadeen wax la yiraahdo (self employment). Markii ay dhibaatadaas badatey, dadka Reer Benaadir waxey ku baxsadeen xirfaddi ay hore u lahaan jireen ama ay ka dhaxleen waalidkood: kii hooyadiis xalwo karin jirtey ama aabihiis harqaan toli jirey, wixii ay ka barteen ayey la soo baxeen.

Haddii aan tusaale u soo qaadano Business-ka Reer Benaadir ee magaalada Toronto waa mid lagu faani karo: waxaa jira ganacsi kale duwan oo uu ka mid yahay: Macmacaanka Xamar Weyne, Macmacaanka Al Curuba, Xalwo Hilaal, Dukaanka maacuunta, Shirkadaha Telefoon Cards, Harqaanlaha Dharka Dumarka iyo Ragga, Harqaanlaha Fadhi Carbeedka iyo Daahyada. Xagga fanka waxaa jira: Shareero, Sheegow Band, Libaaxyada Benaadir, "Hall of Fame", Waaberi Studio iyo kuwo kale oo la mid ah oo soo saara CD-yada iyo cajalado la dhegeysto iyo kuwo la daawado. Sidoo kale *Amiin Caamir* ayaa farshaxanka ku fara yareesta. Waxaa dadka Reer Benaadirka intaas u dheer dukaamo kombiyuutarka lagu iibiyo iyo shirkado xawaaladda sameeya. Ganacsigaa oo idil waa kuwo ku saleeysan ganacsi shakhsiyadeed.

Maanta waa in aan wax ka qabannaa arrintaas ee aan ku dhiirigelinaa dadkeenna si ay ula tartamaan ama ay ula qabsadaan isbedelka habka loo wada shaqeysto, kaas oo ku saleysan ISKAASHATO iyo dad hanti isku darsada ee wadajir mashaariic u wada sameysta. Barakaat iyo Dahabshiil waa wax lagu daysado, maanta waa BANK, isla markaana guryo dhisa, Pepsi cola iyo telefoon company.

Isbedalka dhaqan iyo dhaqaale wuxuu dhacaa markii laga heshiiyo dagaalka sokeeye; shaqo badan ayaa abuuranta, mashaariic cusub ayaa hirgala, ganacsiga waa kobcaa, kuwii fagaxda hore baxsada ayaa guul badan gaara, inta kale kuwa galbadey ayeey ka hoos shaqeeyaan.

Si loo Ballaariyo Ganacsiga Reer Benaadir:

b- Waxaa lagama maarmaan ah in ay jaaliyadda isku duubnaato, oo ay lahaato hoggaamin bulsho mideysan ee noqda afhayeenka Reer Benaadir, kuwaas oo u dooda xuquuqdooda, ilaaliya maslaxaddoda, una horseeda isku fillansho dhaqaale, siyaasad iyo sinnan ku saleysan caddalad buuxda.

t- In daraasad ballaran oo xog uruurin laga dhex-sameeyo xirfadlayaasha Reer Benaadir sida : harqaanlaha, aliindiga kuwa sameeya, koofida kuwa tola, farsamada hargaha, xalwada iyo ganacsatada, si loo ogaado baaxaddooda inta ay la egtahay.

j- In gacan laga siiyo xagga xirfadda (skill training) suuq-geynta iyo sidii ay u abuuri lahaayeen Iskaashato dhaqaale iyo wada shaqeyn.

x- Waxaa lagama maarmaan ah in Reer Benaadirka ay lahaadaan (Banki Horumarineed iyo Amaahba) ay ku aruuriyaan dhaqaale lacag, qof kasta oo ka qeyb gala waxuu dhigan karaa inta uu awoodo, lacagta aruurta waxaa lagu fulin karaa mashaariic wadajir ah oo wax ka qabta kobcinta dhaqaalaha Reer Benaadir.

Haddii aad u fiirsataan isbedelka dhaqaale ee haatan ka socda Soomaaliya, dadkii waxey isu raaceen kooxo, waxey gaareen in wadajir wax u sameystaan.

Haddii aynu nahay Reer Benaadir, waxaa naloo yaqaan dad xalaal quudato ah oo ganacsato ah, haddaba annagoo tixraaceyna aayadaha Quraanka ee ina fareeysa in aan isku duubnaanno, *maku midoobi karnaa dhaqaale oo wax ma isku darsan karnaa ?* si aan wax u yeelanno ee aan u noqono dad lagu yaqaanno hanti iyo dhaqaale fiican leh nabad iyo nolol wanaagsan ku sugan. *Wasalaamo caleykum waraxmatullaahi.*

Khadka Siyaasadda Mustaqbalka Bahweynta Benaadir

Ibraahim Macallin Mursal

Hordhac:

Culamada iyo qorayaasha ka faallooda taariikhda, waxay isku raacsan yihiin dadka Reer Banaadir inay yihiin manaarada ummadda Soomaaliyeed, asaasayaasha qaranka Soomaaliyeed. Degaanka Reer Benaadir waa ubucda bur-dhigga u ah Soomaali midaysan, waana dhibicda isku xirta deegaanada Soomaaliya oo idil. Dhaqankooda iyo hab la dhaqankooda bulshada inteeda kale ayaa u horseedday unkidda Qaran Soomaaliyeed.

Waa dadkii ugu horeyay oo dunida la qaybsaday xadaarada iyo ilbaxnimada la xiriirta dhanka bulshada, dhaqaalaha, camiraadda dhulka iyo dhisidda magaalooyin casri ah oo leh waxa lagu yaqaan magaalooyinka: sida suuqyo iyo dekado adduunka magac weyn ku leh, badeeca dhoofin iyo keenisba, warshadeynta dalagyada iyo farsameynta huwga iyo maacuunka, farsamada doonyaha iyo qalabka jillaabashada. Buug kasto oo ka hadlayo taariikhda Soomaaliyeed, waxad ku arkeysaa dhismayaasha soo jireenka ah oo tobaneyo qarni ka hor la dhisay.

Waqtigan xaadirka ah, siiba intii ka horeysay burburkii dalka ku dhacay, waxaad arkaysaa deegaanada dadka Reer Benaadir inay ku kooban yihiin, dhammaan dhismayaasha magaalooyinka lagu yaqaano, kaabayaasha dhaqaalaha, saldhigyada hey'adaha dowladda iyo dhaqaalaha, bankiyada iyo goobaha ganacsiga kale. Raadka taariikhda wuxuu tilmaamayaa doorka dadka Reer Benaadir ay ku lahaayeen isku falkinta iyo meel isugu keenidda kayaanka Soomaaliyeed, baahinta aqoonta diineed iyo qaab nololeedka casriga ah. Reer Benaadir waxay summcad weyn ku leyihiin dhaxdhaxaad ka ahaanshaha, loollanka naf la caariga ah oo bulshada kala qoqoban ekeeyay.

Doorka u furan Reer Benaadir oo waqtigan xaadirka waa inay noqdaan dallada nabadaynta, inay u guntadaan inay dalka nabadeyn ka sameeyaan, nabaddii iyo kalsoonidii ummadda ay dib u soo celiyaan. Waxaa ku waajib ah inay ummadda ku baraarujiyaan waddadii ay jeexeen awoowayaashooda oo ahayd inuu dhismo Qaran Soomaaliyeed oo midaysan oo ay ka jirto caddaalad kuna dhisan sharci iyo sugidda xuquuqda muwaadinka.

Iyaga keliya ayaa, marxaladdaan hadda la marayo, ehel u ah in ay doorkaasi qabsadaan, maxaa yeelay iyaga cidna dakane kama gelin, waana la aaminsan yahay. Waxaase loo baahan yahay in arrintaasi loo dejiyo qorshe si taxaddar badan loo dersay, loola kaashadaana aqoonyahannada, indheer garatada, culumaa u'-diinka, waayeellada waaya aragnimada u leh sida garta loo galo loona gooyo, khubarada maareeya mashaakilada. Waxaana ku habboon in loo aasaaso hey'ad, diraasaat sameysa oo joogta ah, mitaal ahaan *Xarunta Nabad- curinta ee Xaaji Maxamed Xussen.*

Dib u milicsiga Taariikhda

Wada noolaanshaha iyo wax wada qaybsiga beelaha ku nool gobolka Banaadir. Arrintaasi runtii waxay furaysaa dooddii ahayd yaa Banaadir ah. Reer Banaadir sidey iyaga isu arkaan, dadka Gobolka kula nool sidee Reer Banadir u arkaan, Soomaalida inteeda kalena sidey u arkaan. Reer Banadir, inkastoo arrintan ay ka leeyihiin aragtiyo kala duduwan, waxaan ka soo qaadeeynaa laba aragti oo keliya ah. Qaar waxay u arkaan Reer Benaadir inay yihiin dad khaas ah oo xadaarad lahaan jiray, kana duwan Soomaalida inteeda kale, haddana ku nool dhismayaashii awoowayaasooda ay ka dhaxleen oo mudda dheer ay halkaasi degaanayeen.

Inkastoo haddana baaxad ahaan ay tirsanayaan dhulka u dhaxeeya Warshiikh wixii koonfur ka xiga ilaa jasiiradaha Bajuuni, waxay isu arkaan, inay yihiin dad aan shuqul ku lahayn arrimaha iyo dhacdooyinka ka dhacaya dalka intiisa kale. Waxaadba mooddaa inay weheshanayaan taariikhdii laga soo tegey, jajabkii Shingani, Xamar weyne iyo Qabuuraha Sheekh Suufi, jasuurihii gorofka ahaa ee Jasiira iyo Gendershe, xaafadihii Aw Usmaanka ee Marka iyo xeebta Baraawe ilaa jasiiradihii laga soo guuray ee Jula iyo Jawaay. Waxay isu arkaan sida *"Muumiyadii Ahraamta Masar"* oo ku wanaagsan oo keliya in lagu quruxsado meelaha lagu xafido qalabkii hore ee taariikheed sida *matxaf*.

Qaybta kale, waxay isu aragtaa inay yihiin dad Soomaali ah oo aad u firfircoon. Inay iyagu yihiin horseedyadii Soomaalinimada. Maxaa yeelay, Reer Banaadir hortooda wax Soomaalinimo ah ma jirin, waxaa loo kala de-degganaa qolo qolo oo laysma dhexgeli jirin. Wax magaala ahna waxaa ka jireen kuwa fara ku tiris ah dhanka waqooyi ee saarnaa xeebta badda cas. Qaybtan waxay qabaan Reer Banaadir inaysan ku ekaanin jasuurahooda oo ay raacaan tubtii awoowayaashooda ay u faleen. Kuwaasi waxay socdaal ku kala bixiyeen Soomaaliya oo dhan (Waqooyi, Koonfur, Bari iyo Galbeed) ilaa ay ku xiriiriyeen dowladaha jaarka la ah (Itoobiya, Kenya, Tanzaniya iwm).

Qaafiladaha (oorta) geel ee xambaarsan badeecadaha oo Xamar-weyne laga raray ayaa u kala gooshi jireen ilaa Khalaafa iyo Godey badeecadi kalane dib ugula soo noqon jireen. Ganacsatada Reer Banaadir socdaalkoodaasi ayay beelaha ay dhexmarayaan hishiisyo isdhaafsi ganacsi, isdhexmar la geli jireen. Beelaha waa ay ka guursn jireen, sidaas ayay kula xididi jireen. Halkaasi ayay miyi iyo magaalo ku xiriirin jireen. Waxay noqdeen dadka keliya oo awood u leh inay xalliyaan mashaakilada beelaha ka dhex dhaca. Waxay soo dhaweyeen in ay la soo degaan beelaha Soomaaliyeed meel kasto ha ka yimaadiine.

Meel cidla kama aysan imaanin in Reer Benaadir ay noqdaan asaasayaashii dhaqdhaqaaqyo siyaasadeed iyo halgankii gobanimadoonka ee 40neyadii, taasine waxay ku dhacday kalsoonida beelaha Soomaaliyeed ay ku qabeen dadka Reer Banaadir. Taariikhda weli laguma sheegin qof ay Soomaaliya oo dhan *Hoggaamiyenimo* ay u ictiraafto oo aan ahayn *Halyeeye Xaaji Maxammed Xusseen* isaga oo dalka dibaddiisa ku maqan la doorto, laguna soo dhaweeyo safaf dhaadheer, min fagaaraha diyaaradda ilaa Xarunta Xisbiga SYL ee Muqdisho, si xamaasad ah iyo reeyn reeyn iyo jawi farxad leh. Qaybtani waxay u arkaan in doorka Reer Banaadir uu yahay taasi ee uma arkaan in ay himiladoodu kuma koobna qabsashada talada jasuuraha ay deggan yihiin oo keliya.

Isku soo uruuri Odayaasheennii waxay dhidibbada u asaaseen *Siyaasad Qayaxan* oo ku saleysan Soomaali mideysan, iyagana ayaa damaanad u ahaa hoggaaminta iyo jihaynta geeddi socodka Qarannimo, Soomaalina, sidaas awgeed ayay aayaheeda, ammaankeeda iyo ka odayeenteeda ugu aamintay, *Muqdishana* caasimadda Qaranka loogu waqlalay. Iyagaa u sabab noqotay in Soomaali is-oggolaato oo ay wax isku darsato, markii ay ku kalsoonaadeen daacadnimada Reer Banaadir.

Qadiyadda Benaadir

Laba iskuma diidana xaaladda Reer Banaadir, waqtigan xaadirka ah inay quus tahay. Dadkiina ay ku mashquuleyn mashaakilo aan waxba ka soo naas caddeen, kani waa Reer Banaadir, kani Reer Banaadir ma aha, kanaa *gibil cad* ah, kanaa *gibil madow* ah. Arrimahaasi iyo waxa la midka ah ayaa indhaha ka saabeen oo caqligii lagu kala sooci lahaa waxa wanagsan iyo waxa xun daah uga koray. Ilaa hadda waxaa la la'yahay Hey'ad (entity) Benaadiri ah oo inta meel wada joogto hoggaanka u qabato.

Waxa yar yar oo dhaqdhaqaaqayana waxay ka badi la'yihiin dhacdooyin maalmeedka iny la neef tuuraan. Waqtigan xaadirka ah ee xasaasiga ummadda waxay u baahan tahay hoggaan bulshada ka kasbada kalsooni, kana hela taageero iyo wada shaqeyn. Hoggaan la'aan iyo hagid la'aan xoolahaba biyo ma cabbaan. Sida la wada ogsoon yahay, duruufaha jira, khattarta iyo caddaalad darrada taagan, ciddii hoggaan qabata waxa ay muteysan karto, ka warran haddii ay ugu darsanto dad aan maciin lahayn.

Aayaha Siyaasadeed ee Dadka Reer Benaadir

Mar haddii laga hadlayo siyaasad arrinta waa ay ka baxaysaa aniga ee waxay noqanaysaa innaga (*ununka*). Siyaasadda waxay kugu kallifaysaa in *yaryarowga* aad iska indha saabtid oo aad higsato yoolka weyn. Siyaasadda waa kutlad kutlad iyo isbaheysi. Inaad xulato isbahaysiga aad ka muuqan kartid, isku kalsooni iyo wax wada qabsi la yeelan karto. Halkan waxaan ku qasban nahay inaan dib u milicsano arrin aad xasaasiyad uga qabno. Waa *cilladda "Inta Kale"* .

Runtii Soomaalida badanaa kalmaddaan waxay u isticmaashaa hadba sida xaaladda ay tahay. Waxaana loo isticmaala hadba mowduuca markaasi meesha yaalla cidda wax ka qaban karta oo aan la'aantooda wax la goyi kareenin. *Inta Kalene,* waa in isku masiir ah oo loo baahan yahay in la raali geliyo, si go'aannadii la gaaray si buuxdo ugu fulaan. Waxaa loo arkaa I*nta Kale* doorkooda inuusan culays badan lahayn, laakin aan la dhayalsan karaynin. Matalan *Kalmadda Xamar* iyo *Xamar Daye.*

Markii kalmaddaasi ay baxaysi *Xamar Daye* wuxuu la micna ahaa *Inta Kale.* Maantase waxaa laga yaabaa micnihii inuu isbeddelay ooba oo uu noqday giddigiisa. Sidaas oo kale dadyowgii kale oo Xamar ku soo kordhay. Xukunkii militariga *inta kale* waxaa loo yiqiin wixii aan *daarood* ahayn. (inkastoo qayb kasta dhexdooda iska *Inta kale*enayeen).

Sideeddii sano ka dambaysi burburkii Qaranka waxay noqotay arrinta beelaha hubaysan (Hawiya, Daarood iyo Dir) iyo *Inta Kale.* Shirkii Carta (Jabuuti), waxaa *Inta Kale* ka baxay RRA *(Digil iyo Mirifle)* oo ku biirtay beelaha hubaysan. In kastoo arrintu sidaasi tahay waxay u muuqataa qadiyadda Reer Banaadir inaysan ka fursanaynin inuu iskaashi loo adeegsado qaabka jugaraafiyada gobolka Shabeellada Hoose iyo Jubbada Hoose.

Dadka deggan oo loo yaqaan reer Afgooye, Mareerey, Mushaani-Janaale, Qoryooley, Jilib, Jamaame, Yoontooy, Hoomboy iyo tuulooyinka la xiriiro, inay yihiin Reer Banaadir loo arkaa, intii diiddo mooyee. Kuwaasi waa mitaal ahaan, halkaan ma lagu wada tixi karo. Haddaba waad garan kartaa cidda kugu jeelka ah oo aad wax wada qabsan kartaan oo aad isku heeb (identity) noqon kartaan. Inta aan mowduucaan laga bixin waxaa xusid mudan aayaha magaalada *MUQDISHO.*

Muqdisho, waxay la micno noqotay Soomaaliya. Inaad tiraahdid Muqdisho ayaan ka imid iyo haddii aad tiraahdid Soomaaliya ayaan ka imid dadka badankiisa ee dunida ku nool isku si ayay u fahmayaan. Marka Reer Banaadir Muqdisho waa halka ubucdooda taalo oo xundhurtooda ku aasan tahay, isla markaana waa saldhiggii Qaranka Soomaliyeed.

Haddaba ma waxay ku habboon tahay inay u muuqato qaabkaasi oo Soomaaliya oo dhan ay ku wada dhan tahay, mise ay noqoto meel beel ama beelo gaar ah ay iska leeyihiin oo cad cad loo kala goosto oo ay ka taagan tahay, beel heblayo ayaa igu soo durugtay iyo beel heblayo ayaa boodkeyga soo jabsatay amase soohinteyda soo riixday.

Haddaba sida aynu wada ognahay, dadkeenna waa dad xirfadlayaal ah, ganacsi, adeegyo iyo suuq gayn ku hawshan. Masiirkooda wuxuu ku xiran yahay meelaha mashaariicda ka kala socdaan, adeegyada Dowladda, Hey'adaha Caalamiga saldhigyada ay ku leeyihiin oo ay u badan yihiin macaamiisha "consumers"ka.

Waad la socotaan hadda dhibaatada haysata dadkeena ku nool dalka gudahiisa, gaar ahaan Muqdisho, halkii aroortii (subaxdii) Xamar weyne iyo Shingaani loogaga soo dheelman jiray, oo suuqa iyo soo dhacsashada "quutul yoonka" loo soo raadsan jiray, waqtigan xaadirka ah iyaga ayaa kallaha oo suuqa Bacaadka iyo Bakaaraha u risqi doonta. Dukaamadii yaryaraa oo aan baxaddiisu gaareynin 2x3m oo lagu kala qaadan jiray malaayiinka Shillin, maanta way wada hawanayaan, maxaa yeelay adeegyadii dhaqaalaha ayaa dhinaca kale u wareegeen.

Arrimahaas oo dhan waxay u baahan yihiin qorshe iyo siyaasad munaasib ah lagu maareeyo, si taxaddar badan looga baaraan dego. Waa in loo lahaadaa daymo (vision) koobeysa qaab dhismeed Qaran. Ku beeridda shucuurta waddaninimo dhallinyarada Reer Benaadir ee dibadda:

- In la baro taariikhda dadkooda, si ay u ogaadaan doorka awoowayaashooda, iyagana ay ugu daydaan, kuna ogaadaan kartida hoggaamineed oo iyaga ku duugan. Taasi waxay abuuraysaa jiil isku kalsoon, karti iyo firfircoonina leh.
- In aqoonyahannada Reer Benaadir, siiba kuwa ku takhassuseen taariikhda iyo adabka, ay dib u qoraan taariikhda dhabta ah iyo hiddaha iyo adabka dhabta ah ee Reer Banaadir ay soo bandhigaan. In nal lagu ifiyo, halyeeyadii Reer Banaadir guddoomiyeen.
- In looga sheekeeyo shakhsiyaadka dadkooda ka soo baxeen iyo waxyaabihii ay qabsadeen, sida Sheekh Uweys iyo culamadii faraha

badnayd oo ka hor istaagtay, baadiriyaashii Afrika iyo ciidamadii hubaysnaa ay wateen oo shirkadahana dhaqaalaha la daba joogeen, inay ku faafiyaan diinta masiixiga si ay shucuubta madaxa uga qabsadaan. Culamadaasi waxay adeegsadeen tabab, xeelado iyo siyaasado qotadheer.

Arrinta ma aha sida la doonayo in na loo tusiyo oo nala leeyahay wadaaddadaasi waxay ahaayeen Suufiyaal bun doon ah. Waxay tabahooda (strategy) ku hanteen kalsoonida ummadda, markii ay diinta ku dhabbaqeen dhaqammada qolo kasto ay lahaayeen, lahjadaha iyo afafkooda kala duwan ugu fisireen Diinta.

Iyada oo aan haysan ciidamo iyo dhaqaale toona ay ku guulaysteen inay xakameeyaan hawlgalkii baadiriyaasha oo welina Afrika gudaheeda ay uga daba tageen. Maanta Uweysiyada waxay ku wada fidsan tahay Bariga iyo Waqooyiga Afrika. Sidaas oo kale in looga sheekeeyo doorkii wax ku oolka ahaa oo ay siyaasiyiinteena ka soo ciyaareen xornima-doonka iyo dhismaha kayaanka Soomaaliyeed.

Matalan asaasayaasha Leegada (S.Y.L) waxaa lagu sheegaa oo keliya inay 13 ahaayeen, laakiinse lama sheego dadkii ay kala ahaayeen iyo qof walba doorkiisa iyo taariikhdiisa. Taasine waxay keentay in la inkiro taariikhda odayaashii u dhashay oo u horseedeen gobanimo Ummadda Soomaaliyeed.

Sawirkaan safka hore waa qayb ka mid ah madaxda hoggaamiyayaasha kumunitiyada Bahweynta Banaadir ee dalka Ingiriiska

Sawirkaan safka hore waa oday dhaqmeedyada degaanada kala duwan ee Benaadir ku matalaaya Shirweynaha 1aad ee London

Quursiga Xuquuqda Bahweynta Benaadir

Cabdulqaadir Xaaji Suufi

Asalaamu caleykum warax matulahii wabarakaatu. Sida la wada ogsoon yahay 11kii sano ee ugu dambeeyay waxaa Soomaaliya la soo dersay dhibaatooyin aan la soo koobi karin, laguna tilmaami karo musiibadii ugu weyneyd ee dalka ku dhacday qarniga aynu ku jirno, kuwaas oo kala ah: burbur, dil, kadeed, dhac, kufsi, barakac iyo kala firir.

Waxaa Beesha Banaadiriga ay qaxooti ku noqdeen shanta qaaradood ee adduunka. Soomaaliya waxay noqotay meel sida loo kala awood badan yahay laysku maquuniyo, loogana dhaqmo xeerka xoolaha duur joogta ah. Habkaasi bahalnimada ah wuxuu sida aan soo sheegnay saameeyey dhammaan dalka, gaar ahaan beelaha ayagu aan hubaysnayn oo ay ugu horrayso Bahweynta Benaadiriga oo ayagu si gaar ah bartilmaameed ugu noqday, loona geystay dhibaatada ugu badan, taas oo kaliftay in tiro aan la soo koobi karin ay dalka ka haajiraan si ay naftooda ugu helaan badbaaddo.

Walaalayaal, marxaladdan murugada iyo naxdinta leh ee dadkeeni Reer Banaadir kan gudaha jooga ama dibaddaha qaxootiga ku ah maanta ku sugan yahay, sidaas maan ku fiirsanaa mise dhaxal fiican aan dhasheyna u reebnaa? Inta aan halkan ku fadhino haddii loo eego Bulshada Reer Banaadir waa tiro aad u yar, laakinse waa in aan maskaxda ku hayno in xubnahii aasaasay Ururkii S.Y.L. 15-05-

1943dii ay iyagaba ahaayeen 13 qof oo keliya, waxaana la wada soconnaa in himiladoodii ahayd xurnimodoonka Soomaaliya.

Waxaana hubaa in hawsha aan halkaan u nimid noqonayso mid guul u soo hooysa Bulshada Reer Banaadiri haddii aan daacadnimo muujino. Waxaa la yiri: *Doonaa waa gaaraa.*

Mudanayaal iyo Marwooynba,

Soomaalidu waxay ku mahmahda *"seddex ayaa dad ugu liita, nin jooga oo aan la tirsan, nin tagaya oo aan la celin iyo nin maqan oo aan la tabin".* Sidaas awgeed ka sakow wax yeeladii an la soo koobi karin ee loo geystay Qowmiyadda Benaadir oo ku abtirsata magaala madaxda Soomaaliya ee Xamar ama Muqdishow.

Waxaa nasiib darro ah in shirarka looga hadlayo arrimaha Soomaaliya lagu tillmaamo in ay tahay qowmiyad yar oo aan tiro iyo tayo ahaan midna qiimo laheyn, ayadoo loo isticmaalo erayga ah "others" oo macnihiisu yahay *inta kale*, taasoo aan haba yaraatee xaqiiqada waafaqsanayn ayna dhabtu tahay in qowmiyadda Reer Benaadiriga ay tahay mid fac weyn, tiro badan, ayado saldhig u ah ilbaxnimada koonfurta Soomaaliya.

Haddii aaysan ujeeddada ka dambaysa erey bixinta la siyay ee "others" ku salaysnayn in aysan Reer Benaadir ay hubaysnayn oo faraha dhiig la gelin, kana qeyb qaadan burburinta dalka iyo gumaadkii dadweynaha Soomaaliyeed. *"Waari maysiid ee war ha kaa haro"*

Mudanayaal iyo Marwooyn,

Waxaa xaqiiqo ah taariikhduna xusi doontaa, in halgankii dheera ee loo soo galay guushii laga soo hooyay Shirkii Carta, taas oo maanta ay ku fannaan beesha Reer Banaadiri in ay hanteen 6-kursi Baarlamaani ah, taasoo aan ku imaan laab la kac, balse ku timid dadaal ay mujiyeen raggii ka qeybgalay Shirkii CARTA.

Guushaas ay soo hooyeen dadkaas waxay ku mudan yihiin in la xuso, waxayna kala ahaayeyn

1-Shariif Cabduraxmaan (Shariif Dhaga-weyne)
2-Imaam Maxamed Cusmaan Maye
3-Aweys Cali Boolay
4-Muriidi Abuukar Mahdi

5-Cabdulqadir Xaaji Suufi (Muriidi golf) iyo dad kale oo aad u fara badan, inkastoo aan halkaan lagu soo koobi karin dadaalkooda, haddaan in yar ka soo qaadano, waxaa ka mid ah in ay ka diideyn marna aysan oggolaan quursiga xuquuqda iyo caddaalad la'aanta magac bixinta yastiinka aheyd "Others", Iyagoo Bahweynta Benaadir u soo hoyey 6 kursi.

Sida aan la wada socono waqtigan xaadirka ah ayadoo ay muuqdaan astaamo muujinaaya in Soomaaliya laga tir tiro jiritaanka Qowmiyadda Banaadiriga, haddaba waxaa loo bahan yahay marxaldaan adag in laga gudbo, waxaana loogu gudbi karaa sida ay Reer Banaadiriga dhahaan "*Far kaligeedi fool ma dhaqdo*" iyo in gamcaha ay is qabtaan dhammaan Bulshada Reer Benaadir.

Waxaa kalo la yiri: " *Ood sidii u kala sarrayso aayaa loo qaada*", taasoo aanu ula jeedo marka hore in oday dhaqmedyada Bahweynta Benaadir in ay dhaxdooda ay heshiis guud dhex dhigaan oo yay dhacin adiga anagaa ku gumeysana oo ma noqon kartid xur madax bannaan.

Waxaan fileynaa taasi in laga soo gudbay waqtigan casriga ah oo beel beel loo wada heshiisiyo, beel kastana aqoonsigeeda u madax banan tahay iyo ku dhaqanka dimuquraadiga, markaas kaddibna aan wadajir u raadin lahayn xuquuqda naga maqan, ayado lagu saleyn doono wada tashi joogta ah iyo in loo hawlgalo uruurinta iyo mideynta Bahweynta Benaadiriga, lagana fogaado wax kasta oo qas gelinaya wadajirka iyo midnimadda Bulshada Banaadiriga.

Ha guuleysto Shirweynaha 1aad Benaadiriga ee London. Idinkuna guleeysta. Wabilaahi Towfiiq

Sawirkaan waa madaxd halgamayaasha ururada haweenka ee Bahweynta Banaadir ku matilaaya Shireweynaha Caalamiga 1aad ee London

Xubno ka tirsan Xoghaynta Shirweynaha Caalamiga 1aad ee Bahweynta Banaadir - London Sebtember 2001

Asbaabta Dib u Dhaca Siyaasiga Bahweynta Benaadir

Prof. Dr. Cabduraxman Macow

Qoraalka taariikhda, halganka siyaasiga Reer Benaadir lagama reebi karo, waayo:

1- Halganka gobonimadoonka Soomaaliya wuxuu ka billowday magaalada Xamar.

2- Dadka deegaanka ayaa ahaa dadkii ugu horreeyay oo loollan siyaasada gobonimadoonka Soomaaliya la galay gumeysiga Ingiriiska iyo Taliyaaniga, waxayna ka qaateen qeyb libaax.

Waxay ahayd kartidii aqoonta Reer Banaadir oo u suurtagalisay in loollankaas uu waddanka guul u soo hooyo, isticmaarkana uu garto in xurriyadda waddanka Soomaaliya ay lagama maarmaan tahay. Taas ayaa sabab u ahayd in Soomaaliya ayadoo dagaallo waaweyn ka dhicin isticmaarka isaga tago. Arrintaan oo xikmad iyo aqoon siyaasi ku abaabulnaa, waxaa horseed u ahaa dadka Reer Banaadir. Iyaga ayaana ugu badnaa dadkii abuuray (13kii qof ee Leegada) dhaqangaliyayna dhaqdhaqaaqa siyaasadda xoreeynta Soomaaliya.

Axsaabta oo kala ahaa SYL (Somali Youth League 1943) iyo HYC (Hamar Youth Club 1945tii) ayaa ahaa hormoodka gobonimadoonka Soomaaliya, maamulkoodana waxaa haayay Reer Banaadir, afkaarta lagu hogaaminaayayna waxay ahayd wada hadal, wada tashi iyo wadajir wacan, iyagoo adeegsanaaya qaab dood dimoqaraadi ah iyo qancis ku saleysan aqoon iyo waaya aragnimo.

Labada xisbi waxay ku bahoobeen raadinta gobonimada Soomaaliya, dadkii barnaamijyada u dejin jirayna waxay ahaayeen Reer Banaadir iyo sida loogu dhaqmo.

Taasi, waxay ku tuseysaa in dadka Reer Benaadir weligood lagu yaqaanay waayo aragnimo, nabad jaceyl iyo kalsooni. Sidoo kale degaanka Banaadir waxaa loogu yimid dad Reer Benaadir ah. Reer Benaadir waa dad aad diinta Islaamka ku dheeraa, ahaana kuwii ururo diinta Islaamiga ka abuuray waddanka, dadkaas waxaa ka mid ahaa *Haji Macow Aweys Xassan* oo Jimciyat Ximaayatul Diin Al-Islaami abuuray uuna hoggaamin jiray, iyo *Shariif Maxamuud* oo madax ka ahaa Raabidhat Al-Islaamiyah.

Muftiyada diinta islaamka ee Reer Banaadir oo cilmiga meel walba Soomaaliya iyo Itoobiya looga soo raadsan jiray waxaa ka mid ahaa *Sheikh Maxamed Muxyiddiin* oo loo yaqaanay *Sheikh Nawaawi, Sheikh Abiikar Muxyiddiin* iyo kuwa kale oo fara badan.

Magaaloyinka Xamar, Marka iyo Baraawe waa magaalooyin boqollaal sano jira. Dhismaha sarahooda, jidadkooda, masaajidadooda, suuqyadooda waxay jiraan boqollaal sano. Waa magaalooyin aad qadiim u ah, sida xaafadahooda Xamar weyne, Shangaani, Xamar Jabjab oo ku yaalaan magaalada Xamar iwm. Kuwaas oo sanadahii lasoo dhaafay aad loo burburiyay, si taaariikhda iyo aathaarta Reer Banaadir loo baabi'iyo.

Dadka Reer Benaadir oo taariikhdaas dheer lahaa, siyaasadda waddankana ugu soo gurmaday, qeyb libaaxna gobonimadoonka Soomaaliya ka soo qaatay, ayaa ugu dambeyntii markii xurriyada la qaatay meel cidla ah looga tagay. Taa keliya looguma ekeeynin ee waxaa la boobay hantidooda, xuquuqdooda ayaa lagu xadgudbay, jiritaankooda ayaa la damcay in la inkiro, magaalooyinkooda oo si xad dhaaf ah loo soo galay, loogana batay. *Maxayse taasi ku noqotay?*

Taariikhda Dafiritaanka Xuquuqda Reer Banaadir (asbaabta)

Reer Benaadir waa dad reer magaal ah, weligoodana ahaa dad xorriyada waddanka u halgama, madax bannaanida qofka u horseeda iyo wada jirka aad u soo dhaweeya.

Waa dad weligooda ka shaqeyn jiray beec-mushtarka, farsamada, cilmiga, fanka iyo awooda cilmiga. Waa dad boqollaal sano degan magaalooyinka xeebta Badda Hindiga (Indian Ocean) ku yaala. Meesha iyaga ayaa loogu yimid. Iyaga ayaa ahaa dadkii u gurmaday dhismaha axsaabta waddanka.

Markii reer miyigu dareemay, in siyasadii axsaabta laga abuuray magaalo madaxda (Xamar) miro dhaleyso ayaa si xad dhaaf ah ugu soo qulqulmeen magaalooyinka Reer Banaadir, si ay uga qaataan miraha siyaasiga qeebtooda. Kuwaa ayaa xisbiga SYL (Leego) ka mid noqdey. SYL ayaa ahaa xisbigii ugu horeeyey Xamar laga abuuro wuxuu ahaa mid firfircoon. Waxey noqotey in dadkii Reer Banaadir oo xisbiga SYL soo aasaasey, soo maamuley, soo halgamey sida *Cabdulqaadir Sakhaawediin, Xaaji Maxamed Xuseen, Dheere Xaaji Dheere, Maxamed Cali Nuur, Sheekh Ciise, Maxamed Cismaan Baafi iyo kuwo kale.*

In talada xisbiga iyo maamulkiisa laga maroogsado. Xad dhaafka ku soo galey reer miyiga magaalooyinka Xamar, Marka, Baraawe wuxuu keeney, in dadkii Reer Benaadir magaalooyinkooda looga bato (*biyo kaa badan, waa ku qaadaan*) oo degaankooda iyo xisbigaba dad yar ku noqdaan.

Marxaladaha uu soo Marey Xisbiga SNU

Xisbiga Reer Benaadir oo maanta loo yaqaan SANU wuxuu soo marey maraaxil halgan dheer oo ku dhisnaa wacyi siyaasi ah. Wuxuu ku dhashey magaca HYC (*Hamrar Youth Club 1945kii*). Markii ay gaareen dadkii aasaasey xisbiga, in magaalada Xamar keliya aysan aheyn Benaadir, waxaa lala baxey U.G.B. (*Unione Gioventu Banadir*). Taasi waxaa ka danbeeyey, ku dayashadii Kenya (KANU) iyo Tuniisiya (*TANU*) oo keentey in lala baxo SANU (*Somali African National Union*) oo ugu danbeyntii ilaa maanta loo yaqaan SNU (*Somali National Union*).

Dadkii aasaasey soona hoggaamiyey xisbigaan waxaa ka mid ahaa: *Xaaji Muxiddiin Xaaji Cali, Shariif Maxamed Xuseen Zenow, Shariif Musallam Cali , Muxidiin Barxooda, Abuukar Xaamuud Sokorow, Maxamed Raajis Maxamed, Axmed Shariif Maxamed, Maxamed Shariif Ceydaruus iyo kuwo kale.*

Reer Banaadir iyo Xaqdarrada loo Qeybsadey Maamulka Dowladda Soomaaliya. 1956dii ayaa la sameeyey doorashooyin ku saabsan maamulka magaalooyinka iyo tuulooyinka. Duqa magaalada Muqdisho waxaa noqdey *Sheekh Jamaal* oo SYL soo doratey. Isla sanadkaas ayaa la abuurey dowladdi ugu horeeysey Soomaaliya oo daakhiliga aheyd. Waxayna ka koobneyd lix wasiiro iyo wasiirka koowad. Taliyaha Talyaaniga wuxuu dowladaas ku dhisey qaab magacaabid ah. Wasiirkeeda 1aad wuxuu ahaa *Cabdullahi Ciise,* waxaana ka qeyb qaatey axsaabta SYL, XISBIYA Digil iyo Mirifle iyo xisbiga LIBARAALE.

Reer Benaadir taasi waa laga reebey. Dowladdaas ayaa loo xil saarey in baarlamaan soo abaabusho. Wasiirkeeda daakhiliga oo ahaa *Muuse Boqor Cismaan* ayaa arrintaa loo xil saarey. *Muuse Boqor* kuma fulin arrintaas hab doorasho dimoqoraadi ah ama hab qeebsasho xaq ku dhisan. Wuxuu u qeybiyey kursiyadii baarlamaanka magaalooyinka iyo tuulooyinka iyo axsaabtooda. Wuxuu amrey axsaabta in shirar sameeyaan uu ku soo doortaan mudanayaasha Baarlamaanka iyaga oo matalaaya kuraasta baarlamaanka si xaq darro ah u qeybiyey. Tusaale: Magaalo madaxda Xamar waxaa la siiyey hal (1) kursi oo keliyah, tuulada Isku-shuban waxaa la siiyey todobo (7) kursi, magaalada Balad-weyne shan (5) kursi, Beydhaba lix (6) kursi iwm. *Maxaa keeney taasi ?*

Xiriirkii Reer Benaadir iyo Talyaaniga oo Xumaadey

Taasi waxey ku timid in xiriirkii fiicnaa oo Xisbiga Benaadir Talyaaniga la lahaa, in uu aad u xumaadey. Waxaana taasi u sabab ahaa Leegada (SYL) oo weligooda raadin jirey sida xiriirka wanaagsan Reer Benaadir iyo Talyaaniga u burburin laheeyd, si ay ayada (Leegada) ku gasho kaalinta Reer Benaadir Talyaaniga ka joogto.

Talyaaniga oo kalsooni weyn Reer Benaadir ku lahaa wuxuu damacsanaa in hoggaanka siyaasadda dalka Soomaaliya oo idil Reer Benaadir ugaga tago. Sida xiriirka Talyaaniga iyo Reer Benaadir u fiicnaa waxaa tusaale u ahaa : sida guddigii maamulka dawladda hoose ee magaalada Xamar loo qeybiyey. Guddigaas oo 25 xubnood ka koobnaa, 20 waxey ahaayeen Reer Banaadir 5 na Abgaal iyo Murusade.

Talyaaniga wuxuu aad u aaminsanaa kuna kalsoonaa in dadka Reer Benaadir dad aqoonyahan ah, kalsooni leh, waxtar ah, xuquuqda dadka dhowra, waayo arag ah, hoggaanka siyaasadda waddankana ku haboon oo lagu aamini karo si xaq ahna u maamuli karaa.

Talyaaniga iyo Reer Benaadir xiriirkooda wuxuu aad iyo aad u xumaadey markii Reer Benaadir leegada (SYL) heshiis la gashey in calanka Talyaaniga aan la saarin xafladahooda sannadguurada 1955tii oo kala ahaa 15ka Abriil Reer Benaadir (HYC) iyo 15ka Maajo SYL. Reer Benaadir oo xafladdooda u soo horreeysey (bishii Abriil) wey u diideen Talyaaniga Calankiisa maalintii xafladooda in ay garab suraan, in kastoo Talyaaniga Reer Benaadir aad ugu baryey in ay calankiisa saaraan.

Markii la gaarey bishii Maajo oo la filaayey in SYLna diiddo saaridda calanka Talyaaniga ayaa ayaga (SYL) ballantii ay la galeen Reer Benaadir ugaga baxeen. Xafladdoda sannad guurada aheyd waxey saareen calankii Talyaaniga. Meeshaas ayaa xiriirkii Talyaaniga iyo Reer Benaadir ku baaba'ay.

Taasi waxaa ka faa'iideystey Legada (SYL), oo waligeedaba dooneysey in Reer Benaadir goobta siyaasadda waddanka ka saarto. Reer Benaadir kama fiirsan dhibaatada iyo nafciga uu u lahaa heshiiskaan. Ilaa maanta wax loo oggol yahay Reer Benaadir haba yaraatee ma jirto. Xataa xaafadahooda oo ku yaalla Xamar, Marka iyo Baraawe waxaa maamula dad shisheeye ka ah degaanka.

Dhibaatadii Bilaabatey Ayaa Ilaa Maanta Reer Benaadir Heysato

1960kii ayaa baarlamaanka soo doortey madaxweyne *Aadan Cabdulle Cismaan*. Sidoo kale waxaa sannadkaas la abaabuley doorashadii ugu horeeysey ee Soomaaliya ka dhacda. Taasi oo la magac baxdey "Listo unico" oo xaq darro iyo boob ku dhacdey, waayo Talyaaniga wuxuu u gartey xisbiga Leegada (SYL) in 70% kuraasta baarlamaanka ayaga qaataan.

Markii la dhisey dowladdii ugu horeysey ee Soomaaliya oo doorasho been abuur ah ku timid, waxey durba ku kacdey in Reer Benaadir xaqiraad iyo cadaadis ku soo rogto. Taas oo Reer Benaadir oo idil aad u saameeysey. Dadka Reer Benaadir waxaa aad looga cusleeyey noloshooda iyo shaqooyinkooda oo ayaga khaas u ahaa sida beec-mushtarka xurta ah, farsamada, fanka, cilmiga, iwm. Taana waxey keentey in dadkii oo weligooda baahi aqoon in ay baahdaan. Dhibaatooyin fara badan oo weligooda aysan arag lagu abuuro oo noloshooda aad u adkeysa sida cadaadis qabiil, dhaqaale, siyaaso, hidde iyo dhaqan iwm.

Si loogu jeediyo dhibaatooyinka nolol maalmeedka, waxaa loogu talo galey in dhexdooda khilaafaad, cadaawad, naceeyb, iska horimaad iwm, ka dhasho. (*Kala qeybi oo xukun*). Waxaa loogu tala galey in dhulkooda guryahooda raqiis looga iibsado waddankana looga saaro. *Sidee baa taa looga jawaabey ?*

Tafaraaruq ka dhex Dhashey Reer Benaadir

Dhibaatooyinkii badnaa ee soo wajahay dadka Reer Benaadir waxay keeneen in dhexdooda ay kala daataan, qof walbana dantiisa khaaska ah keliyah in uu raaco (*Nin Bow Naftaa, Nabiyoow Ummaddaa*), sidii uu noolaashadiisa iyo tan xaaskiisa iyo carruurtiisa u badbaadin lahaa. Dad badan oo Reer Benaadir ah ayaa noloshooda ku qasabtey in qabaa'il reer miyi ah sheegtaan, sidii dhibaatooyinka haysta ay uga bixi lahaayeen, beddelkii ayaga isu imaan lahaa oo ay ka wada tashan lahaa dhibaatooyinkooda. Kuwo kalena waddanka oo idil ayey ka tageen oo adduunweynaha ayey nolol ka raadsadeen. Sidaa ayaa Qowmiyaddii Reer Benaadir in gabi ahaan u lunto ku dhowdahay.

Maxaa taasi keeney ?.

Dhibaatooyinka Reer Benaadir- Nuglaansho iyo Sifooyin-

- In dhaqankooda oo kala danbeynta ku dhisnaa ay ka tageen.
- In ay aad ugu dulqaateen dadkii miyiga uga yimid
- In nabad gelyo ay wax ku raadsadaan
- In ahludiin yihiin oo aaminsan gardaro ma waarto
- In ay ilaaween midnimadooda
- In halganka wadaniga iyaga run ka ahaa
- In aaminsanaayeen dimoqaraadiyad iyo dawlad xaq ku dhisan
- In musuqmaasuq, eexasho iyo qabiilka ay diideen
- In gobolladoodii si hagar la'aan ay ugu fureen
- In ay ku soo dhoweeyeen siyaasadda axsaabta qof walba oo Soomaali ah
- In si demoqaraadi ah hogganka xisbiga SYL (Leego) ay is kaga dhiibeen.
- In dulqaadkooda diinta ku dhisan iyo nabad jaceeyl loo

tarjumey fuleynimo

- In ku baraarujinta, kala qeybinta dhexdooda lagu haayey, welina lagu haayo.

In kastoo arrimaha kor ku xusan qaarkood akhlaaq wanaagsan yihiin, laakiin isku jirkooda iyo kala soocid la'aantooda iyo ufiirsi darrada ayaa keentey in dadka Reer Benaadir dhibaatooyinkaa lagu soo oogo.

Dhibaatooyinka Reer Benaadir loo geystey:

- Dad ahaan oo loo xaqiro, xuquuqdooda banii'aadamnimo oo lagu gacan seyro.
- Degaankooda loogu yimid laga furfurto.
- Xuquuqdooda waddaniga ahaa loo diido.
- Magaalooyinkooda oo idil oo iyaga dad yar oo xaq daran ku noqday
- Dhaqaalahooda, fankooda, hidde iyo dhaqankooda oo la baabi'iyey.
- Cadaadis weyn oo ka jira, noloshoodana aad loo adkeeyey.
- Hantidooda iyo guryahooda oo la boobey.
- Gabdhahooda la kufsadey.
- Raggooda oo la garaaco ama la dilo.
- Kawada baxaan waddanka.
- Khilaafkooda aad u sii xumaadey.

Sida dhibaatooyinka jira looga bixi karo

Dhibaatooyinka haysta dadka Reer Benaadir waa kuwa aad u culus, waana fara badan yihiin, ma fududa sidii looga bixi lahaa. Waxay qaadan kartaa muddo dheer oo halgan ah iyo shaqo badan oo u baahan adkeysi. Sidoo kale waxaa loo bahaan yahay ahdaafta la leeyahay lagu fuliya. Sidaa daraadeed, waa in arrimaha hoos ku yaalla la fuliyo:

* In urur Reer Benaadir oo caalami ah la abuuro, kaas oo ka shaqeeya danaha iyo isu keenidda Reer Benaadir, xiriirkoodana xoojiya, oo adduunka oo dhan gaarsiiya dhibaatooyinka Reer Benaadir maanta heysta. Asagoo middaas ku meel marihaaya aaladaha warbaahinta caalamiga ah. Ururkaas waa in uu xiriir joogto ah la yeesho ururrada caalamiga ah oo la shaqeeya

adduunka saddexaad, asagoo maamulkiisa u hindiso habboon iyo hab istraatiiji ah ku shaqa galaaya. Ururkaas waa in uu lahaadaa guddiyo fuliya danta iyo isu keenidda Reer Benaadir.

* In qof walba oo Reer Benaadir sheegta lagu baraarujiyo arrinta Reer Benaadir.
* In dadka Reer Benaadir ee jooga waddanka ee silic ugu nool, loo qorsheeyo nolol maalmeedkooda si joogto ah, loona sugo, khaas ahaan xagga cuntada, dharka, daawada, guriga, waxbarashada, caafimaadka, iwm.
* In aqoonta Reer Benaadir si joogta ah loo dhiiri geliyo, waayo waxa keli oo aan danteenna ku gaari karnaa waa kartida aqoonta, *(Bunduqeena ha noqdo qalinkeena).*
* In nabadeynta Reer Benaadir si wacan looga wada shaqeeyo, midnimadooda aad loo xoojiyo. Wixii khilaaf ahna wada hadal iyo si wadajir ah loo xalliyo.
* In wada hadal lala yeesho dadka aan degaanka la deggannahay, si nabad gelyo iyo is-afgarad aan ugu wada noolaano.
* In wada hadal lala galo dhinacyada siyaasadda waddanka, sidii xuquuqda Reer Benaadir iyo qeybtooda maamulka loo soo dhicin lahaa.
* In Ururrada Samafalka Caalamiga ah si toos xiriir joogto ah loola yeesho, sidii gargaar xoog badan Reer Benaadir loo gaarsiin lahaa.
* In Ururrada Xuquuqul Insaanka si xoog leh loola shaqeeyo, sidii xaq darrada lagu haayo Reer Benaadir adduunweynaha loo gaarsiin lahaa.
* In si joogto ah loo faafiyo wararka ka soo baxa degmooyinka Reer Benaadir iyadoo la isticmaalaya qaab casri ee warbaahineed ee adduunka ka jira.Wabbillahi Towfiiq

Mustaqbalka Nidaamka Federaaliga ee Soomaaliya iyo Dadka laga Tiro Badan yahay

Fu'aad Abuukar Xaaji

Hordhac

Sida la ogsoon yahay waxay dawladda ku meel gaarka ah ee Soomaaliya go'aansatay in ay qabanqaabiso dustuur ku dhisan nidaamka federaaliga. Soomaaliya waxay hore ku dhaqantay qaabka hantigoosadka ah iyo nidaamka hantiwadaagga ah.

Indheer-garatada Soomaaliyeed waxay ku talinayaan in nidaamka federaaliga lagu dhaqmo waxtarna u arkaan inuu yahay xalka keliya ee loo heli karo dhibaatada maanta ka taagan dalka. Isweydiintu waxay tahay: sidee lagu hirgelin karaa nidaamka federaaliga? Qoraalkan gaaban waxaan kaga hadleynaa mustaqbalka nidaamka federaaliga iyo dhibaatooyinka ka soo gaari kara dadka laga tiro badan yahay.

Qaabka nidaamka federaaliga

Federalism waa nidaam ku dhisan is-maamul goboleed. Dowlad goboleedka wuxuu noqon doonaa mid ku shaqeeya horumarinta gobolkiisa, isagoo yeelan doona gole siyaasadeed u gaar ah. Dustuurka gobolka wuxuu noqon karaa mid ka duwan kan gobolada kale ee dalka. Maamulka guud ahaan waxaa la wareegaya dadka ku nool gobolkaas. Soomaaliya waxay dowlad la'aaan tahay in ku dhow 13 sannadood, waxaana maanta ka jira meelaha qaarkood maamul goboleed.

Haddii uu hirgalo nidaamka federaaliga, waxaa xal loo heli

doonaa khilaafaadka ka taagan kooxaha hubeysan ee isku heysta xukuunka dalka.

Waxaa isweydiin leh:

- Habka uu ku hirgeli karo nidaamka federaaliga
- Dhibaatooyinka ka imaankara nidaamka, haddii lagu dhaqmo federalism?
- Mustaqbalka dadka laga tiro badan yahay

Jawaabaha su'aalahaan kor ku xusan waxay keeni karaan iska hor-imaadyo cusub, waayo, qabaa'ilka Soomaaliyeed waxay maanta isku haystaan dhul. Haddi nidaamka federalismka la qaato, waxaa lama huraan ah in dalka laga sameeyo gobollo iskooda isu maamula. Sameynta gobolladaasi waxay sabab u noqon kartaa dagaallo cusub oo ka dhaca Soomaaliya.

Haddii aan ka eegno dhinaca kale, waxaa muhiim ah in gobollada iskooda isu maamuli doonaan iyadoo ay xagga dhaqaalaha isaga dheeli tiran yihiin. Sida lo ogsoon yahay, Soomaaliya waxaa loo qeybin karaa gobollo ay deggen yihiin reer miyi oo dhaqaalahoodu ku dhisan yahay xoolo dhaqasho iyo gobollo beeraley deggan yihiin. Kheyraadka waddanka leeyahay uma sinna gobollada oo dhan, sidaas darteed, wasaaradaha qaarkood ma noqan karaan kuwa gobollada iskooda u maamulaan, waxayse noqon doonaan kuwa qaranka oo dhan ka dhexeeya.

Dhibaatooyinka la Xiriira Nidaamka Federaaliga ah

Sida aan kor ku xusnay, waxaa inoo cad in nidaamka is-maamul goboleedka aan ka caagsaneyn dhibaatooyin hor leh oo ku yimaada dadka Soomaaliyeed qaarkood. Inkastoo ummadda Soomaaliyeed ay yihiin kuwa dhaqan iyo diinba wadaaga, waxaa sanadihii la soo dhaafay tusaale noqotay in Soomaalidu ay marnaba ku heshiin karin dhul iyo xukunba.

Go'aannadii ka soo baxay Jabuuti waxay sheegayaan in xukunka lagu qeybsado hab beeleed ama qabiil, hasayeeshee ma'ay tixgalinin qabaa'ilka laga tira badan yahay in fiiro gaar ah la siiyo.

Taasi waxay natusaysaa in dadka laga awood badan yahay aan loo oggoleen in ay wax ka xukumaan gobollada ay degen yihiin ama ay wax ku yeeshaan maamulka dalka.

Dadka Reer Banaadir ma aha dad laga tiro badan yahay, waayo waxay hore u muujiyeen in ay doortaan xildhibaanno iyaga matala. Haddaan taariikhda dib u eegno, waxaa inoo cad in sanadkii 1967dii ay Reer Banaadir soo doorteen *Dr. Maxamed Raajis Maxamed* ayagoo baratan adag ugu jiray labada kursi oo keliya ee lagu loolamaayay magaalada Muqdisho. Waxaa intaasi sii dheer in isla sanadkaasi ay doorteen duqa magaalada Muqdisho *Shariif Maxamed Ceydaruus.*

Dowladda ku meel gaarka ee lagu soo dhisay Carta wax kama ay siin dadka Reer Banaadir maamulka dowladda hoose ee Muqdisho inkastoo ay yihiin dadka magaalada Xamar deggen kuwa ugu badan. Tirada gobollada iskooda isu maamuli doono ilaa iyo hadda lagama hadlin, hasa yeeshee, waxaa lagu talinayaa in la soo celiyo 8dii gobol oo uu dalku lahaan jiray inta xukuumadda militariga ay beddelin. Haddi taasi ay dhacdo, Reer Banaadir waxay dib u yeelanayaan gobolkooda hore ee ka billowda agagaarka Baraawe ilaa Jowhar.

Gobolka Banaadir wuxuu ka mid yahay gobolada ugu hodonsan Soomaaliya, wuxuuna kaalin muuqata ka qaadan doonaa kaalmeynta iyo taakuleenta gobollada saboolka ah.

Isweydiintu waxay tahay: *ma oggolaan doonaan hoggaamiye-kooxeedyada ee hubka sita, dib u habaynta gobolada Somaliyeed? Ma aqoonsan doonaan xuquuqda dadka laga awood badan yahay ee badankood deggen goboladda kheyraadka leh?*

Sida xaqiiqda ay tahay kooxaha hubka sita ma oggola in arrintaasi ay hirgasho, waxayna markasta ku adkeystaan in ay sheegtaan dhul ayaga aan degeneyn. Sidaas darteed, Gobolka Banaadir waxaa heysta dad xoog sheeganaya kuna gorgortama in gobolkaasi wax ku leeyihiin.

Kooxahaasi waxay markasta xoog u sheegtaan dadka Reer Banaadir oo ah dad nabad jecel oo aan aaminsaneyn in ay hub qaataan, waxay in badanba ku xadgudbeyn xuquuqda aadamiga ee Reer Banaadir.

Gardarada oo markastaba loo geysto dadka Reer Banaadir waxaa looga hortagi karaa in:

- la ogeysiiyo adduunweynaha, nabad jaceylka dadka Reer Banaadir.

- la badiyo qoraalada si dadyowga adduunka u oggaadaan mowqifkooda.
- lala xiriiro ururrada caalamiga ah sida: UNO, EU, OAU iyo Jaamacadda Carabta, lagana codsado in ay u doodaan xuquuqda Reer Banaadir.
- dadka Reer Banaadir loo oggolaado in ay maamulaan gobolkooda.

Si loo yareeyo dhibaatooyinka la xiriira nidaamka federaaliga ah, waxaa habboon in wasaaradaha qaarkood ay noqdaan kuwa dhexe oo qaranka u dhexeeya. Wasaaradahaasi waxaa ka mid noqon kara: *Wasaaradda Maaliyadda, Wasaaradda Macdanta, Wasaaradda Difaaca Qaranka , Wasaaradda Arrimaha Dibadda.* Haddi la helo wada shaqeyn niyadsami ku dheehantahay, Soomaaliya waxaa ka dhalan karta dowlad waarta.

Sawirkaan wuxuu muujinayaa qaar ka mid ah oday dhaqmeedyada iyo dibloomaasiyiinta ka soo qaybgalay shirweynaha 1aad ee London 2001

Siyaasadda Dallacsiinta oo ku Qarsan Fogeynta Bahweynta Benaadir

Dr Khaliif Mowlaana Suufi

Walaalayaal dhamaantiina waan idiin salaamay, Allaha hana waafajiyo jidka toosan, maxaa yeelay isaga ayaa og wixii kheyrka ku jiro. Wixii wanaag ahaa si fiican ayaa shirweynaha loogu sheegay, taariikhda waa dheertahay qof ay ka dahsoon tahay ma jirto. Anigu waxaan aad ugu faraxsanahay haddii walaalkeeygu kaalinteeyda xusuusan yahay, micnaheedu wuxuu yahay in aan qiimo ugu fadhiyo, sidaas ayeeyna xushmadda ku jirtaa.

Waad ogsoon tihiin in dalka Soomaaliya ee maanta laga hadlaayo qaabka federaaliga ee is-maamul goboleedka, kaas oo ah mid ay Soomaalida shirka ka qaybgashay ku heshiistay. Anigu arrintaan waxaan u arkaa in ay tahay middi laba af leh. Waxaana la leeyahay dadka Soomaalida waxaa qolo walba loo yeelay summad aqoonsi degmo iyo mid goboleedba, laakinse Gobolka Benaadir waxaa la yiri Soomaali oo dhan ayaa iska leh oo waa caasimadii ummadda oo dhan iyo astaantii Soomaalinimada.

Arrintaan waxay u muuqan kartaa xigmadii sheegeysay "Promovere per rimovere" oo ah dalacsii si aad isaga fogeeyso, taas oo maanta u muuqan karto in wanaagga loo sheegayo Reer Benaadir in ay tahay in laga taqaluso xuquuqdooda, lagana qaado heebta taariikheed ee dadka iyo deegaanka Reer Benaadir ay leeyihiin, taasna waa in si aad ah looga taxadiraa, loona arkaa gardaro naloo geysanaayo.

Arrintaan ma aha mid ku kooban Dowladda KMG ah oo keliyah ee waxaa masuul ka ah dhammaan dadkii ka qaybgalay Shirkii Carta ee Jabuuti oo ku heshiiyey in sidaas ay wax ku maamulaan, kuna sugaaya in Soomaaliya ay dowlad sidaas ku ahaato.

Walaalayaal,

Shirweynahan waxaa ku sugan dad aqoon leh oo waayoarag ah, waxaan u jeednaa sida ay arrimaha u socdaan. Haddaba, waxaa xil naga saaran yahay sidii xoogga loo saari lahaa midnimadeena iyo qaabkii aan u soo dhacsan lahayn xuquuqdeenna. Waxaan Shirweynaha u rajeeynayaa in uu ka soo baxo go'aano waxtar leh. Wabillaahi Towfiiq

Sawirkaan waa muuqaalka qaar ka mid ah ergada culumada iyo Diblomaasiyiinta Reer Banaadir ee Shirweynaha 1aad London 2001

Difaaca Xuquuqdeena waa Waajib Muqaddas ah

Maxamed Nuur Xabiib

Walaalayaal,

Shirweynaha waa salaamanyahay, waxaan u mahadcelinayaa walaalahii soo abaabulay shirkan iyo intii isa soo xilqaantahay ee ka kala timid qaaradaha adduunka meel ay Reer Benaadir ku nooshahayba.

Kulankaani waa wax aad loogu farxo, maxaa yeelay wuxuu astaan u yahay midnimo iyo wax wada qabsi oo ku saleysan rayi is-dhaafsi, kuwaas oo la'aantoodu aan waxba la qaban karin, waxaa la yiri "*War la helo ayaa talo la helad*".

Walaalayaal,

Haddii aan si fiican u dhegeystay warbixinada dadkii iga horeeyey soo jeediyeen, waxaan halkaan talo ka dhiiban lahaa in aanu xoogga saarno sidii loo sameyn lahaa sanduuq dhaqaale oo ururada dadka Reer Benaadir meel ay joogaanba ka dhexeeya, kaas oo door weyn ka qaadan doona fulinta howlaaha adag ee ina horyaala, waana midda keliyah ee aanu ku horumari karno qaddiyadeena.

Waad la socotaan maanta Soomaalida waxay ka mideysan tahay baabi'inta magaca Reer Benaadir ee soo jiri jiray inta ayan jirin magaca Soomaali wax la yiraahdo. Waxaa tusaale inagu filan caddaawadu meesha ay gaartay anagoo ah muuqaalka ilbaxnimada iyo horseedkii xuriyadda Soomaaliyeed, in maanta shirkii Carta la noogu magac daray "*Others*".

Taas waxay salka ku haysaa inkiraadda xaqeena oo aanan weligeena qofna ka oggolaaneynin *"Others"* si naloo duudsiiyo xaquuqda jiritaankeena, kuwa dulmiga ku taagan waa in aanu ugu hortagnaa dagaalka qallinka oo waa inaan codkeena meel walba gaarsinaa oo aan diidnaa gardarada iyo shirqoolada. Waa inaan xoogeena mideynaa qoraaladena badinaa, adduunka la xiriirnaa, sidaas ayaan ku gaari karnaa himiladeena, xaqu waa kii markasta guuleysta, xaq-daraduna waxay ku dambeysaa guul daro iyo hoog, maxaa yeelay Allaha waa caaddil, mana jecla xaqdarada.Biloowgii dagaalka sokeeye, waxaa la isku dayey in la baabi'iyo wixii xusuus taarikheed ahaa, kuwaas oo inta badan lagu guuleystay in la baabi'iyo, iyadoo ujeeddadu tahay in aan raad ka harin Banaadir iyo taariikhdiisu, si islamarkaasna loo sameeyo taariikh cusub oo dadka been looga iibiyo.

Anigu waxaan mas'uul ka ahaa Xafiiskii Dowladda Hoose, Qaybtii Diiwaangelinta, halkaas oo ahayd meesha ay ku keysan yihiin xog dhab ah ee dadkii deganaa Muqdisho oo ah xudduntii ilbaxnimada Soomaali meel ay joogtaba. Waxaa la isku dayey in la gubo oo la baabi'iyo xafiiskii dad-dhigista, sababta ugu weyn waxay ahayd diwaanada waaweyn ee halkaas yiilay waxaa ku qornaa in dadkii ugu horeeyey ee laga diiwaangeliyo xafiiskaani in ay ahaayeen dad Reer Benaadir ah, maadaama ay yihiin dadkii ugu soo horeeyey ee halkaas loogu yimid. Sidaas oo kale ayaa loo baabi'iyey goobahii taariikhda oo isugu jira dhismooyin masaajid, daaro ama jasuur kumaan sano soo dhisnaa iyo taalooyin, arrimahaan waxay ka dhaceen beel kasta oo Reer Benaadir ku nool yihiin bal u fiirso Marka, Baraawe, Jasiira iyo dhammaan magaalooyinka ay degan yihiin Reer Benaadir, waxaa intaas naloogu daray barakicin ujeedadiisu tahay isir sifeynta.dhibaatada intaas la eg ee naloo geystay, waxa keliyah ee aanu ugu bixi karno waa inaga oo adkeeyna midnimadeena, una soo jeesano in aan xuquuqdeena soo dhacsano, haddii ay taasi dhici weydo, waxaa halis geli doona mustaqbalkeena iyo kan jiilka soo koraaya oo halis ugu jira in wax yeelo soo gaarto Diinteena muqadaska ah iyo dhaqankeena suuban. Waad mahadsantihiin..

Midnimadeenu waa Wel-Welka Caddowgeenna

Shariif Maxamed Saydii

Shirweynaha waa salaamanyahay, Waxaan halkaan amaan iyo boogaadin u soo jeedinayaa ururka Reer Benaadir ee London oo sida wanaagsan u soo abaabulay shirkan oo dhammaan Reer Benaadir ay ku dhan yihiin.

Waa guul aan la soo koobi Karin, xusuusteenana ku hari doonta, ubadkeenana u noqon doonta xusuus waayo lama iloobaan ah oo ku fadhida in kuwa naga dambeeya ay arki doonaan in ayan ka soo jeedin dad aan karti iyo wax qabad lahayn, balse waxay oggaanayaan in waalidiintooda ahaayeen kuwa wax qabtay una soo halgamay in ubadkooda ay xusuus u reebaan, una sameeyaan mustaqbal wanaagsan, sidii anagaba ay waalidiinteenu ay wax wanaagsan inooga tageen.

Waxaa shirweynahan laga soo jeediyey, muxaadarooyin aad u qiimo badan si aadna looga soo shaqeeyey marka laga fiiriyo dhinaca taariikhda iyo waayo aragnimada nolosha, waxaa si aad ah loo iftiimiyey dhibaatadii Soomaaliya ee dagaalkii sokeeye, gaar ahaan waxyaabahii ay la kulmeen dadkeena Reer Benaadir meel ay joogaanba.

Dhibaatadii dadkeena Reer Benaadir ay soo mareen, taariikhda ayaa xusi doonta, waxaa lama iloobaan ah sida sharafta leh ee loo diiwaangeliyey, shirkaanna loogu soo bandhigay dhacdooyinkii hore iyo xaaladda hadda ay ku sugan yihiin dadka Reer Benaadir. Waa wax loo baahan yahay in la diiwaangeliyo oo la qoro wax alaale wixii ummaddeena la soo gudboonaaday, haddii ay tahay tirakoobyo xusuus dhowr ah oo muujiya mugga dhimasho, dhaawac, af-dub, kufsi, dhac, hantida la haysto oo isugu jira, guryo, beero, warshad, gaadiid, tirada sida joogtada ah ugu dhimaneyso badaha iyo biriga iwm.

Walaalayaal, muxaadariintii halkaan warbixinada ka soo jeediyey, badankoodu waxaa ay codkoodu aad ugu adkeynayeen baahida loo qabo midnimada, waa run midnimo la'aanteed in meel aan la gaari karin. Waxaanse jeclahay in aan wax yar ka iraahdo xusuus lama iloobaan ah, aan dib ugu noqdo Shirweynahii Nabad-raadinta Soomaalida ee lagu qabtay dalka Itoobiya sannadkii 1993.

Maxaa dhacay? Shirkaas, waxaa ka soo qaybgalay wafdi ballaaran oo Reer Benaadir ah, kana kala yimid adduunka, waxay tiradoodu ahayd 53 qof, waxaan idiin sheegayaa ma jirin urur Soomaali ah oo shirkaas ka soo qaybgalay, tiradiisuna ay intaas ahayd. Mucjisada yaabka leh, waxaa dhacday, in hal maalin garoonka dayaaradaha ee Addis Abeba ay ka soo degto dayaarad gaar ah oo sida wafdi Reer Benaadir oo ka yimid dalka Yemen, wafdigaas oo ku dhammaa aqoonyahan, waayoarag, siyaasiyiin, dhallinyaro iyo haween. Taasi waxay ku tuseysaa dadka Reer Benaadir marka ay is-aaminsan yihiin waxa ay galaan iyo waxa ay gudaan.

Haddaba, *Walaalayaal*, maalintaas ururadii hubeysnaa ee shirka Addis Abeba ku sugnaa qaarkood waxaa ku biloowday wel wel ku soo saaiday arrimahii ay wateen ee ahaa sadbuursiga iyo quursiga ay la damacsanaayeen Reer Benaadir, maxaa yeellay ku talagalkoodu wuxuu ku saleysnaa in la inkiro xuquuqda dadkeena, arrintana ay ahaato sida ay dadkeena u soo haajireen in ayan dib ugu noqon dalkooda.

Walaalayaal, ogaada maalintaas waxaa biloowday in qabaa'ilka Soomaalidu ay u howlgalaan sidii dadkeena loo kala dhex geli lahaa oo la isku diri lahaa, xoggii halkaa yimid loo kala qaybin iyo dhantaali lahaa, maxaa yeelay quwaddaan Reer Benaadir ee ka kala yimid dunida oo hal meel ka soo jeeda, dhexdooduna ayan oolin is-qab qabsi iyo kala shaki, wata hal hoggaan iyo koox wada shaqeynaysa.

Waxay ahayd fajac ku soo kordhay qabqablayaasha dagaalka ee

qabtay dhulkii ay deganaayeen Reer Benaadir, iyagoo la wareegay wixii hanti ahaa ee aan la hayn, waxay la yaabeen kuwii ay dhinac walba ka curyaamiyeen oo weli soo taagan, una halgamaaya xuquuqdooda iyagoo mideeysan.

Waad ogsoontihiin, maanta dalkeena wixii hanti ee dowladda iyo shacabkeena Reer Benaadir ay lahaayeen waa lala wareegay, intaas qabqablayaasha dagaalka waxaa u dheer in dalkii si ay hanti u helaan oo ay xoog inoogu haystaan, waxay adeegsadeen wax walba oo fool xun haddii ay tahay muqaadaraad la beero, badda oo la sumeeyo, geedaha la jaro iyo waxyaabo kale oo fool xun, dhibaatana ku reebi doona mustaqbalka dalka.

Walaalayaal, dadkii iga horeeyey ayaa si tifaftiran uga hadlay dhibaatooyinka ina horyaal, waxaan jeclahay oo idiin leeyahay Reer Benaadiroow midnimada ha lagu dadaalo, caddowgeena wuxuu ku howlan yahay sidii uu inoo kala qaybin lahaa, ogaada ma fadhiyaan si ay inoo dhibaateeyaan, wax walba ayey u hurayaan, maanta waxay haystaan hanti iyo dhaqaale xaaraan ah. Waad arkeysaan, waxa dhacaaya in Dhulkii Benaadir la sheeganaayo, dadkii baadiyaha jiray lagu soo uruurinaayo magaalada, lana dejinaayo guryaheena.

Sida kaliyah ee dhibaatada aan uga bixi karno waa xoojinta midnimadeena, inaga oo yeelana hoggaan daacad ah oo isku duuban, kana xuroowna kala qaybsanaanta. Taas ayaa ah mida keliyah ee guul inoo horseedi karta, la'aanteedna waa guusha caddowgeena.

Mar labaad waxaan mahad u soo jeedinayaa, dhammaan guddiga Reer Benaadir ee London iyo dadweynaha Reer Benaadir ee kuu nool dalkan Boqortooyada Ingiriiska, waxay tusaale u yihiin midnimada aan ka duleeyno, maxaa yeelay haddii ayan jirin midnimadaas guushaan lama gaareen. *Waad mahadsantihiin.*

Sawirkaan wuxuu muujinayaa ergada kala duwan ee leh aqoonyahaan, oday-dhaqmeed iyo culumaa'uddin ee Shirweynaha 1aad

Sawirkaan wuxuu muujinayaa qaar ka mid ergada Hindi Soomaali ee ka soo qaybgashay Shirweynaha 1aad ee London 2001

Dhibaatooyinka Degmada Baraawe iyo Nawaaxigeeda

Ugaas Abuukar Ibraahim

Waad salaamantihiin, guddiga soo abaabulay waa salaamanyahay, waxaanna Shirweynaha u rajeynayaa in uu ka soo baxo arrimo wax tar u leh ummadda Reer Banaadir oo ay la soo derestay dhibaatooyin culus, marka loo fiiryo taariikhda dalkooda.

Runtii dhibaatada dadka Reer Banaadir kama bilaabanin dagaalka sokeeye, waxay ku bilaabatay guud ahaan dadkeena markii xuriyadda la qaatay kaddib. Xaaladda hadda lagu jiro waa natiijo ka timid, kaddib markii aan oggolaanay in lagu tunto xuquuqdeena, gaar ahaan markii xukunkii militariga uu deegaanada Banaadir qaarkood sida Baraawe uu ka gooyey degmooyinka Xaramka, Sablaale iyo kuwa kale, islamarkaasna naloo keenay waxyaabo badan oo diinteena iyo dhaqankeena lagu dhaawacaayo, anagana aan oggolaanay.

Maanta waxaan dhihi karaa waa guul, kaddib markii dhibaatada dadka Banaadir in muddo ah la aamusay oo wax badan halaabeen. Waxaan idiin leeyahay waan soo daahnay, haddana haddiba la helay dad u soo joogsaday dantii guud ee ummadda Reer Banaadir, weli ka gaarsho ayeey leedahay, haddii aan la nimaadno middnimada iyo waxqabadka halkaan ka muuqda.

Aniga waxaan ka warhayaa degmada Baraawe, haddii aan wax yar idiinka sheego xaaladda maanta, waxaan idiin oggeysiinayaa in dadka Reer Baraawe ee dibadda ku nool la soo weydiistay in ay bixiyaan lacag gaareeysa 70.000.000 (Todobaatan milyuun) oo la leeyahay waa la idiinka rabaa ee soo dhiiba. Bal u fiirsada kuwii dhulka qabsaday, waxaa ku filnaan waayey wixii ay boobeen, kufsadeen oo ay dheceen oo ilaa hadda ay wadaan. Marka, Reer Banaadir waxaa la idiinka rabaa in aad midoowdaan oo aad soo dhacsataan xaqiina. Waxaan Shirweynaha u rajeeynayaa guul.

Sawirkaan safka hore wxaa ka muuqda xubno ka mid ah ergada Bahweynta Banaadir ee dalka Mareeykanka ee shirweynaha 1aad

Bahweynta Benaadir iyo Warbaahinta

Saalim Xaaji Macow

Qalabka warbaahinta sida TVga, jornaalada, raadiyaha iyo internetka oo dhowaan si dhaqsi ah ugu faafey adduunweynaha, waa aalado muhiim ah oo loo isticmaalo gudbinta wararka. Wararkaasi oo isugu jira wararka siyaasadda, dhaqaalaha, waxbarashada, hiddaha iyo dhaqanka, fanka iyo suugaanta iyo kuwo kale oo fara badan.

Awoodda Mediyaha

Mediyaha waa awood aad iyo aad u weyn oo aan la yareysan karin marka la rabo in dadka loo soo gudbiyo waxyaabaha ka dhaca waddamada gudahooda iyo arrimaha la rabo in loo bandhigo adduunweynaha. Mitaal ahaan waxaan u qaadan karnaa waddamada reer galbeedka oo runtii horumar weyn ka gaarey adeegsiga qalabka warbaahinta. Marka lagu jiro loolanka madaxtinamada waxaa aad iyo aad loo adeegsadaa qalabka mediyaha oo qeyb weyn ka qaata doorashada qofka la dooranaayo. Waxaana ogsoonahay in mediyaha ay qofka ka dhigi karaan inow yahay qof fiican amaba qof xun.

Sidoo kale waxaan marqaati ka nahay in dadka ku nool waddamada galbeedka lagu ilaaliyo mediyaha, marka laga hadlaayo siyaadaha adduunka. Waddankii la rabo waxaa laga dhigaa wadan u adeega argagaxisada, waddankii la rabo waxaa laga dhigaa wadan dadka lagu cadaadiyo...kii la rabana waxaa loo sameeyaa sumcad fiican.

Soomaaliya markii loo diraayey ciidamada Mareekanka waxaa si xoog leh loo adeegsadey mediyaha, waxaa TV-ga leyska tusaayey caruurtii, haweenkii baahida u dhimanaayey. Markaas waxaa dhacdey in dadweynaha Mareekanka ay oggolaadaan in ciidamo loo diro Soomaaliya. Haddana markii dambe dagaalka uu dhex marey ciidamadii Mareekanka iyo ciidamadii *Gen. Ceydiid* waxaa TV-ga leyska tusey ciidaamadii Mareekanka oo dhulka lagu jiidaayey, isla markiiba shacbiga Ameerikaanka ka codsadey dowladda in ay si deg-deg ah loo soo celiyo ciidamadooda.

Adeegsiga Mediyaha iyo Qaddiyada Reer Benaadir

Inta hore aan u soo sheegey waxaan ugu dan lahaa in aan idiin xasuusiyo awooda iyo qeymaha weyn ay leedahay adeegsiga meediyaha.

Tobankii sano oo uu socdey dagaalka sokeeye arrimaha ka dhacey Soomaaliya gaar ahaan dhibaatooyinkii loo geystey dadkeena Reer Banaadir (Dhac, kufsi iyo dil), waxii anaga ognahay in ay dheceen ma ahinee, nasiib darro ma jiraan waxyaabo badan oo laga qorey arrimahaasi.

Sawirkaan wuxuu muujinaaya qaar ka mid ah ka soo qaybgalaayasha Shirweynaha oo iska qaaday sawir xusuus ah ee Shirweynaha 1aad ee Bahweynta Banaadir ee London 2001

Swirkaan waa ergooyinka Shirweynaha Caalamiga 1aad ee London oo ku sugan madasha shirka, si foogianna u dhegeysanaaya muxaadarooyinka

Sawir xusuus ah ergada Shirweynaha Caalamiga 1aad ee London ee dalalka Holland, Germany iyo Boqortooyada Ingiriiska.

Sawir xusuus ah ee ergada dalka UK, Mareykanka iyo dalka Holland

Sawir xusuus ah ergada Shirweynaha caalamiga 1aad ee London 2001 dalalka Venezuela, Imaaraddka Carabta iyo Yemen.

Sawir xusuus ah ee ergada haweenka dalka UK, Holland iyo France.

Swirkaan safka hore waxaa ka muuqda Shir guddoonka Shirweynaha Caalamiga 1aad ee Bahweynta Benaadir London

Swirkaan safka hore waxaa ka muuqda ergada haweenka dalka Ingriiskaka ee ka qaybgalay Shirweynaha Caalamiga 1aad ee London

Halgankii Siyaasadeed ee Bahweynta Benaadir 1945 - 1969

Sheikh Cusmaan Shaxam

Bismilaahi Raxmaani Raxiim

Walaalayaal, waad salaamantihiin, salaan ka bacdi, waxaan jeclahay in aan mahad ballaaran u soo jeediyo Guddiga Reer Benaadir ee London oo ku guuleystay in ay isku keenaan dadka intaan dhan oo ay qabtaan howshaan qiimaha leh. Waxay mudan yihiin in lagu abaalmariyo wanaaga ay noo muujiyeen, aniguna waxaan idiin leeyahay Allaha ha idiinka abaalmariyo. Wixii war ahaa ee la xiriiray Shirweynaha iyo muhimadiisuba, waa la sheegay, dib ma ugu noqonaayo, waxaan jeclahay in aan wax yar aan ka sheego taariikhda Reer Benaadir iyo halgankooda siyaasadeed.

Waxaan jeclahay in aan wax yar ka iraahdo taariikhda iyo halgankii ay Reer Benaadir u soo galeen dalkan Soomaaliya midnimadiisa iyo in uu xuriyadiisa qaato. Ninna ma ka been sheegi karo, waana marag ma doonto wixii ay soo qabteen Reer Benaadir.

Waxay ahayd 15kii Abriile, sannadkii 1944 markii la furay ururkii Reer Benaadir ee ugu horeeyey oo la dhihi jiray: Hamar Youth Club. Guddoomiyahii ururka waxaas ahaay *Axmed Shariif Maxamed,* ururkaan in aas dhasho dowladdii Ingiriiska oo markaas jirtay in la abaabulo ururkaan ma ka hor-imaanin.

Ururkaan Reer Benaadir oo lagu aasaasay qaab saaxibtinimo ah, howlahiisa ma ku ekaanin Xamar oo keliyah, waxaas xiriir iyo wada shaqeyn la lahaa dhallinyaro kale oo dhaqdhaqaaq waday oo kala joogtay Baraawa iyo Marka, laakin Xamar waxay ahayd meeshii ama goobtii siyaasadda weyn ay ka socotay.

Waxaa xusuus mudan 9kii Jannaayo, sannadkii 1952dii ururka waxaas u abaabulay shirweyne dhammaan xubnahiisa, si loo doorto guddi fulin oo xilka sii gaarsiya ilaa laga gaarayo 15ka Abriile 1952, waxaana la dooraty: *Xaaji Muxiddiin Xaaji Cali* in uu noqdo guddoomiyaha ururka iyo guddigii la shaqeyn lahaa oo leh ku-xigeenkiisa, xoghaye guud, khasnaji, guddi hantidhowr iyo la-taliyayaal.

15kii Abriile 1952 ayaa ururka u dabaaldegay sannadguuradiisa 8aad, maalintaas Xamar wixii ka dhacay oo damaashaad ah waa la ogaa, khudbadii uu aqriyey Guddoomiyaha *Xaaji Muxiddiin* waxaa lagu caddeeyey guud ahaan siyaasadda ururka, waxaa iyagana meeshaas khudbado ka soo jeediyey Guddoomiyahii Ururkii Leegada *Xaaji Maxamed Xuseen* iyo Wakiilkii dowladda Talyaaniga *Dr Gasbarri*, waxaa goobtaas ku sugnaa wufuud mataleysay Qaramada Midoobay, Maamulka Talyaaniga, Dowladda Faransiiska, jaalliyadaha Carabta, Hindida iyo Soomaalida.

Dhaqdhaqaani oo ku socday wada shaqeyn, kalgacayl iyo midnimo, durbadiiba, 17kii Luulyo isla sannadkaas 1952, iyadoo la fulinaayo go'aan uu ururka gaaray, waxaa la doortay madaxdii ururka ee xafiiskii degmada Marka-caddeey. Waxaana xoghaye loo doortay *Shariif Cabduraxmaan Shariif Cali*. Waxaa iyagana la magacaabay ku xigeen iyo dhammaan guddii howlgeli lahaa. Sidaas ayaa sannad walba loo qaban jiray xaflado iyo doorashooyin ay isku bebedelayaan madaxda iyo guddiyada. Taariikhdu waa dheer tahay, haddii aan idiin soo koo-koobo xilalka waxaa kala qabtay dad kala duwan oo isku kala bedelay, xarakada Xamar, Marka, Baraawe oo keliyah kuma ekeene, waxay gaartay Baidhabo iyo meelo kale.

- *21 Agoosto 1952, Shariif Maxamed Xuseen* ayaa noqday Guddoomiye
- *18 Nofember 1954,* waxaa iyana xusid mudan ururka uu xafiis cusub ka furtay degmada Wanla weyn (Daafet).
- *15 Jennaayo 1955*, magaalada Baraawe ayaa cusbooneysiisay guddigeeda fulinta, isla sannadkaas *29kii Jennaayo 1955* iyana

Guddiga Fulinta magaalada ayaa la cusbooneysiiyey, waxayna ku soo beegmeen sannadguuradii 11aad ee aasaaska ururka, waxaa dabaaldeg weyn uu ka dhacay xarunta ururka ee ku yaalay Via Roma ee xaafadda Xamar Weyne.

- *16 Juun 1955,* waxaa la doortay guddi cusub ee Baidhawa, isla 30ka Juun ee sannadkaas 1955 waxaa la furay xafiis cusub ee Buur Hakaba.
- *18 Luulyo 1955,* waxaa dhashay xafiis cusub oo laga furay Baardheere.
- Xilliyada ay howlahaani socdaan, waxaa isna daba socday howlo siyaasadeed oo waaweyn ay ka mid ahaayeen, doorashooyinka deegaanada, waxaa biloowday qas badan.
- *17 abriil 1957,* waxaa la dilay saaxiib run ah ee ururka Benaadir *Maxamed Kamal-Eddiin Salaax* oo dhallashadiisu ahayd dalka Masaarida, una halgamaayey in ay Soomaaliya xuroowdo oo ay dowlad noqoto. Waxaa laga qaybgalay shir caalami ah oo lagu qabtay dalka Masar (Shirka Golaha Isbahaysiga ee Dadyoowga Afrika iyo Aasiya). Soomaaliya waxaa uga qaybgalay: Guddoomiyaha Golaha Dhallinyarada Benaadir *Shariif Musallim Cali*, Guddoomiyaha Xisbiga Digil iyo Mirifle *Jeylaani Sheikh Bin Sheikh*, Guddoomiyaha Ururka Leegada *Xaaji Maxamed Xuseen.*
- *14kii Maarso 1958*, waxaa xilkii guddoomiyenimada iska casilay *Shariif Musallin bin Cali* oo sheegtay xanuun (caafimaad daro), guddiga waa ka oggolaadeen waxaa xilkii loo magacaabay *Abuukar Xaamuud Sokoro* oo soo waday ilaa 1960 oo laga qaato xuriyadda.

Xilliyaddaas waxyaabahii la soo maray ama la soo qabtay wax la soo koobi karo ma aha, laakin waxaa xusuusin mudan dadaalkii Reer Benaadir waxyaabahii lagu gaaray haddii ay tahay ka qaybgalkii shirka Qaramada Midoobay ee lagu doonayey xurnimada, mashaariicdii waxbarasho ee dhallinyarada Reer Benaadir ay waxbarashada ugu aadayeen dalka Masar, Shiinaha, Ruushaka iyo kuwa kaleba, mashaariicdii dhismooyinka Cusbitaalka Benaadir, Teatarka, Stadiyo Muqdisho, iyo mashaaricyo kale oo loo gudbiyey dowladda Shiinaha ayna ballan qaaday fulintooda.

Walaalayaal, waqtiga ma ii saamaxayo in aan sii wato, taariikhda

Ururka Benaadir intaas kuma eka, weli waxaa harsan in badan oo aan halkaan ku soo koobi karin, haddii Allaha yiraahdo mar kale ayaan sii dhameystiri doonaa. Waad mahadsantihiin

Sawirkaan wuxuu muujinayaa howlgalka xubno ka tirsan guddiga abaabulka Shirweynaha Caalamiga 1aad ee Bahweynta Banaadir.

Taariikhda Baraawe iyo Magaalooyinka kale ee Banaadir illaa iyo xilliga isticmaarka

Axmed Catiiq

Sida la wada ogsoon yahay, ereyga "Banaadir" waxaa micnaheedu yahay dekedaha, kuwaasoo laga bilaabo Warshiiq, Muqdisho, Afgooye, Marka, Baraawe, Kismaayo, illaa iyo Chuula Chawaaye iyo tuulooyinka kale u dhexeeya ba, taariikhda qadiimka ah, ay astaan u ahaayeen gobollada xeebaha koonfureed ee Soomaaliya. Meelahaas waxaa kale jiri jireen xarummo maraakiibta ay ku xirtaan, sidoo kale goobo ganacsi iyo dhaqdhaqaaqyo kale ba.

Mar haddii ayna jirin warar sugan, kuna saabsan meelaha ay ka taagnaayeen goobaha ugu qaddiimsan ee ganacsiga maraakiibtaas, iyo doonyaha ba ku xiran jireen, kuwaasoo ka soo kicitimi jiray Masar, kuna hawlanaayeen beec-mushtar, waayaha loo yaqaan "Tolomei", waxaa la hubaa goortii la dhisay magaalooyinka Muqdisho iyo Baraawe. Sida xaqiiqda ah, badmaaxiinta Boortuqiiska ah, bilowga sannadaha 1500 miilaadiya (ama Ciisa ka dib), waxay soo ururiyeen akhbaarta ku saabsan dhismaha magaalooyinka Afrikada Bari. Warbixinnadaas waxay ka koobnaayeen wararka xarumahaas, siiba warbaahinta ayaamahaas loo yiqiin "Akhbaarta Kilwa", taasoo ahayd magaalo ku tiil Tansaaniyada Koonfureed, kana dhexeen jiray xiriir xoog leh Gobolka Banaadir.

Wararkaas waxay kale soo tebiyeen in 7 nin oo walaalo ah, asalkood na ahayd khaliijka Faaris, Gobolka Al-Axsa, waxay ka soo carareen dalkood rabshado siyaasadeed darted, waxayna nolol iyo degmo ka raadsadeen dhulalka Afrikada Bari, meeshaasoo marka dambe ay ka dhiseen magaalooyinka Muqdisho iyo Baraawe, sannadka markuu ahaa 920 milaadiya. Kuwaas waxaa kaloo ku xigay qolooyin kale ka soo qaxey dhulka Faaris (Shiraaz), isla ayaamahaas ah, waxay ayagana dhiseen magaalooyinka Mombasa iyo Pemba, iyagoo socdaalkood markaas sii fogaanayey, illaa ay ka gaaraan Jasiiradaha Qamar (ama Comore Islands).

Haddaba sheekooyinkaas haddii la raad raaco, qaarkood na ay yihiin khayaali ah (legends), qarkood kale na ay ku salees nayeen warar sugan ee qoran, waxaa noo if baxaya xaqaaʔiq taariikhi ah. Magaalooyinka Banaadir waxay mar kasta ba ka ciyaari jireen door muhiim ah dhinaca ganacsiga Badweynta Hindya, markaad eegto dabeelaha hadba mar ka dhacayay dhica waqooyi ee dhulalka Carbeed, marka kale na dhinaca bari ee Hindya, dabeelahaasoo u fududeenayey socdaalka doonyaha shiraaca ku shaqeeya.

Middeeda kale, waxaa iyadana jirtay in Banaadir ay ku soo qulquli jireen waqtiyo kala duwan, qolooyin fara badan ee kala gooni ah, kana imaan jiray buldaamo aan yareen, siiba xagga dhulalka Carbeed, mar allaale markii waddamadood ay kala soo kulmi jireen dhibaatooyin nabad geliyadeed ama arrimo diinta ku saabsan.

Isla markaas na, Diinta Islaamka way faaftay, marka laga soo tego magaalooyinka xeebaha, waxayna ku faaftey degmooyinka iyo tuulooyinka hareeraha. Magaalada Baraawe waxaa qoraalladiis ku xusay aqoon yahanka carbeed ee cilmiga jugraafiga ah, la yiraahdo Al-Idrisi, qarniga 12aad. Calaamad muujineysa xaqaaʔiqdaas cilmiga arkeyolojiyada waxay weli taal magaalada Baraawe; taasoo ah in qubuuraha qaarkood ee muslimiinta meesha ku aasan laga helay dhagax ku qoran hadallo ku taariikhsan sannadka 505 Hijriya ama qarniga 12aad Milaadiya (Ciisa ka dib).

Astaan kale muujinaya qoraallada qadiimka ah waxaa xusay aqoon yahanka cilmiga taariikhda ee taliyaaniga lana yiraahdo Cerulli, kasoo ku taariikhsan, waa cajiib, sannadka markuu ahaa 498 Hijriya, ama 1104 Miilaadiya. Haddaba calaamaddaas waa midda ugu qaddiim san Afrikada Bari idil ahaanteed.

Ayaan darro, ma jirto taariikh qoraal ah xaddideysa si cad ah horumarka magaalooyinka Banaadir qarniyada xigtay, hase yeeshee, muddadaas gudaheed (1100-1400) waxaa shaki laʔaan ah meesha ka dhacday is-dhexgalid (integration) oo is daba joog ah dadka meesha deggan (indigenous population) iyo kuwa dhulal kale ka soo qaxay, taasoo kaalin weyn ka ciyartey horumarinta beec-mushtarka magaalooyinka xeebaha dhexdood, sidoo kale ganacsiga guud, oo lala yeesho dalalka carabta iyo weliba Hindya.

Sannadka markuu ahaa 1332, ninkii carbeed ee socdaallada badnaa, lana oran jiray Ibn Batuta, mar u soo booqday magaalada Muqdisho, wuxuu ka sheegay inay ahayd meel aad u qorox badan, nolol barwaaqo iyo ladnaan ba leh.

Haddii la rabo warbixin buuxda ka hadleysa magaalada Baraawe, waa in la raad raacaa qoraallada Shiinaha. Sida la hubo, bilowga sanadaha 1400, cutubyo maraakiib ah waxay soo booqan jireen kana ganacsan jireen xeebaha Afrikada Bari, kuna xiran jireen dekedaha Muqdisho iyo Baraawe, kuna xusan qoraalladood magacyaha Maka-tichu iyo Pu-lawa.

Sida ay musaafiriinta shiinaha soo tebiyeen, magaalada Baraawe waxay hareeraheed oo dhan ka dhisnaayeen darbiyo dhagax ah, guryaha na badankood waxay ahaayeen kuwo dhagax ka dhisan. Ilaha dhaqaalaha (economic resources) na waxay ku saleesnaayeen badda iyo malaygaadka. Naagaha na waxay xiran jireen silsilado iyo dhego dahab ah; bannaanka na markay maraan, madaxa iyo wejiga ba way dedi jireen. Waxyaalaha lagu ganacsan jiray waxaa ka mid ahaa hargaha shabeellada iyo libaaxyada, luubaanta, cambarka nooca ghaaliga ah ee midabka dambaska leh iyo goroyo. Shiinaha na waxay keeni jireen dharka xariir, maacuunka loo yaqaan siin, filfil madowga, bariis iyo midabbada dharka lagu renjiyo. Sannadaha 1416 iyo 1423 magaalada Baraawe waxay Shiinaha u dirtay badeeco affar goor, iyadoo reer Baraawe qaarkood u safri jireen dalka Shiinaha laftiisa, ayagoo raacaya maraakiibta qoladaas, ka dib na ku soo laaban jiray Afrika, safarrada dambe ee maraakiibtaas.

Qarniga 15aad wuxuu ahaa midka ugu fiican uguna faa'ida badan magaalooyinka Banaadir, sababtoo ah inay ku noolaayeen nolol barwaaqo leh, kuna dhisneyd horumar dhaqaale, nabadgeliyo iyo xasillooni guud, taaso caawise xoojinta dhaqdaqaaqa ganacsiga iyo calaaqaat adduun weyne. Magaala kasto xagga siyaasadda way iska madax banaaneed, sida waayahaan dambe loo yaqaan (city-state), haddana waxaa ka dhaxeeyay xiriir xoog leh xagga dhaqaalaha iyo dhaqanka ba. Middaas waxaa kale caawinayey soohdimo la?aanta ama xudduud aan jirin, iyo beec-mushtarka guud, kaasoo ahaan jiray mid badaha lagaga shaqeeyo.

Xaaladdaas wada noolaanshaha deggan, mar bay la?day, ka dib markii uu Boortoqiiska soo galey Badweynta Hindiya, bilowga sanadaha 1500. Waxyaalaha ay ku kaceen waxaa ka mid ahaa in magaalooyinkaas ay ku qasbeen inay cashuur dhiibaan iyo in markab kasto uu bixiyo lacag ah shati khaas ah, kaasoo loogu fasaxayo inuu ka dhex shaqeeyo goobahaas, markii ay fulinaayeen hawlaha ganacsiga. Markabka aan wadan shatigaas, isla markii waa lala wareegi jiray, macal xamuulkiis. Boortoqiiska markay nidaamkan hirgeliyeen, waxaa baaba?ey guud ahaan nidaam hawleedka ganacsi meesha ka taagnaa, si wacan na ka socday muddo boqollaal sano.

Sannadka markuu ahaa 1506 Boortoqiisku waxay soo hujuumeen si toos ah magaalada Baraawe, markay meesha ku dejiyeen 1000 dabley iyo qalabkooda dagaal. Reer Baraawe, oo dadka baadiyada deggan gacan u geestay, way iska dhiciyeen si geesinimo ah; dagaalkuna wuxuu guriyaha mid mid ka dhacaayey saddex maalmood isku xigta, illaa iyo markii laga xoog badiyay lagana adkaaday, mar haddii cadowga ku isticmaalayey qoryo iyo hubka culus loo yaqaan “cannone”. Dagaalkaas waxaa lagu dilay illaa 1500 qofood oo reer baraawa ah, naagaha na waxay ka gooyeen gacnaha, taasoo u fududeesay inay ka xoogaan dahab markaas u xirnaa. Qafaalka ay qafaasheen dagaalkaas ka dib, wuu fara badnaa, waxaana ka mid ahaa xariir, ambar iyo fool maroodi.

Dhacdooyinkaas ka dib, Boortoqiiska waxay u dhaqaaqeen iyo maraakiibtood ba dhinaca waqooyi, ayagoo ay ka damacsanaayeen inay soo hujuumaan isla tabtaas magaalada Muqdisho. In kastoo Muqdisho ay si xoog leh ku duqeeyeen maraakiibtood, haddana ciidan meeshaas kuma ay soo dejin si ay u qabsadaan. Markaas waxay aheyd bisha Abriile, Boortoqiisku na waxay ka baqayeen dabeelaha ka dhaca dhinaca badda inay is beddelaan, sidaa darted isla markaas waxay u kicitimeen xagga Indya, goobtaas na waxay ku hakadeen muddo gaaban keliya.

Sida loo jeedo, haddii la tix raaco sheekooyinkaan, ay soo qoreen Boortoqiisku laftood, waxaa noo baxaya in waxyaalaha dadka qaarkood aan taariikhda dersin ay iska maleenayeen, inay san sal iyo raad toona laheyn, maladaasoo ah in reer Banaadir, siiba reer Baraawe, inay iska dhaleen iyaga iyo Boortoqiiska, qaarkood na wataan dhiigga dadkaas mustacmirka. Bil caks, Boortoqiisku marna kuma dhicin inay Baraawe ka soo tegaan si joogto ah ragga ka tirsanaa ciidanka, ama dad dejinta loogu tala galay ama ragga diintood ka tirsan (Priests), mar hadday ogaadeen in dadka reer Banaadir, guud ahaantood ay lid ku ahaayeen isticmaarkood.

Sidoo kale, waxaa ayadana xaqiiqad ku saleesneyn wararka sheegaya in Boortuqiisku ay ka tageen dhismooyin ay leeyihiin magalooyinka Banaadir. Taallada la yiraahdo "Mnara" kuna tal dhinaca koonfureed magaalada Baraawe, taasoo beryahi hore loo maleen jiray inay tahay minaarad ifka bixineysa lahaan jiray na Boortuqiiska, waxay runtii ahayd dhismo ay meesha ka taageen reer Baraawe. Laga bilaabo sannadka 1866, musaafir jarmal ah waxaa ishiisa qabatay far carbeed dhinaca gelidda Mnara; fartaas na waxay caddeyneesaa in "Mnara " dib u habeyn lagu sameeyey, waxaana shaqadaas fuliyey Sheikh Ibrahim bin Rashid, bisha Rabi?ul Aakhir 1140 Hijriya, qarniga 17aad Ciisa ka dib.

Xukunka Boortuqiiska uu ku amar taagleenayey meelaha xeebaha Afrikada Bari, wuxuu itaalkiisa yaraadey si is daba joog ah, laga bilaabo sannadka 1600 barkiis, wuxuuna si buuxda u dhammadey sannadka 1750. Hoos u dhacaas wuxuu astaan u noqday dib u nooleyn xarakada dhaqaalaha magaalooyinka xeebaha, in kastoo ay marna soo celin kari waayeen ladnaashada iyo bash-bash iyo baraare ay horey ku noolaan jireen, muddada loo yaqaan Waqtiyada dhexe ama"Middle age"ka.

Sannadka markuu ahaa 1848, musaafir faransiis ah la dhihi jiray Guillain wuxuu soo booqday Baraawe, wuxuuna ka soo qoray warbixin tifaftiran magaaladaas, dadka deggan iyo dhaqaalahood ba. Odeyaasha beledkaas joogay, mar oo wada hadallo la yeeshay si toos ah, waxay u caddeeyeen in Baraawe maamulkeed uu ahaa is-xukunka nooca jamhuuriyadeed, taasoo u wacan in go?aannada oo idil lagu gaarayey nidaam ijmaalii ah, ama "collective decision making", Middaas micnaheed waxay aheyd shanta qolo ee Tunnida ah, Biidda iyo Xaatimi ay si wada jir ah ku heshiin jireen arrin kasto. Haddaba noocaan khaaska ah hawlaha maamuleed iyo kuwa siyaasadeed ba waxay magaalada Baraawe u noqotay astaan lagu tilmaami jiray si joogto ah, sida xittaa ay ka muuqato kharaa?itka qaarkood ooy ku qornaan jirtay "Jamhuuriyadda Baraawe".

Ayaamaha Guillain booqanayey Baraawe, magaalada hareeraheed weli kama dhisneyn darbiyada labada dhinac: badda iyo bariga. Darbiyadaas waxaa la dhisay sannadka markuu ahaa 1875, waxaana hawshaas fuliyey Suldaanka Zanjibaar, lana yiraahdo Barghash bin Said. Guillain wuxuu kale soo xusay afka markaas Baraawe lagu hadlaayey, ahna "Chimbalazi".

Dhinaca dhaqaalaha, ninka fransiiska wuxuu markaas soo arkay dhaqdhaqaaqa ganacsiga badda inuu si xoogle u socday, maraakiib fara badan na, ka socday dhulalka Ingiriiska iyo Mareekanka, ay ku xirnaayeen dekedda Baraawe. Mid ka mid ah maraakiibtaas wuxuu markaas sidey xoolo nool (lo?), loo waday Jasiiradda Mauritius. Maraakiib kale waxay ka dhex shaqeenaayeen magaalooyinka Zanzibar iyo Cadan. Mareekanka iyo Ingiriiska waxay meesha ka ibsan jireen beeyo, hargo, fool maroodi iyo maaddo la yiraahdo Xabak (mirrah). Badeecaddaas waxay ku bixin jireen qalin, ama dharka suufka.

Baraawe waxaa kale ku soo qulquli jiray geeddiga socdaalka ka iman jirey gudaha, ayagoo soo maraya baadiyada, kana soo amba bixi jiray Luuq iyo meelaha kale wabiga Jubba. Sidoo kale dad soomaali ah waxay iman jireen Baraawe, ayagoo sida muntajaadkood, ama wax soo saarkood, ka koobnaayeen luubaanta iyo Mariid ama "Wabaayo", sunta la mariyo fallaarada.

Baadiyada ku hareersan Baraawe, meel u jirtey 2 km magaalada, waxaa ka jiri jirtay bannaano waaweyn oo mashaariic beeraha loogu tala galay. Waxaana dhulalkaas lagu waraabinayey biyo lagu keydin jiray biyo-mareenno iyaga iskood u sameystay, lagu magacaabi jiray Webi Gofka (artificial water reservoires). Reer Baraawe meelahaas waxay ku lahaan jireen beero balballaaran, waxayna ku abuuri jireen galley iyo qamadi (cereals) fara badan, illaa ay qaarkeed ka dhoofiyaan dibadaha.

Musaafirka faransiiska Guillain wuxuu kale qoraalladiisa ku xusay 14 magac, ayna ahaayeen masaajidyada Baraawe ku yiil, ayadoo weliba uu sheegay in masjidka ugu weyn uguna caansan uu ahaa midka Jaamica.

Warar kale waxaan ku haynaa in sannadka 1800 barkiis, magaalada Baraawe ay ku caan baxday inay tahay Gole Hiddo iyo Dhaqanka Islaameed. Suldaanka la dhihi jirey Sayyid Saciid wuxuu marti qaad u fidiyey caalimka arrimaha diinta reer Baraawe, la dhihi jiray Sheekh Mohieddin bin Sheekh Cabdalla al Qaxtaani (noolaa 1790 illaa 1869) inuu si joogto ah dego Zanzibar, si uu u qabto jagada Qaalliga Dalkaas. Diintaa la qiimeynayaa.

Haddaan gaba gabeenno warbixintan taariikheed, waxaa si kooban ah lagu caddeyn karaa in magaalooyinka qaarkood ee Dhulka Banaadir la yiraahdo, inay guud ahaan:

1 - Ay jiri jireen kun sano iyo ka badan ba horteed;

2 - Muddada magaalooyinkaas jireen, ay ka gaareen horumar weyn xagga ilbaxnimo iyo dhaqanka Diinta Islaamka;

3 - Weligeed na si furfuran ay is dhex geli jireen dhulalka kale dibadaha, waxna is dhaafsin jireen, ayadoo la lahaan jirtay xiriir dhaqaale, arrimaha bulshada iyo kuwa hiddaha iyo dhaqanka ba, siiba buldaamanka Badweynta Hindiya, dhulalka Carabta iyo guud ahaan Afrikada Bari;

4 - Dadka Magaalooyinkaas degganaa na waxay weligood ku dhaqmi jireen, caado na ka dhigteen, inay martida ama qofka ajnabiga ah, qolo kasto ha ka tirsanaadee, ixtiraamaan iyo inay si nabadgeliyo ah ku wada noolaadaan.

War iyo dhammaadkiis, haddii taasu taariikhdu ahayd, mahaa haddaba maanta Dadka Reer Banaadir dhamaantood la gudboon , ama xil ka saaran inay ka kor maraan hunnu hunnuda, kala qeybsanaanta iyo fitnada dhex taal, ahna mid cadowgood dhex abuuray?! Annaga waxay nala tahay in dhibaatooyinkaas lagu daween karo amuuraha soo socda:

1 - Axsaabta ciiddaas ka badan qolo walbo, isla Reer Banaadir ah, iskeed u sameesatay, ama xukun jeceel ha noqoto, maslax shakhsi ah na laga hormariyo tan guud ah, ama keli u goosad, ay ka dambeyso arrimo mugdi ku jira, kuwaasoo laga yaabo inay cilmi iyo macno ku dhisneyn, inay iska daayaan kana tanaasulaan khilaafaadkaas, si daa?cad nimo ah. Ha la isku tago Urur midaysan, oo si mukhlis nimo ah ka shaqeeya mid-nimada, danaha runta ah iyo ayaahood dambe, mabda?a na noqdo: Reer Banaadir waa Hal, Qadiyaddooda na waa Hal, Dhulkoodna ee Banaadir Waa Hal;
2 - In Reer Banaadir ay abuuraan Sunduuq caalami, ka dhaxeeyo Reer Banaadir, meel kasto adduunka ha ka joogaan, laguna dhigayo dhagaxa asaaska ama saldhig dhaqaale, oo qoys walba ka qeyb gala, una quura, markay ugu yartahay, bishii ba dhowr shilimaad, kaasoo ku abuuri doono ruux walba dareen tadhxiyadeed (spirit of sacrifice). Sida la ogsoonyahay, dad baa naftood u hura dalkood ama qadiyaddood. Ma ka duubannahay?
3 - In saldhig adag tacliimeyd, siiba ubadkeenna iyo dhallin yarada ba, aan ku han weennahay, inay berrito noqon doonaan Halyeyada Dalkood iyo Dadkood ba, inay wataan hubka wax tarka leh ee cilmiga, aqoonta iyo xikmada, taasoo la hubo inay ku gaari kaaraan danaha iyo masaalixda guud dhulkood.

Muuqaalka dhismooyinka qaddiimiga ah ee degmada Baraawe

Ergada Dalka Kanada

Faaduma Awoow Suufi

Saalim Xaaji Macow

Max'ed Shariif Cabbaas

Maxamed Saciid Taabit

Faduma Awo Suufi

Ayadoo waxgaradkeenii joogay dalka Kanada u adkeysan waayeen caburinta lagu haayey Reer Benaadir, Soomaaliya gudaheeda iyo dhibaatadii joogtada ahayd ee loogu geestay dagaaladii Soomaaliya ka dhacay, in xalli loo helo qaxootiga Reer Benaadir oo la kulmeen dhibaatooyin ku saabsan aqoonsiga jiritaankooda.

Arrintaasi oo shaqo badan la geliyey, ayaa lagu guuleystay oo door ka qaatay ururka, dejintii Reer Benaadir ee dalka Maraykanka.

In loo halgamo jiritaanka Reer Benaadir, sumcadddooda, xaqooda, xiriirna la yeelano waxgaradka jooga adduunweynaha si halgankeena uu u noqdo mid ay ku midaysan yihiin.

Howlaha kale ee Ururkeena uu qabto ama fuliyo, waxaa ka mid ah:

- Qabanqaabin isu immaanshaha qoysaska Reer Benaadir sida Ciidaha iyo waqtiyada kulaylaha, taasoo sahlayso kulanka iyo is-barashada Reer Benaadir.
- La shaqayn shaqsiyaadka dhibaatooyinka gaarka ka haysta arrimaha immigration-ka, waxbarashada iyo u tarjumidda xafiisyada iwm.
- Dhexdhexaadin iyo maslaxays dhibaatooyinka reeraha dhexdooda ka dhaca.
- Matalid Reer Benaadir ee ururada kale ee Soomaaliyeed amba kuwa aan Soomaalida ahayn.

Ergada Dalka Mareykanka

Shariif Maxamed Cali

Maxamed Nuur Cali

Max'ed Abuukar

Cumar Munye Shamsi

Maryland

Shariif Maxamed Cali

Waxaan ka socdaa dalka Mareykanka, waxaan soo galay iyadoo dalka Soomaaliya ay nabad iyo xasilooni ka jirto oo Dowlad leh. Muddo badan ayaan ku noolahay oo aan ka shaqeystaa.

Markii Soomaaliya uu ka bilowday dagaalka sokeeye 1991, waxaan nagu soo batay wararkii ay soo gudbinayeen hey'adaha caalamiga ee warbaahinta adduunka, gaar ahaan dhibaatooyinkii ay la kulmayeen walaalaha Reer Benaadir meel kasta oo ay ka joogaan dalkii Soomaaliya gudahiisa iyo meelaha ay u soo qaxeen gaar ahaan waddamada deriska sida Kenya, Itoobiya iyo kuwa kaleba.

Sannadkii 1992dii markii ay xaaladda sii xumaatay ayaan waxaan isku daynay in aan is abaabulno oo dadkeenna xaaladda ay ku sugan yihiin iyo dhibaatadooda la socodsiino hey'adaha Dowladda iyo kuwa gaarka ah ee ku howlan dejinta dalka Mareykanka dadka shisheeyaha. Muddadii aan howlahaan wadnay, macluumaadkii aan helnay waxaa ka mid ahaa oo aan ogaanay in dalka Mareykanka la keeno7000 ilaa 24.000 dad gaaraya oo laga soo haajiriyo waddamo kale oo dhibaatooyinka iyo amuuro kaleba dartood dalkan loo keeno, ka dibna ay degaan oo ay ka mid noqdaan dadka Mareykanka.

Sannadkii 1995 ayaa dowladda Mareykanka oggolaatay in ay u dirto dalka Kenya guddi ka socda dowladda si loo soo oggaado oo baaritaan looga soo sameeyo xaaladda dadka Reer Benaadir oo runtii dhibaatooyin waa weyn ay ku haysteen xerooyinkii ay ku jireen. Waxay soo oggaadeen in Reer Baraawe iyo Benaadir ayan ku noolaan karin xerooyinka ay ku jiraan marka la fiiriyo xaaladdood nololeed. Howshaan dadaalkeeda runtii waxaa waday guddigii Reer Benaadir ee ku sugnaa dalka Kenya, kuwaas oo dadaal badan geystay, amaana mudan, guddigaas waxay kaloo qabteen howlo badan oo dalal kale oo loo diray dadka Reer Benaadir sida Canada iyo kuwa kaleba.

Sannadkii 1995 waxaa biloowday in la diiwaangeliyo dadkii, si dhaqsi ahna waxaa ku biloowday soo qaadistii dadkii la keenaayey dalkan Mareykanka. Waxay ahayd arrin aad u weyn 3500 qof oo mar keliyah dalkan la soo dejiyey.

Sida caadada u ah dalka Mareykanka, marka howlo nuucaan ah ay jiraan, dowladdu waxay xilkaani ku wareejisaa oo ay qandaraas ku siisaa hey'ado gaar ah oo howlahaas fuliya, kuwaas oo la kulma dhibaatooyinka la xiriira dadkaan dhaqankooda, afkooda, caaddadooda iyo diintooda.

Dadka Reer Benaadir ee dalkan la keenay, dhibaatadaas ma ka maqnayn, anaguna waxii aan qaban karnay waa qabanay, xilkeena waa gudanay dhibaato kasto oo nala soo derso, dadkeena waxay muujiyeen kalsoonida naftooda iyo awoodooda wax qabad. Maanta, Sannadkan, tusaale cad waxaa ah 15 dhallaanka Reer Benaadir ayaa ka soo baxay dugsiyadii sare oo darajooyin sare ku galay Jaamacadaha Mareykanka.

Walaalayaal, Mar labaad naga guddooma salaan aan idiin kaga wadno walaalahiina, waxaana Shirweynaha u rajeyneynaa natiijo wacan iyo in uu ku dhammaado guul. Walaalayaal ,waad salaamantihiin

California

Maxamed Nuur Cali Cusmaan

Shirweynaha waa salaaman yahay, waxaan mahad ballaaran u soo jeedinayaa walaalaha Reer Benaadir ee dalka Ingiriiska, fursadan qaaliga ah ay inoo fidiyeen oo maanta ay halkan ku wada kulmayaan dad walaala ah oo muddo fog ay isugu dambeeysay.

Walaalayaal, Waxaan shaki ku jirin in Shirweynaha uu gaaray qayb weyn oo ka mid ah natiijooyinka laga sugayo, maxaa yeelay is aragan wuxuu ku fadhiyaa qiimo aan la soo koobi karin, kala warqaadashada iyo isu-xog waranka iyo waxa maanta meeshan ka dhacaya ayaaba ah guul la taaban karo.

Walaalayaal, sida aad la socotaan, 1996 waxaa dalkan

Mareynkan soo galay dad aad u badan oo Reer Benaadir ah, hore ayaa loo sheegay dadkii ama guddigii howshan ka soo fuliyey dalka Kenya oo runtii aan dhihi karo waxay qabteen howl sharaf leh oo lagu xusuusan doono, taasi ma suura gasheen haddii dadkaas ayan ku wada shaqeyn midnimo iyo kalsooni. Waxaa maanta xusid mudan in dadkaas qaarkood ay halkaan fadhiyaan.

Dadka Reer Benaadir markii ay yimaadeen dalkaan waxaa loo qaybiyey gobolo, sida aad ogsoon tihiin dalka Mareykanka goboladiisu waxay isugu jiraan masaafooyin aad u kala fog fog, sida aad la socotiin oo ay idiinku warbixiyeen walaalaheeyga iga horeeyey, ma dhib yara waxa ay la kulmi karaan dad laga soo kaxeeyey dal geeska Afrika ku yaala, gaar ahaan dad Reer Benaadir ah oo dhamaanteen aan wada ogsoonahay sida ay ugu dhegen yihiin dhaqankooda, caadaadkooda iyo diintooda gaar ahaan jaceylka ay u qabeen dalkooda Soomaaliya. Dadkaas oo laga soo kaxeeyey ilbaxnimadii ay sannooyinka dheer soo dhisayeen.

Dadkaan Reer Benaadir ee soo galay dalkan Mareykanka waxaa la siiyey sharciga qaxootiga ee ah kan ugu sareeya ee dalkan USA laga bixiya. Maanta dadka Reer Benaadir waxaa u dhisan guddiyo oo ka jira gobolada ay ku nool yihiin, kuwaas oo gacan ka siiya howlaha ay uga baahdaan xafiisyada ee la xiriira waxbarashada, caafimaadka iyo howlaha kale ee adeega ay uga baahdaan hey'adaha.
Walaalayaal, waxaan Shirweynaha u rajeynayaa guul.

Minnesota

Maxamed Abuukar Husseyn

Walaalayaal , Maalin Wanaagsan,

Waxaa farxad weyn ii ah anigaoo ku hadlaya magaceyga iyo magaca dadka Reer Banaadir ee ku nool Gobolka Minnesota inaad iga guddoontaan salaan kal iyo laabta ka soo go'day oo aan idinka sido dhammaan dadka Reer Banaadir ee ku nool Gobolka Minnesota ee waddanka Maraykanka.

Waxaan halkaan idiinku caddeeynayaa in dadka Reer Banaadir ee ku nool Gobolka Minnesota inay aad iyo aad u taageersan yihiin, kuna faraxsan yihiin, qabashada shirweynahaan koowaad ee lagu qabanaayo dalkaan Ingiriiska magaalada London oo ay rajeeynayaan in uu ka soo baxo arrimo waxtar u leh dhammaan dadka Reer Banaadir oo ku nool adduunka geesihiisa.

Haddii aan wax yar ka iraahdo, xaaladda dadka Reer Banaadir ee ku nool Gobolka Minnesota waa kuwa Banaadiriga ugu badan ee ku nool waddanka Mareeykanka, tiro ahaan waxay gaarayaan 6,000 qof waxay leeyihiin hal jaaliyad, taasoo la assaasay 24kii July 1997, ayna ku mideysan yihiin dhammaan jaalliyadda Reer Banaadir, waxayna ka helaan adeegyo fara badan sida: soo dhowenyta dadka qaxootiga cusub ee gobolka ku soo dega, guri raadin, shaqo raadin, tarjumid, heshiisiinta reeraha is qabsada, ku qorida carruurta dugsiyada, ku qoridda dadka waaweyn (SSI Benefit), caddeynta dadka gudaha iska dhiiba.

Intii Jaaliyadda jirtay waxay caddeyn iyo damaanad siiyeen dad lagu qiyaasay 60 qof oo gudaha iska dhiibay waxay kaloo siisay 500 qoys Computer lacag la'aan ah oo caruurtooda wax ku bartaan, waxay kaloo caawintay dad farabadan oo lagu qiyaasay 40 qof oo helay SSI Benefit. Waxaan hadda ku talo jirnaa iyadoo aanu codsi u qoranay Governor-ka Minnesota in tijaabo ahaan 25 qoys oo reer Benaadir loo dhiso guri ka kooban 4 ilaa 5 qol oo dabaqa koowaadna uu yahay goob ganacsi ah magac ahaanna waxaan u bixin doonnaa Xamar weyne Banaadir Village.

Dhibaatooyinka aan kala kulannay dadka Reer Banaadir intay Minnesota ku noolaayeen waxaa ka mid ah:

1- Dadkii oo waxbarashada u bisleeyn oo ay yar tahay wax dugsi sare ka soo qalin jabiyey intaan Minnesota joognay.
2- Dadka qaarkood oo aan jecleyn inay shaqeystaan.
3- Waalidiinta oo aan caruurta xil iska saarin.
4- Caruurtii oo iyagoo yar yar (14 - 18) leysku mehrinaayo oo sidaas waxbarashadu ku hakaneeyso, iyagoo aan weli qalin jabinin.
5- Hoyooyinka qaar ka mid ah oo mar walba abaabulaayo xaflado sida: *Welcome to Minneapolis*, *Good bye Minneapolis*, *Shaash- saar, Faraati gelis* iyo wax yaalo fara badan oo aan la soo koobi karin oo dhallinaayo qoys burbur, jahli iyo waxbarasho la'aan.

Taasi waxay keeneysaa in dadka Reer Banaadir ay noqdaan dad

aan asalkood wax la qaybsan karin oo noqdaan dad ka lunta xuquuqdooda, lana inkiro jirtaankooda. Talo ahaan, waxaan qabaa in isku meel looga soo wada jeesto, laguna dhiirageliyo dadkeena Reer Benaadir inay wax bartaan oo ay dhaqankooda ilaaliyaan, kuna fikiraan in aqoontu tahay waddada keliyah ee ay ku gaari karaan isku filnaansho. Waxaan Shirweynaha u rajeynayaa in uu guuleysto.

Ergada Dalka Holland

Caydaruus Macoow

Sheekh Cusmaan

Boolaay

Max'ed Iikar

Shariif Cumar

Saciid Axmed

Muriidi Golf

Sayidcali Shariif

Max'ed Aweys

Max'ed Cumar

Ceydaruus Macow Xaaji

Walaalayaal, ergooyinka sharafta leh Shirweynaha 1aad Caalamiga ee Reer Banaadir, Shir gudoonka, xogheynta iyo martida sharafta leh ee goob jooga ah. Assalaamu caleykum waraxmatullahi wabarakaatuh.

Aniga oo ku hadlaaya magaca jaaliyadda Reer Banaadir iyo magaca Ururka Somali Banaadir ee Hollanda, waxaa sharaf iyo farxad ii ah inaan idiin soo gudbiyo salaan aan idin kaga sido walaalahiinna ku nool dalka Hollanda.

Walaalayaal, anigoo qadarinaaya dadaalka weyn ee ay muujiyeen qaban-qaabiyeyaasha Shirweynaha iyo ahmiyadda weyn u leeyahay xaqiijinta midnimada qowmiyadda Banaadir iyo xal u helidda dhibaatooyinka horyaalla, gudaha Soomaaliya iyo dibaddiisa, ayaa Ururkeenna go'aansaday inuu si rasmi ahaan uga qeyb galo howlaha shirweynaha oo qiimaha weyn u leh qowmiyadeenna Reer Banaadir.

Walaalayaal, haddaan warbixin gaaban idinka siiyo dadweynaha Banaadiriga runta ah oo ku sugan dalka Hollanda waxaa lagu qiyaasaa 2000 ilaa 2500 qof. Dhibaatada ugu weyn ee hortaalla maanta waa:-

- Inta soo gashay dhammaadkii 1995 ilaa maanta xukuumadda Holland aan weli aqoonsanin.

- Ayagoo ku raaga xerooyinka qaxootiga kuna qaadata sanooyin badan.
- Ayagoo ku nool wel wel iyo walbahaar, qaarkood ay gaaraan in ay isla hadlaan.

Hase yeeshee, Ururkeennii isagoo tiigsanaayo ujeedooyinka iyo hadafka ku qoran dastuurka, kaddib Shirwenahiisa 2aad, wuxuu si laxaad leh uga howl galay in uu xal u helo dadkeenna Reer Banaadir oo ku nool dalka Hollanda oo aan weli aqoonsi ka helin dowlada Hollanda, qoraal kala duwan ayuu Ururkeenna u gudbiyay hay'adaha Hollandeeska ee ku shaqa leh arrimaha qaxootiga, si looga dhaadhiciyo dhibaatooyinka Reer Banaadir ka soo gaaray iska hor-imaadka hubeysan oo huwan magaca qabiilka ee ka jira Soomaaliya.

Si arrimahaas loo gaaro, loona dhaqaajiyo laguna gaaro guul loona fuliyo hab sharciyeedka ku haboon, waxaa lagama maarmaan naqotay in qadiyaddaas loo sameeyo Qareen khibrad u leh arrimaha qaxootiga una dooda qadiyadda Reer Banaadir, wuxuuna ururka ku guuleystay in qadiyadda Reer Banaadir gaarsiiyo heerka ugu sareeya, waxaanna la shirnay Agaasimaha Guud ee Waaxda Afrika iyo madaxda qeybta Soomaaliya Wasaaradda Arrimaha Dibadda ee Hollanda bisha 22-06-01, waxaan u faahfaahinay qadiyadda Reer Banaadir anagoo ka codsanay inay xalliyaan dhibaatooyinka dadkeena aan weli sharci la siinin, rajada aan qabno aad ayay u fiicantahay, inkastoo waqtigan xaadirka ah dhibaaatada sii yaraaneyso, inta dhimanna si dhaqso ah in ay u dhamaato ayaan rajeyneynaa INSHA ALLAH.

Haddaan koobo guud ahaan ujeedada ururkeena waa uruurinta iyo mideynta Reer Banaadir, xallinta khilaafaadkooda iyo difaaca danahooda.

Wallalayaal, anagoo aad ugu hanweyn ujeeddada Shirweynaha waxaan rajeynaynaa in uu go'aamiyo talooyin waxtar u leh Reer Banaadir sida:-

- Xallinta dhibaatooyinka Reer Banaadir ee Soomaaliya gudahiisa iyo jaaliyadaha dibadda, lana siiyo mudnaan gaar ah walaalaheenna ku dhibaateeysan Yemen, Kenya iyo Ethiopia.
- Xallinta mashaakilada ururkeenna oo is hardamaaya.
- Jideeynta istraatejiyada mideysan ee ay ku howlgalaan Reer

Benaadir si ay xaqooda uga qaataan dhismo dowlad-wadaag xalaal ah ee Soomaaliya.

- In xoog la saara xiriirka war isdhaafsiga Reer Benaadir ee adduunweynaha ku kal baahsan.
- In la badbaadiyo qoysaska dibadda ku nool, loona helo wacyi gelin xagga :-diinta, dhaqanka, aqoonta, si loo helo jiil cusub oo nadiif ah, mustaqbalkana ugu howl galo aaya katalintooda. Rabbiyow naga dhig kuwa daacad u ah Diinta Islaamka iyo dadkooda Reer Benaadir.

Ururka Haweenka Holland

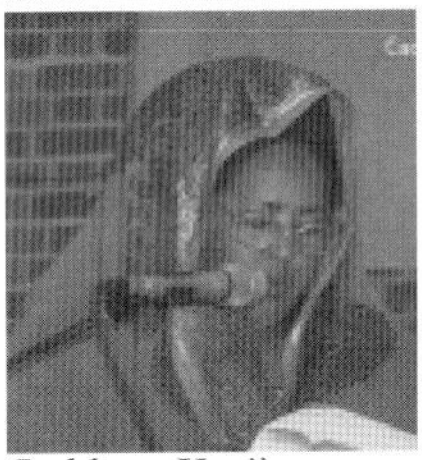
Caddeey Xaaji

Shirwa Bolaay

Xaliima Amiin

Maana Siti Shariif

Faduma Osmaan

Caddeey Xaaji Macoow

Walaalayaal, ergada sharafta ee goob jooga ka ah Shirweynaha 1aad ee Caalamiga waa salaamantihiin. Anigoo ku hadlaaya magaca Ururka Haweenka Reer Banaadir ee Holland waxaan halkaan idiinku soo gudbinayaa salaan iyo reyn-reyn aan idiinka sido hooyooyinka dalka Hollanda.

Walaalayaal, Shirweynaha isu imaatinka dadka Reer Banaadir ee Caalamiga ah, wuxuu bilaabayaa tilaabo cusub ee dadkeena, si loo gaaro horumar mustaqbalka iyo in uu la saan qaado adduunweynaha ku abtirsada horumarka iyo natiijooyinka wax ku oolka ah. Inta ay dadkeenna ku jiraan halaag, hoog iyo hanfi dabeel colaadeed oo aan la kulannay muddada iminka ka soo wareegtay 10ka sano oo ilaa iyo hadda aan wax xal iyo isfaham weli la gaarin.

Walaalayaal, haddii aan u soo noqdo caalamka Soomaalida u haajirtay sannooyinkii la soo dhaafay, waxaa nagu soo kordhay waxyaaba aad uga geddisan nolosheena, diinteena, dhaqankeena. Si kastaba ha ahaato markii ay dhacaan waxyaabaha nuucaan ah, runtii ma suuroowdo in aan wax is beddel ah imaanin.

Haddaba, marka dhibaatooyinkaas lala kulmo, waxaa loo baahan yahay in la bilaabo halgan cusub oo si lagu heli lahaa aqoonsi waddamada aan u soo haajirnay, waxaanna lagama maarmaan ah in aan soo bandhigno, waxa aan nahay, meesha aan ka nimid, diinteena, dhaqankeena iyo mujmaticii Soomaaliyeed meeshii aan ka joognay.

Arrintaan ifafaalaheedu waa laga dareemay meelo badan, haddii ay sidaas dhacdana, waxaa is-weeydiin leh aaway culu'maauddiinkii, indheergaratadii, odayaashii iyo bulshadii ku abtirsan jirtay dhaqankii suubanaa ee Reer Banaadir. Arrinta halista leh ee bulshadeena ku soo wajahan, waxaa looga bixi karaa oo keliyah haddii aan midoowno oo aan yeelano hal urur oo keliyah, lagana gudbo kan waa hebel, kan waa laan dheer kanna waa laan gab iwm.

Walaalayaal, haddii aan nahay Haweenka Reer Banaadir ee Holland, waxaan ku baaqeynaa in Reer Benaadir meel ay joogaanba ay midoobaan oo ay ka baxaan kutiri ku teenka, waxaan Shirweynaha u rejeyneynaa in ay ka soo baxaan go'aano iyo talooyinka wax ku ool ah oo ka mid yihiin:

- Badbaadinta qoysaska Reer Banaadir ee ku nool dalalka dibadda
- Xallinta dadkeenna Reer Banaadir dhibaatooyinka ku haysta dalalka Kenya, Yemen iyo Itoobiya
- In Reer Banaadir ay yeeshaan hal hadaf oo ah kii ay guusha ku gaari lahaayeen.
- In ay khilaafaadkooda dhexdooda ku xallistaan si aan caddawgooda ugu faa'ideysan.
- In ahmiyad gaar ah la siiyo hoyooyinka Reer Banaadir si ay kaalintooda ugu qaataan qaddiyadda Reer Banaadir.

Waxaan mahad ballaaran u soo jeedinaya intii soo abaabushay, intii gacan ka geeysatay iyo intii ka soo qaybgashay Shirweynahan Caalamiga 1aad ee dunida dacaladiisa ka timid.

Ergada Dalka New Zealand

Max'ed Cabdulcasiis

Maxamed Axmed

Maxamed Cabdicasiis Maxamed

Waxaan halkaani idinku soo gudbinayaa warbixin kooban ee ku saabsan Qowmiyadda Reer Benaadir ee New Zealand. Waxaan nahay dadka ugu tiro yar ee bahweynta Reer Benaadir ee ku nool qurbaha, waxaan ka kooban nahay 3 qoys iyo 4 dhallinyaro oo doobab ah oo aan weli guursanin., laakinse waxaan leenahay iska warqab iyo isku xirnaasho aad u weyn oo joogto ah.

1)-Waxaan dadaalkeeni bilaabnay sannadkii 1998 oo aan si joogto ah ula xiriirnay xubnihii guddiga Reer Benaadir ee Mombasa oo nasiibka u helay waddanka Mareykanka, waxaan u kala dirnay waraaqo iyo telefoon aan yareyn, laakinse nasiib darro jawaab toos ah kama helin, inkastoo si weyn aan ugu dadaalnay la xiriirkooda, weliba aan siinay tallooyin wax ku ool ah oo dan u ah guud ahaan dadka Reer Benaadir ee ku sugan dalka Mareykanka.

Waxaan aad iyo aad mahad gaar ahaaneed u jeedineynaa *Cismaan Xaamud Sokorow & hooyo Marian Abdirahman Hallow* oo aan leenahay xiriir joogto ah, ahna dad qiiro weyn u haaya meelmarinta arrimaha dadka Reer Benaadir guud ahaan.

2)-Maadaama aan tiro ahaan aan aad u yar nahay waxaan sameynay dadaal aad u weyn, waxaan gaarsiinay macluumaad aad u ballaaran matxafyada, jaamacadaha dalka New Zealand qoraal la soo uruuriyey oo aan ka helay dalka Mareykannka iyo Matxafka Barlamaanka dalka New Zealand si loo oggaado arrimaha dadka Reer Benaadir.

3)- Taariikhdu markay ahayd 03.10.99, waxaan qoraal u kala dirnay madaxda adduunka qaarkooda, si loo siiyo degenaasho dadka Reer Benaadir guud ahaan, qoraalada waxaan gaarsiinay:-

Mr Tony Blair -British Prime Minister, *Mr Kjell Magne Bondevik* -Norway Prime Minister, *Frau Ruth Dreyfuss*- Switzerland Prime Minister, *W.Ko* - The Nederlands Prime Minister, *Mr Poul Nyrup Rasmussen*- Denmarka Prime Minister, *Pope John II*

Warqad qoraal ah waxaan gaarsiinay Mr *Salim Ahmed Saalim* (02/01/2000), sidoo kale Warqad ayaan u dirnay *Wasiirka Arrimaha.Dibadda ee Japan* (27/01/2000), *Xoghayaha Guud Jaamacadda Carabta* ah (03/02/2000), *Xoghayaha Guud ee E.U Belgium,* (02/02/2000), *Wasiirka Arrimaha Dibadda ee Singapore* (27/01/2000), *Wasiirka Arrimaha .Dibadda ee Shiinaha* (27/01/2000), *Wasiirka Arrimaha Dibadda ee Kuuriya* (27/01/2000), *Wasiirka Arrimaha Dibadda ee Maleysia* (27/01/2000), Warqad taageero ah waxaan u dirnay *Ismaaciil Cumar Geelle* (14/12/99), markii uu ka hadlay arrimaha nabadeynta dalka Soomaaliya.

Waxaan 16/05/2000 u diray fax aan ugu hagaajinay *Safaaradda Jabuuti ee Japan* oo aad ugu faahfaahinay wax uu ka bilowday dhibka Soomaaliya ka taagan iyo sida toobiyaha looga weeciyey wixii uu horay uga hadlay. Waxaan kale warqad qoraal ah u diray *Madaxweyne Bill Clinton* oo booqasho ku yimid dalka New Zealand, waxaan ka codsanay inaan aragno haddii ay suuragal tahay marka uu booqanayo NZ. Warqad mahadnaq iyo waqtiga Madaxweynaha uu yar yahay waxaan ka helnay White House 2.9.1999 inaan aan arki karin. Sidoo kale waxaan ra'yi ku soo daabacnay *Wargeyska Kasmo Tirsida 5aad ee soo baxay 03/02/98* sida ay nabad waarta loogu heli karo arrimaha dalka Soomaaliya. Waxaan kaloo ku soo daabacnay qoraal kala duwan wargeysyada dalka New Zealand dhibaatada iyo arrimaha dalka New Zealand.

Waxaan kaloo aan u soo jeedinay bahweynta Reer Benaadir guud ahaan si toosan iyo si dadban si ay isu kaashan lahaayeen horumarinta iyo meelmarinta arrimaha dadka Reer Benaadir guud ahaan. .Shirweynaha Reer Benaadir waxaan ku xusnay qoraal muddo hore ahaa ee aan ku soo baahinay web site-ka Marka Caddeey iyo arrimo kale oo dan u ah dadkeeni Reer Benaadir.

Dadaal badan kaddib 10/01/2002, waxaan ku guuleysanay in Ururka Reer Benaadir si rasmi ahaan aan u sharciyeynay *(Somali Benadir*

Community New Zealand Incorproation). Waxaan diyaar u nahay gacan siinta iyo horumarinta arrimaha dadkeeni Reer Benaadir guud ahaan. Salaan guud ah guddiga iyo dadkeeni Reer Benaadir oo ka soo qaybqaatay Shirweynaha, waxaan ka cudur daaraneynaa inaan goob joog ka ahayn Shirweynaha, duruufo gaar ah awgooda. Wabilaahi Towfiiq.

Maxamed Axmed Abati

Asalaamu Calaykum Wa Raxmatullaahi wa barakaatuh. Walaalayaal waad salaamantihiin, waxaan mahad ballaaran u soo jeedinayaa walaalaheena Reer Benaadir ee London oo isku xilqaamay barnaamijkan mugga weyn ee ku saabsan Shirweynaha Caalamiga ee Bahweynta Benaadir ee ka dhacaaya London.

Sida aan la wada socono, maanta qowmiyadda Reer Benaadir waxay ku kala firirsan yihiin adduunweynaha, gaar ahaan Mareykanka, Yurub, waddamada Carabta, Austaraaliya iyo Afrika. Shirweynaha maanta loo fadhiyo wuxuu ku soo abaarmay xilli loo baahan yahay in dadka Reer Benaadir ay is kala warqaataan, oo ay kala faaideystaan si ay isku gudbiyaan waayo aragnimada ay kala kulmeen dalka ay nasiibka u yeesheen in ay u haajiraan

In Shirweynahan uu ka dhaco dalka Ingiriiska waxay inoo tahay mudnaan gaar ah iyo nasiib wanaag ay heleen dadka Reer Benaadir, maxaa yeelay dalka Boqortooyada Ingiriiska gaar ahaan magaalada London waxaa ku kulansan oo ay deegaan u noqotay dadka ugu badan ee Reer Benaadir, gaar ahaan kuwa la dhihi karo labeenta Reer Benaadir, kuwaas oo leh aqoonyahaanadii iyo waxgaradkii Reer Benaadir rag iyo dumarba leh.

Walaalayaal, waxay ila tahay in Shirweynaha ujeedadiisu ay noqoto sidii laysku keeni lahaa bulsho weynta Reer Banaadir iyadoo ahmiyadda la siinaayo sidii dib loogu dhisi lahaa dhinacyada qoysaska, diinta iyo ganacsiga iyadoo laga amba-qaadaayo xaaladaha ay hadda ku sugan yihin dadkeena. Shirweynahuna waa inuu ahmiyada saaraa sidii la isku dubaridi lahaa istaraatejiyadda ku dhisan mideynta aragtida dadka Reer Bandaadir.

Qarniga 21aad, kaddib markii laga doodo arrimaha kor ku

tilmaamaan waa in la askumaa Hay'adda Caalamiga ah ee Reer Benaadir oo udub dhexaad u noqon karta arrimaha Reer Benaadir guud ahaan, kaas oo aan isleeyahay in loo xilsaaro guddi ka soo baaraandega habkii lagu maamuli lahaa hay'addasi. Hawsha ugu weyn ee laga sugaayo hay'adda waa wax u qabashadda, u gargaarida dadka Reer Benaadir ee ku dhibaateysan dalka gudihiisa iyo dibadiisuba

Himilooyinka:

- In la abuuro aragti mideysan ee qowmiyadda Reer Benaadir qarniga 21aad.
- In la aasaaso hay'ad Caalami ee Reer Benaadir.
- In la helo aqoonsi loo mideysan yahay.
- In xiriir lala yeesho hay'adaha dowliga iyo kuwa aan dawliga aheyn.

Ujeeeddooyinka:

Waxaan rajeynaynaa in hay'adda Caalamiga ah ay ujeedoo-yinkoodi noqdaan:

- In la abuuro ilo dhaqaale iyo saldhig gancacsi.
- In la sameeyo cilmi baaris iyo meel lagu keydiyo taariikhda dadka Reer Benaadir gudaha ama dibadda
- In la abaabulo barnaamijyo waxbarsho laga hirgeliyo xafiisyada jaaliyadaha ee dunida si ubadkeena ku barbaaraya dalalka shisheeyaha ay u bartaan diintooda iyo dhaqankooda.
- Kuwa ku sugan dalalka Soomaaliya deriska la ah in loo raadiyo deeq waxbarasho si ayan u lumin mustaqbalkooda, gaar ahaan kuwa dhameystay dugsiyada sare.
- In laga warhayo Reer Benaadirka ku sugan dalka gudahiisa iyo inloo doodo xuquuqdooda iyo horumarintooda.

Gabagabo:- Waxaa cad in arrimaha dalka Soomaaliya ay saldhigi weyday, taas oo u sabab ah qabaai'l iyo dano gaar ah oo aan wax maslaxad ah ugu jirin aayaha dalka iyo dadka Soomaaliyeed. Si aan u gaarno nabad iyo horukac waxaa lama huran ah dadka Reer Benaadir in ay aayahooda ka tashadaan si ay u gaaraan himilooyinkoodi ayagoo mideysan. Walaalayaal mar labaad iga guddooma salaam iyo hambalyo, waxaan Shirweynaha u rajeynayaa guul. Waxaan idiin leeyahay midnimada Reer Benaadir ha waarto. Wabilaahi Towfiiq

Ergada Dalka Talyaaniga

Max'ed Cabbaas

Max'ed Abuukar

Abbas Sheekh

Karaama Saydi

Axmed Faqi

Maxamed Cabbaas Suufi

Waxaad naga wadda guddontiin salaan qiimo badan, daacad ah, salaan ka dib waxaan rabnaa inaan idin soo gudbino wargelin yar oo ku saabsan Ururka Ummadda Banaadir ee Dalka Talyaaniga : Bishii Juun ee sannadkii 2000 ayaa waxaa magaalo ka mid ah magaalooyinka ugu weyn waqooyiga Talyaaniga isgu yimid is arag qiimo badan Bahweynta Banaadir ee ku nool dalka Talyaaniga (kuwaasoo ka koobnaa dhallinyaro, arday, shaqaale, mutacalimiin, culamaa'udiin iwm), ayagoo dadka aan ka soo qaybgelin ay soo sheegteen cudurdaar kala ahaaa (Shaqo iwm).

Haddaba galabnimadii waxaa inoo furmay dood iyo isdhaafasi araa', kuwaasoo dhalliyay in Ummadda Banaadir ee ku nool dalka Talyaaniga u baahan yihiin inay dhistaan Urur ayaga u gaar ah kaasoo daneeya arrimaha hoos ku xusan :

1- Qadiyadda Ummadda Banaadir :

- Dib usoo celinta xuquuqda Ummadda Banaadir ee xooga lagu haysto.

- Ku kordhinta aqoonta Ummadda Banaadir iyo ubadkooda .
- In la baro jiritaanka Ummadda Banaadir adduunweynaha iyo dadka aan la nool nahay (Talyaaniga).
- In guddoonka Ummadda Banaadir ee maalintaas la magacaabay, ay diyaar u noqdaan inay u dagaalan sharafta, xuquuqda iyo magaca Ummadda Banaadir.
- In la dareensiiyo adduunweynaha, hey'adaha caalamiga iwm, dhibaatooyinkii sida gaarka ahaa loogu gaystay, ilaa maantana lagu hayo Ummadda Banaadir dagaalkii sokeeye kaddib.
- In la soo celiyo magacii dhulka Banaadir uu lahaa ee weligiis adduunweynaha iyo aqoonyahanada oo idil ka wadda hadleen.
- In xiriir joogta ah iyo iska warheyn lala lahaado meel kasta ay ku nool yihiin Ummadda Banaadir iyo in xooga la saaro sidii xiriir toos ah lala lahaan lahaa Ururuadda Ummadda Banaadir ee ka jira caalamka, kuwaasoo lagu baraarujinaayo isticmaalka magaca Ummadda Banaadir iyo qadiyadda Ummadda Banaadir .

Waxaa intaas sii dheer in xaaladda Ummadda Banaadir ee dalka Talyaaniga ka duwan tahay tan ay ku nool yihiin walaaleheen jooga waddamada kala duwan ee Yurub, Maraykanka iwm, waayo Talyaaniga guud ahaan ma bixiyo minxa siyaasi ah, taas ayaa waxay dadkii oo dhan ku kaliftay inay shaqeeystaan, taasoo aan u aragno mid qiimo leh, waayo qofkii shaqeysta sharaf ayuu leeyhay, waloow ay iska fiicnaan lahayd haddii la heli lahaa inta hore ee uu qofka ku cusub yahay magaaldda caawinaad.

2- Dhinaca Baaritaanka Taariikhda Ummadda Banaadir :

Waxaa la go'aansaday in baaritaan xoog leh lagu sameeyo tariikhda Umadda Banaadir ee qarniyaddii la soo dhaafay, si loo ogaado mujtamac waxa uu yahay iyo meeshuu ka yimid, waa in aqoon loo leeyahay taariikhdiisa, arrintan daraasad dheer ayaan ku samaynay welina fari kama qodna, oo markastaba waxaan helnaa waraaqo cusub oo arrimo u gaar ah taariikhda Banaadir ka sheekeeynaaya.

Natiijooyinkeenii ayaa waxaa kamid ah in aan isla meeldhignay in gobolka Banaadir dhulkiisa yahay (*LAGA BILAABO*

MAGAALADDA WARSHIIKH, MUQDISHO ILAA RAAS KIYAMBOONI) ilaa iyo xuduuda Dowladda Kenya, micnaha waa inayan eheyn sidii loo haystay inay ka kooban tahay kaliya magaaladda Muqdisho, arrintaan iyo arrimo kale oo aad u muhiim ah ayaan go'aano ka gaarnay kuwa kalena weli daraasad ayaan ku heynaa .

Waxaan nahay Ummad rabta in gobolkooda ay u ahaadaan xur maamulkeeda Markaan baaritaan ku sameynay arrimo badan ayaa waxaa nala gudboonaaday inaan ka codsano Ururadda Ummadda Banaadir ee caalamka arrimaha hoos ku qoran:

- In Calanka Gobolka Ummadda Banaadir uu noqdo mid kaliyah oo la yaqaano.
- Magacyadda Ururudda Ummadda Banaadir meel kasta ay ka jiraan iney noqdaan mid kaliyah.
- Dhibaatooyinka gaar ahaan loo geystey Qowmiyadeena kaddib dagaalkii sokeeye ee Soomaaliya, laguna hayo ilaa iyo maanta kuwa jooga dalka guddihiisa in la dacweeyo, maxkamadna la soo saaro, dadkii sameeyay xadgudubkaasi.
- In aan adduunweynaha, Jaamacadda Carabta, Umam Al Mutaxidda (U.N.), Ururka Middowga Afrika, Mareykanka iyo kan Yurub (E.U.), aan si toos ah oo la xiriirno, si loo xaliyo dhibaatooyinka gaar ahaan soo gaarey, amaba soo gaari kara Ummadda Banaadir (Tusaale , in Ummadda Banaadirka jooga NL la dhahay waxaa leydin celinaayaaPuntland oo aad ku noolaan kartaan iwm.) Mahadsanidiin.

Ergada Dalka Switzerland

Cabdulqaadir Maxamuud (Jubba)

Waxaan mahad ballaaran u soo jeedinayaa walaalihii soo abaabulay Shirweynahan waxanna u rajeynayaa guul iyo natiijo wacan.

Marka xigta waxaan halkaan idiinku soo gudbinayaa salaan aan idiinka sido walaalahiina Reer Banaadir ee ku nool dalka Swiis-ka ee aniga ii soo wakiishay in aan halkaan ku matalo. Sida aad la socotaan dalka Iswiiska waxaa ku nool jaaliyad ballaaran oo Reer Banaadir ah, haddii aan warbixin idiinka siiyo xaaladooda. Runtii, kaddib markii la arkay dhibaatada naga haysta dalka Iswiiska waxaa lagama maarmaan noqotay in la aasaaso urur wadajir ah oo ka kooban dadka Reer Banaadir ee ku nool dalka Iswiiska.

Asaaska ururka waxaa fikradiisa lahaa *Cabdirisaaq Aweys (Baafadel)*, waxaana gacan weyn ku siiyey odayaashii waqtigaa xaadirka ku ahaa dalka Iswiiska goboladiisa kala duwan, Ururku waxaa la aasaasay taariikhdu markay ahayd 18kii Agoosto 1996, isla markaana waxaa guddoomiye in uu u noqdo loogu doortay *Cumar Macow Xaaji.*

Ururka wuxuu yeeshay xarun dhexe iyo faracyo goboleed, isla markaana waxaa loo dejiyey dastuur uu ku dhaqmo. Guddoonka *Cumar Macow*, waxaa uu haayey muddo labo sanadood ah, mudadaasi wuxuu gaarsiiyey ilaa heer uu u bandhigo Ururka Caalamga (U.N.) iyo Ururka Qaxootiga Adduunka qadiyadda Reer Benaadir iyo gaar ahaan xaaladda ay ku sugan yihiin dadka Reer Banaadir ee dalka Swizerland. Dastuurka ururka oo qaba in la qabto doorasho guddoomiyanimada sanad kastaa, ayaa sandguuradii saddexaad guddomiye loo doortay *Xaaji Cumar Xaaji Cali*, isla markaasna waxaa la magacaabay guddi dhexe oo isugu jira xubnahii hore iyo kuwa cusub oo maamulka ururka horumariya.

Guddigaas oo xaruntiisa noqotay magaalada Zurich, waxay durbadiiba ku guuleysteen in ay qabtaan qareen u dooda xuquuqda dadka Reer Banaadir ee dalka Switzerland, islamarkaasna waxay mideeyeen xarun goboleedyadii ka dhisnaa waddanka Swiiska. Ugu dambeyntii waxaa guddoomiye loo doortay *Abuukar Maxamed Sadiiq* isla markaana waxa la magacaabay guddi cusub. Wuxuuna ku tilaabsaday in uu ururka marka hore uu yeesho xarun loogu soo hagaago sida sanduuqa boostada iyo sanduuq dhaqaale oo xarunteeda noqotay magaalada Geneve, kana gaar ah kuwa gobollada. taasi waxay ururka u hirgelisay wax caawiya oo dowladda Iswiiska kula xiriiraan.

Kaddib Guddiga wuxuu u howlgalay sidii lagu hormarin lahaa ama loogu soo bandhigi lahaa dawladda Iswiiska jiritaanka dadka Reer Banaadir, kaddib waxaan kala tashanay qareenka Ururka si aan ula xiriiri lahayn ama ula yeelan lahayn kulanka dowladda federaalka si aan ugu gudbino dhibaatada haysata dadka Reer Banaadir dalka Iswiiska iyo dalkooda hooyo.

Waxaana warqad ka helnay Taliyaha Booliska ee Iswiiska kuna amrayi inay nala kulmaan hay'adda ugu weyn ee qaabisha qaxootiga ee dalka Iswiiska, iyagoo qortay warbixintii aan u gudbinay ee la xiriiray dhibaatadii heysatay dadka Reer Benaadir waxayna halkaas u ogaadeen culeyska dadka Reer Banaadir ee u baahan tahay si deg-deg wax looga qabto, lana hordhigo Shirweynaha Dawladda Federaalka, ayagoo naga codsaday inay weydiisan karaan wixii faahfaahin ah oo ku saabsan dhibaatada dadka Reer Banaadir ku heysata dalka gudihiisa iyo dibaddiisa, ayna kala tashan karaan Hay'adda Caalamiga (U.N.) iyo U.N.H.C.R.

Waxaana ka helnay warbixin ah in ay dadka Reer Banaadir dhibaato weyn ka heysato dalkooda hooyo iyo dibaddiisaba isla markaana yihiin dad aan lug ku laheyn dagaalada sokeeye ee Soomaaliya. Waxayna qireen in dadka Reer Benaadir ay yihiin dad dantooda raacda, xooggoodana ku shaqeysta, Guddiga Dhexe iyo Maamul Goboleedka Ururka Reer Banaadir ee Iswiiska waxa uu iskula xiriiraa shirar iyo qalabka war isgaarsiinta iyo qoraalba.

Qodobadii ugu dambeyey ee aan la yeelanay Hay'adda Iswiiska iyo Maamulada Gobollada waxaa ka sugaynaa jawaab ah sidii wax loogu qaban lahaa dhibaatada Reer Banaadir heysata. Mahadsanidiin.

Ergada Dalka Imaaraadka Carabta Midoowday

Max'ed Ibraahim

Maxamed Ibraahim Omar

Ilaahaa mahad leh, Allahii suuratageliyey in uu qabsoomo Shirweynahan, marka xigta waxaa mahad leh guddigii awooda u yeeshay in ay soo qaban-qaabiyaan, isku soo dubaridaan, una soo agaasimaan sidaan quruxda badan, anigoo Eebe ka baryaaya in natiijada Shirweynaha noqdo mid wax weyn ka tara xaaladda ay ku sugan yihiin ummadda Reer Banaadir, una soo celiya xuquuqdooda lagu tuntay.

Walaalayaal, aqoonyahaanadii halkaan muxaadarada ka soo jeediyey howl badan oo muhiimadoodu la qiyaasi karin ayeey soo qabteen, marka loo fiiriyo dadaalka cilmibaariseed ee ay ku soo sameeyeen dhinacyada dhaqanka, bulshada, dhaqaalaha iyo taariikhdaba. Anigu waxaan idiin leeyahay arrimahaas oo muuqda maanta hortiina ayeey yaalan. Fadlan bal in yar oo daqiiqad ah qof waliboow agagaarahaaga fiiri yaa fadhiya, waxaad arkeysaa madaxdii, aqoonyahaanadii, siyaasiyiintii, indheergaratadii, saraakiishii ciidamada, duuliyayaashii, ganacsatadii, farsamayaqaanadii Reer Banaadir oo dalkii Soomaaliya qaybta muhiimka ka ahaa in ay halkan kula joogaan.

Meeshaan waxaad ka arkeeysaa taariikhdaada Reer Banaadir, dadkii ay ahaayeen iyo qiyamkii ay ugu fadhiyeen Qarankii Soomaaliyeed ee burburay, waxaad mar labaad arkeysaa in dadkaan ay lahaayeen awood badan, dulqaad badan, shaqo badan, kaas oo lagu yaqaan dad xadaarad leh oo waqti hore dunida wax la wadaagay, ilbaxnimo fogna ka soo jeeda. Awooda aan soo xusay oo marqaati ma doonto u ah, raggaan hortiina fadhiya oo leh rag iyo dumarba, waxaa hubaal ah in ayan ku imaanin si fudud ah, laakin waa mid ku abuurmay asal ka soo jeeda kuwa diinta islaamka aaminsan, dalka Soomaaliyana u soo galay halgan iyo mideynta dadka ilaa dalka ay gaarsiyaan xurnimo, Muqdishana oo ah caasimada ay sidaas ku noqotay magaalo madaxdii Soomaaliya.

Walaalayaal, markii xornimadii la qaatay, dadkii Reer Benaadir waxay garteen in ay albaabada u furan deegaanadooda oo ay noqdaan halkii barashada diinta Islaamka, aqoonta, farsamada, ilbaxnimada, dowladnimada, dhaqaalaha, ganacsiga ay u soo doonan lahaayeen Soomaalida oo dhan, iyaga oo deegaanadoodu aan ku midib iyo dano ku kala soocin dadka kale, balse ay walaaleysteen oo ay soo dhoweysteen. Deegaanadii Reer Benaadir waa la soo galay, waxaa bilaabatay in la dafiro taariikhdii, qiyaano badan ayaa dhacay, waxaa maamulkii suubanaa ee Reer Banaadir lagu beddelay mid qabiil salka u yahay, mid dhac iyo boob, mid diidan sharciga iyo kala dambeynta; dhaqankii reer magaalka waxaa ka xoog badiyey kii reer miyiga oo ay u suurtoowday in ay ku guuleystaan waxa maanta Soomaaliya ka dhacay oo ilaa iyo iminka xal loo la' yahay.

Haddaba, dhibaatadii soo gaartay Reer Banaadir si faahfaasan ayaa looga bogsaday muxaadarooyinkii la soo jeeediyey, waqti badan ma idiinka qaadayo, bal aan fiirino dhacdadii ugu dambeeysay ee shirkii Carta –Jabuuti. Waxaa halqabsigiisu ahaa*"Xaq lama rabee, xal baa la rabaa"* Walaalayaal, bal u fiirsada meeshaan waxa ka dhacaaya iyo kala duwanaanta dadkeena iyo dadkaan oo uu ilaahey wax inoogu daray. Nina an xaq rabin, bal ka warama muslinnimadiisu, Reer Benaadir waa dad diinta aaminsan, waa dad caddaalad aaminsan, shaqo aaminsan iyo aqoon aaminsan, kuwa aaminsan waxa intaas ka soo horjeeda, maxay inoogu talagaleen maanta? Haddaba aniga aragtideeyda aan idiin sheego. Waxay inoogu tala galeen sidii uu yiray shaacirkii carbeed:

"Duulyahoow ha hadlinna, Hadalku ma banana
Hurdda oo ha toosina, ma guuleystaan, kuwa hurdda mooyee
Ku nagaada jaahilnimo, in aad wax barataan waa shar
Ninkii idiin ka mid ah oo doona in uu sharaf ku noolaado
Dhago la'aan iyo indho la'aan ha u sugnaato."

Taasi inama qabato, maxaa yeelay xadaarad fog ayaan ka soo jeednaa.

Ugu dambeyn, sida aad la socotaan waxaa la sheegayaa is maamul goboleed, haddaba, haddii ay dhacdo dadka Reer Banaadiroow maxaa kaa maqan, haddii ay dadkaan halka fadhiya ay yihiin dadkaaga? Walaalayaal, aan adkeeyno midnimadeena.

Ergada Dalka Faransiiska

Qamar Shariif Haashim

Shirweynaha sharafta leh waa salaaman yahay. Walaalayaal, waxay ii tahay sharaf weyn in aan ka soo ka soo qaybgalo Shirweynaha taariikhiga ah oo sida sharafta leh loo soo agaasimay, waxaan mahad gaar ah u jeedinayaa in walaalaheena Reer Benaadir ee London oo isa saaray xilkan ballaaran oo awooda ballaaran ku fadhida marka laga fiiryo dhinac kasta haddii ay tahay aqoon, farsamo, dhaqaale iyo waayoaragnimaba.

Walaalayaal, Shirweynahan dadka Reer Banaadir wuxuu u leeyahay taariikh gaar ah, wuxuuna ahaan doonaa mid ku waari doona taariikhda cusub ee Soomaaliya, gaar ahaan kan dadka Reer Benaadir, maxaa yeelay waqtigan xaadirka ah dadkeenna waxaa la soo darsay dhibaato ku cusub taariikhdooda.

Toban sano ayaa ka soo wareegatay ka dib markii dadka Reer Banaadir uu ku dhacay qarax bulsho, dhaqaale iyo siyaasadba, markii kumaan kun oo Reer Benaadir ah naf waayeen, markii kumaan kun ay hooy iyo hanti waayeen, kumaan kun ay ku naafoobeen, ku ceyroobeen, ku soo firdhadeen adduunka afartiisa gees iyagoo qaxooti ku noqdeen.

Sida aad la socotaan dadkeena tajribadan waa ku cusub tahay, gaar ahaan marka la joogo colaaddan oo kale, maxaa yeelay dadka Reer Benaadir waayo arag uma aha fasahaad bulsho oo nuucaan ah. Dadka Reer Benaadir waxay yihiin dad xadaarad leh oo aaminsan Diinta Islaamka ee muqadaska ah, waxay ka reeban yihiin gardarada, boobka, kufsiga iyo dhaca. Waxay caan ku yihiin nabad, shaqo iyo isqadarin.

Waxa maanta la soo dersay, waa wax ku cusub, markii loo geystay in guryahooda laga soo saaro, naagahooda la kufsado, hantidooda la dhaco, dadkoodu la laayo, magalooyinkii ay ku noolaayeen la burburiyo si looga cirib-tiro oo aan loo arkin wax isirkooda ka soo jeeda.

Doqon ma garan karto in sidaas ayan marna suurtoobi karin oo ummad iyo ilbaxnimadeedu marna la suulin ama baabi'in karin, maxaa yeelay casrigan aan joogno dunida waxay soo martay waayo aragnimo ku filin, waxaanna hubaal ah in aan cidna laga oggolaaneynin in ay cirirb tirto jiritaanka ummad kale. Waxa maanta dalkeena iyo dadkeena ku dhacay waa tusaalihii Hitlerkii Jarmanka oo ku hungoobay in uu ku guuleysto sida waxa maanta ka dhacaaya Soomaaliya.

Walaalayaal, waxay ila tahay in ay inagu filan tahay wixii nagu soo dhacay, waxaana maanta loo baahan yahay in wax-garadka Reer Benaadir in uu ka gaashaanto in ay mar dambe dib ugu soo noqon wixii soo gaaray. Taariikhda ayaan u dhaafeynaa in ay xusto, anaguna waa in aan ka harin xaqeena inta ay doonto ha qaadato. Taasna kuma imaan doonto ayadoo la kala qaybsan yahay, iyadoo la fududeysto, iyadoo aan la xusin oo aan la is xusuusinin, waxay ku imaan kartaa oo kaliyah marka lagu kaco, tilaabada maanta la qaaday oo kale, marka la iskaashado oo la midoobo oo caqliga iyo cududda la isku geeyo oo laga hortago kuwa weli ay damacoodu ka harin in ay xaqeena qaataan, kuwaas oo weli ku jira riyada qayaaliga ah.

Walaalayaal, haddii aan nahay Reer Benaadir dagaalkan sokeeye waxuu na gaarsiyay nabar culus oo saameeyey dhinac walba, waa la ogyahay in Soomaalidu reer guuraaga ah in dhaqankooduba uu markasta ku saleysnaa nabadgelyo la'aan iyo dagaalo la xiriira dil iyo dhac ee dhinaca qabaa'ilka, dhaqankaas wuxuu u soo gudbay magaalada, wuxuu saameeyey dowladii iyo maamulkeeda, wuxuu magaalada la soo galay dhaqan xumadiisa ilaa laga soo gaaro waxa maanta dhacay.

Waad ogsoon tihiin in ayan ku filnayn halkan in looga sheekeeyo wixii Soomaaliya dadka Reer Benaadir ka soo gaaray, dadkeena si walba ayeey ku soo bandhigeen haddii ay tahay suugaan, haddii ay tahay gabay, geeraar, riwaayad iyo heesaba. Waxaas oo dhan waxay tari doonaan in ay gacan ka geystaan oo ay keyd taariikheed u noqdaan mustaqbalka.

Walaalayaal, ogaada dhibaatada dadka oo dhan ayeey saameysay, waxaanse la ilaabi karin sida gaarka ah ee ay u taabatay dumarka iyo caruurta Reer Benaadir. Halkaan iyadoo la tixgelinaayo amuurahan, waxgaradka waxaa xil gaar ah ka saran yahay in naxriis gaar ah u muujisaan haweenka iyo caruurta oo si aad ah ugu fakartaan xanaanadooda iyo barbaarintooda si aan uga soo kabano dhibaatada culus ee na soo gaaray bulshaduna u noqoto mid caafimaad qabta oo ka guuleysato caqabadaha noolasha qurbaha oo ku cusub bulshada Reer Benaadir.

Walaalayaal, waqtiga iima oggola in aan ka bogto dhamaan waxa aan tabaayo, balse waxaan is leeyahay in inta dooda socoto aan kala faai'deysan doono, isuna gudbin doono waayo aragnimada dadka Reer Benaadir ay heleen meelaha ay ku nool yihiin sida aniga oo ku nool dalka Faransiiska oo in door ah oo Reer Benaadir ay ku nool yihiin.

Walaalayaal mar labaad, waxaan idiin leeyahay Shirweynaha waa guuleystay, maadaama uu awood u yeeshay in uu isku keeno halkan intaan dad oo Reer Benaadir ah oo leh aqoonyahan, culamaa'udiin, odayaal, dhallinyaro, haween iyo intaan oo wax garad ah oo ka kooban dadka ku abtirsada Bahweynta Benaadir.

Waxaan jeclahay in aan u hambalyeeyo Shirweynaha, una mahadceliyo intii gacanta ka geysatay in uu suurtagalo Shirweynaha qaayaha iyo qiimaha leh. Waxaan idiin rajeynayaa midnimo iyo guul.

Ergada Dalka Sweden

Iikar Amiin Iikar

Walaalayaal dhammaantiin waad salaaman tihiin, waxaan mahad ballaaran u soo jeedinayaa walaalaha Reer Benaadir ee dalkan Ingiriiska howsha baaxadda leh ee ay halkan ka muujiyeen. Waxaan aad ugu faraxsanahy kulankan qiimaha iyo qaayaha leh oo dadka Reer Benaadir ay isaga yimaadeen dalal aan iraahdo qaarado kala fog fog ee dunida, si ay uga arrinsadaan ammuuradooda la xiriira mustaqbalka. Waa guul aan la ilaabi karin taariikhdana meel wacan ka geli doonta, suura-gelinta isu keenida dadkan walaalaha oo kala maqnaa muddo aan ka yareyn in ka badan 10 sano.

Walaalayaal, ma sahlana in la haweysto howsha baaxadan leh, waxay u baahan tahay aqoon, dhaqaale, waayo-arag, abaabul, farsamo iyo dad mideysan oo qadiyad aaminsan. Dalkan Ingiriiska waxaa ku sugan inta ugu badan ee Akhyaarta Reer Benaadir kuwooda la dhihi karo waxay dalkii Soomaaliya ka ahaayeen hormuudkii aqoonta iyo ilbaxnimada bulshada intii uusan burburin qarankii Soomaaliya. U fiirso hareerahaaga waa culamaa-u-diin, aqoonyahan, professoor, dhaqtar, sharciyaqaan, qorayaal sare, suxufiyiin, injineer, ciidan, macallin, farsomo-yaqaan, waxay isugu jiraan rag iyo dumar oo howl nadiif ah ka hayey dalkoodii.

Walaalaha Reer Beenaadir ee dalkan Ingiriiska, Shirweynaha ka sokoow, wax-yaabaha ay ku guuleysteen oo aan isleeyahay qof kasta Reer Benaadir oo dalkan ku sugan waa ay taabatay, waxaan dhihi karaa waa aqoonsiga dadka Reer Benaadir ay ka heleen Dowladdan Boqortoyada Ingiriiska, kaas oo aan ku imaan si iska sahal ah, balse loo galay howl adag oo iskaashi iyo midnimo ku fadhida, aqoon iyo maamul xambaarsan, waayo aragnimo la soo dhaxlay sannooyin hore ee dal nabad ah lagu noolaa.

Kuwa howshaan sharafta leh qabtay, dhammaanteen waa naqaan waxay isugu jiraan aqoonyahan nuuc walba leh iyo farsamayaqaano waayo arag ah oo aan halkan ku soo koobi karin.

Muhimadu waa in guushaas la gaaray, kuwii u howlgalay waxay badbaadiyeen walaalahooda dhibataada ku jiray, waxaan leeyahay taariikhda ayaa xusi doonta dadkaan. Waana kuwa maanta inoo abaabulay Shirweynahan sida aadka u quruxda badan.

Sidaas si la mid ah ayaa waddamo badan looga aqoonsaday Reer Benaadir, dalka aan ka socdo ee Sweden qof sheegta Reer Benaadir oo la hubiyo sharciga waa la siiyaa. Waxaan walaalayaal idiin soo jeedinayaa in shirweynaha uu mahad loo celiyo, qoraalna loogu gudbiyo waddamadaas.

Walaalayaal, aqoonsigaas wuxuu ku yimid, taariikhda fog ee dadka Reer Benaadir oo weligood lagu yiqiin nabad, shaqo, soo dhoweyn iyo ilbaxnimo. Marka waxaa loo baahan yahay in fadhiga laga kaco oo waxbarasho iyo howl loo dhaqaaqo.

Waxaan jeclay in aan idiin xusuusiyo murti xikmad xambaarsan ee *Abwaan Cali Cusmaan (Daroog)*, dalka oo nabad ah soo jeediyey, waxay leedahay:

Xarunteena waa Xamar
Xeerkeenu waa Diin
Xoggeenu waa nabad lagu xamaashaa
Dadka xanaanadeede.

Walaalayaal, waxaan shirweynaha qaayaha leh u rajeeynayaa in uu guuleysto.*Mahadsanidiin.*

Ergada Dalka Ingiriiska

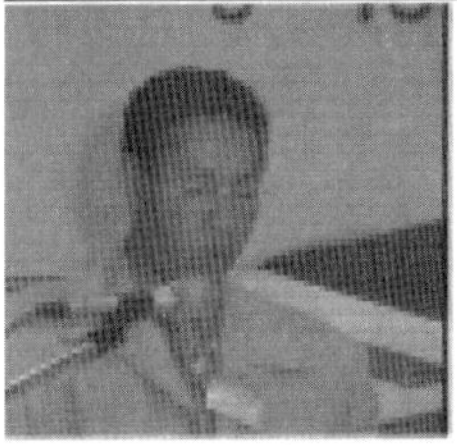

Cabdalla Shariif Abuukar

Walaalayaal, Dhammaantiin waad salaamantihiin, Salaan ka dib waxaan mahad weyn u soo gudbinayaa walaalihii isu xil qaamay in noo soo abaabulaan shirkaan balaaran oo ina siiyey fursadan qaaliga ah oo inoo suuragelinaayo in aan ka wada hadalno arrimaheena.Muhimada shirkaan wax la soo koobi karo ma aha maxaa yeelay waa fursad aan si sahal ah lagu heli karin, waxaad arkeysaan wufuudaan walaalaheena oo ka kala timid dunida haba ugu badnaadeen dalalka Yurub iyo Ameerika oo ah meelaha ay dadkeena sida badan ay ugu haajireen.

Waxaa la dhihi karaa wufuudaan waxay inooga dhigan tahay dhammaan walaalaheena inaga maqan oo haddana inala jooga maxaa yeelay ergooyinka ina matalaaya, ayaana ka masuul ka ah oo wixii go'aan ah oo la gaaro ama halkaan ka soo baxa gaarsiin doona.

Walaalayaal sida aan dhammaanteenaba la socono, dhibaatada dal ka jira waxaa la dhihi karaa meel kastana waa ka jirtaa, maxaa yeelay arrinta ugu weyn sida ay walaalaheeyga oo halkaan ka hadlay sheegeen waa caruurta halkaan ku barbaareysa oo looga cabsi qabo in ay noqdaan meelaha dhaqan xumada ka timaado. Maxaa yeelay qof weyn oo noloshiisa ku soo qaatay dalka weli caymasho ayuu leeyahay, maxaa yeelay wuxuu ku noolaa ama uu soo kasbaday barbaarin ku saleysan dhaqan ka tarjumaaya ummad ku abtirsata diinta islaamka, kaas oo sal u ah guud ahaanba dhaqanka ummadda Soomaaliyeed.

Walaalayaal, meeshaan waxaa lagu soo bandhigay jiritaanka dhibaatooyinka haysta dadkeena iyo nuucyada ay kala yihiin iyo sida ay u saameeyeen guud ahaan nolosha qoyska reer Benaadir meel ay joogaanba.

Haddaba, waxay aniga ila tahay mar haddii dhibaatadii la sheegay, lana soo bandhigay sida ay kala yihiin iyo sida wax looga qaban karo. waxay ila tahay in loo baahan yahay oo keliyaha, In lagu dhaqaaqo howlgal iyo wax qabad, kaas oo ku imaan karo oo keliyah qorshe guud oo ay sameeyaan ururada reer Benaadir, kaas oo saldhig looga dhigaayo dhibaatooyinkii halkaan laga soo jeediyey.

Waxay ila tahay in loo baahan yahay in la magacaabo guddi isku soo duwa talooyinkii halkaan laga soo jeediyey, gaar ahaan in laga xulo dadka aqoonyahaanka ah ee halkaan ka bixinaayey dersiga, kuwaas oo aan u arkaayo in ay dadaal badan soo sameeyeen ayna yihiin dad waayo arag ah qibradna u leh diyaarinta iyo u howlgalka howlahaan.

Waxaan kaloo soo jeedin lahaa in la sameeyo guddiyo kala duwan oo howl kala gaar ah loo xilsaaro sida waxbarashada dhiinta Islaamka, xirfadaha kala duwan iyo dhaqaalaha.Sidoo kale in la abuuro xiriiro joogta ah oo kala faa'ideeysi jaalliyadaha Reer Benaadir oo ku kala nool dhammaan dunida oo dhan si loo kala qaata waayo argnimada dal walba ka jirta.

Waxaan mar labaad amaan iyo boogaadin u soo jeedinayaa dhammaan guddigii ka qayb qaatay abaabulka iyo hirgelinta shirkan sida sharfta u dhacaaya iyo waxaan kaloo amaan iyo mahad u celinayaa intii isu soo xilqaantay oo kala yimid dalalka fog fog si xamaasad lehna u muujiyey xiisaha ay u qabeen in ay arkaan walaalooda ay kala maqnaayeen muddooyin badan oo aan dhihi karo qaarkood waxaaba isku dambeeyey biloowgii dagaalka sokeeye.

Waxaan hadalkeeyga ku soo gabagabeynayaa Reer Benaadir ha noolaadeen, midnimadeenana ha adkaato, WabillaahiTowfiiq.

Go'aanada Shirweynaha Caalamiga 1aad ee Bahweynta Benaadir

Araar

Shirweynaha Caalamiga 1aad ee dadka Bahweynta Benaadir ayaa lagu qabtay magaalada London intii u dhexeeysay 8 ilaa 16ka bisha Sebtember 2001. Waxaana lagu qabtay Caxton House ee woqooyiga London. Shirweynahan waxaa soo abaabulay Golaha Midowga Reer Benaadir ee dalka Ingiriiska oo ah Gole ay ku midoobaan bahweynta Reer Benaadir ee ku nool dalka Boqortooyada Ingiriiska.

Dadka lagu casuumay ee ka qayb galay Shirweynaha Caalamiga Kowaad, waxay isugu jireen, siyaasiyiin, culumaa-u-diin, waxgarad, aqoon-yahaano, dibloomaasiyiin, hoggaamiye dhaqameed, ganacsato, xirfadlayaal, haween, dhallinyaro, fanaaniin, arday iwm oo ka kala yimid dalka Soomaaliya iyo qaaradaha Afrika, Asiya, Austraaliya, Ameerika, iyo Yururb, tiradooduna gaareysa in ka badan 300 Qof.

Shirweynahan Caalamiga ah oo qaban qaabadiisa muddo dheer laga soo shaqeeynaayey, ujeedooyinkiisa waxaa ka mid ahaa:

1- Is-barasho, ra'yi isdhaafsi iyo is-xogwareysi dhexmara dadka

Reer Benaadir oo afarta gees ee adduunka ku kala nool oo aan is-arag, isuna imaanin muddo ka badan toban sano iyo iney ka wada hadlaan, ka wada tashadaan siday u mideen lahaayeen fikradahooda ayna wax u wada qabsan lahaayeen

2- Abuurid jawi iyo nidaam iskaashi xoojiya xiriirkooda walaaltinimo.

3- Soo jeedin talooyin lagu dhammeynayo, laguna turxaan bixinayo wixii khilaafaad Siyaasadeed oo kala soo dhexe-galey dadka Reer Benaadir.

4- In laga doodo qoraalo cilmiyeed ay soo diyaariyeen aqoonyahannada Reer Banaadir oo laga soo jeediyay Shirweynaha hortiisa oo ku saabsan xaalada adag ee maanta ay ku sugan yihiin dadka Reer Benaadir gudaha dalka iyo dibaddiisaba.

5- Xog-waranyo ku saabsan waayo aragnimada dadka Reer Benaadir ay ka kororsadeen dhulalka ay qaxootiga ku yihiin.

6- Sidii loo aqoonsan lahaa xuquuqda dadka Reer Benaadir

7- Doorka dadka Reer Benaadir oo dalka dibaddiisa ku nool, iyo sidi ayagoo mideysan uga qeyb-qaadan lahaayeen taakuleynta dadkooda dalka gudahiisa ku bara-kacsan, iyo kuwa ku jira xirooyinka qaxootiga dalalka Soomaaliya deriska la ah.

8- Soo jeedin aragtiyo iyo istratijiyo looga danleeyahay wax ka qabashada dhibaatooyinka dhaqan-dhaqaale iyo bulsho ee dadka Reer Benaadir maanta ay ku sugan yihiin.

9- Ka baaraan degidda barnamij qayaxan oo lagu jiheynaayo mustaqbalka iyo aayaha dadka Reer Benaadir

10- Dhisid guddiyo heer caalami ah oo u howl-gala xallinta dhibaatooyinka haysta dadka Reer Benaadir, una dooda xuquuqdooda.

Shirweynaha waxaa furay Guddoomiyaha Golaha Midowga Bahweynta Benaadir *Dr Axmed Shariif Cabbaas*, wuxuna ka hadlay *Falsafadda, Istratejiyada iyo Siyaasadda Shirweynaha Caalamiga 1aad ee Dadka Reer Benaadir.* Markii ay dhamaadeen soo jeedinta qoraalada muxaadarooyinka cilmiga ah oo ku saleysan daraasado ay soo diyaariyeen aqoon-yahano iyo wax-garad waayo arag ah, dhammaan dadkii ka soo qeyb-galey Shirweynaha waxey isu qeybiyeen toban guddi hoosaadyo (*sub-groups*), ka soo dooda, tallooyina ka soo jeediya qodobada kala ah:

1- Arrimaha Qaxootiga Reer Benaadir
2- Arrimaha Bulshada (Caafimaadka iyo Waxbarashada, Haweenka iyo Caruurta iyo Dhaqanka)
3- Arrimaha Dhaqaalaha iyo Bey'ada
4- Xuquuqda Aadanaha ee Dadyowga laga Tiro Badan-yahay
5- Dadka iyo Dalka Benaadiriga oo la haysto
6- Sugnaanshaha Benaadiriga
7- Hoggaaminta Benaadiriga
8- Bahweynta Benaadiriga
9- Aaya ka Talinta Qowmiyada Benaadiriga
10- Urur Caalami ee Reer Benaadir ah

Dood dheer ka dib, guddi hoosaadyada kore ku xusan, tallooyinka ay ka soo jeediyeen qodobada kore, kaddibna la ansaxiyey iney noqdaan go'aanada Shirweynahana Caalamiga 1aad ee Reer Benaadir waxa ka mid ah sida hoos ku qoran:

1- Arrimaha Qaxootiga Reer Benaadir

b- Dadka Reer Benaadir oo ku soo barakacay dalalka dibadda oo aan weli magangelyo la siinin, shirweynaha wuxuu dalalka ay u soo qaxeen ka codsanaya inaan dib loo celinin inta Soomaaliya ay ka yeelaneyso dowlad awood leh oo caddaalad ku dhisan.

t- Sidoo kale, Shirweynaha wuxu Hay-adaha Samafalka ka codsanaya iney fiiro gaar ah u yeeshaan xaalada dadka Reer Benaadir oo dalka gudahiisa ku barakacsan

j- In lala xiriiro Hay'adda UNHCR iyo dowladaha martigeliyey qaxootiga Reer Benaadir,

x- In qaxootiga Reer Benaadir laga warqabo, laguna sameeyo tirakoob sax ah oo caddeynaya dadka dal kasta ku nool, ayagoo loo kala saarayo:

. Tirada saxa ee qaxootiga dal kasta ku nool.
. Da'da, lab iyo dhedig.
. Tirada saxa ee qaxootiga dal kasta sharciga ka qaatey
. Tirada aan weli sharciga qaadan.

- Tirada dhallaanka yar yar weli da'da dugsiga gaarin iwm.
- Tirada caruurta dugsiyada dhigata.. Tirada Jaamacadaha iyo Machadyada dhigata.
- Tirada shaqeysa iyo nooca shaqada.

2- *Arrimaha Bulshada*

b- *Haweenka iyo Caruurta*

- In caruurta lagu barbaariyo waxbarashada iyo shaqada, lana garansiiyo iney ugu faaideeyaan naftooda, dadkooda iyo dalkooda.
- In hoyooyinka lagu dhiiri-geliyo naas-nuujinta dhallaanka, islamarkaasina la baro nafaqeenta dhallaanka.
- In caruurta lagu barbaariyo diinta Islaamka iyo afka hooyo.
- In seddaxdii bilood mar, la abaabulo kulamo ama xaflado caruurta iyo hoyooyinka Reer Benaadir ay isku bartaan.
- In marka gurriga la joogo lagu dadaalo in caruurta ay ku hadlaan afka hooyo, si ay u dhuminin sugnaanshahooda.
- In qoyska lagu wacyi geliyo wada jirka iyo isku xirnaanta ee uu dhaqankeenna ku saleysan yahay.
- In ururo haween laga dhiso dalalka ay u soo qaxeen Reer Benaadir.
- Waaliddiinta iney wanaajiyaan xiriirka ay la leeyihiin caruurtooda, si ay ugu fududaato ku hoggaamintooda waddada suuban (diinta, dhaqanka, waxbarashada iwm).
- Haweenka lagu dhiirigeliyo iney ka fogaadaan gudniinka fircooniga
- Gabdhaha lagu dhiirigeliyo iney waxbarashadooda dhameestaan, kuwa aqal galeyna lagu dhiiri-geliyo iney waxbarshadooda wataan.
- In la iska dhaafo waxyaabaha aan muhiimka ahayn oo kharaj badanku baxa sida iibsashada dahab iyo arrosyada lacagta badan ku baxaayo.
- In la dhiirigeliyo is faham wanaagsan oo dhexmaro hooyada iyo aabaha.

t- *Caafimaadka*

- In la abuuro guddi caafimaadka bulshada wax ka qabta howshiisana noqota:
- Wacyi-gelinta arrimaha caafimaadka
- Ka war-haynta xaalada qoysaska Reer Benaadir, gaar ahaan xagga arrimaha caafimaadka

- Dadka Reer Benaadir aan luqada aqoonin, iney u diyaariyaan turjumaano.
- Iney raadiyaan meelaha gacanta ka geesta caafimaadka bulshada
- Iney bulshada ka waaniyaan cudurada faafa iwm
- Wacyigelin dhibaatada uu leeyahay *qaadka* ee la xiriira caafimaadka qofka

j- *Waxbarashada*

- Waalidka kaalin xoog leh inu ka qaato sidii caruurta loo bari lahaa, looguna tarbiyeen laha diinta islaamka iyo afka hooyo.
- Caruurta aan aqoon u leheen afka Carabiga iyo Soomaaliga, in loo helo kutubo Islaami ah oo ku qoran luqadaha ay yaqaaniin.
- In la adkeeyo waxbarashada gabdhaha Reer Benaadir, maadaama hooyada tahay maclimadda qoyska, iyo saldhigga waxbarashada dhallaanka.
- Dhallinyarada lagu dhiirigeliyo iney iska kaalmeeyaan waxbarashada.
- In lala socdo dugsiyada caruurta ay dhigtaan, loona sheego in caruurta aan la barin wax diinta Islaamka ka soo horjeeda, lagana saaro fasalada marka la dhigaayo diimaha kale.
- Ardeyda sanad walba keena buundooyin sare, loo sameeyo xaflad lagu dhiirigelinaayo, si kuwa kalen ay ugu daydaan.
- Dadka waaweyn iney ku dadaalaan barashada luqada dalalka ay ku nool yihiin.

x- *Dhaqanka*

- In la soo nooleeyo xurmadii odayaasha Reer Benaadir iyo kaalintii ay Bulshada ku lahaayeen ee xallinta khilaafaadka iyo sugidda nabadda
- In la abaabulo shirar odayaasha dhexdooda, si ay uga arrinsadaan mashaakilka, loona madax baneeyo.
- In la kala saaro dowrka siyaasiyiinta iyo odayaasha dhaqanka, qolo kastana ay xilka lagu yaqaano ku ekaadaan.
- In dadka lagu baraarujiyo qiimaha ay leeyihiin dhowrista hiddaha iyo dhaqanka.
- In la soo nooleeyo goobahii taariikheed oo dagaalka sokeeye lagu burburiyey, iyadoo la dhowraayo asalnimadooda.

3. Arrimaha Dhaqaalaha iyo Bey'adda

b.*Dhaqaalaha*

- In dhalinyarada Reer Benaadir lagu dhiirigeliyo ganacsiga.
- In la abuuro shariikado saamiley ah oo Reer Benaadir ay leeyihiin, oo nooc kasta leh, sida ganacsiga guud warshadaha, beeraha iyo kuwo kale.
- In dhallinyarada Reer Benaadir lagu dhiirigeliyo iney ka maarmaan ceerta ay ka qaataan dowladaha dalalka ay qaxootiga ku yihiin, una jeestaan shaqo, isku fillaadaan.
- Dhallinyarada ku dadaalaan iney galaan dugsiyada farsamada, si ay u kasbadaan aqoon xirfadeed.
- In la abuuro hay'ad maal gelineed oo Reer Benaadir u gaar ah.
- Dadka Reer Benaadir meel kasta ay joogaan iney yeeshaan sanduuq dhaqaale.
- In daraasad ballaaran oo xog uruurin ah laga dhex sameeyo xirfadlayaasha Reer Benaadir sida: harqaanka, aliindiga, koofiyadaha, hargaha, mac-macaanka, tababarna la siiyo, suuq geyntana wax lagala qabto.

t- *Bey'adda*

- Dhirta la jarayo, loona gubayo in laga soo saaro dhuxusha dibadda loo dhoofiyo gaar ahaan degmada Baraawe iyo agagaarkeeda waa jariimad, waana in si deg deg ah loo joojiyaa, taaso degaanka u bedeleysa lama deggaan.
- Sunta halista ah oo qaar ka mid ah sharikadaha dalalka warshadaha ku horumaray ay ku daadinayaan badaha iyo beriga Soomaaliya, waa in si deg deg ah looga hor tagaa loona joojiyaa, taasoo baabi'ineysa bey'adda oo dhan iyo khayraadka badda.

4- Xuquuqda Aadanaha ee Dadyowga Laga Tiro Badan yahay

- In la abuuro Guddi Xaqiiqo raadis ah oo baaritaan dhab ah ku soo sameeya dhibaatadii dhacday gaar ahaan:
- Diiwaangelin iyo uruurin xog caddaymo sida kala wareeg hantidii guurtada iyo maguurtada.
- Dhibaatooyinkii dil, jir dil, kufsi, argagaxin, barakicin oo loo geystay dadka Reer Benaadir.

- In xiriir lala yeesho Hay'adaha daneeya xuquuqda aadanaha iyo dadka xoogga loo sheegto.
- In la helo khubaro hawshaasi ku xeel-dheer (Soomaali amase ajnabi) oo lala kaashado.
- Hay'adaha Caalamiga ee shaqada ku leh badbaadinta goobaha taariikhiga iyo dhowristooda oo la hor dhigo burburkii gaaray goobaha tariikhiga sida Hay'ada Dhaqanka iyo Cilmiga ee Qaramada Midoobay.
- Ka qayb galayaasha waxay si buuxda u taageerayaan Baaqa Qaramada Midoobay ee Xuquuqda Aadanaha ee Aqaliyaadka oo asaaska u ah horumarinta iyo difaaca xuquuqda dadyoowga laga tirada badan yahay, kaas oo horseed u ah siyaasadda iyo dhaqanka waddanka xasiloonidiisa.
- Dhaqan gelinta Baaqa qodobadiisa oo dhan wuxuu door weyn ka ciyaari karaa ka hortagga iska-horimaadyada daran ee ka dhasha beelaha dhexdooda, sidoo kale dadaalka loogu jiro ku soo oogidda nabadda iyo sugnaanshahiisa waddanka gudahiisa, marka dagaalada sokeeye ay dhamaadaan. Hirgelinta Baaqa wuxuu u baahan yahay falgal joogta ah ee hey'adaha ay quseeyso.
- Faafinta dhibaatooyinka dadka Reer Benaadir loo geysto iyo kuwa ka dambeeya sida dilka, kufsiga, dhaca, boobka iwm, loona gudbiyo hey'adaha ku howlan ilaalinta xuquuqda aadana.

5- Dadka iyo Dalka Benaadiriga oo La Haysto

- Degaanada dadka Reer Benaadir ay degaan wuxuu ka bilowdaa Warsheekh ilaa Raas Kiyamboone.
- In aan shaki la gelin karin midnimada Reer Benaadir, codka siyaasadeedna noqdo mid mideysan oo u adeegaya dadka Reer Benaadir.
- In la dhiso guddi soo ururiya taariikhda Reer Benaadir,
- In la dhiso guddi ka shaqeeya wax ka qabashada dhibaatooyinka Reer Benaadir wadanka gudahiisa.
- In khilaafaad kasta oo ka dhax dhaca dadka Reer Benaadir, lagu xalliyo ayadoo la raacayo dhaqanka Benaadiriga.
- In la dhiso idaacad ku hadasha codka Reer Benaadir.

- In Websaydka www.Markacaddey.com ay noqoto mid Reer Benaadir oo dhan adeegsadan.

6- Sug-naanshaha Benaadiriga

- Benaadir waa dhul xeebeed ay soo degeen dadyow ka yimid asal ahaan dhulalka Carabta, Afrika iyo Persiya ayagana magacaasi soo saarey ama bixiyey.
- Dad gaar ah ayaa loo yaqaan Reer Benaadir oo markii hore ku koobnaa xeebaha iyo dhulka u dhow-dhow.
- Reer Benaadirnimo ma aha in lagu dhashey Gobolka Benaadir ee waa u dhalasho asal ahaan ah.
- Aqoonsiga waxa ka mid ah iney yihiin dad nabadda jecel, dhaqan-wadaag jecel oo ku saleysan soo jireen iyo iney ummadda inteeda kale la wadaagaan.
- Iney is jecel yihiin oo caddeyn u ah deris-wanaaga.
- Inaan la soo kala dhexgeli karin iyo in khilaaf-kooda ay dhameeystaan iyaga oo aan la ogaado arrimaha dhexdooda ah.
- Ineysan jecleen dulmi sameyn iyo jahliga, dhac dad loo geesto, kufsi, iyo dil qof bani aadam ah, taasna waxey ka timaadaa barbaarinta qoyska qofka Reer Benaadir ka dhashey.
- Qofka Reer Benaadir waa ruux jecel inu lahaado xirfad shaqo,
- Wax yaabaha dadka Reer Benaadir ceebta la ah, dadka qaarkiis wey ku faanaan, tusaale ahaan, qofka wax dhaca, Reer Benaadir waxey u yaqaaniin tuug, tan kale, waxa dadka Reer Benaadir nabad ku raadiyaan, dadka kale dagaal ama xoog ayey ku raadiyaan.
- Dadka Reer Benaadir ma aaminsana ku dhaqanka qabiilka, laakin waxey rumeysan-yihiin qoyska.

7- Hoggaaminta Benaadiriga

- Midnimada dadka Reer Benaadir oo ah laf-dhabarka jiritaankeena la adkeeyo si wada jir ahna looga hortago wixi carqaladeenaya.
- Qofka dadka Reer Benaadir hoggaaminaayo waa inu noqdo qof Ilaah ka cabsi leh, aqoon u leh siyaasadda, kartina leh, isla markaasina aaminsan qadiyadda Reer Benaadir.
- In muddo hal sano kaddib, la abaabulo, lana qabto Shirweyne Caalami 2aad, laguna qabto dalka Holland kharajka ku baxayana iska kaashadaan dhammaan dadka Reer Benaadir dibadda ku nool.

Walaalayaal waad salaamantihiin

Waxaa kaloo jiri doona howl maalmeed loo aadidoono dalka Switzerland arrintaas oo lala kaashan doono guddigooda.

- Abaabulida iyo qabashada Shirweynaha Caalamiga 2aad, waxa loo xilsaarey guddiga UK iyo Hollanda oo ah meesha lagu qabandoono Shirweynaha 2aad ee Caalamiga ee Reer Banaadir

8- Bahweynta Benaadiriga

- Siyaasadda maanta ee Soomaaliya waxaa looga maarmin isbahaysi deegaanada, ay Reer Benaadirku geography ahaan isku xiran yihiin, si waaqici ahna loo abaaro, arrintaan oo doodeeda socon doonta weli, iyadoo mar walba loo eegi doono danta bahweynta Reer Benaadir meesha ay ku jirto.

9- Aaya ka-Talinta Dadka Reer Benaadir.

b- *Heshiisiinta iyo Mideynta Reer Benaadir*

- Shirweynaha wuxuu cambaareynayaa sida Dadka Reer Benaadir loogu tilmaamay in ay yihiin kuwa kale *(Others)*, taasoo ah meel ka dhac weyn iyo tacadi loo geystay Reer Benaadir oo sida la wada ogsoon yahay leh taariikh fac weyn iyo xadaarad soo jireen ah. Waxaan bahweynta Soomaaliyeed u soo jeedineynaa in arrintaan la saxo, dadka Reer Benaadirna laga xaal mariyo.
- Soomaaliya dhiig badan ayaa ku daatay, dad badan ayaa ku geeridooday dad badan waa barakeceen, si loo badbaadiyo in dad kalena ayan ku dhiman, bur bur kalena aysan ku dhicin, waxaan ku baaqeynaa in dowladda KMG ah iyo mucaaradka hubeysan iyo kuwa aan hubeysneynba in ay si deg deg ah u wada hadlaan, si nabad waarta loo helo.
- Caddaaladu waa asaaska nabada iyo horumarka dal kasta; Burburkii dalka Soomaaliya dal iyo dadba waxaa loo aaneeyaa caddaalad daro oo ku saleysan eex, qaraaba-kiil iyo sadbursi. Haddaba ayadoo laga faa'ideysanaayo waayo aragnimadaas, maamul kasta oo Soomaaliya ka dhallanaaya waa in si xaq ah iyo caddaalad ugu qaybiyaa waxa ka dhexeeya ummadda.
- Meel kasta ee adduunka Reer Benaadir ay joogaan, in laga dhiso guddiyo joogta ah, isla markaasina ay yeeshaan xiriir iyo wadatashi joogta ah.

- In laga shaqeeyo sidii loo heli laha xarun dhexe oo isku xirta guddiyada kor ku xusan.
- In la helo hoggaan u qalma howlgelinta iyo mideeynta dadka Reer Benaadir.
- Waxaa aad inoo dhibeysaa in dadka Reer Benaadir ay aad u kala daadsan yihiin, siyaasad ahaana aad u kala qaybsan yihiin, taasoo daciifisay ururka SNU oo asal ahaan ay u lahaayeen dadka Reer Benaadir, sidaas darteed Shirweynaha wuxuu soo jeedinayaa marka hore in odayaasha, culumaa-u-diinka iyo wax-garadka dadka Reer Benaadir ay heshiisiyaan dadka siyaasadda ku kala qeybsamay, gooni goonina u kala istaagey, kaddibna la qabto Shirweyne loo wada dhan yahay.
- Sidaas darted, Shirweynaha Caalamiga 1aad ee Dadka Benaadir wuxuu ku talinayaa, kaddib markii dadka la heshiisiiyo, lana midoobo, in Shirweyne loo wada dhan yahay lagu qabto dalka gudahiisa, haddii ay duruufta saamaxdo, haddii kale in dibadda lagu qabto, meesha loo arko in ay ku haboon tahay, loona baahan yahay in ay ka soo qayb galaan dhammaan inta waxgaradka ah, culumaaudiinka, iyo odayaasha ku abtirsada Reer Benaadir, kaas oo lagu jiheynaayo aayaha dambe ee Reer Benaadir, iyadoo hal urur lagu mideysan yahay, si muqlisnimo ahna uga shaqeeya midnimada iyo danaha runta ah ee Reer Benaadir.

Mabda'ana ha noqdo Reer Benaadir waa hal, qadiyadooduna waa hal, deegaankooduna waa hal.

- In dadka Reer Benaadir u howl galaan sidii ay mustaqbalka isugu diyaarin lahaayeen iney dhistaan hay'ad siyaasadeed mideysan oo ka tarjumeysa himiladooda.

t- *Axdiga Qaranka KMG*

Axdiga Qaranka Ku Meel Gaarka ah oo lagu ansixiyey Shirkii

Carta ee Jabuuti, qodobkiisa 1aad, nidaamka jamhuuriyada, baragrafka 6aad waxaa ku qoran:

"Caasimada Jamhuuriyaddu waa Muqdisho, waxayna yeelaneysaa xuduud, nadaam iyo sharci u gaar ah".

Baragrafka kore wuxuu si cad uga tarjumaya fikrad ay mar kasta oo shir nabadeed la qabto ay soo jeedin-jireen qaar ka mid ah siyaasiinta beelaha Soomaaliyeed oo ah in caasimada Muqdisho loo aqoonsado iney tahay magaalo Soomaali oo dhan ay wada leeyihiin, qolana aan si gaar ah u sheegankarin, sidaasi dartedna xeer u gaar ah oo lagu maamulo loo sameynaayo.

Islamarkaasi, qodobka 32aad, Baragrafka 1aad iyo 2aad, ee Axdiga kore, dadkaasi oo ka qeybgaley shirweynahaasi waxay ku sharciyeesteen in nidaamka is-maamul goboleed madax-banaan oo loo yaqaan (Regional Autonomy) ay ku maamushaan gobolada ay u dhasheen iyo caasimadaha goboladooda.

Arrintaasi, waxaa loola jeeda in beel kasta gobolkeeda iyo degmooyin-kiisa iney ayaga u gaar yihiin, magaalada Muqdishana ay la qeyb-sanayaan dadka asal ahaan u leh. Sidaasi darteed, haddii beelaha Soomaaliyeed badankoodu ay isku raacaan xaqdaradaasi oo ah in Muqdishu ay noqoto magaalo Soomaali oo dhan ay wada leeyihiin, qolana si gaar ah u sheegan-karin, waxa lagama maarmaan noqoneysa in xaqdaradaasi oo saldhig u ah Baragrafka 6aad ee Shirka Carta la bedelo, loona bedelo sidatan:

Caasimada Jamhuuriyaddu waa Muqdisho-

Magaalo madaxyada 18ka Gobol Soomaaliya ay ka kooban-tahay, oo Muqdishna ay ka mid tahay, waxey yeelan-doonaan xuduud, nidaam iyo sharci u gaar ah oo si siman loogu maamulo, magaalo-madax goboleed oo qolo ama beel si gaar ah u sheegan-kartana uusan jirin, Soomaali oo dhan si siman ay u wada leeyihiin, qof kasta oo Soomaali ahna lagama xigo, waana iska soo rashaxi kara.

Haddii beelaha kala duwan ee Soomaaliya ay dhib ku tahay ama ay diidayaan iney oggolaadaan in magaalo madaxda goboladooda ama degaanadooda ay Soomaali oo dhan la lahaato, haddaba ma habboona, waana xaq daro in dadka Reer Benaadir lagu qasbo iney ogolaadaan in degaanadooda Soomaali oo dhan la lahaato.

Haddaba, waxa la rajeynaya in beelaha Soomaliyeed ee kala duwan iney dareemaan xaqdarada oo u horseedayo baragrafka 6aad ee Axdiga, sidaas darteed, qabaa'ilka Soomaaliyeed oo hubeysan waxaa ku waajib ah iney dhowraan xuquuqda iyo karaamada qabaa'ilka Soomaaliyed oo aan hubka qaadan, dagaaladana ka qeybgelin.

Sidaasi oo kale, waxaa waajib ah in beelna beel xoog u sheegan, sedkeeduna la hunguri-yeynin ama la boobin, beel kastana fursad la siiyo iney maamusho gobolkeeda iyo degmooyinkiisa.

10- Urur Caalami ee Reer Benaadir

b- *Himilooyinkiisa ah:*

. In la abuuro aragti mideysan ee dadka Reer Benaadir ee Qarniga 21aad.

. In uu ka baaraan dego in la helo apoonsi loo mideysan yahay.

. In xiriir lala yeesho Hay'adaha Dawliga iyo kuwa aan Dawliga aheyn.

t- *Ujeedooyinkiisa ah:*

. In uu helo qaabkii loo abuuri lahaa ilo dhaqaale iyo saldhig ganacsi.

. In la sameeyo cilmi baaris iyo meel lagu keydiyo taarikhda iyo dhaqanka Reer Benaadir.

. In uu udub dhexaad u noqdo gargaar kasta oo loo fidinaayo dadka Reer Benaadir gudaha iyo dibadda.

. In uu abaabulo barnaamijyo dhinaca waxbarashada si dhallinyaarada loogu helo deeqo waxbarasho.

. Inuu u doodo xuquuqda iyo horumarinta dadka Reer Benaadir.

Arrinta ugu xiisaha badnayd ee Shirweynaha waxuu ahaa ka soo qayb galka dadweyne kor u dhaafay 300 qof oo kala yimid meel kasta ee dunida, si ay Shirweynaha ugu qayb-galaan. Waxayna aad u soo dhoweeyeen fursadaan qaaliga ah ee aan loo kala harin dhammaan bulshada Reer Benaadir qaybaheeda kala duwan.

Kullankaani wuxuu noqday mid taariikhda Reer Benaadir baal dahab ka gala, waxaa gabagabadii Shirweynaha khudbad ka soo jeediyey Guddoomiyaha Guddiga Qabanqaabada *Dr Axmed Shariif Cabbaas,* Bulshada Reer Benaadir u soo jeediyey amaan, gaar ahaan haweenkii diyariyey cuntada, dhallinyaradii ka howgalay filim iyo sawir qaadida, diiwaangelinta, qaybinta cuntada, kooxyadii kala ahaa Shuumeey iyo kooxda Bandar iyo dhallinyaradii ka shaqeeysay nadaafadda iyo kuwii ugu deeqay gaadiidkooda intii Shirweynaha socday sidii sharafta lahayd ee ay uga soo dhallaaleen xilkooda.

Maalinti Talaada ee taariikhdu ahayd 11 Sebtembar 2001, waxaa la qabtay war saxaafadeed ee uu bixiyay *Dr Axmed Shariif Cabbaas,* isagoo ergooyinkii dibadda iyo danjirayaashii lagu casuumay ugu mahadceliyey, una sheegay in la joojiyay, war saxaafadeedka, sababtoo ah dhibaatadii ka dhacday waddanka Mareykanka oo loo arkay inay yihiin dhibaatadii ugu weynayd qarnigan cusub.

Martida sharafta leh waxaa loo sheegay in Reer Benaadirka oo abaal weyn u haya dowladda iyo dadka Mareykanka, waxayna u dirayaan tacsi.

Reer Benaadir waxay ka soo horjeedaan dilka, gardarada iyo harakicinta ummadaha. Dadka Mareykanka waxay ahaayeen ummaddii ugu horeysay oo u fidiso gargaar waqtigii dadkeena la soo barakiciyey, degaanshana ku siiyay waddankooda. Safaaradaha waxaa loo balan qaaday in fadhiyadooda, loogu diri doono qoraaladda Shirweynaha.

Maanta oo taariikhdu tahay 16ka Sebtembar 2001, waxxa la soo gabagabeyay Shirweynaha Caalamiga ee Kowaad ee Reer Benaadir, waxaan lagu dhawaaqay go'aanadii Shirweynaha.

Guddiga Arrimaha Haweenka iyo Caruurta.

Guddiga Arrimaha Dhaqaalaha iyo Beyada.

Guddiga Arrimaha Caafimaadka iyo Waxbarashada

Guddiga Arrimaha Qaxootiga Reer Banaadir

Guddiga Arrimaha Caruurta iyo Dhaqanka.

Wadatashi Guddiyo isku dhafka oo ka arrinsanaaha arrimaha guddiyada

Guddiga Xuquudda Aaadanaha ee Dadyowga Laga Tiro Badan Yahay

Guddiga Arrimaha Sugnaasha Benaadiriga

Guddiga Arrimaha Hoggaaminata Benaadiriga

Guddiga Arrimaha Bahweynta Benaadir.

Guddiga Arrimaha Ayaa Ka Talinta Qowmiyada Benaadiriga

Guddiga Arrimaha Urur Caalami ee Reer Benaadir ah

Golaha Midowga Bahweynta Benaadir ee UK
214 Seven Sisters Road, London N1 4NX, UK
Tel. (0044)7272 9830 = FAX 00447272 9820

London 2 May 2002

KU: Guddoomiyaha Ururka Reer Benaadir ee HOLLAND
KU: Guddoomiyaha Ururka Reer Benaadir ee SWITZERLAND
KU: Guddoomiyaha Ururka Reer Benaadir ee NEW ZEALAND
KU: Guddoomiyaha Ururka Reer Benaadir ee ITALY
KU: Guddoomiyaha Ururka Reer Benaadir ee FRANCE
KU: Guddoomiyaha Ururka Reer Benaadir ee SWEDEN
KU: Guddoomiyaha Ururka Reer Benaadir ee CANADA
KU: Guddoomiyasha Ururda Reer Benaadir ee USA
KU: Guddoomiyaha Ururka Reer Benaadir ee UK

Ujeeddo: **Hirgelinta Go'aanada Shirweynaha Caalamiga Kowaad Bahweynta Banaadir London (UK).-**

^^^^^^^^

Waxaa sharaf weyn inoo ah inaan halkan idinku soo gudbino qorsho hawleedka iyo qaabka fulinta go'aanada Shirweynaha Caalamiga 1aad ee Reer Benaadir taasoo saldhigeedo yahay in wixi hadal ahaa loo gudbiyo wax qabad iyo ka miro ka dhallin sida uga dhaqsiga badan, anagoo ka gilgilaneyno dhibaatada dadka Reer Benaadir ay ku sugan yihiin iyo ayatiinkooda dambe.

1. Arrimaha Qaxootiga RB

Dadka RB oo la soo barakiciyay waddanka gudihiisa iyo dibeddiisaba waxay u baahan yihiin in fiiro gaar ah arrimahooda loo yeesho. Sidoo kale in la helo tirokoob sax ah oo caddeynaya dadka dal kasta ku nool. Si arrimhaas u meel maraan waxaa la dhisay *Guddiga Arrimaha Qaxootiga iyo Tirakoobka* oo xubnihiisa laga soo xulidoona sida ay u meel mariyaan barnaamijkan wadamada kala ah (UK, USA, CANADA, HOLLAND, ITALY, FRANCE, SWITZERLAND & NEW ZEALAND).

UNITED KINGDOM xubnihiisa waxa ka mid ah:
1. Nuur Shariif Nuur, 2. Maxamed Cumar Baashi
Fiiro Gaar: Waxaa qolooyinka kale oo ka mid noqondoono guddigan xubnihiisa laga codsanaaya iney soo magacaabaan cidii Wakiil ugu noqon lahaa. Wabillahi Towfiiq.

2. *Arrimaha Bulshada*
b-*Haweenka iyo Caruurta*

In caruurta lagu barbaariyo waxbarashada iyo shaqada, lana garansiiyo iney ugu fa'ideynayaan naftooda, dadkooda iyo dalkooda. Sidoo kale diinta islaamka xaniifiga ah ku dhaqankiisa iyo in lagu dadaalo ineysan dhuminin sugnaashadooda.

In qoyska lagu waciygeliyo wada-jirka iyo isku-xirnaanta qoyska, lana xoojiyo 'family values' oo dhaqankeena ku salaysan.

Barnaamijyada arrimaha habeenka iyo caruurta quseya isku-dubaridkooda waxaa u xilsaaran Ururada Samafalka ee RB ee wadamada ay joogaan ka dhisan. Waxaana wax laga weydiindoona gudoomiyaashooda. Sidaa darteeda, guddoomiyaasha ururada waxaa laga codsanaynaa iney isaga xilsaaraan waxqabashada arrintaasi qoraal wadajir ahna soo hordhigaan Shirweynaha Caalamiga 2aad ee RB oo lagu qaban doono wadanka Holland.

t- *Caafimaadka*

Wacyigelinta arrimaha caafimaadka dadka RB, ka war-haynta xaaladooda caafimaad, ku baraarujinta qaabka looga hortaggo cudurada faafa sida AIDSka iyo wacyigelinta dhibaatada u leeyahay qaadka ee la xirrira caafimaadka qofka, waxaa xilkaas gudanaaya dhowrka urur samafaleed ee RB ka jira waddamada ay joogaan, la socodka arrimahaasna waxaa u xilsaaran guddoomiyaashooda.

j- *Waxbarashada*

Waalidka waa inuu kaalin weyn ka qaato sidi caruurtiisa wax loo bari lahaa, laguna tarbiyeen lahaa diinta islaamka iyo afka hooyo. Caruurta aan aqoon u leheen afka Carabiga iyo Soomaaliga in loo helo kutubo islaami ah iyo kuwa af Soomaali ku qoran ama luqadaha ay yaqaaniin.

In la adkeeyo waxbarashad gabdhaha RB maadaama hooyada tahay macallimada qoyska iyo saldhiga waxbarashada dhallaanka, isla mar ahaantiina tahay duqsi oo haddii aad hagaajisidna ay noqoneyso qofkii hagaajin lahaa jiilka soo socoda.

Hirgelinta barnaamijyada waxbarashada waxaa u xilsaarabn Ururada Samafalka ee RB ee ka jira waddamada ay joogaan, la socodka arrimahaasna waxaa u xilsaaran guddoomiyaashooda.

x - *Dhaqanka*

Waxaa loo baahan yahay in la soo nooleeyo xurmadii odayaasha dhaqanka ee RB iyo kaalintii ay bulshada ku lahaayeen xallinta khilaafaadka iyo sugidda nabadda, loona madax banaaneeyo. Sidoo kale in la mideeya xooga iyo aragtida siyaasiinta RB iyo in la kala saaro dowrarkooda, qolo kastana xilka lagu yaqaano ku ekaadaan.

Isku dubaridka arrimahaan oo culeyka badan leh waxaa loo xilsaaray *Guddiga Dhaqanka & Siyaasadda* oo xubnihiisa laga soo xulidoona sida ay u meel mariyaan barnaamijkan wadamada kala ah (UK, USA, CANADA, HOLLAND, ITALY, SWITZERLAND & SOMALIA).

UNITED KINGDOM xubnihiisa waxay kala yihiin: *1.Dr Cusmaan Aweys Nuur, 2. Maxamed Cadde Mukhtaar, 3. Cusmaan Aba Amiin, 4. Shariif Cumar Maxamed (Tip Top).*

Fiiro Gaar: Waxaa qolooyinka kale oo ka mid noqondoono guddigan xubnihiisa laga codsanaaya iney soo magacaabaan cidii Wakiil ugu noqonlahaa. Wabillahi Towfiiq.

3. *Dhaqaalaha & Bey'adda*

b-. *Dhaqaalaha*

Dhaqaalaha madaama u yahay saldhigga asaasiga ah xarakadeena iyo taakuleynta dadka RB oo baahi weyn u qaba in la laga dhiso dhinacaas, waxaa loo baahan yahay in la helo aqoonyaano ku xeel dheer cilmiga dhaqaalaha oo daraasad dheer sameeya ku wajahan waqtiga xaadirka ah iyo duruufta gaarka ah ee dadkeena.

Isku dubaridka arrimahaan oo culeyka badan leh waxaa loo xilsaaray *Guddiga Dhaqaalaha* oo xubnihiisa laga soo xulidoona sida ay u meel mariyaan barnaamijkan, waddamada kala ah (UK, USA, CANADA, HOLLAND, ITALY & SOMALIA.

UNITED KINGDOM xubnihiisa waxay ka yihiin:
1.Dr Cusmaan Aweys Nuur, 2.Dr Jaylaani Mungaano, 3. Xaaji Yuusuf

Mayow, 4. Cabdulqaadir Shiikhey Haatimi.
Fiiro Gaar: Waxaa qolooyinka kale oo ka mid noqon doono guddigan xubnihiisa laga codsanaaya iney soo magacaabaan cidii Wakiil ugu noqon lahayd. Wabillahi Towfiiq.

t- *Bey'adda*

In warqad loo qoro UNEP iyo Green Peace, Dawladda Imaaraatka, Jaamcadda Carabta iwm in laga soo saaro dhuxusha dibedda loo dhoofiyo gaar ahaan degmada Baraawe iyo aga-gaaradeeda iney tahay jariimad, waana in si deg deg ah loo joojiyaa, taasoo degaanka u beddeleysa lama degaan, sido kale sunta halista ah oo qaar ka mid ah sharikadaha dalalka warshadaha ku horumaray ay ku daadinayaan badaha iyo beriga Soomaaliya, taasoo baabi'ineysa bey'adda oo dhan iyo kheyraadka badda.

Siiqada warqadaas oo aan dooneyno inuu sii deg deg ah loo qoro, kuna baxdo magaca Shirweynaha Caalamiga 1aad ee RB ee London go'aanadeeda, kaddibne la horgeeyo Shirweynaha Caalamiga 2aad ee RB, Holland. Waxaa diyaarinteeda u xilsaaran *Dr Maxamed Abuukar Xaaji* ee UK.

4. *Xuquuqda Aadanaha ee Dadyoowga laga Tiro Badan yahay*

Waxaa la abuuray *Guddiga Xaqiiq Raadis ah* oo baaritaan dhab ah ku soo sameeyo dhibaatada dadka RB gaar ahaan dhinaca:

- Dilka, jirdilka, kufsiga iyo barakicinta oo loo geystay hore iyo haddana loo geysanaayo.
- Diwaan gelin iyo ururin dokumentiyada caddeynaayo lahaansha hantida guurtada iyo maguurtada ah.
- Wacyigelin dadka RB arrimahan si ay qoraalo ugu sameyaan iyo uruurinta sawiradda goobaha taariikhiga ah.

Guddiga waxaa xilkiisa noqon doona fulinta arrimaha kor ku xusan waddanka gudhiisa iyo dibadiisaba. Guddiga xubnihiisa waxaa laga soo xulaaya wadamada kala ah: (UK, USA, CANADA, HOLLAND, ITALY, SWITZERLAND & SOMALIA). Guddigan wuxuu xiriir iyo watashi la yeelandoono Guddiga ku hawlan warqaddan loo qoraayo *Dr Al Ghanim.*

UNITED KINGDOM: *1. Aweys Axmed Imaan, 2. Cabdulcasiis Maxamed Noor, 3. Dr Maxamed Abuukar Shiikhey.*

Fiiro Gaar: Waxaa qolooyinka kale oo ka mid noqon doono guddigan xubnihiisa laga codsanaaya iney soo magacaabaan cidii Wakiil ugu noqon lahayd. Wabillahi Towfiiq.

5. *Dadka iyo Dalka Benaadiriga ee la Haysto*
Waxaa la dhisay *Guddiga Taariikhda* ee RB oo xubnihiisa ka kala imaanayso: (UK, USA, CANADA, HOLLAND, ITALY, SWITZERLAND, NEW ZEALAND & SOMALIA).

UNITED KINGDOM: *1. Maxamed Abukar Xaaji, 2. Khalid Macow C/qaadir, 3. Cusmaan Amiin Axmed, 4. Maxamed Jeylaan Sheikh Bin Sheikh, 5. Xasan Maxamed Axmed, 6. Maxamed Cadde Mukhtaar.*
Fiiro Gaar: Waxaa qolooyinka kale oo ka mid noqondoono guddigan xubnihiisa laga codsanaaya iney soo magacaabaan cidii Wakiil ugu noqonlahaa. Wabillahi Towfiiq.

Waxaa la dhisay *Guddiga Dhibaatada ee RB* waxaa mas'uul ka ah wax ka qabashada dhibaatooyinka RB ka haysta waddanka guddihiisa oo xubnihiisa ka kala imaanayo:(UK, USA, CANADA, SWITZERLAND, SWEDEN, ITALY & SOMALIA).

UNITED KINGDOM: *1. Axmed Shariif Cabbaas 2. Cusmaan Awes Nuur 3. Jeylaani Mowlaana Suufi 4. Cabdulcasiis Maxamed Nuur, 5. Avv. Axmed Catiiq, 6.Cumar Saalim Xussein.*

Idaacad ku hadasha codka RB iyo websiteba waa aalad muhim ah oo loo adeegsado ka gungaaridda qadiyadda RB, sidaa darteed, waxaa loo saaray *Guddiga Idaacadda & Websiteka ee RB*, xubnihiisan waxay ka kala imaanayaan: (UK, CANADA, HOLLAND, SWITZERLAND & ITALY).

UNITED KINGDOM: *1. Khalid Macow Cabdulqaadir 2.Cusmaan Amiin Axmed 3. Maxamed Cumar Baashi.*
Fiiro Gaar: Waxaa qolooyinka kale oo ka mid noqon doono guddigan xubnihiisa laga codsanaaya iney soo magacaabaan cidii Wakiil ugu noqon lahayd, Wabillahi Towfiiq.

6. *Sugnaashaha Benaadirinimada*
- RB ma'aha inu ku dhashay Gobolka Benaadir ee waa u dhalasho asal ahaan.

- Qof allaale qofkii aabihiisa/hooyadiisa RB u dhashay/dhalatay isaga/iyada waa RB.
- Hooyo kasto oo dhashay RB waxaa loo aqoonsan karaa RB.
- Sifooyinkii hore lahaan jireen RB oo wanaagsanaa dhinaca dhaqanka iyo siyaasadda, dagaalada sokeeye dartooda ayaa waxayaabo badani beddeleyn.

7. *Hoggaaminta Bahweynta Benaadir*

Qofka dadka RB hoggaaminaayo waa inuu noqdaa qof Allah ka cabsi leh, aqoon u leh siyaasadda, kartina leh, isla markaasina aaminsan qadiyadda RB.

- Shirweynaha Caalamiga 2aad inu noqdo goobtii lagu indha-indheenlahaa cidii buuxin laheed sifooyinkaa muqadaska
- In la magacaabo guddi shan qof oo hoggaan u noqdo RB laguna soo saaro nidaamka 'Vetting'. Waxaan u furan in qof iskiisa in uu isa soo sharaxo.
- Arrintan waa in Shirweynaha 2aad xil weyn iska saaraa.

8. *Benaadir deris*

Siyaasadda maanta ee Soomaaliya waxaa looga maarmin isbahaysi degaanada oo RB geograafi ahaan isku xiran yihiin, si waaqici ahna loo abaaro, isbahaysiga aan la yeelaneyno dadka degaanka nala degan waxaa u aqoonsanaynaa magaca oo ah *Benaadir Deris ama Benaadir Daye. Tusaale: Xamar: Reer Mataan, Afgooye: Wacdaan, Qoryooley/Awdhegle(inta u dhexeysa): Digil, Marka: Biimaal, Jeziira-Gandarshe: Da'uud, Baraawe: Tunni, Bajuuni: Shiikhaal Loo Boge.*

Arrimahan kor ku xusan waxaa saldhig u ah degaankii hore ee Benaadiriga iyo dadka deriska la ah.

9. *Aaya ka Talinta Dadka RB*

Waxaa dadka RB meel kasta ay joogaan cambaareynayaan sida RB loogu tilmaamay inay yihiin kuwa kale (others), taasoo meel ka dhac weyn iyo tacadi loo geystay RB oo sida la wada ogson yahay leh taariikh fac weyn iyo xadaarad soo jireen ah. Sidaa darteed waxaa Dadweynaha Soomaaliyeed loo soo jeedinayaa in arrintan la saxo, dadka RBna laga xaal mariyo.

Wax ka qabashada arrintan waxaa loo xilsaaray *Guddiga Aaya ka Talinta Dadka RB* oo xubnihiisa ka kala imaanayo: UK, USA, CANADA, SWITZERLAND, HOLLAND, ITALY & SOMALIA, shirarkoodana noqodo Nairobi (Kenya) ama Addis Ababa (Ethiopia), kalimadda 'Xamar'na noqoto bartilmaameedka qadiyadda RB sida 'Qudus' u ah Falastiin iyo muslimiinta.

UNITED KINGDOM: *1. Axmed Abukar 'Xaaji Calwaan', 2. Cumar Sheikh 'Shax-Shaxlo' 3. Avv. Axmed Cattiq, 4. Cali Cumar Carmaan, 5. Axmed Cali Saalax, 6. Cusmaan Aba Amiin, 7. Maxamed Khasaali, 8. Nuur Shariif Nuur, 9. Shariif Cumar Maxamed 'Tip Top'. Fiiro Gaar: Waxaa qolooyinka kale oo ka mid noqon doono guddigan xubnihiisa laga codsanaaya iney soo magacaabaan cidii Wakiil ugu noqonlahayd, Wabillahi Towfiiq.*

Axdiga Qaranka KMG.

Axdiga Qaranka Ku Meel Gaarka ah oo lagu ansixiyey Shirkii Carta ee Jabuuti, qodobkiisa 1aad, nidaamka jamhuuriga, baragrafka 6aad waxaa ku qoran:

"Caasimada Jamhuuriyaddu waa Muqdisho, waxayna yeelaneysaa xuduud, nadaam iyo sharci u gaar ah"

Baragrafka kore wuxuu si cad uga tarjumaya fikrad ay mar kasta oo shir nabadeen la qabto ay soo jeedin-jireen qaar ka mid ah siyaasiinta beelaha Soomaaliyeed oo ah in caasimada Muqdisho loo aqoon-sado iney tahay magaalo Soomaali oo dhan ay wada leeyihiin, qolana aan si gaar ah u sheegan-karin, sidaasi darteedna xeer u gaar ah oo lagu maamulo loo sameynaayo.

Islamarkaasi, qodobka 32aad, Baragrafka 1aad iyo 2aad, ee Axdiga kore, dadkaasi oo ka qeybgaley shirweynahaasi waxay ku sharciyeesteen in nidaamka is-maamul goboleed madax-banaan oo loo yaqaan (Regional Autonomy) ay ku maamushaan gobolada ay u dhasheen iyo caasimadaha goboladooda.

Arrintaasi, waxaa loola jeeda in beel kasta gobolkeeda iyo degmooyin-kiisa ay iyaga u gaar yihiin, magaalada Muqdishana ay la qeyb-sanayaan dadka asal ahaan u leh. Sidaasi darteed, haddii beelaha Soomaaliyeed badankoodu ay isku raacaan xaqdaradaasi oo ah in Muqdishu ay noqoto magaalo Soomaali oo dhan ay wada leeyihiin, qolana si gaar ah u sheegan-karin, waxa lagama maarmaan noqoneysa in xaq daradaasi oo saldhig u ah Baragrafka 6aad ee Shirka Carta la bedelo, loona bedelo sidatan:

Caasimada Jambuuriyaddu waa Muqdisho, magaalo madaxyada 18ka Gobol Soomaaliya ay ka kooban-tahay, oo Muqdishana ay ka mid tahay, waxey yeelan-doonaan xuduud, nidaam iyo sharci u gaar ah oo si siman loogu maamulo, magaalo-madax goboleed oo qolo ama beel si gaar ah u sheegan-kartana aysan jirin, Soomaali oo dhan si siman ay u wada leeyihiin, qof kasta oo Soomaali ahna aan laga xigin, iskana soo rashaxi kara.

Haddi beelaha kala duwan ee Soomaaliya ay dhib ku tahay ama ay diidayaan iney oggolaadaan in magaalo madaxda goboladooda ama degaanadooda ay Soomaali oo dhan la lahaato, haddaba ma habboona, waana xaq daro in dadka Reer Benaadir lagu qasbo iney ogolaadaan in degaanadooda Soomaali oo dhan la lahaato,

Haddaba, waxa la rajeynaya in beelaha Soomaliyeed ee kala duwan iney dareemaan xaqdarada oo u horsedayo baragrafka 6aad ee Axdiga, sidaasi darteed, qabaa-ilka Soomaaliyeed oo hubeysan waxaa ku waajib ah iney dhowraan xuquuqda iyo karaamada qabaa-ilka Soomaaliyed oo aan hubka qaadan, dagaaladana ka qeybgelin.

Sidaasi oo kale, waxaa waajib ah in beelna beel kale xoog u sheegan, sedkeedana la hunguri-yeynin ama la boobin, beel-kastana fursad la siiyo iney maamusho gobolkeeda iyo degmooyinkiisa.

10- Urur Caalami ah ee RB

Si loo helo aqoonsi caalami ah qadiyadda RB, cilmi baaris loo sameeyo qaabka ugu wanaagsan oo loo wajihi lahaa qadiyadeena, la abuuro ilo dhaqaale iyo saldhig ganacsi, keyd taariikheed iyo dhaqanka RB, loo doodo xuquuqda iyo horumarinta dadka RB, waxaa loo baahday in la dhiso *Urur Caalami ah ee RB*, oo la yeesho xiriir toos ah hay'adaha caalamiga ah iyo kuwo ku hawlan gargaarka aadaminimada ah (NGOs) oo ka dhisan adduunweynaha.

Qorshe dejinta barnaamijka waxaa u xilsaaran guddoomiyaasha ururada RB sida: UNITED KINGDOM, HOLLAND, FRANCE, ITALY, NEW ZEALAND, SWITZERLAND, CANADA & USA.

UNITED KINGDOM	*Axmed Shariif Cabbaas*
HOLLAND	*Caydaruus Xaaji Macow*
FRANCE	*Qamar Shariif Haashim*
ITALY	*Maxamed Cabbaas Suufi*
NEW ZEALAND	*Maxamed Cabdulcasiis Max'ed*
SWITZERLAND	*Abukar Maxamed Sadiq*
CANADA	*Abuukar Axmed Camuudi*
USA	*Maxamed Abukar Xussein*
USA	*Shariif Moxamed Cali*
USA	*Maxamed-Noor A. Osman*

Anigoo qof kasta oo loo gaartay xilaalkaas kala du-duwaan oo aad iyo aad u dhib badan u rajaynaayo adkeesi, wada shaqayn, guul iyo midnimo. Wabillahi Towfiq.-

Dr Axmed Shariif Cabbaas, PhD
Guddoomiyaha Shirweynaha Caalamiga Kowaad ee BB, London, UK

Wareysi Guddoomiyaha Golaha Midowga Benaadir uu Siiyey Saxaafadda

Suxufi Cabdulqaadir Cali Abuukar oo ka socda SomaliNet oo faghigiisu yahay waddanka Finland, ayaa wareysi la yeeshay *Dr Axmed Shariif Cabbaas,* Guddoomiyaha Golaha Midowga Bahweynta Benaadir ee UK. Wareysiga wuxuu u dhacay sidatan:-

Su'aal: Guddoomiye, ma noo sheegi kartaa Ururka waxa uu qabto?
Jawaab: 1. Mideynta dadka Reer Benaadir, heshiisintooda, horumarinta arrimaha la xiriirta dhaqan-dhaqaalahooda, hidahooda iyo siyaasaddooda ku wajahan dalka iyo adduunweynaha. Ka dhaadhicinta qabaa'ilka kale ee Soomaaliyeed iyo Dawladda Soomaaliyeedba qadiyadooda, aqoonsigooda, tixgelintooda, ictiraafida xuquuqdooda sharciga ah iyo aqoonsiga dowrkooda siyaasiga ah iyo xaqa ku wada noolaashaha degmooyinkooda asalka ay u leeyihiin. **2.** la shaqaynta iyo xiriirinta hay'adaha Soomaaliyeed oo dhan ee ku sugan waddanka Ingriiska iyo Soomaaliyaba. **3.** Dhiirigelinta xubnaha Reer Benaadir sidi ay horumar ugu gaari lahaayeen tacliinta iyo caafimaadka. **4.** Ku baaqida iyo joogteynta xuriyadda rayiga shaqsiga ah, ku dhaqanka saxaafadda xurta ah iyo dhowrista xuquuqda bani'aadamka. **5.** Diyaarinta iyo ka qayb qaadashada kulamo, aqoon is-weydaarsi, wacyigelin si loo hormariyo dareenkood arrimaha ku saabsan dhaqn-dhaqaale iyo siyaasadeed ee Reer Benaadir. **6.** Dhiirigelinta iyo horumarinta bulshadeena, abaabulid iyo ololeyn barnaamijyo lagu

badbaadinaayo dadka tabaalaysan ee ku sugan Soomaaliya, ugu baaqida adduunweynaha taageerida siyaasadeed ay u baahan yihiin dadkeena ee ku sugan waddanka gudahiisa.

Su'aal: Guddoomiye, sida aan ka warqabno ururkiina wuxuu ka kooban yahay hal Reer oo Benaadiri ah kuma jiraan qaybaha kale ee degan Xamar weyne sida: Morshe, Dhabarweyne, Bandhawo iwm.
Jawaab: Xog aan sugneyn ayaa lagaa siiyay ururkan, waxa lagu aasaasay si wadajir ah ee u wada dhan yihiin xubnaha ay ka kooban yihiin Bahweynta Banaadir oo dhan oo danayneyso iney ka qayb qataan mideynta Reer Benaadir, qabaa'ilka aad ka raybtayna waxay ka mid yihiin Hoggaanka Sare ee Golaha.

Su'aal: Guddoomiye, waxa aad ka qabtaan bayaanka ka soo baxay Xamar oo ku saxiixan odayaal Reer Benaadir ah, waxay taageersanaayeen Shirka Jabouti waxayna ku saxiixna *Abukar Xaaji Aweys (Iskashato), Malaaq Maxamed Cumar (Dhabarweyne), Aweys Cali Bolay (Morshe), Suufi Muude Cali (Bandhawo), Xaaji Muqadam (Camuudi), Abuukar Xaaji Aweys Abasokor (Seddax Gheedi), Abdulqaadir Sheikh Maxamed (Reer Maanyo), Xaaji Xussein Abati (Reer Faqay), Iman Maxamed Mahdi (Asharaaf), Islaw Nur Caburaxman (Yacquub).*
Jawaab: Fadlan, bayaanka aad ka hadleysid dib ugu noqo kama hadlaayo Carta taageeridiisa ama ka soo horjeedkisa, hase yeeshe wuxuu ku baaqaya mideynta siyaasiinta Reer Benaadir.

Su'aal: Guddoomiye, arrinta Ismahurtoy bayaanka Dayniile aan ku aragnay kaddibne aan la xiriirnay Dayniile, waxay inoo sheegeen in arrinta ay ka hayaan warqad caddaan ah oo ku saxiixan *Dr Axmed Shariif Cabbaas, Abukar Bana Aba iyo Maxamed Cumar Baashi.*
Jawaab: Arrintaas waxaan ogahay ineysan waxba ka jirin, hase ahaate qoraalka waxaa qoray qof isku sheegay in uu yahay odey Reer Benaadir ah oo weli qarinaayo magaciisa runta ah iyo cinwaankiisa, faafinta faaladana u isticmaalay magaca Xaaji Axmed oo ah qof aan jirin.

Su'aal: Guddoomiye, waxaa soo baxay isla bayaan kale oo taageersan Ismahurtooy waxaana ku saxiixanaa, *Dr Faduma Xaaji Max'ed Xussein, Col. Amiin Shariif Xasan iyo Dr Munassar.* Arrinta sidee aad u aragtaan?
Jawaab: Arrinta waxba kala ma socono.

Su'aal: Guddoomiye, bayaan cad aad ka soo saarteen Dowlada, shuruudo adagna aad dhexdhigteen, warqadaas waxaa ku qornaa qodob ah in Reer Benaadir ay ka gedisan yihiin dhaqan iyo luqadba ummadda kale ee ku nool Soomaaliya, sidaa darteed Dawladda waa iney Dastuurka ku darta dad kala dhaqan iyo kala luqad ahayn iney ku dhex nool yihiin ummadda Soomaaliyeed.
b-Arrinta iyada ah soo uma aragtaan inaad sheeganeysaan ummad kale? t- Haddii ay Reer Benaadir ay u qaybsamaan laba ummadood soo uma eka inaad kale daadineysaan ummadda Reer Benaadir, una qaybsamaan May iyo Maxaa tiray?
Jawaab: Waxaa xaqiiqa ah in dadka Reer Benaadir ay yihiin dad Soomaali asal ah oo aan gooni ka noqon karin, waxase meesha ku jirta eena xaqiiqada tahay in Soomaalida gobol ku nool dhaqandooda ka duwan yahay kuwa ku nool gobol kale, dhaqanka beeraleyda u ka gedisan yahay dhaqanka xoolo raacatada. Lahjada ama afguriga gobol ay ka gedisan tahay tan gobolka kale, sidaa darteeda, ma saxbaa in la yiraahdo Soomaalida waa isku dhaqan. Tan ku saabsan dadka Reer Benaadir waxaa loola jeedaa dhaqankooda inuu ka duwan yahay kan xoola raacatada. Golahayaga wuxuu u taagan yahay xoojinta midnimada Reer Benaadir taasoo qayb weyn ka ah minimada guud ee Soomaaliyeed.

Su'aal: Guddoomiye, adigoo sheeganaayo Guddoomiyha Reer Benaadir ee UK, waxaad ka qayb gashay Shirka Jabuuti, waxaad heshay jagada Wasiir Ku-xigeenka Wasaaradda Caafimaadka, kaddib waxaad soo saartay dhowr bayaan oo aad ku diidantahay Dawladda. Arrintaa ayada ah ma waxaad saluugsan tahay jagada aad ka heshay Dawladda?
Jawaab: Shaqsi ahaan waxaan ku sheegayaa bayaan ii gaar ah oo aan soo saaray ma jiro, bayaanada aad xusayso waxaa si wadajir ah usoo saaray Golaha Midowga Bahweynta Benaadir ee aniga aan xubin ka ahay. Arrinta la xiriirta jagadeyda, madaxdii khuseysay ayaan ka wada xiriirnay waana la socdaan duruufteyda gaarka ah.

Su'aal: Guddoomiye, mar haddii ummadda Reer Benaadir ay dhibaateysan yihiin, dhibaatada xooga leh ay soo gaartay 10kii sano ugu damabeysay, idinka oo dibedda u joogayna aad ku mashquulsan tihiin bayaano iyo is-qab-qabsi, ummadda maxaad ugu tala gasheen, oo caawinaad ah, adinkoo ka bixi la is-qab-qabsi joogta ah?

Jawaab: Dhibaatada aad xustay waa ay ka siman yihiin Soomaalida oo idil, haba u badnaadeen dadka Reer Benaadir. Bayaanada aan soo saarno waa kuwa ka tarjumaayo himilada dadka Reer Benaadir lagu xalinaayo dhibaatooyinkaas aad xustay. Waxaana mugdi ku jirin in dadkeena ay maanta ku mideysan yihiin xallinta dhibaatadooda, wax is-qab-qabsi ahne aanan ka jirin, shaqsiyaad kooban oo magacyadooda qarinaayo mooye.

Arrinta ku saabsan gar-gaarida dadkeena dalka ku tabaaleysan waxaanu u fidinaa wixi karaankeena ah si gaar ah iyo si wadajir ah, waana arrin aanu ka daaleeynin ku baraarujinta dadkeena ee ku jeeda wax u tarka dadkooda ee ku tabaalaysan dalka gudihiisa iyo dibeddiisa.

Su'aal: Guddoomiye, qolo waliba oo urur samaysata oo dibedda joogta, waxay wax u weydiyaan ururada Samafalka ah, waxayna geeyaan degmooyinkooda iyo goboladoodba. Weli urur Reer Benaadir ah oo wax u tarra dadkiisa xaga daawo iyo wax yaabo kale oo ay u baahanaan lahaayeen oo caawinaada ah ma jiraan. Arrintaa maxaad ka leedihiin urur ahaan?

Jawaab: Ururada Reer Benaadir ee ku baahsan adduunka way badan yihiin, nasiib darro ilaa maanta iskuma xirno, mana iska warhaayaan, waxaa dhici karta in urur ka mid ah ururadaas inuu uruuriyo dawo iyo wax yaabo kale ee u baahan dadkooda, hase yeeshee anaga kama war hayno. Ujeeddada ugu weyn ee Shirweynaha Caalamiga ee Reer Benaadir oo soo socda wuxuu ka mid yahay isku xirnaashaha ururada Reer Benaadir oo dhan ee adduunka ka jiro iyo mideyntooda, sida awgeeda wixi shirkaas ka dambeyana ayaan awood u yeelan karnaa, wixi laga ururiyo ururada Samafalka ee adduunka.

Haddaan u soo noqono Ururka Midowga Bahweynta Benaadir ee UK ilaa maanta kuma kicin hawl nocaas ah, hase yeeshee dastuurka noo degan iyo ujeeddada ururkeena waxay yihiin in aan wax u qabano dadka Reer Benaadir ee ku tabaaleysan dalka gudihiisa.
Qorshahaas oo lagu dhaqaaqi doono waqti dhow haddii u Eebe idmo.

Su'aal: Guddoomiye, Ururka Reer Benaadir ee aad Guddoomiyaha u tahay ma taageersantihiin *Imaamka Cusmaan Maye*? Haddii aad diidantihiinse maxaad ku diidantihiin?
Jawaab: Qof kasta oo Reer Benaadir ah oo u shaqaynaayo danta guud waa soo dhoweyneyna, *Maxamed Cusmaan Maye* waa naga mid yahay. Ujeedadeenu waa mideynta dadka Reer Benaadir meel kasto ay joogaan.

Su'aal: Guddoomiye, adiga iyo *Dr Raajis* waxaa idiin soo dhexgalay hurguf weyn. Arrintaa ayada ah maka heshiisteen ee meel ma isla dhigteen? Mase u ictiraafsan tahay inuu yahay Guddoomiyaha Ururka Reer Benaadir?
Jawaab: Waxaan dood ka taagneen in *Dr Maxamed Raajis* u yahay Guddoomiyaha Ururka SNU oo mideeya dadka Reer Benaadir. Haddaba xurgufta aad sheegeyso oo dhexmartay aniga iyo *Dr Raajis* waa arrin saldhig u ah demoqraadiyada. Dadka waa ay ku kala duwnaan karaan xagga aragtida siyaasadeed, waxaana markasta lama huraan ah tixgelinta qadiyada mideysa aniga iyo *Dr Raajis*, taas oo ah mid labadeynaba naga sareeyso. Waxaan dhaqan u leenahay wixi xurguf ah ee naga dhex dhaca waa naqaanaa waddadii aanu ku xallisan lahayn, taasoo ah wada hadal iyo isfaham. Haddaba, Shirweynaha Caalamiga ah ee Reer Benaadir oo lagu qaban doono cariga Ingriiska wuxuu qayb weyn ka noqon doona xallinta khilaafaadka ee ka jiri kara dadkeena dhexdooda.

Su'aal: Guddoomiye, haddii Soomaaliya gudaheeda gaar ahaan Gobolka Benaadir, Muqdisho, Guddoomiye looga dhigo nin Reer Benaadir ah, ma kula tahay in burcadda wax ka qaban lahaa?
Jawaab: Haa, haddii u nidaam dowladeed shaqaynayo.

Su'aal: Guddoomiye, xaafada Xamar weyne waxaan maqalnay ummadda ku nool iney la kulmaan boob iyo dhac, aysanne sheegan karin dhibaatada haysta cabsi darti, dadkii u maqnaa oo dibedda joogayna aad idinku tihiin, weli ma hor dhigteen adduunweynaha arrimaha gudaha ee idinka haysta guud ahaan?
Jawaab: Arrinta ma ah mid ku kooban Xamar weyne oo kaliya, waxay tahay arrin saameysay dhamaan gobolada iyo degmooyinka dadka Reer

Benaadir ay degan yihiin. Addunweynahana xog-ogaal ayuu u yahay qadiyadda Reer Benaadir maanta, qof kasta oo anaga naga mid ahna meel kasta adduunka haka joogee, waa u bandhigaa dhibaatada ka soo gaartay dagaalka sokeeye iyo sidi wax loogu qabsan lahaa walaalaheena maanta ku sugan dalka gudihiisa.

Su'aal: Mudane Guddoomiye, haddi aad hordhigteen adduunweynaha, ma ka hesheen wax ballan qaad ah ummadda aad ka mid tihiin? Haddi aad ka hesheena ma gaarsiiseen ee wax ma u taray?
Jawaab: Waxaa xusid mudan in aanu u qabanay dadkeena Reer Benaadir ee ku nool gudaha iyo dibedda waxyaabo badan oo aan halkan lagu soo koobi karin. Waxaanu casumnay qoraaga caalamiga ah *Mr Lee Cassenelli*, inuu tago Mombasa ee waddanka Kenya markii dadkeena soo barakacay dagaaladii awgood, wuxuna ka qoray qoraalo farabadn oo lama ilaawaan ah kuwaaso baraarujin ku sameeyay dawladaha deeqda bixiya ee adduunka sida Mareykanka, Canada, Australia, New Zealand iyo dalalka Europe, kuwasoo u oggolaaday in ey degaan dalalkooda ayagoo u ictiraafay xuquuqda qaxootiga caalamiga ah oo ilaa maanta dadka Reer Benaadir si aad ah ugu faai'deysto iyo Soomaalida inteeda kaleba. Sidoo kale dalalkaas adduunka waxay ku deeqaan dadka Reer Benaadir ee gudaha ku nool macaawino bani'aadanimo ah oo aanu ognahay. Sidoo kale waxaa mudan in la xuso qoraaga taliyaaniga *Enzo Biaggi* oo ka mid yahay warfidiyeenada qadiyada Reer Benaadir runta ka sheegay.

Su'aal: Guddoomiye, soo ma wanaagsanaateen in aad shirweyne aad ku qabataan gudaha Soomaaliya, kana soo qaybgelisaan odayaasha waa weyn ee dhaqanka Benaadiriga, kuna xalisaan khilaafaadka yar yar ee idin dhex yaala?
Jawaab: Waxaan ku sheegayaa in dalka gudihiisa iyo dibadiisaba ay ka socdaan shirar isdaba-joog ah oo gaar gaar ah dhamaantooda u adeegaya danta guud ee Reer Benaadir. Xaaladda maanta oo dalka ku sugan yahay waxay nala tahay inuu saamaxaynin shirweyne in lagu qabto sababta oo ah maqnaashaha nabadgeliyada iyo xasiloonida oo saldhig u yihiin amaanka.

Ka qaybgalayaasha Shirweynaha 1aad Bahweynta Benaadir London, UK 8-16 Sebtember 2001

A.Axmed Shiikheey
A.S.Maxamed
A.Sheekhunaa
Aamina Khaalid Macow
Aamina Macallin
Aba Cali Cabbaas Cali
Aba Faqi
Aba Sheikh Abuu
Abaay Cumar Caddoow
Abakar Mohiddiin
Abdulqaadir Maxamed
Abduraxmaan Khalid Macow
Abu Cumar Maye
Abu Sayid Munye
Abu Sheikh Baana
Abuukar Cabdulqaadir Shariif
Abuukar Cali Cabdullaahi
Abuukar Cumar
Abuukar Jeylaani
Abuukar M. Cusmaan
Abuukar Maxamed Abuukar
Abuukar Maxamed Cali
Abuukar Muridi Shiikheey
Abuukar Sheikh Maye
Amiin Cabdulcasiis Xaaji
Amiina Yuusuf
Anwar Cabdalla
Asadi Shariif Sheikh
Avv. Axmed Mohamed Cattiiq
Aweys Amiin Sheikh
Aweys Axmed Iimaan
Aweys Cumar Maxamed

Aweys Khalif Maxamed
Aweys Khamiis Cabdalla
Aweys Sheekh Haddaad
Aweys Xaaji Maxamed
Axmed A. Sheylila
Axmed Abuukar
Axmed Cali Saalax
Axmed Cimi
Axmed Cusmaan
Axmed Cusmaan Saadaq
Axmed Faqi Cilmi
Axmed M. Calawi
Axmed Maxamed Axmed
Axmed Maxamed Busuri
Axmed Maxamed Cadde
Axmed Maxamed Caddoow
Axmed Maxamed Osman
Axmed Same Shariif
Axmed Shariif
Axmed Shariif Cabbaas
Axmed Shariif Nuur
Ayaan Axmed Maye
Ayuub Axmed Imaan
Baasi Aweys
Baazi Sheikh
Badruddiin Cabdulcasiis
Baryaan Axmed Xaaji
Burci Sheiyba Macallin
Caadil Axmed Cabbaas
Caasha M.Aweys
Caasha Maxamuud
Caasha Nuur Cabdullaahi
Cabbaas Nuur Cumar
Cabbaas Shariif Maxamed
Cabbaas Shariif Nuur
Cabbas A. Maxamed
Cabdalla Axmed Camuudi
Cabdalla Muridi Maye
Cabdalla Shariif Sangaaf
Cabdinaasir Axmed
Cabdu Muumin Axmed
Cabdul Awoow Maxamed
Cabdulaahi Cumar
Cabdulaahi Maye Nuur
Cabdulaahi Nuur
Cabdulcasiis Muumin
Cabdulcasiis Xaaji Maxamed
Cabdullaahi Xaaji Cumar
Cabdulqaadir Abuubakar
Cabdulqaadir Cali Boolaay
Caddey Xaaji Macow
Ceydaruus Xaaji Macow
Dahira Khalid Macow
Fu'aad Abuukar Xaaji
Ibraahim Macalin Mursal
Jeilaani Mowlana Sufi
Khalid Macow Cabdulqaadir
Khalif Mowlana Sufi
Maxamed A..Sheikh
Maxamed Aboow
Maxamed Abuukar Shiikheey
Maxamed Abuukar Xaaji
Maxamed Abuukar Xaamuud

Maxamed Axmed Caqiil
Maxamed Caansi
Maxamed Cabbaas Suufi
Maxamed Cadde Mukhtaar
Maxamed Cali Mowlaana
Maxamed Cumar Baafadal
Maxamed Cumar Baashi
Maxamed Cumar Xaaji
Maxamed Guudle
Maxamed Jeylaani Sheikh
Maxamed Khassim Axmed
Maxamed M.Nuur
Maxamed Macallin
Maxamed Maxamuud
Maxamed Maxamuud Iimaan
Maxamed MuridiWali
Maxamed Nuur Cali
Maxamed Nuur Xabiib
Maxamed O. Sh.
Maxamed Rufaaci
Maxamed Saciid Taabit
Maxamed Shariif Cabbaas
Maxamed Shariif Xabiib
Maxamed Sheikh Iikar
Maxamed Shooble
Maxamed Suufi
Maxamed Xaaji Abuukar
Maxamed Xaaji Cumar
Maxamed Xaaji Maxamed
Maxamed Xaaji Xusseyn
Maxamed Yuusuf Axmed
Maxamuud Abuu
Maxamuud Sheeikh
Maxamuud Xaaji Aweys
Mukaram Cabduraxmaan
Xeydar A. Osman
Muniir Maxamed
Munye Sheeikh Cumar
Muridi Abanuur Xaaji
Muridi Zeyn Maxamed
Muriidi Cumar
Muriidi Xuseyn
Mustafa Abuukar
Mustafa Cabdulqadi Shiikheey
Mustafa H. M
Mustafa Sheikh Cali
Muxiddiin Sheikh Nuureyni
Naadiya Cali
Nasra Khaalid Macow
Nuur Cali Axmed
Nuur Cumar Sheikh
Nuur Cusmaan Maxamed
Nuur Khayre C.
Nuur Maxamed Cumar
Nuur Shariif Nuur
Nuur Sheeikh Calawi
Nuuruddiin Xasan
Qamar Shariif Haashim
Rabaab Ceydaruus
Saalax Xaaji Maxamuud
Saalim Macow Xaaji
Saciid Shariif
Sacuuda Xaaji Mohiddiin
Safiya Cusmaan
Safiya M.Cali
Sahiikheey Maxamed

Salim Xaaji Macow
Sayid A.M.
Shariif Maxamed Axmed
Shariif Aba Cali Shariif
Shariif Abuukar Cali
Shariif Axmed Nuur
Shariif Baasheey
Shariif Cali
Shariif Cumar Zeno
Shariif Maxamed Caydaruus
Shariif Maxamed Sayid
Shariif Nuur (Ingiriis)
Shariif Nuur Cali
Shayid Cali Shariif
Sheikh Maxfuud
Sheikh Muxiddiin
Shiikha Mahdi Maxamed
Shiikheey Buuxoow
Shiikheey Cali
Shiikheey Maxamed
Shira Cabdulqaadir Cali
Suldaan Maxamed Cadde
Suldaan Sheikh Cusmaan
Taahir Shariif Xabiib
Xaaji Abuukar Cumar
Xaaji Abuukar Muxiddiin
Xaaji Amiin
Xaaji Bakaari Ibraahim
Xaaji Yuusuf Mayoow
Xaliima Sheikh Amiin
Xasan Abuukar
Xasan Maxamed Axmed
Xasan Maye Nuur
Xassan Axmed
Xuseyn Xaaji Muxiddiin
Yacquub Axmed Xaaji
Yaxya Y. Ibraahim
Zahra Xaaji Cabdullaahi
Zeynab Iikar

QAYBTA 2AAD

Shirweynaha 2aad ee Bahweynta Benaadir
Rotterdam 2002, Dalka Holland

Dulmeer Guud ee Shirweynaha

Ibraahim Macallin Mursal

Iyadoo laga duulaayo go'aanka Shirweynihii Kowaad ee Bahweynta Banaadir ee lagu qabtay magaalada London, dalka Ingiriiska, inta u dhaxeysay 8da ilaa 16ka September 2001 oo lagu ballamay in Shirweynaha Labaad lagu qabto dalka Holland (Fiiri Go'aannada Shirweynaha 1aad boggiisa 6aad, Lambarka 7aad, qaybtiisa 3aad), waxaa halkan lagu tifaftirayaa barnaamijka hawlgalka qabsoomidda Shirweynahaas.

Ku talagalaka:

Shirweynaha waxaa loogu tala galay in dhaqan ilaalin iyo heeb (identity) xajin loogu sameeyo bulshada Reer Banaadir oo dacallada dunida ku kala firdhoontay iyo kuwa dalka Soomaaliya gudihiisa ku barakacsan. Reer Banaadir waxaa si gaar ah loogu xasuuqay markii ay burburtay dowladdii Soomaaliyeed. Nabad gelyadii ay faraha ka baxday, Reer Banaadir waxaa si muuqata ay uga duwanaayeen bulshada Soomaaliyeed inteeda kale, dhaqn-dhaqaale, xadaarad iyo deegaan ahaanba.

Burburkii dowladnimada waxay dadka Reer Banaadir ay badday in lagu sameeyo isir sifeyn (race cleansing), iyagoo si gaar ah loo tiblaayo, waxaana loo geestay dhac, dil, jir-dil, boob, kufsi, barakicin lagu boobay deganadooda iyo guryahooda.

Shirweynaha waxaa kaloo loogu tala galay in lagaga faa'ideysto khibradda iyo waaya-aragnimada saraakiishii madaniga, farsamayaqaano, diblomaasiyiinta, muxaadiriinta jaamacadaha iyo siyaasiyiinta Reer Banaadir ee qurbaha ka hawlgalo amaseba hawlgabka ku ah, si ay si wadajir ah ugu wada falanqeeyaan xaaladda maanta aynu ku sugan nahay, una oddorosaan, ugu sameeyaan si mustaqbal ay tiigsadaan ubadkeena looguna diyaarin lahaa degganaansho, nabad iyo kala dambayna guud ahaan dalka loogu soo celin lahaa.

Ujeedooyinka Shirwynaha:

- In lagu dhex abuuro bulshada Reer Banaadir dareenka jiritaankooda kayaan ahaan, iyaga oo xajisanaaya turaathka qowmiyaddooda.
- In la abuuro aaliyad suurta gelin karo in la xafido xadaaradda, taarikhda, dhaqanka iyo hiddaha soo jireenka qowmiyadda Banaadiriga, si aysan ugu milmin meelaha ay ku kala baahsan yihiin.
- Sidaas oo kale in lagu wacyi geliyo in ay la yeeshaan is-dhexgal wax ku ool iyo mucaamalad bulshooyinka martigeliyay, si qayb wax ku ool ah uga qaatan geedi socodka wax soo saarka.
- In la abuuro heykal u dooda xuquuqdooda aadamiga iyo tan siyaasiga ay dalka Soomaaliya gudihiisa ku leeyihiin.
- In Shirweyne sanadeedka uu u noqdo mid xajiya xiriirka bulshada meel kastoo ay ku nool yihiin, una noqdo khadka toos u xiriiriya.Wixii ka soo baxana ay u noqdaan kuwa jeexa itijaaha fikradahooda ay ku mideysan yihiin.

Mawaadiicda Shirweynaha:

Mawaadiicda Shirweynaha wuxuu leeyahay dhawr weji oo isbarbar socdeen oo mid walabana leh hab maamuus u gaar ah, waxayna kala noqonayaan:

Qaybta Cilmi-baarista:

b- Aqoonyahannada Reer Banaadir waxay soo diyaarinayaan, cilmi baaris ku aaddan, tabaha lagu gaari karo himilooyinka bulshada Reer Banaadir ay higsanayaan. Waxaane diraasooyinkaasi qaab aqoon-isweydaarsi ahaan loogu falanqayn doonaa Shirweynaha. Mawaadiicda diraasadahaasi oo ay soo diyaarin doonaa aqoonyahannada ku xeeldheer mawduucyada iyo macallimiinta Reer Banaadir oo Jaamacadaha adduunka wax ka dhiga.

t- Diraasado ku saabsan maslaxada mustaqbalka siyaasadeed Reer Banaadir; islamarkaasne ah mid suuratagal ah, sida Dowlad Mideysan, Dowlad Federaali ah, Dowlad Midaysan oo leh Madax Banaani Goboleed oo Ballaaran, Dowlado isku darsi amase Maamul Goboleed Madax Banana oo Reer Banaadir u gaar ah.

j- Waxaa kale oo diraasad laga soo samayn doonaa, laguna soo bandhigi doonaa shirka taariikhda halgamaayaasha iyo culumada Reer Banaadir (sida *Sheikh Muxyiddiin Macallin Mukaram, Sheikh Cabduraxmaan Sheikh Suufi, Sheekh Uweys, Sheekh Fakhruddiin, Sheikh Axmed Xaaji, Sheikh Nuureyni, Xaaji Maxammed Xussein, Xaaji Muxiyiddiin Xaaji Cali, Shariif Musalam Cali, Shariif Maxamed Xusseyn Zeno, Shariif Maxamed Ceydaruus* iyo inta kale oo suurta gasho in taariikhdooda la diyaariyo) Ujeeddada waa dadka Banaadiriga qiiradooda halgamaanimada la kiciyo, ubadkana loo diyaariyo taariikh ay ku hirtaan.

Qaybta Bulshada:

Hoggaamiyaasha jaaliyadaha Reer Banaadir, warbixinno ku saabsan meelaha ay ka kala yimaadeen ku saabsan iyo xogwaraanno khuseeya macluumaadka ay ka hayaan dhibaatooyinka iyo xasuuqa jaaliyadahooda ka soo gaareen burburkii iyo dagaalkii ka dhacay Soomaaliya, si loo askumo malaf, loo gudbiyo Hey'adaha Adduunka ee Xuquuqul Insaanka iyo kuwa dabagala dambiilayaasha dagaallada si loo horgeeyo caddaaladda horteeda. Waxayna turxaan bixin iyo daba gal ku samenayaan, go'aankii shirweynaha kowaad oo lagu qabtay London, UK.

Qaybtan waxaa door ka qaadan doono hoggaamiyaasha bulsho iyo kuwa siyaasadeed oo ku caan baxeen daba socodka qadiyadda Reer Banaadir heer kastoo ay gasho, dalka gudihiisa amabase dibaddiisa, siiba tobankii sano ee saxriirta iyo ammaan darrada. Shakhsiyaadka noocaasi ah oo si gaar ah loo casumo, furasadna loo siiyo inay mowqifkooda u sharraxaan bulshadooda qurbaha ku nool, kagana gar baxaan.

Qaybta Hiddaha iyo Dhaqanka oo kala ah:

- *Qaybta suugaanta:*

Suugaanta iyo fanka Banaadiriga ayaa lagu soo bandhigayaa, gabayada , geeraarada, Maahmaahyada, Shiribka, Amaatanka, heesaha iyo muusiga Reer Banaadir, kuwaas oo loo arko in door muhim ah ay ka soo qaateen xajinta turaathka iyo soocnaanta kayaanka Banaadiriga. Waxaana ka soo qayb gelayaan fannaaniinta iyo abwaaniinta reer Banaadir.

Waxaa qaybtan lagaga hadlayaa diraasad laga soo diyaariyay taariikhda fanka Soomaaliyeed, abwaaniinta iyo heesaayada caan baxeen, sida abwaan *Awees Geeddoow, Qaasim Hilowle, Nure Sheikh Nureyni, Macloow Nuur, Suufi Cali, Caasha Cabddoow,Dr Daahir Nuur Raafi,Iikar Sheikh Cali, Cali Cabduraxmaan(Cali Maliixaan), Sheikh Mayow Hallaag, Macow Aw Diinle, Cali Cusmaan Daroog, Faaduma Khaassim Hiloowle* iyo intii kaloo wax laga soo qoro.

Ugu dambeyntii waxaa qaybtaan lagu soo gunaanadi doonaa xafladda xiritaanka Shirweynaha Labaad bandhig faneed, riwaayad amase goos-goos ah oo ay soo bandhigi doonaan hobollada Reer Banaadir.

- *Qaybta farshaxanka:*

b- Bandhig farshaxanka Banaadiriga oo lagu qaban doono goobta Shirweynaha uu ka socdo, sida sawiro gacmeed amase qoritaanka geedaha, farsamaynta dharka alliindiga, dahabka, cillaan saarka iyo khadaabka, tima tidcidda, qalabka loo adeegsado guri qurxinta, farsamada koofiyadaha, iwm.

t- Bandhigga qaabka cunta sameynta oo lagu soo bandhigaayo farsamada cunto samaynta Banaadiriga. Hawshaasi maalin walba waxaa xilkaasi qaadi doono hal degmo amase is-bahaysi dhawr degmooyin. Waa tartan socon doono maalmaha shirweynaha socdo, ugu damabayntiina xafladda habeenka xiritaanka Shirweynaha abaal marinno lagu kala qaadan doono.

- *Qaybta barbaarinta:*

b- Qaybtan waxaa lagu maaweelinayaa, caruurta da'da yar ee cumrigooda u dhaxeeyo 8 ilaa 16 jir. Waxaana lagu abaabinayaa hiddaha iyo dhaqanka iyo caadooyinka u gaarka ah faracooda, muddada shirweynaha uu socdo. Waxaana ka qayb qaadan doono macallimiinta bulshada Banaadiriga, hooyooyinka iyo dadka tarbiyada ubadka ku wanaagsan.

t- Ubadka waxaa lagu baraa xiriirka ka dhaxeeyo wiil iyo waalid, sida loo xurmeeyo dadka waaweyn, waxaa looga sheekeyn doonaa qaabka degaanka ay ka yimideen, taariikhdooda iyo sheekooyinka caruurta lagu maaweeliyo (sida sheeka-sheeko, maanta-maantoo).

j- Waxaa kale oo lagu baraa ciyaaraha caruurta Soomaaliyeed ee Banaadiriga (sida kuu-kuun, nacash, yool-yool, dhuu-dhuumashow, isboortiga shakhsiyeedka, sida oroddada, booddada iwm) si loogu abuuro ruux tartameed.

x- Shirweynaha wuxuu ku habboon yahay in lagu qabto meelaha loogu tala galay xagaa baxa (summer camping resort), si ay u suurta gasho qaybaha dhammaan hawlaha (all activities) in hal meel lagu wada qabto.

Qaabka ku talagalka:

Ku talagalka qaabka hawlgalka Shirweynaha 2aad, waxaa lagu soo faahfaahin doonaa qoraalada kan xigaan iyada oo lagala tashan doono ururada Banaadiriga qurbaha ku nool iyodalka gudahiisa iyo Majliskan, sida:

1. Mawaadiicyada shirweynaha lagu falanqaynaayo oo ku bixi doonaan qaab soo jeedin qoraal la xiriiraan mowduucyada aynu kor ku soo sheegnay, cidda soo diyaarinayso. mowduucyadaasi oo ku baxaayaan badankooda af Soomaaliga, wuxuu qoraaga ku soo diyaarsan karaa afafka Ingiriiska, Carabiga iyo Talyaaniga, saddexda luqadood oo loo badan yahay, tarjumadoodana ay sahlan tahay.
2. Qaabka qaybsashada hawlaha Shirweynaha, hadba urur kasto, dhanka uu isleeyahay farsama ahaan waad dabooli kartaan. Taasine waxaa loola jeedaa in culayska hawsha aysan meel kaliya ku dhicin isla markaasine waqtiga laga faa'iidaysto.
3. Kaalinta maaddiga oo urur kasto oo laysla garto iyo miisaaniyadda Shirweynaha.
4. Madasha, iyo waqtiga Shirweynaha la qabanaayo iyo qaabka degaanka ergooyinka.

Cinwaanka:

Dhammaan ururada, xubnaha Majliska iyo shakhsiyaadka Reer

Banaadir ee jecel inay ka qayb qaataan Qabanqaabada Shirweynaha Caalamiga ee Reer Banaadir, waxay si toos ah ay ula xiriiri karaan: Ururada Reer Banaadir ee London iyo Holland.

Amuuraha loogu doodayo Shirweynaha

- Doorka laga sugaayo Reer Banaadir iyo mustaqbalka dalka Soomaaliyeed. Xaaladda kaadirka Reer Banaadir iyo mas'uuliyadda laga dhawraayo inuu qaado. Jaaliyadaha Reer Banaadir ee qurbaha ku nool kaalinta ay ka geli karaan siyaasadda iyo adeegga bulshada ee dalka gudihiisa.
- Baaris ku saabsan tacdigii loo geystay beesha Banaadir. Saamaynta ay ku yeelan karto xuquuqa Aadanaha. Qaabka ku habboon in loo maareeyo sida xuquuqdooda iyo xurmadooda loo soo celin lahaa, wixii soo gaarayne looga xaalmariyo. Ilaa heerkee arrimahan loogu bandhigi karaa hey'adaha ku howlan Xuquuqul Insaanka.
- Sidee loo abuuri karaa isku xirnaansho iyo aragti guud oo ay ka ambaqaadaan dadka Reer Banaadir meel kastoo ay joogaan. Waddada loo mari karo xiriir amase network lagu bislayn karo wacyi iyo jawi ujeeddadaasi u adeegaayaan.
- Ma habboon tahay, waqtigan xaadirka ah, in la dhiso Hey'ado adeeg bulsho iyo/ama mid siyaasadeed oo kulmiya bahda Reer Banaadir meel kastoo ay joogaan oo lagaga dhawaaqo Shirweynaha 2aad. Haddiise go'aanku sidaasi noqdo, qaab dhismeedkeeda sidee noqonayaa, xeerarka lagu dhaqaayana maxay noqon doonaan. Mabaddi'deese lagu dhisaa.
- Maxay tahay siyaasadda ka tarjumayso himilooyinka Reer Banaadir unadeegeyso amase munaasabka u ah maslaxaddeena inay ka dhalato dalka Soomaaliya. Sidee loogu ololayn karaa siyaasaddaasi in qaab dhismeedka dastuuriga ee mustaqbalka lagu akido.
- Dib u aqrin ku salaysan xaqiiqda taariikhda Banaadir iyo guud

  ahaan tan Soomaaliyeed oo qaab cilmi ah lagu daliishan karo in lagu sameeyo.
- Dhacdooyinkii iyo aathaartii qoraalladii qadiimiga iyo wararkii odayaasheena laga soo wariyay lagu soo uruuriyo.
- Qoraallo looga gol leeyahay in lagu ifiyo taariikh ahaan Reer

Banaadir cidda gacansaarka ay la lahaayeen oo ay danwadaag ahaayeen. Xiriirkooda guud ahaan beelaha kale ee Soomaaliyeed iyo dadka ay boodwadaag ahaayeen. Isbeddelka ku dhacay xiriiradaas wixii ka dambeeyay *dagaalkii sokeeye* oo ka qarxay Soomaaliya. Maxaa la habboon Reer Banaadir inay ku dhaqaaqaan. Raadka uu ku reebay *qaxitaankii* dagaallada ka dambeeyay.

- Qoraallo ku saabsan taariikh nololeedka halgamayaashii Reer Banaadir, si mitaal ahaan loogu soo qaato kartida shakhsiga Reer Banaadir iyo doorkooda hoggaanimo iyo kaalintii ay ka soo qaateen dhismaha Qaran Soomaaliyeed, siyaasad ahaan amase diin ahaan.
- Doorka diinta Islaamka ay ku leedahay jiritaanka kayaanka Banaadiriga, ha noqoto xag akhlaaq, dhaqan, bulsho, garaad, ubad barbaarin iyo aqoon intaba. Sida degaannada Banaadir ay uga hirgaleen barashada culuumta, gaar ahaan majaalistii cilmiga ee culumada Soomaali badankooda ay ka soo aflaxeen.
- Doorka fanka Reer Banaadir iyo wixii uu ku soo kordhiyay guud ahaan fanka Soomaaliyeed iyo bulshada Soomaaliyeed sida uu u saameeyay iyo taariikh nololeedka halyeeyada fanka Banaadiriga oo muusikaada, heesaha iyo suugaanteena dhidibbada ugu aasay. Bulshada Soomaaliyeed dhexdeeda ka dhigay mid ka dhex muuqda, sida fanaaniinta, farshaxanka, muusikada, heesaha iyo wixii soo raaco.
- Warbixinta ururada jaaliyadaha Banaadir oo qurbaha ku nool iyaga oo ka warbixinaaya xaaladda jaaliyadahooda ay ku sugan yihiin, gaar ahaan dhibaatooyinka ka taagan xaagga *isdhexgalka* bulshada, shaqada, midab-takoorka, iqaamada, waxbarashada, barbaarinta ubadka iyo wixii la mid ah. Waxaana laga sugayaa uruurada inay keenaan, inta karaankooda ah, ciddii dhibaato gaar ah ka soo gaaray dagaalkii sokeeye ee dalka ka dhacay iyo wixii qoraallo amase markhaatiyo loo heli karo.
- Furitaanka Shirweynaha waxaa lagu casumayaa marti sharafyo ha noqdeen siyaasiyiin, culumaa'uddiin amase hoggaamiyaal dhaqmeed Reer Banaadir ah iyo marti sharafyo kale, sida madaxda

deegaanka Shirweynaha lagu qabanaayo iyo hoggaamiyayaasha jaaliyadaha kale Soomaaliyeed ee Netherlanad.

· Aqoon isweydaarsi lagu falanqeynaayo, loogana baaraandegayo qoraalladii la soo bandhigay. Doodda waxaa daadihinaayo qoraagii soo diyaariyay mowduuca laga doodayo iyo ciddii ka faallootay, waxayna dhagaysanayaan ka soo qaybgelayaasha aara'dooda, waxayna ka soo saarayaan qoraal kama dambays ah oo cabbiraayo ra'yiga guud ee Shirweynaha.

· Bandhig farshaxanka gaarka u ah Reer Banaadir. Hawshaan waxay u baahan tahay in la helo qalab ku habboon sawiradooda amase sawir gacmeed laga sameeyo. Loona habeeyo qaab bilicsan oo soo jiita daawadayaasha, waxayne kala noqon karaan kuwa la soo iibiyo amase ciddii haysato laga soo ergado, shirweynaha markuu dhammaadana dib loogu celiyo ciddii laga soo ergaday.

· Bandhigga fanka iyo suugaanta Banaadiriga iyo xafladda xiritaanka. Waa hawsha ugu adag oo waxaa loo baahan yahay in la helo heerkooda sareeyo, xirfad ahaan iyo dareen ahaan, abwaano soo xula labeenta suugaanta hiddaha iyo tan casriga Reer Banaadir u gaarka ah jilitaankana ku xeel dheer, caanna ka ah dalka iyo dibaddaba. Bandhiggan wuxuu noqon karaa kuwa goos goos ah iyo kuwa hal mowduuc ka baaraan degaay.

· Casumaadda, soo dhaweynta iyo dejinta ergada Shirweynaha ka soo qaybgalayso iyo wixii la xiriira, sida VISA dal ku galka loo baahdo iyo wixii kaloo arrimahaasi daba yaalliin.

· Diyaarinta raashinka iyo sooryada.

· Qabanqaabada raad-reebka iyo u yeeridda warbaahinta, sida televisionada iyo saxaafadda kale, filim qaadista, isku xiridda internetka, iwm.

Waxaa faahfaahin dheeraad ah laga soo gudbin doonaa ajendada Shirweynaha, qaabka ka soo qaybgalka, tirada ka soo qaybgalayasha, qaaraanka iyo tafaasiisha habsami u socodka shirka.

Hawsha waxay u qaybsan tahay:

Soo jeedin diraasado laga diyaariyay mawaadiicda shirweynaha oo ku saabasan:

b. *Heebta Banaadiriga* Koox barayaal oo ka kooban 2 ilaa 4 ruux, khibradna u leh mowduuca inay soo diyaariyaan, qoraallo ku saabsan *heebta Banaadiriga,* hordhigaanna Shirweynaha. Qoraaga figradihiisa waxaa laga filayaa inay ku salaysnaadaan, jawaabna ka bixiyaan qodobbada hoos ku taxan. Raadraac taariikhi kooban oo ku saabsan *heebta Banaadiriga.* Waxayna ku habboon tahay in culayska aan la saarin tirada qabaa'ilka oo la soo xigto qaab dhismeedka guud ee bulshada.

In la saaro ahamiyadda qayaxidda *qiyamka* (values) bulshada iyo dhaqanka ka tarjumayaan *heebta Banaadiriga* iyo diraasado kale oo la barbardhigi karo oo *taxliilinaaya* meelaha iskala midka ka yihiin iyo/amase meelaha ay ku kala geddisan yihiin dhaqamada reer guuraga amase raacatada.

In laga baaraandego sababaha dhaliyay in Somali Banaadir ay weydo hormoodnimadii siyaasadeed iyo fifircoonidii dhaqaale. Ma waxaa calaw galay *heebta Banaadiriga. Ma jirtaa mise ma jirto ? Sidee rabnaa inay heebteena ahaato? Bulsho ahaan, xaggee kaga aadan nahay guud ahaan bulshada Soomaaliyeed ? Ma odorosan karnaa is-bahaysi siyaasadeed amase cid aan la yeelano wada-shaqayn , marka loo eego xaaladaha siyaasadeed ee maanta dalka ka jiraan? In aan la hawlgelin amase xeendaab la isku oodo, ma yahay khayaar ?*

t. *Ku-xadgudubka xuquuqda Aadanaha iyo sida beesha Banaadiriga ay baylah ugu tahay.*

In la ifiyo ku xadgudubka xuquuqul Insaanka oo loo gaystay Beesha Banaadiriga.

In dareenka Hey'adaha Caalamiga ee Ilaalinta ku-xadgudubka Xuquuqda Aadanaha lagu soo jeediyo tacdiga lagu sameeyay bulshadeena Banaadiriga iyo wax ka qoris, intii la heli karo, xaaladihii tacdi ee dhacay.

j. *Is-baheysi iyo isgashaanbuursi Banaadiri*

Mowduucaan waxaa laga soo diyaarin karaa afar qoraal:

1. Taariikh ahaan dadka Reer Banaadir yay la lahaan jireen gacan-saar siyaasadeed?

2. Muhimmadda ay inoo leedahay inaan lahaano siyaasad midaysan, marka loo eego xaaladda maanta Somaaliya ay ku sugan tahay.

3. Maxaa keenay xaaladda walaahowga aan hadda ku sugan nahay iyo sidii lagu xallin lahaa.
4. Muxuu yahay doorka ay ka qaadan karaan aqoon yahannada, hoggaamiyaasha bulshada, Culumaa'uddiinka, dhallinyarada iyo haweenka, halganka loogu jiro midaynta siyaasadda?

II. *Qaybta doodaha waxaa diiradda lagu saari doonaa mowduucyada soo socda:*

b. *Doorka odayaasha Banaadiriga:*

Mowduucaan waxaa laga soo diyaarin karaa afar qoraallo:

- Xaaladda odayaasha Banaadiriga oo qurbaha ku nool maxay ku sugan tahay?
- Maxay qaban karaan odayaasha sidii loo xajin lahaa *qiyamka,* dhaqankeena iyo heebteena, looguna gudbin lahaa jiilka soo koraaya.
- Doorka odayaasha Banaadiriga muxuu yahay xagga midnimada siyaasadeed ee bulshadeena.
- Muxuuse ahaa doorka dhaqmeed ee odayaasha Banaadiriga.

t. *Doorka Haweenka Banaadiriga:*

Mowduucaan waxaa laga soo diyaarin karaa afar qoraal:

- Faaídooyinka iyo khasaaraha ay leeyihiin door dhaqameedkii haweenka Banaadiriga iyo sida loogu dabbiqi karaayo qurbaha.
- Sidee kor loogu soo qaadi karaa heerka waxbarashada haweenka Reer Banaadir.
- *Taxaddiga* "Challenges", haweenka caruurta ku kaliyaysato oo qurbaha jooga (mararka qaarkoodna hooyadu maqan tahay oo aabbaha uu ku kaliyeesto) iyo jidkii lagu xallin kari lahaa dhibaatooyinka qaarkood.
- Muhimmadda ay leedahay ka qaybgalka haweenka Banaadiriga halganka siyaasadeed ee shacabkeena.

j. *Doorka Dhallinyarada Banaadiriga:*

Mowduucan waxaa laga soo diyaarin karaa afar qoraal:

- Doorka taaariikhiga ee dhallinyarada Banaadir ay ka soo ciyaareen taariikhda Soomaaliyeed.
- Walaahowga *heebta Banaadiriga* ka jirta side u saameyey Dhallinta Banaadiriga.

- Maxaa loo baahan yahay in la sameeyo maanta, si dhallinyarada loogu kaydiyo mustaqbal ifaayo.
- Doorka dhallinyarada ay maanta ka qaadan karto xagga dhismaha bulsho asaaskeedu adag yahay dalka gudihiisa iyo dibaddiisa.

x. *Abuurista Mu'assasaadka*

In lagaga doodo *guddi hoosaadyada* abuuris hey'ado fuliya go'aamada Shirweynaha, mowduucyadii laga doodayna xiriir la leh, sida:

- Abuuris Hey'ad matasha danaha Qowmiyadda Banaadiriga, door wax ku ool ahna ka ciyaarta xagga dhisidda nabadda iyo dib u hishiisiinta Qaranka.
- Abuuris Hey'ad Banaadiri ee ilaalisa xuquuqda Benaadiriga si buuxdana u diiwaan gelisa tacdiyadii iyo xadgudubyadii lagu sameeyay Qowmiyadda Banaadir, xuquuqdoodana difaacda.
- Abuuris Urur Samafal oo fududaysa dhibaatooyinka qowmiyadda Banaadiriga oo dalka gudihiisa ku nool.
- Abuuris hey'ad u hawlgasho xajjinta hiddaha, dhaqanka iyo qiyamka Banaadiriga.

III. *Doorka Urur Goboleedyada Jaaliyadaha Banaadir:*

Shirweynaha waxaa laga jeedin doonaa warbixinno ku saabsan hawlaha iyo waxqabadka Ururrada Jaaliyadaha Banaadiriga qurbaha ku nool, waxaana ka dhex muuqan doono, arrimahan:

- Qiyaas tirada Reer Banaadir oo dalkooda ku nool, xiriirka ay la leeyihiin iyo qaabka wada xiriirkooda.
- Dhibaatooyinka bulshadeed ay jaaliyadda la kulantay iyo cidda isku shuqlisa wax ka qabashada mashaakilladaas.
- Jaaliyadda halka itaalkeedu xooggan yahay iyo halka ay ka daciifsan tahay.
- Xiriirka ka dhaxeeyo jaaliyadaha Banaadiriga iyo Soomaalida kale iyo ururrada jaaliyadaha kale oo aan Soomaali ahayn.
- Sidee ku nool yihiin jaaliyadda Banaadir; xaaladdooda dhaqaale, heerkooda tacliin, shaqo iyo xaalad caafimaad.
- *Taxaddiga* xagga is-dhexgalka iyo haysashada hiddahooda iyo dhaqankooda, bulshada ay martida u yihiin dhexdeeda.

Guddiga Abaabulka Shirweynaha Caalamiga 2aad Bahweynta Banaadir ee Rotterdam, Dalka Holland Sebtembar 2002.

Khudbadda Furitaanka Shirweynaha Caalamiga 2aad ee Bahweynta Benaadir

Caydaruus Xaaji Macow

Walaalayaal, Ergooyinka Shirweynaha,
Saaxibayaal, Goobjoogayaasha iyo Marti sharafta,
Assalaamu caleykum waraxmatullaahi wabarakaatuhu,

Aniga oo ku hadlaya magaca jaaliyadda Bahweynta Benaadir ee Netherlands, magaca guddiga fulinta SBVN iyo magaceygaba, waxaa sharaf weyn inoo ah inaan idinku soo dhoweyno xafladda furitaanka shirweynaha caalamiga 2aad ee Bahweynata Benaadir.

Walaalayaal, Saaxibayaal.

Waxaa haboon in marka hore aan is xusuusino in martigelinteeni hawlaha Shirweynaha ay waafaqsan tahay fulinta faqradaha 3 & 4 ee qodobka 7aad ee Shirweynihii Caalamiga 1aad Bahweynta Benaadir ee lagu qabtay London ee UK, muddadii u dhaxeysay 8-16/2001. Waxaana munaasabadatan ku habboon inaan amaan iyo bogaadin u soo jeedino walaalaheeni Ururka Midowga Bahweynata Banaadir ee United Kingdom oo ahaa hal-abuurayaashii iyo qabanqaabiyayaashii Shirweynahaas.

Run ahaantii walaalaheeni dadaal weyn ayey u soo galeen in ay nagu booriyaan, xallinta dhibaatooyinka na horyaalla, xaqiijinta midnimadeena iyo in aan yeelano barnaamij iyo istaraatiijiyad siyaasadeed oo ku qotonta aragti cilmiyeysan oo lagu jaheynaayo mustaqbalkeena iyo kaalinta aan xaq ugu leenahay Dawlad-wadaag ay u wada dhan yihiin dhammaan beelaha Soomaaliyeed, asaaskeeduna yahay caddaalad sharciyeed aan ahayn qori caaraddiis.

Walaalayaal, Saaxibayaal.

Dunida oo dhan way ogsoon tahay in Shirweynahan wuxuu qabsoomayaa iyadoo weli dalka Soomaaliya ka socda iska horimaad dagaal hubeysan, boob, dhac dil iyo inkiraad loo geysanaayo xuquuqda beelaha qawmiyadda Reer Banaadir. Waxaana intaas u sii dheer in ay socoto been abuur lagu beddelayo khariidada degaaneed ee qabaaílka Soomaaliyeed taariikh ahaan, taas oo ay ujeeddadeedu tahay inkiraad jiritaanka qowmiyadda beelaha Reer Banaadir iyo boob cad oo ku tagrifal ah oo loo geysanaayo dhulkooda iyo xadaaradooda.

Waxaa la wada ogsoon yahay in Reer Banaadir ku dhacay, welina ku sii dhacaayo dhibka intiisa badan, maadaama ay yihiin beel aan hubeysneen oo nabadda jecel, kuna adkeysanayaan in qori caaraddiis, boob iyo dhac inaan Soomaaliya gaarsiineynin nabad, xasilooni, qaran mideysan iyo xukuumad.

Hey'adaha adduunka kuwa dawliga iyo kuwa aan dawliga ahynba waxay qirsan yihiin in Beelaha Qawmiyadda Reer Banaadir ku dhacay dhib badan isla markaan ma aaminsano in aar-goosasho hubeysan wax lagu xalliyo, taasina micnaheedu ma aha inaan ka tanasulnay xaqeeni ee waxaan aaminsanay in wada xaajood loo dhan yahay oo ka fog handdadaad hubeysan, loona siman yahay oo aan is quursi lahayn, lagu gaari karo dib u soo celinta qaranimada Soomaaliya iyo heybadda dawladnimo.

Walaalayaal iyo Saaxibayaal,

Dagaalada sokeeye, waxaa ka soo ifbaxeen dawlado Ismaamul Goboleed iyo wax kale, inkastoo aan arrintaas xal u ahayn dhibaatada maanta Soomaaliya ka aloosan, hase yeeshee waqtigan xaadirka ah waxay daawo u tahay xaqiijinta deegaanka ay beel walba xaq ugu leedahay khariiddada Soomaaliya.

Waxaa xusid gaar ah mudan sidii Reer Banaadir ay dib ugu hanan lahaayeen dhulkooda deegaan ahaan ay kaga aadan yihiin Khariidada Soomaaliya, cidna is weydiinmeyso in 12kii sano la soo dhaafay, waxii shirar iyo shirweynayaal la qabtay si Soomaaliya looga aslixiyo nabad iyo dowlad meel ka xukun leh, wax natiijo fiican oo ka soo baxay ma jiraan, sabatuna waa sidatan soo socda:-

· Beelaha iyo qabaa'ilka Soomaaliyeed oo aan si xaq ah oo wada siman aan gogol lagu wada kulmin, beelahii dhibaato loo geystayna magdhow aan la siinin, cafisna aan weydiisanin.

· Marka la isku dayo dib u heshiisiin waxaa xooga la saaraa beelaha hubeysan, tixgelin iyo mudnaana mar kasta ayagaa iska leh, xittaa haddey gardaran yihiin.

· Beelaha qaarkood waxay ku yimaadaan, Shirweynaha Dib u heshiisiinta dhoor siyaabood, si ay u badsadaan waxii dheef ah oo la qeebsanaayo oo meesha ka soo baxa. Haddaba, waxaan aragnaa inay weli fog tahay, xallinta dhibaatada ka aloosan Soomaaliya, maadaama oo beelaha qaarkood ay ka weecanayaan in si xaq ah oo Allaha raali ka yahay wax lagu qeeybsado.

Walaalayaal, Saaxiibayaal

Shirweynahan waxaa horyaalo, qoraalo cilmiyeed iyo diraasado ay ka soo shaqeyeen aqoonyahanno Reer Banaadir ah, waxayna ka hadlayaan dhibaatooyinka Reer Banaadir sidii wax looga qaban lahaa, waxeyna isku soo biyo shubanayaan in dhibaatada Soomaaliya xal loo helo.

Sidaa darteed, waxaan shaki ku jirin in doodaha iyo talooyinka aad ku kordhineysaan qoraaladaasi cilmiyeed iyo diraasadahaasi in wax weyn ka tari doonto xallinta mushkilada dadkeena Reer Banaadir, madaama Reer Banaadir ay yihiin dad aan dembi ka gelin beelaha Soomaaliyeed, dad aan boobin hanti Qaran iyo hanti gaar ahaaneedba, ayna yihiin dad aan ku maqneen dhiig dadoow. Waa dad lagu tilmaami karo inay murashax u noqon karaan hoggaaminta Soomaaliya ee u daadihinaaya jidka nabadda iyo xukuumad xalaal ah.

Walaalyaal, Saaxiibayaal,

Iyadoo aan loo baahneynin in aan ku dheeraado khuddbada, maadaama tafaasiil badan kala socon doontaan qorallada la soo hordhigi doono Shirweynaha, waxaan ku tilmaamayaa in arrimaha ugu muhiimsan oo ina horyaala uu yahay :-

- Dib u habeeynta iyo sare u qaadida tayada maqaamka siyaasadeed ee Reer Banaadir si uu u noqdo mid la socda duruufaha gudaha iyo isbeddelada ka jira adduunweynaha.
- In aan la nimaado istraatiijiyada iyo qorshe howlgal si aan u soo dhacsano dhulkeena deegaan ahaaneed, kana hortagno taariikh tirtirida maanta ay ka wadaan beelaha qaarkood.
- Maadaama ay Reer Banaadir yihiin beel dhan ka ah dagaalada sokeeye ee maanta dalka ka aloosan waxay micno u tahay inysan jirin qabiil naga tirsanaaya ama naga eed sheeganaaya, isla markaa waxay tilmaan u tahay in Reer Benaadir aysan ahayn daneeystayaal. Sidaas darteed, waa in siyaasiyiinteena iyo aqoon-yahannadeena la yimaadaan hal abuur cusub iyo aragti siyaasadeed lagu daweyn karo dhibaatada badan ee Soomaaliya maanta fooda u saaran, taas oo aad iyo aad uga xun tii sannadahii hore.

Walaalayaal, Saaxiibayaal

Mar labaad waxaan soo dhoweynayaa martida iyo ergooyinka sharafta leh, waxaana dhammaan idiin rajeynayaa caafimaad qab, idinkoo ku mahadsan ka soo qeybgalka aad nagala soo qaybgasheen Shirweynahan, ii oggolaada in aan magaceyga iyo magaciina mahad u jeediyo Heya'dda ODYSSEE oo gacan nagu siisay goobtan aan Shirweynahan ku qabanay, iyo hey'adda FORUM, oo ayaduna nagu kaalmeeysay barnaamijyada iyo hab-dejinta maamulka Shirweynaha.

Waxaa kaloo mahad mudan guddiyadii iyo walaalihii waqti iyo dhaqaale u huray una howlgelay xaqiijinta iyo najixinta Shirweynaha. Waxaa kaloo xusid mudan in aan mahad gaar ah u jeediyo Aasaasihii Ururka Banaadir ee Hollanda, *Dr Cabdulqadir Xaaji Sufi*, oo loo yaqaano *Muridi Golf* oo ahaa ninka dhidibada u aasay Ururka Hollanda.

Ugu dambeyn, waxaan u rajeynaa Shirweynahan inuu ka soo baxo go'aano wax tar u leh xallinta dhibaatooyinka Reer Banaadir iyo guud ahaan Soomaaliya. Waxaan idin rajeynaa Guul. Shirweynaha wuu inoo furan yahay.

Warbixinta Guddoomiyaha Shirweynaha 1aad ee Bahweynta Benaadir

Dr *Axmed Shariif Cabbaas PhD*

Walaalayaal, Saaxiibada Sharafta leh,
Marwooyin iyo mudanayaal,

Marka hore waa idin salaamayaa, marka xigtane waxaa sharaf weyn ii ah anigoo ku hadlaayo magaca Shirweynaha Caalamiga 1aad ee Bahweynta Benaadir iyo kan Golaha Midowga Bahweynta Benaadir ee UK, inaan maanta idinku soo dhoweyno kalfadhiga labaad ee Reer Benaadir oo aanu sharaf iyo qadarinba u yeelanay in lagu qabto waddanka Holland oo ay noo soo abaabuleen walaalaheena deggan waddankan quruxda badan, siiba Ururka Bahweynta Benaadir ee Holland oo amaan iyo salaan kal iyo lab ah u soo jeedinayo.

Ka soo qaybgalayaasha Shirweynaha 2aad ee dadka Reer Benaadir, waxaa lagu wargelinayaa in Shirweynaha Caalamiga Bahweynta Benaadir ee Holland uu galay talaabadii labaad ee Shirweynaha 1aad ee lagu qabtay magaalada London bishii Sebtembar 2001 oo ku soo ifbaxay go'aano oo ay ka soo baxeen Shirweynaha Odayaasha iyo Aqoonyahaanada Reer Benaadir ee ku sugan waddandka Boqortooyda Ingriisiga bishii January 2001. Haddaba, Shirweynaha Kowaad oo qaban qaabadiisa muddo dheer laga soo shaqeeynaayey, ujeedooyinkiisa waxaa ka mid ahaa:

1. Is-barasho, ra'yi isdhaafsi iyo is-xogwareysi dhexmara dadka Reer Benaadir oo afarta gees ee adduunka ku kala nool oo aan is-

arag, isuna imaanin muddo ka badan toban sano iyo inay ka wada hadlaan, kana wada tashadaan sidii u mideeyn lahaayeen fikradahooda ayna wax u wada qabsan lahaayeen.

2. Abuurid jawi iyo nedaam iskaashi xoojiya xiriirkooda walaaltinimo.

3. Soo jeedin talooyin lagu dhammeynayo, laguna turxaan bixinaayo wixii khilaafaad siyaasadeed oo kala soo dhexe-galey dadka Reer Benaadir.

4. In laga doodo qoraalo cilmiyeed ay soo diyaariyeen aqoonyahannada Reer Banaadir oo laga soo jeediyay Shirweynaha hortiisa oo ku saabsan xaalada adag ee maanta ay ku sugan yihiin dadka Reer Benaadir gudaha dalka iyo dibaddiisaba.

5. Xog-waranyo ku saabsan waayo aragnimada dadka Reer Benaadir ay ka kororsadeen dhulalka ay qaxootiga ku yihiin.

6. Sidii loo aqoonsan lahaa xuquuqda dadka Reer Benaadir

7. Doorka dadka Reer Benaadir oo dalka dibaddiisa ku nool iyo sidi ayagoo mideysan uga qeyb-qaadan lahaayeen taakuleynta dadkooda dalka gudahiisa ku bara-kacsan, iyo kuwa ku jira xirooyinka qaxootiga dalalka Soomaaliya deriska la ah.

8. Soo jeedin aragtiyo iyo istraatijiyo looga danleeyahay wax ka qabashada dhibaatooyinka dhaqan dhaqaale iyo bulsho ee dadka Reer Benaadir maanta ay ku sugan yihiin.

9. Ka baaraan degidda barnamij qayaxan oo lagu jiheynaayo mustaqbalka iyo aayaha dadka Reer Benaadir

10. Dhisid guddiyo heer caalami ah oo u howlgala xallinta dhibaatooyinka haysta dadka Reer Benaadir, una dooda xuquuqdooda.

Markii ay dhamaadeen soo jeedinta qoraalada muxaadarooyinka cilmiga ah oo ku saleysan daraasado ay soo diyaariyeen aqoon-yahano iyo wax-garad waayo arag ah, dhammaan dadkii ka soo qeyb-galey Shirweynaha waxey isu qeybiyeen toban guddi hoosaadyo, ka soo dooda, tallooyina ka soo jeediya qodobada kala ah:

1. *Arrimaha Qaxootiga Reer Benaadir*
2. *Arrimaha Bulshada (Caafimaadka iyo Waxbarashada, Haweenka iyo Caruurta iyo Dhaqanka)*

3. Arrimaha Dhaqaalaha iyo Bey'ada
4. Xuquuqda Aadanaha ee Dadyowga laga Tiro Badan-yahay
5. Dadka iyo Dalka Benaadiriga oo la haysto
6. Sugnaansbaha Benaadiriga
7. Hoggaaminta Benaadiriga
8. Bahweynta Benaadiriga
9. Aaya ka Talinta Qowmiyada Benaadiriga
10. Urur Caalami ee Reer Benaadir ah

Dood dheer ka dib, guddi hoosaadyada kor ku xusan, tallooyinka ay ka soo jeediyeen qodobada kore, waxaa loo ansaxiyey iney noqdaan go'aanada Shirweynahana Caalamiga 1aad ee Bahweynta Benaadir waxaana ka mid ah kuwa hoos ku qoran:

1- Arrimaha Qaxootiga Reer Benaadir,

b- Dadka Reer Benaadir oo soo barakacay dalalka dibadda aan weli magangelyo la siinin, Shirweynaha wuxuu dalalka ay u soo qaxeen ka codsanaya inaan dib loo celinin, inta Soomaaliya ay ka yeelaneyso dowlad awood leh oo caddaalad ku dhisan.

t- Sidoo kale, Shirweynaha wuxuu Hay'adaha Samafalka ka codsanaya iney fiiro gaar ah u yeeshaan xaalada dadka Reer Benaadir oo dalka gudahiisa ku barakacsan.

j- In lala xiriiro Hay'adda UNHCR iyo dowladaha martigeliyey qaxootiga Reer Benaadir.

x- In qaxootiga Reer Benaadir laga warqabo, laguna sameeyo tirakoob sax ah oo caddeynaya dadka dal kasta ku nool, ayagoo loo kala saarayo:

- Tirada saxa ee qaxootiga dal kasta ku nool,
- Da'da, Lab iyo dhedig,
- Tirada saxa ee qaxootiga dal kasta sharciga ka qaatey iyo kuwa aan weli qaadan
- Tirada dhallaanka yar yar weli da'da dugsiga gaarin iwm.
- Tirada caruurta dugsiyada dhigata,
- Tirada jaamacadaha iyo machhadyada dhigata,
- Tirada shaqeysa iyo nooca shaqada,

2- Arrimaha Bulshada,
b- Haweenka iyo Caruurta

- In caruurta lagu barbaariyo waxbarashada iyo shaqada, lana garansiiyo iney ugu faai'deenayaan naftooda, dadkooda iyo dalkooda.
- In hooyooyinka lagu dhiiri-geliyo naas-nuujinta dhallaanka, islamarkaasina la baro nafaqeynta dhallaanka.
- In caruurta lagu barbaariyo diinta Islaamka iyo afka hooyo.
- In seddaxdii bilood mar, la abaabulo kulamo ama xaflado caruurta iyo hooyooyinka Reer Benaadir ay isku bartaan.
- In marka guriga la joogo lagu dadaalo in caruurta ay ku hadlaan afka hooyo, si ay u dhuminin sugnaanshahooda.
- In qoyska lagu wacyi geliyo wada jirka iyo isku xirnaanta qoyska, lana xoojiyo khiyamka qoyska oo dhaqankeenna ku saleysan.
- In ururo haween laga dhiso dalalka ay u soo qaxeen Reer Benaadir.
- Waalidiinta inay wanaajiyaan xiriirka ay la leeyihiin caruurtooda, si ay ugu fududaato ku hoggaamintooda waddada suuban (diinta, dhaqanka, waxbarashada iwm).
- Haweenka lagu dhiirigeliyo iney ka fogaadaan gudniinka fircooniga ah.
- Gabdhaha lagu dhiirigeliyo iney waxbarashadooda dhameystaan, kuwa aqal galeyna lagu dhiiri-geliyo iney waxbarshadooda wataan.
- In la iska dhaafo waxyaabaha aan muhiimka ahayn oo kharaj badan ku baxa sida iibsashada dahab iyo arrosyada lacagta badan ku baxaayo.
- In la dhiirigeliyo is faham wanaagsan oo dhexmaro hooyada iyo aabaha.

t- *Caafimaadka*

In la abuuro guddi caafimaadka bulshada wax ka qabta, howshiisana noqota:

- Wacyigelinta arrimaha caafimaadka
- Ka warhaynta xaalada qoysaska Reer Benaadir, gaar ahaan

xagga arrimaha caafimaadka

- Dadka Reer Benaadir aan luqada aqoonin, iney u diyaariyaan turjumaano.
- Iney raadiyaan meelaha gacanta ka geesta caafimaadka bulshada
- Iney bulshada ka waaniyaan cudurada faafa iwm
- Wacyigelin dhibaatada uu leeyahay *Qaadka* ee la xiriirta caafimaadka qofka

j- *Waxbarashada*

- Waalidka kaalin xoog leh inu ka qaato sidii caruurta loo bari lahaa, looguna tarbiyeen laha diinta islaamka iyo afka hooyo.
- Caruurta aan aqoon u laheyn afka Carabiga iyo Soomaaliga, in loo helo kutubo Islaami ah oo ku qoran luqadaha ay yaqaaniin.
- In la adkeeyo waxbarashada gabdhaha Reer Benaadir, maadaama hooyada tahay maclimada qoyska, iyo saldhigga waxbarashada dhallaanka.
- Dhalinyarada lagu dhiirigeliyo iska kaalmeeyaan waxbarashada.
- In lala socdo dugsiyada caruurta ay dhigtaan, loona sheego in caruurta aan la barin wax diinta Islaamka ka soo horjeeda, lagana saaro fasalada marka la dhigaayo diimaha kale.
- Ardeyda sanad walba keena darajooyin sare, loo sameeyo xaflad lagu dhiirigelinaayo, si kuwa kalen ay ugu daydaan.
- Dadka waaweyn iney ku dadaalaan barashada luqada dalalka ay ku nool yihiin.

x- *Dhaqanka*

- In la soo nooleeyo xurmadii odayaasha Reer Benaadir iyo kaalintii ay Bulshada ku lahaayeen ee xallinta khilaafaadka iyo sugidda nabadda
- In la abaabulo shirar odayaasha dhexdooda, si ay uga arrinsadaan mashaakilka, loona madax baneeyo.
- In la kala saaro dowrka siyaasiyiinta iyo odayaasha dhaqanka, qolo kastana ay xilka lagu yaqaano ku ekaato.
- In dadka lagu baraarujiyo qiimaha ay leeyihiin dhowrista hiddaha iyo dhaqanka
- In la soo nooleeyo goobahii taariikheed ee dagaalka sokeeye lagu

burburiyey, iyadoo la dhowraayo asalnimadooda.

3- Arrimaha Dhaqaalaha iyo Bey'adda

b-*Dhaqaalaha*

- In dhallinyarada Reer Benaadir lagu dhiirigeliyo ganacsiga.
- In la abuuro shirkado saamiley oo Reer Benaadir ay leeyihiin, oo nooc kasta leh, sida ganacsiga guud warshadaha, beeraha, iyo kuwo kale.
- In dhallinyarada Reer Benaadir lagu dhiirigeliyo iney ka maarmaan ceerta ay ka qaataan dowladaha dalalka ay qaxootiga ku yihiin, una jeestaan shaqo, iskuna filnaadaan.
- Dhallinyarada ku dadaalaan iney galaan dugsiyada farsamada, si ay u kasbadan aqoon xirfadeed.
- In la abuuro hay'ad maalgelineed oo Reer Benaadir u gaar ah.
- Dadka Reer Benaadir meel kasta ay joogaan iney yeeshaan sanduuq dhaqaale.
- In daraasad ballaaran oo xog uruurin ah laga dhex sameeyo xirfadlayaasha Reer Benaadir sida: harqaanlaha, alliindiga, koofiyadaha, hargaha, mac-macaanka, tababarna la siiyo, suuqgeyntana wax lagala qabto.

t- *Bey'adda*

- Dhirta la jarayo, loona gubayo in laga soo saaro dhuxusha dibadda loo dhoofiyo gaar ahaan degmada Baraawe iyo agagaarkeeda waa jariimad, waana in si deg deg ah loo joojiyaa, taaso degaanka u bedeleysa lama degaan.
- Sunta halista ah oo qaar ka mid ah sharikadaha dalalka warshadaha ku horumaray ay ku daadinayaan badaha iyo beriga Soomaaliya, waa in si deg deg ah looga hortagaa loona joojiyaa, taasoo baabi'ineysa bey'ada oo dhan iyo khayraadka badda.

4- *Xuquuqda Aadanaha ee Dadyowga Laga Tiro Badan yahay*

- In la abuuro Guddi Xaqiiqo-raadis ah oo baaritaan dhab ah ku soo sameeya dhibaatadii dhacday gaar ahaan:
- Diiwaan gelin iyo uruurin dokumenti caddaymo sida kala wareeg hantidii guurtada iyo ma guurtada.
- Dhibaatooyinkii dil, jir dil, kufsi, argagaxin, bara-kicin oo loo

geystay dadka Reer Benaadir.

- In xiriir lala yeesho hey'adaha daneeya xuquuqda aadanaha iyo dadka xoogga loo sheegto.
- In la helo khubaro hawshaasi ku xeel-dheer (Soomaali amase ajnabi) oo lala kaashado.
- Hey'adaha Caalamiga ee shaqada ku leh badbaadinta goobaha taariikhiga iyo dhowristooda oo la hordhigo burburkii gaaray goobaha tariikhiga sida Hay'ada Dhaqanka iyo Cilmiga ee Qaramada Midoobay (UNESCO).
- Ka qayb galayaasha waxay si buuxda u taageerayaan Baaqa Qaramada Midoobay ee Xuquuqda Aadanaha ee Aqaliyaadka oo asaaska u ah horumarinta iyo difaaca xuquuqda dadyowga laga tirada badan yahay, kaas oo horsed u ah siyaasadda iyo dhaqanka waddanka xasiloonidiisa.
- Dhaqan gelinta baaqa qodobadiisa oo dhan wuxuu door weyn ka ciyaari karaa ka hortagga iska hor-imaadyada daran ee ka dhasha beelaha dhexedooda, sidoo kale dadaalka loogu jiro ku soo oogidda nabadda iyo sugnaanshahiisa waddanka gudahiisa, marka dagaalada sokeeye ay dhamaadaan. Hirgelinta Baaqa wuxuu u baahan yahay falgal joogta ah ee hey'adaha ay quseeyso.
- Faafinta dhibaatooyinka dadka Reer Benaadir loo geysto iyo kuwa ka dambeeya sida dilka, kufsiga, dhaca, boobka iwm, loona gudbiyo hey'adaha ku howlan ilaalinta xuquuqda aadanaha.

5- *Dadka iyo Dalka Benaadiriga oo la Haysto*

- Degaanada dadka Reer Benaadir ay degaan wuxuu ka bilowdaa Warsheekh ilaa Raas Kiyambooni.
- In aan shaki la gelin karin midnimada Reer Benaadir, codka siyaasadeedna noqdo mid mideysan oo u adeegaya dadka Reer Benaadir.
- In la dhiso guddi soo ururiya taariikhda Reer Benaadir.
- In la dhiso guddi ka shaqeeya wax ka qabashada dhibaatooyinka Reer Benaadir waddanka gudahiisa.
- In khilaafaad kasta oo ka dhax dhaca dadka Reer Benaadir, lagu xalliyo ayadoo la raacayo dhaqanka Benaadiriga.
- In la dhiso idaacad ku hadasha codka Reer Benaadir.

- In Websaydka www.Markacaddey.com ay noqoto mid Reer Benaadir oo dhan adeegsadan.

6- Sugnaanshaha Benaadiriga

- Benaadir waa dhul xeebeed ay soo degeen dadyow ka yimid asal ahaan dhulalka Carabta, Afrika iyo Persia ayagana magacaasi soo saarey ama bixiyey.
- Dad gaar ah ayaa loo yaqaan Reer Benaadir oo markii hore ku koobnaa xeebaha iyo dhulka u dhow-dhow.
- Reer Benaadirnimo ma aha in lagu dhashey Gobolka Benaadir ee waa u dhalasho asal ahaan ah.
- Aqoonsiga waxa ka mid ah iney yihiin dad nabadda jecel, dhaqan-wadaag jecel oo ku saleysan soo jireen iyo iney ummadda inteeda kale la wadaagaan.
- Iney is jecel yihiin oo caddeyn u ah deriswanaaga.
- Inaan la soo kala dhexgeli karin iyo in khilaaf-kooda ay dhameeystaan, ma jecla in la ogaado dagaalka dhexdooda ah.
- Ineysan jecleen dulmi sameyn iyo jahliga, dhac dad loo geesto, kufsi, iyo dil qof bani aadam ah, taasna waxey ka timaadaa barbaarinta qoyska qofka Reer Benaadir oo ka dhashey.
- Qofka Reer Benaadir waa ruux jecel inu lahaado xirfad shaqo
- Wax yaabaha dadka Reer Benaadir ceebta la ah, dadka qaarkiis wey ku faanaan, tusaale ahaan, qofka wax dhaca, Reer Benaadir waxey u yaqaaniin tuug, tan kale, waxa dadka Reer Benaadir nabad ku raadiyaan, dadka kale dagaal ama xoog ayey ku raadiyaan.
- Dadka Reer Benaadir ma aaminsana ku dhaqanka qabiilka, laakin waxey rumeysan-yihiin qoyska.

7- Hoggaaminta Benaadiriga

- Midnimada dadka Reer Benaadir oo ah laf-dhabarka jiritaankeena waa in la adkeeyo si wada jir ahna looga hortago wax alla wixi carqaladeenaya.
- Qofka dadka Reer Benaadir hoggaaminaayo waa inu noqdo qof Ilaah ka cabsi leh, aqoon u leh siyaasadda, kartina leh, isla markaasina aaminsan qadiyadda Reer Benaadir.
- In muddo hal sano ka dib, la abaabulo, lana qabto Shirweynaha

Caalami 2aad, laguna qabto dalka Holland kharajka ku baxayana iska kaashadaan dhammaan dadka Reer Benaadir dibadda ku nool. Waxaa kaloo jiri doona howl maalmeed loo aadi doono dalka Switzerland arrintaas oo lala kaashan doono guddigooda.

- Abaabulida iyo qabashada Shirweynaha Caalamiga 2aad, waxa loo xilsaarey guddiga UK iyo Hollanda oo ah meesha lagu qabandoono Shirweynaha 2aad ee Caalamiga ee Reer Banaadir

8- Bahweynta Benaadiriga

- Siyaasadda maanta ee Soomaaliya waxaa looga maarmin isbahaysi deegaanada, ay Reer Benaadirku geography ahaan isku xiran yihiin, si waaqici ahna loo abbaaro, arrintaan oo doodeeda socon doonta weli, iyadoo mar walba loo eegi doono danta bahweynta Reer Benaadir meesha ay ku jirto.

9- Aaya ka-Talinta Dadka Reer Benaadir.

b-Heshiisiinta iyo Mideynta Reer Benaadir

- Shirweynaha wuxuu cambaareynayaa sida Dadka Reer Benaadir loogu tilmaamay in ay yihiin kuwa kale *(Others)*, taasoo ah meel ka dhac weyn iyo tacadi loo geystay Reer Benaadir oo sida la wada ogsoon yahay leh taariikh fac weyn iyo xadaarad soo jireen ah. Waxaan bahweynta Soomaaliyeed u soo jeedineynaa in arrintaan la saxo, dadka Reer Benaadirna laga xaal mariyo.
- Soomaaliya dhiig badan ayaa ku daatay, dad badan ayaa ku geeridooday dad badan waa barakeceen, si loo badbaadiyo in dad kalena ayan ku dhiman, bur bur kalena aysan ku dhicin, waxaan ku baaqeynaa in dowladda KMG ah iyo mucaaradka hubeysan iyo kuwa aan hubeysneynba in ay si deg deg ah u wada hadlaan, si nabad waarta loo helo.
- Caddaaladu waa asaaska nabada iyo horumarka dal kasta. Burburkii dalka Soomaaliya dal iyo dadba waxaa loo aaneeyaa caddaalad daro oo ku saleysan eex, qaraaba-kiil iyo sadbursi. Haddaba ayadoo laga faa'ideysanaayo waayo aragnimadaas, maamul kasta oo Soomaaliya ka dhallanaaya waa in si xaq ah iyo cadaalad ugu qaybiyaa waxa ka dhexeeya ummadda.
- Meel kasta ee adduunka Reer Benaadir ay joogaan, in laga dhiso

guddiyo joogta ah, isla markaasina ay yeeshaan xiriir iyo wadatashi joogta ah,

- In laga shaqeeyo sidii loo heli laha xarun dhexe oo isku xirta guddiyada kor ku xusan.
- In la helo hoggaan u qalma howlgelinta iyo mideeynta dadka Reer Benaadir.
- Waxaa aad inoo dhibeysaa in dadka Reer Benaadir ay aad u kala daadsan yihiin, siyaasad ahaana aad u kala qaybsan yihiin, taasoo daciifisay ururka SNU oo asal ahaan ay u lahaayeen dadka Reer Benaadir, sidaas darteed Shirweynaha wuxuu soo jeedinayaa marka hore in odayaasha, culumaa'u-diinka iyo wax-garadka dadka Reer Benaadir ay heshiisiyaan dadka siyaasadda ku kala qeybsamay, gooni goonina u kala istaagey, ka dibna la qabto Shirweyne loo wada dhan yahay.
- Sidaas darteed, Shirweynaha Caalamiga 1aad ee Dadka Reer Benaadir wuxuu ku talinayaa, ka dib markii dadka la heshiisiiyo, lana midoobo, in Shirweyne loo wada dhan yahay lagu qabto dalka gudahiisa, haddii ay duruufta saamaxdo, haddii kale in dibadda lagu qabto, meesha loo arko in ay ku haboon tahay, loona baahan yahay in ay ka soo qayb galaan dhamaan inta waxgaradka ah, culumaaudiinka, iyo odayaasha ku abtirsada Reer Benaadir, Kaas oo lagu jiheynaayo aayaha dambe ee Reer Benaadir, iyadoo hal urur lagu mideysan yahay, si muqlisnimo ahna uga shaqeeya midnimada iyo danaha runta ah ee Reer Benaadir. *Mabda'ana ha noqdo Reer Benaadir waa hal, qadiyadooduna waa hal, deegaankooduna waa hal.*
- In dadka Reer Benaadir u howl galaan sidii ay mustaqbalka isugu diyaarin lahaayeen iney dhistaan hay'ad siyaasadeed mideysan oo ka tarjumeysa himiladooda.

Axdiga Qaranka KMG.

Axdiga Qaranka Ku Meel Gaarka ah oo lagu ansixiyey Shirkii Carta ee Jabuuti, qodobkiisa 1aad, nidaamka jamhuuriyada, baragrafka 6aad waxaa ku qoran:

> *"Caasimada Jamhuuriyaddu waa Muqdisho, waxayna yeelaneysaa xuduud, nadaam iyo sharci u gaar ah"*

Baragrafka kore wuxuu si cad uga tarjumaya fikrad ay mar kasta oo shir nabadeen la qabto ay soo jeedin-jireen qaar ka mid ah siyaasiinta beelaha Soomaaliyeed oo ah in caasimada Muqdisho loo aqoon-sado iney tahay magaalo Soomaali oo dhan ay wada leeyihiin, qolana aan si gaar ah u sheegan-karin, sidaasi dartedna xeer u gaar ah oo lagu maamulo loo sameynaayo.

Islamarkaasi, qodobka 32aad, Baragrafka 1aad iyo 2aad, ee Axdiga kore, dadkaasi oo ka qeybgaley shirweynahaasi waxay ku sharciyeesteen in nidaamka is-maamul goboleed madax-banaan oo loo yaqaan (Regional Autonomy) ay ku maamushaan gobolada ay u dhasheen iyo caasimadaha goboladooda.

Arrintaasi, waxaa loola jeeda in beel kasta gobolkeeda iyo degmooyin-kiisa iney ayaga u gaar yihiin, magaalada Muqdishana ay la qeybsanayaan dadka asal ahaan u leh.

Sidaasi darteed, haddii beelaha Soomaaliyeed badankoodu ay isku raacaan xaqdaradaasi oo ah in Muqdishu ay noqoto magaalo Soomaali oo dhan ay wada leeyihiin, qolana si gaar ah u sheegan-karin, waxa lagama maarmaan noqoneysa in xaqdaradaasi oo saldhig u ah Baragrafka 6aad ee Shirka Carta la bedelo, loona bedelo sidatan:

Caasimada Jamhuuriyaddu waa Muqdisho Magaalo madaxyada 18ka Gobol Soomaaliya ay ka kooban-tahay, oo Muqdishna ay ka mid tahay, waxey yeelan-doonaan xuduud, nidaam iyo sharci u gaar ah oo si siman loogu maamulo, magaalo-madax goboleed oo qolo ama beel si gaar ah u sheegan-kartana aan jirin, Soomaali oo dhan si siman ay u wada leeyihiin, qof kasta oo Soomaali ahna lagama xigo, waana iska soo rashixi(sharixii) kara.

Haddi beelaha kala duwan ee Soomaaliya ay dhib ku tahay ama ay diidayaan iney oggolaadaan in magaalo madaxda goboladooda ama degaanadooda ay Soomaali oo dhan la lahaato, haddaba ma habboona, waana xaq daro in dadka Reer Benaadir lagu qasbo iney ogolaadaan in degaanadooda Soomaali oo dhan la lahaato,

Haddaba, waxa la rajeynaya in beelaha Soomaliyeed ee kala duwan iney dareemaan xaqdarada oo u horseedayo baragrafka 6aad ee Axdiga, sidaasi darteed, qabaa-ilka Soomaaliyeed oo hubeysan waxaa ku waajib ah iney dhowraan xuquuqda iyo karaamada qabaa'ilka Soomaaliyeed oo aan hubka qaadan, dagaaladana ka qeybgelin.

Sidaasi oo kale, waxaa waajib ah in beelna beel kale xoog u sheegan, sedkeedana la hunguri-yeynin ama la boobin, beel kastana fursad loo siiyo iney maamusho gobolkeeda iyo degmooyinkiisa.

10- *Urur Caalami ee Reer Benaadir*
Himilooyinkiisa oo ah:

- In la abuuro aragti mideysan ee dadka Reer Benaadir ee Qarniga 21aad.
- In uu ka baaraan dego in la helo aqoonsi loo mideysan yahay.
- In xiriir lala yeesho Hay'adaha Dawliga iyo kuwa aan Dawliga aheyn.

Ujeedooyinkiisana noqdaan:

- In uu helo qaabkii loo abuuri lahaa ilo dhaqaale iyo saldhig ganacsi.
- In la sameeyo cilmi baaris iyo meel lagu keydiyo taariikhda iyo dhaqanka Reer Benaadir.
- In uu udub dhexaad u noqdo gargaar kasta oo loo fidinaayo dadka Reer Benaadir gudaha iyo dibadda.
- In uu abaabulo barnaamijyo dhinaca waxbarashada si dhallinyarada loogu helo deeqo waxbarasho.
- Inuu u doodo xuquuqda iyo horumarinta dadka Reer Benaadir.
- Dhismo guddi Caalami ah oo u howlgala xallinta dhibaatooyinka haysta dadka Reer Benaadir, una dooda xuquuqdooda.
- Iyo mowduucyo kale oo markaas loo arko inay muhim yihiin.

Haddafkeena waa in dadkeena meel kasto oo ay joogaan isu keeno si aragtidooda dhinca mujtamaca, diinta, ganacsiga iyo siyaasadda ey ka middowaan sidoo kale in la helo qaab loo dhiso Hay'ad Caalami ah ee Reer Benaadir oo uu noqdo Xaruun Caalami ah oo loo adeygasado bilawga mashaariic oo kaalmo u noqdaan bulshoweynta Reer Benaadir waddanka gudihiisa iyo dibaddiisiba.

Sidoo kale ra'yi is-weydaarsigeena wuxuu ku saabsanaa dood cilmiyeed oo la xiriira taariikhda iyo halgankii siyaasadeed ee la xiriira gobonimadoonka, xaaladda iyo dowrka dumarkeena iyo barbaarinta caruurteena, arrimaha qaxootiga Reer Benaadir, xuquuqda aadanaha siiba kuwa laga tiro badan yahay, waxbarashadooda, caafimaadkooda, dhaqaalaahooda, arrimaha bulshanimo, aqoonsiga jiritaankooda, hoggaanimada siyaasadeed, Pan-Benadirismo, lahaysashada degaanadeena, xallinta khilaafaadka dhexdeena, dowrka odey dhaqameedyada iyo siyaasiinta, waxaa si qotodheer ah looga dooday istratejiyadda is-mamul goboleedka ee ku xusan Axdiga Qaranka ee Dowladda KMG ah, qadiyada dadkeena waqitga xaadirka iyo mustaqbilka, xaaladda ay ku sugan yihiin dadkeena dalka gudihiisa iyo dibeddiisa, sidi ay horumar u gaari lahaayeen ha noqdo kuwa gudaha ku haray ama kuwa dibadda jooga.

Si loo howlgeliyo go'aanadaas waxaa loo diyaariyay qorshe fulineed oo warbixinta ku lifaaqan, loona gudbiyay guddoomiyaasha ururada Bahweynta Benaadir ee ka soo qayb galay Shirweynaha 1aad, hase yeeshee waxaa nasiib darro noqotay in qorshe fulineedkaas aan u fulin sidi loogu talagaly, sababtoo ah ayadoo mas'uulintii loo jeediyay fulinta go'aanada oo wax jawaab celin ah laga waayay, hase yeeshe waxaa jira dad rayi ka soo bixiyay sida Ururka Bahweynta Benaadir ee Itaaliya iyo New Zealand.

Haddaba, Golaha Midowga Bahweynta Benaadir ee UK wuxuu ku talinayaa in go'aandii Shirweynaha Caalamiga 1aad ee London ay noqdaan qayb ka mid ah go'aanada ka soo bixi doono Shirweynaha Caalamiga 2aad ee Holland, maadaama muddadii u dhexeysay labada shirweyne ay suurtogeliweyday in la fuliyo go'aanadaas.

Ayadoo laga faa'ideysanaayo dhibaatooyinkii lagala kulmay fulinta go'aaanada Shireweynaha Caalamiga 1aad, si ay u fududaato fullinta go'aanada Shirweynaha 2aad iyo socodsiinta howlaha mustaqbalka, Golaha wuxuu soo jeedinayaa in la aasaaso xoghayn guud oo mas'uul ka noqta fulinta iyo dabagalka go'aanada Shirweynaha iyo howlaha la xiriira.

Waxaa kaloo lagu talinayaa in xoghayntaas guud ay xubin ka noqdaan dhammaan ururada Bahweynta Benaadir ee ka jira adduunweynaha, waxayna la shaqayn doonaan guddoonka meertada ah ee Shirweynaha, kaas oo xeer u gaar ah loogu qeexidoona oo siiqadeedu gacanta lagu haayo.

Sida la ogsoon yahay dadka Reer Benaadir ma laha hoggaan siyaasadeed iyo maamul ay ku mideysan yihiin guddaha iyo dibaddaba, taasina waxay keentay in itijaahooda la garan la'yahay, meel loo raacdana lahayn, loona kala qaybsado kooxa kala du duwan ee ka jira dalka. Waxaa hubaal ah in kala qaybsanaantaas aan meel lagu gaareyn, kuna dayacmi doonto midnimada iyo xuquuqda dadka Reer Benaadir.

Sidaas darteed, Shirweynaha waxaa uu ku boorinaynaa in mudnaanta kowaad la siiyo sidi dadka Reer Benaadir loo mideyn lahaa, hoggaan mideysana ku yeelan lahaayeen, laguna qeexi lahaa siyaasad cad oo aan leex leexad lahayn oo qadiyadda Reer Benaadir wax kasta ka hormarinaya.

Si loo xaqiijiyo midnimada Reer Benaadir, Shirweynaha waxaa loo soo jeedinayaa si looga gudbo kala qaybsanaanta siyaasadeed, in Shirweynaha uu qabto dood cilymiyeed lagu falanqeeyo talooyina laga soo jeediyo arrinta la xiriirta sidi looga dhabayn lahaa mideynta dadka Reer Benaadir, taasoo aragtideena tahay sida soo socota:

- In si rasmi oo daacad ku jirto looga doodo.
- In ergo ama dhambaal loo diro Dalka Soomaaliya oo sida talooyinka Shirweynaha oo la xiriira mideynta, talooyinkaas oo ka mid ah:
- Inta Hoggaamiyaasha ururrada ee Bahweynta Benaadir oo jira gogol la isugu yeero, ayna ka soo qayb galaan xubno matilaayo siyaasiinta, aqoonyahannada iyo waxgaradka, culu'ma-uddiinta, madax dhaqmeedyada, aqoonyaahaanada, haweenka, dhalinyaradda iwm.
- In Shirweynahaas lagu dhiso hal urur oo ay ku mideysan yihiin dadka Reer Benaadir, golohiisana ay ka mid noqon doonaana guddoomiyaasha ururada hadda jira, aqoonyahaanada iyo waxgaradka siyaasadeed ee Bahweynta Benaadir iyadoo hoggaanka si meerto ah (hal sano) loo qaban doono.
- In ururkaas uu yeesho dastuur cusub oo qeexayo in dadka Reer Benaadir ay dhex dhaxaad u yihiin ururada Soomaaliyeed. (Dastuurka oo aan soo diyaarinay isaga oo draft ah oo aanu gacanta ku hayno).
- In Shirweynaha uu magacaabo xubnaha ergada loo diri doono wadanka, kana ansaxiya Shirweynaha wakiilashadooda iyagoo ku hadli doona, matali doona magaca dadka Reer Benaadir ee ku nool dalka dibaddiisa.
- Shirweynaha Shirka Nabadeynta Soomaaliyed ee Nayroobi, waxaan u soo jeedinaynaa in loo diro baaq muujinaayo in dadka

Reer Benaadir xuquuqdooda lagu xad gudbin, baaqaas oo siiqadiisa noqon doonto diidmo in dadka Reer Benaadir aysan ahayn 'others' iyo isbahaysi midna, ayna ka koobmaan qabaa'il sida Soomaalida oo kale, magacooduna yahay Bahweynta Banaadir. (Siiqada Baaqaana aanu soo diyaarinay aana codsanayno in la taageero).

Dagaalada sokeeye ka hor, dadka Reer Benaadir waxay caan ku ahaayeen middnimo iyo walaaltinimo aan kala sooc lahayn, taasoo asaas u ahayd dhaqankeena soo jireenka ahaa oo ku caan ahaa is-qadarin, is-dhowrid iyo is-kaashi. Qabiil kastane waxaa go'aan u gaari jirey odeyaasha qabiilkooda, ayagoo islamarkaasna ay u kala sooc-naayeen arrimaha siyaasadda iyo kan dhaqanka.

Waxaa nasiib darro ah in dagaaladii sokeeye oo burburiyey dalka uu dadka Reer Benaadir u keenay jahwareer dhaqan iyo siyaasadba kaasoo abuuray in la isku qabsado madaxtinimada qabiilka. Waxaa xusid mudan in la tilmaamo in siyaasiyiinta soo xushaan shakhsiyaad iyaga kalsooni ku qaba, aqoonsina aan ka heysanin qabiiladooda, waxaa kaloo jira dalad oo dhowr qabiil ay isku baheysteen, hase ahaate hal qabiil isu arka in ay yihiin dadkii matali lahaa dhinaca dhaqanka iyo siyaasadda. Arrintaan xasaasiga ah, waxaan soo jeedineynaa in uu ka mid noqdo qodobada looga doodaayo Shirweynaha loona saaro guddi hoosaad.

Haddaba, waxaa loo baahan yahay in la helo sidi loo sixi lahaa jahwareerkan soo galay dhaqanka iyo siyaasadda Reer Benaadir oo qof waliba ogaado xadka waajibaadkiisa ayadoo siyaasiga lagula xisaabtamaayo siyaasadda, odey-dhaqankane lagula xisaabtamaayo dhaqanka.

Gabogabo

Ayadoo la tixgelinaayo ahmiyadda mowduucyada aan kor ku soo xusnay ay xambaarsan yihiin, waxaan ku talinaynaa in Shirweynaha u magacaabo guddi hoosaadyo ka soo doodo, talooyinna ka keena arrimaha soo socada:

- Guddi hoosaad u howgalo sidi loo hirgelin lahaa go'aanada shirweynaha 1aad.
- Guddi hoosaad talo ka soo jeediyo habka loogu aasaasi lahaa xoghayn guud.

- Guddi hoosaad talo ka soo jeediya sidii loo xuli lahaa shaqsiyaad xubin ka noqda ergadii loo diri lahaa Soomaaliya iyo dhaqaalihii lagu hirgelin lahaa.
- Guddi hoosaad soo dersa xallinta dhibaatooyinka ka dhashay is-dhexgalka masuuliyadda siyaasadda iyo dhaqanka.

Waxaa warbixinteyda ku soo gabagabeeynayaa, kuna faraxsanhay in uu dhaboobay in Shirweynaha 2aad hirgalo, aanna fursad isu helno in walaalaheyna aan mar labaad wada kulamo, kuwi hore iyo kuwa cusuba, taasoo si kordhineyso faraxeena, wada jirkeena, wada tashigeena iyo midnimadeena.

Ugu dambeyn waxaa mahad iyo bogaadinba u soo jeedinaya walaalaheena Reer Benaadir ee Holland iyo Dowladda Dutchka oo dadaalka weyn ka muujiyey sidii u suurtogeli lahayd qabashada Shirweynaha 2aad ee Bahweynta Benaadir. Shirweynahana waxaanu u rajeyneynaa guul. Idinkuna guuleysta. Wabillaahi Towfiiq.

Ergada ka kala timid dalalka Dibadda oo si feejidan u dhageysanaaya muxaadarooyinka laga soo jeedinaaya hoolka Shirweynaha caalamiga 1aad ee London.

Dhaqanka iyo Is-aqoonsiga Bulshada Benaadiriga

Khaalid Macow Cabdulqaadir

Hordhac

Walaalayaal, Inta la nabadoon yahay ay noolashu caadi tahay, nidaamka iyo kala dambaynta dowladnimo ay sugan tahay, lama dareemi karo baahida loo qabo in bulshada is-aqoonsato amase waxa loo yaqaan *heeb doonka.*

Marka oo uu burbur qarameed dhaco, bulshada dhexdeeda hoog iyo ballaayo ka aloosmaan, kala qax iyo colaad weyn ee sokeeye dhacaan, ayaa ifafaalayaasha loo yaqaan *walaahowga heebta* soo ifbaxaan, sida xaaladda Soomaaliya ay maanta ku sugan tahay.

Indhaha lagama qabsan karo faldarada dhacdada noocaas ah oo ka dhallan karaa burburinta danaha guud ee qarameed, sida nabadda iyo kala dambaynta, ilaalinta hal-kaabayaasha guud, kuwaas oo ay isku beddelayaan mushkilado khaas u ah inta isku bahda ah oo danwadaagta ah.

Waxay arrinta u dhammaanaysaa intii danwadaag ahba inay u hawlgalaan si ay uga nabad gudbi lahaayeen arrintaan marxaliga ah. Haddaba dadkii shalay walaalaha ahaa, wada nolaan iyo macaamalad wanaagsan ka dhaxaysay, sidee ku kala bahowi karaan.

Waxaa shaki ku jirin marxaladdaan in doorka ugu wayn uu yeelanaayo *dhaqanka iyo hiddaha* oo intii ay ka dhaxayso *"values"* iyo gacansaar ay kutlad ahaan isku bahaystaan.

I. Qasdiga Qoraalkan

Warqaddani waxay si kooban u soo bandhigaysaa guud ahaan dhaqanka Soomaaliyeed iyo gaar ahaan dhaqan-hoosaadyada degaanada kala duwan, iyadoo hoostana laga xariiqaayo dhaqanka Benaadiriga. Doodda warqadda waxaa tiir-dhexaad u ah in uu jiro dhaqan guud oo leh astaamo laga helayo meel kasta oo ay joogto Soomaalidu iyo dhaqan-hoosaadyo kala duwan oo ay kala leeyihiin degaannada kala duwan, dhaqan-hoosaadyadaas oo ku saleysan arrimo aan dib ka faahfaahin doono, sida qaab-nololeedka u gaarka ah bulshada degaankaas.

Sababaha warqaddu hoosta uga xarriiqayso Bulshada Benaadiriga, marka laga hadlayo dhaqan-hoosaayada waxaa ka mid ah bulshadaan waxaa la soo gudboonaadey duruufo aad u adag, taas oo loo aanaynaayo qaarkooda dabiiciga ah ee sama jeclaanta, dulqaadka iyo ku xirnaanshahooda dhabta ah ee diinta Islaamka. Sidaas darteedna, lagama fursanaayo in aan Bulshada Banaadiriga aan siiyo sharraxaad dheeraad ah. Ujeedada qoraalkaan ma aha inaan si dhamaystiran u soo bandhigayo mowduuceeyga ee waxaan ula jeedaa in uu abuuro dareen dhaliya dood xoojinaya cilmi baarista iyo horumarinta dhaqanka.

II. Gundhig

Haddaba, burburkii ku yimid qarannimadii, una horseeday kala firdhoonkii bulshada Soomaaliyeed, waxay dhalliyeen baahi jirta in dib loo milicsado dhaqanka hodanka ah ee ummadeenna, kaas oo loo arkaayo inuu yahay buundada mustaqbalka loo aayi doono dib isugu keenidda bulshadii Soomaaliyeed ee kala furfurantay.

Garaadka caqliga wuxuu inoo sheegayaa in cidna goonideeda inaysan xasilooni, nidaam iyo horumar ku gaari karin, cidna kelideeda *jasiirad* iskuma oodi karto, sababaha arrintaas ku wacan laba sababoood ayaa ugu muhiimsan:

Tan koowaad, waa in wadajir loo muujiyo in dadkeena dhaqan, af iyo taariikh fac weyn leeyihiin, isla markaasna laga taxaddaro in ayan dadku u qaadan, gaar ahaan faca ku koraya dhul shisheeye ee qaxa lagu yimid, in Soomaalidu guud ahaan aysan lahayn dhaqan fil weyn oo asaas adag leh.

Tan 2aad, waa waajib Soomaalida wadajir u saaran abuuritaanka dareen ku saabsan ogaanshaha burburka qotada dheer ee ku dhacay dhaqanka, hiddaha, suugaanta iyo dhammaan raadadkii soo jireenka iyo taariikhda ee Qarankii Soomaaliya iyo sidii loo badbaadin lahaa *turaathkeena* kumanaalka sano soo tarmaayay.

Labadaas arrimood haddii la samayn waayo cawaaqib xumada laga dhaxlayo dhibaatadeedu qof kasta way soo gaaraysaa; cawaaqib-xumada ugu daranna waxay ku dhacaysaa ilmeheenna iyo faca soo koraya oo noqonaya wax lunsan oo aan lahayn wax ay ku dhaataan iyo ummad ay ku abtirsadaan oo sharaf leh.

III. Dhaqanka, Luqadda & Diinta

Run ahaan, dhaqankeena guud ahaan waxaa gaaray nabar halis ah oo naafeeyey dhaxalkii soo jireenka ahaa oo ay asaaska u dhigeen awoowayaasheen. Dadka Soomaalida ah ee ku nool Geeska Afrika: Jabuuti, Itoobiya, Soomaaliya iyo Kenya waxaa lagu qiyaasaa in ay dhan yihiin ilaa 20 milyan, waxayna wadaagaan dhaqan, diin iyo hidde. Waxay ku wada hadlaan af Soomaaliga oo lagu tilmaamo in uu ka mid yahay afafka suugaan ahaan ugu hodansan.

Wax kasta oo gumeysigu, caddaan iyo madowba kula kacay Soomaalida, dhul ahaan iyo dad ahaanba loo kala qaybiyey si nacab ah, haddana wuxuu ku guuldaraystay laba arrimood:

1. Duminta afka *(matalan gumaysiga wuxuu ku guulaystay in waddamaadii Africa ee uu gumaysan jiray oo idil in afkooda rasmiga ah iyo kan ay isku afgartaan uu ka dhigo afka gumaystaha, hase yeeshee Soomaaliya wuu ku hungoobay)*

2. Iyo Diinta *(sidaas oo kale diintooda wuxuu ugu beddalay isticmaarka diintiisa)*, taas oo doorka weyn ay ka qaadatay ilbaxnimadii magaalooyinka xeebaha gaar ahaan, marka loo fiiriyo guud ahaan Soomaaliya.

Inkasta Soomaalidu ay degaan, qaab nololeed iyo xirfadeed kala duwan tahay, (Reer guuraa, beeraleey, kaluumeysato, farsamaysato, ganacsato iyo adeeg magaalo), haddana kala duwanaantaas degaan iyo wax soo saarka ah, waxay u adeegtay hodantinimo afeed, dhaqan iyo jiritaan midaysan. In dhaweyd waxaa soo badanayey doodo dadka qaar ku doodaan sida Soomaalidu isku dhaqan ma aha, qaarna difaacaan fikradda ah Soomaalidu in ay leedahay dhaqan mid ah. Labada qolo oo isku khilaafsan labadaan fikradood qolo kasta waxay istaagtaa meel fog oo xag jirta.

Qolo waxay tiraahdaa "Soomaalidu wax ay ku kala duwan yihiin ma jiraan haba yaraatee" qolada labaad oo dhawaan soo baxdayna waxay ku doodaan "Soomaalidu waxay u kala qaybsan tahay degaanno ama qabaai'l aan waxba wadaagin oo wax kasta ku kala duwan, wax isku xiri karaana jirin." Dhab ahaan labadaa doodood, labaduba way qaldan yihiin.

Waxaan qabaa Soomaalidu in ay leedahay dhaqan guud iyo af guud oo ay ka midaysan tahay, haddana isla markaas in ay jiraan dhaqan-hoosaadyo iyo af-guriyo kala duwan, sidii aan hore u soo sheegay. Warqaddaan qaybteeda weyn ee soo socota waxaan ku iftiiminayaa labaa arrimood ee si kooban loogu tilaami karo, kala duwanaan hoose oo dusha ka midaysan.

Mid ahaanta iyo kala duwanaanta noocaan ah waxay keentaa qurux iyo hodontinimo qaran, (*diversity is beauty*), waana qalad in la sharaysto ama laga cararo. Geeraarka hoos ku qoran ayaa laga dhadhansan karaa qaayaha hodontinimo e ay leedahay kala duwanaanta is buuxinaysa:

Dhasha Reer Xamar aa dhar loo ogyahay
Dhaamoow Xaamuudna Dhaan
Dhooweeyda dhulkaay ku dhiiran yihiin
Dhanaanane dhaal qodoow

3.1. *Af-Soomaaliga*

Afka Soomaaliga oo cirif ilaa cirif looga hadlo dhulka Soomaalidu degto oo dhan, iyo suugaantiisa oo si weyn loo curiyo, loona wada dhadhansado, waa astaanta ugu weyn ee muujinaysa mid ahaanta dhaqanka Soomaalida, meel kasta oo Soomaalidu kaga nooshahay Geeska Afrika.

Afka Soomaaliga oo lagu tiriyo bahda luqadaha *Afroasiyaatik,* wuxuu ka tirsan yahay bah-hoosaadda loo yaqaan 'kushiitik' *"Cushitic sub-group.* Af Soomaaligu, inkastoo uu leeyahay qaab oraahyo kala geddisan hadba cimilida degaanka looga hadlo (dhawaaq ahaan, mid cod-dheer, mid dibacsan, mid la taluuliyo, mid la jiid-jiido, iwm), haddana waa wax Soomaalida oo dhan ay isku afgarato, xitaa meelaha lahjadaha kala duwan looga hadlo waa la is wada af gartaa.

Wuxuu noqday Af-Soomaaligu shayga lagu hubsado qofka Soomaalinimadiisa. Tusaale ahaan waddamada aan hadda ku nool nahay, waxuu Af-Somaaligu noqday aaladda qofka Soomaalinimadiisa lagu aqoonsado. Waxaa lagu darsaa qofka Soomalinimadiisa laga shakiyo, waxaa hadalkiisa lagu sameeyaa *taxliil,* mararka qaarkoodana waxaaba loo adeegsadaa *heebta* uu Soomaali ka yahay.

Haddii laga helo weero kala duwan ama kalmado *af-guri* ah, lahjado laga helo degaanada Soomaalida qaarkood, (marka laga reebo afka Baraawaaniga iyo Baajuunida oo labaduba looga hadlo magalooyinka xeebaha ee Baraawe iyo Jasiiradaha Shula iyo Shawaaya), waa in aan loo qaadan in ay luqado kale yihiin, laakiin loo garto in ay qayb ka yihiin hodantinimada Af-Soomaaliga iyo muujinta wejigiisa gaarnimada ah. Afafka adduunka oo dhanna waa sidaas, af kasta waa leeyahay lahjado kala duwan oo midiba midda kale hodonayso, maxaa yeelay waxaa jira erayo ka maqan lahjadaha qaar oo laga helayo lahjad kale oo af-Soomaali ah.

3.2. Dhadhansiga Fanka iyo Suugaanta

Astaanta labaad ee muujinaysa mid ahaanta guud ee dhaqanka Soomaalida waa sida Soomaalidu u tahay dad isku dookh ah, xagga dhadhansiga quruxda iyo farshaxanka. Waxaad la kulmi kartaa hal riwaayad Benaadiri ah oo lagu sameeyey Muqdisho ayna isku si u jeclaysanayaan oo ugu sacbinayaan Reer Benaadir iyo dhammaan gobolada iyo degmooyinka Soomaalida degto oo dhan.

Riwaayad Benaadiri ah oo ku hadlaysa lahjadda Xamariga ah ayaad arkaysaa oo ay wadajir isla jilayaan gabdho iyo wiilal ku kala dhashay deegaanada kala duwan ee Af-soomaaliga lagu hadlo. Isla markaas, haddii riwaayaddaas oo lagu soo agaasimay qaabka *oraahda* Banaadiriga, lagu soo bandhigo deegan kasta oo Soomaali ku nooshahay, waad qiyaasi kartaan sida dadku ugu soo xoomayaan, jacaylka ay u qabaan dartiis, una dhadhansanayaan fanka iyo suugaanta ay xambaarsan tahay riwaayaddu.

Taas waxaa la mid ah dhammaan qaybaha kale ee fanka iyo

suugaanta, sida gabayga, geeraarka, murtida iyo maahmaahyaha. Waa hanti ay wadaagto Soomaali oo dhan, isku si u curiso isku sina u dhadhansato. Tani waa arrin muhiim ah oo Soomaalidu ay kaga duwan tahay Afrika inteeda kale.

3.3. Ku-Tiirsanaanta Diinta Islaamka:

Iyadoo Soomaalida oo dhami yihiin Muslim Sunni ah, diinta Islaamka ayaa xuddun u ah dhaqanka Soomaalida iyo dhammaan dhaqan-hoosaadyadiisa kala duwan. Taasina waa astaanta saddexaad ee caddaynaysa tiirarka middnimada guud ee dhaqanka Soomaalida.

Matalan, asaaska nolosha qoyska waxaa udubdhig u ah *nikaaxa*. Waxaa kaloo badan tusaalooyin hidde iyo caadooyin soo gala xubnaha dhaqanka guudnimo. Roob-doonka *(Istaqfurowga)*, inkastoo asal diineed leeyahay, haddana qaabka loo samaynaayo wuxuu ku salaysan yahay, marka loo eego degaannada kala duduwan, caado Eebbe tuug ama Alle bari ah oo dhammaan degaanada Soomaalida looga wada dhaqmo, waxaana la qabtaa xilliyada ay jiraan abaaro, roob la'aan iyo dabaylaha.

3.4. Caadooyinka Iyo Citiqaadyada

Haddaad u fiirsato Soomaalida meel kastoo ay joogaan waxaad ugu tageysaa caadooyin soo-jireen ah oo ay ku wada dhaqmaan, kuwaas oo ama isku mid ah ama waxyaalo yaryar ku kala duwan yihiin. Caadada Jinni cuudinta, tusaale ahaan, waa caado Soomaalida si weyn uga dhex jirta, laakiin nooca loo cuudiyo(dabeesha), bahda ay tahay, tabta iyo xeeladda loo adeegsado saaristiisa, magacyada uu kala wato:-

Wadaaddo, Beebo, Mingis, Saar, Ayaamo, Nuumbi, Barkiin iwm- cidda saarta, rag, dumar ama isir qoys, intuba waxay ku kala xiran yihiin degaanka bahdaas Jinni laga aaminsan yahay oo cuudisa. Waxaa kaloo jira degaanada qaarkood oo rumeysan in ay leeyihiin Jinni beesha shar iyo khayrba wax la wadaaga, sida xilliyada dagaaladu jiraan oo la aaminsan yahay kaalintiisa ciidan, waxaas oo dhan waxay qayb ka yihiin dhaqanka guud.

Dhaqankaas mid ahaaneed ee muggaas iyo baaxaddaas leh, wuxuu ka kala yimaadaa ama ka soo tarma dhaqan-hoosaadyo ay ku kala duwan yihiin degaanno dadku ku kala uuman yihiin. Cimilada joqoraafi, wax-soo-saar, degaan iyo bulsho, waxaa ka dhex-beerma dhaqan-hoosaadyo, kuwaas oo aan ula jeedo kan gaarnimada.

IV. Dhaqan Hoosaadyada Heebta Benaadiriga

In kastoo sidaas aan soo sheegay Soomaalidu ay u leedahay dhaqan iyo hidde lagu wada garto oo ay wada wadaagto, haddana waxaa jira dhaqan-hoosaadyo kala jaad ah oo degaanada kala duwan qaarkood gaar u leeyihiin.

Degaanka Benaadir wuxuu ka mid yahay degaanada lagu yaqaan dhaqan-hoosaadyo hodon ah. Sidaa awgeed, dhaqan-hoosaadka Benaadirigu wuxuu mudan yahay in tusaale ahaan loogu soo qaato iftiiminta sida ay u jiraan dhaqan-hoosaadyo astaamohooda gaarka ah leh, kuwaas oo hodonaynaya dhaqanka guud ee Soomaalida.

Hiddaha uu caanka ku yahay degaanka Benaadir waxaa ka mid ah bandhig-sannadeedka lagu magacaabo Shirta ee ka dhaca degmooyinka Benaadir iyo Istunka ee laga ciyaaro degmada Afgooye, ayna leeyihiin dad asalkoodu beeraleey yahay, xigmada ka dambeysana aan ka fogeyn midka shiribka, waxaana lagu muujiyaa Alle bari iyo is wargelin wixii la soo dersay bulshada sannadkii tegay.

Murtida Shiribka Istunka qaabka dhismeheeda haddaan tusaale ka soo qaadano waxaa ka mid ah:

- *Waraaba-doonkaa yimidey, Ninboow walaalkaa wax u sheeg*
- *Galabtaan geeri gar waaye, garyaqaan geeri ma diido*

Laakiin caadada Shiribka waa cayaar laga dheelo Xamartii qaddiimka ahayd, kala guurka sannadka. Shirta waxaa loo arkaa in uu yahay shey kheyreysi ah ee Eebe loogu baryaayo in uu ka xijaabo waxyaalaha xun xun ee ku soo socda iyo in ay guul gaaraan. Shirta waxaa caado ah in ay ka horreeyaan quraan akhris aad u fara badan iyo duco wareejin oo loogu talagalay guud ahaan beesha in loogu xersi xero.

Waa nooc banaanbax guud oo bulshada ay siiso xurmo iyo qaddarin gaar ah. Waxaa kaloo loo arkaa in uu yahay is garabsi iyo kala warqaadasho wixii soo dhacay iyo is cafin, iyadoo dhacdooyinkii loo kala warqaadanaayo qaabka isgaarsiin suugaaneed oo xikmad iyo murtiba ku dhan tahay: waxaanna ka mid ah:

- *Ninka caado ceeb ka yeelay cilmigiisuu ku ciyaaray*
- *Asalkeey seed ku ogaatay eri leed ilaaliheeysay*
- *Goobtii goonle ka guuro, gawac shire aa ku caweeya*

4.1. Hiddaha Benaadiriga

Caadooyinku waxay ka mid yihiin hiddaha ummadi leedahay. Hidduhu waa soo-jireen ka soo dhex baxaa ama ka dhex dhasha habka nolosha bulshada, sida habka loo labisto, cuntada loo cuno, xafladaha iyo aroosyada loo qabto. Waxaa kaloo ka mid ah sida dadku isku ixtiraamo, xiriirinta deriska, caruurta, waayeelka, dumarka, culumada (qaabka loo duceysto sida Alla bariga, Siyaarooyinka) iwm.

Caadooyinka waxaa saameyn ku leh diinta, dhaqanka, degaanka, hodantimada, saboolnimada, aqoonta iyo wax-soo-saarka bulshada. Bal ka feker caadooyinka ay ka mid yihiin Istunka, Dabshidka, Istaqfurowga, Roob-doonka iwm. Hidde waa astaan xilli nololeed oo waqti socotey, kaddibna noqota astaan jirta oo bulshadu leedahay.

4.2. Guurka iyo Dhaqan Hoosaadka Benaadiriga

Muraayadda laga daawado dhaqanka iyo hiddaha bulshada waxaa ka mid ah guurka, iyadoo hidde iyo suugaan ahaanba laga dhex arki karo nolosha dadkaas. Guur ku salaysan 'doonis' wuxuu maraa heerar kala geddisan. Guurka, matalan, qayb ka mid ah dadka Reer Benaadiriga ah wuxuu maraa dhowr marxaladood:-

Tan hore, haweenka ayaa bilaaba tillaabada doonista. Haweenkan oo ah reerka wiilku ka dhashay waxay qabtaan howl hordhac ah, iyagoo soo ogaanaya in gabadhaasi guur u banaan tahay iyo in kale. Waxay la kulmaan hooyada iyo xigtada dumarka ah ee gabadha, waxayna u gudbiyaan dareen hordhac ah oo ku saabsan in wiilkoodu soo doonan doono iyaga gabadhooda.

Tan labaad, marka dumarku dareen kala qaataan, ayaa loo gudbaa akhyaar rageed oo ka kooban xigtada wiilka iyo odayaasha reerka oo daaha ka qaada xaajadii ay hoos dumarka ka wadeen, iyadoo loo soo gogol- fariisanayo reerka gabadha laga doonayo.

Tan seddexaad, gogol-fariisigan wuxuu noqonayaa mid la isku soo dhoweeyo oo hab-maamuus iyo qurux huwan. Waxaa fadhiya goobtaan dad xul ah oo ka soo kala jeeda labada dhinac oo isguursan doona, waxaana dhinaca wiilka ka socdaa, sheegtaan muraadkooda, iyagoo dhahaya "Waxaan u soconnaa xaajadii hoos laga soo waday, kor u qaadkeeda, oo ku saabsanayd gabadhiina 'Hebla Hebel' oo loo doonaayo wiilkayga 'Hebel Hebel'. Markaas, dhinaca kale, waxay ku dhawaaqaan in ay gabadhii bixiyeen oo oggolaadeen in wiilkoodu guursado gabadhooda.

Halkaan, isla waqtigaan guddoonka gabadhu dhacay, waxaa dhinaca la siiyey gabadha bixiyaan 'Xaadir' *(Waxaa lagu magac daraa Qallin geesmo)* oo loola jeedo yarad iyo sooryo isla socda. Wixii intaas ka dambeeya waxaa loo ballamaa waqtiga uu dhacayo aroosku, ka dibna noqda qoys cusub oo mujtamaca ku soo biiray. Tix suugaaneed oo wax ka oranaysa munaasabadda guurka iyo doorka odayaasha, waxay leedahay:

Guul waaye haddaad gargaarsatay,
Gabar waa heshay oo gaduudan
Galcalkeeda galeey gu'eed go'day,
Guulo ha kaaga yeelo

Doorka odayaasha ee dhinaca Suluxa ayaa qayb weyn ka ah xeerka iyo dhaqanka Benaadiriga, kaas oo saldhigiisu yahay dhaqanka bulshada iyo diinta Islaamka oo qayb weyn ka qaatay ilbaxnimada iyo horumarka ay bulshadaan ka gaaratay dhinacyada nolosha nabadda iyo xasiloonida.

Mar kasta oo bulshadaan ay soo food saarto xurguf bulshadeeda. Xallinta khilaakfa waxaa door weyn ka ciyaara oday-dhaqmeedyada oo ay horseedayaan culu'maa-udiinka, waxaa wax walba saldhig u ahaa Afar Faattaxa, iyagu aad u adeegsan jiray suugaanta. Geeraar hoos ku qoran ayaa tilmaamaya qiimeynta iyo tixgelinta odeyada ka ergeeya nabadda.

Gibilkaaga haddii la googooyo, god lu geeyo gumaar ku fuulo
Gogoshaada haddii la soo galo, gar-lu siiyo guhaad ma yaalo
Muslimiinta Mashaa'iq-doodaan ahay, waa nii soo muraaday
Madaxiina masaaibtoo u dhacdaan u socdaa maslaxaan wadaa

Gabagabo

Maanta dalka Soomaaliya, dad iyo dalba, waxay ku jiraan dhibaatadii ugu weynayd ee soo marta taariikhdda. Qaranka dumay, dowladnimada faraha ka baxday, malaayiinta aan waxba galabsan oo laga dhigay wax dhintay, kuwa naafoobay iyo kuwa la barakiciyey oo qaxootinimo la baday.

Asaaskii aqoonta, raadkii taariikhda iyo dhaxalkii ilbaxnimadii qarniyada badan soo dhismaayey waa la burburiyey. Waxaa intaas ka daran oo la burburiyey dareenkii iyo niyaddii ummadnimo ee dadka isku haysey, waxaana halis ku jirta dhaqankii, hiddihii iyo afkii la wada wadaagay.

Murtida hoos ku qoran waxay cabirayaan dareenka dadkii reer magaalka ahaa ee Reer Benaadir, ayagoo ka yaabay dhacdooyinkii lagu burburiyey dad iyo dalba!

. *Xandhadaada manaa la xoogaayo oo xaakinkii xukmiheeynin, Xamar*
waa la xumeeyay xaraamida waa xoogeeysteen xashaa li-laahi.
. *Rasaasta manaan ka soo roorin, rab cad waa la ridnaan lahaay,*
waa soo raja yeeshay ruux iyo raxan waa kala roon yihiin.
. *Dugaag soo duushay dal waa dumisaa, Duulyahoow diin looma duubtoo*
Da'yartaanya iyo duqoowdeena, Wax deefan dareen la'waaye
. *Damacooda dukaan dadoow dumiskiis, Dadne waa dibi-deeysahaayaan*
Deeqdaa ad dayeeysid aa la dafaa, Dilmo waaye wixii danbeeyo
. *Tirfid iyo tuug aa tanaadoobeen, Tacab waa tegey teembadiis,*
Tabad iyo tabaark, toowxiidka Tawaabka ku tiirsanaada

Inkastoo dalka badi wada dumay, haddana Xamar ayaa duntay waxay la mid tahay hoygii guud ee dhaqanka ummadda Soomaaliyeed ayaa gubtay. Dhismooyinkii taariikhiga ahaa, taalooyinka, madxafyada, jaamacadahii, kutubta, golayaashii aqoonta iyo arkiifiyooyinka dhammaantood waxaa hoy u ahayd Muqdisho.

Sidaas darteed, dhaqankii qurxoonaa ee Soomaalida, maanta waa dhunsan yahay, waxaana xil weyni saaran yahay dadka dagaalka sokeeye ka caynta oo badankood qurbaha jooga. Iyaga ayey la gudboon tahay wixii la samayn lahaa ee badbaadinta dhaqanka.

Abwaan Axmed Naaji oo ay si qoto dheer u taabatay burburka Muqdisho, magaalo madaxdii Soomaaliya oo uu goob-joog u ahaa iyadoo la kala feenanaayoo, wuxuu ka yiri tixdan:

Xamarey yaaku xaal marinaaya?
Xudunteyda meeshii ku xabaalneyd
Xigto iyo walaalaha xaruntood aheyd
Xeebta geeska Afrika xurmad laheyd
Xasil iyo ammaaniyo xornimmaan ku joognaye
Xamar waa lagu xummeyaye yaa ku xaal marin doona

Waxaan qoraalkeeyga ku soo gunnaaadayaa maahmaahda tiraahda: *Waa la doogsani yaan la daracoon!* Dibaatadaan waa laga bixi doonaaye ha la iska ilaaliyo kala cararka iyo nacayb-abuurka iyo waxyaalaha berri marka la miyirsado laga shallaayi doono "*Ka baxaa ka baarama*".

Sawir xusuus ah ee ka qaybgalayaasha Shireweynaha Caalamiga 2aad Bahweynta Banaadir ee Rotterdam, Sebtembar 2002.

Sawir xusuus ah ergada Boqortooyada Ingriisiga ee Shireweynaha Caalamiga 2aad ee Rotterdan, Sebtembar 2002

Sawir xusuus ah ka qaybgalayaasha Shirweynaha Caalamiga 2aad Bahweynta Banaadir ee magaalada Rotterdam, Sebtembar 2002

Jahwareerka Heebta Banaadiriga

Sayidcali Shariif Maxamed

Hordhac:

Rabbi wuxuu khalqiga u uumay qolo-qolo (qowmiyad) iyo qabiil-qabiil, si ay isku aqoonsadaan. Baahida is aqoonsiga loo qabo ma ahan wax daruuri u ah nolosha banii'aadanka, maxaa yeelay Ilaahay wuxuu aadanaha ku mannaystay caqli iyo garaad uu ku kala garto xumaha iyo samaha noloshiisana ku maamusho, karti iyo u jajabanaan uu aadanaha intiisa kale uu kula dhaqmana wuu siiyay.

Runtii is-aqoonsiga waxaa loo baahdaa oo keliya marka duruuf ay timaado oo aad u baahato cid aad isku xaalad tihiin aad isgarabsataan oo aad is-bahaysataan. Arrinta isbahaysiga badanaa waxay ka abaabulantaa inta isla dhalatay oo dhiig wadaagga ah (ha noqoto qoys, reer, qolo amase tol).

Tolka (qowmiyadda) waa inta dhaqan, hiddo, degaan iyo xeer-wadaagga ah. Waxaana isku xira *qiyam* ay wada qaddariyaan iyo shareeca Ilaahi ah oo ay hoggaansamaan. Haddaba waxa keenay bahda Banaadiriga inay maanta is-heebsato waa burburkii ku yimid guud ahaan bulshada Soomaaliyeed, *qiyamkii* oo is wada rogay, xaaraanta la xalaalaystay, *cirdiga, maalka iyo nafsadda* aadanaha la bannaystay, cadow iyo arxan laysku dhex yaacay.

Jahawareer iyo walaahow ayaa bulshadii Banaadiriga kala dhex galay. Arrintu ay noqotay: *Ninbow naftaa, Nabiyow Umaddaa.* Qof, qof kale u ciidamiyo la waayay oo ay noqotay: *an waa bukaa, adna waad buktaa; laba buktooy, ma is-baanisaa.* Jugta waxay la kulantay Reer Banaadir oo *qabardaar* ah oo qof kasto adduunkiisa iska bursanaayo. *Naftu orod bay kugu aamintaaye,* qoys kasta halkii lugtiisa gaarsiisay ayuu badbaado ka doontay.

Waa la kala shakiyay, markaas ayaa qof kasto isweyddiyay, *tolow,* tan dhacday ma Reer Banaadir ayay u gaar tahay. Horta yaa Banaadiri ila ah oo aan isku hallayn karaa. *Cidihii dalka gudihiisa aan uga soo dhaqaaqnay maxay ku sugan yihiin? Ficiltankana maxaa keenay?* Su'aalo fara badan ayaa shakhsiga Banaadiriga ku soo butaaceen. Jahwareer heebayd ayaa shab la yiri.

Bulsho iyo Qabiil

Waxaa ugu horeyntii loo baahan yahay inaan isweydiino ka hor inta aanan la guda gelin su'aalada kor ku qoran, waxaan in yar halkaa aan ku soo qaadayaa waxa uu dhismaha bulshada Soomaaliyeed ka yiri *Gen. Maxamed Ibrahim (liiqliiqato),* fiiri buuggiisa Taariikhda Soomaalida *"Dalkii Faca Waynaa ee Punt",* boggiisa 20 iyo 21:

"Dhismaha bulshada Soomaaliyeed waxay u qaybsan tahay qoys, jilib, reer, qolo iyo tol oo inta badan ku salaysan abtirsiinyo amase iskaashi daneed. *Qoyska* wuxuu ka koobmaa nin iyo xaaskiisa oo ah naagtiisa iyo caruurtiisa, *jilibku* waa qoys faracmay oo qaybsamay; *reerku* waa dhawr jilib oo isku tagoog ku abtirsada, *qolo* waa intii isku isir ah oo isku abuulan ka soo faracantay, waxayna ka koobmaan dhawr reer; *tolku* kama asaasmo dhalasho keli ah, wuxuu ka koobmaa intii isku dan, xeer, qaaraan iyo degaan wadaagto.

Qabiil wuxuu beddelay *qolo,* waana eray carbeed oo Somaalida ka soo galay iyo xiriirka dhaqameed oo ay carabtu la lahayd, kumana habaysna dhismaha bulshada Soomaaliyeed. Eraygaan carbeed waxaa aad u dhaqan geliyay gumaysigii dalka qabsaday oo ay dantiisu ahayd kala qaybinta Soomaalida si uu ugu fushado xukunkiisa gumaysiga. *(Liiqliiqato)"*

Haddaba, dhammaan dadka la magac baxay Banaadiri inkastoo aysan ahayn dad isku wada isir ah, waxay ka wada tirsan yihiin *"tolka"* ama *"qowmiyadda"* Banadiri. Taas micneheedu waxay tahay in isku xirnaashahooda uusan ka asalmin dhalasho keliye, balse sal u yahay diin, xeer, dan, dhaqan iyo degaan. Awoowayaasheena waxay si gaar ah isugu mashquuliyeen in si dhab ah u horumariyaan xiriirkooda ilaa laga gaaro dhismo qowmiyad midaysan oo xubnihiisa is qadarinaaya, is-taageeraaya, isku kalsoon, si nabad ahna u wada nool.

Derbiga wuxuu ka samaysan yahay dhowr dhagax laysugu keenay iyadoo la isticmaalaayo cajiin shemento ama cajiin nuuriyo. Haddii aan isku dayno inaan ka saarno derbiga cajiintaas, waxaan shaki ku jirin in derbigaas uu dumaayo. Sida derbiga oo kale *tolka* wuxuu sii jiri karaa keliye haddii sii jiraan waxyaalaha isugu keenay sida danta, dhaqanka, degaanka iwm. Haddii arrimahaas dood la geliyo, waxaa dhumaya waxyaalaha sal u ah isku xirnaashaheena, kaddibna waxaa dhici doonaa in qowmiyadda Benaadiri kala furfurmo.

Haddii Caqligu Taliyo

Jahawareerka maanta aan ku jirno, ma aha mid ka abuurmay rabitaankeena, waa xag Ilaahay ka yimid, xigmadda uu ka leeyahana isaga keliya ayaa og. Haddane, Ilaahay, sidii aynu hordhaca ku soo sheegnay, wuxuu ina siiyay caqli aan adduunkeena ku qunsano. Xikmadda noloshana waa hal abuurka iyo currinta caqliga aadamiga. Ilaahay dad *(xaaladda ay ku sugan yihiin)* kama beddelo, haddii iyaga waxa nafsidooda ah aysan beddelin. Isbeddelka aad rabtid kuma imaan karo si caadi ah ee wuxuu u baahan yahay caqligaaga iyo muruqaaga inaad adeegsato. Nabigeena SCW ayaa laga soo wariyay, markii su'aal laga weydiiyay, inuu yiri hadal micnihiisu yahay: *"awrtaadana dabro, Rabbigaadana talo saaro".*

Haddaba, ma aha inaan isku mashquulino inaan baadigoob u galno *heeb* cusub oo ay na qaaddo caatifadda ee waa inuu caqliga shaqeeyaa. Reer Banaadir marna taariikhda intii ay jirtay kama soocmin dunta shacbiga Soomaaliyeed uu ka samaysan yahay. Bulshada Reer Banaadir waxay weligeed ka qaadan jirtay door horseednimo qadiyadda dhismaha kayaanka Soomaaliyeed, ha noqoto xag horumarin dhaqaale, bulsho, camiridda dalka iyo siyaasadba.

Soomaaliya waxay weligeed lahayd saldig ay ka midaysan tahay; dhaqan ahaan, luqad ahaan iyo diin ahaan, inkastoo lagu kala duwanaan karo, hab-nololeedka, (raacato, tacbato, kalluumaysato, nolol magaalo-joog iwm). Burburkii ku yimid qaranka Soomaaliyeed ayaa u horseeday inuu shaki ummadda kala galo oo wixii shalay loo arkaayay guul, maanta in loo arko guuldarro.

Marka haddii uu caqliga taliyo, laguna hawlgalo, dibna loogu laabto wixii ay Ummadda midaynaayay, gaar ahaan bulshada Reer Banaadir.

Gebogebo & Talooyin:

Waxaa dhaqan noo ahaa boqolaal sano in khilaaf kasta naga dhex dhasha in lagu dhameeyo wada hadal. Waxaa hiddo iyo dhaqan u laheyn inaan wada tashano, si wadajir ahna iskula raadino xal munaasib ah, khilaafaadkeena iyadoo marna maslaxadda qofka, jilibka ama qabiilka laga hormarin maslaxadda qowmiyadda Banaadir.

Waxaa lagu xoojin karaa jiritaanka qowmiyadeena in sii dhab ah dib u soo nooleeyno xiriirkeena suubanaa oo ab-jirka ahaa, inaan ka dhalino isku kalsoonaan dhameestiran dadkeena dhexdooda iyo inaan ka hortagno ka horumrinta maslaxadda shakhsiyeed tan aan wada leenahay. Waxaa naga soo gaaraya dalka inay jiraan afar urur siyaasadeed oo ay wada sheeganayaan inay ku hawlan yihiin hirgelinta danaha qowmiyadda Benaadir.

Haddaba, waxaa habboon in si toos ah xiriir loola yeesho madaxdooda, sii loo ogaado dhab ahaan ulajeeddada iyo hadafka ururadaas. Ogaanshaha arrimahaas waxay noo fududeyn doonaan inaan sii dhab ah u ogaano waxyaalaha ugu wacan khilaafaadkooda, kaddibna waxaan fursad u yeelan doonaa inaan u raadino khilaafaadkaas xal munaasib ah.

Dadka kale oo aan dan ka laheen loolanka hoggaaminta ama madaxtinimada waxaa nalaga doonaya inaan olole ballaaran ku qaadno arrimaha hoos ku sheegan :

- ka hortagga afkaarta ku salaysan u kala qaybinta qowmiyadda Banadiriga midib ahaan.
- Diiddmada u kala qaybinta qowmiyadda Banaadiriga isir ahaan.
- Abuuridda hey'ado samafal oo u adeega bulshada, kana taakuleeyo xagga horumarinta xirfadahooda, caafimaadka, waxbarashada iyo xoojinta *nashaadaadka bulshada rayidka ah.*
- Sidaas oo kale in la abuuro hey'ado ku takhasusa ilaalinta deegaanka, xafidaadda *turaadka,* ururinta fanka iyo suugaanta.

Ugu dambayntii in la helo hey'ad u guntata, sidii lagu yiqiini inta ay jirtay taariikhda Soomaaliyeed. Door ka qaadashada arrimaha nabadeenta iyo dib u dhisidda Qaranka Soomaaaliyeed.

Sawir xusuus ah ka qaybgalayaasha Shirewynaha Caalamiga 2aad Bahweynta Banaadir ee Rotterdam, Dalka Holland 2002

Sawir xusuus ah ergada Boqortooyada Ingriisiga ee Shirweynaha Caalamiga 2aad ee waddanka Holland -Rotterdam Sebtember 2002

Sawir xusuus ah ergada Boqortooyada Ingriisiga ee Shirweynaha Caalamiga 2aad ee waddanka Holland -Rotterdam Sebtember 2002

Nabadeynta Soomaaliya iyo Nidaamka Is-Xukun Goboleedka

Maxamed Abuukar Xaaji

Walaalayaal,

Ergooyinka sharafta leh ee ka soo qeyb-galay Shirweynaha Caalamiga 2aad ee Bahweynta Banaadir waad salaamantihiin. Mowduuca aan ka hadlaayo wuxuu ku saabsan yahay: Mowqifka Bahweynta Reer Banaadir ee Nabdeynta Soomaaliya iyo Nidaamka ls-Xukun Goboleedka .

Soomaaliya waxey muddo 12 sano ku jirtaa dagaal qabiil oo wax ujeeddo iyo faaido aan laheyn, darsiga keliya oo laga helayna yahay in dalka Soomaaliya usan ka jirin hal qabiil oo ku andacoonkara inu ka tiro ama ka xoog badan yahay qabaa'ilka kale ee Soomaaliyeed.

12kii sano ee Soomaaliya dagaalka ka socdey, dowlad la'aantana la ahaa, waxa soo ifbaxday in qabiilku oo u ku gacan sareen karo goobo dagaal oo kooban, hase yeeshe weligiisna si kama dambeys ah qabiil kale dagaalka uga guuleysan karin, taasoo micnaheedu yahay dagaal qabiil oo aan dhammaad laheyn oo lagu baaba'aayo, ugu dambeystiina dhimasho iyo qasaaro ma ehee, weligiis hal qabiil aan ku guuleysaneynin.

Waxa Soomaaliya burburiyey, sharafta iyo karaamada dowladdnimadana ka qaadey wuxuu ahaa qabiil, haddana waxa nasiibdaro ah in qofka ka dhashey qabiil hubeysan in uu isu arko inu ka sareeyo ama ka tiro iyo awood badan yahay qabaa'ilka kale ee Soomaaliyeed oo aan hubka qaadan, taasina waxey keentey in qabaa'ilka aan hubeysneen loo arko kuwo aan miisan leheen, sidaas darteedna, sedkii qaranka ay ku lahaayeen aan la mid eheyn sedka kuwa hubeysan, taasina ay keentey in la iska-dhega tiro magacoodi asalka ahaa, loo bixiyo magac si adag ay u diideen oo ah (others).

Sida la wada ogsoonyahay howlaha nabadeynta iyo dib u heshiisiinta Soomaaliya waxa saameyn weyn ku leh dowladaha xadka la leh Soomaaliya oo ururka IGAD u xilsaaray nabadeynta Soomaaliya iyo qaar ka mid ah dowladaha Carabta o ka soo jeeda dowrkii Jaamacadda Carabta, ayagoo aaminsan inuu xil ka saaran yahay xallinta dhibaatada Soomaaliya.

Shirarka Nabadeynta Soomaaliya ee fashilmey oo idil waxa la abaabuley lana qabtey ayadoo dowladaha u xilsaaran abaabulidda iyo qabashada shirarka nabadeynta ay isku qilaafsan yihiin habka, ajendaha iyo meesha shirka. Dowladahaasi ilaa maanta khilaafaad weyn ayaa ka dhextaagan, waana adag tahay in xallinta dhibaatada Soomaaliya ay aragti mideysan ka yeeshaan, taaso u sabab ah, ayagoo si gooni ah u kala taageersan kooxaha iska soo horjeeda ee Soomaaliya.

lntii ka dambeysay sanaadkii 1992 oo dowladda Mareykanka ciidamadeedi ay kala baxdey Soomaaliya, door sidaasi u weyn dowladaha Midowga Yurub kuma lehayn arrimaha nabadeynta Soomaaliya, sidaasi darteed, masiirka dadka iyo dalka Soomaaliya wuxuu ugu jirey kuna soo koobmay dowladaha ku jira lGAD iyo qaar ka mid ah dowladaha Carabta, kuwaas oo awood u leheen in meel mariyaan go'aanada lagu gaaro shirarka nabadeynta Soomaaliya.

Sidaasi darteed, waxa lagama maarmaan ah inta aan la qabanin Shir Nabadeed iyo Dib-u heshiisiin Soomaaliyeed, in marka hore la xaqiijiyo in dowladaha safka hore ee IGAD, Dowladaha Jaamacadda Carabta, Dowladaha Midowga Yurub iyo Mareykanka ay aragti iyo mowqif mideysan ka yeeshaan siyaabaha loo xallinaayo dhibaatada heysata Soomaaliya, kaalin weyna ka geysanayo hirgelinta go'aanada lagu nabadeynayo Soomaaliya, islamarkaasina dowladaha Midowga Yurub, Mareykanka iyo Dowladaha Jaamacadda Carabta ay u horseedayaan qeyb weyna ay ka qaadanayan nabadeynta iyo dib- u-dhisidda Soomaaliya.

Hab qabiil wax ku qeybsato, taasoo fogeysay rajadii laga lahaa in la helo Dowlad qarameed oo maanta dalka hanato.

Waxgaradka Soomaaliyeed oo dhan waxey arkeen in qabiil uusan beddeli karin qaran, dowladna qabiilku ku dhismi karin, dhamaantooduna waxey isku raacsan yihiin in qabiil khasaare ma ehee, wax faai'do ah laga keyneenin. Haddaba, waxa haboon in khaladaadkaas la isa soo hordhigo, si fiicana loo darso, maadaama ay yihiin waxyaabihii fashaliyey meelmarinta go'aanada shirka nabadeynta.

Sida la wada ogsoon yahay Shirka Nabadeynta Soomaaliyeed waxa lagu talajira in lagu qabto Magaalada Eldoret, Kenya 15ka Oktoobar 2002, waana suurtogal in mar kale dib loo dhigo, shirarkaasi ilaa maantana waxa laga haya xog kooban oo ku saabsan ajendadiis, tirada iyo habka ka qeybgalka ergooyinka iwm.

Mabda' ahaan ergooyinka ka qeyb galaya Shirarka Nabadeynta iyo Dib u Heshiisiinta Soomaaliya guud ahaan, gaar ahaan shirka la filaayayo in bishaan dhammaadkeeda lagu qabto magaalada Eldoret, Kenya, waa in looga qeybgalo ayadoo ujeeddadu tahay in nabad iyo dowlad qarameed oo caafimaad qabta la helo ee ma aha in looga qeyb-galo ayadoo ujeeddadu tahay sedbursi iyo is-quursi qabiil.

Haddaba, waxa lagama maarmaan ah in Shirka Nabadeynta ee nagu soo food leh oo lagu qaban doono magaalada Eldoret Kenya, loo abaabulo qaab ka geddisan sidii loo abaabuley 13kii shir ee hore, ajendaha iyo habka ka qeyb-galkiisuna noqdaan kuwa u horseedaya in Soomaaliya ay hanato nabad waarta, ayadoo laga fogaanayo habka ay Soomaali wax ku wada qeybsato saldhig looga dhigaayo sida qori qaadashada la isaga horeeyo, taasoo la arkay iney sii qeybisay dadka iyo dalka, nabadii la raadinaayeyna sii fogeysey.

Waa hubaal, in dowladii qabiil lagu dhiso, qabiil kasta oo Soomaaliyeed oo u tartamaayo inuu tiro wasiiro badan dowladaasi ku yeesho, sida la arkeyna, habkaasi waxa ku dhalata dowladaha adduunka ugu wasiiro badan, uguna saboolsan, islamarkaasina ugu tayo hooseysa, wax qabadna aan laga sugeynin, taasoo aan ka tarjumeynin baahida qarameed iyo awooda Soomaalida maanta oo burburtey.

Waxa habboon in arrintaan sii daacad ah looga fiirsado, lana helo xal caaddil ah oo Soomaaliya ay ku noqon karto qaran mideysan, siyaasaddiisuna ay yeelato hal cod oo mideysan, awoodana u sheegan, sidaasina ay horumar dhan kasta leh ay ku gaaran. Eexda iyo caddaalad wuxuu ku dhax dhici kara gobolka gudihiisa, maadaama ay ku wada nool yihiin beelo kala duwan oo kala tiro iyo awood badan, suurtogalna ah in gobolka ay awood ku yeeshaan beesha oo u ka dhashey qofka madax ka ah xukun goboleedka.

Haddaba, xeerka loo dejinaayo is xukun goboleedka Soomaaliya waa inu noqdaa nidaam aan ku xad gudbeynin, ilaalinayana xuquuqda beelaha aan hubka qaadan, una oggolaanaya iney maamushan qeybta ay ku leeyihiin Gobolka iyo Degmooyinkiisa.

Xaalada maanta Soomaaliya ay mareyso oo ah nidaam oo dhan burburey, waxa keliya oo badbaadi karo jiritaanka iyo midnimada dalka waa dowlad qaran oo mideysan dalka si maraaxil ah ugu gudbiso nidaamka is xukun goboleedka.

Sida la wada ogsoon yahay, gobolada dalkeena aad bey u kala duwan yihiin, sidaasi darteed, inta aan la hirgelinin is-xukun goboleed, waxa ka horeeya in gobol kasta la darso, lana waafajiyo shuruudaha iyo xeerka oo u ku dhismi karo ama aasaas u noqon kara jiritaanka Gobol iskiisa isu xukuma sida tirada dadka, baaxada dhulka, saldhig dhaqaale, gaar ahaan dakhli lacageed ama dhaqaale gobolkaas soo geli karo, ayadoo gobolada qaarkood ay isku filan yihiin qaar kalena ay u baahan yihiin in dhaqaalahooda la kabo islamarkaasina qabaa'ilka ku noolna ay kala tiro badan yihiin.

Muddadaas 12ka sano ah gudahooda, waxa la abaabuley lana qabtey 13 shir nabadeyn iyo dib-u heshiisiin, waxaana kasoo baxey go'aano kala duwan oo dadweynaha Soomaaliyeed ay ku rajo weynaayeen in si kama dambeys ah loogu heshiiyo, dagaalada sokeeyena lagu soo afjaro, dalkana lagu nabadeeyo, laguna dhiso dowlad Soomaaliyeed oo dalka oo dhan nabad ku mideyso, caddaalad ijtimaacina ku maamusho, una horseeda in kheyraadka dalka dadka oo dhan si siman oo caddalad ah ugu faai'deystaan.

Qaabka abaabullidda iyo ka qeyb galidda shirarka aad bey u kala duwanaayeen, waxaane ugu dambeeyey Shirkii Carta oo kooxaha hubeysan ee Soomaaliya badankoodu aan ka qeyb-galin, sidaasi darteedna, la saadaalinaayay in dowladda Shirkiii Carta ka dhalata awood buuxda u yeelan-doonin nabad ku mideysan dalka, ilaalinta xuduudiisa, dadka iyo dalkana ku maamusho sharci dastuur waafaqsan. Nasiib daro, shirarkaasi oo dhan wey fashilmeen, dalkana weli nabad kama jirto.

Haddaba, waxaa habboon in dadka Soomaaliyeed ay is-weydiiyaan, haddii qabiilku yahay hooyada wax kasta oo xun, sida caddaalad darada, eexda qaraabakiilka, gardarada, islaweynida, colaadda, dilka iyo dulmiga, weligiisana khasaare ma ehee wax faa'ido aan dhalin, haddaba soo ma haboona in laga fiirsado aragtida ah in qabaa'ilka Soomaaliya ay kala tiro iyo xoog badan yihiin, ayadoo Soomaaliya aan ka jirin wax tira-koob dadka, lagana fiirsado in qeybsashada awooda siyaasadeed ee Soomaaliya lagu miisaamo, laguna saleysiiyo sida loo kala hub-qaadasho badan yahay.

Muddo 12 sano Soomaaliya kama jirin Dowlad dalka oo dhan maamusho, sidaas darteed, waxaa la burburiyey wax kasta oo qiime leh ee dalka lahaa, ayadoo qabaa'ilka hubeysan ee Soomaaliya ay muddadaasi ku dagaalamaayeen sideey xoog ugu qabsan-lahayeen talada dalka ha ahaato heer qaran ama heer gobol. Madaxda qabaa'ilka hubeysan wey ogyihiin in dagaalada qabiilka laga daalay, qabiilna inuu meel dad gaarsiineynin, khasaaro iyo dhimasho ma ahee, faa'ido kale aan keeneynin, hase yeeshe madaxdaasi waxaa ka xoog badan xaalada dagaalka sokeeye dhaliyey ee ku tiirsanaanta qabiilka, loona arko inu aasaas u yahay xaqiijinta sedka qabiilka oo ka heli-karo talada dalka

Muddadii 12ka sano ee dagaalka sokeeye dalka ka socdey, qabiilku waxa la moodey inu qaranka ka qiimo badan yahay, hase yeeshe, markii qabaa'ilka hubeysan ay kala xoog badin waayeen, qaar ka mid ah waxey dhulkii ama gobolkii qabiilkoodu degaan ahaan ay ugu badanaayeen ka sameeysteen wax ay ku magacaabeen maamul goboleedka ama is-xukun goboleed, caddeeyeyna in dhulkaasi ama gobolkaasi ayagu gaar u leeyihiin, taaso macnaheedu yahay in nidaamkii dowladda dasturiga ahaa lagu beddeley nidaam gobolo ku tiirsan qabiil iyo milisiya hubeysan, halkaasina qabaa'ilka hubka aan qaadan ee gobolkaas degan kaalintooda ku aadan maamulka gobolkooda laga yaabo inaan fursad loo siinin.

Dagaaladaasi qabiiliga ah oo muddada dheer socdey waxaad moodaa inuu dadka ilawsiiyey in laga hadlo dhismo qaran mideysan, hadalka xoogiisuna noqdey is xukun goboleed, taas oo u sabab ah eex iyo caddaalad daro oo dowladihii hore ay ku keceen. Sababta loo doonaayo is xukun waxa ka mid ah ayadoo laga cararaayo eex iyo caddaalad daro oo hoggaanka qaranka mideysan ay ku kacaan, ayadoo beelaha gobolka wada dega ay si caddaalad iyo sinaan ku dhisan ay iskoodi isu maamulaan, beelna beel kale aan ka sare marin.

Fanaanada Faduma Qaasim (Feynuustii Fanka) iyo ergada haweenka Bahweynta Banaadir oo ku heesaya heesaha waddaniga ah

Asalka Burburka Soomaaliya iyo Saameynta Reer Benaadir

Maxamed Jeylaani Sheiih

Dunida aanu ku nool nahay, wax walba oo agagaaraheena ka dhacaaya waxay leeyihiin sabab la xiriirta dhacdadaas, ma jiraan wax iyaga iskood isaga dhaca oo aan ka soo jeedin ama aan xiriir la lahayn dhacdo kale. Arrintaan waxay inoo caddeynaysaa in dhacdada Soomaaliya ee dagaalkii sokeeye ay ka soo jeedo dhacdooyinka ka horeeyey oo isir ahaan ay ka soo jeedo.

Dalka Soomaaliya dhibaatooyinkii la soo maray iyo kuwa iminka lagu sugan yahay waxaa loo aaney karaa in ay ka soo jeedaan 1954kii, kaddib markii xisbigi SYL uu ka leexday mabaadi'disii halganka ee looga soo horjeeday isticmaarka, gacan saarna la yeeshay isticmaarka, si ay u ilaashadaan danahooda.

Haddii aan dib u milicsano taariikhda dhaqdhaqaaqyada siyaasadeed ee Soomaaliya waxaan arkeynaa in:

· Qaramada Midoobay u xilsaartay maamulkii wasaayadda Ummadda Soomaaliyeed Dowladda Talyaaniga, ayadoo cuskaneeysa go'aankeeda fulinta ee lambarkiisu ahaa 289 ee sanadka 1949, una cayintay la taliye, dowladaha kala ah: *Masar, Filibiin, Kolumbiya iyo Libeeriya.*

· Borqortooyada Ingiriiska oo Soomaaliya markaas isticmaarsaneysay, ayadoo go'aanka Qaramada Midoobay meel marinaysa, waxay si buuxda ugu wareejisay maamulka Wasaayadda Talyaaniga ee Soomaaliya 1dii bisha Abriil 1950.

· Maamulka Wasaayadda Talyaaniga oo fulinaaya codsigii Golaha La tashiga (Consiglio Territoriale) wuxuu oggolaaday in 12kii Oktoobar 1954 in calanka Soomaaliyeed oo dhex taagan calamada Ummadaha Midoobay iyo kan Talyaaniga uu ka ban-bano cirka Soomaaliya dhushiisa.

Bishii Febraayo 1956, waxaa la abaabulay in dalka laga hirgaliyo doorasho guud ee Golaha Shacbiga (Consiglio Legislativo), waxaanna la dhaqangeliyey bisha Abriile 1956, lana magacaabay Mudane *Cabdulaahi Cisse Maxamuud* in uu noqdo Raii'sul Wasaaraha, islamarkaasna uu u soo dhiso dowlad.

Golahii wasiirada ee la dhisay, waxay noqdeen kuwa u adeega isticmaarka, xilkii lagu aaminayna waxay u isticmaaleen daneysi shaqsi ah, markaas waxaa si aan mugdi ku jirin u soo baxday qayaanadii ugu weyneyd ee hoggaankii SYL ee loo geystay Ummadii Soomaaliyeed, gaar ahaan dhaqdhaqaaqii siyaasadeed ee Ummadda Reer Benaadir oo xilligaas gacan saar iyo wada shaqeyn la lahaa ururka SYL.

Reer Benaadir waxay ahaayeen dad Reer magaal ah, weligoodana waxay u halgami jireen xurriyadda, madax-bannaanida iyo wada jirka iyagoo soo dhoweyn jiray wada shaqeynta iyo midnimada ummadda, waxay Reer Benaadir lahaayeen taariikhdaa fog, waxayna qeyb libaax ka qateen halgankii gobonimadoonka Soomaaliya, markii xuriyadda la qaatayna, waxaaba abuurmay mashaakilkii ugu weynaa ee cadowtooyada ummadda Reer Banaadir iyo ku xadgudubka xuquuqdooda.

Iska dhaaf waxa kale, arrintaan waxay saameyn weyn ku yeelatay in dadkii Reer Banaadir oo xisbiga SYL aasaaska u ahaay ee u soo halgamey naftooda u huray sida:
Cabdulqaadir Sakhaawediin, Xaaji Max'ed Xuseen, Max'ed Cismaan Baafi, Dheere Xaaji Dheere, Max'ed Cali Nuur, Sheekh Ciise, iyo kuwo kale oo horseedka ka ahaaba, in laga fogeeyo taladii xisbiga iyo maamulkaba.

Taas waxay keentay in xubnahaas qaarkood oo uu ka mid ahaa *Xaaji Maxamed Xuseeyn iyo xubnahii raacsanaa* ay ka soo tagaan ururkii ay aasaaseen ee SYL.

Doorashooyinkii gobolada iyo degmooyinka ayaa la qabtay sannadkii 1956kii, isla sannadkaas ayaa la magacaabay dowladdi ugu horeeysey Soomaaliya oo daakhiliga aheyd. Waxayna ka koobneyd wasirka koowad iyo lix wasiir, dadka Reer Benaadir dowladdaas waa laga reebey sababaha ay ka mid yihiin:

b- Iyaga oo aan gacan saar la yeelanin isticmaarka, kana horyimid danahiisa gaarka ah ee qaybi oo xukun.

t- SYL oo ku ballan furtay amuuro gaar ahaa ee ka dhexeeyey labada urur oo ku saabsanaa ka soo horjeedka isticmaarka iyo xuriyadoonka. Waxaa dhacday in SYL iyo Ururkii Reer Benaadir ay wada galeen heshiis ku saabsanaa in dabaaldeggyada labada urur aan la surin calanka Talyaaniga.

Dadka Reer Benaadir oo weligood lagu yaqaanay Alla ka cabsi waa ay fuliyeen ballantii maadaama, ay soo hormartay xafladdii sannadguurada 15kii Abriil 1955 oo ahayd asaaskii Xisbigii HYC, kaddib waxaa la gaaray sannadguuradii SYL oo ku beegnayd 15 Maajo isla sannadkaas, waxaa dhacay in SYL ay ku ballan furtay HYC oo calankii Talyaaniga ay meel walba surtay, Halkaan waxaa si weyn ku kala fogaaday Talyaaniga iyo Ururkii Hoggaanka Reer Benaadir ee HYC.

Arrintaas qiyaanada weyn ahayd SYL weligeed waa ay sugeysay fursad ay ku xumeeyso xiriika Reer Benaadir iyo Talyaaniga dhinaca siyaasadda dhex mari karay waana u hirgashay qiyaanada. Dadka siyaasadda u kuurgala, waxay yiraahdaan siyaasiyiinta Reer Benaadirku tillaabadan kama fiirsan, waxaa aad ula weynaaday waddaniyadda iyo qiimaha xuriiyadda, arrintaas waxay keentay mudadii doorashooyinka in Banaadir oo dhan la takooro tusaale ahaan : magaalo madaxda *Xamar* waxaa la siiyey hal (1) kursi oo keliyah, *Isku-shuban* oo tuulo ah waxaa la siiyey todobo (7) kursi, *Balad-weyne* shan (5) kursi, *Beydhaba* lix (6) kursi.

Ujeedeeyinka arrintaas ka dambeysay waxay ahayd, Reer Benaadiroow idinku isticmaarka waad diideen, haddii aad moodeen in uu Talyaani baxay, waxaad ogaataan Talyaani waa joogaa idinkaa fursadiina dhumiyay oo SYL aaminay, anaga waxaan idiin tuseeynaa in aadan dalkaan ka talinina.

Bal u fiirso taxliilkan uu qoray *Claudio Pacifico* oo ah dibloomaasi aqoon u leh Soomaalida oo ka faaloonaya arrimahan ayaa buuggiisa la magac baxay *Soomaalia: Xusuusta Afrika ee Talyaaniga (Somalia-Riccordi di un mal d'Africa)* wuxuu qoray: "Magacaabidii Wasiirlka 1aad iyo guushii ay soo hooysay SYL ee doorashada Golaha Shacabiga (Consiglio Legislativo) waxay albaabada u furtay, wada shaqeyn dhab ah ee maamulka Wasaayadda Talyaaniga iyo SYL, waxayna xallisay khilaaf ka wada dhexeeyey labada dhinac laga soo bilaabo 1945kii ilaa 1950kii.

Waa guul in SYL dhab ahaan u aqoonsatay daacadnimadii Wasaayaddii Talyaaniga ee Soomaaliya (AFIS) iyo is af-garadka dhexmaray, sidaas darteed, maamulka Wasaayadda Talyaaniga wuxuu u noqday SYL garab xagga soo dhoweynta qabyaaladda iyo wacyigelintooda ee dhismaha dimuqaraadiyadda ee ilbaxnimada shacbiga Soomaaliyeed.

Kaddib markii la qaatay xuriyaddii, 1dii Luulyo 1960kii, ballamadii loo qaaday ummaddii Soomaaliyeed oo ahaa u adeegidda dalka iyo dadka iyo ku dhaqankii habka dimuqaraadiyada iyo dhowrista xuquuqda muwaadinka Soomaaliyeed, xubnihii dowladda cusub waxay noqdeen kuwa ka badin waayey danahooda gaarka ah iyo midka reerahooda, waxaana si toos ah loogu xirmay u adeegidda gumeeysiga.

Waxaa hoos u dhacay rajadii dadka Reer Benaadir iyo dhammaan dadweynahii sugaayey in qaranka cusub uu danahooda wax ka qabto, waxaaba bilaabatay oo xoogeeysatay in qoys qoys la isugu jeesto, mas'uul kastana uu reerahiisa u gacan haadsado. Dhibaatooyinkii la soo maray ee maamul xumadii SYL iyo Barlamaankii ku saleysnaa qabyaaladda, ma badi karin in uu dhalo dawladda nuucaan ah.

Faldarada waxaa ka dhashay musuq-maasuq, qaraabakiil, eex, doorasho been been ah, dhismo axsaab qabiil ilaa hoos loogu sii daaddagay in qoys kasta uu xisbi gaar ah yeesho, sidaas Soomaaliya ay noqoto dal ay ka jiraan 87 xisbi siyaasi ah, taas oo noqotay tiradii xisbi ee ugu badneyd ee dal dunida ka tirsan yeesho.

Waxaa abuurmay maamul xumo, shaqo-siinta iyo guud ahaanba maamulka ummaddii Soomaaliyeed waxaa u sugnaaday hal-qabsiga ah *"Yaa taqaan, lana tirtiray maxaad taqaan"* dalkii iyo ummaaddii waxay galeen jahwareer, waxaa luntay kalsoonidii ay dadka ku qabeen ama ay higsanayeen oo maalinta ay dadka Soomaaliyeed iska xureeyaan gumeeysiga ayna noqdaan dowlad madax banaan.

Dhibaatada iyo xasilooni la'aanta maanta waxaa qayb weyn ka ah dhacdooyinkii maalmahaas oo ka soo dhashay isu soo dhowaanshaha Talyaaniga iyo SYL oo kalsooni daro ku abuuray dadka, ka dib markii qiyaamooyin la maleegay, heshiisyo daneeysi ahna lala galay isticmaarkii Talyaaniga oo huwan magac Wasaayadda sannadkii 1956.

Xisbigii Digil iyo Mirifle (HDMS) oo ka faai'deeysanaaya waayo aragnimadii *qiyaamooyinkii SYL* ee lagu fuliyey Ururkii Reer Benaadir ayaa waxaan halkaan tusaale ugu soo qaadaneynaa, talaabooyinkii siyaasadeed ee ururka HDMS si ay inoogu ifiso istrateejiyada dareenka ku jeeday Xisbigii Leegada ee xukunka haystay.

Waxaa xusid mudan in bishii Maarso sannadkii 1957kii Guddoomiyahii Xisbigii HDMS *mudane Jeylaani Sheikh Bin Sheikh*, asagoo ka war celinaaya khudbad uu jeediyey *Cabdullaahi Ciise. Mudane Jeylaani* wuxuu yiray "Waxaan idiin caddeynayaa in xisbigayagu HDMS uu rabo in midnimada dalka aan saldhig ugu dhigno nidaamka federaaliga ee adduunka looga dhaqmo, kaas oo ah waddada keliyah ee ummadaani ku gaari karto midnimo, una damaanad qaadi kara in gobolada kala duwan in ay helaan caddaalad bulsheed iyo maamul hoosaadyo. Nidaamka Federaalku wuxuu inaga caawinayaa in uu inoo sugo sidii aanu ugu tartami lahayn dowlad goboleedyo oo aasaas loogu dhigo horumarinta caddaaladda iyo adeega bulshada iyo xoojinta wax kasta oo dan u ah maslaxadda dadkeena iyo dalkeena".

Isagoo hadakiisa sii wata wuxuu farta ku fiiqay, kuna adkeystay "Waxaa hubaal ah in nidaamka federaalku yahay waddada keliyah ee looga badbaadi karo xukun keli talis ah iyo xisbi kali talis ah sida SYL oo aan u adeegeynin danta ummadda Soomaaliyeed mid fog iyo dhowba, waxaa la xusuusan doonaa aragtideeyna waqti aan cidna wax ka qaban karta ayan jirin."

Dhacdada yaabka leh, kaddib markii 1959 la galay doorashadii Barlamaanka Soomaaliya ee ka koobnaa 90ka xildhibaan, dulmigu wuxuu gaaray in Wasaayadii Talyaanigu ay xibiga SYL u hibeeysay una qaybisay 83 kursi oo caddaalad daro ah, arrintaan waxaa ka gilgishay dhammaan axsaabtii siyaasiga ee kale. Waxaanna qasab ku noqotay in ay qaadacaan doorashadaasi.

Xisbiga SYL oo Wasaayadda Talyaanigu ugu talagashay in ay buuxiyaan Barlamaanka Soomaaliyeed ee ku saleysnaa rabitaanka Talyaaniga si ay u fushadaan danahooda gumeeysiga ahaa. Waxaa mar kale sii xoogeystay isbahaysiga SYL iyo Wasaayadda Talyaaniga, waxaa si aad u kala sii fogaaday dareenkii ummadnimo iyo doorkii SYL oo jideeystay qaabka dhiiragelinta qabyaaladda.

Waxaa iyana xusid mudan, Guddoomiye ku xigeenka HMDS *Mudane Xaaji Cabdullaahi Mursal* oo isagana u jawaabayey Guddoomiye ku xigeenka SYL oo ereyo ka yiray arrimaha federalka xuskii 15 guuradii aasaaska SYL, wuxuuna *Xaaji Cabdullaahi* ku yiray: "Waxaan idiin sheegeynaa oo ummadda Soomaaliyeedna u caddeyneynaa in codsigeenna uusan marnaba ahayn kala qaybin iyo dhaawaca wada jirka ummadda Soomaaliyeed, mana aha codsi ku saleysan daan-daansi cadaawadeed, eed iyo kicin ummadeed toona, sida aad ku sheegteen warkiina.

Codsigayaga ee Federaalka Soomaaliyeed, wuxuu ahaa keliya mid xambaarsan asbaabo asaasi u ah mabda' xuquuqda aadanaha ee ka soo baxay Qaramada Midoobay 10kii Disember 1948kii, kaas oo aan la hirgelin siddeeddii sano ee uu jiray maamulka Wasaayadda Talyaaniga, gaar ahaan labadii sano ee ugu danbeeyey xukuumadda Soomaaliyeed".

Muddadii la qaatay xuriyadda dadweynaha Soomaaliyeed, waxay yeesheen dowlad ku sheeg rayid ah oo dalka xukumaysay muddo 9 sano ah, muddadaas waxaa lagu tilmaami karaa nabadgelyo xumo, caddaalad la'aan, eex iyo qabiil, iyadoo aan khayraadka loo sinneyn, waxaa meesha ku dhici soobay sumcaddii ummadda Soomaaliyeed.

Fowdadii iyo nidaam-xumadii waxay u horseedeen in Madaxweynahii uu dilo nin ay isku qabiil yihiin, arrintaan waxay soo dedejisay 21kii bisha Oktoobar 1969kii, in ciidamada qalabka sida ay la wareegaan xukunkii ku abtirsanaayey musuq-maasuqa, qabyaaladda, eexda, maamul xumada iwm.

Haddaba, sida aan la wada socono, ummaddii Soomaaliyeed ee baahida weyn u qabay caddaaladda iyo horumarka, gaar ahaan dadkii Reer Benaadir waxay ciidamadu ku soo dhoweeyeen ubax qoyan, waxay u muujiyeen in ay diyaar u yihiin in ay la shaqeeyaan, waxay u muujiyeen baahida ay u qabaan nabadda, xasiloonida iyo sharciga in la dhowro.

Sannooyinkii u horeeyey, ciidamadu dalka waxay ku hoggaaminayeen caddaalad, Soomaalinimo, sinaan, horumarinta dhaqaalaha iyo waxbarashada. Waxay sugeen nabadda iyo xasiloonida dalka, waxaa la qaaday talabooyin wax ku ool ah ee dhinac kasta, waxay soo hoyeen summcad ay Soomaalidu ku yeelato adduunka. Waxaa dhismay haybadda in Soomaaliya ay tahay dowlad dunida ka tirsan, waxna la wadaagta.

Xaaladdu waxay sidaas ahaataba, waxaa la galay dagaalkii 1977dii ee Soomaaliya iyo Itoobiya. Halkaan waxaa biloowday tilaabadii ugu horeeysay loo qaaday buruburka, waxaa daciifay awoodii dowladda, waxaa dib u soo noolaaday maamul xumadii, eexdii, qabyaaladii, waxaa mar labaad dib loogu laabtay mugdigii ummadda ee lixdameeyadii.

Dhacdooyinkaas, dhammaan looma saadaalin karo dagaalka, maxaa yeelay ciidamadii hoggaanka siyaasadda qabtay ayaa iyaga laftooda waxay qayb weyn ka noqdeen maamul xumada iyo dib u soo nooleynta qabyaaladda, ilaa la gaaray in ciidamada dhexdooda laga abaabulo afgambiyo dhicisoobay oo saldhigoodu yahay qabiil. Kaddib dalka markii muddo sanooyin ah uu fowdo ku jiray ilaa la waayo maamul, ayna badatay nabadgelyo la'aanta la gaaray in maalin cad in jidka la isku dhaco oo la isku dilo, hantidii ummadda la boobo. Waxaa la waayey nidaam laga dambeeyo oo dalka wanaag ku hoggaamiya, waxaa abuurmay jabhado qabaa'il, waxaa dalka oo dhan ka biloowday dagaal sokeeye, ilaa laga soo gaaray in talo ay faraha ka baxdo.

Sanndkii 1990kii waxaa dalka oo dhan ka dilaacay dagaal sokeeye, waxaa dhashay jabhado qabaa'il ah, Qarankii Soomaaliyeed, ummaddiisu waxay u kala baxday qabaa'il is colaadsaday, waxaa dhacay burbur leh dhimasho, dhaawac, barakac iyo wax walboo lagu tilmaami karo xumaha uu geysan karo aadanaha oo aan la soo koobi karin.

Dadka Reer Benaadir iyo Saameynta Dagaalka Sokeeye

Dagaalka sokeeye ka hor dadka Reer Benaadir waxay ahaayeen dad dhan kasta isaga filan, waxay caan ku ahayeen fidinta Diinta Islaamka, nabadda, caddaaladda, midnimada, wax soo saarka, ganacsiga, farsamada, waxbarashada iyo wax walba oo lagu yaqaan ummad higsaneeyso ilbaxnimo iyo horumar. Dadkii sifahaan lahaa, waxaa la soo gudboonaaday oo soo wajahay colaad aad u xun oo kaga yimid qabaa'ilkii dagaalamaayey, dadka Reer Benaadir waxaa loo geystay wax aan la sheegi karin haddii ay tahay dhac, dil, kufsi, barakicin, burburin guryahoodii, iyadoo lala wareegay hantidoodii, lagu qasbay in ay dalka ka soo dhoofaan oo dibadda qaxooti ku noqdaan.

Soomaalida dalka burburisay oo dhaqan ahaan ka soo jeeda dhaqanka miyiga oo lagu tilmaamo kuwa ay caadi u tahay in la dagaalamo, waxaa aad u badan dhibaatooyinka dhex mara bulshada Reer miyiga ee qabiii'lku aad u saameeyo, kuna dagaala, sida dhaca xoolaha, dilka, aar-goosiga, daaqa iyo biyaha oo ah halganka joogtada ah ee nolosha miyiga loogu abtiriyo.

Dadka Reer Benaadir noloshoodu waxaa aasaas u ah, Alla ka cabsi, marka la weydiiyo qabiilkana waaxay yiraahdaan Reer Benaadir ayaan ahay, marka hoos loogu sii daadagana waxay kaloo sheegtaan: *"Waxaan ahay Reer Xamar, Reer Baraawe, Reer Jasiira, Reer Marka iyo ku abtirsasho deegaanadooda"*. Taas oo muujinaysa xadaaradda dheer ee dadkaan leeyihiin.

Laba iyo tobankii sano ee dagaalka sokeeye ka socday Soomaaliya, dadka Reer Benaadir is-bedel weyn ayaa la soo gudboonaaday, waxaa noloshooda ku soo kordhay waxyaabo ku cusub dhaqankii soo jireenka ahaa. Waxaa sameyn ku yeeshay dhaqankii reer miyiga, waxaa dhaawac gaaray ilbaxnimadii reer magaalnimada ee qarniyaalka soo dhismaayey, waxaan tusaale u soo qaadan karnaa kala qaybsanaanta Reer Benaadir, maanta waxaa jira afar urur Reer Benaadir ah, haddii ay sidaan ku sii socotana laga yaabo in ay kuwa kaloo cusub ay ku soo darsamaan.

Kuweeni dibadda u soo qaxayna isbedel ayaa ku dhacay, gaar ahaan dhanka bulshada iyo dhaqanka, waxaa daciif noqonaya tiirkii uu ku taagnaa dhaqankii suubana ee lagu yiqiin Reer Benaadir. Waxaa weerar lagu hayaa xurmadii qoysaska, Haween badan ayaa mooday in ay ka maarmi karaan doorkii aabaha. Aabe badan ayaa isna dulqaadkii iyo qiyamkii lagu yaqaanay Reer Benaaadirka meel uga dhacaaya.

Arrimahaan iyo kuwa kale oo badan, waxay keeneen in jiritaanka qoysas badan iyo caruurtaba ay halis galaan, haddii aan si dhaqsi ah wax looga qaban waxaan shaki ku jirin in mustaqbalka dadkeena uu meel xun ku sii socon doono. Waana waajib saran qof walba oo mas'uul ah wax ka qabashada arrinta muhimka ah, haddii aan rabno in aan xajisana oo aan haysano wanaagii aan ka soo dhaxalnay waalidiinteena.

Ayadoo ay jiraan arrimahaan oo dhan, marnaba lagama maarmi karo, xoogga waxgaradka, kartida indheergaratada, culumaa-u-diinka, haweenka iyo dhallinyarada sidii loo xallin lahaa dhibaatadan taagan oo anigu aan isleeyahay haddii si run ah loogu mintido, ugu dambeystii in guul laga gaari doono, taasna waxay ku xiran tahay midnimadeena.

Sawir xusuus ah ee ka qaybgalayaasha Shirweynaha Caalamiga 2aad Bahweynta Banaadir ee dalka Holland -Rotterdam, 2002

Fanaanka weyn Saalax Xariiri oo Shirweynaha door uga qaatay fankiisa soona bandhigay heeso aad loogu riyaaqay

Taariikhda Halganka Siyaasadeed ee Dadka Benaadir iyo waxa la Gudboon Maanta iyo Mustaqbalka

Cusmaan Aweys Nuur

Sida la wada ogsoonyahay Shacabka Soomaliyeed wuxuu u kala baxaa Qabaai'l fara badan oo ku wada nool dalka Soomaaliya gobollada iyo degmooyinka uu ka kooban yahay, waxeyna soo mareen taariikh aad u dheer oo qabiil kastana ku caan baxay kuna sifoobay caadooyin iyo dhaqan u gaar ah. Sidaas awgeed ayuu shacabkeena Benaadiriga leeyahay dhaqan iyo xadaarad u gaar ah oo soo jireen taarikh aad u fac wayn min kumanyaal sannadood ah.

Markii laga hadlaayo taarikhda shacabkeena Benaadiri, waxaa lagama maarmaan ah in la xuso waxyaabo badan oo ka mid ah : bulshada, tacliinta, diinta Islaamka, xadaarada, maamulka, ilbaxnimada, halganka xuriyo-doonka ilaa laga soo gaaro xuriyaddii shacabka Soomaaliyeed hantay.

Waxaa xusid mudan sidii shacabka Benaadiriga ugu soo qayb galeen la dagaalanka gumeysiga iyo doorkii shariifka ahaa oo ay ka soo qaateen hanashada istiqlaalka, maxaa yeelay dadka Reer Benaadir waxey weligood ahaan jireen kuna caan baxeen dad jecel xuriyadda, nabadda, ixtiraamka, caddaaladda, dhowridda xuquuqda dadka kale iyo nidaamka. Kuwaas oo uu ka soo dhaxlay muddadii dheered uu ku soo jiray nidaam iyo maamul dowladeed sida ku xusan kutubta taariikhda qadiimka ah.

Dadka reer Benaadir ee deggan Gobollada kala ah : Gobolada Benaadir, Shabeelada Hoose, Jubada Hoose iyo degmooyin kale ee ka tirsan dalka, waxey wadaagaan dhaqan, caadooyin, xadaarad iyo ku dhaqanka Diinta Islaamka muqaddaska ah, waxeyna ka wada siman yihiin halganka xuriyaddoonka shacabka Soomaaliyeed min waqtigii isticmaarka shisheeye uu soo galay dalka ilaa laga soo gaaray hanashada xuriyadda iyo dhisidda Dowlad Soomaaliyeed oo madax banana 1960, waxeyna ku lahaan jireen door wax ku ool ah, aan marna la iloobi karin taariikhda halganka siyaasadeed ee Shacabka Soomaaliyeed waxeyna ku yeesheen taariikhdaas baal dahab ah.

Haddi aan wax ka taabano taariikhda taxanaha halgankaas dheer, dadka Reer Benaadir waxey horseed u noqdeen beelaha kale ee Shacabka Soomaaliyeed, abuurida ururo siyaasi ah ayagoo ku beeri jiray dhallinyarada Soomaaliyeed mabaadi'da xuriyadda iyo la dagaalanka gumeysiga si looga xureeyo dalka gacanta isticmaarka.

Waxey dadka Reer Benaadir qayb wayn ka soo qaateen barridda Diinta Islaamka, Afka Carabiga, Ingiriiska, Talyaaniga iyo culuunta kale, ayagoo isla markaasna ku abuuri jiray dhallinyarada Soomaaliyeed wacyi-gelin, shucuur waddaninimo iyo sidii looga hortagi lahaa isticmaarka.

Sidaas awgeed, waxey qabanqaabi jireen shirar qarsoodi ah oo ay ka soo qayb geli jireen mutacalimiinta, cullumaa-u'diinka, siyaasiyiinta, waxgaradka, dumarka, dhallinyarada, xirfadleyda iyo ganacsatada si loogu doodo xaaladda qalafsan ee gumeysiga ku soo rogay dalka iyo sidii looga hortagi lahaa gumeysiga shisheeye iyo sidii leyskaga xureyn lahaa isticmaarka markaas jiray. Shirarkaas ayay ku bilaabatay iney ku dhalato fikradda ah in la aasaaso labadii urur siyaasi ee ugu horeeyay iney ka abuurmaan magaalada Muqdisho waqtigii afartameeyada billowgeed.

Taariikhda markay ahayd 15 Maajo 1943, toban iyo seddax dhallinyaro Soomaaliyeed oo ay u badnaa dhallinyaro Benaadir ah siddeed qof ayaa magaalada Xamar ku asaasay urur oo ay ugu magac bixiyeen Somali Youth Club (SYC), ayagoo u ekeey-siinaayo in uu yahay urur ijtimaaci "Naadi" bulshadeed kuna howlan fanka, tacliinta, dhaqanka iyo sportiga, taas oo looga dan lahaa in lagu mala habaabiyo maamulka gumeysiga oo dalka oo idil ka mamnuucay in la sameeyo ururo siyaasi ah si uu dalka weligiisa ugu jiro gacantiisa.

Sida lala socdo, dhallinyarada Reer Benaadir waxey ku lahaayeen door weyn socodsiinta iyo hirgelinta mabaadi'da Leegada, waxeyna ka mid ahaayeen kuwii ugu firfircoona xisbiga gudahiisa taas oo marqaati u ah iney ahaayeen kuwii horseedka xisbiga haayay iyo maamulkiisa, waxeyna ku lahaayeen Guddiga Dhexe ee Xisbiga ilaa lix xubnood.

Muddo kaddib, waxaa la abuuray urur kale oo loogu magac daray Hamar Youth Club (HYC) oo la mid ah mabda' ahaan (SYC) si ay is kala kaashadaan halganka xuriyad doonka iyo la dagaalanka isticmaarka. Ururkaan wuxuu u gaar ahaa dhalinyarada Benaadir ee deggan magaalada Xamar asagoo isla markaas xiriir toos ah la lahaa dhalinyarada kale ee degmooyinka gobolka. Ujeeddooyinka ugu muhimsanaa waxey ahaayeen in marka hore la wacyi' geliyo dadka oo idil ayadoo lagu abuurayo ruux waddaninimo ah, laguna dadaalayo in kor loo soo qaado xaaladooda waxbarasho iyo aqoonba.

Waxaa xoogga la saaray in dadka lagu baraarujiyo waciy' siyaasi ah ayadoo loo maraayo dhinaca fanka, heesaha, gabayada iyo riwaayadaha taas oo aad loogu guuleystay kuna caan baxeen bulshada inteeda kale, waxaa abuurmeen kooxo sameeyo riwaayadaha. Labada urur (SYC) iyo (HYC) waxey ahaayeen labada urur keliya oo ay ka jireen dalka, waxaana ka dhaxeeyn jiray iskaashi iyo wada shaqayn joogta ah, maadaama ay ahaayeen isku mabda' iyo isku hadaf oo ku dhisnaa la dagaalanka isticmaarka si loo hanto xuryad taam ah.

Muddo kaddib, markii uu ahaa sandka 1947dii, mas'uuliyiinta labada urur waxey go'aansadeen in loo beddelo labada urur laba xisbi siyaasi ah, maadaama lagu guuleystay wacyi' gelinta siyaasiga ee shacabka Soomaaliyeed sidii uu uhanan lahaa xuriyadiisa una gaari lahaa horumar iyo midnimo, iskana tuuri lahaa qabyaaladda foosha xun. Waxaa kaloo la gaaray ugu dambeyntii iney labada xisbi la mattaaneeyo mar haddi ay isku mabda' ahaayeen islana wadeen halganka xuriyaddoonka.

Sidaas awgeed, waxey labada xisbi isweydaar sadeen astaanta mid kasta ayadoo xisbi kasta loogu kordhiyay midibka calankiisa, tusaale ahaan: Leegada oo lahaan jirtay midibka "gaduuddka" waxaa loogu kordhiyay midibka "bullugga" oo lahaa (HYC) sidaas ayuu xisbi kasta u yeesha laba midib calankiisa. Labada xisbi waxey soo galeen halgan dheer, waxey isla soo qabanqaabi jireen banan-baxyo loogaga soo horjeedi jiray gumeysiga, waxey u dirsan jireen dibadda wufuud ka soo qayb gasha shirarka adduunweeynaha si loogu soo sharxo qadiyadda shacabka Soomaaliyeed, gaar ahaan dalalka carabta iyo dunida Islaamka.

Labada urur markii la mattaaneyay waxey billaabeen iney iska kaashadaan barnaamijyada wacyi'gelinta shacabka Soomaaliyeed, waxaa la abaabulay dugsiyo oo lagu baro ardayda iyo dhallinyarada barashada afka carabiga, Ingriisiga, culuunta kale iyo barashada Diinta Islaamka, waxaa kaloo la bilaabay in arday loo diro dibadda gaar ahaan dalalka Carabta oo nagu deeqay tacliin heer sare ah, sida Dowladda Masar, Suuriya iyo Sacuudiga iyo dalal kale oo Islaam ah si ay gacan nagu siiyaan diyaarinta waxgaradkii Soomaaliyeed oo mustaqbalka la warreegi lahaa maamulka dalka markii laga xuroobo gacanta gumeysiga.

Waxaa hubaal ah in dadka Reer Benaadir ay door wax ku ool ah ka soo qaateen halganka ummadda Soomaaliyeed waqtigii dalka ka jiray gumeysiga matalan waxey si fiican uga soo qayb qaateen ururinta deeqaha lacageed ee loo baahnaa, si looga hortago kharshyada faraha badan sida kharashka u baahan wufuuda loo diri jiray adduunweynaha iyo ka qayb qaadashada shirarka Qaramada Midowday si loogu sharxo qadiyadda Soomaaliyeed iyo dhibaatooyinka isticmaarka ku haayo shacabka soomaaliyeed.

Waxaa kaloo mudan in la xuso dhibaatooyinka kale ay geesanaayeen xulafada gumeysiga ee ka jireen dalka gudihiisa, nasiib darro waxaa dalka ka furmeen xisbiyo u adeega danaha isticmaarka kuwaas oo ku saleysnaa qabyaaladda foosha xun, sidaas darteed labada xisbi waxey ka soo horjeesteen xisbiyadan oo isticmaarka sameystay si uu ugu fushado danahiisa. Markaas waxaa la soo gudboonaatay labada xisbi ee waddaniga ah iney labalaabaan halgankooda si loo gaarsiyo shacabka Soomaaliyeed xuriyaddiisa iyo sharaftiisa.

Ugu dambeyntii markii halgan dheer la soo maray, lana soo huray naf iyo maalba waxaa labada xisbi u suurta gashay iney hordhigaan fadhiga guud oo loo dhan yahay ee Qaramada Midowday qadiyadda shacabka Soomaaliyeed iyo waxyaabihii gumeysiga kula kacay shacabka Soomaaliyeed gaar ahaan sidii uu ugu tuntay xuquuqda aadanaha iyo ficilladii foosha xumeeed uu u geystay dadka maatada ah, ayaa Shirweenaha Qaramada Midowaday oggolaadeen in Soomaaliya la siiyo xuriyadeeda 1960.

Waxaa sidaas ku cad doorka shariifka ah ay ka soo qaateen dadka Reer Benaadir halgankii dheeraa ee loo soo galay hanashada xurriyadda iyo la dagaalanka gumeysiga shisheeye. Kaddib markii xuriyaddii la qaatay, nasiib darro, waxaa soo ifbaxay in dowladdi ugu horreysay ee dalka ka dhalato iney noqoto mid ku saleysan qabyaalad, taaso hakisay ujeedooyinkii qiimaha lahaa ee loo soo halgamay, waxaa isla markiiba bilowday danaysi shaqsi ah iyo maamul musuq-maasuq ah, isla markaana u adeegayo danaha gumeysiga.

Sidaas awgeedna waxaa dalka soo food saaray dhibaatooyin dhaqaale, bulsho, siyaasi, caddaalo darro iyo nabadgelyo la'aan. Taasna waxey keentay in ay burburaan mabaadi'dii dimoqaradiga ahaa iyo caddaaladii. Waxaa nasib darro noqotay oo kale iney millitarigu afgambi lama filaan ah kula wareegeen maamulkii maddaniga ahaa ee dalka ayagoo baabi'yay nidaamkii dimooqraadiga, xuriyaddii aasaasiga ee qofka, barlamaankii jiray, axsaabtii iyo dhammaan hey'adihii dastuuriga ee dalka ka jiray. Sidaas ayay ugu billabatay dalka cahdi fowda ah oo la soo gudboonaatay dhibaatooyn badan wadato. Waxaa sidaas kaga hirgalay dalka nidaam "diktatoori" ah oo ka soo horjeestay nidaamkii madaniga ahaa iyo dhaqankii shacabka Soomaaliyeed. Marka waxaa isweydiin leh haddii dadka Reer Benaadir oo soo galay halgankii dheeraa la dagaalanka gumeysiga iyo doorkii shariifka ahaa ay ka soo qaateen dhisidda qaran Soomaaliyeed, haddii lagu abaal mariyay ama haddi dhabarka loo jeediyay?

Waxaa hubaal ah in muddadii ay jireen labda nidaam (dowladii maddaniga aheyd iyo xukunkii millitariga ahaa) midna ay abaal marinin dadka Reer Benaadir, balse lagu tuntay lana xasuuqi jiray xuquuqdooda ay ku lahaayeen dalka waxaana loola dhaqmi jiray si dad ajnabi oo kale ah ayadoo marna loo oggolaan jirin in ay ku yeeshaan qayb wax ku ool ah madaxda dalka iyo xitaa in ay yeeshaan darajooyin sar-sare dhinac kasta ee qaybaha maamulka dowladda, ciidamada qalabka sida iyo ilaha dhaqaalaha dalka, waxaan marna halkaan lagu soo koobi karin dhibaatooyinka faraha badan ee loo geysan jiray dadka Reer Benaadir meel kasta ay joogeen.

Markii ay dalka ka dilaaceen dagaaladii sokeeye waxaa sii badatay xaaladii khalafsaneyd ay ku sugnaayeen dadka Reer Benaadir, deegaan kasto ay ku noolaayeen, maadaama ay yihiin dad nabadda jecel oo marna ay abaabulin milishiyo hubeysan sida ay ku kaceen qabaai'lka kale ee Soomaaliyeed, sidaas awgeed, waxaa kaloo loo geystay in la billaabo : dhac, boob, kufsi, cadaadis nooc kasta ah iyo dil, taas oo u keentay duruufo aad u adag, waxeyna ku abuurtay dadka Reer Benaadir qahar, wallaac iyo ammaan darro, waxeyna ugu dambeyntii ku kaliftay dadweynaha Reer Benaadir in ay barakacaan, kana soo qaxaan dalkoodi hooyo, ayagoo ka soo orday hantidooda iyo ehelladooda gaar ahaan dadka da'da ah iyo maatada.

Waxaa dadka Reer Benaadir lagula kacay ficilo aan hore loo arag oo waxshinimo ah oo aan adduunka oo dhan laga maqlin, laguna arag, waxaana wax ka qoray arrimahaas oo idil saxafiyiin waaweyn oo adduunka laga qadariyo. Waxaa la burburiyay masaajidadii taariikhiga ahaa oo soo dhisnaayeen muddo kumaniyaal sano ah, waxaa la tirtiray xadaaradii soo jireenka ahayd, waxaa dhulka la dhigay dhismooyinkii iyo meelihii lagu faani jiray sida matxafkii qiimaha weyn lahaa iyo maktabadihii ku xareesnaan jireen buugaag iyo qoraalo taariikhi ah iyo waxyaabo badan oo halkan lagu soo koobi karin, kuwaas oo ay dhaxli lahaayeen jiilka soo koraaya ee mustaqbalka.

Arrimahaas foosha xun oo lagu kacay waxay fajac iyo walbahaar gelisay adduunweynaha taariikhda xafida oo idil, taas oo ku kaliftay adduunka inay u soo gurmadaan si loo badbaadiyo wixii ka haray, laakin nasib darro adduunwaynaha way ku adkaatay inay wax ka qabtaan arrimahaas qalafsan oo ilaa waqtigan xaadirka ah dhacayo, waxayna ka fursan waayeen in ay faraha kala baxaan arrimaha Soomaaliya.

Maanta maxaa la gudboon dadka Reer Benaadir inay qabtaan iyo mustaqbalka dhow?

Marka hore waxaa la gudboon inay mideeyaan xoogooda, xalliyaan si dhaqsa leh khilaafaadka dhax yaal in muddo ah, waa inay hal meel ka soo wada jeestaan si ay u dhowraan danahooda gaarka ah iyo sidii loo badbaadin lahaa danaha iyo xuquuqda dadka Reer Benaadir ee ku harray dalka gudihiisa gaar ahaan sidii kor loogu soo qaadi lahaa tacliinta dhalinyarada ku baaba'san dalka loona gaari lahaa maamul goboleed uu gaar ah dadka Reer Benaadir isla markaan la abuuro jawi ay ku wada noolaan karaan dadyooga kale ee gobollada nala deggan si loo helo jawi nabad iyo ixtiraam ku jirta, loona horumariyo arrimaha dhaqaalaha, bulshada iyo dib u dhiska gobollada.

Haddaba, dhibaatooyinka la soo gudboonaaday Soomaaliya maanta, muddadii 12 sannadood ee dalka ka jireen dagaalada sokeeye, waxaa la dhihi karaa in cajallada taariikhda mar kale dib u so noqotay, waxayna la mid tahay waqti laga joogo boqolaal sano, waxeyna ka xuntahay waqtigii gumeysiga dalka ka jiray, sidaas awgeed waxaa la gudboon dadka Reer Benaadir sidii willigood lagu aqoon jiray inay door dhex-dhexaad ka qaataan beelaha wallaalahood ee Soomaaliyeed, kuna dadaalaan sidii maslaxad looga dhex abuuri lahaa cadaawadda ka jirta qabaai'lka kale ee Soomaalida, si loo gaaro xal nabadeed oo caddaalad ku jirta, loona soo celiyo sharaftii iyo qarannimadii Soomaaliyeed ee burburtay, isla markaana loo hakin lahaa dhiigga maalin kasta daadanayo.

Dadka Reer Benaadir waxey ku leeyihiin bulshada Soomaalida dhexdeeda summcad aad u fiican, lagunа qaddariyo waxa ay galaan iyo waxa ay guddaan, sidaas awgeed waa in dadka Reer Benaadir isku xilqaamaan doorka laga sugayo waqtil xaadirka, waa inay noqdaan "dallad" oo hoosteeda dib ugu heshiiyaan beelaha kale ee Soomaalida, ayagoo isu- xilqaamaayo inay maslaxo iyo nabad ka islaaxiyaan ummadda dhexdeeda, dibna ugu soo celliyaan kalsoonidii ka luntay.

Waa in la ogoodaa inay dadka Reer Benaadir keliya ay qaadan karaan doorkan shariifka ah, maadaama ay cidna ay eed ka gelin, laakin waxaa loo baahan yahay in arrintaas diraasad laga sameeyo, anagoo kaashaneyno Hay'adaha Caalamiga sida UNka, Jaamacadda

Carabta, EU, AU iyo wixii la mid ah.

Shirweynaha lagu talo jiro in uu ka dhaco magaalada Nairobi, si dib loogu heshiisiyo dadyooga Soomaaliyeed, waxaan u rajeeyneynaa in uu ku dhammaado guul, lana gaaro bartilmaamedka uu hiigsanaayo, hase yeeshe waxaan ka afeefaneynaa inti goori goor tahay in laga taxadaro khaladaadkii oo ka dhacay Shirkii Dib-u-Heshiisiinta ee Carta, shirkaas oo meel ka dhac weyn loo geeystay shacabka Benaadir, ayadoo loogu magac daray eryga *"others"* oo ah quursi iyo yastiin loo nisbeynaayo shacbi taariikh iyo xadaarad fac weyn leh, degganna gobolo iyo dhul baaxad wayn leh, kana kooban qabaai'l fara badan, lagana aqoonsan yahay adduunka oo idil.

Mar haddii aan jirin tirakoob sax ah ee ummadda Soomaaliyeed, waxaan qofna xaqiijin karin tirada beel kasta, sidaas awgeedna waxay caddaaladdu ku jirta in beelaha oo idil wax u qaybsadaan si siman ayadoo beelna sheegan karin inay ka badan tahay beel kale, ilaa laga gaarayo tirakoob sax ah. Haddaba, waxaan u soo jeedineynaa wallaaleheen Soomaalida in dib loogu noqdo qaybintii khaldaneed ee ka dhacaday Jibuuti loona qaybiyo beelaha Soomaaliyeed lix qaybood oo waa weyn ee kala ah sidatan:
1)Hawiye 2) Daarood 3) Dir 4) Digil & Mirifle 5) SAMO -Jareer Weyne-6) Benaadiri.

Haddii sidaas kor ku qoran loo qaybiyo beelaha Soomaalida waxaan shaki ku jirin in beel kasta sidaas raali ku noqoneyso, beelna aan beel kale dulmin eedna u gaysan, habkaas iyo nidaamkaas ayaa ku salaysnaan doonaa ka qayb galka Shirweynaha Dib-u-Heshiisiinta Soomaaliyeed ee la filayo in uu ka dhaco Nairobi, dalka Kenya mustaqbalka dhow. Sidaas ayna qabaan qawaaniinta addunka, nidaamka dimoqradiyadda, caddaaladda, sinaanta iyo shareecda Islaamka.

Si ay u hirgalaan arrimaha kor ku qoran oo dhan, waxaa lagama maarmaan ah in ay ka soo baxaan Shirweynaha Caalamiga 2aad ee Benaadir Baaq ku salaysaan arrimahaas oo idil loona jeediyo Guddiga Qabanqaabinta Shirka Dib-u-Heshiisiinta Soomaalida ee IGAD si ay wax uga qabtaan. Waxaan kaloo soo jeedinayaa in Shirweynaheena ka soo baxaan go'aamo dhaxal gal ah sida :

1- Xallinta khilaafaatka dhex yaal kooxaha iyo dadka Reer Benaadir meel kasta ay joogaan, gaar ahaan kooxaha ku dirirsan Muqdisho loona jeediyo Baaq ku saabsan arrintaas;
2- Ku baraarujinta dadka Reer Benaadir difaaca xuquuqdooda;
3- Badbaadinta dadka Reer Benaadir gaar ahaan kuwa ku haray dalka;
4- Xoojinta iyo dib u habeynta ururka siyaasiga ee Reer Benaadir (SNU) iyo saxidda khaladaadkii sannadahaan dambe dhacay;
5- Qabanqaabinta shirweenaha (SNU) meesha iyo waqtiga ku habboon ayadoo lagala tashan doono Guddoonka (SNU) ee Muqdisho, ayna ka soo qayb galaan dhammaan kooxaha Xamar, qaybaha bulshada, dhallinyarada, haweenka, muthaqafiinta, culamaa'udiinka, duqowda dhaqameed iyo siyaasiinta Reer Benaadir gudaha iyo dibadda si loo helo hoggaan toosan oo caadil ah. Waa in uu Shirweynaheena soo saaraa Baaq ku saabsan arrintan;
6- Sare u qaadidda, dhowridda iyo badbaadinta dhaqanka iyo thaqaafadda Reer Benaadir iyo xoojinta ku dhaqanka Shareecada Islaamka;
7- In beesha Caalamka laga codsado badbaadinta xuquuqda adamiga ee dadka Reer Benaadir iyo in la xoojiyo xiriirada lala leeyahay hey'adaha caalamiga iyo dowladaha saaxiibka nala ah, laguna mahad celiyo taageerada iyo kaalmada bani adaminimada ay inoo fidiyaan;
8- Ugu dambeyntii in loo jeediyo Baaqyo Bahweynta Soomaalida iyo Guddiga Qabanqaabinta Shirweynaha Dib u Heshiisiinta Soomaalida ee IGAD iney dhowraan xuquuqda Bahweynta Benaadir habka iyo nidaamka looga qayb geli doono shirkaas uu noqdo mid ku dhisan sinaan iyo caddaalad la mid ah beelaha kale ee Soomaalida. Wabilaahi Towfiiq

Shir guddoonka Shirweynaha Caalamiga 2aad Bahweynta Banaadir ee dalka Holland - Rotterdam Sebtember 2002

Mudane Maxamed Bakaari ee Jaalliyadda Bahweynta Benaadir ee Manchester oo dardaaran odaynimo u jeedinaaya Ergada Shirweynaha

Codka Dhalliyarada

Cali Cumar "Oskar"

Dhallinta Maxay tabanaysaa?

Dhammaan waalidiinta, hoyooyinka, walaalaha iyo marti sharafta xaadirka ah, waan idiin wada salaamay. Waxaan mahad u celinayaa inta ku soo dadaashay qabanqaabada Shirweynaha innagana fursad inoo siiyeen in aan maxfalkaan dareenkeena ku cabbirno.

Ummad kasto, sida la ogsoon yahay, waxay ka koobantaa qoysas iyo jinsi lab iyo dheddig ka sokow, odayaal iyo xoogagga horraanta ah, dhallinyaro soo koreysa iyo caruur la abaabinayo, si jiritaankeeda u kala go'in horin-horin amase jiil-jiil.

Sida dabiicada ay tahay odayaasha oo soo mareen marxaladahaas oo dhan waxa waaye rasiidka ummadda ay nolosha kala hortagi lahaayeen, xoogagga horraanta ah waa kuwa sii hormarinaaya wixii odayaasha u kaydiyeen. Dhallinyaradana waxay tiigsanayaan iyagana kuwa ka horraanta ah, si ay uga bartaan xirfadda iyo xeelada nolosha berrito laga sugayo inay dadkooda ku hoggaamiyaan. Caruurtana dhallinyarada ayaa u hoggaan ah. Waa sida ciyaarta qoray isu dhiibka.

Waa hubaal in awoowayaasheena iyo abuulankeena ay ahaayeen dad hal abuur leh, xadaarad mug weyn iyo dhaqaale sal leh ay dhiseen, magac iyo hoggaamin waa lahaayeen, hase yeeshee, jiilka maanta joogo, ammaanadii ma dhawreen, waddadii odaayaasheenna jeexeen ma ku socdeen?

Haddaba, haddii aan kala qaad qaado odayaasheena maanta jira, shalay uma kaydinin ubadkooda maanta xoogga dhexe ah hoggaan ay ku hirtaan. Waxaan aragnaa daarihii awoowayaasheena dhiseen in lagu kordhiyay cariish iyo baraako, noloshii walaanimada ahayd ee isku xirnayd laga doortay keli noolaad, ubadkii walaalaha ahaa oo hal meel lagu abaabin jiray la kala geeyay.

Hadda-se, maxay inoo hayaan? Wallee waxay ila tahay: *xarrigga ay sidaan xoolo kuma jiraan.* Dhaqaale iyo bulsho ka dhex-muuqadkeenii iska daayee, dhaqamadeenii iyo hiddaheeni mid kooda ma naqaan. Xoogaggii dhexe maanta joogayne duruufta ay ku nool yihiin ma aha kuwo laga dhursugi karo. Aqoonyahannadii maanta dunida ayey daadsan yihiin, dhawr iyo taban sano kaddib, aqoontii iyo xirfaddii ay lahaayeen waxay noqotay *booy-tubaako,* oo dunida way ka gudubtay. *Qofkii tiisa daryeela ayaa tu kalene ku daro.*

Halkaasaa iyaga iyo kii aan waxba baranin ayay nolosha qurbaha u wada siman yihiin. Tan dhallinta maanta jirta iyo ubadka soo koraaya, lama hubo inay naga tirsanaan doonaan.

Xaaladda Dhallinyarada:

Dhallinyarada soo koraysa, haddii lays dhihi lahaa, armaa loo baxsadaa, maxay ku sugan yihiin? Intii qurbaha u soo hayaantay iyo inta ku xayirantay dalka, wadcigooda waa is wada shaabahaa. Kii waagaa toban jirka ahaa maanta waa 22 jir. Kii soo hayaamay, badanaa hooyadiisa ayaa la soo carartay. Waxaa lagu abaabiyay qaab qalloocan. Noloshiisa waxaa sal looga dhigay *been iyo iska daba wareeg.* Qaabkii qoys ku dhex noolaanshaha ayaa la dhumiyay. Aabahaa waa adeerka, aabahaa isagoo nool waa dhinti dheh. Wiil aabihiisa la joogo la leeyahay wacel ayaan ahay dheh, haddii kale lacag ma heleeno.

Isku kalsoonaan la'aan iyo mardabo dadka kula noolow. Maanta Holandees ayaa tahay, berrito Ingiriis, saa dambene Kanadees ama Ameerikaan. Iska daba wareegaan dhammaad laheen. Sida dadka loo yaqaan *jibsiga amase zingari,* degaan laawe ayaad tahay. Waxbarashada caadiga ah, maalin iskool nooc kale ah ayaad qoorta ku jiro. Iswareeyso imisa ayaa jaamacad inoo dhigata amase qallin jebisay, iska dhaaf tacliinta ka sii sareyso.

Dhallinyaradii iyo ubadkii ummadda u hanaqaadi lahaayeen waa kuwaas yar-yaraantooda lagu feentay, waa kuwaas maalin walba xafiis iriddiisa taagan, beenta uga tarjumaayaan hooyooyinkooda aan afka aqoonin, mashaakil iyaga ka weyn madaxa looga daallinaayo. Kuwa dalka gudihiisana kama badbaadin. Qori qaadasho, dil iyo dhac, boob iyo kufsi akhlaaqdoodii wanagsaneyd loogu beddelay. Waa kuwaas kuwa Ummadda ku tashanayso inuu berrito jiil cusub u kaco oo ay laruuro ku hesho. *Allow sahal umuuraha , Adigaa wax kasto awood u leh. Haddase, Reerka ayaa u Sahan ah?*

Haddii jismigii ummadda sidaas u tixriyeestay, muxuu noqon doonaa mustaqbalkeena? Wixii dhacayba dhaceene, sidee looga baxaa ma lays weydiiyay? Waa tii lagu dhihi jiray, ninkii sahanka loo dirsaday: *laba tillaabo dhexdooda, soo talo kaagama dhalato.*

Arrinta dalkeenii ka dhacday, musiiba Allah ayay ahayd, hase yeeshee hoogga iyo jabka ugu weyn dadkeena ayay ku dhaceen. Odayaasheena maxay karti ugu yeelan waayeen in ay sii odorosaan arrintaan inay tahay wax dhici karo oo horay looga tabaabusheysan waayay. Ma jiraa hoggaan maanta lagala xisaabtami karo oo reerka lagu ogaa. Ma lihi maxaa hub u yeelan weynay oo aan ku dagaalanno, laakiinse wax badan ayaa la qaban karay, haddii reerku lahaan lahaa midnimo iyo isgargaarsi.

Gebogebo:

Ma rabi inaan odayaasheena aan eedeeyo, laakiin wadciga jira ma aha mid yididiilo leh. Waxaa laga yaabaa dad fara badan oo kale in dhibaatadaan si qotodheer ugu dhacday oo jiraan dad inaga naga daran. Waxaa laga yaabaa sida aan kor ku soo sheegay uusan sidaas dhan uusan jilbaha dhulka inoogu dhufanin, haddane waa wax badankeena ina saameeyay. Waxaan haddaba aan soo jeedin lahaa in la qaado tilaabooyinka soo socdo:

1. In la asaaso Ururka Badbaadinta iyo Dhaqancelinta Ubadka iyo Dhallinta Reer Banaadir oo heer caalami ah, farac goboleedna ku yeesha waddamada ay ku nool yihiin dadkeena ku nool qurbaha iyo dalka gudihiisba.
2. In la saaro koox aqoonyahanno iyo akademiyiin oo cilmi baaris dhab ah ku soo sameeya wadciga dhallinyarada Reer Banaadir.

3. In la soo saaro koox kale oo ka soo baaraan degta sida loo heli karo qorshe lagu badbaadin karo ummaddaan mustaqbalkeeda mugdiga ku jiro.
4. In shirarka iyo dhismaha ururada kala duwan la dhagaysto codka dhallinyarada, maadaama duruufaha nolosha ay is-beddeshay, mararka qaarkoodane meelaha aan ku noolnahay dhallinyarada ay xogogaal u yihiin,
5. In la helo jariidad amase website lagu magacaabo "*CODKA DHALLINYARADA BANAADIR*"oo isku xira

Guddiga Qabanqaabada iyo Abaabulka Shirweynaha Caalamiga 2aad Bahweynta Banaadir ee Holland, Rotterdam 2002

Aweys Geedow Diinle
1925-1970

Xusseen Xaaji Muxyiddiin

Qof kasta oo dunida guudkeeda ku uumani taariikhdu si baa ay u xustaa. Iyada oo taas maanka aynu ku heyno ayaa haddana, ay leedahay taariikhda haddii ay noqon laheyd dhinaca kuu ku lahaa bulshadiisa inta ay la eg tahay sida loo tebiyo qofkaas marka muuqiisa la waayo.

Waxaa hubaal ah in ruuxa marka uu ku nool yahay ifka guudkiisa dareenka laga qabo uu yahay mid kooban oo aan sidaas u sii ridneyn, laakinse marka uu iilka u hooydo (uu dhinto) ayaa si aad u heer sareeysa loo soo hadal qaadaa, loona xusuustaa qiimaha uu ku fadhiyey xagga bulshadiisa.

Taasi waxa ay dhalisaa in qofkaas si aan mugdi ku jirin u soo baxdo heerka ballaaran ee dhacdooyinkiisa, weliba waxa ay abuurtaa in ay ku qoranto diiwaanka taariikhda ee qofkaas laga dhaxlay.

Aweys Geedow waxaa uu ka mid ahaa ragga mudan in laga qoro bogga xusuusta ee miinguuriyaha taariikhda. *Aweys Geedoow* waxaa uu ku dhashey magaalada Muqdisho, gacanka xeebta xigta degmada Xamar weyne sannadkii 1925kii, wuxuuna ka dhashey qoys dhar sameeyayaal ah (Alliindileey). *Aweys* aabahiis waxaa aad looga yaqaan sameynta dharka Alliindiga ama “Dharka Hidaha iyo Dhaqanka” ee caanka ku ah magaalada Xamar iyo meelaha ku dhow-dhow, waxuuna *Aweys* aabahiisa u suurta geliyey in uu la shaqeeyo marka uu ka yimaado Dugsiga Qur'aanka si uu u barto dhar sameynta iyo Qur'aanka labaduba.

Aweys waxbarashadiisa wax badan ma u sii wadin, sababta oo ah markii uu soo hanaqaaday waxaa uu gacanta la galay howsha ballaaran ee aabihiis ku koobneyd. Sideed iyo toban jirkiisa waxaa uu noqday nin ay reerku ku nastaan. Isaga iyo aabahiis waxaa ay bishii soo saari jireen wadar dhar ah oo aad u kala duwan, ahaana dharkii waqtigaa la qaadan jirey maantana ay aad u xiiseeyaan dadweynaha badidooda.

Aweys Geedow waxa uu aadi jirey waqtiga uu ku howlanaa barashada dhar sameynta tuulada "Jilib- Marka" oo ka tirsan gobolka shabeelaha hoose, tuuladaas oo ah tuulada ugu soo saaris badan "dharka Benaadiriga" sidaas darteed, ayaa uu u tegi jirey si uu khibrad dheeraad ah ugu soo kororsado sameynta Dharka Alliindiga ah.

Run ahaan *Aweys iyo qoyskiisu* waxaa ay mudan jireen dhibaatooyin aad u adag ee sameynta dharka alliindiga, waxaa ka mid ahaa iyaga oo ay ku dumi jireen godadka loo adeegsado farsamada dharka alliindiga xilliyada roobku da'aayo, taasina waxa ay abuuri jirtey in ay istagaan dhammaanba howlahii ay ku xirneyd noloshooda.

Aadanahu waa kii Ilaaheey ka duwey xayawaanka xagga garaadka, waxaa uu ahaa kii tashada marka ay ku timaado dhibaato. *Aweys* qoyskooda inta uu kulmiyo degaanka waxa ay u leexan jireen marka taasi dhacdo xagga kheyraadka ballaaran ee ka buuxa " Badweynta Hindiya" gunteeda uu Ilaaheey ku maneystay xeeb dheer oo laga kalluumeysan karo, kuna habboon marin-ganacsiyeed.

Aweys waxaa uu qaadan jirey xilliyada xagaagga shabagada waxaa uuna soo jilaaban jirey kalluunka Illaaheey ku manaystay badda gunteeda si uu uga kaafiyo eheladiisa dabeecadda nololeed ee isku dhafka ah. Guud ahaan *Aweys* waxa uu ahaa shaqsi ay noloshiisu leheyd laba weji:-

b– Farsamada xagga dharka ah iyo

t– Kalluumeysiga.

Waxaa uu ahaa marka uu ku jirey labada mehradood midkood nin afkiisa isku maaweeliya, waxaa uu shaqadiisa ku fududeysan jirey ama isku iloowsiin jirey daalka uu leeyahay shaqadiisa, maansooyin hab-dhac aad u wanaagsan leh. *Aweys Geedoow* waxa uu noloshiisa la wadaagey labadiis waalid, *Aweys* waxaa uu ahaa nin jecel iskaashiga iyo in leys garabsato. Waxaa uu si aad u xiiseyn jirey waqtiga uu howl la'aan isku arko, tegina jirey fagaarayaasha lagu ciyaaro kubadda-cagta.

Dad jeclaantiisa iyo waddanninimadiisa markii ay kaaga sheekeeyaan dadkii yiqiinay oo ay saaxibada ahaayeen waxaa ay ku sifeeyeen in uu ahaa shaqsi ay la degtay baarrinimada, isla markaasna ahaa qof huwan suugaan dal jeceyl u badan iyo murti aad u maleysid sida dareeraha oo kale wax is jiidanaaya oo midi'ba midda kale ee xigta ka micno weyn tahay, kana xigmad badan tahay. Goobaha kulunada dadka marka la isugu yimaado waxaa uu ahaa mid si toos ah loogu dheg taago lagana faa'ideysto waxa afkiisa ka soo baxaya.

Waxaa ay qireen dadkii nasiibka u yeeshay aqoontiisa in uu ahaa *laashin*. Taasna waxaa daliil u ah raadkii uu inoo reebay; *Aweys* markii siddeed iyo toban jirsadey, waxaa uu bilaabay in uu heeso tiriyo, durbadiiba uu magac dheer ku yeesho. Waxaa kaalmeeyey Hamar Youth Club (HYC), markii laga furay magaalada Muqdisho sannadkii 1943kii, xisbigaasi waxaa uu ahaa xisbi siyaasi ah oo ka koobnaa shacbiga Reer Benaadir, gaar ahaan xaafadda Xamar weyne. Axsaabtii hore waxaa caado u ahaa jirtey iney dadka ku soo jiitaan heeso, maadeeysyo iwm.

Haddaba, *Aweys* intaa wixii ka horeeyey waxaa uu ka heesi jirey aroosyada iyo kulannada gaarka ah ee ay dadku isu yimaadaan. *Aweys* waxa uu suurtoowdey in uu halkaas ku soo bandhigo awoodiisa faneed. Heesahiisa waxa ay caan ku ahaayeen codka macaan iyo miro ka sameyn geeraar fudud oo ka hadlaya arrimo dhab ah. Heesahaani waxa ay horseed u noqdeen heesaha Benaadiriga.

Kontameeyadii *Aweys* axsaabtii siyaasiga waxaa uu ka dareemay in aanay laheyn barnaamij cad oo meel marinaya himiladooda. Himilada dadka axsaabtaasi la xiriira waxa ay noqotey mid halgankooda ku koobtey sidii loogu guuleysto doorashooyinkii markaas dalka ka socdey.

Dhaliisha uu dhaliiley waxaa uu goostey in xisbiga uu taageeri jirey *Xisbi Musataqili Dastuur Soomaali* (XDMS) halkaas uu aad ugu horumariyey riwaadaha qoraalkooda isaga oo weli sii wadey alifaadda Heeshaha Banaadiriga oo uu caanka ku ahaa, Waxaa la oran karaa in awoodiisa wax soo saarka ee riwaayadaha ay la bilaabatey ku soo biirkii uu ku soo biiray Xisbiga "Banaadiriga" taasi waxay la socotey siyaasadda xisbiga oo aheyd in la dhiiri geliyo fanka loona adeegsado hub lagula dagaalamo dhibaatooyinka waqtigaas jirey.

Aweys Geedow kaalin weyn ayaa uu ka geestay ka hortagga iyo gumeysi naceebka ay ummadda Soomaaliyeed ku jirtay xilligii uu gumeeysiga dalkeenna gacanta ugu jirey. *Aweys* waxa uu ahaa raggii gumeysiga kula dagaalami jirey garab seef ah oo aan aqoonin debecsanaan iyo u diir-nixid gumeeysiga.

Sannadka markii uu ahaa 1948kii, oo dhibaatooyinkii faraha badnaa iyo qaskii ololkiisa la demin kari waayey uu dalka ka wadey gumeysigu, waxa uu gaar ahaan ka qeyb qaadan jirey banaan baxyada lagaga hortegi jirey "Isticmaarkii Talyaaniga" iyaga oo astaamo kala duwan hore u soo qaadan jirey, isaguna soo bixi jirey fagaarayaasha waaweyn ee magaalada Xamar.

Waxaa uu *Aweys* ku jirey dadka ugu dhaqdhaqaaqa badan ee isku howli jirey isaga oo weliba adeegsanaayey ereyo dhimbil ah, oo muujinaayey waxshinimada iyo dulmiga uu isticmaarku ku haayey ummadda Soomaaliyeed.

Lixdamaadkii markii *Aweys* khibradahiisii riwaayadaha ay soo shaac baxeen oo uu fursaddu u helay in riwaayadahiisa loo bandhigo dad badan ayaa shaqo laga siiyey Raadiyaha Muqdisho. Muddadii yareed ee uu riwaaayadaha ka shaqeynayey wax badan ma wadin alifaada riwaayadaha sababta oo ahayd xukuumadihii waaga jirey ayaa dhiirigelin jirin riwaayadaha iyo heeshaha garaadka siyaasiga ee dadka kor u qaadaya.

Waxaa *Aweys* dhibaato ku noqotay in uu isku wado howshii iyo halgankii xisbiga uu u shaqeynaayey. Dowladdii baa garatay markaas in uu ka soo horjeedo dadkii siyaasiga ahaa ee xukumi jirey dalka, waxaana uu kolkaas ka mid noqdey dad badan oo shaqooyinka dowladda laga saarey, waayo siyaasadda ay markaas heysteen oo ka soo horjeeday xisbiga ka talin jirey waddanka.

Aweys waxaa uu qorey riwaayado badan kuwa badan, waxaa uu

u sameeyey haasaawaha iyo heesaha riwaayadda la xiriirta. Sheekada la xiriirta riwaayadaha waxaa uu ka mid Ahaa horseedkii fanka Benaadiriga. Middaas waxa aan u leeyahay isaga ayaa ugu horeeyey haasaawaha riwaayadaha oo maanta lagu qoro. Waxa uu abuurey maanso gaar ah oo ayada u gaar aheyd riwaayadaha. Riwaayadii *Aweys* ugu horeeyey waxaa ka muuqatey Jaleeca Maansada Banaadiriga ee soo bilaabatey xilligiisii. *Aweys Geedow* Allaha ha u naxriisto waxaa uu ahaa mu'alif, gabyaa, laashin iyo ugu dambeyntii macalinkii weynaa ee riwaayadaha Banaadiriga ee kaalintiisa la tebayo ilaa maanta. Waxaa uu geeyiyooday sanndka markuu ahaa 1970kii.
Xigasho: Daraasad uu sameeyay Maxamed Muridi Shooble(Al Faqi)

Guddiga Qabanqaabada iyo Abaabulka Shirweynaha Caalamiga 2aad Bahweynta Banaadir ee Dalka Holland, Rotterdam 2002

Sawirkan safka hore waxaa ka muuqdo qaar ka mid ah Oday dhaqmeedyada deegaanka Baraawe ee ka soo qaybgalayaasha Shirweynaha 2aad ee Bahweynta Benaadir ee dalka Hollanda

Sawiradan waxay muujinayaa ka soo qaybgalayaasha Shirweynaha 2aad ee Bahweynta Benaadir ee dalka Hollanda oo ku sugan Madasha Shirka ee uu ka baxaayey muxaadarooyinka iyo doodaha Shirweynaha.

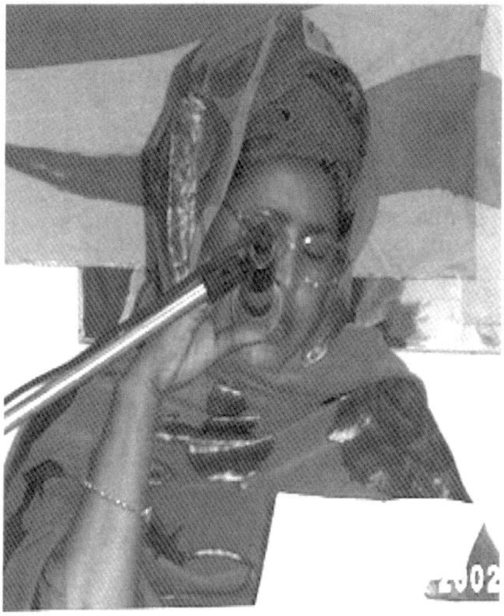

Kaalinta Haweenka Bahweynta Benaadir ee Dalka Holland

Caddey Xaaji Macow

Walaalyaal ergooyinka shirweynaha, Shir guddoonka iyo xoghaynta, Martida iyo goobjoogayaasha

Assalaamu caleykum waraxmatullaahi wabarakaatuhu

Aniga oo ku hadlaaya magaca haweenka iyo gabdhaha Jaaliyadda Reer Banaadir ee Hollanda, waxaa sharaf iyo farxad inoo ah inaan idin soo bandhigno talooyin lagu horumarinayo kaalinta Haweenka Ururada Reer Banaadir.

Walalyaal, saaxiibayaal

Shirweynihii Caalamiga 1aad ee Bahweynta Banaadir oo lagu qabtay London muddadii u dhaxeysay 8-16/09/2001, waxaa ka soo baxay, talooyin iyo go'aanno lagu daryeelayo danaha Reer Banaadir jiritaankooda, midnimadooda iyo daafacaada xuquuqdooda, waxaa kale oo go'aannadaasi tilmaamay in xiriir lala yeesho hey'adaha Qaramada Midoobay, Ururada Samafalka, kuwa deeqda bixiya, ama guud ahaan hey'adaha xukuumiga iyo kuwa madax banaan.

Haddaba, anagu Reer Banaadir ahaan waa inaan ku fakarnaa barbaarinta iyo daryeelka ubadka iyo dhallinta qurbaha jooga, iyadoo loo baahan yahay in xooga la saaro ku abaabintooda waddan jeceel, Reer Banaadir-nimo iyo meesha ay deegaan ahaan xaq ugu leeyihiin dalka Soomaaliya. Sidoo kale ku baraarujintooda kaalinta ay ku leeyihiin Dowlada-wadaag Soomaalidu u dhantahay.

Halaga digtoonaado in ubadka iloobaan ama aan la barin xaqa ay ku leeyihiin dalkoodii Hooyo. Arrintani waa howl weyn oo u baahan wada tashi iyo diyaarin qorshe shaqo. Culeyska weyn ee barnaamij fulinta qorshahaasna waxaa dusha ka saaran hooyada. Waayo, qofna ma inkirsana in kaalinta hooyadu ee dhanka korsiimada iyo barbaarinta ubadka ka mug weyn yahay inta aabaha laga sugaayo.

Anagu ujeedadeenu kuma koobna wax baridooda tacliinta asaasiga iyo tan farsamada ee waxaan ula jeednaa inaan yeelano istaraatejyada, bartilmaameed u ah ku beerida ubadkeena sidii ay u hanan lahaayeen markasta una daafacaan xaqa ay ku leeyihiin Dalka Soomaaliya maanta iyo mustaqbalka, haddii Alla idmo. Sidaa awgeed, aabayaasha waxaan ku boorineynaa in hoyooyinka iyo gabdhaha ay ku dhiiri geliyaan ka qeybgalka kulamada iyo tababarada loo qabanqaabi doono, una fidiyaan gaadiid iyo soo wehlinba.

Dhinaca kale, waxaan Shirweynaha u sheegeynaa inan indhaha laga qabsanin kaalinta haweenka markii la dooranaayo guddiyada, markii la magacaabayo wufuuda iyo markasta oo howl fulin lagu dhaqaaqaayo, waayo suurrogal ma aha, macquulna ma aha ururadeeni Reer Banaadir in ay gaaraan ujeedooyinkooda dhan, haddii aan haweenka tiro macquul ah laga siinin xubinnimada guddiyadooda.

Guud ahaan, haddii ururadeena aan si buuxda haweenka uga muuqanin, waxaa hoos u dhacaaya ama maqnaanaya kalsoonida iyo taageerada laga sugaayo hey'adaha caalamiga, ururada samafalka, kuwa deeqda bixiya iyo golayaasha isla tashiga farsamo.

Sidaa darteed, waxaan fileynaa in Shirweynaha mudnaan gaar ah iyo tixgelinba siin doona talooyinkani. Mar labaad naga guddooma salaan iyo qaddarin anagoo idiin rajeyneyno joogitaan wacan, wada tashi cilmiyeysan, soo saarid go'aanno murti leh iyo fulintiisa oo sii wada jir ah la isaga kaashado. Guuleysta Reer Banaadir.

Doorkii Bahweynta Benaadir Halgankii Gobonimadoonka

Maxamed Cusmaan Cumar

Sheekada waxay ka bilaawatay markii qof Reer Banaadiri ah lagu yiri ka bax meesha, dalkan iyo dawladnimadan wax aad ku leedahay ma jiraanee. Ninkii Reer Banaadirka ahaa calool xumo ayaa gashay, qalbiga ayuu ka carrooday. Warka ma yareysan, wuxuu bilaaway inuu baaro Reer Banaadir doorka ay ka soo qaateen halgankii gobanimodoonka Soomaaliya.

Waa run sida maahmaada Reer Banaadiriga dhahda: *"Biyo kaa badan waa ku moosaa"* Reer Banaadir lama moosin oo kali ah, waana laga af dheeraaday. Waxaa dhacay sida maahmaada sheegtay: *"Ninkii kaa war badan, dhaxalkii adoogaa aas kula wadaagaa."* Iyadoo ay xaaladda halkaas marayso, ayaa qofkii Reer Banaadirka ahaa is yiri, "*ma jirto, waa inaan is sheegaa, dadka kalena u sheegaa wixii aan galay iyo wixii la ii geystay.*"

Dagaalkii Labaad dhamaadkiisa 1943 markuu Ingiriiska guuleystay wuxuu Koonfur Soomaaliya ka qabsaday Taliyaani oo dalka haystay laga soo bilaabo 1889 markuu ka ijaartay Sultaankii Masqat. Wakiilka Taliyaaniga *Filonardi*, wuxuu bixin jiray lacag dhan 40.000 Rupiya saddexdii bilood.

Isla markii Ingiriiska qabsaday dalka oo siyaaso ka dibicisan tii Fashiistada Taliyaaniga ku soo rogay, waxaa ugu horeeyey oo wax xisbi furta Reer Benaadir. Waxay aasaasteen xisbi la yiraahdo Hamar Youth Club (HYC) oo ah Naadiga Dhallinyarada Xamar taariikhda markay ahayd 15 Abriile 1943. kaas weli lama oggoleen in la istacmaalo magaca Xisbi, inkastoo ulajeedada uu ahaa Xisbi. Markii dambe waxaa loo beddelay Unione Giovani Benadir (UGB) (Ururka Dhallinyarada Banaadir).

Reer Banaadir hal bil ayay ka horeeyeen Leegada oo lagu furay magaca Somali Youth Club, SYC, (Naadiga Dhalinyarada Soomaaliyeed, NDS) 15kii maajo 1943. Markii dambe waxaa laga dhigay SYL (Somali Youth League). Naadiga Dhallinyarada Xamar wuxuu lahaa calan Bulug ah, Leegadana calan Gaduud. Furitaanka naadiyaashaas waxay ahaayeen bilawgii dhaqdhaqaaqa siyaasadeed ee dalka Soomaaliya. Magaca ma ahee, hawlaha ay wadeen waxay ahaayeen kuwo axsaabta siyaasadda.

Oday Reer Banaadir ah oo ka mid ahaa aasaasayaashii Naadiga Dhallinyarada Xamar oo 1993 mar aan Xamar tagay iiga warramaayey taariikhda Naadiga Reer Banaadir ayaa ii sheegay arrin uu goob joog u ahaa. Wuxuu yiri: "Dhexbartankii afartameyda ayaa waxaa amar ka soo baxay maamulkii Ingiriiska. Amarkaas waxaa lagu soo saaray SYL inay beddesho calanka Gaduudan, oo maamulka uu ku tilmaamay inuu yahay calan shuuci. Haddii aan la beddelin Leegada waxaa loo sheegay in albaabada loo xiri doono."

Odaygii oo warkiisa sii wata wuxuu yiri: "Isla markii waxaan isugu yeernay Golaha Dhexe ee Xisbiga Reer Banaadir HYC, si looga hadlo arrintaas lagu soo rogay Leegada. Waxaa la isku raacay in Leegada laga badbaadiyo xujaddaas. Xisbiga HYC wuxuu u soo jeediyeyey Golaha Dhexe SYL go'aan ah in calanka gaduudan ee Leegada iyo kan Banaadir ee Bulugga ah la isku kabo si calanka Leegada u noqdo nus Gaduud iyo nus Bulug. Sidaas ayuu calanka SYL u noqday Gaduud iyo Bulug. "Sidaas ayaa looga hortagay Ingiriiska inuu albaabada u xiro xisbiga SYL", ayuu yiri Odaygii Reer Banaadir.

Arrintaas waxay ahayd tillaabo siyaasadeed weyn oo muhim ah ay ka qaateen Reer Banaadir bilawgii dhaqdhaqaaqa siyaasadda dalka. Haddii aan sidaas la sameyn, waxaa guuleysan lahaa shirqoolka isticmaarka ula jeeday inuu hakiyo ama dhiciseeyo dhaqdhaqaaqii markaas bilaawday. Marka la eego isku darka labada maro waxaa la dhihi karay inuu ahaa arrin fudud, hase yeeshee, marka loo eego dhanka siyaasadda, waxay lahayd micno weyn oo nuxurkeeda fog. Waxuu la mid ahaa laba qof oo dhiigga isku darsaday. Reer Banaadir waxay ula jeedeen in dagaalka gobonimadoonka loo mideysan yahay.

Sida la ogsoon yahay, taariikhduna ku qoran yahay, haddii aan mar dambe la inkirin, sida haddaba loo inkiro jiritaanka Qowmidda Reer Banaadir iyo doorkii ay ka soo ciyaartay gobonimadoonka Soomaaliya, in Reer Banaadir ay door weyn ka soo qaateen asaaska iyo hoggaaminta Xisbiga Leegada. *Xaaji Maxamed Xuseyn* wuxuu ahaa Guddoomiyaha Xisbiga SYL. Siyaasiyiin kale ee Reer Benaadir ah waxay ku jireen Guddiga Dhexe ee Xisbiga. Sidoo kale Taageereyaal badan oo Reer Banaadir ahaanna waxay xisbiga SYL ku taageeri jireen maalkooda iyo maankooda.

Way suurtowdaa in aan laga warhaynin, madaama aysan jirin wax qoraal ah oo laga akhrisan karo taariikhda halganka gobanidoonka Soomaaliya iyo ciddii wax ka gaysatay. Hase yeeshee nasiib wanaag, wixii ay dadka kale qoreen, sida Qaramada Midoobay, ama wixii sheekada lagu maqalnay ama wixii goob joog loo ahaa, ayaa muujinaayaan labada xisbi ee halganka gobanimodoonka Soomaaliyeed safka hore uga jiray, si toos ahna uga soo horjeeday guumeysiga, inay ahaayeen Hamar Youth Club iyo Somali Youth Club (SYC). Reer Banaadir waxaa sharaf u ah in Hoggaamiyaha Leegada uu ahaa siyaasi Reer Benaadir: *Xaaji Maxamed Xuseyn.* Guddoomiyaha ka sokow, jagada kale ee iyadana muhimka ahayd waxaa haayey nin reer Banaadir ah. *Sheikh Ciise Maxamed*, ayaa ahaa Maamulaha Maaliyadda xisbiga SYL.

Hamar Youth Club iyo Somali Youth Club gacan saar xoog leh ayay lahaayeen, siyaaso ahaanna isku meel ayey ka soo jeedeen. Waxay rabeen in dalka gaaro gobanimo dhab ah oo aan maqaar saar ahayn. Markii laga doodaayey gobanimada Soomaaliya sannadkii 1949, Guddigii Qaramada Midoobay ee loo xilsaaray inay soo dhegeystaan siyaasadda Soomaaliya sida aay wax u rabaan, labada Urur ee SYL iyo Hamar Youth Club isku meel ayay ka soo jeesteen. Warbixintii uu gudbiyey Guddiga waxaa ka mid ahaa:

"Somali Youth League and Hamar Youth Club: "The representatives denounced the so-called *Bevin-Sforza Agreement* and asked for immediate independence. They expressed the willingness to accept a United Nations Trusteeship for an interim period of short duration but were opposed to any form of foreign rule, particularly Italian administration…"

Xisbiga Leegada iyo Xisbiga Reer Xamar: wakiiladooda waxay cambaareeyeen heshiiskii dhexmaray *Bevin iyo Sforza*, waxay codsadeen gobanimo deg deg ah. Waxay sheegeen inay oggolaan karaan Wasaayad Qaramada Middobay ee muddadiisa gaaban tahay, hase yeeshee, waxay diideen xukun shisheeye gaar ahaan maamul Taliyaani). (Eeg Year Book of the United Nations 1948-49 pp.249,268).

Hadduusan isticmaar diid ahayn, uu Taliyaniga hoosta ka geli lahaa, *Xaaji Maxamed Xuseyn* wuxuu ahaan lahaa madaxweynihii ugu horeeyey ee dalka Soomaaliya marka xornimada nala siiyey 1960. Damiirkiisa iyo jecelka waddankiisa ayaa u diidey in uu dantiisa gaarka ah ku doorsado danta guud ee dadka iyo dalka. Wuxuu diiday in uu noqdo qolof baabuur oo motoorkiisa isticmaarka kicinaayo markuu rabo, shukaantadana u jeedinaayo dhinacii uu rabo.

Nasiib darrose, waxaa guuleystay dadkii la saftay isticmaarka Taliyaniga oo damac siyaasadeed gaar ah ku jiray. Abriile 1da 1950 waxaa naloo dhiibay Taliyanigii ay Somali Youth League oo markii *Xaaji Maxamed Xuseyn* hoggaaminaayey iyo Hamar Youth Club ay meel kasto ka cambaareeyeen iyo ka qayliyeen inaan marna nalagu soo celinin. Taliyaani dib u soo laabashada fursad uu kaga aarsado dadkii ka soo horjeeday, gaar ahaa Reer Banaadir, ayay u noqotay.

Haddii, wax yar dib loogu noqdo taariikhda, waxaa soo baxaaya in dhibaatada soo gaartay dalka, xornimada ka as, ugu weynaa musuq-maasuqii iyo dulmigii is af-garashadii dhex maray Taliyanigii soo noqday Taliyaanigii khabiirka noo noqday oo dib noo qabsaday iyo madaxdii SYL ee xisbiga qabsaday *Xaaji Maxamed Xuseyn* kaddib. Hadduu Taliyani wax taraayo toddobaatankii sano uu Soomaaliya soo gumeysanaayey ayaa dalka laga arki lahaa.

Waa la ogaa in Taliyaani uusan waxba ku toorneen. Waxuu ahaa dal dagaalka looga soo badiyey iyo dal aan dhaqaale lahayn oo fashistonimo ku soo barbaaray. Dal asiga laftiisa u baahnaa in la hormariyo oo laga xureeyo maskaxdii fashistada iyo dib loo dhiso ayuu ahaa. Qof indhoole ah miyaa indhoole kale hoggaamin karay? Ama qof asigaba buko, miyuu baani karay qof kale oo buko?

Taliyaani markuu dib u soo galay dalka 1950, markaan isagoo sita shaarka Qaramarada Midoobay ayuu Reer Benaadir ama xisbiga Unione Giovani Benadir (UGB) iyo madaxdii ku jirtay xisbiga SYL oo Reer Banaadir ahaa ku bilaabay cadaadis iyo dagaal siyaasadeed isagoo kaga aar gudanaayo siyaasadii ay kaga soo horjeedeen Taliyaaniga ama isticmaarka guud ahaan, intii uu socday doodii gobanimadoonka Soomaaliyeed ee sannadaha 1948-49.

Markii dawlad hoosaadka nala siiyey bartamahii 1950, iyadoo ay caddaay in lagu xumeeynaayo Reer Banaadir, Xamar wuxuu u dhiibay (Commissario Distrettuale) ama DC qof aan Reer Banaadir ahayn. Reer Banaadir way ka xumaadeen arrintaas, hase yeeshee, awood ay kaga hor tagaan go'aankaas ma lahayn.

Reer Banaadir ummad dagaal jecel ma ahayn haddana ma aha. Carradooda waxay ku muujin jireen gabayo, heeso iyo maadeysyo ay dhigaan. Isla markii u shaqada qabsaday "*Commissariyaha*" waxaa la gaarsiiyey war ah in Reer Banaadir ay maadaysyada dawladda ku caayaan.

Nidaamkii fashistada dalka ku haayay oo ahaa in dadka laga qaado xuriyadda fikradda iyo hadalka ayaa la soo rogay. "*Commissariyaha*" wuxuu soo dejiyey Sharci amraayo in maadeysyada Dawladda fiiriso oo heesaha la dhegeysto (Censorship ama Censura) intaan dadweynaha loo soo bandhigin. Kooxda Banaadir waa oggolaatay, waxayna fursaddii ugu horeysay ku martiqaaday DC-ga in uu wakiil soo dirsado. Hase yeeshee, Dhiisigii laftiisa ayaa yimid inuu arko maadeyska lagu soo bandhigi lahaa xarunta Xisbiga Banaadiri uuna dhegeysto heesaha. Kursiga hore ayuu fadhiistay, nin la socdayna wuxuu sitay warqad iyo qallin si uu u qoro wixii ay dawladda dhaliisho ama shakiso.

Waa la wada fadhiistay. Daaha ayaa la furay. Heesaha maadayska waxaa ka mid ahaa heeskan oo mirahiisa ku jiray:

Garmii, garmiyaa sidaan ley galay;
Geedba geed aa ka weyn Gaawo ii soo go'ee;
Geeriyaa iiga roon guursigaadoon gefee;

Gacalkii aan lahay waa gubtee,
Ma guuraa god miyaan kaa gala?
Geel maxaas kuu gartaa, gar makuu gooy karee;
Geedba geed aa ka weyn Gaawo ii soo go'ee;
Ma gartee Gar la gooyoo gambar loo koree;
Gacalkii aan lahay waa gubtee,
Ma guura god miyaan kaa galaa?

Miraha waxuu u dhawaaqaayey sida hees jeceel oo kale. *"Gaawo"* gabar ayaa lagu tilmaamaa, laakin waxaa laga waday magaaladda Xamar. *"Ma gartee gar la gooyoo gambar loo koro"* *iyo* *"Geel maxaas kuu gartaa gar ma kuu goy karee"* *"Commissariayaha"* laftiisa ayaa laga waday. *"Ma guuraa god miyaan kaa gala"?* Xamar ayaa lala hadlaa. Intaas oo dhan lama fahmin. Dhiisigii asigoo madaxa si oggolaasho ah u lulaayo ayuu madayskii OK saaray oo la fasaxay in dadweynaha loo soo bandhigo. Hase yeeshee, muddo markuu socday ayaa DC-ga loo sheegay in heyskaas isiga lagu xifaaleynaayey. Waa run asiga ayaa laga hadlaayey, laakin warka wuxuu u socday kii soo magacaabay shaqada oo Talyaaniga ahaa. Maadayska cay iyo cambaayreen midna ma ahayn, hase yeeshee wuxuu ahaa dacwad siyaasi ay Reer Banaadir ka jeedinaayeen dulmiga uu Taliyaaniga kula kacay dadkaas.

Inkastoo xornimo dalka la siiyey 1960, haddana isla Taliyaanigii la ogaa in 71 sano uusan dalka gaarsiin wax horumar ah, ayaa Leegadii kula heshiisay in uu na hoggamiyo. Taas waxay keentay in uu fursad u helo inuu maamulkaba gacanta ku qabsado. Taliyaani waxuu qabsaday xisbigii SYL oo dhan wuxuuna uruursaday xubnihii taargeersanaa inuu dib ugu soo laabto dalka. Wuxuu ku kacay kuwii ka soo horjeeday oo guud ahaan ahaayeen Reer Banaadir. Wuxuu sameeyey nidaam doorasho ah oo dadkii joogay gobolka Banaadir, gaar ahaan caasimada Muqadisho, aysan waxba u helin.

Tusaale ahaan, Xamar oo meel kasta ka weyneyd ayaa la siiyey laba kursi. Meel aan dad joogin oo waraaqo magacyada ku sii qoran yihiin la geeyey si sanduuqyada loogu shubo, waxaa la siiyey kuraas badan, si loo soo geliyo Baarlamaanka dadkii Leegada wadatay oo ay is af garteen Taliyaaniga kaddib markii *Xaaji Maxamed Xuseyn* uu ka tagay xisbiga SYL. Warbixin uu soo saaray guddi soo booqday

Soomaaliya 1957, waxaa lagu sheegay in HDMS u ku cambaareeyey Taliska Taliyaniga ee Wasaayadda Qaramada Midoobay ee u eexday Xisbiga Leegada inuu khiyaanno doorashadii 1956.

Xisbiga Reer Banaadirna wuxuu ku eedeeyey Dawlad hoosaadkii ka dhisnaa Xisbiga Leegada iyo Xukunka Taliyaniga inay ka eexdeen dadka aan Leegada ahayn. Wuxuu soo jeediyey in doorashada soo xigta la keeno dalka koox goob joog ah (Observers) oo la socda doorashada guud.

Taliyaani ciil ayuu u qabay Reer Banaadir, madaama ay siyaasiyiintooda, kuwa HYC iyo kuwii ku jiray SYL si wada jir ah uga soo horjeedeen maamul gumeysi, nooc kastaba ha ahaadee, gaar ahaan in Taliyani lagu soo celiyo dalka. Soo noqoshada uu ku soo noqday Soomaliya waxay u noqotay fursad uu kaga aarsado Reer Banaadir. Reer Banaadir lagama badiyeen haddii qof walba uu doorashada ka soo geli lahaa halkii uu deganaa, una dhashay (ma aha ku dhashay) ama haddii sharci iyo caddaalad run ah jiraan. Arrinta waxay noqotay kii laga sugaayey sharciga ilaalintiisa inuu asigii wax boobo.

Shirqoolada lala rabay in Reer Banaadir lagu eedeeyo waxaa ka mid ahaa markii 1957, oo dalka weli ku jiray Wasaayadda Qaramada Midoobay, la damcay in Xisbiga Banaadiriga dembi lagu wax yeeleeyo loo helo. Waxaa la damcay in xisbiga gudahiisa lagu dilo nin ka mid ahaa Guddiigii Wasaayadda Qaramada Midoobay (AFIS) oo u dhashay Masar, magaciisuna ahaa *Kamal Eddin Saalax.*

Kamal Eddin Salaax wuxuu Xisbiga Banaadir u imaanaayey habeenkaas inuu ka qayb galo xaflad lagu maamuusaayey sannaadguuradii aasaaska xisbiga Banaadir ee ku beegnaa 15 Abriile. Waxaa la rabay in Xisbiga Banaadiriga gudahiisa falka ka dhaco oo dembiga loo saaro Reer Banaadir, hase yeeshee, markii uu *Kamal Eddin* xoogaa soo daahay ayaa kii loo soo diray inuu dilo oo markaas xisbiga dhex joogo, istaagii ku daalay oo kursi safka gudaha ah fadhiistay, dhaq-dhaqaaqiina la joojiyey.

Mar alaale markuu yimid, waxaa toos loo geeyey halkii loogu talo galay in uu khudbad ka soo jeediyo. Waxuu warkiisa ku furay: *"Anaa muta'assif jiddan, li ta'khirii."* (Waxaan aad uga xumahay daahida aan soo daahay). Daahidiisa Reer Banaadir khayr ayaa ugu jiray. Reer

Banaadir Ilahay ayaa dhibaatada loola damacsanay ka badbaadiyey.

Sida la ogsoon yahay, *Kamal Eddin* Salaax waxaa la dilay maalintii soo xigtay asigoo gurigiisa galaayo. *Kamal Eddin* wuxuu ahaa nin aad u jecel xornimada Soomaaliya. Ninka dilay waa la qabtay, xabsi daa'im ayaa lagu xukumay, hase yeeshee, asigana waxaa lagu dilay xabsiga gudahiisa habeenkii calanka la saaray ee 1da Luuliyo 1960.

Ilaa hadda waxaa la la'yahay sababta loo dilay *Kamal Eddin* iyo ciddii ka dambeysay dilkiisa. Waxaa kale la is weydiiyey cidda dishay kii xirnaa iyo sababta loo khaarijiyey intaan waaga baryin. Waxaan shaki ku jirin in dembiga la saari lahaa xisbiga Banaadiriga haddii *Kamal Eddiin* lagu dili lahaa xarunta xisbiga Banaadir habeenkii 15 Abriile 1957.

Weli Guddiga Amministrazione Fiduciaria Italiana della Somalia (AFIS) isagoo dalka joogo ee maamulka haaya ayaa dhexbartankii kontonmeyda Xamar Weyne lagu dilay nin kale oo magaciisa ahaa *Ustaad Cusman* oo ahaa nin siyaasi ah, macallinna ahaa. Waxay ahayd habeennimo oo bil soon ah. *Ustaad Cusmaan* waxuu nagu ag maray, anagoo ku ciyaareyno Koodka, asigoo ku sii jeeda gurigiisa oo ku yaalay meel ka dambeysay Boostadii hore.

Markaan qaylada maqalnay ayan ku orrodnay asigoo dhulka yaal oo dhiig baxaayo. Waxaan isla markii arrinta gaarsiiney xaaskiisa oo guriga joogtay. Sababta iyo ciddii ka dambeysay falkaas foosha xun, si rasmi ahaan looma sheegin, hase yeeshee, kolayba Reer Banaadir way ka badbaadeen dembigiisa in loo qabto markii dhallinyaro turrub ku cayaaraayey habeenkaas maqaayo ku taalay Koodka Booliska watay, dhaqso loo soo daayey markii dembi lagu waayey.

Si kasta ayaa la isku dayay in Reer Banaadir dhibaato loogu geysto. Cadaadiska isticmaarka waxaa ka mid ahaa in qofka hadduu waddani yahay, xitaa hadduu yahay xubin Leegadaha, in laga fogeeyo (Musaafiris) meeshuu ku dhashay uu magaca ku leeyahay. Magaaladda Marka waxaa laga musaafiriyey nin Reer Banaadir ah, *Maxamed Nuur Harakow* oo Leegadana ka mid ahaa. Waxaa loo musaafiriyey magaaladda Qardo.

Warkaas waxaan ku xasuustay in aniga lafteyda markaan

Boostada joogay, dhammaadkii kontonmeyda la ii beedelay magaaladda Qardo. Beddelkaas waan diiday, sababtoo ahayd in darajada aan markaas Xamar ka haayey ay aad uga sareysay xafiis degmo, sida Qardo oo kale.

Waxaan ahaa ninkii saddexaad, (*Controllore della Cassa Principale*) marka laga reebo Agaasimaha Guud oo magacabiddiisa siyaaso ahayd (*Political appointee*). Markii hore waxaan u haystay beddel caadi ah, hase yeeshee, in arrinta siyaaso tahay waxaan ogaaday markii nin la yaqaan igu yiri, "Haddii aad rabtid in lagaa dhaafo beddelka, Leegada gal." Waxaa la ogaaday in aan ku xiranahay Xisbiga Banaadiriga, halkaas oo heesaha xisbiga iyo Maadaysyada ka qaadi jiray. Markii dambe waxaa qasab igu noqotay in aan shaqadaas ka baxo.

Haddii xaq jiro, Reer Banaadir tiro iyo tayba wax loogama qaadeen. Dagaal caddan ah oo Taliyaaniga iyo kuwii la safnaa oo awoodda helay oo rabay in ay Reer Banaadir ka saaraan dhaqdhaqaaqa siyaasadda Soomaaliya ayaa looga badiyey. Taasina waxay ahayd ka aar gudasho la xiriirta siyaasadii Xisbiga Reer Banaadir ee u dagaalanka gobanimada Soomaaliya. Taliyaniga waaba la ogaa isticmaar ayuu ahaa, waxaase ka sii xumaa kuwii ku taageeray xumaanta iyo gardarrada loo geystay ummaddaan.

Reer Banaadir waxay yiraahdaan, *"Khiyaano qofkeed ma liibaano, iidaay ku qaloocataa."* Musuq maasuqii iyo xasuuqii siyaasadeed uu na baray Taliyaniga maxaa laga qaaday? Wuxuu dhaliyey in Madaxweynihii dalka loo dilo isla siyaasadii isticmaarka na baray darteed. Xaaladdas waxay noqotay sida maahmaada dhahdo, *"God khiyaano ha qodin, haddaad qodeysidna ha dheereen, ku dhici doontid lama ogee"*. Reer Banaadir markii la xoogay waa iska aamuseen, hase yeeshee, hoosta ayuu ka yiraahdaa, *"Ilaahay ayaa kaa jaasinaayaa."* Waa maahmaadii ahayd: *"Taxsigii caano ku dabaal bartay, fuud kulul ayuu ku dhacaa"*.

Gobolka Waqooye iyagoo ku kajamaayo kuna xifaaleynaayey xiriirkii sokeeye ee ka dhexeeyey Taliyaniga iyo dawladdi Leegada ee ka dhisneed Muqdisho waxay ku heeseen heeska nuxurkiisa ahaa: *"Italy ii tali, aniga ii tali, iyada tuuroo, aniga ii tali. Xaajo tuurlaha nin la toosane, aniga ii tali, Italy ii tali, iyada tuuroo aniga ii tali"*.

Waxyaalahii ka dhacaayey habeenkii 21 Oktoobar 1969 xerada SYL oo lagu gorgortamaayay wixii laaluush la kala qaadan lahaa in Madaxweyne cusub la doorto ma aheen wax markaas dhashay. Waxuu ahaa wixii dalka soo gubay 9kii sano ee xorunimada ka dambeeyey. Arrornimadii 21 oktoober 1969, Ciidamada Qalabka Sida waxaas ayaa siiyey sabab ay dalka ku qabsadaan ay kuna af gambiyaan dawladdii Leegada.

Haddii ay Leegada si sax ah ku socoto, shacabka ayaa daafici lahaa. Maxaa yeelay qofka xaqqa ilaaliya weligii waa guuleystaa, maxaa yeelay, xaqqa ayaa daafaca. Waa kuwaas kuwii Taliyaaniga uu dulmiga ku taageerayey ee qarka ka dhacay. Reer Banaadir waxay is lahaayeen Ciidamada Qalabka Sida oo u adkeysan waayay caddaalad xumada iyo dulmiga lagu haayey ummadda Soomaaliyeed, gaar ahaan Reer Banaadir, ayaa noqon doona kuwii gartooda siiyey, Ilaah ayaa garsoore ahee, hase yeeshee, iyaga ayaa uga daray.

Cirkii ay roob ka filaayeen ayaa dagax uga soo daatay. Kuwii hore kuraas ayay boobeen, Kacaanka wuxuu ka xoogay dhulkii oo dhan. Gobolka Banaadir baalasha ayuu ka rifay. Cad cad ayuu u kala dhigay wuxuna u bixiyey magacyo ah "Shebeelle". Banaadir oo dhan wuxuu ka soo reebay Muqdisho oo kaliyah, iyadana boqol meel loo kala qaybiyey. Sidii kuwii hore oo kale, Kacaankana xitaa Degmada Xamar Weyne, wuxuu u soo magacaabay qof aan Reer Banaadir ahayn.

Kacaanka asigana maxaa u dambeeyey? Waxaa u dambeeyey inuu kursigii iyo wixii uu labaatan sano ka badan buursanaayay ka carraro. Waxaa cirib tiray kuwo la yiraahdo hoggaamiye kooxeed oo isku raacay in Banaadiri wax la yiraahdo uusan jirin. Waxaay u bixiyeen wax la yiraahdo "Others" ama "kuwa kale". Waxaa la yiri dadka waad ka hooseysaan, dadka waaween nuskooda ayaad tihiin, xaqiina waa nus.

Waa ihaano aan geed loogu soo gabban. Waxaaba iiga sii darran, kuwo aan isla doon saaranahay oo Reer Banaadir xaqiraaya. Hase yeeshee, khiyaano, gardarro iyo lug goys inay guuleystaan lagama yaabo. *"Dulmi maa duugmaa, mani la daboolana waa soo daahiraa", ayaa la yiri.* Dhulkaan wuxuu la burburay waa dulmigaas iyo khiyaanada iyo ummadaas laga habaarsaday.

Waa tan la noqday dadkii la yiri: *"Banuu maa Sakanuu; Jamacuu maa Akaluu"*. Waan is gubnay. Waa kan nalagu ciqaabaayo inaan is daba wareegno oo kolba meel u carrarno oo aan xumaan iyo samaan kala saari weynay. Abwaankii Reer Banaadir mar hore ayuu ku yiri dadkii dawladdnimada dulmiga ku soo hayn jiray ilaa lixdankii: *"Gadaal, gadaal aad Geed u fuushiinee, gar maa niiga go'daa."* Mujtamac kasto, haddii aan gar jirin, caddaalad lagu dhaqmin, natiijada waa waxa hadda Soomaaliya ka taagan. Waa tusaale caddaan ah: "*Ilahay ma oggola dulmiga bani'aadanka*; *qawaaniintana ma oggola in xaqqa insaanka lagu xad gudbo*".

Kacaankii Oktobar markuu dalka qabsaday wuxuu dadka u sheegay in musuq-maasuq dhamaaday, hase yeeshee, kuwii hore ayuu kasii darray ilaa asigana laga af-gambiyo. Kuwii afgambiyayna waa kuwii dadka u sheegi jiray in Kacaanka dulmiile yahay oo iyaga sinnaan iyo caddaalad keeni doonaan, hase ahaatee, markii ushii ay gacantooda soo gashay ay iyagana dadkii la dhaceen.

Kacaanka caddaalad xumadii uu dawladda ku sheegi jiray ayuu ku kacay ilaa uu ka dhaco, kuwii ka dambeeyeyna wixii ay Kacaanka ku sheegi jireen ayay hadda kula kacaayaan ummadda Soomaaliyeed oo xitaa noolal caadi ah u diideen, gaar ahaan Reer Banaadir. Haddana sida la arkay 1960 wixii ka dambeeyey ilaa 2004 xornimadii, midnamidii iyo sharaftii dalka waxay dhexyaaliin Mbaghati.

Isla dadkii oo afartan iyo afarta sano wixii la soo dhisayey sidaan u dudumiyey ayaa weli gar isla leh. Ilaa hadda ma jiro qof muujiyey iney ka xun yihiin sida ay dadka iyo dalka loo galay, gaar ahaan Reer Banaadir. Waa caddahay in dembi weyn la galay, wax sabab ah oo lagu marmarsoon karo ma jiraan, is beddel inqilaab ku yimaada ama si kale adduunka waa dhacaa, laakin waxaan la arag in ummad la xasuuqo. Cid qirsan in uu dembi geystay ma muuqdo. Ilaa taas laga helo oo qof walba laga xaal mariyo dhibaatadii loo geystay, shacabkaas looga cudurdaaro oo Ilahayna cafis la warsado wax toosaayo ma jiraan.

Dadka keliyaah aan dembi ka gelin dalka oo iyagalee dembi laga galay, iyagoo waxba geysan, waa Reer Benaadir oo sidii la ogaa loo dandareystay. Dembiga keliayh ay galeen, haddii dembi yahay, waa jeceelka nabad ku wada noolaashaha.

Inta kale horey ayaa loo soo arkay, iska soo hor jeedkooda iyo cadaawadda dhextaal. Waxaa ka sii darran is aamin darrada abuurantahay oo midba midka kale cabsi ka qabo, hadduu talada qabsado. Maxaa yeelay, ilaa hadda cid laga heshiisiiyay wixii dhacay lama arko. Haddii xitaa afka iyo gacanta la iska salaamo, quluubta waa sidoodii.

Haddii nalagu talo galay ama nalagu habaaray inaan iska daba wareegno iyo wal-wal iyo walbahaar joogto ah ku noolaano, addunkeenna sidaas ayuu ku dhammaan doonaa. Jiilka cusub iyo kuwa soo socdana Ilaahay ayey qabaan. Dadka dhibaatada badankeeda soo gaaray, horey iyo haddaba, waa ummaddan Reer Banaadir oo waqtigii xurnimodoonkana safka horey kaga jirtay halganka.

Dhibaato kasta waxaa looga baxaa midnimo iyo in la is walaalsado. Iska horimaad iyo is-qab-qabsasho waa la arkay inay waxba soo kordhinin oo ay na dhigeen meesha aan hadda joogno. Waxa ku dhacay dalka Reer Banaadir dhibaato aan la soo koobi karin ayaa ka soo gaaray. Kala qaybsanaan khayr maleh, waxaa ka faa'iideysahaa kan ku nacban.

Reer Banaadir xooggooda waxaas ku jiraa iyagoo noqda sida tusbaxa, ummad isku xiran, si loo muujiyo in Reer Banaadir yahiin Qowmiyad dhismo qaran qayb ka qaadan kara. Walaaltinimo wax dhaamo ma jiree aan dib u xasuusano heeskii ahaa: *"Minaan heshiinoo, halkoo ahaanoo, wixii na haysto waa naga haraayee"*. In la is-wehelsado oo la is-walaalsado wax ka weyn ma jiraan. Kala daadsanaan duur cidla' ayay na dhigi doontaayee dadkaas dantooda wanaagsan ma u soo jeesanaa oo midnimadooda ma ka talinaa, si jiritaankeenna u noqdo wax aan la iska indho tiri karin. *Waarimeynee wanaag ha naga haro.*

Sawirkaan wuxuu muujinayaa qayb ka mid ah martidii shisheeye ee ka soo qaybgashay Shirweynaha Caalamiga 2aad ee Holland -Rotterdam 2002

Sawirkaan safka hore waxaa ka muuqda madax ku mataleysa dowladda Holland Shirweynaha 2aad ee Bahweynta Benaadir - Rotterdam Sebtember 2002

Sawiradan wuxuu muujinayaa Guddiga Qabanqaabada iyo Abaabulka Dalka Holland ee Shirweynaha 2aad Bahweynta ee Rotterdam 2002

Sawiradan wuxuu muujinayaa Guddoonka Guddiga Qabanqaabada iyo Abaabulka Holland ee Shirweynaha 2aad Bahweynta ee Rotterdam 2002

Warbixinta Dalka Kanada

Faduma Aawoow Suufi

Hordhac: Ururka Reer Benaadir ee Kanada waa urur la aasaasay Nofember 2, 1991kii kaddib markii aqoonyahanada, odeyaasha iyo siyaasiyiinta Reer Banaadirka deggan Kanada ay isugu yimaadeen shirar badan oo muhiim ah oo loogu falanqeeynayey sida wax ka qabasho deg deg ah looga sameyn lahaa:

b- dhibaatooyinka xad-dhaafka ah ee Bahweynta Reer Banaadir ka soo gaaray dagaalkii Soomaaliya ka dhacay iyagoo aan cidna waxba ka galabsanin, sida dilka, dhaca iyo kufsiga,

t- baahida aanu u qabno xoojinta jiritaankeena iyo sharafteena.

j- dhibaatooyinka ka jira xerooyinka qaxootiga Kenya, Yemen, Itoobiya, iwm.

x- ka talinta danaha guud ee Reer Banaadirka ku nool Kanada. Iyadoo laga amba qaadaayo ujeeddooyinka soke iyo kuwa fog, si wax ka qabashada dhibaatooyinka kor ku xusan ay u noqoto mid wax ku ool ah, waxaa la sameeyay guddiyo firfircoon oo kala ah:

b- Guddi soo ururiyo, darsana, ilaha taariikheed ee Reer Banaadir, la xiriira taariikhyahanada wax ka qora xadaarada iyo qaddiyadda Reer Banaadir, iskuna xira dhammaan Reer Banaadirka wax garadkooda iyo siyaasiyiintooda, lana socdaan, door weyna ka ciyaaraan dhaqdhaqaaq ama shir kastoo loogu hadlaayo arrimaha Soomaaliyeed.

t- Guddi isticmaala natiijada ka soo baxda daraasaadka ilaha taariikheed iyo xiriirka lala yeesho taarikhyahanadaasi si ay ugu dhaadhiciyaan gaar ahaan imigreeshinka Kanada, guud ahaana adduunweynaha oo idil, dhibaatooyinka lagu sameeyey Reer Banaadir, qadiyadooda, jiritaankooda iyo diiwaan gelintooda.

j- Guddi xilkiisu yahay adeegyada guud, sida waxbarashada, shaqada, la talinta dhinac walba ah, jiheynta toosan, ka kaalmaynta degitaanka, turjumidda iyo foomam buuxinta, iskudubaridka xafladaha iyo ciidaha iyo ku dhiiri gelinta ilmaha dhinaca diinta iyo dhaqanka ee Reer Banaadirka ku nool dalka Kanada.

Ujeedooyinkii Ururka

Ururkeena wuxuu hormuud ka ahaa hawsha lagu helay aqoonsiga qaxootiga Reer Banaadir meel kasta oo ay joogaanba iyo tixgelinta qaddiyaddooda, dhibaatooyinka iyo xaqdarida loo geystay. Guushaana waxay dhalatay kaddib markii ururkeena uu dhowr qoraalo ah u diray *Prof. Lee Casanelli,* oo ah taariikhyahan qabiir ku ah taariikhda iyo qaddiyadda Reer Banaadir, si uu gacan noogu siiyo sida loo aqoonsan lahaa qaxootiga Reer Banaadir meel kasta oo ay adduunyada ka joogaan; islamarkaana ururkeena wuxuu safka hore ka galay hirgelintii socdaalkii *Prof. Lee Casanelli* uu ku aaday xerooyinka qaxootiga ee Reer Banaadir ee Kenya, kuna soo sameeyey qoraallo saldhig u noqdeen aqoonsiga qaxootiga Reer Banaadir meel kasta oo ay joogaan.

Ururka wuxuu qoraalo badan u diray hay'adaha caalamiga ee ku shuqul leh xuquuqul insaanka sida (*Amnesty International)* si ay ula socdaan dilkii, dhacii iyo kufsgii loo geystay Reer Banaadir. Tani waxay aad iyo aad gacan nooga siisay sidii qaxootiga Reer Banaadir meel kasta ay joogaan ay u heli lahaayiin aqbalid iyo sharciga waddanka ay qaxootiga ku yihiin.

Ururka wuxuu si joogta ah talooyin ku wajahan mowqifka iyo siyaasadda Reer Banaadir iyo aragtiyo ku salaysan sidii nabad iyo dawlad waarta loogu dhallin lahaa waddankeena uu ugu soo gudbiyay siyaasiyiinta iyo mas'uuliyiinta Reer Banaadir oo kaga qayb galay shirarkii lagu baadi goobayay nabadda iyo dhisidda dawlad Soomaaliyeed.

Ururka wuxuu qayb weyn ka qaatay, guud ahaan, midaynta Reer Banaadir, gaar ahaana kuwa ku nool dalka Kanada. Raad ku yeelashada midaynta Reer Banaadir waxaa noo saamaxday anagoo si joogta ah ugu howlan la xiriiridda siyaasiyiinteena, aqoonyahanadeena, odeyaasheena iyo culumaa'udiinkeena ee meel kasta adduunyada kaga nool. Guushaana waa mid midnimadeena tiirka u adkeynayso, islamarkaana noogu horseedayso inaan noqono hormuudka dhaliya midaynta ama dhisidda dawlad Soomaaliyeed ay ummadda oo idil ay ku qanacsan tahay.

Ururka wuxuu si xoog leh ugu soo horjeestay, talaabooyinna ka qaaday qoraalo been ka abuuraya caadooyinka, dhaqamada iyo taariikhda Reer Banaadirka ay leeyihiin. Tusaale ahaan, buugga uu qoray *Saciid Sheikh Samatar* oo ku tilmaamay in Reer Banaadirka ay caada u tahay in ay sheegtaan qabiilka ay la degaan sabatoo ah ma aha dad ab iyo isir toona leh..

Meel ka dhacaasi waanu ka hortagnay anagoo shaqsi ahaan kulan gaaban kula yeelanay qoraa *Saciid* oo aan kula kulanay shir/seminar ay diyaariyeen ururka ardayda Soomaaliyeed ee jaamacadda iyo ururka dhallinyarada Soomaalida Kanadeeska ah. Intaasi kuma aanan deen, qoraalo ahaana waynu ugu hortagnay.

Ururkeena wuxuu si firfircooni leh ugu soo horjeestay fikradda ah in Soomaalida ay yihiin dad isku nooc ama hal meel ka soo wada jeeda (homogeneous), oo dhaqankooda, diintooda, asalkooda, iyo luqaddooda ay isku mid yihiin. Ururka wuxuu caalamka u soo bandhigay in Reer Banaadirku ay dhaqan ahaan ay ka duwan yihiin iyo afaf kala kaan ah.

Waana la wadaagnaa fikraddaasi taariikhyahanada iyo qoraa-yaasha caalamiga ah ee xiiseeya ama qibradda gaarka ah u leh taariikhda Reer Banaadir.

Xiriirka Jaaliyadda Benaadirirga iyo Soomaalida Kale

Ururkeena wuxuu xiriir joogta ah iyo wada shaqayn la leeyahay ugu yaraan ilaa 13 ururo Soomaaliyeed, gaar ahaan waxaanu ku jirnaa ama ka mid nahay guddiga urur Soomaaliyeed oo magaciisa la yiraahdo Midaynta. Waxaanu ka mid nahay aasaasayaasha ururkaasi, waana urur ay ku kulmeen 12 ururo Soomaaliyeed. Ururkani shaqada uu qabto waxaa ugu weyn *"immigration/citizenship/settlement"*. Wuxuu kaloo ururkeena la shaqeeyaa ururo aan isku ujeeddooyin nahay. Badankooda, waxaa naga dhaxeysa heshiis ah in adeegyadooda ay dadkeena u fududeeyaan, anagana aan adeegyadeena u fududeeno dadkooda.

Xaaladda ay ku Nool yihiin Jaalliyadeena

Guud ahaan dadkeena xaaladdooda shaqo iyo ganacsi way fiican tahay. Taasina waxaa ugu wacan anagoo aan dhaqan iyo caado u lahaan jirnay ganacsiga iyo shaqo jacaylka. Ganacsigooda waa sida kii aan Xamar ku ogayn oo kale. Tusaale ahaan dawaarle, dukaan dhar ilmeed, dhar rag, dharka haweenka, dukaan hilib xalaal, dukaan xalwo, iwm. Waxaa jiro ganacsi mid mid ah aan sidaa u badnen xoogaa iska roon sida dukaanka kaararka telefoonka dibedda, dukaan computer, dukaan cunto jumlo ah. Teeda kale, inta aan dhihi karno ganacsi rasmi ah ayay ku jiraan ad ayay u yartahay 5%, haseyeeshee, way iska moodayaan.

Dhinaca shaqada waxay u badan yihiin inay ka shaqeeyaan shaqooyinka hoose. Taasina waxaa ugu wacan laba arrimood. Mid waa ayagoo waxbarasho la'aan haayso, midda kalena waxaa u sabab ah ayagoon aan waddankooda joogin, uuna ka jiro ajnabi nacayb waddanka Kanada. Haddii aan waxbarashada ka hadalno, waxaad moodaa in dadkeena ay weli u bisleen, marka laga reebo jiilka soo koraayo ama caruurta..

Si kasta haddii aanu u tusino faa'idada ay leedahay waxbarashada afka ingriiska, mihnadaha iyo cilmiga, wax miro oo dadkeena deggan Kanada ka soo baxaayo ma jiro. Marka dadki waa weynaa iyo dhallinyarada xoogaa hor wax u baratay ay sidaas noqdeen, waxaan bilaabnay inaan xoogga saarno caruurta oo aan ku xirnay xubnaheena kuwa macallimiinta ah si ilmaheena ay u raacin raadka waalidkooda ee qaloocday.

Isdhexgalka iyo Xajinta Dhaqanka iyo Diintena

Waxaan ku waaninaa waaliddiinta in ay caruurtooda kula

hadlaan afka Soomaaliga, maaddaama talaabadaasi ay tahay udub dhaxaadka xajinta dhaqanka. Sababtoo ah, caruurta maalintay bilaabaan in ay joojiyaan in ay kugula hadlaan af hooyo, waa maalinta ay halis u yihiin ka tagis dhaqankooda.

Waxaan kaloo ku waaninaa, una sameeynaa xaflado ama ciidaha oo Reer Banaadir keliya ay isugu imaanayaan. Waxaan ku waaninaa waalidka in caruurtooda ay geeyaan masaajidka. Waxaan ku talinaa waaliddiinta in ay geeyaan caruurtooda "heritage school". Islamarkaana waxaan ku guubaabinaa Reer Banaadirka in ay qaataan waxay Reer Kanada ay ku wanaagsan yihiin ayna ka tagaan dhaqamada aan wanaagsan.

Sawir xusuus ah ergadii ka soo qaybgashay Shirweynaha ee ka kala yimid Dalka Boqortooyada Ingriiska iyo Ergada Holland

Sawirkan wuxuu muujinayaa ergooyinka oo si xiiso badan u dhegeysanaayo muxaadarooyinka iyo doodaha ka baxaaya madashashirka

Fanaanada Faaduma Qaassim(Feynuustii Fanka) oo ku sugan madasha shirka

Natiijada Doodii Guddi Hoosadyada

Ergooyinka ka soo qaybgalay shirweynaha, kaddib markii ay dhegeysteen qoraalada cilmibaarista ee halkaas laga soo jeediyey, waxay isu qaybiyeen guddi hoosaadyo ka dooda, fikradahooduna ku biiriyey. Guddi hoosaadyada waxay ka soo jeediyeen talooyin wax ku ool ah.

Mowduuca "HEEBTA BANAADIRIGA" wuxuu ahaa mid ay u dhamaayeen guddiyada, talana ka soo jeediyeen.

Ka qaybgalayaasha Shirweynaha 2aad waxaa loo qaybiyay lix kooxood:

Kooxda 1aad:
Heebta Banaadiriga waa dad ku midaysan.
- Dhaqan
- Degaan
- Af: afka ay ku hadlaan waa af Soomaali oo leh dhawaaq Banaadiri ah. Waana laba-aflayaal, sida afka Barawaaniga amase afka Baajuunta.

Sifooyinka Shakhsiga Banaadiriga ah:
- Xurmada
- Deris wanaagga
- Dhawrista Bani-Aadannimada
- Nabad jacayl
- Isku-filnaansho
- Xirfad iyo Shaqo jacayl
- Sharci dhowrid
- Dulqaad Badan

Kooxda 2aad:
- Reer Banaadir waa *TOL* (Qowmiyad) oo wadaaga degaan, dhaqan, dan iyo diin.
- Degaanka Qowmiyadda Banaadir waa xeebta Banaadir oo ku dherarsan Koonfurta Soomaaliya, taasoo ka duwan Gobolka Benaadir oo loo haysto in uu yahay magaalada Xamar oo keliyah.

Kooxda 3aad

- Kooxda saddexaad fasiraaddooda af ahaan ayay ka sheegeen oo qoraal ma soo qaddimin. Sidaas darteed soo jeedimahooda waxay ku milmeen qoraalkii uu ku soo baxay go'aanka Shirweynaha 2aad.

Kooxda 4

- Bahweynta Banaadir waa:
- Dad dhaqankooda, afkooda, degaankooda iyo diintooda isku mid ah.
- Dad isku tashado, ganacsato iyo xirfadlayaal isku filan ah.
- Waa dad asal ku ah degaankooda, dulunkana neceb.
- Waa dad dega xeebaha loo yaqaan Banaadir iyo dhulka beeralayda ku teedsan.

- Waa dad isku hiddo iyo dhaqan ah (waxa gurigeeyga laga cuno ayaa guriga kale ee Reer Banaadir laga cunaa)
- Waxaa kaloo lagu gartaa guurka ay iska dhex guursadaan, ay yihiinna isku dhiig, magaalooyinkoodana isku dhismo ah.
- Waa dad iska wada dambeeyo oo kan yar uu kan weyn uu ixtiraamo.
- Astaanta kale oo Reer Banaadir lagu garto, sida ay haweenkooda u labistaan (qaabka maro xirashada, shaashka, shukada), raggoodana lagu garto macawista iyo koofi guri..
- Markaan soo koobno Reer Banaadir waa "warshad"socoto" farsamayaqaan ku kalsoon xooggiisa, caqligiisa iyo xirfaddiisa.
- Xarfaha ereyga BANADIR ay ka koonan tahay, waxaad ku micnayn kartaa **(B)** Banaadir **(A)** Allah iyo **(N)** Nabi **(A)** Aaminsan **(D)**Diinta **(I)** Ilaahayna **(R)** Rumaysan.

Kooxda 5:

Kooxdan waxay isku raaceen:

- Dhaqan
- Hiddo
- Degaan (Warsheikh ilaa Raskiyamboone)

Kooxda 6:

- Reer Banaadir waa qof kasto oo labadiisa waalid ay yihiin Reer Banaadir.
- Waxaa kaloo Reer Banaadir ah qof kastoo labadiisa waalid midkooda uu yahay Reer Banaadir.
- Sidaas oo kale waa Reer Banaadir qof kastoo aan wadaagno dhiig, dhaqan, degaan iyo caado.

Ugu dambayntii, lixda kooxood aragtiyadooda waxaa lagu soo bandhigay shirka guud (plenary) ee ergada shirweynaha talooyinka laga soo jeediyay qoraalladii aqoonyahannada iyo doodihii la xiriiray, halkaasoo lagu mideeyay fasiraadda heebta Banaadiriga. Inkastoo faahfaahin dheeraad lagu xusay Go'aanka Shirweynaha.

Heebta Banaadiriga waxaa lagu soo koobay sidatan:

Heebta Benaadir:

1. Bahweynta Benaadir waa dadka ku nool xeebaha u dhexeeya Warsheekh ilaa Ras kiyambone iyo nawaaxigooda.
2. Waa dad wadaaga diin, dhaqan, taariikh, xadaarad, af oo ah af Soomaali oo dhawaaq Benaadiri leh. (Baraawe iyo Baajuun waa bi-lingual).
3. Waa dad ku sifoobay deris-wanaag, xurmo, dhowridda bani-aadaninimada, isku filnaansho, dhowridda caddaaladda, xirfad, shaqo jacayl, dul qaad badan iyo jecelna nabadda.
4. Bahweynta Benaadiriga asal ahaan waxey ka soo jeedaan Carab, Persian iyo Afrikaan.

Sawir xusuus ah oo muujinaaya xilli lagu howlanyahay araa isdhaafsi ee ergooyinka Shirweynaha dhexdooda

Sawir xusuus ah oo muujinaaya xilli lagu howlanyahay dood-wadaag iyo araa' isdhaafsi ee ka qaybgalayaasha Shirweynaha 2aad ee Holland Rotterdam, Swebtember 2002

Go'aanada Shirweynaha

Shirweynaha Caalamiga 2aad waxaa lagu qabtay magaalada Rotterdam ee dalka Holland muddadii u dhexaysay 14-16 Sebtember 2002, waxaanna ka soo qayb-galay ergooyin gaaraya 178 oo kala socday dalalka Holland, United Kingdom, France, Italy, Germany, Switzerland, Sweden, Denmark, USA, Canada iyo Yemen.

Mawaadiicda ugu muhimsan ee agendada Shirweynaha waxaa ka mid ahaa:

(1) Heebta Benaadiriga

(2) Midnimada Bahweynta Benaadiriga

· Midnimada Siyaasadeed

· Bulsho

· Dhaqan-dhaqaale iyo Xadgudubkii loo geesty Bahweynta Benaadiriga

Mawaadiicda kor ku xusan iyo kuwa kale oo ay ka mid yihiin: doorka odayaasha, horumarinta haweenka iyo dhallinyarada, waxaa qoraalo cilmi-baaris ah oo ay soo diyaariyeen, islamarkaasna ka soo jeediyeen aqoonyahaano ka tirsan Bahweynta Benaadiriga.

Ergooyinka ka soo qaybgalay Shirweynaha, kaddib markii ay dhegeesteen qoraalada cilmibaarista ee halkaas laga soo jeediyey, waxay isu qaybiyeen guddi hoosaadyo ka dooda fikradahooduna ku biiriyey.

Guddi hoosaadyada waxay ka soo jeediyeen talooyin wax ku ool ah. Ugu dambayntii, talooyinka la soo jeediyay, waxaa loo saaray guddi isku dhaf ah oo ka kooban guddoomiyaasha jaaliyadaha Shirweynaha ka soo qaybgalay iyo guddigii farsamada. Guddiga isku dhafka ah, iyaga oo ka duulaaya qoraalladii aqoonyahannada iyo doodihii la xiriiray, waxaa isu soo duween talooyinkii la soo jeediyay si loo hordhigo Shirweynaha.

Shirweynaha, markii uu guddiga isku dhafka ka dhegaystay talooyinkooda, wuxuu ka soo saaray go'oaannada soo socdaan, cod buuxana ku ansaxiyay. Go'aanadaas oo ah kuwa hoos ku qoran:

(1) Heebta Benaadir

1. Bahweynta Benaadir waa dadka ku nool xeebaha u dhexeeya Warsheikh ilaa Ras kiyambone iyo nawaaxigooda.

2. Waa dad wadaaga diin, dhaqan, taariikh, xadaarad, af oo ah af Soomaali oo dhawaaq Benaadiri leh (Baraawe iyo Baajuun waa bi-lingual)
3. Waa dad ku sifoobay deris wanaag, xurmo, dhowridda bani-aadaninimada, isku filnaansho, dhowridda caddaaladda, xirfad, shaqo jacayl, dul qaad badan, jecelna nabadda.
4. Bahweynta Benaadiriga asal ahaan waxey ka soo jeedaan Carab, Persian iyo Afrikaan.

(2) Midnimada Bahweynta Benaadirirga

Midnimada Bahweynta Benaadiriga ma gasho gorgortan siyaasad, bulsho iyo dhaqan dhaqaale ahaan.

b- Si himiladaas loo gaaro waxaa la go'aamiyay in Shirweynaha Caalamiga ee Bahweynta Banaadir loo sameeyo xoghayn oo mas'uul ka noqota meel marinta go'aanada Shirweynaha Caalamiga Bahweynta Banaadir, fuliyana go'aanada shirweynaha 1aad iyo 2aad. Xoghaynta waxay yeelanaysaa xiriiriye iyo hawlwadeenno oo muddada u dhexayso labada Shirweyne u hawlgalaan fulinta go'aannada kor lagu xusay.

Haddii uu qabsoomi waayo sannad gudaheeda hawlwadeennada xoghaynta ayaa shir qabsanaayo, waxaanna la dooranayaa xiriiriye cusub, lana qiimaynayaa wixii qabsoomay, iyadoo qorshaha sannadka xigtane la dejinaa.

Muddada ay xilka hayaan hawlwadeennada waxaa laga sugayaa in ay:

1- Dejiyaan qorshe sanadeedka 2002/2003
2- Dejiyaan xeer nidaamiyaal lagu maamulo hawlaha xoghaynta, Shirweynaha Caalamiga Bahweynta Banaadir iyo hey'adaha maamulka xoghaynta kaabayaan.
3- Diyaariyaan "political platform" oo Bahweynta Benaadir lagu hoggaaminaayo mustaqbalka oo laga ansixiyo Shirweynaha 3aad.
4- U howlgalaan xallinta khilaafaadka ka dhexeeya siyaasiyiinta ku nool dalka gudahiisa.
5- Diyaariyaan barnaamij door looga qaadanayo nabadeenta

bulshada Soomaaliyeed.

6- U kuurgelid bulshada Bahweynta Benaadir danaheeda, si looga dhaadhicin karo beelaha Soomaaliya dhexdeeda iyo beesha caalamiga.

7- diraasad ay ku soo sameeyaan abuurista hey'ado samafal iyo kuwa xuquuqda aadanaha oo u adeega Bahweynta Benaadiriga ee dalka gudahiisa amase dibadiisa ku nool.

8- Soo diyaariyaan barnaamijyo lagu horumarinaayo bulshada rayidka ah (Social society): soo noolaynta doorka odayaasha, culumaa'udiinka, dhallinyarada, haweenka iyo muruq-maalka.

9- La sameeyo e-group oo hawlwadeennada xoghaynta ay ku wada xiriiraan.

10- Xilka xoghaynta wuxuu soconaa muddada u dhaxeysa labada Shirweyne.

11- Sameeyaan radiyo iyo Jornaal soo baxa lixdii biloodba hal mar.

Waxaa kaloo la sameeyay Golaha Wada-tashiga, oo ka kooban guddoomiyayaasha ururada jaaliyadaha Bahweynta Banaadir oo ku sugan dalka dibaddiisa.

Golaha waxaa guddoominaayo Guddoomiyaha Shirweynaha Caalamiga Bahweynta Banaadir ee 2aad *Md Caydaruus Xaaji Macow*, ahna guddoomiyaha Ururka Bahweynta Banaadir Holland, muddada u dhaxeeyso labada Shirweyne. Golaha Wada-tashiga, waxaa u xilsaaran yahay hawlaha jaaliyadaha Bahweynta Banaadir, martigelinta Shirweynayaasha iyo isku xiridda hawlaha jaaliyadaha meel kastoo ay joogaan.

Sidoo kale wuxuu qabanayaa shir wada-tashi sanadkii laba jeer, toos ahaan amase eletroonik ahaan. Shirkiisa waxaa warbixin ka jeedinaayo xiriiriyaha amase hawlwadeen ka tirsan xoghaynta Shirweynaha Caalamiga ee Bahweynta Banaadir. Waxaana la qiimaynayaa waxa qabsoomay iyo waxa dhiman inta ka harsan qabsoomidda Shirweynaha 3aad.

Waxaa kaloo go'aannada Shirweynaha ka mid ahaa in:

t. la qoro baaq ku socoda dadka Bahweynta Banaadir ka tirsan oo siyaasadda isku khilaafsan dalka gudihiisa.

j. Baaq loo diro dowladaha IGAD, UN, Jaamacada Carabta,

hey'adaha xuquuq insaanka oo lagu sharraxaayo mowqifka siyaasadeed Shirweynaha Caalamiga Bahweynta Banaadir xagga geedi socodka nabadaynta iyo dib u dhiska qaranka Soomaaliyeed.

x. Marka ay munaasab noqoto, ergo loo diro Soomaaliya oo soo dhex-dhexaadisa dadka isku qilaafsan siyaasaddaha ha ahaato Bahweynta Banaadir amase guud ahaan ummadda Soomaaliyeed.

Hawlwadeennada xoghaynta loo magacaabay waxay kala yihiin:

1. *Jaylaani Mowlaana Suufi*
2. *Xussein Xaaji Macow*
3. *Khaalid Macow Cabdulqaadir*
4. *Cabulcasiis Xaaji Maxamed*
5. *Cabduraxmaan Sheekh Ciise*
6. *Cumar Saalim Xuseen*
7. *Faaduma Aawoow Maxammed*
8. *Qamar Sharif Haashim*
9. *Luul Shariif Cumar*
10. *Maxamed Abuukar Xaamuud*
11. *Maxamed Abuukar Xaaji*
12. *Maxamed Xaaji Iikar*
13. *Maxamed Munye Qaasim*
14. *Nuuruddiin Xaaji Shiikhey*
15. *Ibrahim Macallin Mursal*

Wareysi Guddoomiyaha Guddiga Qabanqaabada Shirweynaha Caalamiga 2aad uu siiyey Saxaafadda

Ceydaruus Macow Xaaji

Ceydaruus Macow Xaaji Guddoomiyaha Ururka Bahweynta Banaadir ee Holland, isla markaana ah Guddoomiyaha Guddiga Qabanqaabada Shirweynaha Caalamiga 2aad ee Banaadiriga ee lagu qaban doono waddanka Holland, ayaa saxaafadda siyey wareysiga hoos ku qoran :

Su'aal: Ugu horeystii waxaan guddoomiyaha weydiiney in uu wax nooga sheego magaalada iyo taariikhda la qaban doono shirweynaha, wuxuuna ku jawaabey.

Jawaab: Bismillaah, Shirweynaha, haddii Allah idmo, waxaa lagu qaban doonaa agagaarka magaalada Rotterdam oo ah caasimadda dhaqanka ee Yurub maalmaha 14ka ilaa 16ka September 2002. Cinwaanka goobta Shirweynaha oo buuxana waa:

OLAERTSDUYN - Conferentiehotel-Windgatseweg 2 -3235 NX Rockanje-Telefoon 0181-40 23 50 - Fax: 0181-404467

Su'aal: Mudane ujeedooyinka shirweynaha wax ma nooga sheegi kartaa, adigoo soo koobaaya?

Jawaab: Waa Shirweyne tixana ah oo la qabto sannadkii mar, waxaana lagu sahminayaa, sidii xal loogu heli lahaa guud ahaan amuuraha dalka oo murugsan iyo gaar ahaan sida Bulshada Banaadiriga door wax ku ool ah uga qaadan lahayd nabad ku soo dabbaalidda Dalka iyo wada noolaansho ku dhisan is-qaddarin iyo wax wada qabsi. Cid goonideeda jasiirad ku nool ma jirto, in xal loo wada dhan yahay la helaa ayay dantu ku jirtaa.

Su'aal: Shirweynahan qof kastaba oo Banaadiri ah miyuu u furan yahay oo ka soo qeyb gali kara, mise waxaa looga tala galey dad xaddidan oo shirweynaha lagu casuumey?
Jawaab: Shirweynaha waxaa loo bandhigay Reer Banaadir oo dhan, hase yeeshee ka soo qaybgalka wuxuu ku kooban yahay hadda dadkii horay isu soo sheegay. Dadkaasi waxaa loo diray casumaad rasmi oo shakhsi ah. Sida aad ka warqabtaan meelo kala fog fog ayaa dadka Reer Banaadir ay ku kala baahsan yihiin, cid walbana uma suurta galayso inay safar soo gasho. Dabcan, nidaam ma ahan in shirweynaha uu iska noqdo irrid iska furan oo meel fagaara ah layskaga qabto, sidaas awgeed, tirada way xaddidan tahay, goobta Shirweynahan way xiran tahay.

Su'aal: Dadka aad casunteen ma adinkaa kharajka tikidka, cuntada iyo jiifka ka bixinaaya mise dadka ayaga ayaa isa soo debiraaya?
Jawaab: Mashruucan Shirweynaha waa mid ku salaysan iskaa-wax-u-qabso. Ururka Holland gogosha ayuu fidiyay, laakiin ka soo qaybgelayaasha ayaa ku tabarrucay inay iska soo bixiyaan kharajkooda safarka, si loo suurtageliyo qabsoomidda Shirweynaha. Sidaas oo kale khibradooda iyo aqoontooda; jaaliyadda Reer Banaadir oo Holland ku nool ayaa ballan qaadeen sooryadooda iyo martigelintooda.

Su'aal: Sida la wada ogsoonyahay waayahan dambe Soomaalida guud ahaan marka ay shirayaan, ka qeyb galka shirka waxay u qabanqaabiyaan qaab ku dhisan qabiil, marka adinku shirweynahiina qaabkee ayaad ku saleyseen?
Jawaab: Marka hore Shirweynahaan ma aha shir lagu qaybsanaayo kuraas iyo awood siyaasadeed midna. Waa Shirweyne Cilmiyeed oo lagu baadigoobaayo hal abuur fikradeed. Dadka doorka weyn ka ciyaaraayo waa aqoonyahannada, waaya aragga, danjirayaasha, culamaa'uddinka, mana jiro qabiil u gaar ah oo loogu ximinaayo sifaalahaasi.

Su'aal: Dadka aad casunteen ma ku jiraan Siyaasiyiinta Banaadiriga

ee ku sugan Xamar sida Avv. Rajis, Imam Maxamed Cusmaan Maye. Haddii aad casunteen casumaadiina ma ogolaadeen oo ma ka soo qeyb gali doonaan Shirweynaha?
Jawaab: Haa. Sideedaba dadka ka soo qaybgalkooda aan aad u danayno waa hoggaamiyaasha siyaasadda, bulshada iyo diinta, kuwaas oo beesha indhaha u ah. Waxaa hoggaamiyaasha looga baahan yahay in aqoonyahannada ay ku kordhiyaan waaya aragnimadooda iyo xikmadooda si ay u kaabaan baaris-cilmiyeedka ay Shirweynaha soo hordhigi doonaa, islamarkaana ay fool ka fool ula kulmaan bulshada ay hoggaanka u hayaan, fikradahoodana u caddeeyaan, si ku tiri ku teenka meesha uga baxaan. Taasine waxay jidka u faleysa si loo qaadan lahaa ittijaah sax ah oo ummadda loogu horseedo. Ilaa hadda ma jiraan cid diidday amase ka cudurdaaratay ka soo qaybgalka Shirweynaha, laakiinse waxaa tixgelin mudan hawlaha adag ee horyaala siyaasiyiinta, waqtigan xaadirka iyo ballamada howleed ay leeyihiin. Waxaan rajaynaynaa inay fursad inoo soo helaan.

Su'aal: Shirweynihii 1aad ee sanadkii la soo dhaafey lagu qabtey magaalada London waxaa ka soo baxey go'aano fara badan, wax ma nooga sheegi kartaa hadii go'aanadaasi ay wax ka hirgeleen?
Jawaab: Go'aanno iyo talooyin ayaa Shirweynaha 1aad laga soo saaray, waxyaabaha ka hirgalay waxaa ka mid ahaa in Shirweynaha 2aad lagu qabto Holland. In diraasado lagu soo sameeyo arrimaha qaarkood oo hadda ku jiraan barnaamijka Shirweynaha. In Shirweynaha uu noqdo mid si wadajir loo wada abaabulo oo aan qolo keliya lagu sii daynin iyo waxyaabo kale oo aan hadda halkan aan ku soo koobi karaynin.

Su'aal: Waxaa na soo gaarey warar sheegaya in aad Shirweynaha Holland ku dhisi doontaan urur siyaasi oo caalami ah. Ururkaasi ma wuxuu bedeli doonaa ururada siyaasiga ah ee ka jira Xamar sida SNU, SANU iyo kuwa kaleba?
Jawaab: Sida laga warqabo kalmadda urur Af-Soomaliga meel walba waa ay ka gashaa, laakiinse marka la barbardhigo luqadaha kale micno kala duwan ayuu yeeshaa. Wax kastoo xambaarsan siyaasad ma aha "xisbi", inkastoo xisbigu uu yahay qayb ka mid ah nashaadaadka siyaasiga. Sidaan horay kuugu soo sheegay, Shirweynahan waa mid si cilmi ahaan loogu falanqeynaayo arrimo badan: siyaasad, dhaqaale,

bulsho iyo wixii la mid ah. Dabcan, natiijada baaristaas iyo falanqaynta ka soo baxa waxay u baahnaan doonaan "mu'assasad" lagu ogaado dabagalkooda iyo meel marintooda. Mu'assasadaas waxay noqon doontaa mid guud ahaan u adeegta bulshada rayidka ah ee Reer Banaadir oo idil meel kastoo ay joogaan. Waxay noqon doontaa "*haruubka aqooneed*" ee Reer Banaadir.

Su'aal: Waxaa na soo gaarey in khilaaf weyni uu ka dhexeeyo Guddigiina Holland iyo Guddiga Mideynta Banaadir ee London aadna isku qabsateen hoggaaminta iyo qabanqaabada Shirweynaha Holland, sidoo kale waxaa ina soo gaarey in Guddiga Holland ay qaadici doonaan Shirweynaha Holland. Arrintan wax ma noogu sheegi kartaa?
Jawaab: Aniga ma ogi khilaaf inaga dhexeeyo innaga iyo Ururo kale iyo cid kaleba. Weliba Ururka London waxaynu leenahay wada shaqayn joogto ah, hawlwadeennada sar sare ee labada urur booqasho ayay si joogto ah isku weydaarsadaan, maadaama aynu nahay labada Urur masaafad ahaan iskugu dhaw. Qaadacaadna ma aha wax qaamuusyadeena ku jira.

Su'aal: Waxaan ka war haynaa shirweynaha London in ay ka maqnaayeen oo ay qaadaceen shaqsiyaad magac weyn ku leh bahweynta Reer Banaadir, sababta ay u qaadaceen na loogu sheegey iney ahayd khilaafaad gaar u ahaa guddiyada ka dhisan London. Marka idinku dadkaasi maku casunteen in ay ka soo qeyb galaan shirka Holland?
Jawaab: Aniga Shirweynahii London waan ka qayb galay, wax qaadacaad ka hadlaayana ma arkin. Laakiinse way jirtay dad fara badan oo odayaal ah ama aqoonyahanno ah ka maqnaadeen Shirweynaha, duruufahooda awgood. Reer Banaadir way ku cusbeed fikrad meel isugu wada imaansho, kala firdhoodkii ka bacdi, shaki fara badanna wuu hareeraynayi Shirweynaha1aad, waxayna ila tahay in laga soo gudbay marxaladdaan. Shirweynahan dhammaan aqoonyahannada iyo odayaasha caanka Banaadiriga wuu u furan yahay, si kastoo aan ku helnaba waan ku mintideynaa sidii aan ku keeni lahayn.

Su'aal: Guddoomiye, dadka Reer Banaadir qaarkood oo weydiistey magangalyo waddanka Holland la diidey dacwadoodi qaxootinimada, laguna yiri in ay ku noqo karaan Soomaaliya naftoodina ay halis ku jirin. Haddii aad tihiin Guddiga Holland maxaad dadkaasi u qabateen?

Jawaab: Nidaamyada magangelyada dalalka Yurub way kala duduwan yihiin hadba markaasi siyaasadda dalkaasi xaalka ay ku sugan tahay ayaa aqbalaadda iyo diidmada dacwooyinka megangelyada ku salaysan tahay. Halkan qofka megangelyo doonka waxaa loo qabtaa qareen u gaar ah oo dacwadiisa jiheeya. Ururkeena wuxuu u qabtay magaca Reer Banaadir Qareen guud ahaan dacwooyinka khuseeya xaaladda bulshada Banaadiriga iyo wadcigooda Soomaaliya sida uu ku sugan yahay. Waxaan xiriir joogto ah aynu leenahay Wasaaradaha arrimahaasi khuseeyaan. Haddana, waxaan ku hawl jiranaa innan ka mid noqono urur qareeno oo u dacwoon doono xaaladaha xasaasiga ah. Waxaase jirta in ay aad u badan tahay dad dacwooyinka aan wax dhibaato ah ku sheeganin iyagoo ka xishoonaaya in ay sheegaan dhibaatadii loo geystay. Taasina qadiyadooda ma saacidayso.

Su'aal: Ururo badan oo Soomaali ah ayaa ka dhisan dibadda, qolo walibana waxay dadkooda ku nool Soomaaliya ku taakuleeyaan dhaqaalo oo ay iska aruuriyaan sidoo kale waxay kaalmo dadkooda u weydiiyaan ururada samafalka ah, ma jiraa ururadiina dibadda jooga wax kaalmo ah dhinac dhaqaale iyo dhinac daawo oo aad u dirteen dadkiina ku dhibaateysan wadanka gudihiisa?

Jawaab: Su'aashaada waxay ka mid tahay arrimaha Shirweynaha uu doonaayo inuu meel isla dhigo, islamarkaasna uu sameeyo hey'ad samafal ah oo hawshaasi qabata.

Wareysigii Seynab Jeylaani Abuukar

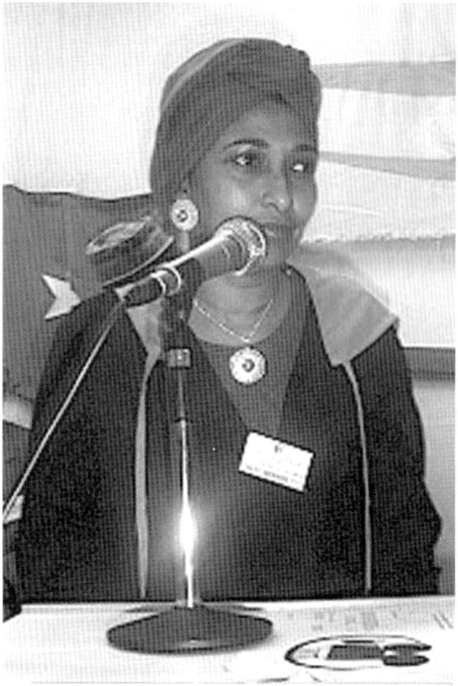

Saynah Jeylaani

Seynab Jeylaani oo ka tirsanaan jirtay suxufiyiintii Wasaaraddii Warfaafinta iyo Hanuuninta Dadweynaha, kana mid ahayd howl-wadeenadii Radio Muqdisho iyo TV-ga Soomaaliyeed ayaa wareeysi la yeelatay qaar ka mid ah ergooyinkii ka soo qaybgalay Shirweynaha Caalamiga 2aad ee Bahweynta Benaadir lagu qabtay dalka Holland magaalada Rotterdam intii u dhexeeysay 14-16ka Sebtember 2002. Su'aalaha oo ka koobnaa: ***Sidee u aragtaa shirkan, maxaadna ka filaysaa in uu ka soo bixi doono?"***

Waxaan halkaan idiinku soo gudbineynaa jawaabahii ay bixiyeen la wareystayaasha, iyadoo la soo koobay, si aan u soo gudbino dareenka dadkii la wareystay oo isu jiray kuwa ka kala yimid waddamo kala duwan, waxayna u dhacaday sidatan soo socota:-

Xaaji Buwe

"Aniga waxaan ka imid Waqooyiga Mareykanka dalka Kanada, runtii Shirkaan waxaan u arkaa in uu ka tarjumayo baahi weyn oo ay qabaan dadka Reer Benaadir, maxaa yeelay, dhibaato weyn ayaa soo food saartay waxay u baahan yihiin in ay ka arrinsadaan oo ay ka tashtaan mustaqbalka dalkooda iyo dadkooda. Waxaan Rabbiga ka rajeyhaa in uu ka soo bixi doono natiijo wax tar leh, waxaa ka muuqda midnimo iyo is qaddarin, Reer Banaadir aqoonyahankeeda, Culumadeeda, Waxgaradkeeda, Fanaaniinteeda Rag iyo Dumar waa joogaan, shirkaan sidaas ayuu guul ku yahay. Dadkaan ma is arki lahaa haddiiaan munaasabadan jirin".*Xaaji Buuwe*

Shariif Cumar Zeno
Guddoomiyaha Guddiga Dejinta iyo Hab-maamuuska Shirweynaha 2aad ee BB

"Shirkaan abbabulkiisa waxaa lagu jira muddo dheer, waxaana loogu ballansanaa ka dib markii laga yimid Shirweynahii Caalamiga 1aad ee Bahweynta Benaadir ee lagu qabtay dalka Ingiriiska - London 11-18 Seb-2001. Howsha sidii loogu tala galay ayey u socdaan, Guddiyo kala duwan ayaa loo xilsaaray, guddiyadu waa kuwa howlahooda khibrad u leh hadday tahay abaabulka dadweynaha iyo diyaarinta goobaha la degayo iyo meelaha uu shirarka ka dhacaayaba.waxaan la kaashanay khibradii aan horey u lahayn, markii dowlad la ahaa.

Waxaan rajeynayaa in shirka uu guul ku dhamaado, waxaa faraxad leh sida nidaamka heerka sare leh iyo tayada muxaadarooyinka, taas oo muujineysa dadaalka aqoonyahaanada iyo dooda Ergooyinka ee ku wajahan sidii looga mira dhallin lahaa shirka". *G/Sare Sharif Cumar Zeno.*

Dr Cusmasaan Aweeys

"Runtii Shirkan iyo kii ka horeey ee London 2001, waxaan u arkaa guul, waxay soo ifbixiyeen dareenka ilbaxnimo ee Reer Benaadir, shirarkaan waxay suurageliyeen in ay isu keenaan dad walaala ah oo xiiso isu qabay, muddo fogna kala maqnaa qaarkoodu waxaaba isugu dambeysay dalkii oo nabad ahaa. Waxaa natiijo wacan ah dadkeena Reer Benaadir ay maanta ka arrinssadaan xaaladooda guud ee dalka iyo dibadda ay ku nool yihiin, iyagoo soo bandhigaaya waayo aragnimada ay ka karorsadeen dalalka ay soo haajireen iyo iyagoo ka tashanaayo mustaqbal- kooda, waxaa la dhihi karaa shirkuu waa guuleysatay" *Dr Cusmaan Aweys*

Dr Shariif Abuukar

Waxaan dareemayaa in shirkaan loo bahnaa, maxaa yeelay waxaa dib u howlgalay maskaxdii aqoonyahanka Reer Benaadir, kaas oo lagu yaqaanay dal jaceyl iyo waddanimo, Waxaan ku kalsoonahay in uu shirka ka soo bixi doono go'aano waxtar leh, waxaan u jeedaa sida la isku soo qilmaay, iyadoo laga yimid dunida meel ay Reer Benaadir joogaanba.
Ugu danbeyn Shirweynaha koowaad iyo kan labaadba ee maanta waa guul aad u ballaaran ee niyadda iyo sharafteena kor u qaaday oo xusuus taariikhiga ah yeelan doono. Waxaa baraarujin iyo taloba iga ah in Bahweynta Benaadir meel ay joogaanba ay xuasuustaan kaalintii awwowayaasheena ka soo qaateen aasaaskii nidaamka wada noolaashaha, haddana kala ogaa saaxibadooda iyo cadowgooda" *Dr Shariif Abuukar*

Sawiradan (kor iyo hooseba) waxay muujinayaan xubno ka mid ergada Bahweynta Banaadir oo u afqaadaya martida Shisheeyaha ee ka soo qaybgalay Shirweynaha 2aad ee Bahweynta Benaadir ee Holland, Rotterdam, Sebtember 2002

Xubnaha Guddiyada Haweenka Benaadir ee Holland oo ka doodaya arrimaha Shirweynaha, gaar ahaan dhibaatooyinka qoyska iyo barbaarinta caruurta ee ku barbaaraya qurbaha

Sawir xusuus ah oo Odayaasha Bahweynta Benaadir ee ka kala yimid dalalka Yurub ee ka soo qaybgalay Shirweynaha. Rotterdam, Sebtember 2002

Sawir xusuus ah ee Fanaanada caan ka ah Faaduma Qaassim(Faynuustii fanka) iyo qaar ka mid ah Oday dhaqmeedyada Bahweynta Benaadir

Sawiradan (kor iyo hooseba) waxay muujinayaan xusuus qaar ka mid ah ergooyinkii ka soo qaybgalay Shireweynaha 2aad ee ka kala yimid dunida.

Sawirka kore iyo kan hoose waxay muujinayaan: Guddiga Qabanqaabada Shirewynaha 2aad oo soo sagootinaaya qaar ka mid ah martida Shirweynaha 2aad oo ka kala timid dunida

Sawirka kore iyo kan hose waxay muujinayaan guddiga qabanqaabada Shirweynaha 2aad oo soo sagootinaaya Ergada ka kala yimid dunida, Rotterdam, Sebtember 2002

Sawirkaan wuxuu muujinayaa kaalintii lama iloobaanka ee haweenka Bahweynta Benaadir ay ka qaateen abaabulka Shirweynaha 2aad

Sawir xusuus ah oo muujinaaya wafdigii Bahweynta Banaadir Dalka Boqortooyada Ingriiska ugu qaybgalay Shirweynaha 2aad ee Bahwyenta Benaadir ee Holland, Rotterdam, 14-16 Sebtembar 2002.

Sawiradan (kor iyo hooseba) waxay muujinayaan doorkii fanaaniinta ay ka qaateen Shirweynha Caalamiga 2aad ee Bahweynta Banaadir.

Sawiradan (kor iyo hoosba) waxay muujinayaan xusuus qaar ka mid ah wafdiga dalka Ingriiska iyo dalka Holland ee ka soo qaybgalay Shirweynaha 2aad ee Bahwyenta Banaadir. Rotterdam 2002

Sawiradan (kor iyo hooseba) waxay muujinayaan ergooyinka ka soo qaybgalay Shirweynaha oo ku sugan hoteelkii lagu martigeliyey.

Sawiradan (kor iyo hooseba) waxay muujinayaan qaar ka mid ah ergooyinka oo ku sugan restaurantiga hoteelka.

Ergooyinka ka soo qaybgalay Shirweynaha 2aad ee Holland iyo dalalka ay ka kala yimaadeen

ERGADA DALKA BOQORTOOYADA INGIRIISKA

Axmed Cabbaas

Khaalid Macow

Max'ed Abuukar

Maxamed Jeylaani

Cusmaan Aweys

Xuseen Muxiddiin

Asadi Shariif

Aweis Axmed

Cab/dir Shiikheey

Qasaali Faqi

Maxamed Cadde

Maxamed Cumar

Maxamed Muridi

Faaduma Qaasim

Virginia Luling

Shariif Maxamed

Muridi Zeno

Maxamed Bakaari

Cumar Maxamed

Abubakar Max'ed

Cusmaan Amiin

Shariif Axmed

Abuukar Muriidi

Calawi Shariif Cali

Axmed Attiiq

Ayuub Aweys

Maxamed Shariif

ERGADA DALKA KANADA

Xuseyn Macow

Faaduma Aawoow

Maxamed Taabit

Saalim Xaaji

Xaaji Buuwe

Falastiin

Ruweeyda Saalim

Shariif Aarone

ERGADA DALKA SWITZERLAND

Xaaji Cumar

Cabdirasaaq Awees

Abuukar Maxamed

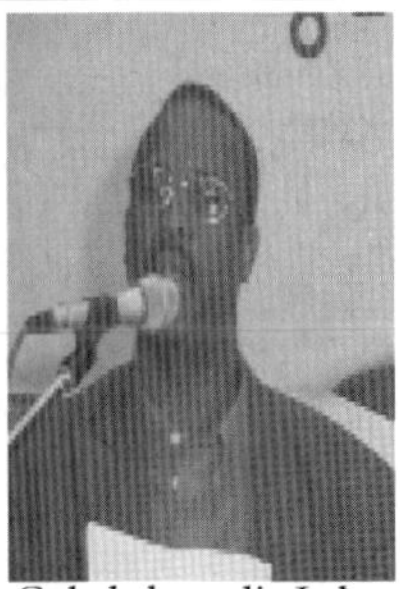
Cabdulqaadir Juba

ERGADA SWEDEN, FRANCE & GERMANY

Ikar Amiin

Qamar Shariif

Mukhtaar Sidi

ERGADA DALKA MAREYKANKA

Cusmaan Cali

Max'ed Cusmaan

Max'ed Abuukar

ERGADA DALKA TALYAANIGA

Maxamed Cabbaas

Maxamed Abuukar

Axmed Faqi Cilmi

Ka qaybgalayaasha Shirweynaha 2aad Bahweynta Benaadir Rotterdam- NLD 14-16 Sebtember 2002

Ergada Dalka Ingiriiska
Abuubakar Maxamed Cali
Abuukar Cabdulqaadir Shiikheey
Asadi Shariif Sheekh
Aweis Axmed Iman
Axmed Shariif Cabbaas
Axmed Catiiq
Ayuub Aweys Axmed
Bazi Busuri Sheikh
Cabdulqaadir Shiikheey
Qasaali Faqi Sheekh
Huseen Xaaji Muxiddiin
Khaalid Maou Cabdulqaadir
Maxamed Abuukar Xaaji
Axmed Maxamed Atiiq
Maxamed Bakaari
Maxamed Cadde Mukhtaar
Maxamed Cumar Baashi
Maxamed Jeylaani Sheekh
Maxamed Shariif Xabiibi
Omar Maxamed Abuukar
Osmaan Aba Amiin
Osmaan Aweys Nuur
Shariif Asadi Sheekh
Shariif Maxamed Cali
Xaaji Abubakar Ibraahim
Virginia Luling

Ergada Dalka Italy
Cabbaas Abakaro
Axmed Faqi Cilmi
Faaduma Qaassim
Karama Sidi Xaaji
Maxamed Cabbaas Suufi
Maxamed Xaamuud Sokoro

Ergada Dalka Switzerland
Abdirasaaq Baafadal

Abuubakar Maxamed Sadiiq
Xaaji Cumar Cali
Max'uud Maxamed Jubba
Maxamed Amiin IIkar
Ergada Dalka Kanada
Faaduma Aawow Suufi
Xuseen Macoow Xaaji
Saalim Macoow Xaaji
Ruweeda Saalim Macoow
Axmed Saciid Taabid
Shariif Axmed Maxamed
Ergada Dalka Farance
Qamar Shariif Haashim
Ergada Dalka Sweden
Iikar Amiin Iikar
Ergada Dalka Germany
Mukhtaar Sidi
Ergada Dalka USA
Cusmaan Cali
Maxamed Abuukar Xuseen
Maxamed Buuwe Cusmaan
Ergada Dalka Holland
Caydaruus Macow Xaaji
Cumar Macoow Xaaji
Maxamed Ceydaruus Macoow
Faaduma (xaas Caydaruus)
Caddeey Xaaji Macoow
Faaduma Taabit
Miski Cabduraxmaan
Maana Siti Shariif
Xalima Amiin Xaaji
Shirwa Cabduqaadi Boolay
Shariif Cumar M.Zeno
Khadija Shariif Sheylila
X.Shariif Cumar
Shayid Cali Shariif
Shariif Axmed Cumar
Qaxtaan Saalim Naasir
Shariif Xusseyn Aboow
Daahir Abdulqaadir Boolaay
Ibraahim Macallim Mursal
Axmed Xaaji Suufi
Maxamed Xuseen M.Mursal
Abanuur Sheeikh Cabdi
Xaaji Caydaruus
Qaysar Gaxtaan Saalim
Shariif Abuubakar Xasan
Nuur Iikar
Shariif Shaylila
Maxamed Shariif Shaylila
Nuruddin Hussein
Maxamed Cumar Muxiddiin
Maxamed Iikar Xaaji Macoow

QAYBTA 3AAD

1st and 2nd Worldwide Conference of Benadir People
- London 8-16 September 2001
- Rotterdam 14-16 September 2002

At the light of the bitterness felt by the exiled people of Benadir and in concept of their will to look for the ways and means to recover their homes and properties and regain the right to determine their future and sovereignty in their historical homeland, two conferences have been organised.

In these conferences it was possible to present and discuss the situation of the civil war of 1991 that caused the people to lose their heritage, their wealth and property as well as their region of original settlement and experience various human right abuses.

The Benadiri ethnic tribes, also the 'breadbasket' of Somalia, previously owned by a diverse group of Somali Benadiri clans, are now mostly concentrated in the hands of the invader and their clan businessmen.

Acknowledgement

As the editors of the Proceedings of the 1st and 2nd Worldwide Conference of the Benadir People in the diaspora and in the country, we wish to express our gratitude to all the generous support and contributions we received both of practical and material nature from the speakers, writers and photographers.

Special thanks go to Adel Ahmed, Nasreen Ahmed and Dahira Khalid Macou for their untiring assistence throughout the years in the reproduction and preparation of the contents of this document.

Adel Ahmed

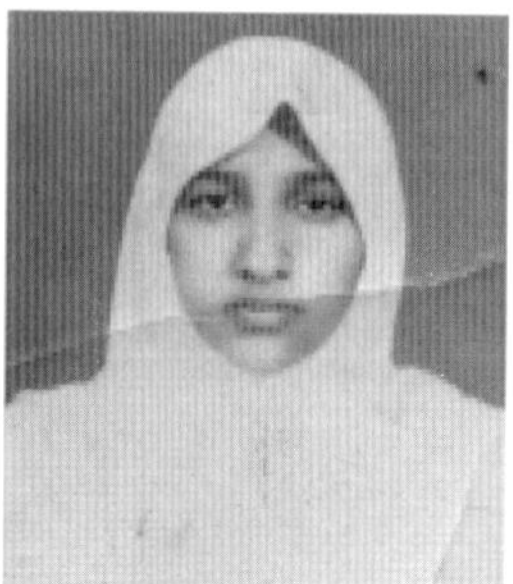

Nasreen Ahmed

Dahira Khalid

Foreward

Khalid Maou Abdulkadir

The civil war that broke out in Somalia at the beginning of the nineties of the last century not only caused the collapse of the pillars of the Somali State structure, but had bad effects on the Somali social setup. The strings that once kept the Somalia society firm and stable now broke. Many failings and social defects that were once under cover suddenly came to the surface, so that the country fell into chaos and tribal warfare, driving the people to flee and seek refuge abroad.

In whatever manner it began, it ended in a conflict between civilization and pastoral nomadic culture. The people of Benadir and other similar communities in the Somali society became easy prey and suffered lootings, killings, rape and expropriation of their properties only for being town dwellers, a civilised peaceful population different in culture from the tribal warring parties of the pastoral mentality.

This document, entitled *"The Struggle of the Benadir People and Betrayals in History"* is the first step towards a search into the impact that the Somali civil war had on the people of Benadir, and later on their life abroad. It looks into how the tragedy had bearing upon their social life due to a detachment from their natural environment. The document carries out research on the families of the Benadir people abroad and their life away from home, as well as the future expectations and hopes of the Benadir communities abroad and in the country.

The fear and rancour that the people of Benadir harboured because of the bestial nature of the war that had been waged, in particular against them for being a peaceful community, induced the intellectuals and the educated elements of this people to organise their communities in social organisations and to plan for gatherings and meetings in worldwide national conferences.

During these conferences they were able to survey the problems facing their community and collect the thoughts and visions that were reviewed with regard to the present challenges and future prospects and expectations. The first two of such worldwide Benadir national conferences took place in London and Rotterdam respectively in 2001 and 2002.

This first volume is an expression of what the majority of the people of Benadir think, and represents a record of the thoughts expressed during the two conferences. It is a presentation of the sufferings of these people and reflects the bitter aspects of their exodus, after being selectively targeted in a planned tyrannical persecution. It gives a summary picture of how our people suffered expropriation; rape and ethical cleansing with the aim of uprooting them from their natural habitat, the land where for centuries their ancestors lived and their history is deep-rooted.

The volume sheds light on an important part of Somali history which so far has received little notice, the history of the Benadir coast, its people and habitat. For lack of consistent written documents about the history of the Benadir coast, compared to what are known as the Swahili coastal cities in Kenya and Tanzania, we have to dig deep in our glorious and rich history to start collecting the untold riches of our so far neglected documentary heritage. The Swahili cities have for long been the subject of studies by generations of national and foreign historiographers. The Swahili language itself concerns the history of nationalism in Kenya and Tanzania.

Nothing substantial was written about the Benadir cities in the period between 1960 and the time of the collapse of the Somali State, but in the same period numerous documents and records were written about the culture of the pastoral communities in the form of studies, research, books and university theses.

This was possible thanks to the support and fostering extended to the authors of those documents who focused only on one side of the Somali culture, that is the pastoral nomadic culture, and disregarded the more civilised and advanced cultures of the settled communities of the city states.

This focusing on the tribal nomadic pastoral culture had, at the end of the day, the role of deepening the bigotry of the tribal mentality, competing for superiority and power among the very tribal pastoral communities that later on ignited and inflamed the civil war and led to the collapse of the Somali State.

All these documents oozed a predatory mentality of the usurping of others' possessions, spreading havoc and removing any pre-existing civilisation. They had in mind only one object: to work havoc and eliminate any other form of culture.

The devastation suffered by the Benadir cities is really comparable to the devastation that the city of Baghdad saw at the hands of the Mongol hordes. The Somali tribal gangs have wrought havoc on the Benadir regions and spread destruction and killing over the people of Benadir to the same extent that the Mongol hordes spread terror in the countries they invaded.

There the Mongols threw into the rivers of Euphrates and Dijla millions of books recording the achievements of mankind for centuries in science, literature, history, astrology, chemistry and all the human heritage of many long centuries.

Here in the Benadir regions the tribal nomadic gangs assumed the same behaviour of spreading terror, killing, rape and the working of destruction on any progress, including the modern civilisation brought about by the Western colonial powers, that Somalia would be able to achieve for a long time,

The records of Somali history now in existence are tilted in favour of those who devastated everything in Somalia. They stand in opposition to the history of the peaceful Somali communities who suffered aggression and destruction, the very communities who were the original inhabitants of the coastal cities that constituted for centuries the breeding ground of civilisation in Somalia.

" The people of Benadir seem not to be discussed in the records written recently about Somali history (Prof. Cassanelli), all of which leave out any history pertaining to the Benadir people and regions. It should be pointed out that the motive of this attitude is to be found in the following reasons:

a) The Somali State administration was an expression of the colonial era and the school curriculum was taken on wholly as it was left by the colonial powers, with the teaching taking place in Italian and English. Teacher training did not take into account the teaching of Somali history in education and the next generations, therefore, were not educated to know more about their history, nor was a sense of nationalism fostered.

b) The cultural and educational institutions established in the wake of independence did not pay attention to the cultural peculiarity of the urban populations as part of the overall and general culture of the Somali nation.

c) The Benadir intellectuals and thinkers themselves have to bear responsibility for not studying and enriching their history, and not putting emphasis on the peculiarity of their culture.

In 1970 the Academy of Science, Art, Culture and Literature was established in Somalia as a subsidiary institution to the Ministry of Higher Education. It had no clear plan or scientific programme of research. As a first step it began to enrol employees mainly from Radio Mogadishu, such as singers, narrators of *Gabay and Gurow* and dancers from the Somali National Theatre chanting *Dhanto* and performing nomadic rural dances. As this stock of people formed the first nucleus of research workers to grope their way towards investigating and shaping Somali history, and all belonged to the pastoral culture, the mission of the academy ended up by restricting its activity to research into the nomadic pastoral and rural literature, as well as glorifying the tribal nomadic warfare of past tribal disputes and conflicts as chanted in the Gabay and Gurow. In this atmosphere of concentration on only one side of the Somali literature and culture, the academy left out the history and culture of the more civilised people of Benadir who founded the first civilised city states along the coastal strip of Somalia, and the advanced culture of the agricultural populations settled along the banks of the two rivers of Somalia.

The project of writing the Somali language, strongly endorsed by the government in a nationwide campaign in 1973, sought help only from the people belonging to the nomadic pastoral culture. So the writing of the official Somali language became based on the dialect of the northern and central regions which is used in the press and radio and became the means of education in schools in all regions of Somalia.

The academy cared not a jot for the history, culture and dialects of the other regions. All its efforts focused on recording the literature of the inland populations, all intended to project the values of the pastoral nomadic life that were pivoted on camel and cattle breeding and on tribal warfare.

Despite the fact that the history of the Benadir people and that of the settled communities along the two rivers were more deep-rooted and advanced and by far the better, the official drive was intended to sink those cultures into oblivion. Yet the Benadir culture and values would have been appropriate to be used by the State as a base for the newly independent Somali nation to start marching with the modern world, as this culture for centuries espoused a life of co-existence and embraced democracy as a way of life and government. For lack of a common cultural vision, and want of a clear shared school curriculum and educational strategy due to the academy bias in favour of one side, the official records of the Somali history and culture failed in presenting the true history of the people of Somalia.

The thinkers and intellectuals of the Benadir people, as well as those of the agricultural communities, hence did not have the good fortune to take part academically in shaping the modern Somali history and literature with their fellow countrymen belonging to the nomadic pastoral populations.

Another factor that had a negative effect on studies of our history by our contemporary generation, is that after independence nearly all the young people focused on acquiring professional skills such as medicine, engineering, law etc, neglecting the humanities. This trend of centring on professional skills put out of balance any academic studies in the specialisations on history and archaeology that the Benadir educated elements had to undertake for any further research on their peculiarly rich history.

Benadir history had for long centuries been a subject for numerous foreign explorers and voyagers such as Ibn-Battuta and others. All these voyagers recorded in their travel journals the social way of life of the people of Benadir long before the creation of the modern State of Somalia. The want of specialisation in history and archaeology among the young generations does not completely obscure the existence of the rich history of this people.

The text of the present work, though it is written by different writers, reflects their resentment at the tragedy the Benadiris suffered at the hands of their fellow countrymen of the pastoral culture.

The document lays down a basis for a new campaign with the aim of dusting off our real age-old history which in recent times has been purposely concealed.

To deny the existence of a people and its history is tantamount to deprivation of that people of the right to life. It is up to our people to act: *"Haddii lagu sheela, waa isa sheegaa, haddii lagu sheegana, waa la isa sheela"*. Therefore, this document is the beginning of a written document of the Benadir people. It is a call for a plan to record the Benadir history and to inform the Somali people and the international community about it.

This move, which embraces the thoughts expressed by the First and Second Worldwide Conferences of the Benadir People, denotes the resolve of our people to highlight its history availing itself of the experiences and knowledge of its intellectuals, professionals, diplomats, lecturers and politicians who now live abroad.

With a collective approach the past happenings and future expectations were debated, in order that we may look forward to a better life and dignity for our future generations so that together with the other Somali communities we can grope our way towards a stable, peaceful and just nation for all of the Somali people.

Among the instruments to be used for the achievement of the strategy laid out by this document is the convening of the intellectuals of our community in cultural sessions, seminars and symposiums to shed light on our history, which is an ocean full of oysters rich in gems and jewels that are awaiting the divers.

Our expectation is that these scholars will know how to dive deep into that ocean and dig out those oysters bearing in their shells our glorious past. It is impossible that such a glorious past can be brushed aside or sink into oblivion. It will come again in full glowing light as a factor of progress and prosperity for the entire people of Somalia.

We will have to face hard work and many challenges. The journey of a thousand miles starts with the first step. The victory that we have to achieve will surely depend on how we are going to commit ourselves to the precepts of this document, which we regard as an orientation mark for our people, particularly for the future generations who must know their roots and set themselves an active role in keeping their identity and not passively succumbing and disappearing under the influence of others.

We hope this document, which is full of studies, surveys, and valuable views presented by intellectuals and judicious people of the Benadir communities abroad, will serve as a guidance and first step for the people of Benadir to start inquiring into their history.

We hope it will be the cornerstone for more studies and drive our people to inquire into their history and start picking up the oysters from the rich ocean of their culture and history to restore their glorious past.

It is important to point out that the coordinators and authors of this document tried to make a preface to give the readers, in advance, a summary picture of the Benadir coasts, habitat, history, civilisation and culture. This synthesised picture reviews also the tragedy suffered by the people of Benadir during the Somali civil war.

Preface

Dr Ahmed Sharif Abbas,PhD

In this preface, I have tried to summarise various aspects of the Benadiri's history, identity, habitat, culture etc. I have also outlined the physical and mental atrocities they have suffered as a result of the civil war that engulfed Somalia. This summary however, is written in the hope that the reader will want to turn to the contents of the four chapters of the book where the writer's personal opinions and feelings are more fully expressed. The first and second chapters are written in Somali language and are based on reports that were presented at the first and second Worldwide Conferences of the Benadiris in London, UK, and Rotterdam, The Netherlands, in 2001 and 2002.

The third chapter is a collection of few reports either translated from Somali or presented originally in English.

The Fourth chapter is a Report of Minority Groups in Somalia prepared by a Joint British, Danish and Dutch Fact Finding Mission in Nairobi, Kenya.

Culture and recognition

When life is normal, and the administrative system and government hierarchy is secure, the need for them is not apparent. However when national catastrophe happens, and within society there is crisis and lawlessness, disintegration and intense civil enmity, the so-called crisis of human values and identity appear, as is the situation in Somalia now.

In fact the disaster that overwhelmed our nation and led to the disintegration of Somali society, forces us to review the rich culture of our people which could be a bridge to bring society together. We know that no one can alone achieve tranquillity and progress, and isolate himself as on an island. Besides, although there are differences in habitat, way of life and skills among the Somalis, this diversity has generated a richness in language, an integration of culture and an experience of co-existence.

Although Somalis have customs and culture that they share, there are various sub-customs specific to the different habitats. The Benadir habitat is among the habitats known for its rich sub-customs, which merit being more widely adopted, as there are other sub-customs which enrich the general way of life of the Somali population. Although the much of the country has been destroyed, nevertheless, the destruction of Hamar symbolises the burning of the cradle of Somali civilisation and its overall way of life, with its historical buildings, monuments, museums and libraries, the depository of knowledge and the national archives.

The great singer *Ahmed Naji*, who was deeply affected by the devastation of Mogadishu, and who was present while it was devoured, composed the following: *Oh Hamar, who is going to recompense you, the place where my birth umbilicus was buried, the place of brothers and people close to me, the respected Horn of Africa coast, we were there in peace and independence. Hamar, you have now been abused, who is going to recompense the ill-treatment inflicted on you?*

Confusion of the Benadiri identity

The Benadiris are well-endowed with culture, habitat and common custom. They are linked by a system and by divinely-given laws which they value and to which they adhere. Hence, the reason that the Benadiris are today getting together is because of the destruction that engulfed Somali society in general: the system that has been turned upside down so that what was unacceptable became acceptable, people's assets and even their lives could be taken unlawfully, and the wrong-doer and the innocent intermixed. For the Benadiris, disorientation and confusion have intruded in their lives and it became a matter of: 'Everyone for himself and the Prophet for his nation'. No one helped each other and the situation turned into: *'I am sick and you are sick - can two sick people nurse each other?'* The Benadiris suffered the catastrophic attack suddenly while everyone was pursuing his own day-to-day affairs and thereafter, everyone did whatever he could to save his life.

What is the reason for this mysterious development? Many questions have arisen in the mind of the Benadiris. It generated a crisis of identity. From that time, all who bear the name of Benadiri. though they are not all of the same ethnic origin, are of Benadiri clan-family. This means that their link to each other is not only by birth, but is based on religion, custom, tradition, interest, way of life and habitat. Our forefathers devoted themselves to build a united clan-family whose members live in peaceful co-existence with mutual respect, support, and trust.

The History of the Benadiris

Benadiris are thought to have arrived in Somalia more than 1300 years ago. The word 'Banadir' means 'harbour' and refers to the sea-side towns now known as Warsheekh, Mogadishu, Marka, Kisimayo up to Chula Chawaya and its surrounding villages. They were the havens of the coastal regions in ancient history, the ports where ships anchored and where trade thrived.

There is evidence that as early as the 8th century CE, in the region around Mogadishu, there was a government based on mutual respect, led by an association of clans, and presided over by the clan elders. The administration functioned as a national structure, holding together all the clans under rules and regulations based on their cultural values.

In 1322, the Arab seafarer, Ibn Battuta, visited Mogadishu and described it as a town of beauty, flourishing life and prosperity. Chinese sea travellers recounted that the town of Barawa was surrounded by stone walls, and that most of the houses were of stone. Its economy was based on the sea and fishing; its women wore gold chains and earrings, and covered their heads and faces when outside their homes.

The Chinese brought silk cloth, dyes, aluminium utensils, black peppers and rice. The local inhabitants traded tiger and lion skins, incense, a valuable 'grey' amber, and peacocks. On four occasions between 1416 and 1423 it is recorded that the town of Barawa shipped goods to China and many Bravanese travelled there and back on the Chinese ships. The 15th century was the best and most profitable period for the Benadiri cities, as they enjoyed economic progress, peace and tranquillity, benefiting from the development of world-wide trade networks. Effectively, they were independent 'city-states', though there were strong economic and cultural relationships among them.

The Berlin Conference of 1884, which heralded the so-called 'scramble for Africa', created Africa's biggest problem in recent history, sowing division among its people . The colonialists did not take into consideration the diversity of the peoples living in the continent, and thought only of domination and their own economic advantage. They changed the existing administrative structures and replaced them with their own.

The history of the political struggle of the Benadiris cannot be separated from Somalia's struggle for freedom which started in Hamar. They were the first to initiate the campaign for independence from the UK and Italy and took the lion's share of the struggle. Through secret meetings, the youth were instructed in the principles of independence and the struggle against the colonialists. The participation of the elders, religious leaders, intellectuals, politicians, youth and women in these meetings led to the creation of two political movements, the Hamar Youth Club (HYC) and Somali Youth Club (SYC). They were well-represented among the 13 members of Somali Youth League movement which implemented the political struggle for independence. It was the depth of culture, wisdom and political know-how of the Benadiris that convinced the colonialists that Somalia should be independent and caused them to leave without a major confrontation or war.

The chronology of events were as follows:

· *15 April 1944* - the opening of Hamar Youth Club of the Benadiris whose chairman was *Ahmed Sharif Mohamed.*

· *15 April 1952* – at the celebration of the 8th anniversary of the movement, *Haji Muhiddin Ali* was elected chairman and he laid out the policy of the movement; apart from its members, the event was attended by *Haji Mohamed Hussein*, the Chairman of the Somali Youth League, *Dr Luigi Gaspari*, the Representative of the Italian Government, and delegates representing the United Nations, the French Government, and the Arab, Indian and Somali communities.

· *21st August 1952 - Shariif Moxamed Xuseen Zeeno* was elected chairman of the movement.

· *1952-1955* - offices of the movement were opened in the districts of Marka, Wanle Weyn, Brava, Baidoa, Bur Hakaba, and Bardhere.

· *17 April 1957 - Mohamed Kama-Eddin Salah*, an Egyptian representative who was struggling for Somalia's independence, and a true friend of the Benadiri People's movement, was assassinated outside his office - an attempt on his life had been made the previous evening while he was at the Benadiri Party Headquarters for its annual celebration, with the intention to prejudicing the Benadiri image. In the same year, *Sharif Musalam Ali*, Chairman of the Youth of the Benadiri Party, *Jeylani Sheikh Bin Sheikh*, Chairman of the Digil and Mirifle Party, and *Haji Mohamed Hussein* of the Somali Youth League attended the Alliance of African and Asian Peoples Conference held in Egypt.

· *14th March 1958 - Sharif Musallam Bin Ali* resigned as Chairman due to ill-health, and was replaced by *Abukar Hamud Sokoro* who held this position up to independence in 1960. *Abukar Hamud Socoro* was one of the delegates who attended the session of the United Nations which granted independence to Somalia, and he subsequently established a programme of scholarships for the Benadiri youth to study in Egypt, China, and the Soviet Union. His efforts also paved the way for the construction in Mogadishu of the Benadiri Children's Hospital, the National Theatre and the Football Stadium, some of which were completed only after his term of office ended.

The Hamar Youth Club (HYC) and Somali Youth Club (SYC) changed their names and became political parties with similar principles and vision. Together they struggled for the freedom and dignity of the Somali people and against other parties which were clan-based and in alliance with the colonialists.

The origin of Somalia's destruction and its bearing on the Benadiris Somalia's difficulties today can be traced as far back as 1954 when the Somali Youth League (SYL) deviated from the struggle for independence and, out of self-interest, allied itself with the colonial powers. The members of the Council of Ministers that was established, used their positions of responsibility as a means of personal enrichment. This was the great betrayal of the SYL leaders towards the nation in general, and towards the Benadiri political movement in particular with which it was in alliance.

The two parties had agreed to refrain from raising the Italian colonial flag during their respective anniversary celebrations. The Benadiris fulfilled their commitments at their celebration of the founding of Hamar Youth Club (HYC) on 15th April 1955. But when the SYL celebrated its anniversary on 15th May of the same year, it raised Italian flags all over the area. The result was a worsening relationship between the Italian colonial administration and the leaders of the Benadiri Movement. This great betrayal by the SYL was part of a hidden agenda to jeopardise the relationship of the Benadiris and the Italian administration in the political arena, which was successful.

`It is appropriate to mention here that, in March 1957, *Geilani Sheikh* the chairman of the Digil and Mirifle Party (HDMS), fearing that they would also suffer from the SYL's policy, made the following declaration: *"I want to declare the intention of our party to implement the federal system that is in use worldwide, which is the only way for our people to reach unity, and to ensure social justice and self-administration in the regions."*

After attaining independence however, the first national government (which was formed on the basis of a flawed election), became mired in corruption, self-enrichment and the service of the colonial powers. As a result, the country fell into economic decline, social and political unrest and the return of the ugly face of clanism.

The authorities initiated a campaign of humiliation and repression against the Benadiris. This affected them in their daily life and in all the activities in which they excelled such as trading, craftsmanship, art and education. In order to divert the Benadiris from overcoming these obstacles, a campaign was launched to create disagreement and enmity among them – in other words a 'divide and rule' policy. The authorities made a plan to purchase their land and properties at a cheap rate and thus to force them to leave the country.

Somalia became a place where only the strong exercised authority. Many suffered, especially those communities who did not take arms. The first among these were the Benadiris who were particularly targeted and who suffered the most barbaric atrocities. This caused them to abandon their country in large numbers and emigrate to other countries in order to seek safe haven. They initially settled in the neighbouring countries of Kenya, Ethiopia and Yemen, but later they sought asylum in the United States of America, Canada, Australia, and European countries including the UK, The Netherlands and Denmark.

The worst fighting of the civil war took place in the towns where the Benadiris resided. The armed clans fought among themselves with heavy armaments in order to gain control, leading to the destruction of these historic cities and deforestation, robbery, rape, killing, and annihilation beyond human imagination.

As a consequence, the Benadiris faced disintegration as everyone thought only of his own personal interests, in order to safeguard his and his family's lives. Many Benadiris felt obliged to declare their affiliation with nomadic clans in order to overcome their problems, instead of discussing their difficulties together. Others decided to leave the country to pursue a different life elsewhere. The result was the complete loss of the unity of the Benadiris. In fact, Mogadishu's status as capital of Somalia was the cause of the enmity which grew between its Benadiri residents, who were urbanized and modernized, and those of nomadic background who migrated to it. This migration upset the harmony of a people which had been well-known for its desire for co-existence and mutual respect.

The Somali Reconciliation Process

Somalia has been for 12 years engulfed in clan warfare without any clear objective or benefit. The only lesson we have learned is that there is no one clan which can pretend to be more numerous or more powerful than another. The cause of Somalia's destruction, the vanishing of its prestige and the respect of its nationhood, was because of tribalism. It is unfortunate that everyone belonging to an armed clan sees his clan as superior in number and power to the other clans which have not carried arms. This has led to the impression that the latter are 'weightless', that their share in the nation is not equal to that of those who are armed, and that the nickname 'Others' could replace their original name - which they categorically reject.

All Somali intellectuals have come to the conclusion that clanism cannot replace nationhood, or be the basis for a government, that it is only wasteful and not profitable. Hence, it is appropriate that mistakes are debated and analysed, since they have caused the failure to implement the outcomes of the Arta Reconciliation Conference. We have witnessed that a government based on clanism is one in which every clan competes to acquire the most ministers. That system gives birth to a government which is, at the same time, the poorest, the lowest in quality, and incapable of delivering any service. This of course, does not correspond to the needs of the nation and its vanished strength. Therefore, it is imperative that the by-laws that are being worked out for the Regional Self-Administration do not permit the violation of the rights of the unarmed communities, but their protection, allowing them to administer their share of the region and its districts.

A United Cuntry Cannot Be Built on Injustice

There are many nations whose populations do not share blood-ties, language, culture, religion or origin, but which nevertheless agreeing to live together in peace, justice, equality, and mutual respect. The constitutions of some of these countries have endured for more than a hundred years. It is unfortunate that, in the 41 years since Independence, Somalia has had four constitutions including that drafted in 2004 in Mbgati, Kenya. There, delegates approved a Transitional Charter (the equivalent of a Constitution) for a Regional Federal System for Somalia under the slogan: *"There is no search for rights but only for solutions"*. How can peace be achieved, and a nation built, as long as injustice reigns over the rights of people and when such slogans are advocated?

The Benadiris believe that Somalia should not be divided into small regional entities run by clans or groups. Clanism was the principal factor that caused the destruction, divided the people, and led to the present situation. As the establishment of a Regional Federal System has been agreed, it is our opinion that the Charter should be implemented in such a way that no clan should be denied its properties or other rights, and that the original inhabitants are given the right to administer their region.

There is a Somali proverb which says there are three kinds of unfortunate people: *A person present but not considered, a person departing who is not retained, and a person absent who is not remembered.* Apart from the fact of the innumerable atrocities that have been inflicted on the Benadiris, it is painful to hear us referred to as a small community whose numbers and qualities are of no value, and labelled as 'Others'.

Including the Benadiris in the label 'Others' is unacceptable, when the truth is that the Benadiri community is the product of many generations, is large in number, and has been the cradle of civilisation in southern Somalia. It is even more unacceptable if the intention is to marginalise a people who did not take up arms, did not cause bloodshed, and did not take part in the destruction of the country and the devastation of its people.

The Federal System and the Minorities

Somalia earlier adopted the capitalist and later a socialist system. Somali intellectuals have pointed out that there are great benefits in adopting the federal system and that it is the only solution to the prevailing problems; the question, however, is its implementation. In this section, we will examine the future federal system and the difficulties that might engulf the minority groups.

Federalism is a system based on regional self-administration.

The Regional Authority will be responsible for regional development, with its own political council. The general administration will be taken over by the inhabitants of the region. Hence, it is clear that the federal system is not without additional difficulties for sections of the Somali people.

Although there is some commonality in culture and faith among the Somali nation, nevertheless, it has became apparent that Somalis cannot agree on the distribution of land and power. The conclusions of the Djibouti Reconciliation Conference stated that the division of power would be based on geographical areas or clan affiliation. However, this does not take into consideration the special needs of the minority groups and indicates that there is no chance for the less powerful to manage their regional habitat or to take part in the administration of the country.

The Benadiris should not be considered a minority group as, in past elections, they have elected their own representatives for the national parliament and to the post of the Mayor of Mogadishu.

Upgrading Mogadishu City Is Uundermining the Benadiris

The ongoing discussion of the federal system for regional self-administration is the result of an agreement by the delegates at the Arta Reconciliation Conference. This is a two-edged sword: certain districts and regions have been recognised as belonging to certain people, but the Benadir region has been declared the property of all the Somalis, because it is the capital and the symbol of the Somali nation.

From one perspective, this approach seems to follow the wisdom of the saying: '*Upgrade in order to downgrade*', 'Dalacsi si aad u durjiso'. However, today it seems that the upgrading of Mogadishu's status is a prelude to seizing the rights and the historical identity of the Benadiris and its habitat. It is malicious and unjustifiable and there is an utmost need of care and precaution.

This matter is not only the responsibility of the Transitional Government, but that of all those who attended the Arta Conference in Djibouti and conceived a system of administration that would op erate effectively and lead to the rebirth of a government for Somalia.

Uniting the Benadiris

There was no way that the Benadiris could have been kept safe in the difficult situation that engulfed Somalia. Practically all the Somali movements that shared the letter 'S' in their names, and every single one of clan-based organisations, emerged through civil hatred and disunity. The Somali National Congress did not have the capacity to protect and safeguard its people. This is why it encountered confusion, political disorientation and criticism. The economic factor, which played a great role in the movement, was a challenging factor and impeded self-reliance.

These facts need to be acknowledged, but what went wrong? We need to answer this question in order to provide a remedy. During the past eleven years, the biggest mistakes that affected the Benadiris emerged from the policies and actions of the SNU movement to which they adhere. New movements were established in parallel such as: SNU/SNA, SANU, Banadir Clan-Family and others. These groupings led to a profound disintegration of the main movement.

In past centuries, the Benadiris passed through different stages of success. This success is due to its fundamental unity which is based on mutual respect and which is still evident wherever Benadiris gather. This unity, which is deeply rooted in their culture, their stable way of life, advanced civilization and long history, is largely due to the role played by their religious leaders and intellectuals.

It is also said, *the thorns on the bush are removed starting from the top.* This means, first of all, that there is a need of reconciliation among the Benadiri elders in order to overcome the domination by certain clans over the others. In this modern age, such attitudes should not pertain. Instead there should be a reconciliation process between the clans, so that each clan may enjoy freedom within a democratic framework. We need to unify the forces of our people and together search for our lost rights through continuous dialogue, far away from any disagreement that would sow confusion and jeopardise the unity of the Benadiri people.

It is primarily a matter of management and skill: if there is an honest intention and the ability to act, these conflicts and misunderstandings among the Benadiris could be overcome quickly. This crisis could be solved through dialogue and tolerance. Listening to each other, mutual respect and respect of the rights of others is part of the good culture of our society.

Benadiri society has traditional elders called 'Sultan' or 'Malaq' who are responsible for affairs within the community, and whose responsibility is to take decisions related to social matters. There still are elders and individuals knowledgeable in the political sphere. However, at present, there is confusion between those responsible for social matters and those responsible for political affairs.

We have now come to a time when the Benadiris need a new constitution which shows clearly both the responsibilities of the traditional elders and those of the politicians. In this way we could achieve an ideal society led by genuine elders and capable politicians who could become leaders for the Benadiris and the Somali people as a whole, and who are also knowledgeable in dealing with other Somali politicians, in the new Somali political scenario which is full of surprises. There was an event that happened during the Somali Reconciliation Conference of 1993 held in Ethiopia. There was a large group of 53 Benadiris delegates who came from all over the world. There was not a single Somali organisation which attended the meeting with that number of delegates. The most astonishing event was that at Addis Ababa airport at one point a plane landed from Yemen carrying a delegation of Benadiris consisting of intellectuals, experienced elders, politicians, young people and women. That was an indication that Benadiris can perform miracles when they are in harmony among themselves. There were signs of concern and frustration among the armed groups who were at the Conference in Addis Ababa, because of their evil plans and intention to humiliate and appropriate the Benadiri rights.

This is meant to remain the status quo, since our exodus from the country was considered permanent. Since that day, the armed clans have tried to divide our people by creating disagreements. They were concerned to see this powerful force which came from all corners of the world united without any enmity among them, under one leadership, working in harmony and with efficiency. This made the warlords uncomfortable because they now see those whose properties and territories they have ransacked and occupied, in high morale, fit and united to struggle for their rights and regain their usurped positions in the Somali State.

The Defence of Our Rights Is Sacre-Saint Duty

You are aware that there was a time when those of nomadic origin were united in the aim of eliminating the Benadiri name, a name which existed before the Somali name appeared. There are sufficient examples that indicate the level of their enmity: even though we are the image of civilisation and spearheaded the movements of struggle for Somali independence, in the Arta Conference we were not counted as genuine citizens but were given the name 'Others'.

This is an obvious indication of denial of our rights and existence which we will not allow to materialize in the way they have planned. We have to oppose those who perpetuate mischief and make our voice heard everywhere, refusing the injustice and the hidden manipulation.

We have to unify our forces and intensify our written messages, communicating with the rest of the world. This is the way of achieving our goals. There is always success with righteousness, but there is always failure and despair without it, because the Almighty is righteous and does not like the opposite.

The Benadiris and the Media

The media is a very powerful means of communicating to the world events that happen inside the countries. When the United States planned to send troops to Somalia, the TV was used to show dying children and women; Americans then accepted the deployment of troops in Somalia. Later, when fighting broke out between the American troops and the forces of General Aideed, the TV showed American troops dragged across the ground, and soon after, public pressure grew for the immediate return of its troops. Unfortunately, the ten years of civil war and the atrocities inflicted on the Benadiris has received little international publicity.

Benadiris Socio-economic Opportunities in the Diaspora

When Somalis arrived in Europe and America, many found it impossible to get jobs based on their qualifications and certificates. However, the Benadiris were able to be self-employed as a result of skills they possessed or inherited from their parents: the one whose mother prepared halwa or whose father was a tailor was able to make use of these skills.

Today there is a need to take steps to encourage competition, the establishment of cooperatives and of equity ownership, and the creation of projects. In the socio-economic changes to be expected when the civil war ends, many jobs will be created, new projects implemented, and there will be a general increase in trade. Hence those who take the first steps will benefit most, while those who remain inactive will be the subordinates of the former.

The Reconciling Role of the Benadiris

Those who comment on history are all in agreement that the Benadiris are the light of the Somali people and founders of the Somali nation. The Benadiri habitat is the meeting place of Somalis. Their history highlights the Benadiri role in bringing together and integrating the Somali entity, in spreading religious knowledge and modern lifestyles. The Benadiris are well-known for their neutral position in the civil war that has caused society to disintegrate.

Thus the role of the Benadiris is to become the peace-making umbrella, to conduct reconciliation, bring peace in the country and rebuild the trust of the nation. It is their duty to orientate the masses towards the path initiated by their forefathers, which was to establish a united Somali state where justice and equality reign, and which ensures human rights for its citizens. They are the only ones capable of engaging in this role at present, because of their neutral position in the society, innocent of any crime and having gained the trust of all.

When we talk of politics, we have to speak about 'us' rather than 'me' – we are compelled to disregard minor issues and to focus on the bigger goal. It is a matter of groupings and alliances; there is a need to choose the alliance in which you can be seen, build trust and develop mutual cooperation. In this context, we are compelled to disregard the most sensitive and dehumanising issue: that of being described as 'Others'.

The Voice of the Youth

It is certain that our forefathers who were people of initiative, great civilisation and who built a sustainable economy, had leadership qualities. The question is whether the present generation has preserved those assets, and are walking on the path that was prepared for them. What is the situation of the growing generation that is the hope for the future? Those who were ten years old when the war started, are now 22.

Those who emigrated and those who stayed in the country are in the same situation. Those who went overseas with their mothers were brought up differently from those who stayed, but how many of them are university students or graduates, let alone in higher levels of education? They are there every day at the doors of offices, interpreting for their mothers who do not understand the language, engaged in problems too great for them to cope with. Those in the country are not different. They carry guns and engage in killings, robbery and rape rather than in good behaviour. The youth of the nation have been misused. What a misfortune it is that they are the ones the nation is expecting tomorrow to become its assets.

The Role of Benadiri Women

As Benadiri women we ought to think of taking care well of our children during their early stage of their life especially the younger generation residieng in foreing countries. There is a need to cultivate in them the love for their country, the feelingof nationalism and their knowledge of belonging and right of their habitat inside the country. There is also a need to acquaint them with their duty and role in sharing the formation of and being inclusive within the governing body of the country.

The objective is not, however, to be limited to the gaining of the basic educational skills alone, but also there is the need to have a strategy which aims at inspiring them ways and means of acquiring their due sense of honour, respect and esteem within the nation as well as the defence of their eligeable rights and entitlements at present and in the future.

Human Rights Violation & Abuse

Benadiri Women: A persistent feature of the inter-clan conflict has been the rape and sexual abuse of Benadiri women by members of the militia and bandit raiders. Benadiri young girls were frequently captured and kept as hostages or forced into "marriages" to the members of the militia. These "marriages" effectively caused the girls and young women to become sex slaves of the bandit groups. Muslim religions as well as customary laws have always granted the prospective bride the right and option to refuse the marriage. These religious and customary rights were denied to these women and their families due to the minority status of their clans. In addition, homes and businesses belonging to Benadiri members were either occupied or destroyed and the contents were looted. People fled their homes to protect themselves and their families against further violence.

The Benadiri women suffered the most in the civil war. There were numerous reports of systemic rape and abduction of young girls by the gangs, as well as abduction of girls to serve as sexual slaves to the gang members. The communities of Hamar Weyn, Shingani, Shibis and Bravo were especially hard hit area by these killings and rapes. In this predominately Muslim country, there were reports that women were even raped inside the mosques where they had taken refuge. This is a violation of the sanctity that all Muslims have for the sacred role of the mosque in their lives and religious beliefs.

It is a sad irony that many people, including family members of the victims, who have witnessed these rapes, refuse to speak about it. The strong taboo in Benadiri culture towards discussing the sexual conduct of women has meant that sexual abuse and rapes are generally under reported. This is often a desire to protect both the woman and the family from the humiliation that accompanies a woman's sexual history and the family's inability to protect her.

These cases are only the tip of the iceberg. There are hundreds of untold stories and just as many victims of this one-sided war. Fathers could not protect their wives and children; women could not keep masked assailants from violating their bodies, their homes, and their family heirlooms. This ceaseless fear that the victims are displaying may seem unreasonable to those of us who have not suffered as they have. I would like to make it clear that these victims cannot and will not heal knowing that their perpetrators are out there, free to walk the streets of Somalia and for that matter any country in the world. These innocent victims can not even return to their homeland for fear of seeing the men whom they are still terrified of.

A feeling of shame hangs in the air concerning the whole matter which was the most disturbing thing. These feelings of shame are normal in an individual victim but in this case it is almost as if the Benadiri people are all sharing the pain with the direct victims of these crimes. However, as collective victims, the Benadiri people have given an almost super human power to the perpetrators. Although, it is touching that our people as a collective are sharing the pain together we have to at some point move forward. We will never have closure if we do not face our perpetrators head on and demand that justice be done. By not doing anything, we are in a way implying that we are not deserving of justice.

Conclusion

Though for many years we have been walking over thorny ground, living in fear and degradation, now, thanks to the Almighty, we are having a conference in which we can unify our forces in the struggle against these evils. It is our duty and responsibility to regain the rights, dignity and respect of the Benadiris and for that there is a need to give a signal that the Benadiris, who have inherited dignity, respect, and high esteem from our forefathers, and whose place of residence for centuries has been the Benadir coast, would never give up our lawful rights.

Oh God, the only capable One in this world, we implore you to ease our problems.

These photos (upper and below) show the Chair of the 1st Worldwide Conference of Benadiri People, held in London, United Kingdom, September 2001

Overview of the Conference Proceedings

Khalid Maou Abdulkadir

The First Worldwide Conference of the Benadir Community convened in London between the 8th and 16th of September 2001, at Caxton House in East London. It was organised by the United Somali Benadir Community living in the United Kingdom, in order to exchange opinions on post-war events in Somalia.

The Conference was attended by all the various community sectors representing intellectuals, professionals, businessmen, religious leaders, youth and women organisations.

Exponents representing the community in Somalia, Africa, Asia, Australia, America and Europe also attended the conference. The conference convened with a total representative number of nearly 300 people.

Due to the security crisis in which the community found itself in the aftermath of the collapse of the Somali State, and because of the tragedy of the community being scattered about in all over the world, it took a great deal of effort and time to prepare for the Conference.

The conference had the following objectives:

1. To get the Benadir People representatives from abroad and from inside Somalia convene their first worldwide forum where they could revive their unity, review their situation, and exchange views after a long awaited desireof such a gathering. The conference has the pros-

pect that forum would strengthen their links and sense of cooperation and enable them to create coordinated effort at the aim of achieving the unity of their people inside Somalia and abroad, and foster their socio- political aspirations within the Somali Nation.
2. To create the right atmosphere and means of strengthening the broth erly relations and cooperation among the People of Benadir over the world.
3. To confer and deliberate on the effective views and concepts to re solve and put an end to the political differences between the different political currents of the Benadir people.
4. To discuss and deliberate on working papers and lectures worked out by the community intellectuals, submitted to the Conference and dealing with the bitter situation lived by the Benadir community nowadays in and out Somalia.
5. To hear and review reports about how the people of Benadir are searching their way for progress and development in the countries they sought refuge.
6. To discuss and look for the means of achieving recognition to the just cause of the people of Benadir.
7. To awaken and strength the conscience of the Benadir com munities now living abroad towards assuming an active role in supporting their ill-fated people inside Somalia and those still living in refugee camps in countries neighbouring Somalia.
8. To advise and construct strategies and visions helpful to overcome and tackle the nowadays socio-economic problems and hardship suffered by the people of Benadir.
9. To work out a well elaborated programme steered towards protecting and safeguarding the future of the people of Benadir and their aspirations.
10. To set up worldwide committees entitled to deal with and resolve any potential problem that could be faced by the People of Benadir, and to defend their rights.

The Conference opened by *Dr Ahmed Sharif Abbas,* Chairman of the United Somali Benadir Council in the United Kingdom, reviewed the philosophy and strategy of the First Worldwide Conference of the people of Benadir and its political objectives.

The Conference heard lectures presented by competent readers who based their lectures on profound and well-founded studies, at the end of which the Conference set up ten sub groups to debate and submit proposals on the following items:

1. The case of the Benadir refugees.
2. The social affairs: (health, education, women, children and culture).
3. The economic and environment affairs.
4. The case of the human rights of the minorities in Somalia.
5. The question of the Benadir people and their natural home land under occupation.
6. The identity of the Benadir people.
7. The leadership of the Benadir people.
8. The Pan-Benadirism
9. Self-determination for the Benadir people.
10. Worldwide Organisation for the people of Benadir.

It is important to note with satisfaction the way the people of Benadir devoted their attention to the convocation and the works of the Conference where more than 300 member delegates attended its meetings, all representing the community all over the world and all its social sectors.

The Conference, having shown to be a landmark in the history of the people of Benadir, closed in a solemn ceremony marked by a historical speech addressed by *Dr Ahmed Sharif Abbas..* In his speech, *Dr Abbas*, praised all the people and committees who contributed to the success of the conference convocation and works. He also paid tribute to the ladies who endeavoured to plan and perform the catering for the lovely meals and lunches served to the conferees during the recess between the sessions. *Dr Abbas* did not cease to address word of laud to the young people who made their best to make the press and media performance of the Conference headway. He praised those who were in charge of the different services as well as to the musical bands of Shuumeey and Bandar and those who volunteered to put their cars under the Conference for transport services.

The terrorist attack on the U.S.A. on September 11th coincided with the day of the press release planned on the wake of the Conference. This unfortunate accident, which had a negative impact on the planned press release, pressed *Dr.Sharif Abbas* to inform the few diplomats, representatives and media people that the press release was suspended and that a written one would be dispatched to their respective headquarters.

Dr. Abbas stressed that the accident caused a deep sense of grief and regret among the conferees and the people of Benadir. He underlined that the United States of America was a leading country in extending aid relief to the people of Benadir during their tragedy. The U.S.A, he said, gave shelter and refuge to thousands of Benadiris through airlifting them from the refugee camps in Kenya, an act of which the people of Benadir are deeply grateful for.

The First Worldwide Conference of the People of Benadir concluded its works on the 16th of September 2001 and stated its resolutions.

This photo shows Honourable Mohamed Jeilani presenting his paper on the occasion of the 1st Worldwide Conference of the People of Benadir

The Philosophy, Strategy and Policy of the 1st Worldwide Conference of the Benadir People

Dr Ahmed Sharif Abbas,PhD

While hailing the Conference, I do like in my own name and on behalf of the United Somali Benadir Community in the UK, to thank our community who, with sense of honour and ardour, wanted to participate to the Conference in this way of copious turnout. The Conference that we are opening today will last for three days and will be concluded with press Conference addressed to the representatives of the Embassies of the countries where our community sought refuge and security, as well as to the News Media in the United Kingdom.

Dear brothers,

As it is known, from the dawn of history and from when the continents of our planet began to witness maritime communication, the Horn of Africa in large became populated by peoples of different stocks coming from various parts of the world. All of them were driven by different motives and reasons. Some came by exodus for political conflicts elsewhere, some fleeing religious persecution, some for commerce and may be others for reasons related to living factors.

Those peoples brought with them civilised rich cultures that gave place to the foundation of the cities of Mogadishu, Afgoy, Merka, Brava, Gandershe and the Islands of Bajuni. These City-States started to bloom and flourish with the passing of time giving to those different stocks of peoples a united shape of identity and purpose with peculiar culture based on commerce, craftsmanship and a common sense in thinking, literature, art and anthology.

The immigration of some of the above stocks to the region is reported to go back to more than 1300 years now. It is also reported that in the 8th century in the area, there was a civilised State led by a coalition of some Benadiri tribes where the government was run through consultative bodies formed of elders and notables. Main vocations in the state were commerce and craftsmanship. The administration was run through rules and norms indicating high level of social conscience, and sense of very advanced democratic state where all the components of the community were represented in the governing organs in a just power sharing way.

Mogadishu which is the most known district of Benadir was reported as being the most prominent centre of the region. The city, is said, had come into being at about 200 BC. This fact is proved by its old ruins and buildings some of which still standing. According to what the elders say and as it is reported to them by their ancestors by recurrence, and as it is mentioned by books of history concerning the Horn of Africa, Reer Hamar are the first stock to settle in Mogadishu.

The nowadays crisis and conflicts in Africa trace origin to the Conference of Berlin of 1884, by which the great powers of the time distributed among themselves Africa and the populations of the Continent according to their strict colonial and commercial interests without bothering to the affiliation of the peoples of the continent in culture, language, origin and entity. Those powers upset the socio/ economic uniformity of the people of Africa and their consistency in order of identity by setting up artificial entities only of the purpose of serving their colonial interests.

During the colonial era, the people of Benadir was one of the leading elements in the fight for independence and their role in this regard is confirmed by historical events that are written in the annals of the fight for sovereign Somali State. The people of Benadir had always leading role in the fight for the independence achieved later on in 1960. Mogadishu remained, as it was in the course of centuries, the centre of gravity and capital of the new independent modern State of Somalia.

This status of Mogadishu within the newly independent Somali State brought about later on, at the harm of the original inhabitants, significant problems and inconveniences such as exodus of the nomadic tribes from the inland to the capital as phenomenon of urbanisation. They brought with them extraneous cultures unrelated to the original peoples of the city, disturbing the authenticity of the people of Benadir and their cultural spirit of coexistence and love to the neighbour and to the other.

It is our duty now to stop this trend of depletion of our identity and authenticity by reviving the spirit of struggle within our people and also to revive the features of the people of Benadir civilisation as most of its historical landmarks are still standing in the region and in Mogadishu. In fact, Mogadishu is one of the ten historical cities designated by the United Nations which appealed for its conservation as a historical landmark belonging to mankind.

The 20th century ended while Somalia is still being racked by tribal and factional infightings that wrought havoc on the Nation and brought about a complete collapse of the State. The brunt of the tragedy hit the people of Benadir who came under criminal acts of killings and ethnic cleansing, acts no other community within the Somali tribes ever suffered. Throughout centuries, the Somali problems has derived from tribalism which is a deep rooted malaise of the tribal system of the Somali society. It is an obstacle to the peace and progress of the Somali people when certain tribes each vying for superiority over the others, with the aim of taking power by way of force.

The International Community, which weighs up matters through progress in science, industry, and civilisation, finds today strange the way the people of Benadir, known as an old civilised people rich in history, remains nowadays discriminated by the other nomadic tribes within the Somali Nation for no reason than being different from the rest of the nomadic pastoral community. Our people are the founders and builders of the old historical cities along the coastal strip from Mogadishu down to the Kenyan frontier. Those cities are today the only historical landmarks of the Somali civilisation.

The people of Benadir are the only community, within the Somali nation, who can boast deep rooted tradition of craftsmanship, industry, commerce and seafaring. These people are the builders of Mogadishu, 1200 years ago. They built the Mosque of Hamarweyn in the year 1238, and the mosque of Arbaa Rukun in the year 1268 as well as the mosque Fakhruddin and the monumental imposing structures along the cities of Jesira, Gendershe, Afgoy, Merka, Brava, and the Islands of Bajuni.

A country, any where in this planet, belongs to those citizens who boast this right by nativity or trace ancestry to the original inhabitants of that country. For the sense of belonging they strongly feel the meaning of nationalism is deep rooted in them and set themselves its progress, defence, peace, security as well as its honour, dignity and unity of its components.

Besides the hostility that raged between the warring tribal factions, the civil war had another aim which was the annihilation of the peaceful and unarmed people of Benadir and denoted the following:

- Designed open unjust aggression against the people of Benadir despite their uninvolvement in the tribal conflict, suffering all sort of abuse through expropriation of their properties, raping their women and act of killing and expelling from their environment.
- Planned overt acts intended to destroy any historical landmark that pointed out to the civilisation of these ancient people in order to erase any trace or mark to witness of our long history in this part of Africa. It is really an immoral act and barbaric way of aggression against all human values and the percept of Islam.

The inroads against the people of Benadir, finds clear expression in the savage looting, expropriation, rape and killings these people have suffered in the hands of their aggressors. This brutal way of arrogance and resort to the power of guns as a way of life, gave room to the instability and lack of statehood the Somali people are now living in.

The crisis today stems from the fact that some tribes believe in the precondition that they only are Somali, and I refer to them as the following:

- Those who claim to be more numerous than the other tribes, pretending this sheer claim of being more numerous gives them the right to rule over the others despite the fact that tribal census has never taken place in Somalia.
- Those who manage to cheat their tribes for the only aim of perpetuating the anarchy and chaos in Somalia, in order to protect private personal interests, hence excluding the others from power sharing.
- Those who deny equal footing consideration for any peaceful community within the Somali people, and point to them as irrelevant in the political process. Those who look down on the people of Benadir and legalise the looting, rape and killings suffered by our people.

The armed tribes who wrought havoc on the region of Benadir are the very tribes that have no historical background in this region rich in its civilised values and history and landmark in the fight for independence and sovereignty. It is unfortunate that so far no one has grasp of the reason for the collapse of the Somali State, the death of more than one million and exodus of more than two million of the Somali people. Injustice is the reason. After eleven years of misery and horrible tragedy as a result of injustice, yet the drive for peace is still far away and the intestinal war is going on.

Many Somali National Reconciliation Conferences have been convened in different countries such as Djibouti, Ethiopia, Yemen, Kenya, Egypt and Libya, and lately at Arte in the 2000 which gave place to a provisory government. Still there is a drive for more other conferences pushed for by different other parties. Yet with all these efforts and so many national reconciliation conferences, the tragedy is still raging because of lack of just and objective vision.

How is it possible to achieve peace and statehood while injustice is prevailing over justice and wrong is supreme over right? All parties are looking for a solution to the Somali tragedy without basing that solution on justice. As long as these parties are led by passion for tribal or factional interests that have nothing to do with justice, surely these parties will not achieve lasting peace and bring about the rehabilitation of the Somali State.

Where is the right of the Benadir People as a legitimate equal entity within the Somali communities and within the Somali Nation? To this day they are witnessing their region and lands occupied by force and their properties confiscated. They are denied equal right in the political process and rejected as an irrelevant entity. If this attitude of rejection does not change, and as long as all the Somali communities are not recognised as equals, then the people of Benadir will have to fight for their God given socio/political rights.

No doubt, right and justice will tower high over injustice. Those who fight for their sacred rights will at the end achieve their goal. Our People must know the way to regain their rights without violating the right of the other Somali parties, disregarding the negative vision of those tribes under the profile of equal rights for all.

The people of Benadir have to be united in the struggle for their rights. No doubt that there will be no State in Somalia in an atmosphere of injustice and lack of respect for all. All parties have to be sincere in the search for peace. Peace can be achieved when all parties are resolved to turn away from prejudice, and when all parties are resolved to give up the concept of despise towards the others. Those who are now engaged in perpetuating injustice will not, for sure, achieve peace and security for the Somali people.

The advanced nations nowadays are multicultural nations where people of different ethnics, culture and faith live together, equal and guided by one target which is devotion to one nation and to set out together for progress and welfare. In a spirit different from this multicultural conscience, the Somali delegations to the Somali National Reconciliation Conference of Arte, Djibouti, were vying each other for dividing Somalia into tiny entities they have called a federal system of government, a concept that the people of Benadir do not share with the others.

Since we can not stop this move, we are of the view that tribalism is the basic cause of the nowadays Somali tragedy and for that we call upon the armed Somali tribal factions to respect the rights and the dignity of the unarmed and non warring Somali tribes. It is essential that no tribe should boast power against another, crave after the properties of another tribe or usurp its rights. It is essential and just to give each tribe or community the authority to run the region belonging to them by origin.

The Somali National Reconciliation today is steering towards a system of regionalism based on tribal settlement. The People of Benadir will have to live with this reality and gear themselves for a political approach capable of safeguarding their lawful aspirations for running their region and conserving their cultural entity within the Somali Nation.

As it is known, the most horrible and brutal armed fighting between the warring Somali tribes took place at the cities inhabited by the nativity of the People of Benadir. These cities became fields of warfare between the armed factions vying for power and to conquer those cities. They used heavy guns and artillery which brought about the destruction of these historical centres belonging by origin to the people of Benadir who for the very reason suffered looting, rape, killings and brutal ethnic cleansing.

This brutal ethnic cleansing and the havoc wrought on our cultural heritage are strong motives to foster our drive for autonomy in our historical habitat and in the lands of our ancestors. We have to gear ourselves assiduously to achieve this goal that will secure peace and stability to our future generations.

The people of Benadir who fled from the ethnic cleansing, in first moment sought refuge in the neighbouring countries such as Kenya, Ethiopia and Yemen, and later on to the Western countries like UK, USA, Canada, Holland and to other European countries.

No doubt the success or failure of any nation in its cause depend on how this nation mobilise its resources towards their cause, its political maturity, and on how the members of this nation respect each other and the order of its set organic leadership and social organisation, as well as the level of civilisation they achieved.

Now what should our people do? First of all our people should unite its efforts of struggle, and be very watchful to avoid widening the present differences. We have to be one compact line in front of the challenges. We have to stride along to defend our interests abroad, and also to protect the rights of those of our people still inside the country whether they are young, women or old people.

We have to help our people inside the country in their drive to bring into effect their proper regional autonomy; to make real their stride for an atmosphere of peace and coexistence with the other ethnics they live with in the Benadir Region at the aim of creating communities devoted to peace and reciprocal respect. We have to promote and instil in our people inside the country and abroad the spirit of struggle and that of love for education and progress.

In the past century the cause of the people of Benadir went through several stages of success. It is because we were resolved towards unity of purposes, had a sense of respect for each other and draw on common heritage of culture that had borne abundant fruit to our habitat. This deep rooted sense of unity of our People finds its reason in our culture, our civilisation, our history and thanks to the wisdom of our ancestors.

This sense continued standing throughout the centuries due also to the good leadership that our people had always and due to the good guidance of our Ulemma, political leaders and intellectuals. They had strong power and wisdom of leading the main three political parties then in the southern regions of Somalia where our presence and representation in the political and administrative elections were conspicuous.

Today we invoke God. May he make easy this stage of our historical struggle. We are in a critical moment of our history. It is the first time that the other tribal ethnics of Somalia deliberately deny our entity, our existence and the political rights of the people of Benadir. Being this the attitude of the other tribal Somali ethnics towards our people, how do we react, dear brothers? In front of these serious challenges, we are indolently defaulters towards our duties. There are no organised and planned relations between our communities abroad in one hand, and with our people inside the country in the other hand. There are no strong and capable organisations to deal with our daily problems and for the orientation of our people to face up the requirements of nowadays struggle. We did not set up executive bodies for our youth, women and for all the other civil societies necessary to the progress of our people and for the promotion of our just case. It is up to you today in this conference to set the main lines for our future drive towards the goals our people yearn for. We are here today to devise and think up about the ways and means by which we have to serve our people.

The Agenda of the first International Conference of the people of Benadir includes, among others, the following:

- To promote the reconciliation of our people in order to overcome the political difference existing within our leaders.
- To get to know each other, exchange visions, and to discuss about how our people of civil societies get to coordinate their efforts in the interest of our people.
- To create an atmosphere of peace and cooperation at the aim of strengthening the spirit of brotherhood.
- To endeavour for the recognition of the rights of our people.
- To think up of clear programme intended to deliver the aspirations of the people of Benadir.
- To take an active role in the effort of dealing with the socio/economic problems facing our people.
- To adopt the necessary measures to make the role of the Benadir people abroad to help and support their brothers inside the country more effectively and useful.
- To discuss the nowadays critical situation of the people of Benadir inside the country and abroad.
- To exchange views and knowledge with regard to the experience our communities abroad acquired in the countries where they are settled.

- To establish a Worldwide Council for the people of Benadir in charge of dealing with the problems and difficulties facing our people and to campaign for our rights.
- To examine and review many other important subjects.

The main aim of the conference is to make the members of our communities, wherever they are, meet and unite their efforts and common socio-economic drive under one political umbrella. The conference will plan for the creation of a Worldwide Institute for the advancement of our people abroad and inside the country to be called *Benadir International Institute.*

This Conference that we are opening today will focus on many topics concerning our drive to achieve the just aspirations of the people of Benadir, as well as other topics covering the historical background of our civilisation. We arealso going to review the history of the political struggle of our people in the framework of the fight for independence of the Somali Nation. We will also discuss other questions concerning our refugees, the human rights of the minorities in Somalia, and other challenges pertaining to the education, health, socio-economic affairs, and recognition of our identity. Discussions will on focus aspects concerning our people leadership, deepening of the sense of Pan-Benadirism, the nowadays occupation of our region by the tribes that are alien to our history and culture.

We will also have to set sound strategy with regard to the autonomy for our Region in the framework of the First Charter of the Interim government of Somalia. The strategy should deal with the present situation of our people under the prospect of the future developments, and the situation in which our people are living now inside the country and abroad, and think about how we can promote the welfare and progress of the people of Bendir.

If the Somali tribes start the Regional Federation System of Government that gives each tribe the right to govern its region, and deny this right to our people, no doubt that in the near future we will witness our children expelled from the country or subjected to a brutal system of slavery. Therefore, we have to fight such a trend and commit our self to the following duties:

1. To unite our ranks hand in hand

2. To settle as quickly as possible the minor differences standing obstacle in the face of our people's progress. We invite our brothers to stand up to their responsibilities towards their people and put aside any other consideration.
3. To remember that the biggest malady affecting our people is ignorance, envy, arrogance, insolence, office and political opportunism, denigration, and scorn.
4. To recognise that we have become the most victimised people in the Somali nowadays tragedy. While we were plotting and conspiring against each other, the others planned for us the kind of ordeal we are now living: looting, rape, killings and humiliation to the point that our dead people be stepped on, or denied the right of a decent burial.
5. To keep in mind that our immobile properties have been expropriated or demolished.
6. To consider how we rate at those who wrought all this havoc on our people to contemplate that never such a barbaric crime were by a people against another people sharing the same religious faith with them.
7. To be conscious of the fact that our intellectuals are the drivers who drive the train onboard which are travelling the people of Benadir. On them falls the responsibility whether to push the train over the cliff or guide us to the shores of safety. It is remarkable to point out to the fact that you also will perish in that fatal accident.
8. To ponder upon the fact that the unity of our intellectuals and their drive hand in hand will be enough to terrorize our enemies and bring about their defeat. It is pressing, therefore, a strong unity between all the intellectuals of our people. There are those who by nature like to disseminate division and conflict and those who are sincere in their drive for unity. It is exigent not to compromise on our unity by supporting someone because of tribal or socio-economic considerations, or because of personal alignment. It is important to value the person on his personal attitude towards our cause, our unity and for his devotion to the cause of the people of Benadir.

9. To acknowledge that sharing things by tribal considerations will not result in anything more than what is going on nowadays in Mogadishu. God has created people in different stocks and colours, as he created the flowers in different beautiful colours, only for the purpose of knowing each other and not to foment dissents and conflicts.

Dear Brothers,

In the dispute now raging in Somalia for power, our people are the only party that is not expansionist or seeking power. Our people have come to a point where it cannot bear any more the follies and harms it is facing. It is time the people of Benadir stand to their responsibility in planning as soon as possible its united political attitude within the prevailing Somali political atmosphere, before the establishment of the new government. We have to appoint a delegation representing our people. It is pressing and urgent to see ours as one and to mobilise ourselves as one front.

In the midst of those who are now vying for power by force and resort to the barrel of gun, our people will not get a just solution. The people of Benadir will not accept a potluck arrangement through which we give up our legitimate rights. We are convened here today to hold talk and confer. Our people should see the politics of the Somali nomadic tribes as a policy aiming at ethnic cleansing our people and the other peoples whom they despise.

In the past decade of tribal warfare, our People did not take part in favour of any one of the warring parties. We have always invoked the omnipotent God for peace and stability. Our Prophet in a Hadith says: "*The invocation and the prayer of the oppressed are definitely answered by God.*" Somalia today is like a factory working in its full capacity but with no production. It really is amazing!

The Somali politicians and their intellectuals, since the collapse of the Somali State, used in vain to convene in conference after conference for reconciliation seeming to be like someone who pours water in a container without a bottom. Their efforts are frustrated and suffer failures because they are missing a vital element: Justice. *"The punishment of the afterlife is more severe if they know."*

The Sultanate of Geledi

Virginia Luling

In this article, I shall explain briefly how I came to write the book 'Somali Sultanate' about the Geledi and Wadan of Afgooye, and what sort of contribution I hope this book makes to study of Somali culture and history.

An Odd Relationship

A book like this emerges out of an odd relationship between a researcher and the people she/he studies – 'my people' as anthropologists say. There can be effects on both sides, and it is often lifelong, as it has been with me. It also, I believe, imposes its obligations. Yet this relationship is chosen by only one of the parties. When I arrived in Afgooye in 1966, I had not been invited, and nobody had asked the people whether they wanted to be researched. Looking back, I have qualms about this, but I had none at the time.

I had always wanted to experience societies other than my own, and I thought I was making my contribution, however small, to the human race's understanding of itself (I still hope so).

My choice of the place had happened the year before, in 1965, when I –then a graduate student- got a letter from my then supervisor, I.M (not yet professor) Lewis, who was in Somalia. He described the town he had just visited, with its peculiar tradition of an annual 'stick fight' and he suggested that to investigate the background to this would make a good research project for me. So I arrived in Afgooye,and in the circumstances, I think the community treated this odd foreign girl very well. The people I stayed with accepted the idea that I was 'writing a book' and clearly felt that they were worth writing about. Neither they nor I expected the book would take quite so long to come into existence.

Over the next thirty-six years, the project of writing it continued, stopped entirely for many years, started again, grew, and affected my life and that of others. After my original research in the late 1960s, I returned to Afgooye in 1980, and again in 1989.

The strangest of my visits was in 1996, when for two days only I was able to drive out from a half-ruined Muqdisho, in a vehicle guarded by young men with AK 47s, to a dreamlike encounter with the people I had known in such very different circumstances in earlier years.

Meanwhile, though it is now difficult for me to go to Afgooye, Afgooye has come to me. The relationship that I spoke of above between an anthropologist and the people he or she writes about is not what it once was. Formerly, one went and studied people on the other side of the world, and then came back to ones own country and wrote about them, leaving them there. Now they are 'over here' in large numbers: the Somali population of Britain includes many people from Afgooye, most of whom I know personally.

I am involved in Somali life here in many ways: by writing 'expert' reports on Somali asylum seekers whose identity has been questioned by the British authorities, by answering questions and appeals for help of different kinds, and by simply meeting people socially, sharing meals and news.

There is no neat line between 'research' and just life. In this process, my research has broadened to include other Digil and Mirifle clans and the people who are now called 'Benadri'.

The Legacy of Benadir People

Lee V. Cassanelli
Director, African Studies Center, University of Pennsylvania, Philadelphia, Pennsylvania

Dear Friends,

I send you my warmest greetings and best wishes for a successful conference. I regret that I was not able, for personal reasons, to accept your kind invitation to attend this most important gathering. However, I am with you in spirit, and I wish you well as you discuss the past, present, and future of the Benadir community, both in the Horn of Africa and abroad.

For over twenty years I have studied the history of the Banadir region, and have learned a great deal about the traditions of its many communities. Of these, I just want briefly to mention three issues that I believe can contribute to the difficult task of rebuilding Somalia, and help to restore peace and a sense of pride for all Somalis.

First is the legacy of literacy and learning. For centuries, the Banadir towns were reknowned for their "dugsiyo" and "madrasado". The inhabitants placed a high value on literacy, and a high percentage of young people were taught to read and write Arabic. Today, the Banadir community abroad continues to value learning, and it could take a leading role in promoting education for all Somalis.

Banadiris ought to lobby governments in the countries where they currently reside to target foreign assistance to help provide new schools, teachers, and books for Somalia. This is the best way to ensure that young Somalis will acquire the knowledge and skills to be productive citizens in the future. With their long tradition of literacy and professional training, Banadiris can lead the effort to help prepare the next generation for leadership roles.

Banadiris also know the benefits of Islamic learning, and they should work to promote cooperation between moderate Islamic educators and Western secular educators to develop schools that will serve the needs of all Somalis.

Secondly, I know from my many years of research that the Banadir region has a rich and well documented history, preserved in manuscripts, in inscriptions, and in oral traditions. While, sadly, many of the old buildings, artifacts, and documents were destroyed or scattered during the civil war, there is still opportunity to collect and preserve some of the Banadir's valuable historical records.

The Banadir community could take a leading role in historical preservation, in the following ways:

1)- Young Somalis abroad can tape record the family histories, poetry, religious traditions, and folklore that their fathers, mothers, aunts and uncles remember.

2)- They can collect old photographs and documents that their parents have saved and establish an archive of Banadir history.

3)- And they can contact relatives still in the country and urge them to make every effort to preserve historical materials that still exist in the homeland. Every rebuilding nation needs to remember its past, and I am certain that the future generations will be grateful for the efforts that today's citizens make to preserve that past.

Finally, we all know that the cities and towns of the Banadir were reknowned historically for their cosmopolitan diversity. Peoples from many different countries and clans lived side by side, intermarrying and working together and resolving disputes through courts and councils that represented all of the citizens. I know the past decade has been a difficult time for Banadiris. Many of you have lost homes and businesses in Somalia, and are understandably bitter about the discrimination your communities have experienced.

However, I sincerely hope that in your efforts to assume an active role in the politics of reconstruction that you are able to avoid the narrow parochialism and partisanship that has done so much damage to Somalia over the past decade. The Banadir community can and should offer models of governance that reflect its long legacy of cooperation, consensus, and tolerance in public affairs.

To sum up, I believe that members of the Banadir community can play an important role in the rebuilding of Somalia. You have much to contribute in promoting literacy and learning, historical preservation, and models of good governance.

God willing, those efforts will bear fruit in the coming years. I pray for the success of your conference, and I look forward some day to returning to Mogadishu, Marka, and Baraawe, where I spent so many wonderful times as a young student and scholar..

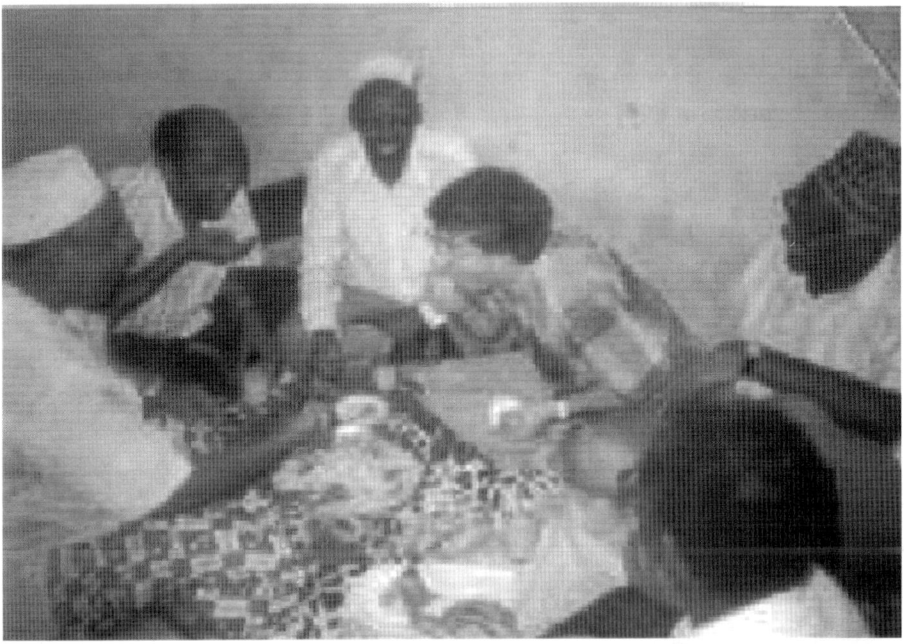

This photo shows Lee Cassenelli enjoying a Benadiri traditional meal with elders of the Benadiri people in Mombasa, Kenya in the early days of the Benadiri people's exodus.

This photo shows Dr Lee Cassenelli, from USA receiving a present from honourable Abukar Hamoud Soccoro, Former Chairman of the Benadiri's Peoples Party in recognition of his role in writing about the plight of Benadiri People in Somalia.

The Resolution and Recommendations of the 1st Worldwide Conference of the Benadir People

On the above questions, the sub-groups proposed the following proposals approved by the Conferees as the resolutions of the First Worldwide Conference of the people of Benadir:

The Case of The Benadir Refugees:

A) - With regard to the Benadir people seeking asylum abroad who have not been yet given the status of refugee, the Conference appeals to the countries where they sought refuge not to send them back to Somalia until that country gets a powerful, just and internationally recognised State.

B) -The Conference appeals also to the International humanitarian organisations to give distinctive and particular consideration to the people of Benadir internally displaced and suffering the distress inside Somalia.

C) - The Conference urges the Benadir Communities abroad and their organisations to play a more active role in order to draw the attention of the UNHCR and the host States of the Benadir People refugees towards the difficult situation of this people and the disaster and insecurity they are suffering inside Somalia.

D). -The Conference puts emphasis on the necessity for the people of Benadir abroad to get organised and share common effort to care for themselves, and the necessity for a censure concerning the number of their population in each host country as follows:

Statistic of people living in each host State.
Age and division in male and female.
Statistic of those given refugee status in each country and the number of those still awaiting recognition.
Statistic of children under school age.
Statistic of children attending schools.
Statistic of young people attending universities and education institutions.
Statistic of the manpower effectively occupied in active work and the type of work they are exercising.

Social Affairs:

A). –*Women and Children*

The Conference highlights the importance and sense of duty binding each member of the community to:

Instil into their children the spirit of education, work ethic for their future interest and the future of the people and Country.

Encourage the mothers to breastfeed their children and, orientate them towards the healthy sense of nutrition for their children.

Educate and bring up the children with the awareness of the just and orthodox Islamic spirit and the teaching of their motherland language.

Organise every three months meetings and parties through which mother and children get together and know each other.

Encourage children at home to speak their mother language in in order to not loose their identity.

Deepen in the family the conscience of family values and the sense of family coherence and association as part of the Benadir heritage.

Set up a Women's Association in each host country where the community enjoys the status of refugee. Call parents to their duty of enriching and developing their sense of link and attachment with their children so that they can form them to become righteous devotees to their religion, culture, education and good citizens in the countries where they live.

Encourage women to quit circumcising their female babies which is a bad habit inherited from the pharaoh ages.

Encourage girls to complete full education, as well as to encourage those married to continue their education.

Raise women conscience to avoid unnecessary expenses incurred in wedding or funeral ceremonies, and in purchasing unessential jewellery and clothing.

Encourage and strengthen the sense of duty between husband and wife and the importance of deepening their mutual understanding for the benefit of the future generations.

B) - *Health*

The Conference proposes the institution of health committee in each

city in the host countries for the purpose of:
.Raising up the health conscience among the families.
.Caring for the families and providing for the help they need.
.Assisting and providing for the translation services.
.Exploring and enquiring about the potential humanitarian associations
.operating in extending health assistance to families.
Endeavouring for deepening the community awareness against the contagious diseases.
.Putting the community in guard against the health perils of the "qaat".

C) – *Education*

With regard to the education, the Conference adopted the following guidelines:

-Parents should have a binding sense of duty to educate their children full school education, and to bring them up with the safe knowledge of the Islamic religion, and the mother language of their original country.

-For the children who, for any potential reason, do not speak the Arabic and the Somali languages should be supplied with Islamic books written in the language they speak.

-To support and deepen the sense of education for women, driven by the concept that mother is the foundation on which are founded societies and nations.

-To closely follow what our children are taught in their schools, and to endeavour to ward off children being subject to teachings inconsistent with the Islamic teachings.

-To encourage the students with school high achievements and good results through ceremonies and parties in their honour so that this stimulates others to follow suit

-To encourage and call upon the adults to learn the language of the host country where they live.

D) – *The Culture*

As to the tradition and culture, the Conference underlines and calls upon the Benadir people:

.To revive the traditional spirit of respect to the elders, and the social

role they had in the society in resolving differences and securing peace and order.
.To organise Elder meetings so they can independently discuss and deliberate on the potential problems that may arise among the community.
.To separate the role played by the politicians from that of the traditional elders, and to make clear the duty of each party of them to keep to its distinct role.
.To hold on to the peculiar tradition and custom of our community.
.To restore and regenerate in the Somali society the spirit of the struggle against the hateful fratricidal wars.

– *Economy and Environment*

A- Economy

With regard to the economy, the Conference invites the Benadir people
.To encourage young people to consider the importance of commerce.
.To establish a Benadirian joint-stock company with diversified activities and owned by the community.
.To encourage young people to disengage themselves from the social income support in the host countries, and to become self-sufficient people through hard work ethic and to strive for a better future.
.To urge the young people to join the industrial and craftsmanship institutions in order to become specialised professionals.
.To establish holding company to finance the commercial and industrial initiatives of the Benadir community.
.To establish a financial and economic fund in each host country to see for the common interest of the community.
.To establish a Data Base Survey concerning the Benadir People skills: tailoring, traditional weaving, sewing of the traditional Bravani hats, skin and hide works, traditional confectionaries and sweets; and to organise training courses for those skills. It is important to get bodies .to support the marketing of the products of such skills.

B) – Environment

The Conference expresses concern about the recent practices in Somalia and particularly in some areas such as Brava and around by which are worked havoc on the environment. Therefore, the Conference calls for:

Steps to urgently put an end to the destruction and burning of the woods around Brava and elsewhere carried out by greedy businessmen who run charcoal export trade. The Conference condemns those activities as criminal acts that bring about destruction of the concerned areas.

To promptly stop the dumping of toxic waste in both the offshore and inland of Somalia perpetuated by some industrial foreign companies in connection with some opportunist Somali parties. The Conference underlines the perils of those activities at the harm of the human and animal lives on land and marines.

4 – Rights of the Minorities

The Conference stresses its condemnation to the commonplace practice of abuse against the Rights of the Minorities in Somalia, and calls for:

- The establishment of a Human Rights Committee to investigate the situation of the minorities in Somalia, and to report on the findings about violation of their fundamental right of existence and properties. The committee to record and collect the necessary documentation concerning real estates and moveable properties owned by the minorities and usurped by the tribal gangs. The committee to report also on the acts of killings, rape, terrorism and expulsion suffered by the Benadir Communities.
- A movement to awaken the international organisations for the human rights to the problems of the minorities in Somalia.
- A movement to avail of the competent experts in the field of human rights, whether foreign people or Somalis, to investigate and study the human rights crisis in Somalia.
- Measures to awaken the UNESCO and other international organisations, operating in protecting and conserving the historical places and monuments considered as human heritage, to the destruction and demolition suffered by the historical places belonging to the Benadir People in Somalia.
- Full support to the United Nations Declaration on the Human

Rights of the Minorities, and to consider it as way and base for peace and stability in the world.

- Enforcement of the spirit of the Declaration concerning to the Human Rights for the Minorities in the profile that it will be helpful to avert the tribal conflicts and promote peace and stability among the different social sectors and tribal division in the Country. For such enforcement it is necessary and important a permanent and continuous oversight.
- The publication and broadcasting of the ordeals suffered by the Benadir people perpetuated in such ways as killings, rapes, lootings and plunder, and to get the competent international organisations to know about them.

5 – ***The Occupied Territories of Benadir People***

The Conference underlines that the historical homeland of the people of Benadir is recognised. All the historical documentation and studies of this part of the world, and in this regard puts emphasis on the following concept of rights:

- The homeland of the people of Benadir is historically well-known, stretching out from Warsheikh down to Ras Kiamboni on the coastal strip of Somalia.
- The national unity of the people of Benadir is a historical realty that cannot be subject to any controversial construction as it means also for the case of their political right and struggle to an active role in shaping their future within the future of a Somali State.
- The necessity for the establishment of a body in charge of collecting the historical documentation of the people of Benadir.
- The necessity for a body in charge of protecting the Benadir people still in Somalia, and to prevent the perpetuated violation of their rights and properties.
- All differences among the people of Benadir to be settled through the traditional and customary way of justice.
- To establish a Benadirian Radio Station to broadcast news and information pertaining to the Benadir people.
- To recognise the website www.Markacaddey. com as a national

website to the people of Benadir.

6 – The Benadir Identity

The Conference calls upon the people of Benadir to be proud of their peculiar historical traditions and boast their history that runs back deep into the centuries. In the same time they are called upon to be proud of being part of the Somali People, provided their aspirations for homeland and equality with the other regions are respected. Accordingly, the Conference puts in evidence the following historical facts:

- The coastal strip of Somalia, between Warsheikh and down to Ras Kiamboni, had been always and throughout the centuries an entity distinct from the rest of Somalia in history and cultural background. Its people's origin dates back to Arab and Persian forebears who happened to settle in this part of the world for centuries deep in remote past.
- For their distinct features and colours and for their cultural bearings, the people of Benadir had always been given distinctive recognition by the foreign powers that came to govern Somalia.
- Those powers recognised their peculiarity and extended to them the protection and consideration they deserved.
- The Benadir People rejects the recent demographic changes brought about by the urbanisation and phenomenon of exodus of the nomadic people in search of the urban life. This cannot be an excuse to deprive the people of Benadir of the right to determine the future of their historical homeland and that of their future generation.
- The Benadir People are known to be different from the rest of the nomadic people of Somalia for their peaceful, hard work and co-existence character.
- The Benadir People's civilisation and sense of love for neighbours is deep rooted, a quality that is less noted in the other tribal population of Somalia.
- The Benadir people have deep sense of rejection to any outside interference into their community affairs, and are very proud of

finding settlement to their problems within the community, in order not to give room for outsider interference into their affairs.

- The Benadir People repudiate injustice and all the other acts attributed to un-enlightenment such as plundering, looting, raping and killing of innocent people which are commonplace elsewhere in this part of the world. This is due to a sense of responsibility towards education and tradition sponsored by the family in the Benadir Community.
- Work ethic is part of the tradition of the people of Benadir. Here one finds the reason for their dedication to commerce, craftsmanship and sense of self-employment.
- The criminal acts of looting or raping is an act of shame in the Benadir Community, whereas such acts are considered heroic acts elsewhere in this part of the world where differences are settled by force and not by peaceful means as our community does.
- The Benadir People do not believe in the fanatic tribal divisions, and the family is the foundation upon which the community is set up.

7 – *The Benadir Leadership*

- The Conference, driven by sense of love for unity, calls upon the Benadir People:
- To strengthen the unity of the Community. Unity is the backbone of the Benadir People's struggle for existence. It is peremptory to share common drive and effort to tackle all odds.
- To consider the leader and chose him on religion and personal qualities such deep belief in God, wisdom, firm belief in the cause of the Benadir People. He should have profound knowledge of the political situation in Somalia; have ability of dealing with the complex political odds in the country.
- To prepare, within a one year period to call for a second worldwide conference to be convened in Holland. To prepare also for the expenses for the convocation of the second conference. Expenses to be contributed by all the communities of Benadir living abroad. In this regard a preliminary meeting will be held in Switzerland.

- With the U.K Council of the community and that of Holland are entrusted to prepare for the Second Worldwide Conference of the People of Benadir.

8 – The Pan Benadirism

In view of the present political situation in Somalia, it is pressing to sponsor a political alliance with the parties that share the people of Benadir geographical neighbourhood and particular relation, in a way consistent with the realities. This approach will take a good span of time and should have always in profile the interest and principle of the Benadir Community.

9 – Rights for Self-Determination

A– Reconciliation and Unification of the Community

- When sharing power of representative at the Somali National Reconciliation Conference in Djibouti, the organisers defined the people of Benadir as "OTHERS", a term by which the conferees intended to deny to this highbred and ancient people and deep rooted in his homeland, the right for full say on his future. The Conference condemns that attitude and rejects to define the people of Benadir as not being an essential part in the process of the Somali national reconciliation. Is this attitude of the Djibouti conferees due to the fact that peaceful people of Benadir are not an armed and one of the warring factions? The Conference calls upon the people of Somali Nation to correct that unjust definition intended to scorn the people of Benadir, and demands rehabilitation and an apology.
- In Somalia a lot of blood was shed, a mass of people died and many inhabitants were forced out of their national habitat and homes. To avoid more bloodshed and destruction, the Conference calls upon the Provisory Government and the armed and non-armed opposition to an urgent dialogue to achieve lasting peace.
- Justice is an essential precondition to peace and progress for every country. Want of justice, greed and favouritism brought about the nowadays tragedy suffered by the Somali people, and the havoc wrought on private properties and public infrastructure. Therefore,

and on the light of the nowadays tragedy suffered by the Country, the Conference calls for a State that reflects a just devolution of powers and recognises the right for self-governing to the minority homelands.

- The Conference calls upon the Benadir Communities abroad to establish permanent committees in their respective host countries with the prospect of promoting their conditions and at the aim of sharing effort with the other Benadir committees established elsewhere abroad.
- The Conference calls upon the Benadir Communities to establish a main central body to represent all the Benadir Committees established throughout the world.
- The Conference calls upon the people of Benadir to be rational and aware when choosing their leadership who should be equal to the responsibility of uniting the people.
- With dismay and pain, the Conference notes that the people of Benadir are nowadays loose and politically disconnected and disunited. This disunity brought about the weakness of their political performance and organisation, the S.N.U. Therefore, the Conference calls upon the Elders, Religious leaders and the Intellectuals of the people of Benadir to promote process of reconciliation of the divided politicians, and there-after to call for a national congress.
- The Conference in this regard proposes the congress to be convened inside the country, if possible, otherwise in another appropriate place abroad, and to be attended by all the social sectors of the people of Benadir headed by their Elders, Religious leaders and Intellectuals. The congress should revive the national spirit of the people of Benadir and elect a united political front capable of leading the People of Benadir to their national aspirations and towards the motto: "One Benadir People, one national cause and one indivisible national homelands.
- The Conference calls upon the people of Benadir to sincerely endeavour to the establishment of a central political organisation that can boast to be the expression of the people of Benadir

aspirations and their struggle for autonomy within the Somali nation.

B – *Charter og the Provisory Somali State:*
Para 6 of the article 1 of the Provisory Somali State Charter, approved in Arta Conference of Djibouti, stipulates:
"The capital of the Somali Republic is Mogadishu, which will have a special order of administration".

The above paragraph gives a clear picture of the concept common to all the armed Somali factions in every Somali National Reconciliation Conference. This underlines the principle that Mogadishu belongs to all the Somali people and not to any particular party.

In the meantime the paragraphs 1 and 2 of the article 32 of the Charter, the Arta conferees passed a Regional Autonomy order by which the armed tribal parties can run the Regions to which they belong for tribal considerations. The same status has been given to their County towns.

This set-up favours those strong tribal factions and gives them the privilege of being autonomous in running their respective County Towns, and the right to share the administration of Mogadishu with its people of origin. In this context of sharing right of running Mogadishu for all the Somali parties, yet the original people of Mogadishu still become victim and side elbowed.

The First Worldwide Conference of the People of Benadir labels this set-up unjust to the people of Benadir. It is tantamount to an act of forcing the People of Benadir to share their habitat of origin with all the Somali tribal factions, unless the Charter is modified to establish that all the Somali people share the right to run the administration of all the County Towns of the other Regions. This will imply amendment of the Charter's paragraph 6 to reflect the right of all the Somali people to have a say in the administration of all the 18 County Towns including Mogadishu, as well as the right to stand for election for all the Somali citizens.

The First Worldwide Conference of the people of Benadir considers an act of injustice to force this provision on the original population of Mogadishu, unless the rule is extended to all the other County Towns.

Mogadishu, and the areas around, as well as Merca, Brava, Afgoi and the areas around are regions belonging to the people of Benadir.

Logic requires a profile of justice when casting foundation for a peaceful power sharing for the people of Somalia and for demarcating the autonomous regions. Peace requires recognition of right to be based on justice, not on armed force considerations.

10 – Worldwide Organisation for the People of Benadir

No people in the world can grope its way to progress and prosperity without clear futuristic plans. This can happen only through a strong central body that sets the foundation for those plans. Therefore, the Conference calls for the establishment of a worldwide organisation for the people of Benadir to lead the community towards meeting the challenges of the 21st century, and with the following objectives:

- To strive for a recognition to the right of the people of Benadir to run his own homeland of origin.
- To establish strong links with the International Organisations and Non-Governmental Organisations for the purpose of summoning support for the people of Benadir.
- To create financial and economic resources to the struggle of the people of Benadir towards recovering their rights.
- To create the necessary institutions for research and studies concerning the history and culture of the people of Benadir, and keep the pertaining records.
- To become factor and centre for all the assistance and help extended to the people of Benadir inside Somalia and abroad.
- To work out cultural and educational programmes and to promote campaigns at the competent authorities abroad at the aim of getting scholarship for the young people of the community.
- To speak for the people of Benadir and sponsor their cause and progress.

The Benadir Question Within the Somali Nation and Worldwide

Dr Ahmed Sharif Abbas, PhD

Press Release

Dear Honorable guests, Excellencies, ladies and gentlemen,

I am honored and privileged to welcome you all on this occasion and extend to you our warm greetings and hospitality. On behalf of the Somali Benadir Community, I would like to take this opportunity to thank you very much for accepting our invitation to attend in the Press Conference which we have organized because of the First International Benadir Conference, being held in London, since 8th of September 2001 which still continues and as a result, I would like to take this chance to brief you the reason of the Conference and our position. The authorities of the Government of the United Kingdom, have facilitated and collaborated efficiently with us in holding of the conference of which we are very thankful.

Our greetings to you for gathering here today to review with us the tragic situation our people and our country are living for more than an entire decade. A country that lacks law and order, in which all constitutional bodies, public utilities and social services have collapsed. A country whose good citizens live in a permanent state of terror and fear, where every one of the peaceful people of the Benadir Community is not certain whether the marauding tribal gangs and factions would spare his life for the following day.

Dear brothers and guests,

On behalf of the Benadir Communities abroad, we send our greetings and good wishes to that ill-fated beloved country whose perfumed soil and the sweet breath of its air we missed for so long time.

Overseas, beyond the continents and around the world are scattered thousands of our Benadir people. They experience the bitterness of forcibly being detached from their natural environment, from their lands, homes and homes of their ancestors. We send to them our greetings, consolation and moral support. We say to them: don't forget your roots and homes. Be proud of your peculiar historical and cultural character within the broad Somali Nation. Fight for your right to return and live in peace and freedom in the land where your ancestors created, in centuries of hard struggle, stronghold of civilization in that part of the Somali Country.

We say to them develop friendship, brotherhood and co-existence with the noble peoples and nations who extended to you generous hospitality and accepted you within the frame of their social life. Bring up your children to love these countries and tell them to share the peoples of these nations their drive for better life and social harmony.

Dear guests,

Inside Somalia there are brave men of our Benadir people who, with their families, defied all sorts of hardship and lived widespread killings, looting and havoc wrought on their properties by bandits and tribal factions. Those brave men of our people suffered all sorts of humiliation, yet they stayed attached to their homes and land of their ancestors. We greet those brave men and hail their courage. We say to them the light will soon loom on the other side of the dark tunnel in which they live.

The Benadir Communities abroad and from inside are meeting today in this solemn gathering thanks to the noble and generous assistance extended to them by countries rich with traditions of human values and noble principles. In this regard, we greet the peoples of Great Britain, Holland, Denmark, Sweden, Norway, Germany,

Finland, Switzerland, Belgium, France and Italy.

Dear guests,

The United States of America, Canada, Australia and New Zealand also shared the effort of giving shelter and security to our Benadir people in their countries. This human assistance given by them to our people will surely be recorded in the annals of our people's history. Every one of the future generations of our people will be indebted to remember this historical debt.

In a great flight, our people left behind his lands and properties, desperately in search of security and peace elsewhere around the world. Battered and lost, they could get refuge and security in the above countries. The United States of America endeavored even to arrange airlifting to the stranded Benadir people from refugee camps in neighboring African countries, recognizing the catastrophic impact of the Somali tragedy in particular way on the peaceful People of Benadir, which not only provided for airlifting our refugees to their country, better still they granted them the status of P1 immigrants rarely given by the United State to other immigrants.

Our people express deep gratitude to those countries and to the other countries in Africa and Asia that transitionally have endured the burden of being transit countries for our great escape. In some of these countries our people have enjoyed friendly support, and in others we have suffered abuse and psychological tortures. To these countries without distinction, we extend our thanks and wish them not to replicate the tragedy lived by Somalia in their territories.

Dear Guests,

We pay tribute and praise to the big number of intellectuals, artists, writers, press men, humanitarian institutions, welfare associations and non-governmental organizations who played crucial role in supporting and summoning support to our case. Their active role could give picture of the immensity of our tragedy. There were even poets and writers from Europe and the United States who paid visits to the refugee camps in Kenya and had contributed to stir emotion in the above-mentioned countries to get their active involvement. To all these personalities and legal bodies we say thanks, your deeds will remain immortal in mankind history.

In this document we are not dealing with the history of Benadir and that of its people. However, it is important to give hereby a concise historical background of this industrious and hardworking people and a profile of the areas where the Benadir people lived for centuries as their home land.

The word "Bandar" is a Persian word meaning "city". Its plural in Persian is "Banadir". Centuries before the Europeans discovered America, our people had founded commercial and trade centers on the coastal strip of Somalia from Mogadishu down south to the Kenyan frontiers. These centers, in the course of centuries, developed into big commercial cities such as *Mogadishu, Afgoye, Audhegle and their surroundings, Gesira, Gendershe, Merca, Brava, Gobwein and Kisimayo.* Some of these cities had and still have demographic extension towards the inland in some part. The demographic extension of other centers embraced all the islands of Bagiuni in the southern part off the Somali coast, such as Jula and Javai.

Dear Guests,

Except some center in the Gulf of Aden, the rest of Somalia could contact the external world thanks to these cities of Benadir, developed by our people since the Somali people in the main inland were mostly dedicated to the pastoral life. Hence the historical importance of those commercial cities, which became known as Benadir and its rainbow nation as Benadirians, which means "city dwellers". We say rainbow nation, because our people are made up of different immigrant people from Asia, Middle East, and Africa. It is an immigration that took place throughout centuries that run back to more than one thousand of years. This is due to the fact that the Somali coast, long about three thousands of kilometers on the Indian Ocean, was maritime staging point to the international navigation and world trade. Those peoples coexisted peacefully and throughout centuries melted in one melting pot of a nation of traders, craftsmen, jurisprudents, seafarers and fishers. These cities were the outlet for the commercial exchange of the inland Somalia, mostly constituted of nomadic tribes. These centers became citadels of more developed people, where different people of different nations merge, interact and influence each other to create more advanced and civilized societies. Here, had taken roots state cities and grown people dedicated to hard work in commerce, industry and craftsmanship.

People dedicated to industries such as tanning, skin and hide works, and workmanship in textile, silver and gold. The textile, gold and silver works of our people are known today as being rich in art and beauty and always admired in most of the international fairs especially of Milan. Center of the Benadir cities States was Mogadishu, whose name derives from the Persian word "Maqad Ashah", that means the "Seat of the King".

Dear Guests,

The history of the people of Benadir runs back unbroken to thousands of years. In the recent history, as to start from the colonial era, we began to share our brothers of the main inland the new system or style of life in a united territory under the colonial powers. This brought about new ideals: nationalism, freedom and independence from the colonial powers under a Sovereign United Somali Nation. We shared these ideals with the rest of the Somali people, and the struggle towards achieving those national values. Members of our community were among the most prominent founders of the first political party to call for freedom and independence: The Somali Youth League, the Somali Youth Club and the Hamar Youth Club, the parties which led the Somali people towards unity, independence and Sovereignty.

The founders and an outstanding leaders and chairmen of those parties were Benadiris for a long time. The people of Benadir were leading the struggle of the newly established independent State to set up its administrative and judiciary organs, and its social services. We have shared with the other people of Somalia good and bad times and played a prominent role in the social life, in art, in commerce and in the drive of Somalia for progress.

Dear Guests,

Despite the fact that our right for equal opportunities, in political terms, with the rest of the Somali tribes was dwindling as time passed, yet our people endeavored to redress things by hard work in commerce and industry. We were elbowed aside by conflicting tribal power struggle in which our right in the Unitarian system was greatly suppressed. The ideals of nationalism and great democratic Somali Nation were giving room to cheap values of tribal antagonism and tribal power struggle. During the three decades that followed independence, we shared the rest of the Somali people relative peace and security.

Dear Guests,

Unfortunately that relative peace and security did not last long. In the dawn of an ominous historical day of January 1991, our peaceful people of Benadir awoke stunned in the middle of a tribal warfare. Our people found themselves in front of nomadic hordes coming wave after wave towards looting, raping, killing and working havoc on every infrastructure of civilization. Then followed the exodus of our people: the flight of stranded old people, women and children in long line to escape an unjustified genocide perpetuated by tribal factions and marauding gangs.

The lucky ones of people could reach refugee camps in Kenya, Ethiopia, Yemen and Eritrea to live an atmosphere of hardship and uncertainty. The more fortunate ones could reach, with their families, the longed for places of peace and security in Europe, Canada, the United States and Australia.

We do not dismiss that the tragedy in Somalia had affected all the Somali People. The tribal people who found themselves far from their tribal areas and in the midst of their tribal enemies also suffered looting, killing and rape in the hands of their rivals. Yet at the end of the day they had their own tribal regions to refuge to. The disaster for the people of Benadir was monstrous and unreasonable. The capital Mogadishu, which is also the natural habitat of the Benadir people, and their other cities, became field of contest for the warring tribal faction. We have been forced out of our natural homeland and given tearful lessons on tribal hatred and violence. We have been traumatized by those events and by the fact that so far tribal gangs occupy our properties and homes. The pain is more deep and touching for those still inside Somalia who cannot claim their properties for fear of being killed.

Dear Guests,

Despite all the disaster and injustice suffered by our people, still we say we are part of the fabric of the Somali Nation. Yet, in this tragic moment and in this solemn gathering, we claim the right for a regional autonomy in the land known in history as our natural habitat and homeland of our ancestors. We demand the restoration of our historical entity within the Somali nation.

This entity, that expresses itself in the historical monuments and buildings, throughout centuries, along the Somali coast, was shattered by the colonial advent. The colonial powers, driven by thinking of economic considerations and values strange to the reality, upset that entity as it happened also in many other regions in Asia and Africa. We claim our rights by peaceful means at our Somali brothers and will seek it with the help of the International Community.

We declare that any solution for the Somali crisis, which does not take into account of the cultural and historical peculiarity of the people of Benadir, will be tantamount to an unjust solution forced on our people. Such a solution will deprive our people the right to be safe from the bitter experience they have lived in the nowadays Somali tragedy. It will be an arbitrary verdict that will sentence them to live in a perpetual fear, insecurity and in definitive death.

Dear Guests,

The aspiration of the people of Benadir for a creative future, free from threat and fear, can be brought about only through a federal State. In such a federal State every Community or tribe within the Somali society will be given the right to run its tribal or community habitat within the broad Somali Nation. The people of Benadir, who once established civilized centers of illumination on the Indian Ocean banks of Somalia, can once more lead the federal State towards progressive drive.

The problem of the people of Benadir nowadays has three dimensions:

The problem of those who still remain in Somalia for love of attachment to their habitat.

The question of those who fled the country looking for safety and security abroad. The question of the political solution to the Benadir people claim for autonomy in the boundaries of their original areas, within the Somali State.

In the present state of chaotic instability and tribal warfare, the Somali People cannot reach the wanted national reconciliation. More than 2000 sub-clans are warring each other for hegemony and power. Pastoral character and life are involved and lack of national pride. Therefore, we say with absolute certainty that only through reconciliation, the Somali People can overcome the present situation.

Due to the present crisis, Somalia cannot take the great responsibility required to rehabilitate its social services, infrastructures and judiciary system alone without direct involvement of the United Nations and International Communities. It is a bitter and painful situation, but this is the reality.

With regard to the people of Benadir still in Somalia, we underline that their situation is very precarious in security and economic wise. They deserve the attention of the International Community for assistance and special consideration. Nearly all the relief assistance delivered during the past decade by the International Community went to the belligerent tribes, who are in the meantime the cause of the nowadays tragedy in Somalia. For this we request that emphasis be given to the needy Benadir People who are denied from these benefits and other unarmed communities.

We invite the World and the International Humanitarian Organizations to take into account the particular case of the people of Benadir under the profile of their status of being distinct in suffering the Somali tragedy. The International Community should devise a system to relieve those stranded people of Benadir who are subject of perpetual looting and live horrible situation of starvation. As to the question of the Benadir communities abroad, we express our thanks to the host countries. Yet we appeal for more consideration to the applications for asylum presented by our people under the profile of their particular case within the Somali tragedy.

We appeal to the E.C., the USA, Canada and all the other host countries to deal with their applications as quickly as possible. There are some of our people in the EC who await their applications processesions for more than four or three years. We appeal to the human sense of those generous host countries that already accepted them in their countries to help in reviewing the present way of processing.

Dear Guests,

As for the political solution for self-government to the People of Benadir, it is important to note that the trend within the Somali tribal people nowadays is for the federal State. In this context, the most rightful claim for such an arrangement is our People of Benadir. We are different from the other pastoral tribes in history and culture. The Benadir people had always, and throughout centuries, their peculiarity and enjoyed their political, social and juridical entity. The advent of the colonial era had deprived them of that sovereign entity.

Therefore, the people of Benadir appeal to the United Nations, the E C, the OAU, the Regional Organizations of Africa, the Arab League and the Islamic Conference, to help bring about the restoration of our right for self-administration in the regions of our historical habitat and within the broad Somali Nation. Besides, we request the above communities to provide and expedite the process of restoration of peace and stability on our beloved Somalia.

We also extend our appeal to our warring Somali brothers to realize the consequences of eleven years of fighting with no winners but losers. For this we recommend the replacement of the gun with the pen and tribalism with nationhood.

We here in London, initiated the First International Benadir Conference in which concrete proposals have been developed covering the socio-economic and political issues and the debate continues. In this regard, we request all present distinguished guests and the International Communities to support our new initiative as mentioned above.

PRESS RELEASE

Dr Ahmed Sharif Abbas, Chairman of the Organizing Committee addressing the audience of the proceedings of the First Worldwide Conference of the Benadiri People on the occasion of the Press Release organized for the foreign diplomats accredited to the United Kingdom (above) and part of the delegates of the Conference (below).

These photos (above and below) show part of the different delegates attending the meeting on the occasion of the Press Release.

These photos (above) show part of the delegates attending the meeting and the plenary (below) during the Press Release.

The photo (above and below) represent part of the plenary hall with the participants of the 1st Worldwide Conference of the Benadiri people in *London, September 2001.*

UNITED BENADIR COUNCIL, UK

To the Chairman of the Organising Committee,
2nd Worldwide Conference of Benadir People, Rotterdam, Holland

Subject: <u>Proposal of Proceedings for the 2nd Worldwide Conference</u>

After careful scrutiny of the proposed Memorandum, we decided to bring to the attention of the Organising Committee in Holland the following:

The Conference was attended by all the various community sectors representing intellectuals, professionals, businessmen, religious leaders, and youth and women organisations.

Exponents representing the community in Somalia, Africa, Asia, Australia, America and Europe also attended the conference. The conference convened with a nearly total representative number of 300 people.

Due to the security crises in which the community found itself in the aftermath of the collapse of the Somali State, and because of the tragedy of the community being scattered about in all over the world, it took a great deal of effort and time to prepare for the Conference.

The conference had the following objectives:

1. To get the Somali Benadir People representatives from abroad and from inside Somalia convene their first worldwide forum where they could revive their unity, review their situation, exchange views after so long time of want of such a gathering. The conference has the prospect that forum would strengthen their links and sense of cooperation and enable them to create coordinated effort at the aim of achieving the unity of their people inside Somalia and abroad, and foster their socio-political aspirations within the Somali Nation.

2. To create the right atmosphere and means of strengthening the brotherly relations and cooperation among the people of Benadir over

the world.

3. To confer and deliberate on the effective views and concepts to resolve and put an end to the political differences between the different political currents of the Benadir people.

4. To discuss and deliberate on working papers and lectures worked out by the community intellectuals, submitted to the Conference and dealing with the bitter situation lived by the Benadir community nowadays in and out Somalia.

5. To hear and review reports about how the people of Benadir are searching their way for progress and development in the countries they sought refuge from.

6. To discuss and look for the means and ways of achieving recognition to the just cause of the people of Benadir.

7. To awaken and strength the conscience of the Benadir communities now living abroad towards assuming an active role in supporting their ill-fated people inside Somalia and those still living in refugee camps in countries neighbouring Somalia.

8. To advise and think up about strategies and visions helpful to overcome and tackle the nowadays socio-economic problems and hardship suffered by the people of Benadir.

9. To work out a well elaborated programme steered towards protecting and safeguarding the future of the people of Benadir and their aspirations.

10. To set up worldwide committees entitled to deal with and resolve any potential problem that could be faced by the people of Benadir, and to defend their rights

The Conference heard lectures presented by competent readers who based their lectures on profound and well-founded studies, at the end of which the Conference set up ten sub-groups to debate and submit proposals on the following items:

1. The case of the Benadir refugees.
2. The social affairs: (health, education, women, children and cul ture).
3. The economic and environment affairs.
4. The case of the human rights of the minorities in Somalia.
5. The question of the Benadir people and their natural home land under occupation.
6. The identity of the Benadir people.
7. The leadership of the Benadir people.
8. The Pan-Benadirism
9. Self-determination for the Benadir people.
10. Worldwide Organisation for the people of Benadir.

On the above questions, the sub-groups proposed the following proposals approved by the conferees as the resolutions of the First Worldwide Conference of the People of Benadir:

1. <u>THE CASE OF THE BENADIR REFUGEES</u>:

A) - With regard to the Benadir people seeking asylum abroad who have not yet been given the status of refugee, the conference appeals to the countries where they sought refuge not to send them back to Somalia until that country gets a powerful, just and internationally recognised State.

B) -The conference appeals also to the International humanitarian organisations to give distinctive and particular consideration to the people of Benadir internally displaced and suffering the distress inside Somalia.

C) - The conference urges the Benadir communities abroad and their organisations to play a more active role in order to draw the attention of the UNHCR and the host States of the Benadir refugees towards the difficult situation of these people and the disaster and insecurity they are suffering inside Somalia.

D) - The conference puts emphasis on the necessity for the people of Benadir abroad to get organised and share common effort to care for themselves, and the necessity for a censure concerning the number of their population in each host country as follows:

- Statistic of people living in each host state.
- Age and division in male and female.
- Statistic of those given refugee status in each country and the number of those still awaiting recognition.
- Statistic of children under school age.
- Statistic of children attending schools.
- Statistic of young people attending universities and education institutions.
- Statistic of the manpower effectively occupied in active work and the type of work they are exercising.

2. SOCIAL AFFAIRS:

A). -WOMEN AND CHILDREN

The Conference highlighted the importance and sense of duty binding each member of the community (twelve recommendations).

B) - HEALTH:

The conference proposes the institution of a health committee in each city in the host countries for the purpose of raising health conscience among families.(six proposals).

C) – EDUCATION

With regard to education, the Conference adopted six guidelines.

D) – THE CULTURE

As to the tradition and culture, the Conference underlined and called upon the Benadir people to revive the traditional spirit of respect to the elders, and the social role they had in the society in resolving differences and securing peace and order. (five recommendations).

3. – ECONOMY AND ENVIRONMENT

A) - ECONOMY

With regards to the economy, the conference invited the Benadir people to encourage young people to consider the importance of commerce and self reliance. (six proposals to improve their economic status).

B) – <u>ENVIRONMENT</u>

The conference expresses concern about the recent practices in Somalia particularly in areas such as Brava and surrounding areas where havoc is caused to the environment. Therefore, the conference called for an end to the destruction and burning of the woods within the Benadir regions and the dumping of toxic waste in both the offshore and inland of Somalia perpetuated by some industrial foreign companies in connection with some opportunists Somali parties.

4 – <u>RIGHTS OF THE MINORITIES</u>

The conference stressed its condemnation to the commonplace practice of abuse against the rights of the minorities in Somalia, and called for the establishment of a Human Rights Committee to investigate the situation of the minorities in Somalia and to report on the findings about violation of their fundamental right of existence and properties.(six additional proposals and recommendations).

5 – <u>THE OCCUPIED TERRITORIES OF BENADIR</u>

The conference underlined that the historical homeland of the people of Benadir are to be recognised based on the existing of historical documentations and studies of this part of the world. (seven paragraphs on the issue).

6 – <u>THE BENADIR IDENTITY</u>

The conference called upon the people of Benadir to be proud of their peculiar historical traditions and boast their history which runs back deep into the centuries. In the same time they were called upon to be proud of being part of the Somali people, provided their aspirations for homeland and equality with the other regions are respected. Accordingly, the conference put in evidence of historical facts that the coastal strip of Somalia, between Warsheikh and down to Ras Kiamboni had always been and throughout the centuries an entity distinct from the rest of Somalia in history and a cultural background elaborating this further. (eleven additional convincing paragraphs).

7 – THE BENADIR LEADERSHIP

The conference, driven by a sense of love for unity, called upon the Benadir people to strengthen the unity of the community and considered four ways in tackling the matter in its prospective.

8 – THE PAN BENADIRISM

In view of the present political situation in Somalia, it is pressing to sponsor a political alliance with the parties that share the people of Benadir geographical neighbourhood and particular relation, in a way consistent with the realities. It has been recognised that the approach will take a good span of time and should always have in profile the interest and principle of the Benadir community.

9 – RIGHT FOR SELF-DETERMINATION

A – RECONCILIATION AND UNIFICATION OF THE COMMUNITY

When sharing power of representatives at the Somali National Reconciliation Conference in Djibouti, the organizers defined the People of Benadir as "OTHERS"; a term by which the conferees intended to deny to our people the right of full say on its future.

The conference condemned that attitude and rejected to define the people of Benadir as not being an essential part in the process of the Somali national reconciliation. This deliberation was substantiated with nine additional proposals.

B - CHARTER OF THE PROVISORY SOMALI STATE

Paragraph 6 of the article 1 of the Provisory Somali State Charter, approved in Arta Conference of Djibouti and the paragraph 1 and 2 of the article 32 of the Charter has been criticised and condemned. Sound and logical approaches were delineated and proposed in order to preserve the rights of our people.

10 – WORLDWIDE ORGANISATION FOR THE PEOPLE OF BENADIR

No people in the world can search its way to progress and prosperity without clear futuristic plans. This can happen only through a strong central body that sets the foundation for those plans. Therefore, the conference called for the establishment of a worldwide organisation for the people of Benadir to lead the community towards meeting the challenges of the 21st century, and with following objectives:

* To strive for a recognition to the right of the People of Benadir to run its own homeland of origin.
* To establish strong links with the International Organisations and Non-Government Organisations for the purpose of summoning support for the People of Benadir.
* To create financial and economic resources to the struggle of the People of Benadir towards recovering their rights.
* To create the necessary institutions for research and studies concerning the history and culture of the People of Benadir, and keep the pertaining records.
* To become factor and centre for all the assistance and help extended to the People of Benadir inside Somalia and abroad.
* To work out cultural and education programmes and to promote campaigns at the competent authorities abroad at the aim of ` getting scholarship for the young people of the community.
* To speak for the People of Benadir and sponsor their cause and progress.

It is important to note with satisfaction the way that the people of Benadir devoted their attention to the convocation and the works of the conference where more than 300 member delegates attended its meetings, all representing the community all over the world and all its social sectors.

These photos represent part of the delegates participating the First Worldwide Conference of Benadir people consisting of its religious fellows, intellectuals, politicians, artists, youth and elders, and members of the women organizations.

THE 2nd WORLDWIDE CONFERENCE OF THE BENADIR PEOPLE

Rotterdam 14 –16 September 2002

Ibrahim Moallin Mursal

Overview of the Conference

The organization of of the 2nd Worldwide Conference of the Benadir People in connection with the First Worldwide Conference held in London on 8-16 September 2001 is held in Holland. This yearly Conference by Benadiri People is aimed to keep contact as a family reunion ceremony and to feel nearer to each other in this period of great mayhem in the history of our people.

To whom is intended the Conference:

The Conference was planned for all the members of the Benadir Community in Holland and exponents representing the Benadir Communities scattered all over the world, due to the dissolution of the former State of Somalia, civil wars and give rise to the collapse of all government institutions. It was also intended for those innocent young people in order to give them live knowledge of their origin, tradition, culture and history.

The Objectives of the Conference:

· To create spirit of inter-Benadiri solidarity and mutual sentiments of preservation of self identity and heritage as an distinct entity with the framework of Somaliness.

· To create an appropriate organism capable of preventing the history, culture and Benadiri traditions from vanishing in the current tremendous chaos of the Somali mayhems.

· To encourage the Benadiri Diaspora to positively integrate and interact within the social framework in the countries where they have received generous acceptance, in term of participating with their expertise and professionalism in the process of the production.

· To create proper institutions for advocacy and defence of the rights of Benadiris concerning the human and political aspects in Somalia.

· To function as so much needed instrument to hold the Benadiri communities united, a bridge that links them all together as a hot line communication and to develop common policy direction that will determine all political and social activities of our people.

Subjects of the Conference:

The Conference delt with different subjects related to the Benadiri People's concerns, which are:

1. *Studies and Research*

a. Benadiri scholars and intellectuals have presented papers related to subjects of the Benadiri communities in the light of the crucial and endemic socio-cultural crises in which the community is intricated.

b. The papers that were presented by the authors were again discussed and commented within the sub-groups, and later were adopted as policy document of the community. Papers of the Benadiri history, literature, civilization, art and music were highly appreciated, although various authors have presented their essays orally. Focus on historical Benadiri prominent figures such as *Sheikh Uweys, Xaaji Maxammed Xussein, Sheikh Fakhruddiin* and others played a great role in stimulating the spirit of the young people and has encouraged them to face the difficulties with determination and pride.

2. *Social issues*

a. Benadiri community leaders read to the audience their overall reports of situations and activities where they operate and produced reliable information over the misdeeds perpetrated to the members of their communities in Somalia during the civil war. They spelled out the need for sending the files to the concerned international agencies such Human Rights and War Criminals Court. The community leaders expressed their readiness to implement the proceedings of the 1st[st] Worldwide Conference held in London UK.

b. In the social activities, a very crucial role was reserved to prominent and charismatic personalities of Benadiri people, who played a sensitive role (political and/or social) in unwarranted environment and volatile security situation in the last ten years personalities such as *Sheikh Abba, and the late Dr. Mohamed Rajis* were officially invited to address the audience in order to clear up the existing misunderstanding amongst the Benadir people.Unfortunately, due to precedent engagements, they were unable to attend.

3. *Heritage and culture*

- *Literature and cultural issues:*

a. During the conference activities, a consistent part was dedicated to Benadiri literature, music and arts. Well-known artist, singers, compositors and dancers exhibited their best performances.

b. Benadiri historians and critics shed light on the talented and famous personalities in Benadiri music and songs, such as the late composer (cant author) and singer *Awees Geedo, Dr. Raafi, Abuukar Xaaji Awes (Toto),Cabdulkadir Nureini, Cali Osman Darog, Maou Aw Dinle, Amin Xaji Ahmed, Suufi Cali, Axmed Cawad Rabsho, Caasha Cabdoow, Axmed Naaji Sacad, Faduma Qaasim*, the musician *Qaasim Hilowle, Nur Sheih Nureyn, Ma'low Nur,* and others.

c. The conference activities was rounded up with ceremonial musical performances.

- *Benadiri Handcrafts*:

d. In the Conference Hall there was a theatre of exhibitions of Benadiri handcrafts such as paintings, sculptures, Benadiri hand made textile (aliindi), goldsmith, beauty make up (cilaan saar, khaddaab, tima tidcid) and other Benadiri house holding decorations.

e. The exhibition of Benadiri culinary was also subject of great interest. Everyday Benadiri gastronomy experts provided at regional bases (Rotterdam, Den Haag, Tilburg, etc), the Benadiri dishes for the participants as part of a competition among the Benadiri communities in the different regions and districts.

The photo (above) is a group photo of the delegates attending the 2nd Worldwide Conference of the Benadiri people, held in Rotterdam, Holland in 2002. Members of the Organizing Committee of the Conference (below)

The Opening Speech for 2nd Worldwide Conference of the Benadir People

Aidarus Maow Haji

Brothers and Sisters, the Delegates of the Conference, Friends, the observers and the honourable guests, May Peace and the blessings of Allah be upon you. Speaking on behalf of the Somali Benadiri Community of the Netherlands, the Executive Committee of SBVN, and mine, it is an honour to us to welcome you to the opening ceremony of the 2nd International Conference of the Somali Benadir.

Friends, Brothers, Sisters

It is upon us to first of all remind ourselves that the holding of this Conference is in line with paragraphs 3 and 4 of section 7 of the First Worldwide Conference of Somali Benadir held in London, U.K. from 08 - 16 September, 2001. It would do good to praise on this occasion our brothers and sisters of the Somali Benadir Community of London who organised and held that First Worldwide Conference.

In truth our brothers have worked hard to awaken us on the ways of resolving the existing problems amidst us, on ways of realizing our unity and to establish a program and a political strategy based on an elite vision aimed at our future, concerning our role in any future formation of a broad-based government in Somalia where all the Somali clans participate on an even-level playing ground without coercion or muscle - flexing by the armed clans.

Brothers, Sisters and friends,

The world is aware that this Conference is taking place at a time when back home fighting is raging on, looting, killing, and denial of the rights of the Somali Benadir Community is a daily occurrence. On top of all these, distortions are being carried out daily on the history and historical settlements of the Somali Benadiri Community while on the other hand naked and brutal looting of their settlements and the destruction of all signs of their civilization is being carried out. It is common knowledge that the Somali Benadiri Community suffered heavily and are still suffering under the Somali clan conflicts, since they are peace loving and not armed.

The Benadiri Community believe that force on force will not resolve Somalia's problems. And that it would not bring about peace, stability, unity, and a functioning government. The International community and the international NGOs both confirm that the Benadiri Community were the worst hit by the Somali inter-clan wars and they at the same time do not believe that armed vengeance is the best way to settle scores. This should not be construed as if they have forfeited their rights, we believe an all inclusive dialogue, devoid of armed threats, held on a level playing ground without any one clan despising another, is what Somalia needs today. Only through such climate can the Somali Nationhood and government be revived.

Brothers, Sisters and friends,

The outcomes of the Somali Inter-clan conflicts were the Balkanization or appearanse in Somalia of small rival state governments. Although these state governments cannot serve as an answer to Somalia's multitudinous problems, however, at the moment this arrangement seems to provide some sort of stability in some areas, while satisfying the need of some clans to self-determination for their own localities. On the other hand it is important to mention how sacred it is for the Benadiri community to regain their historical settlements to which they have a right. As everyone is aware, all the peace conferences hitherto held to resolve Somalia's problems were doomed for failure for the following reasons:-

The proportion of representation of the Somali tribes or clans were not done on a justly or righteous basis. No provision was made in order to compensate or ask forgiveness from the wronged unarmed clans.

In all the peace conferences that were organized for Somalia priority was extended to the armed clans that destroyed Somalia, relegating the peace-loving un-armed clans to the back benches.

Most of the major clans attended these conferences with hidden agendas, they sub-divide themselves into groups or factions in order to usurp and get hold of the most share in the division of power. Because of the unjustness that takes place at these conferences when it comes to the sharing of power, it becomes ever more hard to resolve and find an ever lasting solution for Somalia's ails.

Brothers, Sisters and Friends,

We have in front of us the draft of a very comprehensive study put together by Somali Benadiri intellectuals. This comprehensive study discusses the problems of the Benadiri Community, the search for a solution to it and of course the solution will depend on the general Somali situation and the solutions that can be found for Somalia's problems.

It is beyond doubt, that your additions to these comprehensive draft studies will greatly contribute in the efforts towards resolving Somalia's problems. We, the Somali Benadiri people have neither offended any Somali clan nor looted property whether public or private or have committed any genocide. Therefore, we have much confidence in ourselves and believe that we can opt for the leadership of the Somali people, and lead them on the path of peace and a unification and legitimate government.

Brothers, Sisters and friends,

I am not prepared to tire you with verbal rhetoric, since you will read and receive more details from the drafts that will be brought before the Conference. I would however like to impress on you below the items or issues that we feel are important and necessary to be discussed at the Conference:

The restructuring and advancement of the political stature of the Benadiri Community so as to be able to take step with both the internal realities and the changes taking place globally.

To formulate and come up with a political strategy and a functional plan to afford us to regain our historical settlements and to stop the historical distortions that is currently being undertaken by some of the major clans. Since the Benadiri community oppose the inter clan fightings currently taking place in Somalia, this means that there is not any one Somali clan that has a grudge against the Somali Benadir Community, this is proof enough that the Benadiri people are not opportunists, therefore, it is imperative that our politicians and intellectuals come up with new creativity and political vision that can be a cure for the dangers Somalia is facing which is even more worse than those of the past years.

Brothers,Sisters and friends,

I would like to once more welcome the delegates and visitors. I wish you for the best and thank you for your participation. Allow me to extend on your behalf my deep thanks to the Government of the Netherlands for the hand they extended to the Somali people in general, and the Somali Benadiri Community in particular.

We would also in the same breath like to request the Government of the Netherlands to speed up in extending the few remaining members of the Benadiri Community who are still in the refugee camps official recognition. We would also like to extend our thanks to the committees, brothers and Sisters who gave their precious time and money in order to ensure the success of this Conference. And finally I hope this Conference will come-up with decisions that are fruitful and can contribute to resolving the disputes among the Benadiri People in particular, and the Somali People in general.

May peace and the blessings of Allah be upon you!

Report of the Chairman of The First Worldwide Benadir Community Conference, Held in London, The United Kingdom

Dr Ahmed Sharif Abbas, PhD

Rotterdam 14 September 2002

Brothers & Sisters, Respectable Friends,
Ladies and Gentlemen:

It is a great honour for me to speak in the name of the First Worldwide Benadir Community Conference, and on behalf of the United Benadir Community Council in the U.K., and to welcome you in this Second Session of our community's worldwide conference that we are here today to solemnly celebrate. This happens thanks to the praiseworthy efforts of our community here in the Netherlands who efficiently could organise this historic event in this beautiful and noble country. While greeting you all, I say thanks for this great realisation and effort.

It is important to note that our meeting here today is a continuation of the First Benadir Worldwide Conference held in London on September 2001 which could take place thanks to the resolutions previously adopted by a meeting of our Community Elders and Intellectuals in the United Kingdom on January 2001. The organisation of the First Benadir Conference took a long time and effort from its organisers. But, at the end, it was a successful achievement, and makes provision to a lot of aspirations.

The Conference had the following objectives:

1. To get the Somali Benadir People representatives from abroad and from inside Somalia convene their first worldwide forum where they could revive their unity, review their situation, exchange view after so long time of want of such a gathering. The conference has the prospect that forum would strengthen their links and sense of cooperation and enable them to create coordinated effort at the aim of achieving the unity of their people inside Somalia and abroad, and foster their socio-political aspirations within the Somali Nation.
2. To create the right atmosphere and means of strengthening the brotherly relations and cooperation among the People of Benadir over the world.
3. To confer and deliberate on the effective views and concepts to resolve and put an end to the political differences between the different political currents of the Benadir People.
4. To discuss and deliberate on working papers and lectures worked out by the community intellectuals, submitted to the Conference and dealing with the bitter situation lived by the Benadir community nowadays in and out Somalia.
5. To hear and review reports about how the People of Benadir are groping their way for progress and development in the countries they sought refuge.
6. To discuss and look for the means and ways of achieving recognition to the just cause of the People of Benadir.
7. To awaken and strength the conscience of the Benadir communities now living abroad towards assuming active role in supporting their ill-fated people inside Somalia and those still living in refugee camps in countries neighbouring Somalia.
8. To advise and think up about strategies and visions helpful to overcome and tackle the nowadays socio-economic problems and hardship suffered by the People of Benadir.
9. To work out a well elaborated programme steered towards protecting and safeguarding the future of the People of Benadir and their aspirations.

10. To set up worldwide committees entitled to deal with and resolve any potential problem that could be faced by the People of Benadir, and to defend their rights.

The Conference heard lectures presented by competent readers who based their lectures on profound and well-founded studies, at the end of which the Conference set up ten sub groups to debate and submit proposals on the following items:

1. *The case of the Benadir refuges.*
2. *The social affairs: (health, education, women, children and culture).*
3. *The economic and environment affairs.*
4. *The case of the human rights of the minorities in Somalia.*
5. *The question of the Benadir people and their natural homeland under occupation.*
6. *The identity of the Benadir People.*
7. *The leadership of the Benadir People.*
8. *The Pan-Benadirism*
9. *Self-determination for the Benadir People.*
10. *Worldwide Organisation for the People of Benadir.*

On the above questions, the sub-groups proposed the following proposals approved by the Conferees as the resolutions of the First Worldwide Conference of the People of Benadir:

1.The Case Of Benadir Refugees

A) - With regard to the Bendir people seeking asylum abroad who have not been yet given the status of refugee, the conference appeals to the countries where they sought refuge not to send them back to Somalia until that country gets a powerful, just and internationally recognised State.

B) -The Conference appeals also to the International humanitarian organisations to give distinctive and particular consideration the People of Benadir internally displaced and suffering the distress inside Somalia.

C) - The Conference urges the Benadir Communities abroad and their organisations to play more active role in order to drew the attention of the UNHCR and the host States of the Benadir People refugees towards the difficult situation of this people and the disaster and insecurity they are suffering inside Somalia.

D). - The Conference puts emphasis on the necessity for the People of Benadir abroad to get organised and share common effort to care for themselves, and the necessity for a censure concerning the number of their population in each host country as follows:

2. Social Affairs

A). –*Women and Children*

The Conference highlighted the importance and sense of duty binding each member of the community twelve recommendations.

B) - *Health*

The conference proposes the institution of health committee in each city in the host countries for the purpose of raising health conscience among families with six proposal.

C) – *Education*

With regard to the education, the Conference adopted six guidelines.

D) – *The Culture*

As to the tradition and culture, the Conference underlined and called upon the Benadir People to revive the traditional spirit of respect to the elders, and the social role they had in the society in resolving differences and securing peace and order with five recommendations.

3. Economy and Enviroment

A) - *Economy*

With regard to the economy, the conference invited the Benadir People to encourage young people to consider the importance of commerce and self reliance with additional six proposals to improve their economic status.

B) – *Enviroment*

The Conference expresses concern about the recent practices in Somalia and particularly in some areas such as Brava and around by which are worked havoc on the environment. Therefore, the Conference called for an end to the destruction and burning of the woods around within the Benadir regions and the dumping of toxic waste in both the offshore and inland of the Somalia perpetuated by some industrial foreign companies in connection with some opportunists Somali parties.

4. *Rights of the Minorities*

The Conference stressed its condemnation to the common place practice of abuse against the Rights of the Minorities in Somalia, and called for the establishment of a Human Rights Committee to investigate the situation of the minorities in Somalia and to report on the findings about violation of their fundamental right of existence and properties as well as other six additional proposals and recommendations.

5. *The Occupied Territories of Benadir*

The Conference underlined that the historical homeland of the People of Benadir is recognised as well as the historical documentation and studies of this part of the world, and in this regard put emphasis on the concept of rights highlighted with seven paragraphs on the issue.

6. *The Benadir Identity*

The conference called upon the People of Benadir to be proud of their peculiar historical traditions and boast their history that runs back deep into the centuries. In the same time they were called upon to be proud of being part of the Somali people, provided their aspirations for homeland and equality with the other regions are respected. Accordingly, the conference put in evidence historical facts that the coastal strip of Somalia, between Warsheikh and down to Ras Kiamboni had always been and throughout the centuries an entity distinct from the rest of Somalia in history and cultural background elaborating further with eleven additional convincing paragraphs.

7 – *The Benadir Leadership*

The conference, driven by sense of love for unity, called upon the Benadir People to strengthen the unity of the Community and considered four ways in tackling the matter in its prospective.

8 – *The Ban Benedirism*

In view of the present political situation in Somalia, it is pressing to sponsor a political alliance with the parties that share the People of Benadir geographical neighbourhood and particular relation, in a way consistent with the realities. It has been recognised that the approach will take a good span of time and should have always in profile the interest and principle of the Benadir Community.

9 – Right for Selfr-Determination

A – Reconciliation and Unification of The Community

When sharing power of representatives at the Somali National Reconciliation Conference in Djibouti, the organizers defined the People of Benadir as "OTHERS" term by which the conferees intended to deny to our people the right of full say on his future. The Conference condemned that attitude and rejected to define the People of Benadir as not being an essential part in the process of the Somali national reconciliation. This deliberation was substantiated with nime additional proposals.

B - Charter of the Provisory Somali State

Para 6 of the article 1 of the Provisory Somali State Charter, approved in Arta Conference of Djihouti and the para 1 and 2 of the article 32 of the Charter has been criticised and condemned. Sound and logical approaches were delineated and proposed in order to preserve the rights of our people.

10 . Worldwide Organisation for the People of Benadir

No people in the world can grope its way to progress and prosperity without clear futuristic plans. This can happen only through a strong central body that sets the foundation for those plans. Therefore, the Conference called for the establish ment of a worldwide organisation for the People of Benadir to lead the community towards meeting the challenges of the 21st century, and with following objectives:

- To strive for a recognition to the right of the People of Benadir to run his own homeland of origin.
- To establish strong links with the International Organisations and Non-Government Organisations for the purpose of summoning support for the People of Benadir.
- To create financial and economic resources to the struggle of the People of Benadir towards recovering their rights.
- To create the necessary institutions for research and studies concerning the history and culture of the People of Benadir, and

keep the pertaining records.

- To become factor and centre for all the assistance and help extended to the People of Benadir inside Somalia and abroad.
- To work out cultural and education programmes and to promote campaigns at the competent authorities abroad at the aim of getting scholarship for the young people of the community.
- To speak for the People of Benadir and sponsor their cause and progress.

It is important to note with satisfaction the way the People of Benadir devoted their attention to the convocation and the works of the conference where more than 300 member delegates attended its meetings, all representing the community all over the world and all its social sectors.

To achieve those aspirations, the Conference set an Action Plan attached to the present report and dispatched to all the Chairmen of the Benadir Communities who took part in the First Conference. Unfortunately it seems that the above plan of action could not be carried out as planned due to lack of response from those in charge to put it into effect, except for some proposals presented by the Communities in Italy and New Zealand.

Accordingly, the United Benadir Community Council in the U.K. advises to insure that the resolutions adopted in the First Conference in London being part of the resolutions that we are going to adopt in this Second Conference in Holland since those resolutions could not be carried out in due time.

In light of the experience acquired with regard to the implementation of the previous resolutions, and also to insure making the implementation of the present conference uncomplicated, our Council proposes the establishment of a General Secretariat in charge of the follow up of all the resolutions adopted by this conference and to run the worldwide responsibilities of the Benadir Community.

We also propose to make the chairmen of the existing Benadir Organisations worldwide as members of the General Secretariat, in cooperation with the eventual chairman of the Conference by rotation. A separate regulation now under formulation will deal with this matter.

It is well known that the Benadir Community lacks a unified political leadership and administration inside the country and abroad, which is cause of the present disorientation and division in factions inside the country, in a detriment to our communal and national aspirations. Therefore, we appeal to the Conference to place emphasis on the unity of our people and the necessity for a unified leadership capable of envisaging a clear socio-political plan to drive the Benadir People towards its national aspirations.

In order to bring about the unity of the people of Benadir, and to overcome the present state of political division, we propose and invite the Conference to act for the performance in this section of a radical profound discussion in this regard, and consequently adopt the appropriate measures. Here we come up with the following perspectives:

1. An objective and sincere discussion on the various aspects inherent to the problem of disunity.
2. To provide for a resolution involving the dispatch of message or a delegation to Somalia inviting the Benadir leaders inside the country to take note of the resolutions of the Conference pertaining to the unity topic, and conceived as follows:

- To convene the chairmen of all the existing Benadir organisations inside the country in a forum in which will take part representatives of the politicians, intellectuals, religious and socio-economic leaders, women and youth associations etc.
- Forum to establish one united organisation representing the People of Benadir all over the world, with a central Committee having as members the chairmen of the existing organisations, the intellectuals and the politicians of the people of Benadir, and chairmanship to be held by rotation and for one year by the chairmen of the existing organisations.
- The united organisation shall have a new constitution sanctioning the character of neutrality of the people of Benadir in the present situation of factional dispute of the Somali people. (Draft of the above constitution is now available).

3. To nominate the members of delegation to dispatch to the

country, with credential endorsed by the Conference, conferring with them the status of representing the Benadir Communities abroad.

4. Conference to appeal to the Somali National Conciliation Conference due to be held in Nairobi against the unjust practice so far pursued in pointing out to our community as insignificant minority group within the Somali context, ignoring the fact that our community has, as it had always, a great role in the socio-economic and civilisation drive of the Somali Nation. And to put forward our right for a just and deserved place in the Somali tribal division as we are not less than any other tribe, and are known to represent the Bahweynta Reer Benadir (Text of the appeal is attached and hope it will obtain your approval).

Before the nowadays Somali civil war, our Benadir people were known as being devoted to its unity and brotherhood emanating from a deep rooted spirit of civilised culture based on reciprocal respect, consideration and cooperation. Also deep rooted was the norm that any problem within any clan of the Benadir people was resolved by the clan elders and leaders, and by custom leaders who were divided for their competence in politics and social affairs.

But unfortunately, the Somali civil war that wrought havoc on our country left on our Benadir community cultural and political confusion and disorientation, and brought about a sense of selfish struggle for leadership among the different clans. It is important to point out to the fact that our politician leaders strive to select and surround them selves with cronies who have no credit in their clans. There is also an umbrella for determined group of clans as a block of coalition with the concept of being one clan reflecting the cultural and political representation of our community, at the harm of the broad sense of unity. This very delicate and sensitive question should be included in our agenda, and to appoint a sub-committee to discuss and report on it.

It is very important to find solutions to the cultural and political confusion and disorientation plaguing our people of Benadir with concern and doubts, and to put emphasis on the responsibility of each individual towards our community whether he is a politician, elder, woman or young people.

Conclusion

Beside the importance of the above topics, I suggest to the establishment by the conference a workshop to discuss and report proposal with regard to the following committees:

1. Sub committee in charge of the implementation of the resolutions of the First Conference;
2. Sub committee to submit the proposals concerning the formalities and ways of establishing the General Secretariat;
3. Sub committee to propose on the modalities of selecting the personalities to appoint as members of the delegation to dispatch to Somalia and the pertaining financial burdens.
4. Sub committee to study and propose on solutions to the problems concerning the political and cultural responsibilities that got mixed up.

While concluding my report, I would like to avail of this opportunity to underline the deep sense of joy I feel as we attend today this Second Session of our Worldwide Conference. It will be a forum through which we meet again and review our problems and plan for the future together with all those we had the honour to meet during the first session and the eventual new ones present today.

This magic moment of the history of our people gives me the opportunity to express my deep sense of gratitude and thanks to our brothers of the Benadir Community in the Netherlands for this successful event that expresses our dedication and devotion for the unity of our people.

I avail of this occasion to express the profound sense of gratitude of the people of Benadir to the people of the Netherlands and to its government for so long giving support, care and shelter to the Benadir community who sought refuge in this noble and hospitable country.

I end my speech, looking forward for a successful outcome to our meeting, and victory to the just cause of the people of Benadir in their struggle for security, justice and stability in Somalia.

These photos (above and below) represent the delegates of the Benadiri people and delegates representing the Dutch Government in the Conference Hall during the plenary session of the 2nd Worldwide Conference, held in Rotterdam, Holland 2002.

These photos (above and below) represent the delegates of the Benadiri people, delegates representing the Dutch Government and United Kingdom in the Conference Hall during the plenary session of the 2nd Worldwide Conference, held in Rotterdam, Holland 2002.

Human Right Violations in Somalia With Respect to the Benadiri People

Dr. Mohamed Said Tabit

In the Name of God, the Beneficent, the Merciful.

Background of the Somali Crisis: The collapse of Barre's regime in January 1991 resulted in a power struggle and fights amongst the main Somali clans. The hostilities between the factions resulted in widespread death and destruction, forcing most of the population of Mogadishu and other main cities to flee their homes. The chaos and anarchy that followed led to attacks against the minority clans with widespread banditry and looting. Specifically, the Benadiri people, who settled in the coastal cities, were deliberately targeted with extra-judicial killings and arbitrary executions. Women and children were brutally killed or raped, and some were captured by militia groups and held for ransom before being released.

Benadiri Women: A persistent feature of the inter-clan conflict has been the rape and sexual abuse of Benadiri women by members of the militia and bandit raiders. Benadiri young girls were frequently captured and kept as hostages or forced into "marriages" to the members of the militia. These "marriages" effectively caused the girls and young women to become sex slaves of the bandit groups. Muslim religions as well as customary laws have always granted the prospective bride the right and option to refuse the marriage. These religious and customary rights were denied to these women and their families due to the minority status of their clans. In addition, homes and businesses belonging to Benadiri members were either occupied or destroyed and the contents were looted. People fled their homes to protect themselves and their families against further violence.

The Benadiri women suffered the most in the civil war. There were numerous reports of systemic rape and abduction of young girls by the gangs, as well as abduction of girls to serve as sexual slaves to the gang members. The communities of Hamar Weyn, Shingani, Shibis and Bravo were especially hard hit area by these killings and rapes. In this predominately Muslim country, there were reports that women were even raped inside the mosques where they had taken refuge. This is a violation of the sanctity that all Muslims have for the sacred role of the mosque in their lives and religious beliefs.

It is a sad irony that many people, including family members of the victims, who have witnessed these rapes, refuse to speak about it. The strong taboo in Benadiri culture towards discussing the sexual conduct of women has meant that sexual abuse and rapes are generally under reported. This is often a desire to protect both the woman and the family from the humiliation that accompanies a woman's sexual history and the family's inability to protect her.

Human Rights History: The idea of human rights predates the establishment of United Nations. All divine religions provide ways to protect the lives, properties and dignity of all human beings. For instance, Sharia law places heavy penalties for killings, rapes and other similar atrocities. However, it was only after the Second World War that the international community agreed to recognize the need to deal with some of the worst consequences of that war by emphasizing human rights and creating the United Nations Charter.

On December 10, 1948, Fifty-six members of the United Nations have adopted the universal declaration of Human Right unanimously. This declaration is composed of 30 articles and although all are relevant I would focus on articles 1, 3, 5, 9, 12, 13, 16, and 17 with an explanation on how the fundamental rights of Benadiri peo ple were violated. Part of my explanation is presented in a powerpoint format to be discussed in the forum.

The articles of the Charter are international treaty and therefore are a legally binding document for all member states. Somalia is one of the signatories to this document. However, because of the absence of an accountable government in Somalia with the resultant lack of legal or judicial system in place, it is a difficult to implement any accountability at this time. So far Somalia has not been able to bring to justice to all the perpetrators of these gross human right violations. Similarly, the UN as well as the international community has failed to monitor the human right violation in war-torn Somalia in order to bring the perpetrators to justice. We are aware that trials were held in Germany and Japan where those who committed crimes against humanity were persecuted. There is a dire need for similar human right courts in Somalia which would pursue to remedies to these tragic situations.

Recommendations:

* Rights Violators to be brought to justice for violation of Inter national Law.
* Establishment of a Benadiri Human Rights Commission that champions the rights of the people and the duties of the state.
* Investigation and documentation of all atrocities, oppression and discrimination towards all Somalis, but this commission will focus on the experiences of the Benadiri communities/ peoples.
* Support for the victims of war crimes.
* Total disarmament of all factions and the reconstruction of Somali Civic Society in a fashion consistent with the Universal Declaration of Human Rights.
* Establishment of South African-like Truth and Reconciliation Commission.

These photos show one of the plenary sessions of the First (above) and the Second (below) Worldwide Conferences of the Benadir People held in London and Rotterdam respectively.

Human Rights Abuse in Somalia

Ruweda Salim Maou Haji

At the beginning of the summer, I was taking a human rights class in which we studied almost every regional atrocity that took place in both the 20th and 21st Centuries. We watched many documentaries that were graphic to the point where I was having nightmares about them. One night, I came home mentally and emotionally drained after watching videos on Afghanistan and Rwanda. And just like I've been doing since I was a little girl, I went to my father to tell him what I'd seen in those videos. As usual he was on Markacadeey (if any of you aren't familiar with it, it is his famous website on www.markacadeey.com.)

Everything that I had been bottling up came rushing out. What upset me the most while watching the documentaries, was the unflinching evil exercised by the ruling powers against the powerless and the weak. This kind of inhuman behaviour was beyond my wildest imagination. However, the one issue that affected me deeply was the atrocity or war tactic that is called 'Genocide.'

Genocide is the crime of destroying or conspiring to destroy a group of people based on their ethnic, racial, national, or religious identity. This atrocious act can take place by direct murder or indirect means leading to annihilation.

Genocide is an advanced form of state terrorism and has been deemed an international war crime since 1951. They are gross violations of human rights that shocks the conscience of human kind. It is a premeditated use by the elite within the society to maintain or extend their power over a target group within the same state that is perceived as a threat, real or imagined. It is an us against them mentality in which those called "them" are distanced as much as possible and labelled "outsiders." In Rwanda, for example, the political elite made sure to point out that the Tutsis were originally from the Horn of Africa and were therefore alien to Rwanda. The same occurred in Bosnia-Herzegovina where it also took a racial turn by excluding Croats and Muslims from the national identity. And as we're all aware, it may have happened in our country to our people.

Since the end of World War II, at least 16 countries have attempted (emphasis on the attempted) or committed genocide. Genocide in the 20th Century has taken the lives of more than sixty million people. The most famous and first documented genocide occurred during World War II and was called the holocaust. The most recent having taken place in Rwanda where up to a million people were murdered. What many people (even the experts) do not seem to understand is that whether attempted or accomplished, genocide is a crime against humanity.

The U.N describes genocide as a "crime". Now, I'm not saying what occurred in Somalia was genocide, however, without an investigation into the events no conclusions can be made and nothing can be done ever. The guilty will walk, the innocent will keep suffering silently, and what happened will remain in the closet gathering dust and be only a distant memory which we will tell our grand children.

It is a well-known fact in Somalia that the Benadiri people are generally a peaceful people. In a war, this quality is advantageous to those who exploit and harm the innocent. Individuals or groups who don't believe in violence are targeted. In this situation, it was not only a case of practicing non-violence but the Benadiri people really had no way of protecting themselves from the new gangs that suddenly cropped up in Somalia. It is crucial that we remember that no group was left unharmed. Somalis in every region of every tribe suffered terribly.

Somalia as a country suffered terribly. When an individual is violated, be they male or female, it is something that affects their mental well-being forever. The victims I interviewed were indignant about remaining anonymous. They were still scared of perpetrators who were half-way across the worl who could no longer hurt them. Every person I talked to would tell me of at least five other people who had been directly harmed physically and emotionally.

There were countless victims, countless stories. For my first interview I talked to a group of women from the infamous neighbourhood of Sheikh Sufi, who had been directly and indirectly victimized during the civil war. For over two hours they told me of their experiences and the acts of violence they witnessed. They shared with me the stories of countless other victims. However, there was an overall general feeling of shame for the women who had been raped. And it struck me that that was the shared feeling among the people of our community.

Like the other interviewees, the gentleman I questioned in one of my interviews was very adamant about keeping his identity secret. Prior to the interview he was very candid about the terror and pains he and his family sustained. He made it clear that the women and the elderly were especially targeted as they were considered weak. Horrific and terrible crimes had been perpetrated against these people. However, when the tape recorder was turned on, my interviewee did an about-face and began to tell me stories of what had happened to his relatives. The gentleman became scared, ashamed, and doubtful about doing the interview.

Voicing the horrific acts that his wife and daughters had to face became impossible for him to do. To bring a father to that point where he has to helplessly watch his daughters being violated is a crime in itself. On more than one occasion, when he began to tell a personal story, he would become overwhelmed by his emotions and as if to shake off the pain, he would wipe his face with his hands. It really hit me hard when the gentleman did this because he reminded me of my father in a way. By this single act he made me realize that it could have been me which these things had happened to and this could have been my father sitting there telling his story to a group of strangers. It was by the grace of God that my family and many others were spared this kind of pain.

These cases are only the tip of the iceberg. There are hundreds of untold stories and just as many victims of this one-sided war. Fathers could not protect their wives and children; women could not keep masked assailants from violating their bodies, their homes, and their family heirlooms. This ceaseless fear that the victims are displaying may seem unreasonable to those of us who have not suffered as they have. I would like to make it clear that these victims cannot and will not heal knowing that their perpetrators are out there, free to walk the streets of Somalia and for that matter any country in the world. These innocent victims can not even return to their homeland for fear of seeing the men whom they are still terrified of.

A feeling of shame hangs in the air concerning the whole matter and for me that was the most disturbing thing. These feelings of shame are normal in an individual victim but in this case it is almost as if the Benadiri people are all sharing the pain with the direct victims of these crimes. However, as collective victims, the Benadiri people have given an almost super human power to the perpetrators. Although, it is touching that our people as a collective are sharing the pain together we have to at some point move forward. We will never have closure if we do not face our perpetrators head on and demand that justice be done. By not doing anything, we are in a way implying that we are not deserving of justice.

In response to our call for justice, many say, "So what? The crimes committed against the Benadiri people are not unique. Every group suffered, everybody has a story to tell." My answer is everyone suffered...yes, however, the Benadiri have no representation within Somalia. We have no voice in our own country.

The only way to make sure justice is served is by helping ourselves. In Islam, the first revelation that came down proclaimed, "Read….." My point for using this quote is this: during the war we had no weapons to protect ourselves but now we have the most powerful and the most useful weapon; that weapon being knowledge.

The more knowledge we acquire concerning this matter, the closer we get to justice and actual results. When asked, what they would like done to bring the perpetrators to justice almost every individual I spoke to replied, "We put their fate in the hands of God. To God they will return and only God can punish them. I say, that's not enough God helps those who help themselves. We, Benadiri people who live in Europe and North America now have the means to actually make a change. If we don't grab this opportunity then we will never forgive ourselves.

In North America where I live, and here in Europe, when someone commits a crime they are tried in a court of law and if there is enough evidence available to prove their guilt they are sentenced accordingly. And when a war crime is committed the same measures are taken. The victims deserve this and much more. I don't think this is a great deal to ask of ourselves and the world. Justice should not be so unreachable Human rights provide a moral standard for national political legitimacy. Right now, there are no moral standards in Somalia, so my question is, "How can we wait for justice from a country still in moral peril?" Help can only come from the outside.

I don't want to be repetitive, so in closing I'd like to just point out that with no documentation, without evidence or proof we will never see justice, we will never see an end to our pain. It is too late for intervention because these crimes have already been committed but I promise you it is not too late for justice. It is never too late for justice.

The photos (above) show the plenary session of the First Worldwide Conference, London 2001. Benadiri Women performing a Benadiri folklore (below) on the occasion of the 2nd[nd] Worldwide Conference, Rotterdam, 2002.

Dr Buwe and His Stone Anchor-shanks Paintings

Inj Nuruddin Haji Shikhey

Buwe, whose real name is *Mohamed Osman*, is a Banaadiri from Merka who lives and works in the U.S.A. He is a painter who seems to have decided to carry the burden of all the grief of the Horn of Africa. He has been trying to help Somali women with his art for years. His canvases are often gun shots that get us down to earth and force us not to forget a grieving humanity we prefer not to look at, since it grieves us too. But he does not forget his origins, he wants to keep helping the others without being asked to deny his people, the Banaadiris' aspiration to freedom. His paintings are a delirium of colours and each one deserves a respectful attention. But also in this article, I will keep considering the paintings he dedicated to the Banaadiris in particular.

It is just watching at length this series of paintings dedicated to the Banaadiris, that one understands how true the statement by Derek Walcott was, when he got his Nobel prize for literature in 1992: '*The love the fragments of a broken vase are put back together with, is stronger than the one which created the symmetry assuring its wholeness*'. In the Garesa museum (whose collections have been impoverished, sold or destroyed by the Somalis), there were, once, two rocks, and few knew what they were. They were stone anchor-shanks which are heavy rocks that were put on the seabed or on the beach to moor ships. They were shaped like truncated cones and had two holes as fairleads for the mooring lines. Until a century ago, they were used by ships when they had to stay offshore for a long time and the anchor alone did not guarantee complete safety. This makes us understand that the Banaadiris managed their ports together with experts who would work together and were well organized. All Buwe's paintings are for us, a stone anchor-shank where we can moor with a tight grip, that part of our history he was a witness of. We are living a historical period when the Somalis want to convince the world and the most ignorant people that the Banaadiris are only those who live in two Mogadishu areas. The Somalis daydream in a bad way. Also Buwe reminds them of that. Not any painter, but the most important Banaadiri painter who has ever lived. And, by sheer chance, he is not even from Mogadishu but from Merka, a town 50 km far from the capital.

Buwe portrays a humanity which is unknown to the Horn of Africa art. For example, in *A Benadiri* we see the portrayd of a man who never had the honour to be portrayed with his bright white kofya and juuq. His traits are unmistakable. His very complexion, able to capture the light and reflect it with other tonalities, tells us he is a man of the coast. He could be our father or an uncle. All Banaadiris have a relative who looks like him. Portraying those traits together with those clothes, Buwe is recovering the tonality of the coastal people's bright complexion, as well as making the white, in all its shades, live again, from that of wet plaster to that darkened by weather through time. If I were a professional art critic, to find out this artist's teachers, maybe I would have mentioned Picasso, Matisse or the sculptor Costantin Brancusi. But I would rather linger over the analysis of the impact his art is making on the Banaadiri culture and history. And if I really have to find teachers, then I would rather think that Yementite chromosomes woke up in him and are guiding his hand. Indeed, the Yemenite figurative production, a thousand years old, mostly the works from the Qataban and Sheba reigns, was ruled by a precise aesthetic canon, such as the disproportion of body shapes and the sketchy descriptions of body traits, compared to the accuracy of the face details. We can mostly see this style in the picture *The coastal people 1*, where the big eyes, the long and pointed noses are set in the purest ovals, just as in the Yemenite alabaster sculptures shown in figures.

But this child of Merca, at this stage of his artistic production, prefers giving space to the evocative power of colours. He likes to set fire to his canvases with red, orange and yellow, and then to dampen this effect with blue. In *Marka,* all the dominant colours of Banaadir are represented: the white of the buildings, the red of the soil and the blue of the sea. The air is clear, in the distance you can see someone who is going to take a swim, and you can almost hear the caawing of the seagulls' hoarse and broken cries. Here peace is painted. Those figures you see leaning on the doorposts are women who, while keeping an eye on their children playing outside and seizing the chance to have a chat, check the sauce which they are surely cooking for all their large families' lunch doesn't burn. When the mothers do not have time to keep an eye on the kids playing outside, they let them spend their time on the terrace. In the picture *Friendship*, you can admire the sweet relaxation of two children chatting. They are crouched and relaxed behind the embattled rail of the terrace. The sweet torpor permeating the atmosphere of that terrace disappears in that of *A Benadiri family*. Colours are definite, the white is still the one before the tragedy: candid and without stains. But I do not think that family is admiring the bloody sunset. Their postures are stiff, still, typical of those who hear ominous echoes. Banaadiri terraces were the women's reigns. Their floor, until late night, is never completely clear, there are always carpets, pillows, trays, glasses, tea-pots, dishes and cutlery. The terrace of this picture is completely clear. It is still early to get back inside. This is a bad omen.

In *Terror* we are already inside the tragedy, and the colours are stony. Darkness and blackness hold the whole canvas as a hostage. But those white walls, even though chipped and fatally hurt, stoically resist and hide the throbbing hearts of terrified women whose presence is brought to our attention by moving coloured headscarves gathering up their hair.

In *Destruction of Mogadishu*, instead, violence has already been perpetrated. Desolation as far as the eye can see. Ferocity and atrocity fight each other to get the hub. Bodies are on the floor. One wonders whether they are dead or living dead? Are they lifeless bodies or violated bodies unable to realise what happened to them? And is that woman, with a club in her hand, going towards the white and half destroyed houses, the new Somali tenant from the bush? The one whose children, brothers and relatives were unable to make a land ten times bigger and more generous than Banaadir strout? Is that woman a relative of those men who were unable to supply themselves with boats to go fishing on the boundless sea of their area abounding in fish? Is that woman a relative of those people who built their hunger with their own hands, day after day, and do not even have the decency to admit that?

The evacuation is hell. The towns on the coast burn, the Banaadiris have lost their heads, for this gratuitous and unexpected violence. They are seeking safety on board any ship. They flee and drown. The ocean never had piety for those who lose their heads. It do es not care a bit about innocent Banaadiris. "If you dared brave me without knowing me, you will repent of that" the ocean seems to yell with rage. Only we, the living, get sick seeing those brothers and sisters of ours floating lifeless like seaweed freshly plucked from the seabed by the waves. Only we, the living, will take and spread the image and the story of that cruelty which pushed those bodies to be eaten by fish.

But those who stayed in town without defending themselves did not have a better fate. The picture *Violence 1* reminds us of that.

It is the theater of the elimination of a life. In this work, which will mark the evocative power of the Banaadiri art forever, Buwe goes back to the colours he prefers: white, red and blue. Now, though, they are mixed up with black and the scene becomes dismal. It is the painting where the artist used the movement of bodies with more strength than in any others. The strokes are long, never ending. The colours flow over all the disgusting nudity of the raper. He must have suffered painting that monster, as we suffer looking at this work. Under that wicked person there is a Banaadiri woman defending herself, in despair, alone. It is a violence which parted Somali and Banaadiri for good. Perhaps the two peoples will learn to stand each other and to live together but they won't ever merge into one people anymore.

What makes this work even more dramatic and unsettling is the white buildings you can see on the background. Those buildings represent the Banaadiris in the flesh witnessing incredulous and terror-struck, that rape. Their solemn nobility is equal to their lack of consciousness. That consciousness Buwe and we, all want to be regained by any means and at any price because our survival is at stake

Dr Buuwe

The Coastal People

Friendship

A Benaadiri Family

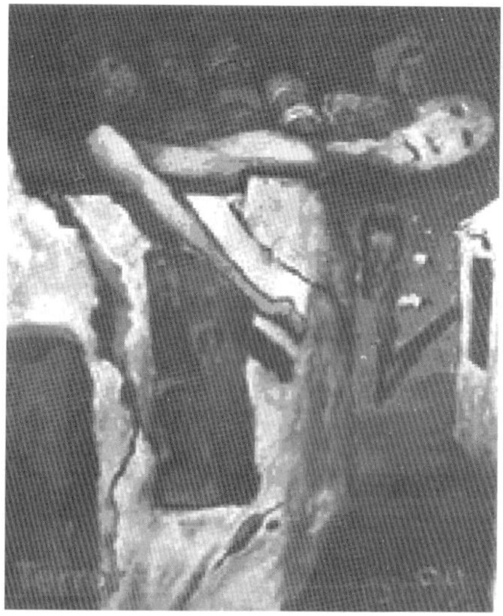

Terror

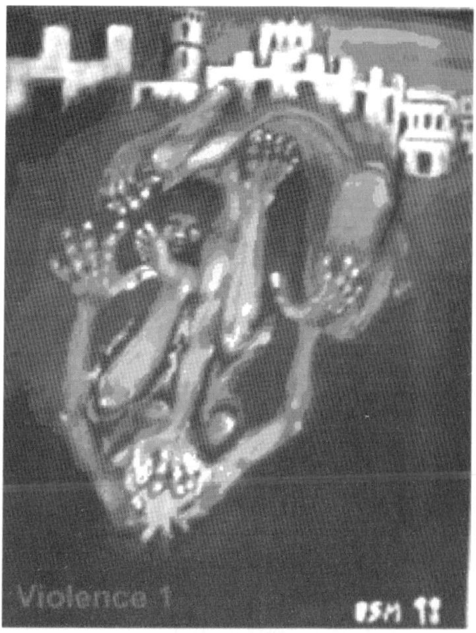

Violence1

The Evacuation

The Resolution and Recomendations of the 2nd Worldwide Conference of The Benadir People

In the second International Conference of the People of Benadir convened in Rotterdam, Holland, on 14 – 16 September 2002, 178 delegations representing Holland, United Kingdom, France, Italy, Germany, Switzerland, Sweden, Denmark, USA, Canada and Yemen took part. Among others, the agenda included the following issues:

The Benadir Identity;

The unity of the people of Benadir as being one entity sharing the same feelings in matters regarding political views, socio/economic concerns, common history and culture and deep feeling about the aggression suffered by their people in the Somali tragedy.

During the conference, debates, discussions and studies prepared by prominent Benadirian intellectuals on the above issues and on the role of the notables and leading personalities of our people were submitted.Ways to promote the role of our women and youth were also discussed.

At the end of the sessions designated to the reading and reviewing the presented studies, the delegations divided themselves into sub-committees to debate and re-touch on the presented studies, and to introduce eventual revisions.

The sub-committees later on submitted their reports shedding light on various and important sides to be dealt with and presented suggestions and proposals within each study. Those reports have then been submitted to further debate and discussions by the Steering Committee in which the chairmen of each delegation also participated.

The Steering Committee at the end of its meetings passed the various adjourned studies to the Conference for final debate and approval.

Following are the final resolutions approved by the Conference:

I – *Benadir Identity*

The identity of the people of Benadir is applicable to all the people living on the coastal strip of Somalia, starting from Warsheikh down to Ras Kiamboni, and in the surrounding districts.

The people of Benadir are distinguished for sharing peculiar affinity in religion, culture, history, civilisation, and particular Somali dialect in addition to its bilingual forms of Bravan and Bajuni.

The people of Benadir are also distinguished for their character of respect for neighbourhood, human values, sense of good approach, self reliance, justice, craftsmanship, industriousness, tolerance and love for peace.

The people of Benadir find their roots deep in the history of their habitat, and track their origin in a mix stock of Arabs, Persians and Africans.

II - The Benadir People's Unity

Since the unity of the people of Benadir can not give way to political, social, economical or cultural compromises, the Conference, in order to foster this principle, resolved:

The establishment of a "***Secretariat***" in charge of the follow up to carry out the resolutions approved by the Conference as well as those approved by the 1st Worldwide Conference of the people of Benadir convened in London.

The secretariat will be made up of a Liaison Officer and Executive Members in charge of carrying out the above resolutions in the period between the two conferences.

In the case that the next conference could not take place within one year, the executive members of the Secretariat will convene to elect a new Liaison Officer, to assess the progress achieved and to plan for the following year. During their office, the executive members are responsible for:

i. Preparing the plan for the working year 2002/2003;

ii. Preparing the Rules of Procedure concerning the Secretariat, the Conferences, and those concerning the other organisations of the people of Benadir;

iii. Preparing the Political Platform to constitute the future line of conduct for the People of Benadir, to be approved by the 3rd Conference.

iv. Starting the necessary efforts to settle the differences between the politicians of the Benadir Community living in the UK;

v. Preparing a programme at the aim of sharing in the drive for the Somali National Reconciliation;

vi. Lobbying for the interest of the people of Benadir by explaining to the International Community and to the other Somali Communities our case;

vii. Preparing studies for the establishment of Relief and Human Rights Organisations to serve and defend the Benadir people inside Somalia and abroad;

viii. Preparing programmes at the aim of promoting the Civil Communities of the people of Benadir, and for the revival of the role of our traditional communal chiefs and notables, religious leaders, women, youth and workers;

ix. Creating a staff of young people to support the secretariat in their duties;

x. Noting that the Secretariat will remain in charge for the period between the 2nd and the Conference that will follow;

xi. Instituting a Radio Broadcast and a Newsletter to be published once every six months;

xii. It has been decided that the establishment of the Consult Board will be madeup of the Chairmen of the Benadir Communities abroad;

xiii. The Board is chaired by the chairman of the 2nd Worldwide Conference, Mr *Aidarus Haji Maow*, Chairman of the Somali Benadir Community in Holland;

xiv. The Consult Board is for responsible of the progress and course of works and the contacts with the Benadir Communities abroad, as well as being in charge of hosting the next conference.

xv. The Consult Board will meet twice every year directly or through electronic conference contacts;

xvi. The Liaison Officer or a member executive of the Secretariat will submit report evaluating the works carried out and what is going to be carried out during the meetings of the 3rd Conference;

The Conference has also adopted the following resolutions:

a) Drawing up an appeal addressed to the leaders of the people of Benadir now inside Somalia at the aim of mediating the political differences among them.

b) To address an appeal to the IGAD countries, the UN, the Arab League and to the Human Rights Organisation explaining the political agenda of the Conference of the people of Benadir in relation to the process of the Somali National Reconciliation and the Rehabilitation of the Somali State.

c) To send to Somalia a delegation to promote a reconciliation process within our community leaders and in the broad sense of the Somali National reconciliation by contacting the different disputing faction should the time be appropriate.

d) The following members have been appointed as executive members of the Secretariat:

1- Jeylani Mowlana Suufi
2- Xussen Haji Maou
3- Khalid Maou Abdulkadir
4- Abdulasis Haji) Mohamed
5- Abdurahman Shiek Isse
6- Omar Salim Hussen
7- Faduma Awow Mohamed
8- Qamar Sharif Hashim
9- Lul Sharif Omar
10- Mohamed Abukar Hamud
11- Mohamed Abukar Haji
12- Mohamed Haji Ikar
13- Maxamed Munye Qasim
14- Nuruddin Haji Shikhey
15- Ibrahim Moallin Mursal

Effects of Mutual Co-operation

The Secretariat of the e-group selected for the Conference preparations for their effective contributions, advise and the role they have played in the settings of the agendas and coordinating the activities and the subjects treated. The contributions of active members of the e-group who sincerely held a year long constructive discussions over the Conference.

The chairperson of Benadiri community in the diaspora: United Kingdom. Canada, New Zeland, Australia, United States of America, France, Italy, Switzerland and Sweden for their unconditional support and collaborations.

The Dutch NGO's Odyssee and VROM for their technical and material support to the Conference for providing the relative material work, venue and comfortable accomodations for the participants.

Marka Caddey website who provided the Conference with documentations and live transmissions of all the activities of the congress. *Mrs Faduma Qassim Hiloule*, who performed Benadiri songs which stired up the spirit of the participants and gave them the warm feeling of nostalgy.

Jaylani Shariif and Salah Hariri Music Band who contributed to the musical entertainment at the Conference.

The Somali-Dutch Banadiri Women Association hosted the third day of the Conference. The third day was dedicated to the Benadiri culture, arts and culinary. The Conference hall has been theatre of the exhibition of Benadiri handcrafts such as paintings, sculptures, Benadiri handmade textile (aliindi), goldsmith, beauty make up *(cilaan-saar, khaddaab, tima tidcid)* and other Benadiri house holding decorations. Also the exhibition of the Benadiri culinary was subject of great interest. In this historical third day of the Conference, Benadiri women's expertise in gastronomy provided the traditionally prepared food for the participants.

Dr Mohamed Osman, a Somali Benadiri talented artist, visiting from United States of America and his partner, another Somali-Benadiri talanted artist, *Dr Mukhtar Saidi* visiting from Germany, exhibited in the hall their amazing paintings and other somali cultural objects. Most of their arts have been sold and they have donated the whole income as a contribution to the Conference expenses.

The author of The Sultanate of Geledi, *Ms Virginia Luling* has spoken to the partecipants of her 30 years experience of the Benadiri city of Afgoi.

The head of African Department of the Ministry of foreign affairs of the Netherland governament spoke to the audiance over her fact finding mission proceedings in Mombasa (Utanga Benadiri Refugee camp).

To the Dutch local authority and other responsable persons involved in the social and refugees affairs.

Financial Support

Special gratitude to the members of the Excecutive Committee of Somali Benadiri Organization in the Nederlands who has genorously granted most of the financial support.

The Benadiri Community and Benadiri Woman Association in the Nederlands were one of the main financial source to the Conference.

The Dutch NGO's Odysee and VROM's financial support were crucial to the success of the Conference.

There was noticiable individual financial contribution, such as the artists *Dr Mohamed Osman* and *Dr Mukhtaar Saidi* devolving of the acquisition of their sold artistical articles.

QAYBTA 4AAD

Report on Minority Groups in Somalia Joint British, Danish and Dutch Fact-finding Mission to Nairobi, Kenya 17 – 24 September 2000

Report on Minority Groups in Somalia Joint British, Danish and Dutch Fact-finding Mission to Nairobi, Kenya 17 – 24 September 2000

The Danish Immigration Service

`A relatively large number of Somali asylum seekers in some European countries claim to belong to one of the so-called minority groups (1) in Somalia. This is the case in Denmark, the Netherlands and the United Kingdom. Information on the security and human rights situation as well as on the relations between these minority groups and the so-called major Somali clans (2) in Somalia is fragmented and to some degree uncertain.

This lack of information may be attributed to the large numbers of minority group members that have fled Somalia since the outbreak of the civil war and the poor security situation in their traditional homelands, making reliable information from these areas difficult to obtain. Also, there has been no detailed study of the position of minority groups undertaken since Cassanelli's report on vulnerable minorities for the Canadian Immigration and Refugee Board in 1995. (3) Against this background, and in view of the large number of minority group members from Somalia that are refugees in Kenya, the British Home Office, the Danish Immigration Service and the Netherlands Ministry of Foreign Affairs decided to carry out a joint fact-finding mission to Nairobi. The mission was carried out from 17 – 24 September 2000.

The delegation of the mission comprised Louise Anten, Co-ordinator Africa Region, Department of Asylum and Migration, Ministry of Foreign Affairs, The Netherlands; Jens Weise Olesen, Senior Regional Adviser (Africa), Danish Immigration Service, Denmark, and Richard Pearce-Higginson, Somalia Country Officer, Immigration and Nationality Directorate, Home Office, United Kingdom (UK).

The delegation's terms of reference are attached as annex 2. The delegation wishes to express its gratitude towards those agencies, organisations and individuals that have contributed to the information presented in this report, especially representatives of Somali minority communities in Somalia and Kenya; United Nations Co-ordination Unit for Somalia (UNCU-Somalia), Nairobi; United Nations Development Programme for Somalia (UNDP-Somalia), Nairobi; United Nations Political Office for Somalia (UNPOS), Nairobi; War-torn Societies Project (WSP), Nairobi/Hargeisa; and United Nations High Commissioner for Refugees (UNHCR), Nairobi.

The report was finalised on 24 November 2000. Developments that took place between the end of the mission and this date have been included in the report, on the basis of UN and press reports.

2. Introduction to sources and methodology

During its mission to Nairobi, the joint British, Danish and Dutch delegation held meetings with a number of representatives, elders and women of So- mali minority communities, some of them living as refugees in Kenya. These meetings included the Bajuni, the Bantu, the Eyle, the Madhiban and the Tunni communities as well as various Benadir communities (among which the Ashraf and Bravanese). Representatives of these groups were identified with the assistance of United Nations (UN) agencies in Nairobi. The delegation also held meetings with representatives of UN agencies and embassy staff of the countries concerned as well as with independent observers. A list of persons consulted may be found at section 12.

It should be noted that the sections on the Shekhal and the Digil and Mirifle (Rahanweyn) are based partly on written historical and anthropological sources. The delegation to Nairobi did not meet with representatives of the Shekhal or Digil and Mirifle clans.

This report includes information gathered not only from interviews and meetings in Nairobi in September 2000 but also information obtained during earlier Danish and Nordic fact-finding missions to Somalia and to Nairobi, a Dutch mission to Somalia and Nairobi, from the British Home Office and from a meeting that a member of the delegation held with UNHCR, Branch Office for Kenya, on 28 September 2000.

The testimonies from individuals and spokespersons of Somali minority groups included in this report must be considered in the actual and historical context of the time in which they underwent their experiences. Many members of minority groups in Somalia experienced extreme situations during the civil war in their home country and are thus deeply affected by their experiences. Some suffered personally from such severe physical human rights violations and/or witnessed such violations that it was very difficult for these persons to relate their stories to the delegation without being painfully affected by their own memories and some of the questions asked by the delegation.

The civil war in Somalia was to a large extent a clan-based war (4) , a very violent and destructive war in which the various population groups and clans have accused each other of committing physical violence and abuses, including murder, rape, abduction, looting etc. Beyond any doubt, the minority populations, especially in central and southern Somalia, have suffered severe losses in human as well as material terms. Because it can be difficult to identify impartial sources of information among members of the Somali diaspora, and because of the risk of one-sidedness and possibl exaggerations, the delegation has included other sources in its report in addition to the testimonies of the representatives of the Somali minority groups.

The report also includes information from a number of written sources. Among these are documents, reports, books etc. from UN agencies, news agencies, humanitarian Non-Governmental Organisations (NGOs) and researchers on Somalia.

The delegation learned that in some cases it is very difficult to obtain definitive answers to questions on minority groups regarding their sub-groups, their affiliations and other relations, including the incidence of intermarriage, with Somali clans, whether one puts these questions to members of the minority groups themselves or to members of Somali clans.

Such information is sensitive and neither of the two sides is very willing to admit being either despised or an oppressor, or be vulnerable before stronger groups in a position of power. Also, statements about one's affiliations are in part cultural and political statements, in the sense that they declare one's identity and political standpoint. Furthermore, as the French researcher Marc-Antoine Perouse de Montclos (5) explains, the war, the persecution, the exodus of groups to e.g. Kenya and the resettlement programmes for Somali refugees in Kenya, precipitated the process of identity construction. In Mombasa, where many refugees gathered, the logic of humanitarian aid, as well as idleness, the concentration of refugees in small, relatively homogeneous camps, and finally resettlement criteria all helped towards a reconstruction of identities around the concept of minority status. Since resettlement in the West is limited, very strict selection criteria were developed by Western countries to favour the most threatened people.

In this context, minority status was equated to discrimination and therefore the need for resettlement. Consequently, refugees made significant historical changes in the establishment of a 'minority position'. For example, descendants of Bantu slaves, for whom a resettlement was planned in the land of their ancestors in Tanzania, preferred to be called Mushunguli rather than Gosha, the name they were given in Somalia. Also, the mixed race traders of the coastal ports decided to regroup under the generic term 'Benadir' that designates greater Mogadishu.

As a result, those indigenous to the area succeeded in calling themselves 'Benadiri' even if they were not of mixed blood at all. This reconstruction of identity does not in any way alter the fact that minorities would, for a number of reasons, have problems on return ing to Somalia. Perouse de Montclos notes that the criteria used by Westerners to sort out candidates for resettlement were equally faulty, confusing a community's identity with territoriality. Brava, for example, was chosen to define traders of Arab or Indian origin who inhabited the port.

However, on looking closer at Brava we discover communities with very diverse backgrounds despite numerous instances of intermarriage. On the one hand there are immigrants of Arab origin, while on the other hand there are the Somali of the Brava surroundings, whose minority status is more doubtful because they are part of the Tunni lineage of the Digil. Perouse de Montclos concludes that the concept of minority is quite ambiguous and that its manipulation by refugees hardly clarifies it. All these minorities form a third of the Somali population (when the Digil/Mirifle are included). It is the civil war that created a sense of 'political solidarity' or 'common minority consciousness', assimilated with that of a victim.

The minority notion is thus taken with a conflict dimension, outside of any demographical contingencies. The degree of discrimination overrides the number, be it a question of social class (the low caste *sab*), professional categories (Bajuni fishermen) or foreign elements (the traders of Arab origin).

The delegation learned that in some cases minority groups living as refugees in Kenya have developed a very strong sense of common political solidarity and identity, which may not have been so pronounced when these people were living in Somalia before the civil war of the 1990s. Members of certain minority groups are ready to identify themselves with groups or sub-groups with which they may not have had such a close relationship when they were living in Somalia.

Some refugees would even label themselves by terms that were never in use before the war. According to UN sources in Nairobi the term 'Benadiri' was not in common use before the war, but today a number of minority populations living along the southern Somali coast are ready to identify themselves as Benadiri, and they will use the label for the purpose of being recognised as belonging to a minority group.

3. *Overall political developments and the security situation in Somalia*

3.1 Arta peace process in Djibouti For the purpose of being updated on recent political developments and the security situation in Somalia, the delegation met with David Stephen, Representative of the UN Secretary-General for Somalia, UN Political Office for Somalia (UNPOS); Bernard Harborne, Chief, UN Co-ordination Unit for Somalia (UNCU); Wayne Long, Chief Security Officer, UN Development Programme for Somalia (UNDP-Somalia) and Matt Bryden, Co-ordinator, War-torn Societies Project (WSP), all of whom informed the delegation of developments following from the Arta peace conference held in Djibouti. Please note that some of the details of the recent political developments in Somalia have been filled out with news reports from BBC and CNN.

A peace conference chaired by Djibouti's President Ismail Omar Guelleh opened in May 2000 at Arta, Djibouti with the backing of the regional Intergovernmental Authority on Development (IGAD) grouping of states, the UN, the European Union (EU) and the League of Arab States. This was the 13 th major peace effort for Somalia since the collapse of central government in 1991, and, significantly, the first peace initiative that set out to work around civil society rather than the armed clan-factions.(7)

Nearly 2,000 delegates, including clan elders, religious leaders, businessmen and intellectuals, attended the Arta conference, with the aim of drafting a power-sharing arrangement and a constitution to see Somalia through a three-year transitional period.8 Some leaders of armed clan-factions attended, most notably Ali Mahdi of Mogadishu's Abgal USC/SSA faction. Absent from the conference were the authorities of the self-declared Republic of Somaliland in the north-west and the Puntland State of Somalia in the north-east, and Mogadishu "warlords" Hussein Aideed, Musa Sude, Osman Ato, Mohamed Qanyare and Hussein Bod.

David Stephen informed the delegation that a formula to include the clan-faction leaders in the peace process could not be agreed at Arta but efforts continue, led at present by the Yemeni President, to find a way for them to be able to participate in the new institutions.

3.2 Transitional National Assembly (TNA) and new President In August 2000 the Arta delegates elected 172 members of a 245-member provisional parliament for Somalia, the so-called Transitional National Assembly (TNA), for a three-year period. The TNA is structured along clan lines. There are 49 seats for each of the main Somali clan-families, the Dir (including the Isaaq), Hawiye, Darod and Digil-Mirifle (Rahanweyn), plus 29 seats reserved for members of the minority groups, referred to at Arta as the "Alliance Clans Community".

The seats allocated to the main clan-families are divided out amongst the various clans and sub-clans, with five seats for each clan-family reserved for women. President Guelleh of Djibouti was mandated to select twenty members of the TNA, to correct any possible imbalances in the assembly's composition. Annex 4 shows the division of seats among the various clans and groups.

The TNA elected Abdiqassim Salad Hassan as President of Somalia for a three-year transitional period from among 24 candidates. Abdiqassim's election received public backing from the UN, EU and League of Arab States. Abdiqassim, a Hawiye of the Habr Gedir sub-clan Ayr, was Minister of the Interior and Deputy Prime Minister under Siad Barre.(9)

He has received the support of business interests, Ali Mahdi (who had stood against him for the presidency) and the Islamic Shari'a courts, some of which have pledged the support of their militias to his new authority to enable it to establish itself in Mogadishu. Abdallah Derow Isaak, Secretary-General of the Rahanweyn Resistance Army (RRA), was elected as Speaker of the TNA.

In October 2000, Abdiqassim appointed as Prime Minister Ali Khalif Galayadh, a businessman and prominent member of the northern Dulbahante clan of the Darod. Abdiqassim asked Galayadh to form a "government of national reconciliation and reconstruction". Galayadh served briefly as Industry Minister under Siad Barre.

However, Abdiqassim's administration has yet to establish a permanent base inside Somalia. Neither has he held any discussions with the authorities in Somaliland and Puntland, which stayed away from the Arta conference and have refused to recognise his authority or status as President, or solved the problem of how to include leaders of armed clan-factions that have so far opposed the Arta peace initiative.

Abdiqassim has begun to consolidate his position internationally with a round of foreign visits, including to UN headquarters. Abdiqassim made his first visit to Somalia in his new capacity as interim President when he visited Baidoa in early September 2000. Thousands of people attended a rally in Baidoa to welcome him. He made a surprise visit to Mogadishu later in September 2000 and met with no resistance to hi visit from the clan-faction leaders that had threatened to oppose any such visit to the capital. Four of the armed clan-faction leaders were in Yemen for talks with the Yemeni government at the time of Abdiqassim's visit to Mogadishu.(10)

25 of the seats in the TNA are reserved for women. This represents a major breakthrough in women's rights and is the first time that women have been guaranteed parliamentary representation in Somalia. Abdiqassim has spoken of the important position of women, who constitute over half the population of Somalia, and has stated his intention of including women in his government.(11) There are also 29 seats in the TNA reserved for members of the minority groups, including five seats reserved for women from the minorities.

The UN regards the position and treatment of women and minorities as very important. David Stephen stressed that the UN will, to a large extent, measure the success of the new institutions created by the Arta conference by how well they deal with issues surrounding women and minorities. David Stephen informed the delegation that Abdiqassim has some family connections with the Benadiri and that he has appointed a former Somali Ambassador to India, Mohammed Osman Omar, who is a Reer Hamar, as his chef decabinet. David Stephen informed the delegation that the transitional charter agreed at Arta provides for a human rights commission and a land commission.

He believes that if the Somaliland administration is ever to participate in the new structures established at Arta it will want the issue of human rights abuses committed in the north-west in the late 1980s and early 1990s by the Siad Barre regime placed high on the agenda of any commission. David Stephen informed the delegation that the TNA includes two members that Somaliland regards as major human rights violators, General Morgan and General Gani. Gani has already taken his seat at Arta. Morgan did not attend the Arta conference but was nominated by his clan for a TNA seat.

All representatives of the UN agencies emphasised that continued Rahanweyn (Digil-Mirifle) support for the new structures established at Arta will be crucial. The TNA may establish itself in Somalia at Baidoa, controlled by the RRA, if an early move to Mogadishu cannot take place for security reasons. Continued Rahanweyn support for Abdiqassim and the TNA is likely to depend largely on progress on the issue of land. Hawiye militias occupied large tracts of Rahanweyn land during the civil war and Rahanweyn delegates at Arta insisted that the land issue be given a high priority and that the creation of a land commission was incorporated in the national charter. Hawiye delegates at Arta expressed their willingness to resolve land problems but made no specific commitments to return occupied land.

The RRA is presently divided between those supporting Rahanweyn participation in the Arta process, as favoured by traditional Rahanweyn elders, and those, including prominent RRA leaders, who oppose it. All representatives of the UN agencies stressed that one of Abdiqassim's earliest priorities must be to establish an effective police force in Mogadishu and demobilise the existing clan-based militias in the city (see also Section 3.3.5).

Somaliland and Puntland remain outside the Arta process and neither administration is recognised under the Arta agreements as a legitimate authority. Although the transitional charter agreed at Arta allows for federalism, it does so on the basis of the 18 administrative regions established under Siad Barre's government. Seats are allocated in the TNA for the clans and minorities that inhabit the territories controlled by the Somaliland and Puntland authorities.

3.2.1 Position of North West Somalia (Somaliland)

Although President Mohamed Ibrahim Egal's self-declared Somaliland administration stayed away from Arta, there was nevertheless strong representation by delegates from the Dulbahante, Warsangeli, Issa, Gadabursi and some Isaaq clans, though not the Habr Awal or Habr Yunis. David Stephen believes that there is more openness in Somaliland, and Puntland, towards the Arta process than the authorities are prepared to concede, and the public have been well-informed about developments at Arta through television and radio. Wayne Long considered that Egal's administration has shown increasing signs of paranoia towards the developments at Arta. Habeas Corpus 12 has been suspended and civil rights curtailed, with new powers being given to the police and military to detain people.

There is reported to be a wanted list circulating in Hargeisa of those who attended the Arta conference. Also, David Stephen informed the delegation, the Somaliland authorities have begun to issue "Somaliland" passports, a measure that they have previously refrained from. While much of the Somaliland authorities' actions and statements over Arta may be viewed as rhetoric, in September 2000, a Dulbahante member of the new TNA and former member of the Somaliland parliament, Garaad Abshir Salah, was arrested on his return to Somaliland from Djibouti and sentenced to seven years in gaol for treason.(13) His arrest was seen by many as a gesture by President Egal to demonstrate that he is still in charge in Somaliland. Some 60 to 80 delegates from the Somaliland area attended the Arta conference and only Garaad has been arrested to date. In early October 2000, Garaad was pardoned by Egal and released from prison.

Opinion in Somaliland over the Arta process is divided and in late August 2000 thousands of people in Somaliland staged demonstrations against the Arta conference and Abdiqassim.(14) David Stephen stated that there is strong opposition to the Djibouti peace process and the Transitional National Government (TNG) from pro-Somaliland movements such as the "Red Flag Group".

The Somaliland, and Puntland, authorities have accused Abdiqassim of being an Islamic fundamentalist. David Stephen considered that although Abdiqassim is very religious, he should not be regarded as a fundamentalist and it may be the intention of the Somaliland and Puntland authorities to discredit him in the eyes of the West, and Ethiopia, which traditionally has concerns about militant Islam in the region.

3.2.2 Position of North East Somalia (Puntland)

The Puntland administration was initially willing to participate in the Arta conference, but most of its delegation withdrew early in the proceedings. However, a few members of the delegation remained at the conference, led by Hassan Abshir, who was Puntland's Minister for Home Affairs.

Abshir became the chairman of the Arta conference. Puntland's President Abdullahi Yusuf saw Abshir's continued participation in the conference as a challenge to his authority. Yusuf has stated that he will only talk with Abdiqassim if he withdraws his claim to be President of all Somalia, makes various amendments in Puntland's favour to the transitional charter drawn up at Arta and de-recognises the delegates from Puntland who remained at Arta. A large number of the delegates from the north-east that remained at the Arta conference have been able to return to Puntland without arrest, although this may possibly be because they have supporters backed by militia to defend them against the Puntland authorities if necessary. Therehave been limited skirmishes around Galkayo between supporters and opponents of the Arta conference but these have been contained so far. It was reported in September 2000 that several commanders in Puntland had been dismissed for failing to arrest people returning from the Arta conference.(15) Wayne Long considered it likely that Abdiqassim would appoint a Prime Minister from the Darod clans to balance the interests of the main Somali clan-families. Abdullahi Yusuf had been suggested as a possible Prime Minister, despite his hostile public stance towards the Arta conference. Another possible Darod contender for the post was Hassan Abshir. Both Yusuf and Abshir are Majerteen but from different sub-clans.

There was thus scope for a serious split in Puntland within the Majerteen clan. In October 2000 Abdiqassim appointed a former industry minister under Siad Barre, Ali Khalif Galayadh, a Darod from the Dulbahante clan, to be Prime Minister. Potential remains, however, for a border conflict south of Galkayo, where Hawiye clans, who have generally supported the Arta process, populate the area bordering Puntland.

3.2.3 Prospects for a central authority in Somalia

All representatives of the UN agencies considered that it is much too early to predict whether or not Abdiqassim will be successful in establishing a central government for Somalia with any meaningful authority. Much will depend on whether he is able to establish his authority in Mogadishu at an early date, and whether the authorities in Somaliland and Puntland can be brought into the process. A place in the peace process also needs to be found for the leaders of armed clan-factions, although all the representatives of the UN agencies stressed that the power and influence of the so-called "warlords" has diminished noticeably in the past two years, and the Arta peace process is important because it has placed great importance on the role of civil society.

Nevertheless, all UN sources consulted by the delegation strongly underlined the need to take a"wait and see" approach to the political developments in Somalia. David Stephen considered that, in the short term, Abdiqassim's main aim will be to establish an administration with real authority in southern and central Somalia, based possibly initially in Baidoa but moving at an early date to Mogadishu, with Somaliland and Puntland remaining outside the Arta process for the time being but to be included at a later date. Both Somaliland and Puntland have indicated that they will not negotiate seriously with Abdiqassim until he has pacified the south and established his authority there.

David Stephen outlined to the delegation what he considered to be the best case - worst case scenarios for the Arta process in coming months. The best case scenario is one in which Abdiqassim establishes a civil authority in Mogadishu, pacifying the "warlords" and bringing stability to southern and central Somalia. Somaliland and Puntland will, realistically, remain outside the Arta process for the foreseeable future. The worst case scenario would see Abdiqassim and the TNG failing to establish control in Mogadishu, with southern and central Somalia remaining in a state of turmoil, but also seeing the stability of northern Somaliland and Puntland threatened at the same time.

3.3 Security Situation

3.3.1 General

A UN source informed the delegation that at the moment there is no large-scale violence inSomalia, only highly localised incidents. The source indicated though that tensions exist in certain areas arising from the developments at Arta. In Galkayo, Puntland, for example, Majerteen clan supporters of Puntland President Abdullahi Yusuf are strongly opposed to the Arta process whereas the Hawiye clan Habr Gedir south of Galkayo is in favour. There is also some potential for tension or conflict in the disputed Darod-populated Sool and Sanaag regions of eastern Somaliland, claimed by Puntland, if Puntland were to join the Arta process in the future but Somaliland remained outside.

Mogadishu, the prospective seat of the Transitional National Government (TNG), with the majority of the warlords against the new government, is a potential tension area and continues to see sporadic violence. The Baidoa area could also see tensions, as the RRA and the Rahanweyn clan elders are split over support for the Arta process and the TNG. According to the UN Somalia Monitor, October 2000 edition 16 Somalia continues to be divided by a combination of widespread endorsement of the TNG well as widespread tension relating to the peace process.

There are persistent but still unconfirmed reports that that there is opposition support for an alliance of regional authorities consisting of Somaliland, Puntland, a yet unformed "Jubaland" and a yet unformed "Hawiyeland". Allegedly, this alliance would have both a political as well as military component.(16)

The UN Somalia Monitor adds that a four-man delegation from the Marehan-based Somali National Front (SNF) central committee has returned from consultations in Ethiopia, and has joined the RRA and General Morgan's Somali Patriotic Movement (SPM) for negotiations in Baidoa. Since the peace conference in Arta, Djibouti, the relationship between the Ethiopian government and the interim government of Somalia has become somewhat strained.

The IRIN Update on the Horn of Africa reported on 15 and 16 November 2000 that President Abdiqassim Salad Hassan of Somalia is visiting Ethiopia on 16 November 2000. He is expected to meet Ethiopian PrimeMinister Meles Zenawi to discuss the relationship between the two countries. The Ethiopian government postponed the trip.

Somali government sources have said that Abdiqassim is expected to request the Ethiopian government to help establish stability in Somalia, and to seek assurances that Ethiopia would not support Somali factions opposed to his new government. Diplomatic sources said Ethiopia would want a commitment from the new Somali government that Somalia would not be used as a base for attacks on Ethiopia by armed groups opposed to the Ethiopian government.

The relations between the new Somali government and the Ethiopian government have been strained by the presence of Ethiopian troops in Gedo region in south-western Somalia, and in the South-Central regions of Bay and Bakool, diplomatic sources told IRIN. Ethiopia has also been accused of supporting faction leaders opposed to the new government in Somalia. According to CNN (19 November 2000), Somali Foreign Minister Ismail Hurreh Buba said talks in Addis Ababa with Ethiopian Government officials had "cleared all suspicions" between the two Horn of Africa states.

According to the IRIN Update on the Horn of Africa (16 November 2000), many of the Mogadishu-based faction leaders [opposed to the TNG] are currently in Yemen at the invitation of President Ali Abdullah Salih. Somali interim President Abdiqassim Salad Hassan is also expected to visit Yemen soon. President Salih has been trying to mediate between the faction leaders and the new government, but this is the first attempt to bring the two sides together for direct talks.

Bernard Harborne informed the delegation that UN access in

southern Somalia is presently limited to Bay, Bakool and Gedo regions. The UN hopes to be able to resume operations in Belet Weyne, Hiran region, soon. Even if the TNG is able to establish itself in Mogadishu in the near future, the UN agencies do not envisage being able to re-open their offices in Mogadishu immediately.

3.3.2 North West Somalia (Somaliland) and North East Somalia (Puntland)

The security situation in and between Somaliland and Puntland remains good and no major conflict is expected between the two authorities over the disputed Sanaag and Sool regions in eastern Somaliland, although this might change if Puntland were to enter the Arta process without Somaliland. Bernard Harborne stressed that the UN continues to operate freely in both Somaliland and Puntland and work with the administrations there and will continue to do so, whatever developments arise from the Arta process in central and southern Somalia.

However, tensions lie beneath the surface in both territories and there is considerable opposition to the position taken by the Somaliland and Puntland authorities to the Arta conference. According to the IRIN Update on the Horn of Africa (15 November 2000) a demonstration in Hargeisa, Somaliland, on 11 November 2000 resulted in two deaths as a crowd of people were protesting against the arrest of Sultan Mohamed Abdulkadir of the Idagale sub-clan of the Isaaq.

Abdulkadir was arrested on his return from Djibouti, where he attended the Somali peace conference. He is an elected member of Somalia's TNA. The source added that "the Somaliland authorities are strongly opposed to the Djibouti process and have arrested people who attended the conference". More than 60 people were arrested following the demonstration.

On 21 November 2000 the same source reported that Somaliland's President Egal had pardoned Mohamed Abdulkadir and released him from prison. Decrees have been issued by Egal pardoning those who participated in the Djibouti talks, on condition that they renounce the Djibouti process. According to IRIN the BBC has reported that those arrested in connection with the demonstration on

11 November 2000 have all been pardoned and released.

3.3.3 Hawiye clans in central Somalia (Galgaduud, Hiran & the Shabelle regions) David Stephen informed the delegation that, while pleased that the President selected by the TNA is a Hawiye, the Hawiye clans nevertheless remain at odds with each other. Wayne Long advised that there are on-going disputes within the Hawiye down to "sub-sub-sub-clan" level. There have been major clashes in the territory between Jowhar and Belet Weyne between the Hawadle and Gaaljaal clans. In Mogadishu most Abgal sub-clans are fighting each other, the Habr Gedir sub-clan Sa'ad is split in two and the Murosade occasionally clash with the Habr Gedir sub-clan Suleiman and the Habr Gedir sub-clan Ayr. The Galgaduud region is, however, calm.

Generally, rival Hawiye groups are seeking to bolster their positions ahead of any lasting settlement that may follow from the Arta peace process, although at present most of the Hawiye armed factions, other than Ali Mahdi's Abgal-based USC/SSA, have been resolutely opposed to Arta and Abdiqassim. Kalunga Lutato, Head of Somali Operations, UN High Commissioner for Refugees (UNHCR), Branch Office for Kenya, considered Hiran region to be part of the Central and Southern Somalia "problem area" because of the clashes that have occurred there between rival Hawiye clans; Hiran region contains pockets of insecurity.

He said that UNHCR does not consider Hiran region sufficiently secure for "promoted returns", which take place only to the areas north of Galkayo, i.e. to Somaliland and Puntland. South of Galkayo UNHCR only supports "facilitated returns" on an individual basis, under which those who express the wish to return are given basic assistance and are fully informed of the security situation and the risks inherent in return. Wayne Long informed the delegation that clashes in Hiran region have occurred between the Hawiye clans Hawadle and Gaaljaal in the Belet Weyne area.

There is no immediate prospect of reconciliation between the Hawiye clans in Hiran. Bernard Harborne did, however, inform the delegation that the UN hoped to be able to re-establish its presence in Belet Weyne soon. Most recently the UN has reported that a peace agreement between the conflicting parties has been concluded and that the agreement seems to hold.

According to the UN Somalia Monitor, October 2000, Belet Weyne and the immediate area remain quiet and peaceful. The Governor and elders have committed themselves to support the TNG. They have the support of what appears to be most Somali residents of the Hiran region. The peace agreement between the Hawadle and the Gaaljaal continues to hold. Wayne Long furthermore explained that a three-sided power struggle is taking place in the Lower Shabelle regions, where the rich agricultural lands have been much fought over in recent years.

Habr Gedir occupiers, who have held much of the area since the mid-1990s, have exploited indigenous clans and minorities. Much of Aideed's funding comes from banana plantations in the Shabelle regions. The Shari'a court militias that have emerged as a powerful force in the past two years are a third element in the struggle for power in the Shabelle regions. The court militias are usually Habr Gedir-based but are in direct conflict with the clan-based militia of Aideed and there have also been clashes between different court militias, even though militia members have come from the same clan.

3.3.4 Bay and Bakool Regions

All representatives of the UN agencies informed the delegation that there are still some divisions within the RRA over how much support to give to Abdiqassim's new administration. Originally there were plans to base the TNG in Baidoa, at least initially before a move to Mogadishu.

According to a UN source the very recent history of conflict with the Hawiye, particularly Hussein Aideed's Habr Gedir militia, has left some Rahanweyn leaders reluctant to sacrifice recent gains in favour of a government led by a Hawiye. Ethiopian forces remain in Bay and Bakool regions backing the RRA.

The Baidoa area could see tensions, as the Rahanweyn elders and the RRA are split on the matter of support for the TNG. The Rahanweyn elders support the TNG but the RRA leadership is against it. According to the UN Somalia Monitor, Baidoa continues to be politically and militarily tense. On 4 November 2000 the RRA arrested 17 traditional Rahanweyn leaders who support the TNG. Over the following weekend, this led to two armed confrontations between the RRA and militia controlled by Rahanweyn elders, resulting in two deaths. Several Rahanweyn elders are reported to be on the run in the bush. Although he remains opposed to the TNG, RRA number two Sheikh Aden has reportedly strongly criticised the military leader of the RRA, Hasan Muhammad Nur 'Shatigaduud', over this action.

IRIN Update on the Horn of Africa reports on 16 November 2000 that confusion affecting loyalties and decision-making within the RRA in Baidoa has led to a deterioration in security. Sources in Baidoa told IRIN that reported sackings of local officials were reflective of the "indecision" of Hasan Muhammad Nur 'Shatigaduud'. According to IRIN's source, the Governor of Bay region, Muhammad Ali Adan, has been dismissed as well as the RRA liaison officer and the commander of the militia.

Hasan Muhammad Nur 'Shatigaduud' announced his opposition to the TNG after initially being elected a TNA member at the Arta peace conference. He travelled to New York with the new Somali President, but later returned to Baidoa, withdrew his support, and arrested those who attended the Arta elections for the TNA. Sources in Baidoa told IRIN that insecurity in the town had increased with militia "getting out of hand" and shooting around the town. Roadblocks had sprung up near the town.

3.3.5 Mogadishu (Benadir Region)

Armed clashes and banditry have continued in Mogadishu. All the representatives of UN agencies that met with the delegation stressed that one of Abdiqassim's earliest priorities will be to establish an effective police force in Mogadishu and demobilise the existing clan-based militias in the city, essential if his administration is to be able to relocate there from Arta.

David Stephen and Wayne Long informed the delegation that Abdiqassim has appointed a security committee under General Mohamed Nur Galaal, a Habr Gedir, and General Jil'ao, an Abgal who is close to Ali Mahdi, to oversee the establishment of a new police force. The important task of demobilising the Hawiye militia is therefore in the hands of a professional Habr Gedir-Abga partnership. General Galaal was a member of the former national police force, a respected body, and is not considered clan-minded.

A recruitment drive for at least 4,000 officers for a new Mogadishu police force began in September 2000. Faction leaders including Hussein Aideed, Musa Sude and Osman Ali Ato reacted by threatening to prevent the deployment of any new police force in territory that they control. There isstrong business backing for the new police force and the Chairman of the South Mogadishu Shari'a court declared his support for it. Some Shari'a courts, however, have declared their unwillingness to have their militias incorporated into the new force because they oppose the inclusion of members of the "warlord" militias in the same force.(17) An attack later in September 2000 by Aideed's forces in an area of Mogadishu's Bermuda district controlled by Ali Mahdi was seen as a setback to Abdiqassim's plans for restoring order to the capital.(18)

Two supporters of the TNG have been killed in Mogadishu. General Yusuf Talan was killed on 18 October 2000 shortly after he had been appointed as head of the committee on disarmament. Hasan Ahmed Elmi, a member of the TNA, was killed on 12 November 2000. In both cases no-one claimed responsibility for the murder.(19)

According to the UN Somalia Monitor, October 2000, Mogadishu is quiet, but politically and militarily tense. Random banditry continues. Opposition forces remain in control in key areas, including Villa Somalia – the seat of the government – and there is still risk to guests of the government. The TNG Defence Minister Abdullah Baqor Musa "King Kong" has called for former Somali Army members to assemble at bases near Mogadishu for duty. By mid-November 2000 the UN had received reports to the effect that 10,000 men had responded to the call.

3.3.6 Gedo region

Wayne Long informed the delegation that Gedo region is calm and is one of the quieter regions in southern Somalia. It is also agriculturally productive. The security situation at present allows UN staff to move freely in the area without escort and it is possible to drive from Mandera in Kenya via Luuq as far as Baidoa. Ethiopian forces may be found in territory up to 100 km inside Somalia and they effectively keep the peace in the area where the borders of Somalia, Ethiopia and Kenya meet, mainly in around the towns of Luuq, Dulo and Belet Hawe.

While Ethiopia is not in direct control of this territory, its forces will intervene if the security situation deteriorates there. The Marehan-based Somali National Front (SNF) faction has district chiefs in the north of Gedo but its position is somewhat weaker in southern Gedo, where Islamic fundamentalist influence remains. From a purely security point of view, Marehan and even Bantu could be repatriated in safety to Gedo.

According to the UN Somalia Monitor the Ethiopian forces were still in Gedo region in October 2000. Their combined strength is estimated to be approximately 300 troops and they are based in Belet Hawe, Luuq and Dulo. Reports indicate that they have stepped up patrolling recently in terms of both size and intensity, but the Gedo region remains quiet.

3.3.7 Kismayo and the far south

Wayne Long informed the delegation that Kismayo and the area south to the border with Kenya remain in a chaotic state and are very unsafe. Many people have fled Kismayo city. Clashes between Marehan and Ogaden forces, and in-fighting between rival Marehan clans, continue along the southern border with Kenya. The far south of Somalia is also prone to Islamic fundamentalist activity.

The Coordinating Commeetee of the Benadiiri people in Mombasa (Kenya) 1991

This photo has been taken in memory of the presence of Dr lee Cassinelli among the Benadiri Community members in Mombasa (Kenya) 1991

4. Introduction to the minority groups in Somalia

4.1 Historical background

Several representatives of the minority groups stressed that most of the so-called minority groups in fact constitute the original population groups of Somalia, who were driven to the fringes of Somalia when the major Somali clans expanded southward. Some of these groups consider the civil war of the 1990s and its aftermath as a next, and for some groups final, phase in this process of driving the original population groups from Somalia.(20)

Historical claims and grievances play an important role in current political debates in Somalia. Moreover, interpretation of history is itself a contentious political issue. Descriptions of the historical backgrounds of Somali minority groups and clans are based only partly on historical facts, while another part is based on myths that serve to define the identity and/or political allegiance of the group or clan. This explains why there may exist different versions of the history of Somalia, according to the different actors at different times on the Somalia scene.

In the tenth or eleventh centuries,21 Somali clans pushed into the eastern Horn of Africa, first northward from southern Ethiopia 22 , and then southward into the inter-riverine regions. At the time Oromo and other pastoral tribes as well as hunter-gatherer groups, such as the Eyle, inhabited the Somali interior. *Bantu* communities farmed along the river valleys. Along the coast, several ancient trading cities had been established since the ninth century by a mix of Arab, Persian and other communities who developed their own ethnic identities as *Benadiri*. The *Bajuni*, a Swahili fishing people, also lived on the southern coast.

In the inter-riverine regions between the Juba and Shabelle rivers, the Digil-Rahanweyn clan, composed primarily of other clans absorbed into the lineage as they settled, adopted a sedentary, agro-pastoral lifestyle. The southward expansion of the Somali clans accelerated again in the mid-19 th century, when clans from the central and north-eastern regions, probably responding to population pressures in their marginal, arid lands, crossed the Juba river and migrated all the way into northern Kenya. At the same time, Somali populations along the Benadir coast imported slaves from East Africa to provide labour for a rising slave-based grain export economy along the lower Shabelle river. Descendants of those slaves, along with remnants of the original Bantu farming populations, constitute the Jarer (Jereer) or Bantu minorities that populate agricultural villages in much of the Shabelle and Juba river valleys. This history of, often violent, migration left several important legacies to the Somalia of Siad Barre. First, it produced a dominant Somali culture as well as universal adherence to Islam. Yet, significant diversity existed beneath the surface of what appeared a highly homogeneous society. The ancient coastal populations retained their distinct ethnic identities outside the Somali lineage.

Bantu communities, though usually affiliated with Somali clans, were considered a low-status ethnic group and continued to endure racial prejudice. The more settled, agro-pastoral Rahanweyn clans of the inter-riverine areas were significantly different in culture, political organisation and language from their nomadic cousins. Siad Barre's political ideology of Somali nationalism and equality tended to mute these differences and draw members of minority groups into co-operation with the regime. Since the collapse of the state in 1991, however, these ethnic distinctions have vigorously reasserted themselves.

The Rahanweyn, Bantu and coastal populations were the main victims of both a famine and a civil war imposed on them by the dominant pastoral clans. Large numbers of these groups subsequently fled the country. In the past twenty years the position of these groups, who traditionally are not armed and who fall outside the Somali clan law of blood compensation, has remained precarious, especially in the conflict areas.

4.2 Present situation of minority groups in Somalia

During the civil war the minority groups of Somalia were among the most vulnerable and victimised populations in the country. These groups did not have any militia as most major Somali clans did. Generally members of the various minority groups were and still are unarmed and they were very often victims of the killings, lootings, rapes, abductions, exclusions, displacements and other forms of aggression committed by members of the major Somali clan-based militias. This was and still is the case in parts of central and southern Somalia.

Some of the minority groups sided with, or have been forced to side with, various militias during the civil war years and some also sided with, or have been accused of having sided with, the regime of Somalia's former dictator Siad Barre. When war anarchy broke out in central and southern Somalia these minority groups faced severe retribution and acts of revenge from the militias that had been fighting the Siad Barre regime. According to Cassanelli some of these minority groups were even subject to waves of invasions by successive militias (Cassanelli, 1995, p. 7).

Dr Adam Abdelmoula, Human Rights Officer, UN Office of the High Commissioner for Human Rights (OHCHR), Nairobi, informed the Danish Immigration Service in August 2000 that there are four main human rights concerns in Somalia, namely the status of the minorities, the plight of the displaced, the status of women and the situation of civil society groups under the control of the"warlords".

The Somali minority populations are not evenly distributed throughout Somalia. There is a concentration of minority groups in the central and southern parts of Somalia, especially in urban centres along the coastline and along the two main rivers, Shabelle and Juba. In the urban centres of Mogadishu, Merka, Brava, Afgoye and Kismayo one may find the remains of what used to be functioning minority communities with their own cultural identity.

Also, along the two rivers a large Bantu population still live as agriculturalists, although they have been under heavy pressure from the major Somali clans to hand over their agricultural land to members of these clans. Inland in Somalia one may find other minority populations including various religious groups such as the Ashraf, and also the Midgan groups who have special occupational skills.

Kalunga Lutato, Head of Somali Operations, UNHCR-Nairobi, informed a member of the delegation that although members of minority groups in Somalia are, at the present time, generally not individually targeted by members of the major Somali clans or their militias, under certain conditions they might be. This is typically the case when a former positive relation or alliance between a minority group and a major Somali clan is subject to a change as a result of a shift in the local power balance between major Somali clans and their militias. Such changes of relations between major clans and minority groups still occur in Somalia.

A recent example of this took place in June 1999 when a so-called "alliance", or understanding, between the Bajuni minority group in southern Somalia and General Morgan's Somali Patriotic Movement (SPM) militia broke down with the defeat of the SPM forces and the conquest of Kismayo by an unusual alliance of the Aideed-controlled Somali National Alliance (SNA) militia and the Marehan-based Somali National Front (SNF) militia.

The Bajuni communities in Kismayo and on the Bajuni islands suffered from serious suppression and repeated looting by the allied SNA/SNF forces. Kalunga Lutato explained that some of the Bajuni fled all the way to Bosasso in North East Somalia(Puntland) while those that stayed behind sent an appeal dated 26 September 2000 to the UNHCRoffice in Nairobi for assistance, stating that their islands and property were being looted repeatedly by the Somali militias.

Kalunga Lutato explained that minority groups are especially vulnerable to fluctuations in the local power balance, as they are mostly unarmed and totally dependent for their protection on a major Somali clan-militia. If that protection disappears they are at the mercy of their new "masters". This situation applies, for example, to a number of the Bantu communities along the Shabelle River, especially those in Lower Shabelle region. Another aspect of vulnerability among the minority populations in Somalia is that there is no national government with institutions to protect these populations against the militias and individual Somalis.

Kalunga Lutato gave an example of such vulnerability among the Bravanese. The Bravanese did not normally intermarry with members of the main Somali clans or other groups and consequently their own distinct ethnicity was fairly well preserved. They were, in a way, an isolated and distinct people and their property, and their women, were beyond the reach of members of the Somali clans. When the state collapsed in 1991 and the Bravanese lost their "protection" from the central government they soon became targets for various militias that raged through the coastal areas of central and southern Somalia.

The militias especially targeted Bravanese women and many were raped or forced into marriage with non-Bravanese Somalis. The Bravanese women were seen as "attractive" to the Somali militias in the sense that before the collapse of government they were "inaccessible" but when the government fell they were easy victims. Kalunga Lutato stressed that in order to deal with asylum claims from members of minority groups in Somalia it is important to understand what kind of persecution a minority group has experienced during the war. It is important to know what has happened to them in Somalia.

Groups such as the Bantu who have lost their property and land are unlikely to be able to return to Somalia in the foreseeable future. That is also why the UNHCR is in the process of resettling Bantu refugees currently in Kenya in other countries such as the United States. Should the situation in Somalia become "normalised" and the threats against members of the minority groups be stopped some of the "minority" refugees should be able to return home. However, a settlement of the whole question of private ownership of property in Somalia, especially houses and land, will be crucial for such a normalisation to take place. Wayne Long, Chief Security Officer, UNDP-Somalia, considered that the minorities in Somalia are generally not in control of their own lives.

Even in northern Somalia (Somaliland and Puntland) the dominant Isaaq and Majerteen clans effectively determine the position of the minorities. Small groups of Midgan (Gaboye) are living in both Somaliland and Puntland but they have little influence with the authorities on matters concerning their own communities. In Somaliland the minorities have a small representation in the Parliament, but in real terms their influence is extremely limited.

Wayne Long emphasised that minorities can rarely challenge the dominant Somali clan militias on a military basis, as they have no military capability of their own. One exception to this is the Bimaal, who he described as a "neo-Somali" group, part of the Dir clan-family but of mixed Arab ancestry, who have no organised militia but are able to assemble small armed groups to challenge Habr Gedir dominance.

Also, some Bantu communities along the Shabelle river, who have been continually losing their traditional lands and properties to encroaching Somali clans, have been able to assemble small defensive groups against predatory Somali clan militias. The transitional charter agreed at the Arta peace conference in Djibouti provides for the establishment of a land commission. However, Wayne Long estimated that it might take a very long time before the land issue is resolved in Somalia, maybe even as long as 50 years. He added that a fact to take into consideration in regard to the land issue is that many of the present "soldiers" in the militias are mostly from the rural areas and many were nomads.

According to Wayne Long, Bantu working on plantations in the south live in a situation akin to slavery. Bantu have no bargaining power against the main Somali clans, particularly the Hawiye in Lower Shabelle and the Darod in Lower Juba. In most southern and central areas there is not even a vague pretence of rights or representation for minorities, with the exception of a few isolated areas where the power of Somali clan militias and the Shari'a courts is limited, such as Qorioley and Brava. In Brava, Habr Gedir control, established in the mid-1990s, weakens at times. In the past two to three months much of Aideed's militia force has moved back towards Mogadishu, in anticipation of a power struggle in the capital in the wake of developments at Arta. At times such as this, when militia power diminishes, the Bravanese are able to resume some degree of control over their lives. Some local authority is able to assert itself, providing it is not seen as a direct threat to Aideed's overall position. Bravanese may even be able to regain property taken by Habr Gedir occupiers although such regained property is always liable to be retaken when militia control reasserts itself.

Some Bajuni were resettled on their traditional islands south of Kismayo by UNHCR two years ago, but Wayne Long informed the delegation that returnees have not fared well. Somalis from dominant clans have harassed returnees and the area is also prone to Islamic fundamentalist activity. Bajuni returnees have little control over their lives on the islands and it has been reported that dominant Somali clans even control their water supply. The delegation held a meeting with elders from the Bajuni clan who stressed that the position of returnees to the islands was hopeless and many had made their way back to Kenya.

A UN source in Nairobi estimated that in the present situation there are no longer any generic threats to any of the minority groups in Somalia. But the delegation was also told that the Reer Hamar community of Mogadishu and the Bravanese community of Brava have almost ceased to exist in Somalia. They have been dispersed, number a few thousand at the most along the southern coast, and have nothing to go back to. The same source added that the new government (the TNG established at the Arta peace conference in Djibouti) would be seen not as a government of the minorities but as a government of the victors.

A UN source informed the delegation that while Midgan (also referred to as Gaboye in northern Somalia) suffered during the civil war, they are now safe in Somaliland and Puntland. Some Gaboye work for UN projects in Somaliland. Their position is similar in southern and central Somalia. Midgan from the south might be able to relocate to the north without being threatened, although they might find themselves in conflict with northern Midgan (Gaboye) for the same jobs.

Finally, several sources pointed to the latest political developments in Somalia and emphasised that for the first time in Somali history the minority populations of Somalia are representing themselves in a national parliamentary assembly (the TNA) although the assembly is not yet established firmly in Somalia. During the Djibouti conference the minority communities were allotted 29 seats in the TNA. A few of the minority communities such as the Shekhal have been included in the Somali clan with which they are attached or affiliated. The Shekhal is included in with the Hawiye clan-family's

TNA seat allocation. But most of the minority communities are being represented in the TNA through their own group, the so-called "Alliance Clans Community", which has 29 seats in the assembly.

4.3 Somali minority refugees in Kenya

Several representatives of the minority groups interviewed drew the delegation's attention to the present difficult situation of their groups in Kenya, since the closure of the coastal camps for Somali minorities in 1997 (e.g. the Bajuni, the Bantu and the Benadiri, see also chapters 5.5, 6.5 and 7.5).

Regarding the closure of the coastal refugee camps in Kenya in which a number of minority groups had been staying, Kalunga Lutato stated that the closing of these camps came about for a combination of reasons. In 1994 the Kenyan Government decided that the Somali refugees should leave the so-called designated camp areas near Mombasa. A large proportion of so-called minority refugees from Somalia stayed in these coastal camps. The Government found no justification for the camps to be located in the populated areas near Mombasa. The Government then designated the Dadaab refugee camp as a major place of refuge for all Somali refugees. Those that had problems in the Dadaab camps were later moved to Kakuma.

According to Perouse de Montclos the Kenyan Government policy towards refugees is to keep them in camps away from the main urban, economic and tourist centres of the country. Furthermore they are kept in a state of dependence that is supposed to compel them to return to their homeland as soon as possible.(23)

Kalunga Lutato explained that Somali refugees who have left their refugee camp in Kenya are no longer supported by the UNHCR. This is part of the agreement between the UNHCR and the Kenyan Government. Somali (and any other) refugees can only be assisted in the so-called designated areas, i.e. the recognised refugee camps. However, once a refugee has left the camp he or she is still under the protection of the UNHCR and is still recognised as a refugee in Kenya. Kalunga Lutato added that according to the knowledge of the UNHCR no Somali citizen – whether a person from a minority group or a person from one of the major Somali clans – recognised as a

According to Perouse de Montclos the Bajuni are locally called *tiku*, and they are essentially found on the islands of Koyama, Ngumi, Chovayi or Chula and in the city of Kismayo, of which they claim paternity.(27)

The elders described how the communities on the islands maintained close links with each other and with Bajuni communities along the coast and in Kismayo. Bajuni from the islands would usually have spent a part of the year in Kismayo, where it was essential to travel for trading fish, purchasing essential commodities, medical treatment and any official business with government bodies.

The elders estimated that before the civil war the total number of Bajuni was some 11,000, although they were not exactly sure of the number. Cassanelli (28) estimated the number of Bajuni at perhaps 3,000 to 4,000. With the collapse of central government in 1991 and the ensuing clan-based civil war many Bajuni fled the islands and coastal settlements and moved south to Kenya. Some Bajuni remained on the islands and even in Kismayo but during the civil war it was not possible for the Bajuni that had left for Kenya to maintain communication with those that had remained in Somalia.

5.2 Language

According to the elders most Bajuni speak some Somali, although the main language spoken by the Bajuni is Kibajuni, a dialect related to Swahili. The Bajuni elders advised the delegation that younger Bajuni, who have lived mainly in exile, alienated from mainstream Somali society, may have only a very limited knowledge of Somali but they stressed that they should know at least some key words in Somali as their family elders would have taught them. Bernard Harborne, Chief of the UN Co-ordination Unit for Somalia, with whom the delegation met, also stated that most Bajuni are able to speak some Somali in addition to Kibajuni.

The Bajuni elders informed the delegation that, although their language, Kibajuni, is related to Swahili, their language is very different to the Swahili dialect spoken in the areas of Kenya immediately below the Kenya-Somalia border, including the islands that continue from the Somali border down along the coast towards Mombasa, although there are some common words.

5.3 Socio-economic situation

5.3.1 Relationship with other groups and clans

The Bajuni elders considered that the Bajuni had traditionally held a low status in Somalia and were regarded as inferior by the Somali clans. The Bajuni had enjoyed very few educational or employment opportunities and most had survived as fishermen. Perouse de Montclos considers the Bajuni as a community apart from all other Somali populations.

They do not lay claim to being Somali, Bantu or Swahili and they may even have Indonesian or Yemenite origins. Perouse de Montclos explains that even before independence the Bajuni felt marginalised and they formed a short-lived political movement, called the Fiqarini Youth. Since then the region of the Bajuni has been the scene of serious fighting between the Hawiye and the Darod clan militias. The Bajuni were on good terms with the Darod, but were accused of treachery when they refused to fight against the Hawiye. Perouse de Montclos adds that while the Bajuni organised the Darod exodus to Kenya, they were then blamed for enriching themselves and sinking refugee ships that were refused entry by the Kenyan authorities.(29)

The Bajuni elders explained that under the Siad Barre administration Somalis had been told not to use clan names. The Bajuni had been told to refer to themselves not as Bajuni but as "jazira", meaning islanders. Despite the official policy of Siad Barre opposing clanism the term jazira enabled clan Somalis to identify the Bajuni as non-Somali. The elders explained that it was difficult at that time for Bajuni to acquire passports or seamen's certificates and other official documents and that they were discriminated against in dealings with government institutions.

The Bajuni elders made it clear that the Bajuni do not consider themselves to be a Benadiri people, although they did acknowledge that they had some links with the Bravanese people who live further along the coast past Kismayo towards Mogadishu. Trading links existed between the Bajuni and the Bravanese before the civil war. The

Bajuni traded fish for various commodities with the Bravanese.

One member of the Bajuni group that met with the delegation stated that his sister is married to a Bravanese man, but the Bajuni elders emphasised that such examples of intermarriage came about through the traditional trading links between the Bajuni and the Bravanese rather than from any particular kinship bond.

The UNHCR genealogical table of Somali clans and groups (annex 3) shows the Bajuni as a Bantu sub-clan. The delegation did not, however, receive information from any other source that indicated that this was the case. The Bajuni elders stated that the Bajuni have no close links with the people in Kenya who live immediately below the Somalia-Kenya border on the coast and islands. The islanders in Kenya did assist the Bajuni when they left Somalia in large numbers in the early 1990s, before they travelled on to camps in Mombasa, but links with the islanders in Kenya have not continued since the Bajuni moved into the camps.

5.3.2 Occupations

The elders informed the delegation that the principal occupation of the Bajuni was fishing in the waters around their islands in small boats. Fish were traded in coastal towns, mainly in Kismayo, although the Bajuni enjoyed trading links with the Bravanese further along the coast from Kismayo towards Mogadishu. There are a number of usually uninhabited islands in the chain of islands that run south from Kismayo to the border with Kenya. It was usual for the fishermen to remain for part of the year in small camps on some of these islands, where fish would be dried ready for trading.

Some Bajuni women worked, mainly gathering shellfish on the islands. They would not accompany the men on the fishing boats or stay with them in the seasonal fishing camps on the uninhabited islands. The Bajuni do not fish the waters south of the Somalia-Kenya border as to have done so would have incurred hostility from the local fishermen there and from the Kenyan Navy, which patrols the waters along the border. Those Bajuni that had returned to the islands when the Jomvu UNHCR camp was closed in 1997 had been unable to assume their former occupations as fishermen, as the group of elders explained.

Their property had been taken and they could not reclaim it from clan Somalis who occupied it. Returnees had been robbed of everything they possessed when they reached the islands and even those who had managed to resume fishing had had their nets cut and boats taken from them. In order to survive on the islands some Bajuni had attempted small-scale farming, but are always at the mercy of the Somali clans that still occupy the islands.

5.4 Security and human rights situation

The Bajuni elders informed the delegation that in the late 1980s, as Siad Barre's rule weakened, the Bajuni began to suffer more at the hands of Somali clans. Groups of Somalis mounted looting raidson the Bajuni islands. As Barre's administration collapsed in 1990 and 1991 the Bajuni were attacked by organised Somali clan militias, who wanted to force the Bajuni off the islands, particularly the Ogadeni SPM from Raskamboni and, later, Aideed's USC/SNA forces. Attacks became more severe and rape of Bajuni women was common. Bajuni property in Kismayo was occupied by the Marehan and mainly by the Majerteen on the islands. As the situation deteriorated in the civil war many Bajuni left Somalia for Kenya, the majority having left during 1992, by which time their position had become untenable.

The Bajuni elders stressed very strongly that they considered themselves unable to return to Somalia. Somali clans still occupy the islands and Kismayo remains in a state of near anarchy. Although there have been no reports of Bajuni returnees being killed, returnees have been unable to recover their property and cannot support themselves economically. The elder who had returned to the Bajuni islands when the Jomvu camp had closed in 1997 described his experiences on reaching home.

He had been beaten and forced to work for no pay, only food, for clan Somalis who still occupy the islands. After two months he decided to return to Kenya, even though he knew that he would not receive any support from UNHCR as he had left the camps. Wayne Long, Chief Security Officer, UNDP-Somalia, confirmed that the position of Bajuni returnees to the islands was very poor and that it was very hard for them to maintain themselves in the face of harassment from occupying Somali clans.

He understands that Somali clans even control Bajuni water supplies on the islands. Kalunga Lutato, Head of Somali Operations, UNHCR-Nairobi, informed a member of the delegation on 28 September 2000 that with the fall of Kismayo in June 1999 to allied SNA/SNF forces a Bajuni-SPM "alliance" was destroyed and Bajuni property on the islands was looted by SNA/SNF militias, forcing many Bajuni to flee. Some Bajuni made their way to Bosasso in Puntland.

Those Bajuni that remain on the islands are still suffering as the SNA/SNF forces that took Kismayo regularly attack the islands, looting property and boats. He added that two days earlier UNHCR had received an appeal from the Bajuni still on the islands stating that the islands were now occupied and controlled by Somali militias.(30)

Wayne Long informed the delegation that the security situation in the far south of Somalia is chaotic and very unsafe, with clashes continuing between rival Somali clan militias. The area is also prone to Islamic fundamentalist activity. Regarding Kismayo, he described the situation there since the city's capture by SNA/SNF forces as "hell".

5.5 Bajuni refugees in Kenya

The Bajuni elders informed the delegation that most Bajuni who fled Somalia in 1992 had initially travelled to Mombasa and were accommodated there or in the Marafa camp near Malindi. From 1993 they were accommodated at their own request in their own camp at Jomvu. In 1997 the Kenyan Government asked UNHCR to close Jomvu camp.

The Bajuni elders stated that UNHCR, at the time, considered that conditions in the Bajuni islands were sufficiently good for the Bajuni to be able to return there. UNHCR therefore gave the Bajuni in Jomvu the choice of relocation to the Kakuma camp, inland in the Rift Valley, or returning to the Bajuni islands in Somalia. UNHCR encouraged Bajuni elders to return to the islands, as this would then encourage other Bajuni to follow.

Kalunga Lutato explained that Jomvu camp was closed for a combination of reasons. Firstly, the Kenyan government decided that Somali refugees should leave the designated areas along the coast as there was no justification for camps to be sited in populated areas, such as around Mombasa. The Kenyan government designated the Dadaab refugee camp as the major place of refuge for Somalis. Those that had problems there were later moved to Kakuma camp. A second consideration was that up to May-June 1999 the areas of origin in Somalia of some minorities, such as the Bajuni, were seen by UNHCR as being safe for returns. A large majority of Bajuni were therefore repatriated to the Bajuni islands.

Kalunga Lutato stated that UNHCR was sorry that some Bajuni had not opted for repatriation as the closure of the camps on the coast meant that some Bajuni had to transfer to Kakuma camp in north-western Kenya, an inland area far away from the sea and the normal Bajuni environment. UNHCR had believed that the Bajuni would only stay in Kakuma for a temporary period but in June 1999 the allied forces of the SNF and Aideed's SNA took over Kismayo and expelled General Morgan's SPM forces, as a result of which UNHCR decided that further returns to the Bajuni islands were not possible.

According to the Bajuni elders some 2,500 Bajuni returned to the islands in Somalia from 1997 onwards but received no assistance other than the cost of their journey home. Those Bajuni that remained in Kenya were unhappy at the prospect of relocation to Kakuma camp. Being a coastal people they would have preferred to remain in Jomvu on the coast.

The Bajuni elders stated that their position in Kenya was very poor, as UNHCR would only provide support to Bajuni who moved to Kakuma camp. The elders that met with the delegation were living in Nairobi and were reliant on donations from sympathetic religious groups and individuals. Bernard Harborne informed the delegation that UNHCR ended the repatriation of Bajuni in 1999 after Kismayo changed hands and the security situation deteriorated in the far south of Somalia.

6. Bantu

The delegation met with a group of Bantu elders in Nairobi. These elders explained that normally a Somali of Bantu as well as of non-Bantu origin will refer to a Bantu as a "Jarer", which indicates that the person has strong curly hair. According to Perouse de Montclos the Bantus are also called *habash* (meaning servants) by the Somali and *shanqila* by the Ethiopian Oromo along the River *Shabelle.(31)*

The American anthropologist Catherine Besteman regards the term Gosha as referring to the geographical area in which the Bantu live in the Juba Valley area. Gosha is classed as "dense jungle" and denotes the forested banks of the Juba river in Southern Somalia, i.e. the area between Kismayo and the town of Saakow. She makes a distinction between the "Gosha" or Bantu populations of the Juba Valley and the other Bantu farmers of the Shabelle Valley. She claims that the farmers of the Shabelle Valley have a distinct history and a somewhat different position in Somali society.(32) The majority of the riverine farmers of the Juba Valley are descendants of slaves acquired by Somalis in the 19 th century.

According to Besteman it has been estimated that around 50,000 slaves were absorbed into the riverine areas between 1800 and 1890. During this period of expanded agricultural production in the Shabelle Valley, the more remote and forested Juba Valley remained largely uninhabited until the 1840s when the first fugitive slaves from the Shabelle Valley arrived and settled along the river. They were followed by a constant and increasing number of runaway slaves from the Shabelle Valley.

Around the turn of the 20th century between 30,000 and 40,000 former slaves had settled in villages along the Juba river. These settlements were initially established along the lines of East African ethnic affiliations: Yao in one village, Nyasa in another, etc. Even today some villages in the Lower Juba area continue to retain a sense of ethnic distinctiveness, especially those settled by Mushunguli. By the late 19 th century settlement patterns had begun to change as affiliations with Somali clans emerged as an important force in shaping village identity. This process took place as former slaves entering the area after about 1890 began to settle in communities of people who had been enslaved to the same Somali clan. Many people that arrived in the Juba Valley around the turn of the 2oth century had been enslaved as children or had been born into slavery and thus held only enuous connections to their original ethnic groups. For them, Somali clan affiliation provided a degree of social organisation and identity. Affiliation with Somali clans was strengthened by the influx of so-called pastoral slaves, for example Oromo pastoralists. Somalis captured Oromo, especially women and children, during raids and wars and they became slaves or servants. Intermarriage between the Oromo and the descendents of the slaves in the Juba Valley. Later, so-called "reer Shabelle" into the valley, starting in the late 1920s and continuing into the 1960s.

Their history is obscure, but they speak Somali, practise Islam and are closely affiliated with the Somali Ajuraan clan in their home area of Kalafo on the Shabelle River across the border in Ethiopia. Many *reer* Shabelle settled in Ajuraan-affiliated villages in the mid-valley area.(33)

Besteman concludes from her historical sketch that it demonstrates the varied background of the people who settled the Juba Valley. These people are referred to in various terms. The derogatory term *adoon* (meaning slave) is still used to describe this population, but the more neutral term *Gosha* has become more prevalent as an inclusive identifier. Perouse de Montclos explains that refugee status has altered the collective identity of the Gosha.

The name Gosha has now been refused or left behind by the Bantu refugees in Kenya. It is considered pejorative because it refers to the "sleeping sickness" of the tsetse fly, i.e. idleness. They instead prefer to be called "Mushunguli" after one of the founders of fugitive slave communities along the Juba River.34 The term *jareer* means "hard (or kinky) hair" and literally denotes hair texture and other physical characteristics such as particular bone structures and facial features, which are negatively valued by Somalis. Gosha are said to be bulkier while so-called "pure" Somalis are said to have longer, more slender fingers. But most significantly according to Besteman, the people who are *jareer* are considered more "African", as distinct from Somalis, who are considered more "Arabic".

In opposition to the term *jareer* is either the term *jileec* (or *jileyc*), meaning "soft" or, more commonly, *bilis* (which is the opposite of *adoon* or "slave"). Besteman notes that Oromo descendants are not considered *jareer,* but this distinction is blurred by the fact that Oromo have intermarried with *jareer*, the descendants of the slaves. According to Besteman the term *jareer* has its greatest significance in the cultural values embedded in being *jareer* (or "African").

It is a term that refers to history, that of non-Somali pagan slave origins, a history devalued in Somali culture and ideology. This has the effect in social terms that carrying a *jareer* identity is a denigrated status within the Somali social structure. On this basis Besteman concludes that the people of the Gosha, grouped together as jareer, share a lower status within Somali society. The Bantu elders with whom the delegation met urged that the Bantu population in Somalia should not be considered as a minority population in Somalia, because, they argued, the Bantu constitute a majority in a number of regions in Somalia.

According to Perouse de Montclos 35 the Bantu of southern Somalia represent a minority whose marginality is more easily seen. They represent less than 2% of the inhabitants of the country. Perouse describes the Bantu as made up of the descendants of slaves and Negroid groups present before the Somali migration. They are generally despised. While some succeeded in making themselves respected and in working on an equal footing with their neighbours, they do not belong to Somali lineages and are considered to be second class citizens.

6.1 Groups and sub-groups, geographical distribution

The Bantu elders estimated that between 30 and 40% of the population in Somalia are Bantu, but they acknowledged that no reli-

able statistics exist. A UN agency in Nairobi could not confirm these figures, but considered the estimate to be a slight exaggeration while at the same time they confirmed that no reliable statistics exist concerning the figures of the various population groups in Somalia. The same agency confirmed however that the Bantu population constitutes a majority of the population in a number of districts along the two main rivers in Somalia.
34 Perouse de Montclos (1997).
35 Perouse de Montclos (1997)

30 Report on minority groups in Somalia

According to Perouse de Montclos (1997) the Bantu population in Somalia includes nearly one hundred thousand Swahili-speaking Gosha that are sometimes called *dalgolet* ("forest people" in Somali), *molema* (or *mlima*, "mountain people" in broken Swahili), *watoro* ("runaway slaves" in Oromo) or *oji* (from the Italian word *oggi*, "today", because these Bantu were said not to think beyond the present day).

According to the Bantu elders the Bantu mainly occupy the territory between the two main rivers in Somalia, the Shabelle and the Juba, the so-called inter-riverine area of Somalia. The area covers eight regions in southern and central Somalia. The elders stated that in the regions of Middle- and Lower Shabelle, Middle- and Lower Juba, Bay, Benadir and former Upper Juba (parts of which are now in Gedo region) the Bantu population is still today actually a majority.

The Bantu elders stated that so-called Negroid (black-skinned) Benadiri are considered to belong to the Bantu population and are called "Zanj", which means black or land of the black.36 The Zanj intermarry with the Bantu but the other, so-called 'light-skinned', Benadir population does not intermarry with the Bantu. The Zanj are slaves of the light-skinned Benadiri.

Perouse de Montclos considers the so-called Zendj (Zanj?) as a Negroid group of pre-Somali settlers. They were referred to by Arab travellers and Swahili as Kashour ("fugitives") and Wa-Nyika ("bush people") respectively. Some were later chased away or deported out of Somalia, but others remained in Somalia as farmers, hunters, fishermen, and artisans. They live between the Shabelle and Juba Rivers in the "green" part of Somalia, especially Jalalaksi, Kurtunware, Sablale, Dujuma, Garbahare and Jowhar districts.

The term "Bantu" covers a large number of sub-groups but these groups all consider themselves as belonging to one large group, the Jarer. However, according to the Bantu elders, some Bantu groups have been "brainwashed" to such an extent that they identify themselves with the non-Bantu clans with which they have been attached for a long time.

According to the Bantu elders the Bantu population is made up of a number of lineages, some of which live in certain areas and some of which are mixed and/or have resettled in other places in Somalia. Only a few groups are distinguished by their location, such as the Mushunguli, almost all of whom live in Lower Juba region. There are a number of well-known Bantu groups that are not attached and have not been swallowed up by the non-Bantu Somali clans. All of these Bantu groups are referred to as lineage-groups:

- Shabelle
- Shiidle
- Kabole
- Mushunguli
- Gabaweyn (Garbaweyn)
- Eyle (Eile)
- Makane

There is another group of less well-known Bantu-lineages, most of which are living in the Lower and Middle Juba areas:

- Manyasa
- Miyau
- Majindo
- Makua

36 Cf. chapter 7: the Benadiri did not give any indication that they considered some of their groups as Bantu.

31 Report on minority groups in Somalia

- Mlima
- Pokomo

• Manyika

The Bantu elders explained that many Bantu groups would readily identify themselves with the non-Bantu clan that they are attached to and a Bantu from such a group will say, for example, that he is a Hawadle or an Abgal etc. Such a person considers his identity as totally incorporated into the non-Bantu clan with which he is affiliated. The above-mentioned second group of less well-known Bantu lineages originally came from one of the first-mentioned more well-known groups but have lost their identity to other non-Bantu groups. Migration and intermarriage can also result in a situation where a Bantu will not identify himself as belonging to one of the Bantu groups. According to Somali sources quoted by IRIN those Bantu that have assimilated themselves with the indigenous clans they live with are known as '*sheegato*', which means they are not bloodline clan members, but adopted.

The UNHCR overview distinguishes three so-called "Bantu groups": Mushunguli, Swahili and Bajuni. The Eyle are considered as a Mirifle sub-clan and the Gabawayn (Garbaweyn) as a separate minority group (see annex 3). Perouse de Montclos considers the Mushunguli and the Eyle (Eile) as Bantu groups.37 During its mission to Gedo region the Danish Immigration Service was informed that the Gabaweyn is a Bantu group.38

A UN agency in Nairobi stated that the group identity of the Bantu population in Somalia is stronger than ever before. A person of Bantu origin will no longer automatically identify himself with one of the major Somali clans or sub-clans as the group identity of the Bantu has generally been strengthened during the civil war.

6.2 Language

The Bantu elders stated that a non-Bantu that has lived among the Bantu in Somalia would very often speak the same Somali dialect as the Bantu in his area.39 They stated that this was a result of what they described as the "cultural genocide" that the Bantu have experienced in Somalia.

Some Bantu groups have maintained their own Bantu dialect or language while others have completely lost their dialects. The

Mushunguli of the Lower Juba still have their own dialect called "kiziguua" and the Mushunguli call themselves "waziguua".40 Any other Somali will call them Mushunguli. According to Perouse de Montclos the Zigua are of Tanzanian origin and they claim to be the first to have arrived in the Kismayo hinterland where they settled along ethnic lines in order to preserve their culture.
Perouse de Montclos notes that only a small proportion of the Mushunguli spoke a Bantu language while in Somalia (although three quarters of those that sought refuge in Kenya wanted to "return" to Tanzania).
37 Perouse de Montclos (1997).
38 Danish Immigration Service & Swedish Immigration Board (1999b).

39 In southern Somalia, a substantial part of the population speaks Af-maay-maay, a distinct dialect of Somali (cf. Besteman, Unravelling Somalia, 1999, p. 21). Swahili rapidly died out as a lingua franca among Gosha villagers after 1900 (ibidem, p. 68).

40 Besteman (1999) mentions that the Mushunguli are Zegua originally from Tanzanian territory, who retained their Bantu language through the 1980s.

Quoting Somali political sources, IRIN reported on 23 November
2000 that most of the current Bantu population in the Juba valley was originally from Tanzania, Malawi, and Mozambique. Some of the Bantu in southern Somalia have kept their traditions and speak the language of their ancestors.

6.3 Socio-economic situation

6.3.1 Relationship with other groups and clans

Perouse de Montclos writes that the so-called Negroids (Bantu) are made up of heterogeneous communities that are relatively widespread. At independence there was a Shidle Party but no political movement was able to unite the Bantu from Somalia. Most of these communities are in fact linked to a Somali lineage but with a more or less inferior status. Those of the Shabelle River thus acknowledge the authority of Hawiye clans (the Shidle are associated with the Mobilen, the Kabole with the Molcan, the Makanne with the Badi-Addo, the Rer Issa and the Shebelle with the Ajuran).

Those of the Juba River, the Gobawein, work for the Gasar Gudda of Luuq, a Rahanweyn lineage that is seen by the other Somali clans as a low Sab caste, but is considered by the Rahanweyn as being 'noble'. Along the Juba River, one also finds hunting, farming and fishing communities such as the Ribi and the Boni. The Boni, or Bon, escaped the Oromo and now pay tribute to the Somali. Also other groups along the Juba and Shabelle Rivers are despised.

The Eile (Eyle) (see chapter 8) of the Bur Eibi Hills, for example, have a name that, etymologically, comes from *ei*, their hunting dog. It is important to understand that all these names are appellations and not tribes, since the Somali deny the Bantu any genealogy that would legitimise their presence in the South of the country. The Helai of Baidoa thus claim to be a homonymous Rahanweyn lineage, settled at Bur Acaba; this relationship is obviously denied by the latter.41

It should be noted that the Bantu elders in Nairobi described the Bantu as the most vulnerable and most seriously affected population in Somalia. They stated that, in contrast to other so-called minority groups such as the Benadiri and Madhiban, the Bantu have no close ties to other Somalis. While the Benadiri often intermarry with other Somalis this never happens between the Bantu and other Somalis. The Bantu are afraid to speak freely in Somalia and are the only group that is totally excluded and marginalised in political, social and economic terms. They claimed that Bantu identity is being suppressed because the 'Cushistic Somalis' want to deny the original ownership of Somalia by the Bantu, who are the true indigenous people and original inhabitants of Somalia.

Former governments in Somalia employed several Benadiri and Madhiban on a high level, but a Bantu has never held a government post as manager or as a Director-General. The Bantu elders explained that the Siad Barre regime handed over land from Bantu to members of the Darod clans,42 especially in the Lower Shabelle, Middle and

Lower Juba and Gedo regions, where a large number of Bantu were driven from their land. Some ended up as regular slaves on their former land, whereas some became beggars or tried to seek alternative occupations, which was difficult as they were farmers with no other skills. Some Bantu were also forcibly conscripted into the army from 1973 until the fall of the Siad Barre regime in 1991. Large areas of Bantu land were confiscated by the Siad Barre regime and given to non-Bantu Somalis under agricultural development projects supported by foreign donors. Bantu never benefited from such development
41 Perouse de Montclos (1997).

42 cf. the chapter on the Digil and Mirifle, who share to a large extent this history of land grabbing, confiscations, lootings, etc. with the Bantu, since they largely live in the same areas and are also agriculturalists.

Projects. Even a project where the government exempted imported agricultural equipment from taxation did not benefit the Bantu as the agricultural equipment was bought by Somalis close to the government and then sold to other non-Bantu landowners. The so-called Cushistic or Jileec Somalis have, according to the Bantu elders, established a deliberate policy of suppression and impoverishment of people of Bantu origin in Somalia. This policy was established already during the colonial period and was continued by successive governments of independent Somalia. The independent governments never handed over land to the Bantu and their policy was to keep the identity of the Bantu hidden from the outside world. The government policy was that all land belongs to the so-called "protector", meaning a dominant Somali actor.

The Bantu elders stated that the Bantu in Somalia and in exile in Kenya are not satisfied with the outcome of the Arta peace conference. They stated that the conference did not allocate a proportional number of seats in the Transitional National Assembly (TNA) to the Bantu population. 29 seats were allocated to the so-called "minority groups" (or "Alliance Clans Community", as they were referred to at Arta). When consideration was given to the division of seats among the minority groups the Bantu delegates declared that they wanted 15 seats. However, the Benadir group offered the Bantu only nine seats even though, according to the Bantu elders, the Bantu are considered to be the "majority of the minority". The situation deteriorated further as the so-called Mediating Committee headed by Dr. Rajis, a Benadir, was, according to the Bantu elders, partial and the Bantu were finally allocated only six TNA seats. The Bantu elders stated that these six seats are all occupied by what they referred to as "infamous" Bantu and the Bantu elite and intellectuals were never invited to participate in the Arta conference.

6.3.2 Occupations

The Bantu communities in Somalia are typically agriculturalists, farmers or labourers on farms and plantations in the area between the Shabelle and Juba rivers in central and southern Somalia. A representative of a UN agency in Nairobi informed the delegation that the Bantu or Jareer population in Somalia know different levels of integration (or "Somalisation"), especially those living along the Shabelle River in central Somalia. Some Bantu are employed as plantation labourers and are almost in a situation of slavery. They are the only workforce available and they have no bargaining power against the main Somali clans, the Hawiye along the Shabelle River in the Lower Shabelle region and the Darod in Lower Juba. The source had no detailed information on the situation of the Bantu population in Lower Juba, southern Somalia. The Bantu are generally a resourceful people, and in North West Somalia (Somaliland) they are working as construction workers and as watchmen. In the North West and in North East Somalia (Puntland) their position is that of an "under-clan". They are safe throughout northern Somalia and in certain cases they could even marry very poor members of one of the major Somali clans.

6.4 Security and human rights situation

The Bantu elders explained that the Bantu are unarmed and are victims of serious human rights violations. They argued that human rights violations against the Bantu population in Somalia are of such a scale that they cannot be compared to the human rights violations against other, non-Bantu, populations in Somalia. They stated that there is an important difference in addressing human rights and addressing minority rights in Somalia because the Bantu population should not be regarded as a minority group.

The Bantu elders considered Somalia as a nation to be more racist than South Africa during its apartheid period. They feel they have no assurance from any future government in Somalia that the rights of the Bantu will be protected and they have no trust in a future government. They claimed that freedom of expression does not exist for the Bantu in Somalia and their voice is not being heard. Perouse de Montclos comes to a similar conclusion when he makes a distinction between the Bantu and the so-called Sab castes (the Digil, mainly the Tunni and the Rahanweyn). The camel-herding clans of northern Somalia despise the latter, but they are still part of the Somali lineage system and they will still be able to negotiate "when the hour of reconciliation arrives in Somalia". Minorities, who are not part of the lineage system, the Bantu and the 'half castes' "argue that they will never benefit from any compensation mediation procedures amongst the Somali clans".43

Reporting on the planned resettlement of Somali Bantu in the United States, IRIN (23 November 2000) quotes humanitarian sources as saying that the minority Somali Bantu are "treated like second class citizens" by Somalis. Insecurity and the civil war in Somalia over the last decade made the group even more vulnerable, according to the source.

Enclosed as annex 7 is a document written for the delegation by Abdulkadir Moallim Omar, a Bantu elder from Luugh-Ganaane District in Gedo region who was interviewed by the delegation in Nairobi. The document details the origins of the Bantu peoples in Somalia, their history and their present situation in Somalia as well as their situation as refugees in Kenya.

Regarding the situation of the Bantu in Somalia, Omar writes that: "when rivalries began with the overthrow of the military dictatorship, the Bantus became the worst hit. The Bantus' homes and farms and animals were taken over by the different militias not to mention money and other wealth. Some of them were forced to work for the militias that took their land. They worked in conditions not better than slaves. In certain areas the Bantu women cannot go down to the river to fetch water; they have either to pay for the water or they are denied the water or raped at gunpoint.

There is a silent policy of ethnic cleansing in Somalia against the Bantu that the rest of the world is turning a deaf ear to." Omar claims that the Bantu at the farms in both the Shabelle and the Lower Juba regions of Somalia are "forced to work at these farms at gunpoint over 24 hours without food and water most of the time. There are lots of examples of men, women and children who fainted because of hunger, thirst, and fatigue, who when they came to, were accused of pretence and shot dead as a warning to the others not to try to emulate them.

Reports reaching us from Somalia claim that hundreds of Bantu young men were abducted by militias and taken to the Central regions of Mudug and Nugaal to look after the camels, when some of them tried to escape they were caught and burnt alive in front of the others. Most of them had to be bought back by their relatives – only a few managed to escape alive and reach home safely. It is commonplace in Mogadishu to take a Bantu man, woman, or family hostage and demand for ransom. Hardly any day passes without having, seeing or hearing a Bantu being killed in Mogadishu."

A UN agency informed the delegation that the Bantu population along the river Shabelle in the lower parts of Hiran region and the upper parts of Middle Shabelle region has been pushed towards the river banks to such an extent that today the Bantu live literally on the river bank itself.

A UN agency in Nairobi described the land issue in Somalia as "dynamite". They pointed out that while the Bantu population has so far been a loser in the land issue, they have never before been represented in a Somali Parliament, as they are now in the TNA. The Bantu population therefore now has more political influence than ever before in modern Somali history. Also, as a result of the civil war in Somalia a large number of Bantu fled the country and are now living in a diaspora in Kenya and in other countries. This has had the side effect that today the Bantu are better educated than ever before. 43 Perouse de Montclos (1997).

During the Dutch mission of November 1999 to Hargeisa and Puntland, an NGO source informed the mission that quite a few Bantu went to northern Somalia, especially Bosasso, where they often found work as construction workers. There had been some trouble with indigenous Puntland construction workers because the Bantu brought down wage levels.

A UN source confirmed to the mission that large groups of Bantu worked in Puntland, mostly in construction. A second UN source and the Puntland authorities confirmed the presence of Bantu in Puntland. According to Somali sources quoted by IRIN (23 November 2000), Somali Bantu are almost exclusively found in the South, but many scattered during the civil war to parts of the North, where they work on buildings and take on odd jobs.

The UNCU/FSAU report on IDPs in northern Somalia mentions Bantu as one of the groups among the IDPs in northern Somalia.44

6.5 Bantu refugees in Kenya and abroad

The Bantu elders were of the opinion that most of the Somali refugees in Europe and America are of non-minority origin and some of them participated in human rights violations in Somalia before they left their home country. They stated that the Bantu have no economic means to travel to the EU and apply for asylum; consequently there are no Bantu seeking asylum in Europe.

The Bantu in Kenya have been offered resettlement in the USA and more than 10,000 Bantu in Kenya will be resettled during 2000 and 2001.45 European countries have also offered resettlement of the Bantu from Kenya, but the elders stated that it is a serious problem that during negotiations between UNHCR and the receiving countries no Bantu representatives have been consulted.

This has resulted in a situation that many of the resettled Bantu are not really Bantu, but belong to other Somali groups of non-Bantu origin. The elders claimed that this has taken place in New Zealand, Australia, Europe and the USA.

The Bantu elders informed the delegation that Bantu refugees initially stayed in UNHCR refugee camps along the Kenyan coast. Today the Bantu are only to be found in the Dadaab camps (3 camps) in Kenya's North Eastern Province and in one camp in Kakuma near Turkana. About 15,000 Bantu are registered in these camps. Very difficult humanitarian and security conditions in the camps have made many Bantu leave the camps and settle in Nairobi, Mombasa and other urban centres in Kenya. These persons are no longer under the protection of the UNHCR and they are vulnerable to harassment from the Kenyan police and risk being deported to Somalia against their will.46 According to the Bantu elders the London-based Minority Rights Group has reported such incidents. It is not only the Bantu that have these problems in Kenya but all Somalis that do not belong to the major Somali clans.

The Bantu elders made it clear that they will not return to Somalia before they are convinced that they will have a just government with a fair Bantu representation in the Parliament. However, the elders stated, no Bantu believes that justice will come to Somalia and that the Bantu will ever be considered as equal citizens in Somalia; so long as policies in Somalia are made by non-Bantu Somalis there will never be justice for the Bantu. For this reason, the Bantu community appeals to be accepted as refugees abroad.

The Bantu elders argued that the United Nations and other international organisations have an obligation to consult the Bantu population to a much higher degree than it is the case today. They believe that the present UN system relates to a large degree only to those who have the power in Somalia and overlooks the suppressed. They feel that if a new government is formed in Somalia the Bantu will face even larger problems than before because international donors and organisations will deal with the government rather than with the minority groups.

They believe that the reason why the US Government has accepted to Bantu for resettlement in the USA is exactly because they have realised that the Bantu refugees will never be able to return to Somalia. The Bantu elders believe that UNHCR will not accept this fact because UNHCR will then loose its strong position in Kenya and Somalia. The elders stated that UNHCR executives enjoy good relations with the Somali warlords and elders who are in control of areas where UNHCR has operations.

The elders claimed that UNHCR gives consultation fees to the warlords and the elders in such areas in order to operate there, especially in south-western Somalia. Programmes intended to facilitate the repatriation of refugees have ended up in the hands of people connected with the warlords. See also annex 7 in which Abdulkadir Mallim Omar states that the situation of the Bantu in the refugee camps in Kenya is no better than their situation in Somalia. He writes that the Bantu in the refugee camps, especially in the camps at Dadaab, Ifo and Hagar-Dheer, are being directly or indirectly intimidated.

According to Omar the Bantu in the refugee camps in Kenya claim that Somalis from the main clans are posing as Bantu in order to qualify for resettlement.

7. Benadir

7.1 Groups and sub-groups, geographical distribution

The delegation met in Nairobi with three groups of Benadiri: a group of Benadiri elders from Mogadishu and Merka (belonging to the Ashraf, Duruqbe and Morshe sub-clans), a group of Ashraf elders from Mogadishu, Merka and Qorioley, and a group of Benadiri from Brava, the so-called Bravanese (or Barawan).

From discussions with these groups it transpired that the term Benadiri is used by these groups to indicate the coastal population of Somalia roughly between Mogadishu and Kismayo, who share an urban culture and who are of mixed origin (Persian/Portuguese/Arabian/Swahili/Somali), separate from the major Somali clans. The groups with whom the delegation met advised that the Bajuni, who live in Kismayo and on the coast and islands further southwards, are not considered to be a Benadiri people.

Bajuni elders with whom the delegation met (see section 5 of this report) confirmed this to be the case. According to Perouse de Montclos47, the name Benadiri does not correspond to any well defined sociological reality. In the context of resettlement programmes for Somali refugees in Kenya, the Somali refugee traders of the coastal ports decided to regroup under the generic term 'Benadir', which designates greater Mogadishu. Those indigenous to this area succeeded in calling themselves 'Benadiri'.

Perouse de Montclos adds that the term Benadiri, as a community, did not fully appear before the 1990 civil war (N.B. This is also in accordance with other, UN, sources). In the spoken language, 'Benadiri' implies a cloth, 'alindi, hand woven by artisans in the city and distinguished by variously coloured stripes. Etymologically it comes from a Persian word 'bandar', which signifies 'harbour'. In the strictest sense of the word it applies to the traders who were the first inhabitants of Mogadishu but have always been seen as foreigners by the Somalis: the Bandhabow, the Morshe-Iskashato, the Abdisamad, the Sadiq Gedi, the Bafadal, the Amudi, the Duruqo, the rer Shikh, the rer Manyo, the Gudmane in Hamar Weyne district and the rer Faqi in Shingani district.48'49

Other sources use the names Reer Hamar or Reer Brava. Reer Hamar means people from Mogadishu (Hamar Weyne), but some sources (such as the elders interviewed by the delegation) use it to include the whole coastal population of mixed origin. Reer Brava means people from Brava, and is generally used only to indicate people from Brava of mixed origin.

Please note that the UNHCR genealogical table of Somali clans mentions the Barawan (Bravanese), Asharaf and Reer Hamar as separate groups, without including them in the list of Minority Groups (see annex 3).

47 Perouse de Montclos (1997)

48 Perouse de Montclos (1997)

49 Perouse de Montclos (1997) also mentions the Amarani, as part of the Benadiri. The Amarani, hardly a thousand in number, are supposed to be descendants of an Israeli group chased away from southern Arabia by Islam. Their name comes from one of the oldest areas of Mogadishu, Hamar Weyne, which they founded before the arrival of the Somali in the interior. They speak a dialect that is typically

urban, Chimbelazi, that is tinged with Portuguese, Swahili, Arabic and Somali and which has come to be known as Cimini.

The delegation gained the impression, by comparing information from the discussions with the groups of elders it met with in Nairobi with information gathered in an earlier Danish mission50 and with information gathered earlier from informants by the Netherlands Embassy in Nairobi, that not all Benadiri would know all the sub-groups, and that there exist many more sub-groups than the ones mentioned by the elders in Nairobi. It also appears that sub-groups mentioned as living in one town or city quarter may have spread to other coastal towns, and sometimes to inland towns like Baidoa.

The Benadiri elders stressed that Benadiri do not put as much weight on genealogical descent as do the Somali clans. They do not count back many generations although Benadiri life is nonetheless clan-based. Each group or clan, in theory at least, traces its origins to a single male ancestor.51 The Benadiri elders distinguished:

- four Hamar groups:
• Qalmashube
• Dhabar Weyne
• Shanshiya
• Morshe (Moorshe)

After some discussion they added that the Bandhawaw and Reer Faqi also belonged in this category.

- five Shangani groups, e.g.:
• Amudi
• Baa Fadal
• Reer Sheich
• Abakarow

- twelve 'caps' (sub-groups) in Merka, e.g.:
• Shukereere
• Ahmed Nur
• Reer Maanyo
• Ali'iyo Mohamed
• Duruqbe
• Gameedle

- and the Ashraf.

The elders explained that before the civil war the Benadiri in Mogadishu used to live only in the quarters of Hamar Weyne, Shingani and Bondere. Now Benadiri live in all quarters of Mogadishu. Another sub-division is made between 'light-skinned' ('gibil ad') and 'black-skinned' ('gibil madow') Benadiri.

50 In a note on the Benadir communities in Somalia a compilation was made by the Danish Immigration Service of information gathered from sources in Nairobi as well as from Benadir communities in Denmark. This compilation shows a larger number of sub-groups than the number shown in this mission report. Also it gives more details on distribution, occupation, etc. of the Benadiri. (Udlaendingestyrelsen, Notat om Benadir-befolkningen i Somalia, (in Danish), Copenhagen, 19 June 2000)

51 cf. Refugee Information Series, Benadir refugees from Somalia (Washington 1996)

Benadiri intermarry, but the elders stated that 'light-skinned' Benadiri do not marry 'black-skinned' Benadiri like Moorshe or Dhabar Weyne.52

The delegation also held a meeting with representatives of the Ashraf (Asharaf, Ashcraf, Sharifians) community in Nairobi including elders and women. They were all refugees from the coastal areas of Somalia. The Ashraf elders interviewed by the delegation readily identified themselves as Benadiri. The Ashraf elders made it clear that only one Ashraf group (or clan) exists in Somalia.53 However, this group is further sub-divided on the lines of their male ancestors. The Ashraf of Bay and Gedo regions (Baidoa, Hoddur, Bardera) are the same group as the Ashraf in the coastal areas. One sub-group of the Ashraf called Ashraf Sarman lives mainly in Hoddur (Bakool region), Bay region, Bardera (Gedo region) and Mogadishu. Other sub-groups called Mohammed Sharif, Sharif Ali and Sharif Ahmed live mainly in Kismayo, Merka, Bardera, Jalalaqsi, Jowhar and Mogadishu.

An NGO informant explained on an earlier occasion to the Netherlands Embassy in Nairobi that there are various sub-groups of

the Ashraf, including the Sarman who reside in Bay region. According to this source, the Ashraf Sarman have the same skin colour as Somalis, while the Ashraf in Merka have light skin.
The Ashraf elders sub-divided the Ashraf in the following way:
- Hussein:
• sharif Magbuul
• Sharif Ahmed
• Sharif Baalawi
- Hassan:
• Mohammed Sharif
• Sharif Ali
• Sharif Ahmed
• Ashraf Sarman.

The Ashraf elders trace their origin to the Prophet Mohamed, whose daughter Fatima had two sons with Ali, named Hassan and Hussein. Any member of the Ashraf community belongs to one of these two lines of descent, from Hassan or Hussein, and any Ashraf (both females and males from the age of two) is able to identify her- or himself as belonging to one of these two lines. The Prophet Mohamed conferred the title "Sharif" upon Hassan and Hussein. Since that time, all their descendants have the name Sharif as part of their name, added to the personal name and the father's, and sometimes the grandfather's, name. From this comes the name of the group, Ashraf being the plural of Sharif. Ali had children by other wives after the death of Fatima, but they were not "Sharif".

The Ashraf elders indicated that the Ashraf are living in southern and central Somalia, especially in urban locations like Bardera, Kismayo, Baidoa, Hoddur, Merka, Brava and Mogadishu. In Mogadishu the largest concentration of Ashraf was to be found in the Shingani district, but they also lived in Hamar Weyne. Ashraf used to live also in Ethiopia. Some Ashraf from Ethiopia became exiled in Somalia at the time of the Ogaden war in 1977. These Ashraf came from Ogaden, Oromia, Dire Dawa and Harar in Ethiopia and some of them fled Somalia in 1991-92. Those remaining in Somalia reside with other Ashraf.

52 This information does not quite correspond to the information given to the delegation by the Bantu delegation, cf. chapter 6
53 Since information gathered earlier by the Danish Immigration Service had found that there are two distinct groups of Ashraf, the delegation insisted on this question with the Ashraf elders. These were quite outspoken on the issue.

UN sources confirmed that Ashraf communities are also to be found in the Ogaden district of Ethiopia.
The elders from Brava told the delegation that they consisted of two sub-groups: the Bravanese and the Tunni. Both groups are from Brava and they share to a large extent the same culture.

They intermarry between their groups. However, the Bravanese consider themselves Benadiri, while the Tunni do not. The Bravanese are of Persian/Arab/Portuguese/Spanish origin. According to the Bravanese elders the Tunni belong to the Digil clan-family. They are originally from the region of Brava. However, the elders gave the delegation a copy of a letter, written by the Baravani elders in Nairobi to a number of organisations (including UNHCR, the US Immigration Department and Amnesty International) on their situation in Kenya, in which the Tunni are mentioned with the Bravanese as part of the Baravani community (see annex 8).

The UNHCR overview classifies the Tunni with the Digil (annex 3).
The Bravanese sub-divided themselves into:
- Bida
- Hatimi
- Ashraf

The Tunni explained that they are sub-divided into the Tunni Torre plus five *gamas* (sub-groups):
- Da'afarad
- Goygal
- Daqtiro
- Hayo
- Werile

Perouse de Montclos54 notes that some of the Tunni Torre of the hinterland claim a relationship with the Ajuran, the Gaaljaal and the Gurreh of the Hawiye clan family, while others claim a relationship with the Helai and the Hadam of the Rahanweyn clan-family. In concrete terms, they are the vassals of the Tunni Digil of the Brava Coast.

According to Perouse de Montclos, 'Reer Brava' designates a territorial community. The confusion between territory and clan or ancestral identity brought about the grouping of a much larger body of people than one would have expected from a minority group of traders of foreign origin. Historically, in Brava (like in Merka) the Arabs from Zanzibar allied with the Tunni, a Digil clan, in order to counter the Hawiye from the hinterland. Brava was the scene of numerous battles, against the Portuguese, Omanis, British, Egyptians, Italians and Somali of the interior (Rahanweyn and Dir), many of them establishing lineage. As a consequence, the races in the city were completely 'mixed up'. Although the common hardships and tragedies experienced during and after the 1990 civil war certainly reinforced the sentiment of an identity and uniqueness, on closer inspection we discover communities with very diverse backgrounds despite numerous instances of intermarriage. On the one hand there are immigrants of Arab origin, while on the other hand there are the Somali of the Brava surroundings, whose minority status is more doubtful because they are part of the Tunni lineage of the Digil.

7.2 Language

`According to the Benadir community in Nairobi the Benadir populations in Somalia generally speak a dialect that is different from the dialect of the major Somali clans. Even within this dialect there are sub-dialects: the dialect spoken by the Benadiri of Mogadishu is called *Af-Reer Hamar*, that spoken by the Benadiri of Merka is called *Af-Merka*, and the dialect spoken by the Benadiri in Brava and further south is called *Af-Brava*. The Af-Brava dialect is not understood by the other Benadiri.55 An informant of the Netherlands Embassy stated earlier that the Ashraf in Bay area speak the Rahanweyn dialect.

Most of the Benadiri, including the women, are able to speak and understand the Somali language.

7.3 Socio-economic situation

7.3.1 Relationship with other groups and clans

The Benadiri elders told the delegation that the Benadiri who are still in Somalia have no protection from any clan; on the contrary, they live under occupation by Somali clans and militias. In available reports on the situation of the Benadiri before the war, no indications have been found that Benadiri stood in a relation of clientship or protection to main Somali clans.

According to UN and NGO sources consulted earlier by the Netherlands Embassy, the Benadiri look down upon pastoralists and keep to their own identity.

Intermarriage between Benadiri and the Somali clans was rare and not generally accepted.[56]

The Ashraf elders explained that the Ashraf have no particular affiliation with any of the major Somali clans. They stated that they used to have good relations with all other clans in Somalia. They were considered a highly respected clan of devout religious members. They travelled widely throughout Somalia as religious teachers and were well received by other clans.

Under the Siad Barre regime the Ashraf did not as a group face any security or human rights problems in Somalia. Intermarriage between members of the Ashraf community in Somalia and members of the major Somali clans was rare, according to the Ashraf community in Nairobi, although some intermarriage occurred with the Hawiye (while during the last ten years forced marriages took place with Hawiye and even Majerteen). Marriage takes places almost exclusively within the Ashraf community itself. A relatively large number of the representatives of the Ashraf community in Nairobi with which the delegation met were related to each other.

7.3.2 Occupations

The Benadiri elders stated that the Benadiri were an urban and educated people, who worked almost exclusively in commercial occupations. The elders mentioned business, fishery, construction, metal work, carpentry, tailoring, weaving and gold smithing as the occupational sectors of the Benadiri. They also mentioned that some Benadiri were medical doctors, engineers or economists. Benadiri women might sell snacks or handicrafts.57

The Bravanese and Tunni elders said their people were also commercially orientated or working as craftsmen. The Ashraf elders explained that the Ashraf are a religious people. They were traditionally considered a highly respected clan whose members travelled throughout Somalia as religious teachers. Before the civil war a relatively large number of Ashraf received education in Somalia, and during the Siad Barre administration a number of Ashraf were employed as civil servants in the administration while others were businesspeople and therefore travelled frequently throughout the country. Benadiri mostly were self-employed and had a reluctance to working for someone else. They have great entrepreneurial talents.58

7.4 Security and human rights

All three groups of Benadiri elders stated that during the civil war in 1991 and 1992 the Benadiri suffered seriously. Lacking any tradition of warfare and any militia, they were often attacked and targeted by looters, who considered them to be very rich, owing to their trade.59 Cassanelli (1995) claims that many southern minorities were accused by Somali militias of helping to sustain the Barre government in its later years. The Ashraf, however, stated that they were not persecuted because of any perceived close links with Siad Barre.

During its mission to Mogadishu in 1997 the Danish Immigration Service learned from the Dr. Ismail Jum'ale Human Rights Organisation and from representatives of the Reer Hamar community in Mogadishu that the Reer Hamar are considered a wealthy business community by members of the Somali clans and the militias. Because of this, and because the Reer Hamar are unarmed, their homes were repeatedly looted.

The same sources estimated that more than 70% of the Reer Hamar population in Mogadishu fled the country during the civil war. In January 1999 the War-torn Societies Project (WSP) in Nairobi and other UN agencies informed the Danish Immigration Service that the Benadiri community was still facing serious human rights violations in Mogadishu, and that members of this community would probably never be able to return in safety to Mogadishu.60

The Ashraf elders stated that there are several reasons why members of the Ashraf community have fled Somalia. To some degree members of the Ashraf are considered as 'strangers' in Somalia by the major Somali clans.

The Ashraf claim to originate in Arabia and are called "Arabs" by other Somalis. They are considered to be a weak, unarmed religious group with no social or legal rights.

Many Benadiri women were raped or forced into marriage, as the Benadiri elders confirmed to the delegation. The Ashraf elders stated that their identity as a specific ethnic group has been weakened since the war, as Ashraf women have been abducted, raped or forced into marriage with members of other Somali clans.

Kalunga Lutato explained that the Bravanese would not normally intermarry with members of the main Somali clans or other groups and consequently their own distinct ethnicity was fairly well preserved. They were, in a way, an isolated and distinct people and their property, and their women, were beyond the reach of members of the Somali clans. When the state collapsed and the Bravanese lost their "protection" from the central government they soon became targets for various militias that raged through the coastal areas of central and southern Somalia. The militias especially targeted Bravanese women and many were raped or forced into marriage with non-Bravanese Somalis.

The Bravanese women were seen as "attractive" in the sense that before the collapse of government they were "inaccessible" but when the government fell they were easy victims. The Benadiri have all lost property in Somalia during the war. The majority of Benadiri fled the country, mainly to Kenya.61 Members of Somali clan militias took the majority of Benadiri homes.

The Benadiri elders stated that there are still Benadiri in Mogadishu and Merka today, although they could not say how many.

Those who are still living in Somalia have seen their houses taken by members of Somali clan militias, although sometimes the owners could stay in one room of their house. The Benadiri elders were fairly sure that none of the Benadiri that fled to Kenya had since returned to Somalia. They described the situation of the Benadiri that remained in Mogadishu and Merka as difficult, as they cannot rebuild their businesses in the presence of the militias, for fear that their resources would again be taken. The elders stated that a few Benadiri had relocated to Bosasso in Puntland, either to seek work there or to move on from there to Yemen, although none of the elders had personal knowledge of any person now in Bosasso, or Hargeisa. The Bravanese and Tunni elders said that although in the civil war Brava was most affected62, the majority of Bravanese remained in the town.

They stated that today about 70% of the Bravanese still live in Brava63, living under the occupation of Aideed's Habr Gedir USC faction. They described how, although their houses have generally been occupied by militias members, some Bravanese have been allowed to remain living in one room of their house. The Bravanese could not claim back their properties without the risk of being killed.

Wayne Long, Chief Security Officer, UNDP-Somalia, explained that in Brava, Habr Gedir control, established in the mid-1990s, weakens at times. In the past two to three months much of Aideed's militia force has moved back towards Mogadishu, in anticipation of a power struggle in the capital in the wake of developments at Arta. At times such as this, when militia power diminishes, the Bravanese are able to resume some degree of control over their lives. Some local authority is able to assert itself, providing it is not seen as a direct threat to Aideed's overall position.

Bravanese may even be able to regain property taken by Habr Gedir occupiers although such regained property is always liable to be retaken when militia control reasserts itself. While the Ashraf elders estimated that most Ashraf have left Somalia as refugees, an unknown number still remain in Somalia, the ones that lacked any means with which to leave, and some are still leaving the country.

Those who are left behind inside Somalia are living at the mercy of the other Somali clans.

They have no protection from any other clan as the Ashraf are not related or allied in any way to any of the major Somali clans. As a religious group the Ashraf do not have an armed militia as many other clans have. They do not consider themselves safe in any part of Somalia, as they do not have a traditional home area of their own that they control. They are an urban population with no larger traditional residential area. Today they are at risk of being looted, raped and even killed by members of other Somali clans and militias.61

The Ashraf are a religious clan but they are not supporters of armed Islamic fundamentalist groups such as Al-Ittihad; on the contrary, they fear Al-Ittihad. For this reason the Ashraf prefer not to relocate within Somalia to Puntland, where Al-Ittihad has had some influence in recent years.

An earlier Dutch mission to Somaliland and Puntland in November 1999 found that Reer Hamar and Reer Brava have resettled in Puntland, in small (but unknown) numbers. They live in IDP camps. In general they are not persecuted there and their safety is not at risk, although they suffer discrimination and their socio-economic position is precarious. In a recent UN study Ashraf are mentioned as one of the clans among the IDPs in northern Somalia.64

7.5 Benadir refugees in Kenya and abroad

The three groups of Benadiri elders called the delegation's attention to the position of the Benadiri in Kenya, since they fled Somalia. Most Benadiri were at first received in refugee camps close to Mombasa, like Saint Anne's refugee camp, Hatimy camp, Jomvu camp and Banadir camp.

In 1992 these camps were recognised by UNHCR as transit camps and inhabitants were registered by the UNHCR and were to all effect considered refugees. But by the end of 1997 these coastal refugee camps were closed down and the inhabitants were compelled to choose between staying in their camp in Mombasa but no longer being considered as refugees by UNHCR, or relocation to Kakuma camp in the hinterland of Kenya. Most of the inhabitants of the coastal refugee camps opted to stay where they were, being aware of the risks they would face in Kakuma camp where members of the major Somali clans formed the majority of inhabitants. Some relocated to Kakuma camp on the promise that they would soon be resettled to the USA, but since the resettlement process was so slow, 90% of them are now back in Mombasa. Several cases have been recorded of Bravanese living in Kakuma who were subjected to murder, abduction, humiliation and threat. At present there are about 2,500 Bravanese living in the coastal area of Kenya. In 1999, 97 Bravanese were arrested and taken to the Mombasa Police Station. Afterwards they were sentenced to pay a fine.

The Bravanese have repeatedly appealed to the Kenyan government and UNHCR to find a durable solution to their problems in Kenya. UNHCR confirmed that the coastal camps had been closed by the Kenyan government because of their proximity to populated areas such as Mombasa. The agency also confirmed that refugees who have left the camps are no longer supported by UNHCR. However, refugees who have left the camps do not lose UNHCR's protection, they are still accepted as refugees. Refugees in Kenya are not living under the threat of being deported to Somalia.

The Bravanese elders in Nairobi gave the delegation copies of several of their requests to the Kenyan government and UNHCR (see annex 8). The Ashraf elders estimated that about 250 Ashraf families are now living in Kenya. Of these about 100 families are living in Nairobi. An unknown number has been resettled in the USA together with other Benadiris. Members of the Ashraf community in Somalia are still leaving the country as refugees. The Ashraf community in Kenya is in contact with the Ashraf community in Somalia by telephone and other ways of communication.

According to the Ashraf elders in Nairobi, Ashraf refugees remaining in Kenya do not receive any assistance from UNHCR or any other UN agency. They have found it very difficult to make a living in Kenya. Some of the refugees have been employed as unskilled workers, such as housecleaning while others are petty traders. 64 They receive some economic assistance from their relatives living abroad (see annex 9).

8. Eyle

8.1 Groups and sub-groups, geographical distribution

According to Mr Fara Oumari Mohamud, a representative of the Eyle (Eile) community in Nairobi, the Eyle centuries ago had their own kingdom, ruled by King Gedi Ababo, around the hill Bur Eyle close to Bur Hakaba (Bay region). The Eyle were hunters and agro-pastoralists. They believe themselves to be of Falasha (or Jewish) origin before they were Islamised. They were treated by the main Somali clans as religious outcasts.

Fara Oumari Mohamud said that before the war there were some one thousand Eyle families living scattered throughout southern Somalia up to and including the Hiran region, but the majority lived in two districts, Bulo Burte in Hiran region, and Bur Hakaba in Bay region. These remain today the principal areas where the Eyle live in Somalia. Presently, there are approximately two to three hundred Eyle families in Somalia.

The information provided by Fara Oumari Mohamud can be supplemented from other sources.

Lewis (1994a) considers the Eile (Eyle) of Bur Eibe as a Negroid people, living in the area between the two rivers. They cultivate during the rains and hunt in the dry season (with dogs, considered dirty creatures by the 'noble' Somali).

Both the Hawiye and the Digil despise them, and there seems good reason to regard them as a pre-Cushistic aboriginal population. They comprise three primary sections, one of which appears to be related to a dynasty of chiefs that ruled the Bur region at some time. Smaller Eile groups are found at Dafet, on the lower and mid-Shabelle, and among the Shidle.65

Mohamed Diriye Abdullahi 66 adds that in the 1960s and 1970s the Eyle had some hunting and farming communities in the vicinity of Mount Eyle (Bur Eyle, Bur Eibe), some 60 km south of Baidoa. Their numbers have been constantly in decline since the 1960s due to assimilation with the Rahanweyn and Bantu agricultural communities or through migration to large towns such as Mogadishu where they found employment as butchers. In Mogadishu, before the civil war, the Eyle occupied a large squatter camp beside the grounds of the National University, to the consternation of the university officials who demanded their eviction.

The civil war has scattered the few communities that the Eyle had. Abdullahi considers the Eyle an endangered community that would have difficulty in reconstituting its former settlements around the plains of Mount Eyle.

Fara Oumari Mohamud explained that in 1992, in Mogadishu, he gathered members of eight minority groups to create an NGO, in order to appeal for help to the international community. The NGO implemented a number of projects with donor aid, but in 1998 the members of the executive committee were targeted by Aideed's USC, after which they fled to Kenya.

8.2 Language

Fara Oumari Mohamud stated that the Eyle have the same language as the main Somali clans among whom they live.66

65 Lewis (1994a), p. 42

Mohamed Diriye Abdullahi, Minorities of Somalia: Victims forgotten amid War and Chaos, 1998

8.3 Socio-economic situation

8.3.1 Relationship with other groups and clans

Fara Oumari Mohamud informed the delegation that the Eyle were treated as slaves by the main Somali clans. They had no protection from any clan and their relationships with the clans in their home areas (Rahanweyn, Hawadle) were not good. Also for religious reasons, they were treated as outcasts.

There are no physical differences between the Eyle and the surrounding Somali clans. There was no intermarriage between the Eyle and the major Somali clans. There were no Eyle in government institutions, and there are no Eyle involved in the Arta peace process at the present time. Eyle could intermarry with some Benadiri and with Tumaal, but not with Yibir. Lewis (1994a) describes the Eyle as clients of the Rahanweyn clans, while Abdullahi (1998) mentions the assimilation of Eyle with Bantu and Rahanweyn communities.

The Bantu elders interviewed by the mission consider the Eyle to be a Bantu lineage group (see chapter 6.1).

The UNHCR overview classifies the Eyle as a Mirifle clan (see annex 3). Perouse de Montclos (1997) considers the Eile (Eyle) of the Bur Eibi Hills to be a Bantu group.

8.3.2 Occupations

The Eyle are hunters and agro-pastoralists. According to Lewis (1994a) they also make pottery, and their home area is one of the centres of pottery making.67 Abdullahi mentions that in Mogadishu the Eyle found employment as butchers.68

8.4 Security and human rights

During the civil war many Eyle fled Somalia for Kenya, Ethiopia and Yemen. Fara Oumari Mohamud knew of no Eyle who had fled to the northern part of Somalia.

At the present time there are some two to three hundred Eyle families remaining in Somalia, mainly in the districts of Bulo Burte in Hiran region and Bur Hakaba in Bay region. They are still in a weak position, as they do not bear arms. They cultivate and suffer from the drought that reigns in southern Somalia. Hunting is difficult these days, according to Fara Oumari Mohamud.

There are no indications from other sources that the Eyle are at present targeted by the main Somali clans. Insofar as they live in unstable areas, they could become victims of armed conflicts.
No Eyle have been included as members of the Transitional National Assembly.

9. Midgan, Tumal, Yibir (sab)

9.1 Groups and sub-groups, geographical distribution, origins

In traditional Somali society a number of 'occupational castes'69 lived scattered in a client status among the majority of 'noble' Somali clans. Various names are used for these groups, and their use is not always consistent.

The northern Somali pastoral society distinguishes three occu pational castes, the Midgan, Tumal (also called Tum Tum, Tumaal, Tomal) and Yibir (also called Yibro, Hebrew), referred to collectively as *sab* (which means low-caste).70 These names are also used by the southern Darod.71 Another collective term used for these groups in northern Somalia is Gaboye (Geboyo), but Gaboye is also used as another name for the Midgan only.72 A third collective name used for the three groups is *Baidari*.73 The terms Midgan, Gaboye and *sab* are derogatory terms.

According to Perouse de Montclos the word *sab* refers to professional castes without territorial, genealogical or ethnic foundation, less than 1% of the country's population. Three quarters of them are shoemakers or barbers who carry out circumcision: they are called 'untouchables', Midgan, and try to impose a new name since the beginning of the war, the 'harmless' Madhiban. Less than a quarter are Tumal blacksmiths. One also finds a handful of Yibir hunters, said to have magic power, and some weavers called Yahhar in the south (according to the name of the shuttle of their weaving loom).74

The UNHCR overview distinguishes within the minority groups the Geboyo, Yibro, Yaharo, Tomal and Madhiban (see annex 3).
In the inter-riverine area of southern Somalia, occupational caste groups were scattered through the clan system, but the words Midgan and Yibir used to be unknown, while Tumaal was simply the name of the occupation of smith and not of a descent group. Here, the occupational castes were collectively known as *boon* or *gum*. But again, by others, Boon and Midgan were used interchangeably.75

`The delegation met with Mr Yassin Hersi Jama, a representative of the Madhiban, who had lived in Mogadishu from 1980 onwards and in Nairobi from 1990 onwards. He used the term Midgan as a collective term covering the sub-groups Madhiban, Musa Dheryo, Tumal, Yaher, Yibir and Jaje. Written sources mention these same sub-groups among the occupational castes, with the exception of the Jaje.76

A UN source in Nairobi considered the Midgan, Yibir and Tumal to be separate groups, while she considered that 'Midgan' is a derogatory term for Madhiban. She informed the delegation that the Yibir are called Yaher in the southern part of Somalia. Another staff member of a UN organisation informed the delegation that the Midgan, Tumal and Yibir live to this day scattered all over Somalia, but especially in the central and northern areas. In this report, Midgan, Tumal and Yibir will be considered as three separate occupational castes; the Midgan will be considered to have two sub-groups, the Madhiban and the Musa Dheryo (or Musa Dheere).77

The origins of these occupational castes are vague. They are probably related agnatically to the mainstream Somalis, but also ethnically much intermixed, and patrilineally segmented, like the mainstream Somalis. But they are considered by other Somalis to have become impure ('haraam'). The origins of their perceived impurity are not clear. It may have to do with their hunting activities, in which animals are killed in contrast to the Shari'a precepts on slaughtering. Also, the menial jobs to which they are confined are considered impure (see section 9.3.2). Yassin Hersi Jama indicated that the Madhiban originally come from the central area (Mudug and Nugal regions). The Yibir (or Hebrew) are said to have Jewish origins but have been Muslims for centuries and know nothing about Judaism.

9.2 Language

Lewis (1994a) notes that the Midgan, Tumal and Yibir speak the Somali language of the clan to which they are attached. The Midgan and Yibir also have a special, secret dialect that the major Somali clans would not understand.78

9.3 Socio-economic situation

9.3.1 Relationship with other groups and clans

According to Yassin Hersi Jama, the Madhiban do not intermarry with the main Somali clans. When, centuries ago, they moved from their original areas of Nugal and Mudug into the northern parts of Somalia, they needed protection and entered into client-patron relationships with the major Somali clans. Since then they have held no territory of their own. Many Madhiban used to tell strangers that they belonged to the Somali clan that was their patron clan.

They did this partly because they did not want to be seen as vulnerable. Before the civil war the position of the Madhiban in various parts of Somalia was not strong. Yassin Hersi Jama gave the example of Hargeisa in Somaliland, where Madhiban were restricted to certain jobs like barber or cleaner. For women, he stated that the only job open was prostitution. Madhiban were not able to study, unless a patron from the main Somali clans would allow them. At the time there were some 60,000 Midgan in Hargeisa.

Yassin Hersi Jama informed the delegation that during the civil war the Madhiban suffered greatly. He stated that in Mogadishu in 1990 the Hawiye wanted to kill the Madhiban and many consequently fled the city. In North East Somalia (Puntland) the Madhiban had a client-patron relationship with the dominant Majerteen clan of the Darod and also fought for the Majerteen. Their position was not, however, very strong. They could be killed easily, since no *diya*79 had to be paid when a Madhiban was killed, according to Yassin Hersi Jama. In Hargeisa, the Isaaq chased the Madhiban in 1994 to Puntland and Ethiopia.

These findings can largely be substantiated and generalised from written sources. According to Lewis (1994a), the *sab* (indicating the Midgan, Tumal and Yibir) are attached to 'noble' Somalia
78 Lewis (1994a), p. 52.

79 Diya means blood compensation (compensation for homicide, injury or other offence). Somali clans (in this case including the Digil and Mirifle clans) were organised in diya-paying groups. "The diya-paying group was an alliance formed by related lineages within a clan by means of a contract, traditionally oral but filed in written form with district officials during the colonial era, at least in British Somaliland. The contract explicitly stated the rights and duties of members of the group with respect to the burdens of payment and the distribution of receipts of blood compensation" (Raveen Satk, The segmentary social order, in: Maroodi Jeex, A Somaliland Alternative Newsletter, Issue number 9, Summer 1998).

50 Report on minority groups in Somalia
tribes through patronage and perform specific duties, in return for which they are paid and allowed to remain in the territory of the tribe

of attachment. The *sab* attached to a 'noble' tribe identify themselves with it in relation to other tribes. They have no recognised genealogy of their own. They are not land owning groups. Conventional paths to upward social mobility are not open to them. They are excluded from the councils of elders.

They have no right to claim compensation for murder from 'noble' Somali except through the patron to whom they are attached, and the (lower) compensation is paid to the patron (N.B. this is in contradiction with Yassin Hersi Jama's statement that for the killing of a Madhiban no *diya* is paid). They cannot contract legitimate marriage with Somalis.

According to Perouse de Montclos, *sab* castes cannot demand reparations from a Somali in case of murder, unless they do it through their master.80 The *sab* have a reputation for witchcraft and magic. The Midgan's poisoned hunting arrows are feared. The Yibirs are despised by all Somalis, who never speak to them if they can avoid doing so, and are feared for their skills in witchcraft. Whenever a son is born to a 'noble' Somali, and at marriages, a Yibir has the right to a gift in return for an amulet and blessing.

Although the position of the *sab* had many points in common with the position of slaves in Somali society, their position was nevertheless distinct. The *sab* were a ritually impure group of people segregated from the Somalis by general prohibitions, e.g. to eat together or to marry. Although they owned no land, they were nonetheless distinct communities with their own customs. Their adoption by 'noble' Somalis implied a voluntary contract, while ownership of slaves entailed absolute rights of possession. The *sab* have the right to move from 'noble' family to family at will.

Lewis' findings mostly date from well before the Siad Barre era. Even then, he noted that restrictions placed on the *sab* were gradually disappearing. In 1960 the Somali government, in its drive to replace tribal particularism by national solidarity, passed legislation officially abolishing the status of client and upholding the right of every Somali citizen to live and work where he chose, irrespective of his particular clan or lineage affiliation.81 Siad Barre, in his policy of modernisation and abolition of tribalism, or 'clanism', tried to emancipate the minorities and some members of the occupational castes, especially Midgan and Yibir, held important offices during his regime, including in the military. As a result the occupational castes supported Siad Barre and they were accordingly expelled after his downfall.

In Somaliland, their role in the conflict between Barre and the Isaaq-based Somali National Movement (SNM) earned them the hostility of the SNM rebels, and of the Isaaq as a group. Also, whereas other former adversaries in this area have reconciled, the Midgan, Tumal and Yibir have not been party to any peace agreement. They have found recovery after the war especially difficult and consider themselves as being discriminated against, in spite of the one seat they obtained in the Somaliland parliament. 82

9.3.2 Occupations

The Midgan, Tumal and Yibir are called occupational castes because they traditionally perform specialised occupational services. The Midgan women also performed female circumcision and acted as midwives to the dominant Somali clans.

The Tumal are traditionally blacksmiths, making spears, knives, arrowheads, swords, as well as prophylactic amulets and charms. The Yibir and Midgan are traditionally both hunters and leather-workers, making ornaments, straps, amulets, prayer-mats and saddles. They hunted with bows and arrows poisoned with an extract obtained from a species of euphorbia. Both groups were feared for their witchcraft and magic. Some Musa Dheryo were basket-makers, and attached to the Rahanweyn or to the Isaaq clan Habr Awal. The occupational castes traditionally could not own cattle or horses or 'noble' possessions.

In the last few decades many Midgan, Tumal and Yibir have migrated to the cities, where they have been employed by politicians from more powerful clans as drivers, bodyguards and spies. As described above, Siad Barre elevated several Midgan to important positions in the Ministries of Defence and Education. With no independent clan base or status of their own, such appointees could be trusted to carry out orders. Other clans also employed Tumal, Midgan and Yibir families.83 To this day their work opportunities are mainly confined to menial jobs such as hairdressing, blacksmithing, metalworking, tanning, shoemaking, pottery and craftsmanship in general. Some Madhiban rose to higher positions, e.g. as artists.

9.4 Security and human rights situation

The Midgan, Tumal and Yibir traditionally lived in the areas of the four main nomadic clan families of Darod, Isaaq, Dir and Hawiye in northern and central Somalia. In the last few decades many of them migrated to the cities.

During the civil war that followed Barre's downfall in 1991 the occupational castes were in general not specifically targeted, although as groups without natural clan allies, they were sometimes attacked with impunity. Moreover, particular individuals and families who had visibly supported the Barre regime were vulnerable to targeted retaliation. For example, Abgal militiamen of the USC executed several Yibir who had formerly been their clients. In its waning days, the Barre regime reportedly armed many Yibir and sent them to the local market to kill Abgal clansmen in retaliation for Abgal rebellion against the government. After Abgal forces succeeded in helping to oust Barre, they turned on their former Yibir clients and massacred them. Having broken with their former Abgal patrons, the Yibir then had no-one to turn to for protection.84

Somaliland provides a further example. During the war, members of the Midgan, Tumal and Yibir enlisted in government military service and were assigned to a special unit. Their role in the conflict earned them the hostility of the SNM rebels, and of the Isaaq clans in general. Many fled in fear of retaliation to Ethiopia and Puntland. In recent years they have started to come back, and returnees have been able to reclaim some of the land and property taken from them during the civil war.85 In 1998, for example, some two thousand Midgan, Tumal and Yibir returned to Somalia from Ethiopia, mostly to Hargeisa.86

Midgan, Tumal and Yibir today live scattered all over Somalia, but mostly in northern areas. There is little specific information available on their human rights and security situations. There are no indications that the security of Midgan, Tumal and Yibir is at risk from targeted actions by other clans. At the same time, indications are that their relationships with the major Somali clans have not improved much from traditional times, and that they are still discriminated against in the social and economic spheres. In some instances Madhiban have married into the Majerteen clan.87

In the Djibouti peace initiative, Mr. Hersi (aged 68 years), who has been the elected leader of the Yibir for 22 years, was asked to speak at one of the opening sessions of the peace conference. He noted that the Yibir had suffered terribly during the war but wanted badly to forgive and move on. Part of the bad treatment, he conceded, was due to the support of many Yibir for the dictator Siad Barre. But part of it was simply that they are one of the low castes of Somalis, and particularly that they are believed to be ethnic Jews, in a strongly Muslim country. He stated that the Yibir were never given their rights. For many years the Yibir were denied education. They perform work that is considered menial, such as metalworking and shoemaking. Traditionally many earned money through the belief, stretching back perhaps centuries, that it is lucky to give the Yibir a small amount of money when a son is born or at a marriage.88

Yassin Hersi Jama declared himself to be against the Djibouti peace initiative, and against the representatives of the Madhiban in the Transitional National Assembly, as he considered that those who chose to be in the power structure of the oppressor could never be the true representatives of the Madhiban (see annex 10).

In Somaliland, Midgan, Tumal and Yibir found recovery from the civil war especially difficult. They feel that they are under-represented politically, with one seat in the Somaliland parliament. Economically they still find themselves mostly in menial jobs, and do not feel sufficiently secure to conduct any business as other clans could confiscate their possessions.89

A UN report on the conditions of returnees and IDPs in north-west and north-east Somalia found that in Puntland approximately

10,000 Madhiban from Mogadishu and Bay and Bakool regions live in camps for Internally Displaced Persons (IDPs). The report also found that IDPs from the South were generally worse off than town residents, but that the problems of the returnees were also quite severe. Both IDPs and returnees face severe problems in terms of integration within the depressed local economy.

The IDPs around Bosasso face great risks in terms of sanitation and health. The meagre shelter available is vulnerable to fires. The Madhiban IDPs are especially vulnerable to spontaneous and forced relocations, and IDPs cited the insecurity of land tenure and ownership as their primary concern.90

87 information from a UN source in Nairobi

10. Shekhal

10.1 Sub-groups, geographical distribution, relationship with other clans

The Shekhal clan has been described in various terms such as Sheikhal, Sheikal, Shekhal Lobogi, Shekhal Gendershe or Shekhash. One source considers them as a minority group, though other sources consider them as associated to the Hawiye, as a sub-clan of the Hawiye or even as a separate clan-family:

Guido Ambroso91 writes that the Shekhal is a priestly lineage with segments present both in central and southern Somalia as well as eastern Ethiopia. In Somalia they are known as Shekhal and in Ethiopia as Shekhash. The Shekhal claim direct descent from a religious Arab lineage even if some genealogists consider them as part of the Hawiye.

Information gathered by the Netherlands Embassy in June 1999 from UNPOS Nairobi, shows that the Shekhal are associated with the Hawiye. In general, Shekhal clan members have no specific area or zone of residency in the country. They are scattered in different districts and regions of the country. One can find Shekhal (as a family) in Mogadishu, Belet Weyne, Jowhar, Middle and Lower Juba and Gedo. The Shekhal Loboge is a sub-clan of the Shekhal, who have their traditional homeland in Ethiopia (Zone V, the Ogaden).

According to a UN source in Nairobi members of the Shekhal clan are living among the other Somali clans, especially among the

Hawiye clans Habr Gedir and Abgal. The Shekhal clan comprises two sub-clans, which are the Martile and the Aw Qudub. The Shekhal sub-clan Martile, meaning "guest", is a member of the so-called Hirab (Herab) alliance, which is an alliance of all Abgal and Habr Gedir clans and the Martile sub-clan.

The source said that the Sheikhal should not be considered as a Benadiri clan. It was remarked that the Shekhal Martile clan occupies three seats in the Transitional National Assembly (TNA) established at the peace conference held in Djibouti. These three seats are included in the 49 seats that the Hawiye clan-family and its allies were allocated in the TNA. See annex 4.

Wayne Long, UNDP-Somalia understood that the Shekhal should not be considered as a minority group, but as a Hawiye clan that seceded from the Hawiye five to ten years ago and no longer considers itself as Hawiye. The recent UNHCR overview considers the Shekhal as a separate group, with four sub-groups: Lobogay (Lobogi), Aw Qudub, Gendershe and Aw Hassan. The sub-group of Rer Aw Hassan is most likely a minority population according to a UN source in Nairobi. This group is represented in the TNA by two seats within the minority grouping called "Alliance Clans Community". The term Aw before a clan-name means 'chief' and indicates that the clan in question is a respected religious clan.

The UN source had no information as to the geographical distribution of the Rer Aw Hassan population in Somalia, or from where they may have originated.

Lewis (1994a) considered the Sheikal Lobogi as a sub-clan of the Hawiye. They are a priestly group or section scattered among the Hawiye clans generally, but sometimes appearing as autonomous sections in some clans, as for instance in the Herab clan of the Hawiye. Lewis (1982) mentions that the largest clan of the Sheikhal is the Reer Fiqi Omar, whose most important lineage, the Reer Sheikh Aw Gutub, lives in the Ogaden.92

Ambroso adds that another priestly clan called the Sharifians (or Ashraf) is similar to the Shekhal. Both the Shekhal and the Sharifians are said to have acquired a certain degree of political prominence during Siad Barre's regime.93

According to a UN source in Nairobi the Shekhal Gendershe clan of Mogadishu inhabits the "Gendershe" village that borders on the Medina District of South Mogadishu.

A UN source in Nairobi indicated in December 1997 that the Mogadishu-based Shekhal Gendershe clan is one of the minority clans in Somalia, who seek protection from Hawiye sub-clan members occupying their areas since 1990.

10.2 Occupations

According to Ambroso, the Shekhal were religious sheikhs and qadis (judges) although nowadays many Shekhal have secular occupations.94

10.3 Security and human rights situation

According to a UN source in Nairobi dating from December 1997 the Mogadishu-based Shekhal Gendershe clan is one of the minority clans in Somalia. They are an unarmed community, which has been receiving threats in their traditional areas since 1990. They cannot defend themselves against the armed militiamen and therefore seek protection from Hawiye sub-clan members, who have been occupying their traditional home areas since 1990. Another UN source also considered that the Shekhal clan enjoys some degree of protection from the Hawiye clans.

According to the information gathered by the Netherlands Embassy in June 1999 from UNPOS Nairobi, members of the Shekhal clan and the Loboge sub-clan (if the person in question is not a political figure or has no special case) can travel freely throughout the country.

11. Digil and Mirifle (Rahanweyn)

11.1 Groups and sub-groups, geographical distribution

The Digil and Mirifle, or Rahanweyn, seem to take a middle position between a Somali clan and a minority. They are considered as a minority group by some experts (such as the UN Special Rapporteur on human rights in Somalia, Ms Mona Rishmawi). By others they are considered as clans related to the major Somali clans, though considered as less 'noble'. In the Transitional National

Assembly (TNA), recently formed in Djibouti, the Digil and Mirifle have been included as one of the major Somali clan-families (with 33 sub-clans) and allotted 49 seats, distinct from the recognised "official" minorities grouped together at Arta under the title "Alliance Clans Community".

Different use is made of the names Digil, Mirifle (Merifle) and Rahanweyn. A UN source in Nairobi explained that this is a consequence of an effort made by Siad Barre to amalgamate all these clans under the one name Rahanweyn (the largest group). Originally, however, the Somali distinguished two clan-families, one called the Digil and another variously called Rahanweyn or Mirifle.

The Digil and Mirifle95 are related ethnically to the four main Somali clan-families in various ways. Both Somali and Digil-Mirifle trace their origins back to the same ancestor, at the highest genealogical level: the ancestor of the Digil-Mirifle, Sab, and the ancestor of the four main Somali clan-families, Somali (or Samaale), are traced back to a common ancestor Hill, who is believed to have had Arabian origins. The descendants of Sab are segmented into three families: the Digil, Mirifle (or Rahanweyn) and Tunni; the Mirifle and Tunni derive from the Digil.

The Mirifle and Tunni are numerically the most important, but the Digil survive as a small independent confederacy.
The Mirifle are concentrated in the inter-riverine areas of Bay and southern Bakool, but they also form substantial minorities in Gedo, the Lower and Middle Juba and the Lower Shabelle regions. The Digil are concentrated in the Lower Shabelle region. Historically, the Digil and Mirifle arose from the intermixture of south-driving Somali with the rearguard of the Galla then occupying most of the lower reaches of the Juba.96 The characteristic structure of the Digil and Mirifle results from the adoption of other groups.

Elements from all the other Somali clans as well as Oromo and Bantu have been absorbed in this way. These elements (individuals, families or groups) have been enabled to coalesce, thus forming mixed clans, with a founding lineage acting as a thread round which successive groups crystallise. In this way, relatively stable confederacies, bound together by reciprocal relations of aid and defence, are formed. Such unions are at first organised on the lineage principle. This, however, usually disappears in their further development. The end-point in the process of federation is the mixed village, where lineage segmentation no longer corresponds to territorial distribution. An example is the Tunni confederacy, which is formed by a number of Hawiye, Mirifle, Dir, Galla, Gobawein (Bantu), Ashraf, Ajuran and Boon groupings, with each segment containing an original Tunni lineage.

Perouse de Montclos describes how Rahanweyn (Mirifle) identity rests more on land tenure than on genealogical affiliations. The name Rahanweyn ('large crowd') evokes at once incorporation and disparity. Blurred genealogies and oral history allow all kinds of recomposition.

Genealogies do not reflect so much the past but the prevailing political and numerical power, which makes it easier to 'downplay' names of smaller or extinct lineages. In Somalia, the Rahanweyn will amplify his membership to the wider Somali family, while as a refugee in Kenya, he will insist on being a victim of discrimination due to the fact that he is from a lower caste. This said and done, these groups will still be able to negotiate when the 'hour of reconciliation' arrives, because they are part of the Somali lineage system.97

In the genealogical structure of the Mirifle (Rahanweyn), the offshoot of the Digil that has come to eclipse its parent stock in number and importance, there are only three orders of segmentation between the ancestor Rahanweyn and the individual sub-clans, in marked contrast to the charts of the nomadic clan-families. Sub-divisions of the Mirifle can be found, e.g. in Lewis (1994a) or Cassanelli (1995).

Lewis (1994a) describes the Tunni as a large tribe, or rather tribal confederacy. They lived at one time on the Juba river, but since the tenth century they were driven south-west and eventually settled in and around Brava. They had a mixed cattle-cultivation economy and also hunted. The Tunni Torre, a Negroid group, were federated to the Tunni of Brava as their vassals.98

As described in chapter 7, the Tunni in Brava town are culturally close to the Benadiri (Reer Brava). The five lineages (*gamas*) which the Bravanese Tunni mention as sub-division of the Tunni clan, can be found in Lewis (1994a) as Daffarat, Werile, Aggiuwa, Dacktira and Goigal, with further sub-groups.99

11.2 Language

The Mirifle speak a separate Somali dialect (called *Af-may* or *Af-maymay*), which serves as a lingua franca among the various Mirifle groups, several of whom also speak distinct local dialects, and some of their Bantu neighbours.100 Also the Digil speak *Af-may*, although some will speak standard Somali. Both Digil and Mirifle generally understand the standard Somali spoken elsewhere.

11.3 Socio-economic situation

11.3.1 Relationship with other groups and clans

The Digil and Mirifle are held in contempt by the nomadic Somali clans for their lowly origins, stemming from Sab as opposed to Somali, for their heterogeneous composition that includes Bantu elements, for their lack of a clear, politically significant genealogical structure, and, more important perhaps, because they are predominantly cultivators.

They were shunned as marriage partners by the 'noble' Somali clans.101 They do have *diya* paying groups, and thus fall within this aspect of clan law. Villages could function as *diya* paying groups, even if villagers were members of different kinship-based *diya* paying groups.102

In past decades, the predominant ideology of Somali nationalism tended to mute these differences. Since the collapse of the state in 1991, however, these ethnic distinctions have vigorously reasserted themselves, especially since the Mirifle (along with the Bantu and coastal populations) were the main victims of a famine and civil war imposed on them by the dominant pastoral clans.

The fertile areas inhabited by the Digil and Mirifle have long attracted other clans. In the 1980s thousands of hectares of land were appropriated from villagers without compensation. Also, an epidemic of land grabbing by well-connected Somalis began in those years.

The Digil and Mirifle did not play a major role in either the Barre government or the military rebellion against it. But in 1991-92 they found themselves in the middle of a struggle between three heavily armed factions: the Hawiye USC, retreating government forces that sought to regroup in the Gedo region, and the Ogaden-dominated Somali Patriotic Movement.

The Bay, Bakool and Lower Shabelle regions became major battlegrounds. The resulting anarchy resulted in a food crisis in 1992. Thousands of Mirifle died, and thousands more were displaced, mostly within the region. Digil from Lower Shabelle sought refuge in the bush or in Mogadishu.

In the 1990s the competition for rich agricultural land in the Juba and Shabelle valleys intensified. In the Shabelle region the Darod, who had grabbed land in the Barre era, were ousted in 1991-92 by Habr Gedir and Hawadle militia, who subsequently laid claim to those same districts.103

Like the minority groups, Rahanweyn farmers used to have few weapons and they have no military tradition. After the UN's UNITAF operation had helped restore order in 1992 in the main population centres around Baidoa, many Mirifle clans set up local police forces and courts. In 1992 the Mirifle started to organise their own army, the Somali Democratic Movement (SDM), which held the Baidoa area.104 In 1995 the Mirifle/Rahanweyn set up a council of elders, the Supreme Governing Council, as a self-administrative body. However, it rapidly fell apart when the SDM split into three, and Hussein Aideed's father, General Mohamed Farah Aideed, and the Habr Gedir clan took the opportunity to seize a large area of the Mirifle/Rahanweyn regions of Bay and Bakool including the town of Baidoa.

The Mirifle organised themselves militarily to fight the Habr Gedir militia. The Rahanweyn Resistance Army (RRA) was formed, allied to the SDM, and recaptured Hoddur from pro-Aideed forces in August 1996. In June 1999 the RRA, probably backed by Ethiopia, recaptured Baidoa from Hussein Aideed's forces and drove them out of Bay and Bakool regions. In December 1999 the RRA established a local administration for Bay region.

The Digil and Mirifle support the Arta peace process. RRA Secretary General Abdullah Derow Isaaq was elected as Speaker of the Transitional National Assembly (TNA). In the peace negotiations Baidoa was mentioned as a possible temporary seat for the TNA, as long as security conditions in Mogadishu were not satisfactory.

Recently, however, a split has occurred within the RRA, with some members feeling that the new president, Abdiqassim, has no interest in Baidoa. The support by the Digil and Mirifle for the peace process has been somewhat surprising. As was pointed out to the mission by a UN staff member in Nairobi, it is not clear what they stand to gain from Arta, after the RRA had just recaptured their whole territory and had started to rebuild a local administration.

11.3.2 Occupations

The Digil and Mirifle are mainly cultivators, although some groups combine cultivation with pastoralism and others are mainly pastoralists (more often cattle than camels).

11.4 Security and human rights

During the civil war, the Digil and Mirifle have repeatedly been victims of killings, lootings and other human rights violations by the various militias, mainly Aideed's USC.

Since 1999, when the RRA finished recapturing their main home areas, Bay and Bakool regions, the situation of the Mirifle has improved. Since that time, those parts of Bay and Bakool where the RRA has established firm control, and is making efforts to install a civil administration (e.g. Baidoa and its environs), can be qualified as zones of transition. The other parts of Bay and Bakool are considered zones of conflict. Much of the Lower Shabelle region, the traditional home area of the Digil, is considered a zone of transition.[105]

A UN staff member informed the mission that thousands of Digil and Mirifle are at the moment in North West Somalia (Somaliland), where they are a visible minority. Most of these Digil and Mirifle fled their home area since 1995, when Aideed's forces captured Baidoa. Although these displaced persons were well received in 1997-98, they are no longer welcome. The Somaliland population has grown tired of what they see as aggressive begging by the Digil and Mirifle.

In Somaliland, the Digil and Mirifle live in very poor circumstances, in slum conditions, and there is no place for them in society. They form the lowest socio-economic stratum. However, they are not systematically threatened. Sometimes a Digil or Mirifle will be arrested. The UN staff member added that Digil and Mirifle are probably also living around Bosasso, in Puntland, but he was not well informed about conditions there.

Another UN staff member interviewed in Bosasso during the Dutch mission to Puntland of November 1999 stated that Rahanweyn are present in Puntland, and that they are very poor and often live from begging. In the (large) sample of camps included in the UN study into conditions of returnees and IDPs in northern Somalia, one camp, of 360 people, was found to house Rahanweyn IDPs.
105 UNHCR-Nairobi (May 2000).

12. Individuals and organisations consulted

Abdalla, Hemed Said, Bajuni elder from Jomvu Camp, Mombasa

Abdinoor, Abobasid Sharif, Secretary General of the Asharaf Welfare Association, Nairobi

Abu, Mohamed Abdurahman, Tunni from Brava

Adan, Abdullahi Sharif, Ashraf from Qorioley, Lower Shabelle

Ahmed, Ahmed Kassim (Badi), Bajuni elder from Jomvu Camp, Mombasa

Ahmed, Hassan Sharif, Ashraf from Mogadishu

Ali, Ali Mahdi, Bajuni elder from Jomvu Camp, Mombasa

Ali, Sharif Mohammed Sharif ("Kingo"), Ashraf from Merka, Lower Shabelle

Bakari, Bakari Abdalla, Bajuni elder from Jomvu Camp, Mombasa

Bashir, Alrahid Sharif, Ashraf Businessman from Medina, Mogadishu

Bauer, Julien, Professor, ECOTERRA, Society for Ecology and Sound Economy, Nairobi

Benadir elders (Ashraf, Duruqbe, Morshe) from Mogadishu and Merka

Bobow, Mohamed Jeylani, Tunni from Brava

Bryden, Matt, Programme Co-ordinator, War-torn Societies Project (WSP), Nairobi

Eno, Mohamed Abdulkadir, Bantu elder, Chairman of Bantu

Rehabilitation Trust, Nairobi
Giama, Safia, Information Officer, United Nations Co-ordination Unit for Somalia (UNCU), Nairobi
Habib, Abdiaziz Sharif, Ashraf from Mogadishu
Harborne, Bernard, Chief, United Nations Co-ordination Unit for Somalia (UNCU), Nairobi
Hassan, Madina Sharif, Spokeswoman, Ashraf from Merka, Lower Shabelle
Hassan, Sahra Sharif, Ashraf from Merka, Lower Shabelle
Hassan, Sheikhnuur Yusuf ("Boob"), Bantu elder, Secretary-General of Somali Bantu Refugee Committee in Kenya, Nairobi
Hussein, Ali Ibrahim, Bravanese from Brava
Hussein, Moe A., Field Co-ordination Officer, United Nations Development Programme for Somalia (UNDP-Somalia)/United Nations Co-ordination Unit for Somalia (UNCU), Nairobi
Ibrahim, Mohamed Sharif Adan Sharif, Ashraf from Baidoa
Ibrahim, Zeinab Sharif, Ashraf from Mogadishu
Imberwa, Munye Imberwa, Bantu elder, Chairman of Somali Bantu Refugee Committee in Kenya, Nairobi
Jama, Yassin Hersi, Representative of the Madhiban, Nairobi
Long, Wayne, Chief Security Officer, United Nations Development Programme for Somalia (UNDP-Somalia), Nairobi
Lutato, Kalunga, Head of Somali Operations, United Nations High Commissioner for Refugees (UNHCR), Branch Office for Kenya, Nairobi
Mohamed, Mohamed Bakari, Bajuni elder from Jomvu Camp, Mombasa
Mohamed, Farah Oumari, Representative of Eyle Community, Nairobi
Musalem, Abdulkadir Mohamed, Bravanese from Brava
Naji, Ali Mohamed, Bajuni elder from Jomvu Camp, Mombasa
Noor, Haji Amin Mohhammed, Bravanese from Brava
Omar, Abdulkadir Moallim, Bantu elder from Gedo region, Luugh-Ganaane District
Osman, Omar Sharif, Ashraf from Lower Juba

Qullaten, Osman Said, Tunni from Brava
Salah, Yusuf Abdi, Bantu-elder, Chairman of Centre for Minority Rights and Development, Nairobi
Sheikh, Mohamed Muhyadin, Bravanese from Brava
Sheikh, Mohamed Yasin, Tunni from Brava
Stephen, David, Representative of the United Nations Secretary-General for Somalia, United Nations Political Office for Somalia (UNPOS), Nairobi

Wazir, Abdalla Mohamed, Bajuni elder from Jomvu Camp, Mombasa
Yousuf, Mohammed Sharif, Ashraf from Mogadishu

13. Bibliography

Ambroso, Guido, Somalis in the Horn of Africa, a short guide to society and history (1994)

Besteman, Catherine, The Invention of Gosha: Slavery, Colonialism, and Stigma in Somali History in: Ali Jimale Ahmed ed., The Invention of Somalia (Lawrenceville, 1995)

Besteman, Catherine, Unravelling Somalia; Race, Violence, and the Legacy of Slavery (Philadelphia, 1999)

British Home Office, Immigration and Nationality Directorate, Country Information and Policy Unit, Somalia Country Assessment (London, October 2000)

Cassanelli, Lee., Victims and Vulnerable Groups in Southern Somalia. Occasional Paper. Research Directorate, Documentation, Information and Research Branch, Immigration and Refugee Board (Ottawa, May 1995)

Danish Immigration Service (Udlændingestyrelsen), Notat om Benadir-befolkningen i Somalia, (Copenhagen, 19 June 2000; in Danish)

Danish Immigration Service (Udlændingestyrelsen), Notits om Benadir-befolkningen i Somalia, (Copenhagen, January 1999; in Danish)

Danish Immigration Service/Swedish Immigration Board, Report on Nordic fact-finding mission to Gedo Region, Somalia (Copenhagen 1999a)

Danish Immigration Service/Swedish Immigration Board, Report on Nordic fact-finding mission to Nairobi (Kenya) and the Middle Shabelle Region of Somalia (Copenhagen, 1999b)

Danish Immigration Service/Swedish Immigration Board; Report on Nordic fact-finding mission to Mogadishu, Somalia (Copenhagen 1997)

Kirk, John W.C., The Yibirs and Midgans of Somaliland, in: Journal of African Society, v4, pp. 91-108 (1905)

Lewis, I. M. (1994b), Blood and Bone, the Call of Kinship in Somali Society (Lawrenceville, 1994)

Lewis, I.M. (1994a), Peoples of the Horn of Africa, Somali, Afar and Saho, Haan Associates (London, 1994 New edition; first published 1955 and reprinted 1969)

Lewis, I.M., A Pastoral Democracy: A study of pastoralism and politics among the northern Somalis of the Horn of Africa, Africana Publishing Company, New York (1982, 2nd edition; first published in 1961)
Luling, Virginia, The other Somali - Minority Groups in Traditional Somali Society, in: T. Labahn, ed., Proceedings of the 2nd International Congress of Somali Studies, University of Hamburg, August 1-6, 1983, vol. IV, Hamburg, 1984, H. Buske Verlag (1983)

Ministerie van Buitenlandse Zaken, Algemeen Ambtsbericht Somalië (The Hague, February 2000; in Dutch)

Minority Rights Group International, Minority children of Somalia, in: War: The Impact on Minority and Indigenous Children (1997)

Mohamed Diriye Abdullahi, Minorities of Somalia: Victims forgotten amid War and Chaos (1998)

Office of the High Commissioner for Human Rights, Toward a Mutually Reinforcing Human Rights Strategy for Somalia (Nairobi, n.d.)

Perouse de Montclos, Marc-Antoine, Minorities and discrimination, Exodus and reconstruction of identities: the case of Somali refugees in Mombasa, ORSTOM (October 1997) (French version in "Autrepart", No. 1, 1999, pp 27-46)

Raveen Satk, The segmentary social order, in: Maroodi Jeex, A Somaliland Alternative Newsletter, Issue number 9, Summer 1998

Refugee Information Series, Benadir refugees from Somalia (Washington 1996)

Somaliland Centre for Peace and Development/War-torn Societies Project (WSP), Rebuilding from the ruins: A Self-Portrait of Somaliland (DRAFT) Hargeysa, October 1999)

Somaliland, Plan of Action for Repatriation, Rehabilitation and Reintegration, Initiative of the Administration of Somaliland with the support of UNDP and UNHCR (Hargeisa, July 1999)

UNCU/FSAU, Report on migration and remittance inflows in NW and NE Somalia, prepared for UN Co-ordination Unit and Food Security Assessment Unit (Nairobi, Jan. 2000)

UNDP, Human Development Report Somalia 1998 (Nairobi, 1998)

UNHCR-Nairobi, Kalunga S. Lutato, Head Somalia Operations, The impact of the current situation on repatriation to Somalia (Nairobi, May 2000)

14. List of annexes, maps etc. - The annexes are available on request

1. Map of Somalia showing major towns and regions.
2. Terms of reference for the mission.
3. UNHCR: Genealogical table of Somali clans (November 2000).
4. Distribution of seats in the Transitional National Assembly.
5. IRIN: Kenya-Somalia: Somali refugees struck by insecurity, 24 November 2000).
6. Document written by Bajuni elders in Nairobi, 21 September 2000 (see also note 24).
7. Document written by Abdulkadir Moallim Omar, Nairobi, a Bantu elder from Luugh-Ganaane District in Gedo region, 26 September 2000.
8. Requests to the Kenyan government and to UNHCR from the Bravanese community in Nairobi
9. Ashraf Welfare Association, Nairobi, 30 July 2000.
10. The Somali Outcast Tribes, Nairobi, 18 September 2000 and 'Somali Minorities Demand – Shut Down the So-called Djibouti Peace Initiative for Somalia ', 7 April 2000.

15. Abbreviations

BBC – British Broadcasting Corporation
CNN – Cable News Network
EU – European Union
FSAU – Food Security Assessment Unit
ID-card – Identity Card
IDP – Internally Displaced Person
IFA – Internal Flight Alternative
IGAD – Inter-Governmental Authority for Development
IRIN – Integrated Regional Information Network
MSF – Médecins Sans Frontières

NGO – Non-Governmental Organisation
OHCHR – Office of the High Commissioner for Human Rights
ORSTOM – The French Scientific Research Institute for Development through Cooperation

RRA – Rahanweyn Resistance Army

SDM – Somali Democratic Movement
SNA – Somali National Alliance
SNF – Somali National Front
SNM – Somali National Movement
SPM – Somali Patriotic Movement
SSA – Somali Salvation Army
TNA – Transitional National Assembly
TNG – Transitional National Government
UK – United Kingdom
UN – United Nations
UNCU – United Nations Co-ordination Unit
UNDP – United Nations Development Programme
UNHCR – United Nations High Commissioner for Refugees
UNITAF - United Nations International Task Force
UNOPS/SRP – United Nations Office for Project Services/Somali Rehabilitation Project
UNPOS – United Nations Political Office for Somalia
USA – United States of America
USC – United Somali Congress
WSP – War-torn Societies Project

ANNEX 2

Terms of Reference

A joint British, Danish and Dutch fact-finding mission on Somali minority groups is to take place, to Nairobi, September 17-23, 2000, by the Danish Immigration Service, the United Kingdom Home Office/ Immigration and Nationality Directorate and the Netherlands Ministry of Foreign Affairs/ Department of Asylum and Migration.

Introduction

In contacts between officials dealing with their countries' asylum and migration policies towards Somalia, contacts that took place mostly en marge of meetings of the sub-group Somalia of the European Union (EU) High Level Working Group on Asylum and Migration, it became clear that many of the countries face similar questions to define and implement their asylum and return policies towards Somalis. A relatively large number of Somali asylum seekers in some European countries claim to belong to one of the so-called minority groups in Somalia. This is the case in Denmark, the Netherlands and the United Kingdom. Information on the security and human rights situation as well as on the relations between these minority groups and the so-called major Somali clans in Somalia is fragmented and to some degree uncertain. Because of this fact, the Danish Immigration Service, the UK Home Office/Immigration and Nationality Directorate and the Netherlands Ministry of Foreign Affairs/Department of Asylum and Migration agreed to field, as a pilot, a joint fact-finding mission on minorities in Somalia. In view of the large number of minority group members from Somalia that are refugees in Kenya, the mission is to interview experts on Somali minorities in Nairobi, Kenya.

Reporting

The mission team will prepare a joint, public report on the fact-finding mission in the English language.

Time schedule

The mission is to take place from September 17 until September 23, 2000. The report is to be finalised within two months after the mission.

Composition of the mission team

The members of the mission team are Mr Jens Weise Olesen (Danish Immigration Service), Mr Richard Pearce-Higginson (UK Home Office/ Immigration and Nationality Directorate) and Mrs Louise Anten (Netherlands Ministry of Foreign Affairs/Department of Asylum and Migration).

Questions to be investigated

1. Position of minority groups What minority groups are generally distinguished within the Somali society? Are there other minority groups besides Benadiri, Reer Hamar, Reer Brava, Reer Merka, Ashraf, Rer Aw Hassan, Amarani, Bajuni, Sheekhal, Bantu, Gaboye, Gum, Midgan, Madhiban, Tumal, Yibir, Jaje? To what extent are the groups mentioned separate minority groups, and to what extent are they part of one minority group (e.g. to what extent do Reer Hamar belong to the Benadiri)? What sub-groups/sub-clans exist within the different minority groups, and on what basis does one belong to a certain sub-group (genealogy, location, profession)? To what extent has each minority group suffered/is still suffering from the general insecurity in conflict areas and/or from targeted violations of their human rights? Is it possible to establish if members of each of the mentioned minority groups

are actually living (traditionally or after having resettled) safely in Somaliland, Puntland, Southern Mudug, Galgaduud and/or Hiran? To what extent do these groups suffer discrimination in relatively safe parts of Somalia? To what extent are *de facto* authorities capable of protecting the safety of these groups? 2. Somali clans: To what extent can members of the Rahanweyn and/or Digil clan families be considered as minority groups? Are members of these clans actually living (after having resettled) safely in Somaliland, Puntland, Southern Mudug, Galgaduud and/or Hiran? 3. General What are the political developments in Somalia, especially in relation to the Arta peace process? What are developments and perspectives in the human rights and security situation in Somalia?

Muuqaalka Xafladdii Furitaan Shirweynaha 1aad ee Bahweynta Benaadir - London 2001

SHIRWEYNAHA CAALAMIGA 1AAD SOOMAALI
FIRST INTERNATIONAL SOMALI
8-10-SEPTEM

SHIRWEYNAHA CAALAMIGA 1AAD SOOMAALI BANAADIR
FIRST INTERNATIONAL SOMALI

SHIRWEYNAHA CAALAMIGA 1AAD SOOMAALI BANAADIR
FIRST INTERNATIONAL

CAALAMIGA 1AAD SOOMAALI BANAADIR
BENADIR

SHIRWEYNAHA CAALAMIGA 1AAD SOOMAALI BANAADIR
FIRST INTERNATIONAL

Sawirkan ay farxadda ka muuqato waa fanaaniintii caanka ah ee doorka ka qaatay maaweelada Shirweynaha 1aad ee Bahweynta Benaadir London 2001

Aqristayaasha sharafta leh, waxaan la socodsiineynaa "Somalia: Halganka Bahweynta Benaadir iyo Ballanfurka Taariikheed" uu ku soo xigi doono buugaaggta hoos ku taxan, lagana heli kara cinwaanka hoos ku xusan:

Honorable readers, we would like to inform you that "Somalia: The Struggle of Benadir People, and the Betrayals in History" will be followed by the books listed below, and can be obtained from the address below:

Benadir Publications

Publications on Somalia

1. Somalia: Bahweynta Benaadir Kaalintooda Ilbaxnimada, Gobonimada iyo Maamulka Dalka, 480 bog.
-Somalia: The Benadir People's Role in Civilisation, Independence and Administration of the Country, 480 pages.

2. Somalia: Bahweynta Benaadir Deegaanadooda iyo Taariikhdooda, 410 bog.
-Somalia: The Benadir People's Territories and their History, 410 pages.

3. Somalia: Murugada Bahweynta Benaadir, Halganka Xuquuqooda iyo Siyaasadda Dalka, Xirmada Kowaad 450 bog, iyo Xirmada Labaad 470 bog.
-Somalia: The Benadir People's Tragedy, Challenges and Politics of the Country, Volume One 450 pages, and Volume Two 470 pages.

Salla General Trading Ltd :
14 Heybridge way, London E10 7NQ - UK Tel: 020 8556 0001

International Business Services Ltd
214 Seven Sisters Road, N4 3NX - UK Tel: 020 7272 9830